KB122332

일제시기 한국의 일본인 사회

도시민·지주·일본인 농촌

Japanese Society in Korea during the Japanese Colonial Period

Urban Residents, Landlords, Japanese Rural Communities

Choe, Won-Kyu

일제시기 한국의 일본인 사회

도시민·지주·일본인 농촌

최 원 규 지음

혜안

책머리에

　본 책은『일제시기 한국의 일본인 사회-도시민·지주·일본인 농촌』이라고 붙인 제목에서 보듯, 일본제국이 한반도를 일본 땅으로 만들기 위해 마련한 식민정책과 여러 여론을 비롯하여 일제시기 한국 땅에서 살아간 도시민·지주·일본인 농촌(자작농) 등의 삶의 궤적을 그린 것이다. 다룬 시기는 일본제국주의가 한국을 본격적으로침탈하기 시작한 청일전쟁 무렵부터 해방될 때까지이다.

　필자가 일제시기 식민지 지주제와 농업문제에 관심을 갖게 된 계기는 전북 지역의 일본인 농장을 처음 답사하게 된 시점이었다. 학부 시절 군대에서 제대한 후 복학한 1978년, 김용섭 선생님의 지도아래 '갑오농민전쟁과 일제하 지주제'를 주제로 한 호남지역 답사였다. 11월 초 늦가을이다. 전북 군산 개정병원 내에 자리 잡은 구마모토 농장주인 구마모토 리헤이(熊本利平)의 별장,[1] 발산초등학교 뒤편에 남아있던 시마타니(嶋谷)농장의 금고와 석탑 등 문화재를 모아놓은 정원,[2] 특히 정읍군 화호리 넓은 평원 가운데 뒤편 언덕 위에 서양 중세 장원처럼 자리 잡은 구마모토 농장 화호지장의 지점장과

---

[1] 熊本농장에서 의사로 근무하던 이영춘이 해방 후 불하받아 거주하였기 때문에 현재는 이영춘가라고 불린다. 전라북도 유형문화재 제200호이다.

[2] 한문종, 「발산초등학교 내 석조유물들(한국연구재단 연구성과물)」, 전북대학교 등이 참고된다.

관리인들이 거주하던 사택, 사무실, 창고, 병원 등의 모습, 동네 뒤편 언덕 위에서 끝 모르게 펼쳐진 농장 소유였던 앞뜰을 내려다보는 순간이었다.[3] 드넓은 평야에서 일본인 관리인이 말 타고 다니며 농장을 관리하던 모습과 농노처럼 일하던 소작농민의 모습을 머리에 그리며 훗날 이들의 실제 살아가는 모습을 연구해보면 좋겠다는 상상을 해보았다. 당시 박정희 유신정권 말기, 호남지역 농촌의 모습은 경제발전의 혜택을 받지 못하여 일제 식민지 시기의 모습이 거의 그대로 남아 있는 듯 했다. 마을은 초가집과 슬레이트 지붕으로 개량한 주택이 긴 세월 동안 신작로의 먼지를 뒤집어쓰고 퇴락한 모습의 가난에 찌든 농촌이었다. 새마을운동의 일환으로 울긋불긋하게 칠한 겉모습조차 여기서는 보기 어려웠다. 40년이 지난 2018년 다시 답사를 하며 돌아본 그곳은 '근대화'의 세례를 받아 면모를 일신한 듯 보였지만, 젊은이는 떠나가고 노인들만 보였다. 일본인 지주가는 과거의 화려한 영광을 뒤로한 채 대부분 흔적 없이 사라지거나 무너지기 일보 직전이었다. 일부만 대한민국 근대문화유산으로 등재되어 보수 단장하였으나, 옛 모습대로 복원한 수준은 아니었다.

첫 답사 후 십년의 세월이 흐른 박사과정 시절, 한국인 지주제 연구의 연장에서 일본인 지주제에 관심을 갖고 연구를 시작하게 되었다. 1989년 여름 한국근현대사를 전공하는 후배들과 함께 익산군과 옥구군, 군산 일대를 답사하면서 관심이 증폭되었다. 임피현의 옛 관아터와 향교, 임피역사, 일본인 농장과 서수농민조합운동 참가자와 주민과의 만남, 쌀수출항으로 명성을 날린 군산항, 요교제의 흔적과 수리조합, 이리(현 익산시)의 전북농지

---

3) 1978년 당시에는 일본식 주택의 모습을 온전히 보존하고 있었으나 현재는 변형되고 많은 부분이 훼손되어 있었다. 대한민국 등록문화재 제215호로 등록되어 관리되고 있지만, 예산 문제 때문인지 개보수가 제대로 안되어 무너질 위험에 처한 곳도 적지 않았다. 화호리(정읍시 신태인읍) 마을에 대한 종합적 조사는 장성수 외, 『20世紀 화호리의 경관과 기억』(20세기 민중생활사연구단 엮음), 눈빛, 2008이 참고 된다.

개량조합과 동진농지개량조합(김제) 등을 답사하고 돌아온 뒤 자료조사를 하면서 본격적인 연구에 착수하였다. 박사학위 논문주제를 일제시기 전북지역의 농촌사회 분석으로 잡고, 다음 해 여름 이리에 머물며 전북농지개량조합을 방문하여 수리조합 자료를 조사하고 복사하면서 작업을 구체화하기 시작했다. 주제를 좁혀 옥구군 서수면 가와사키(川崎) 농장과 그 후신인 후타바사(二葉社) 농장 그리고 이 회사를 대상으로 서수면 농민들이 일으킨 소작쟁의와 농촌사회 분석을 목표로 잡았다. 이어서 전주지방법원 군산지원 등기과에서 서수면 토지등기부를 복사하고 지난한 자료 입력과 분석 작업에 들어갔다.4) 입력작업을 완료한 다음 옥구군청에서 토지대장과 비교하는 작업을 실시하였다.

당시 익옥수리조합 자료를 분석하면서 일본인 지주제와 아울러 흥미롭게 필자의 눈길을 끈 것은 군산 인근 바닷가에 자리 잡은 일본인 이주농촌이었다. 불이흥업이 옥구간척지를 조성하여 북쪽에 건설한 불이농촌이었다. 만한이민집중론=조선의 일본화 작업의 한 모습을 이곳에서 구체적으로 확인할 수 있었다. 이것이 계기가 되어 작성한 글이 「한말 일제초기 한국식민책과 일본인 농업이민」(『동방학지』 77·78·79합집, 1993)과 「1920·30년대 일제의 한국농업식민책과 일본인 자작농촌 건설사업—불이농촌 사례」(『동방학지』 82, 1993)였다. 후자의 글은 전북농지개량조합이 소장한 수리조합 자료를 주로 활용하였다. 그 연장선에서 1999년 동척이민사업에 관한 글로 「동양척식주식회사의 이민사업과 동척이민 반대운동」(『한국민족문화』 16, 2000)을 작성하였다. 제1부 제1장, 제3부 제2장과 제1장에 수록하였다.

전북지역 농촌 연구는 박사학위 논문주제를 한말 일제초기 토지조사와

---

4) 자료 확보에는 이경란 박사의 도움이 컸다. 그리고 학업과 연구에 바쁜 와중에 이수일 박사와 함께 지겹고 힘든 필자의 자료입력 작업에 오랜 시간 아낌없는 노력을 제공하여 주었다. 30여 년이 흘렀지만, 책을 출간하면서 늦게나마 두 분에게 고마움을 전한다.

토지법 연구로 변경하면서 잠시 뒤로 미루었다. 일제시기 식민지 지주제와 농촌문제에 다시 관심을 갖고 연구를 하게 된 것은 필자가 1995년 부산대학교 사학과에 자리를 잡고 한국민족문화연구소의 중점 연구과제에 참여하면서였다. 당시 맡은 연구주제는 최초의 개항장이며 일본인 주거지였던 부산과 주변 낙동강 주변의 경남지역 지주제였다. 이때 작성한 글이 「19세기후반 20세기초 경남지역 일본인 지주의 형성과 투자사례」(『한국민족문화』 14, 1999)였다. 『光武7年 6月 慶尙南道 東萊府 絶影島 山麓草場 家垈田畓人口區別成冊』과 『사중면 양안』이 토대가 되었다. 제2부 제2장에 농외투자 부분을 추가하여 수록하였다.

경남지역을 대상으로 한 두 번째 사례연구는 삼랑진 지역의 일본인들의 사회적 경제적 존재형태를 밝힌 「일제초기 일본인의 사회적 존재형태와 토지소유관계－삼랑진 지역 사례」(『한국민족문화』 28, 2006)였다. 당시 농지개혁에 관심을 갖고 자료조사차 들른 삼랑진 면사무소에서 『日本人除戶簿』라는 자료를 발견한 덕분이다. 이 자료는 지금의 주민등록표와 유사한 성격의 자료로 1910년대라는 짧은 시기이지만 삼랑진 지역사회 일본인의 한 모습을 엿볼 수 있었다. 제1부 제2장에 수록하였다.

다음에 작성한 글은 「일본 『東洋經濟新報』의 한국관계 기사와 대한인식 (1895~1905)」(『한국민족문화』 30, 2007)이다. 이 글은 부산대학교 한국민족문화연구소에서 수행한 '일본 소장 한국관계 자료수집 작업'의 일환으로 작성한 것이다. 필자는 당시 근현대 일본잡지 가운데 『東洋經濟新報』를 대상으로 1895~1905년 사이에 실린 한국관계 자료를 조사하여 일본인의 대한여론에 관한 글을 작성하였다. 제1부 제3장에 수록하였다.

처음 관심을 가졌던 전북지역 일본인 지주제 연구를 다시 착수하게 된 것은 2001년 연세대학교 국학연구원의 지원을 받아 연세대학교 경제학과 홍성찬 교수를 팀장으로 일제시기 만경강 일대의 지역사 연구를 할 수 있게 되면서부터이다. 참가자는 홍성찬 교수, 이준식, 우대형, 이경란 박사,

필자 등 5명이었다. 만경강 일대, 군산시·옥구군·익산군 지역을 대상으로 각 분야별로 의미 있는 연구 성과를 냈다. 그 결과물이 『일제하 만경강 유역의 사회사—수리조합, 지주제, 지역정치』(혜안, 2006)였다. 여기에 수록한 필자의 글 가운데 「일본인 지주의 농장경영과 농외투자—전북 옥구군 서수면 사례」에서 농외투자 부문을 수정 증보하여 제2부 제1장을 작성하였다. 그 후 연속된 작업으로 서수면 농민운동을 집필하고 전북지역 식민지 지주제 연구를 마무리하려고 했지만, 더 진척시키지 못하고 10여년이 흘렀다.

본 책에 수록한 글 가운데 가장 최근에 집필한 글은 「일제하 일본인 지주의 진영농장 설립과 경영—村井吉兵衛와 迫間房太郎을 중심으로」(『학림』 45, 2020)이다. 본서 제2부 제3장에 수록하였다. 김해군 하계면에 소재한 무라이(村井) 농장에 대한 관심은 1996년 부산대학교 대학원생들과 김해군 진영읍과 창원군 대산면 일대의 무라이 농장과 동면수리조합의 흔적, 주남저수지, 창고가 소재한 진영역 일대를 답사하면서 비롯되었다. 그 후 마산시청에서 토지조사사업 당시 무라이가 주민과 다툰 토지소유권 분쟁 문서를 수집하면서 본격적인 관심을 갖게 되었다. 작년 초 본 책의 출판준비를 끝낼 무렵 제2부 제2장의 경남 지주제 부분에서 무라이 농장과 한국흥업의 사례를 개별 사례로 정리하여 완성도를 높이기로 계획을 세웠지만, 시간에 쫓겨 무라이 농장만 집필하고 한국흥업은 일부만 수정보완하는 수준에서 출판 준비작업을 종결했다.

식민지 조선에 뿌리를 내리러 온 일본인의 삶의 흔적을 추적하려고 관심을 가진 지 벌써 30여 년이 되었다. 그동안 미진한 부분을 보완한다는 핑계를 대며 출간을 미루어 왔으나 마음을 비우고 지금까지의 작업을 일단 마무리하기로 했다. 본 책은 이미 발표한 글에서 문장을 수정하고 연구 성과를 새로 추가하고 보완하였다. 전체 논지는 처음 작성할 때의 관점과 모습을 거의 그대로 유지하였다.

책의 구성과 내용은 다음과 같이 3부로 구성하여 다양한 일본인의 삶의 모습을 그렸다. 책머리에, 제1부 일본제국의 식민여론과 일본인 이주·식민, 제2부 일본인 식민지 지주제의 생애와 모습-전북과 경남지역 사례, 제3부 일본제국의 일본인 농촌 건설사업-동척이민과 불이농촌 사례, 총결로 구성하였다.

제1부는 3장으로 구성했다. 제1장은 일제의 한국 식민론과 일본인 농업식민이다. 일제가 한국을 강점할 무렵까지 이주·식민론이 대두된 배경과 정책, 한국의 반대여론, 만한이민집중론이 대두된 일본제국의 국내외 사정과 일본의 조선 산업조사, 일본 농업이주민이 정착하는 과정을 그렸다. 이는 황성신문과 한국에서의 현장 경험과 수집한 정보를 토대로 일본인이나 일본정부의 파견원들이 작성한 보고서와 안내책자를 동원하여 작성하였다. 그리고 일본제국의 한국경영론과 이주사업을 시행한 회사, 조합, 개별이주자들의 사례 등을 소개하고, 이들이 갖는 한계를 극복하기 위해 일본제국이 국가적 차원에서 제기한 국책식민회사 설립논의를 다루었다.

제2장은 일본인의 사회적 존재형태와 농업경영-경남 밀양군 삼랑진 지역 사례이다. 일본인 각계각층이 삼랑진역과 낙동강역을 중심으로 자리잡고 살아가는 다양한 삶의 모습과 농업경영을 다루었다. 이곳에는 지역적 특질과 관련하여 한국(조선)흥업과 동척, 하자마 후사타로(迫間房太郎) 등 거대 지주가 역 주변일대를 차지하고 물류 유통이익을 독점하였다. 나아가 논농사 뿐만 아니라 밭농사, 즉 과일, 연초, 양잠 등도 겸영하는 특징을 보였다. 일본인 중소지주와 자작농도 동참하였다. 이 과정에서 영세농이나 소작농으로 전락되어가는 한국농민의 모습도 그렸다. 이와 아울러 이곳에서 살아가던 다양한 직업의 일본인들, 특히 『日本人除戶簿』에 나타난 일본 주민 전체의 직업과 가족 구성 등 삶의 모습을 그렸다. 일본인이 주도하여 새로 건설해 간 지역이었지만, 일본인 하층민은 도시발전이 정체되면서 정착하지 못하고 떠나간 자가 적지 않았다. 반면 한국인 가운데 일부는 식민지 지배의 틈 속에서 지주나 기업인으로 성장해가는 모습을 보여주었다. 각계각층의

사례와 함께 각 지역별 사례연구가 축적되어 식민지 시기 지역사회의 변화상을 구체적으로 그릴 수 있기를 기대한다.

제3장은 일본『동양경제신보(東洋經濟新報)』의 한국관계 여론(1895~1905)이다. 당시 일본에서 동경경제잡지와 쌍벽을 이룬 동양경제신보에 게재한 일본인들의 한국관계 글을 검토한 것이다. 일본제국이 제국주의 국가로 본격적으로 발걸음을 내 디디면서 제기한 대외팽창정책 가운데 하나가 만한이민집중론이었다. 만주와 한반도에 일본인을 이주시켜 일본영토화해야 한다는 여론이다. 이 같은 침략여론이 일본 내에서 비등하면서 각종 한국침략 방법론이 제기되었다. 주로 경부철도 부설론을 비롯한 각종 이권문제와 내정개혁에 관한 글이다. 이들은 영구적 식민지배를 꿈꾸며 영국의 이집트 지배와 같은 자유주의 개방주의적 관점에서 조선지배를 논하였다. 보호주의자들과 지배방법에서는 차이를 보이고 있으나 일본제국의 이익을 식민지에서 관철하려고 하는 목적에서는 차이가 없었다. 동경경제잡지나 이들과 경향을 달리하는 보호주의적 성격을 지닌 잡지와 같은 다양한 언론매체들에 대한 분석이 요구된다.

제2부는 전북과 경남지역의 일본인 식민지 지주제를 분석한 글로 3장으로 구성했다. 제1장은 전북지역 일본인 지주의 농장경영과 농외투자이다. 이 글은 옥구군 서수면에 토지를 소유한 가와사키(川崎)농장(후에 후타바사(二葉社)가 인수), 시마타니(嶋谷)농장 등 대지주를 비롯하여 중소지주 등의 농장경영과 농외투자 등을 다루었다. 상인·지주·자본가·華族 등 다양한 출신의 일본인이 대거 들어와 곳곳에 터를 잡고 농장을 건설하고 경영해 간 모습을 분석하였다. 잠매시절에는 구래의 관습에 의존하여 경영했지만, 1905년 무렵부터 대부분의 지주들이 소유와 경영을 장악하고 기업형 운영 방식으로 전환을 시도하였다. 이때 일본제국과 지주 주도아래 시행된 수리조합 건설 등 토지개량사업, 특히 경지정리사업이 중요한 역할을 했다. 또 하나 주목한 점은 일본인 지주가 다른 일본인 지주의 위탁을 받아 전형적인 자본주의적

3분할제 방식의 위탁경영을 했다는 점이다. 전시체제기에는 일제 식민권력이 일본 식민지 농정에 부합하지 못한 부재지주에게 위탁경영을 강요하며 조선농업을 장악하고 전시농정을 시도했다는 점에 주목하였다. 전북의 일본인 지주는 초기 투자단계부터 농외투자에 적극적인 모습을 보였다.

농외투자는 농업과 연관된 지주형 투자와 산업자본가형 투자로 구분되었다. 전자 부분에서는 조선인 지주와 공동으로 사업을 하는 모습을 보였다. 후자 부문에서는 일본의 유수한 자본가들과 공동출자하는 방식으로 자본전환을 꾀하면서 북선개발, 조선공업화에도 적극 동참하였다. 향후 과제는 한말에서 일제 시기로의 전환기에 보인 농업경영의 변화상과 자본전환의 구체적인 모습, 해방 후 식민지 지주제의 해체 모습 등을 그리는 일이다.

제2장은 경남지역 일본인 지주제의 형성과 특질이다. 부산이사청 관할지역 중 부산·김해·밀양 등 낙동강 유역의 지주들을 주로 다루었다. 이곳의 일본인 농업자들은 일본과의 지리적 근접성 등의 요인으로 다른 지역보다 비교적 이른 청일전쟁 무렵부터 낙동강 일대의 토지를 잠매하고 농업경영에 착수했다. 지주만이 아니라 자작농도 적지 않게 참여하였다. 먼저 일본인의 주 잠매지역인 절영도와 사중면에서 벌어진 잠매실태와 이에 따른 한국인의 토지소유관계 변동을 분석하고, 부산을 비롯한 주변지역의 지주제 실태를 살펴보았다. 1905년 이전 이미 40~50%정도의 토지를 잠매할 정도로 무차별적으로 침투하는 모습을 보였다.

경남의 일본인 지주는 한국에서 자본을 축적한 상인·고리대형 지주와 일본자본 투자(이입)형 지주로 구분되었다. 전자는 하자마 후사타로(迫間房太郎)와 오이케 츄스케(大池忠助)가 대표적 인물이다. 이들은 전북의 일본인 지주와 달리 1876년 개항 무렵부터 도한하여 상업·고리대 활동으로 자본을 축적하였다. 이를 토대로 일본제국의 한국침략에 적극 동참하면서 모험적·투기적·불법적 방식으로 토지를 확보하고 농장경영을 시작하였다. 농장의 형태나 경영방식에서 전북의 일본인 지주와 차이를 보였다. 경남의 일본인 지주들은 개항이래 상업·고리대 활동으로 축적한 자본을 그때그때 분산적으로 투자했다는 점, 이른 시기에 잠매나 전당 등 불법적·투기적 방식의 투자를 했다는 태생적 한계 때문에 조선 구래의 관습을 어느 인정하고 마름제적 경영방식을 그대로 유지할 수밖에 없었다. 전북의 기업가형 지주와는 차이를 보였다. 두 지역 일본인 지주제의 차이점을 분석하는 것도 이 글의 과제의 하나이다.

상인·고리대형 지주는 출발부터 부산지역의 수산업·금융업·미곡유통업·전기 등 농외 부분에 대거 투자하였으며, 부산·경남을 넘어 인천·경성 등에도 진출하였다. 1930년대에는 농업 수산업 등 제1차 산업 연관 부분보다 조선공업화 정책과 관련된 부분에 더 적극 진출하였다. 철도회사·전기회사·조선신탁 등 전국 단위의 대기업에 주주나 임원으로 참여하는 등 매우 적극적인 모습을 보였지만, 일본의 거대재벌 자본에 종속된 참여였다. 향후 과제는 지주경영의 구체적 실상과 일본제국주의 체제아래 전개된 일본인 지주·자본가와 조선인 지주·자본가의 상호 연관관계와 변화상 분석이다.

일본자본 투자형 지주는 한국흥업(주)과 무라이 기치베(村井吉兵衛) 등 일본의 재벌들이었다. 이들은 러일전쟁을 기점으로 한국에 들어와 무력을 이용하여 토지를 확보하고 기업형 경영방식을 도입했다. 한국흥업은 시부사와 재벌이 제일은행 계열의 인물과 일본 자본가들을 모아 설립한 주식회사이며, 전국 각지에 농장을 설립한 대지주였다. 1/3소작제 등 낮은 소작료, 기존 소유자와 경작자에게 소작권 부여 등 구래의 질서를 인정하며 계약을 체결했으나 토지매득 후에는 사적 권력을 배경으로 경영권까지 장악하여 농장을 경영했다. 이때 농민은 지주의 지시에 따라 노동력을 제공하는 노동자적 존재에 불과하였다. 조선흥업(1913년 개명)이 이들을 관리하기 위해 설립한 흥농회는 5인 연대책임제로 운영되었다. 조선흥업은 타인자본에 거의 의지하지 않았으며, 수익률과 주주배당률이 높았다. 그러나 조선 내에서 자본전환은 거의 없었다. 투자이익과 농민지배를 강력하게 실현했다는 점에서 전형적인 식민지 지주제 사례라 할 수 있을 것이다. 본고에서는 조선흥업의 특징을 주로 살펴보고, 삼랑진 농장의 사례를 엿보려 한다. 조선흥업의 구체적인 실증연구는 후일을 기약한다.

　제3장은 무라이 기치베(村井吉兵衛)와 하자마 후사타로(迫間房太郎)의 진영 농장 설립과 경영이다. 무라이는 1904년부터 불법 또는 강권적 방식으로 토지를 확보하면서 주민들과 격렬한 소유권 분쟁을 벌였다. 토지조사사업으로 법적 '정당성'을 확보하고 개간으로 농장을 조성하면서 품종·시비·수리 등 각 부문에 기업형 경영방식을 도입하였다. 무라이 농장은 개간의 모든 과정에서 완전한 지주 주도형이 아니라 농민의 勞資투입을 기대하고 그 대가로 경작권을 물권처럼 인정해주는 모습을 보였다. 일본인 지주는 잠매나 개간과정에서 구래의 관행에 따라 농민의 경작권에 물권적 권리를 인정해 주기도 하였다. 그러나 토지조사사업에서 배타적 소유권을 법적으로 확립한 이후, 농장경영 과정에서 이를 박탈해갔다. 본 사례 연구는 일본 재벌 무라이가 이 같은 방식으로 식민지 지주제를 발전시켜가다가 금융공황의 여파로 파산하는 과정, 이를 인수받은 하자마 후사타로가 지주경영을 강화한 여파로 소작쟁의가 빈발하고 경영비용이 증가하자 지주경영에서 손을 떼는 과정을 분석하였다.

　제3부는 일본제국의 일본인 농촌 건설사업―동척이민과 불이농촌 사례로 2장으로 구성했다. 일본제국이 조선을 식민지로 영구히 지배하고 일본의 인구·식량문제를 해결할 의도아래 일본농민을 이주시켜 건설한 동척촌과 불이농촌 등 두 사례를 다루었다. 일본제국은 만한이민집중론에 근거하여 일본농민을 한국에 이주시켜 자작농으로 육성하여 영구히 뿌리내리게 할 목적아래 이주·식민정책을 추진하였다. 일본제국 정부가 주도적으로 설립한 동양척식주식회사(이하 동척으로 약칭함)와 일본제국의 지원을 받은 불이흥업(주) 등 두 공·사기업이 추진하였다.

　제1장은 동척의 이민사업과 이민 반대운동이다. 동척 이민사업은 일본제

국이 국가적 차원에서 동양척식주식회사를 설립하고 정책적으로 추진한 기간지 이민사업이다. 이 사업은 한국 정부의 출자지에 기존 조선인 경작농민을 축출하고 일본농민을 이주시켜 '동척촌'을 건설한 것이기 때문에 조선농민의 격렬한 반발에 직면하였다. 더구나 이것은 기존 농민의 물권적 경작권(=관습물권)을 아무런 대가없이 박탈하며 시행한 것이었기 때문에 반발은 격렬하였다. 동척이민은 낯선 자연환경, 금융대부금 상환과 미가하락 등 영농조건이 악화되면서 뿌리 내리기가 쉽지 않았다. 이들은 안정적인 삶을 영위하기 위하여 동척에 이주조건 개선을 요구하는 진정운동을 전개하였다. 그리고 조선농민은 조선 내 여론의 지원아래 동척이민반대운동을 끊임없이 전개하였다. 동척은 안팎에서 불어 닥친 동척이민과 이민사업을 둘러싼 정치 경제적 압박을 견디지 못하고 사업을 중단하였다.

동척이민사업은 일본인 자작농창정과 조선의 일본화라는 정치적 목적아래 실시한 것이지만, 실시하면 할수록 조선통치에 장애를 초래하였다. 동척의 입장에서도 경제적으로 손해를 보는 사업이었다. 자작농 창정은커녕 유지조차 힘든 상황이었다. 만한이민집중론은 일본제국과 조선의 정치·경제적 상황을 고려할 때 실패할 수밖에 없는 사업이었다. 동척이민의 생애와 조선농민의 저항운동의 구체적 모습을 밝히는 것이 본장의 과제이다.

제2장은 불이흥업의 옥구간척지 조성과 불이농촌 건설사업을 다루었다. 불이농촌은 불이흥업이 일본제국의 지원 아래 간척지를 조성하여 일본농민을 이주시켜 건설한 이주농촌이었다. 불이농촌은 동척이민 같은 기간지 이민에서 제기된 문제를 해결하기 위하여 전북 옥구군 바닷가에 간척지를 조성하고 시행한 이주·식민사업의 결과물이었다. 후지이 간타로(藤井寬太郎)는 일제의 금융자본의 지원을 받아 익옥수리조합 건설사업과 함께 간척지를 조성하여 불이농장과 함께 불이농촌을 건설하였다. 불이농촌은 일본 각지에서 이주민을 모집하여 건설한 '신일본' '소일본'이었다. 일본인을 이주시켜 자작농으로 육성하고 조선농촌에 모범을 보여주기 위해 막대한 자금을

투여한 사업이었지만, 창정된 자작농은 유지조차 힘들다. 상환을 위해 대부를 받는 등 갈수록 부담이 증가하였다. 불이농장의 조선인 소작농은 훨씬 열악한 조건 아래 갈 곳 없이 그곳에서 퇴적되어 갔지만, 훨씬 우월한 대접을 받았던 불이농촌의 일본인 농민들은 이를 견디지 못하고 이촌하거나 외지벌이로 생계를 유지하는 호가 적지 않았다. 만한이민집중론은 실패로 끝나고 일본제국은 전시체제기에 조선인의 일본인화를 겨냥한 황국신민화 정책으로 정책적 전환을 꾀하지 않을 수 없었다. 불이농촌은 여러 지원과 혜택을 베풀었음에도 불구하고 계속적인 지원 없이는 버틸 수 없는 존재였다. 일본금융자본에 예속된 소작농이나 다름없는 처지였다. 본고는 일본자본주의가 이상향으로 추진해간 불이농촌의 전 생애를 분석하는 것이 목표이다. 불이농촌 사업과 조선인의 일본인화 정책은 일본의 패망과 더불어 끝이 났다.

일본제국의 한반도 식민지 지배를 위한 농업정책은 패망과 더불어 종결되었지만, 향후 연구과제는 이들이 남긴 식민지 농정의 여진과 식민지 지주제의 압박에 저항하며 이를 극복해간 농민들의 구체적인 삶의 궤적이다. 그리고 일본인 농장은 적산으로 신한공사에서 관리하다 귀속농지 불하정책으로 관계 농민에게 유상으로 분배되었지만 그 실상에 대한 연구는 미진하다. 그리고 불이농촌과 동척촌은 해방과 더불어 일본농민이 돌아간 다음 빈 공간으로 남게 되었다는 점에서 조선소작농이 그대로 존속했던 일본인 농장과는 달랐다. 일본인 이주농촌의 후속 처리과정과 이곳에 자리 잡은 한국농민의 성격 검토가 향후 과제이다.

이 책은 김용섭 선생님의 학은과 여러 선후배 동료들의 지원에 힘입어 이루어진 성과이다. 대림동, 연남동에서 같이 호흡하던 공부방 동료들, 홍성찬 교수를 비롯한 고전강독회의 멤버들, 한국역사연구회 토지대장 연구 반원들, 부산대학교 사학과 동료교수들과 제자들, 그리고 부산대학교 한국민족문화연구소, 연세대학교 국학연구원, 한국연구재단, 그리고 자료를 제공해 주신 군산시청과 옥구군청, 전주지방법원 군산지원, 전북농지개량조합, 삼랑진 면사무소 관계자 여러분의 지원과 협조 덕분이다.[5] 이 책은 왕현종 교수의 주선으로 연세대학교 미래 캠퍼스 근대한국학연구소의 출판지원을 받아 간행되었다. 모든 분들에게 다시 한번 감사의 말씀을 올린다. 마지막으로 날로 어려워지는 연구서 출판환경과 코로나의 공세에도 기꺼이 출판을 맡아 수고해주신 혜안의 오일주 사장님을 비롯하여 편집부의 김태규, 김현숙 님께 고마움을 전한다.

이 책을 작년 10월 20일 세상을 달리하신 김용섭 선생님께 바친다.

2021년 2월
지은이

---

5) 일본인명의 한글화 작업은 경북대학교 사학과 김경남 교수의 도움이 컸다(일본어 발음의 한글표기는 원칙적으로 국립국어원의 외래어 표기원칙에 따르되, 일부 발음상 혼동이 있을 경우 달리 표기하기도 하였다). 일본인의 이력에서 출전을 기록하지 않은 것은 www.google.co.jp, www.yahoo.co.jp, 국사편찬위원회 한국사 데이터베이스를 활용한 것이다.

차 례

제2부 일본인 식민지 지주제의 생애와 모습
-전북과 경남 지역 사례-

제3부 일본제국의 일본인 농촌 건설사업
―동척 이민과 불이농촌 사례―

제1부

일본제국의 식민여론과 일본인 이주·식민

제1장 일제의 한국 식민론과 일본인 농업식민

1. 머리말

일본제국은 러일전쟁을 전후하여 한국경영, 한국개발이라는 슬로건 아래 일본인들을 한국에 침투시켜 식민지 토대구축 작업에 본격 나섰다. 당시 일본에서는 이들을 통상 이민, 침투과정을 '도한'으로 불렀다. 그러나 그 본질은 한국을 총체적으로 직접 지배하고자 하는 식민정책에서 나온 것이었다. 일본의 해외이민 정책은 메이지정부 초기부터 일본자본주의 발전의 구조적 일환으로 전개되어 왔다. 청일전쟁의 승리를 계기로 이는 단순한 이민을 넘어 후발 제국주의 국가로 발돋움하려는 침략정책의 성격을 띤 식민정책의 일환으로 추진되었다. 목표는 제국의 팽창과 국방상의 사활이었다. 대상지는 한국과 만주였다. 취약한 자본축적 구조를 가진 일본자본주의는 한국을 자국 자본의 재생산구조에 강제로 편입시켜 일본제국의 필요불가결한 구성물로 지배하고자 했다.

일제의 이주·식민작업은 한국을 일본제국의 구조 속에 편성시켜 '내지 분신'으로 만드는 일이다. 일제는 러일전쟁 직후 이 작업을 본격적으로 추진하였다. 작업 내용은 한국을 영구히 안정적으로 지배할 만큼 일본인을 대량으로 한국에 이주 정착시키는 일이었다. 이들을 토대로 한국지배를 안정화시키고, 동화정책을 추진하여 한국을 일본화 시키는 데 목적이 있었다. 일본인 이주정책은 일본인을 영구히 한국에 정착시켜 한국인을 개조시키고 한국을 일본제국의 한 지방으로 완결시키려는 동력으로 삼으려는 작업이었다.[1]

불평등조약체제 아래 초기 한일의 경제관계는 通漁어업이나 무역형태로 추진되었지만, 이제 이를 넘어 이주·식민형태로 전환되었다. 이 정책은 한국의 일본화를 뒷받침하려는 정치적 의도 아래, 일본인 대지주 자본가를 중심으로 어업이민이나 농업이민 등 산업이민 형태로 추진되었다. 산업이민은 한국산업의 근간인 농업을 지배하기 위한 농업이민이 대부분이었다. 한국의 각 지방에 농업이민을 배치하여 농촌을 장악하는 동시에 한국지배의 중추세력으로 육성하여 통치문제를 해결하고자 했다.[2] 이와 아울러 이 작업은 일본제국이 자본축적 과정에서 지주자본에 의존하여 제기된 구조적 모순, 즉 농업문제와 과잉인구 문제를 해결하려는 의도도 있었다.

본장에서는 일본 자본주의의 구조적 특질과 그 일환으로 일본제국이 추진한 식민정책의 특질을 염두에 두면서, 한국 이주·식민정책의 논의과정과 실천과정을 추적하려고 한다. 특히 러일전쟁 전후 제기된 만한이민론, 만한척식론으로 포장된 조선개발론의 정책적 의도와 그 연장선에서 다양한 형태로 추진된 농업이민의 실상을 살펴보려고 한다. 그리고 일제가 한국에 심은 농업이민이 보호이민이든 자유이민이든 그 형태를 불문하고,[3] 궁극적

---

1) '四國九州化'라는 일제의 한국강점의 실체는 大藏省管理局, 『日本人の海外活動に關する 歷史的調査(朝鮮編)』(제2분책), 1945, 2~3쪽. 일본 언론에서는 이민을 통하여 일본인을 한국에 대량 이주 정주시켜 수적 우위를 확보하는 방식으로 '한국의 일본화'라는 동화를 달성할 것을 주장했다(『萬朝報』, 1910. 9. 5. 今後의 日本移民).
2) 일제초기 일본인 지주들의 동향에 대해서는 다음 논고들이 참고된다. 조기준, 「일본인 농업이민과 동양척식주식회사」, 『한국근대사론』 1, 지식산업사, 1977 ; 김용섭, 『한국근현대농업사연구』, 일조각, 1992 ; 문소정, 「대한제국기 일본인 대지주의 형성」, 『한국근대농촌사회와 일본제국주의』, 문학과 지성, 1986 ; 홍성찬 외, 『일제하 만경강 유역의 사회사』, 혜안, 2006 ; 하지연, 『일제하 식민지 지주제 연구』, 혜안, 2010 ; 淺田喬二, 『舊植民地地主制と日本帝國主義』, 御茶の水書房, 1968 등이 있다.
3) 일제의 정책담당자들은 이주·식민을 크게 두 형태로 분류하였다. 하나는 동척이민과

목표가 일본인 자작농민의 대량이민에 기초한 한국농촌·농업의 일본화에 있었다는 점, 일제가 지주적 농정을 펴가는 가운데 이와 성격을 달리하면서도 구조적 일환으로 이주·식민을 추진하였다는 점에 주목하여 일제의 조선농업정책의 또 다른 측면을 살펴보고자 한다.

여기서 다룬 주요 내용은 다음과 같다. 첫째, 일본에서 한국 이주·식민론이 대두된 배경과 정책, 이에 대한 한국의 반대여론, 둘째, 만한이민론이 대두된 일본제국 내부사정과 해외이민정책의 한계상황, 이주민을 수용하기 위해 실시한 산업조사와 내용, 셋째, 이시카와현(石川縣)농업주식회사, 오카야마현(岡山縣) 한국농업장려조합, 탕천촌(湯淺村) 등 회사·조합·개인이 각각 추진한 이민사업의 사례와 이 사업이 갖는 한계를 극복하기 위해 제기된 국책식민회사 설립론, 즉 동양척식주식회사의 설립여론 등을 다룰 것이다.

2. 일제의 한국 경영론과 이주·식민사업

1) 이주·식민론과 산업조사

(1) 이주·식민의 강행과 반대여론

19세기 말 이래 일제는 급격한 자본주의 발전과정에서 야기된 인구문제 해결과 해외자본을 유입하기 위한 방편으로 해외 이민정책을 추진하였다.[4]

불이농촌이나 평강농촌같이 국가의 직접적 지원 아래 강력하게 추진한 국책이민, 즉 보호이민이고, 다른 하나는 일본인 대지주·농업회사·농업조합의 응모나 유도에 따라 이주한 자작농과 소작농, 그리고 이들 조직과의 직접적인 연계 없이 개인적으로 이주한 자작농·소작농과 같은 '자유이민'이다(조선총독부 식산국, 『朝鮮ノ農業』, 1921 ; 善生永助, 『朝鮮ノ聚落』, 1933, 8~14쪽).

4) 인구문제는 정연태, 「대한제국 후기 일제의 농업식민론과 이주식민책」, 『한국문화』 14, 1993 ; 『식민권력과 한국농업－일제 식민농정의 동역학』, 서울대학교 출판문화원, 2014의 제1부와 제2부에서 자세히 다루고 있다.

지주자본과 산업자본을 토대로 성립된 일본자본주의가 산업혁명을 달성하고 러일전쟁을 거치면서 제국주의국가로 상승 전화함에 따라 이 정책은 더욱 중시되었다.[5] 일본제국의 급격한 산업구조 재편과정에서 농업문제와 인구문제가 새로운 사회문제로 대두된 것이다. 일본제국은 이 문제를 제국의 팽창과 국방문제와 직결시켜 해결해 갔다. 해외이민(하와이, 호주, 미국, 캐나다), 국내개발(북해도, 오키나와 등), 나아가 식민지 건설(대만)이나 전쟁을 통해 해결책을 모색해 갔다.[6]

초기에는 해외이민이나 국내개발이 손쉬운 방법으로 추진되었으나 이는 후발 제국주의 국가로 성장하는 데 확실하게 담보해 줄 수 있는 방안으로는 한계가 있었다. 일제는 전쟁을 통해 통치영역을 확대하는 방법으로 이 문제를 해결하고자 하였다. 청일전쟁과 러일전쟁은 그 일환이었다. 일제는 제국주의 열강을 전쟁으로 물리치고 한국에 대한 독점적 지배권을 확보할 수 있었다. 이러한 물리력을 배경으로 한국을 차지한 일본제국은 한국을 밑에서부터 장악하여 식민지 지배체제를 확실히 보장해 주는 국책사업으로 이주·식민정책을 강력히 추진하였다.

일제의 한국 이주·식민정책은 식민지 토대구축을 위한 사업이라는 인식 아래, 일반적인 해외이민사업과 달리 처음부터 목적 의식적인 산업이민 형태를 취했다. 이 사업은 러일전쟁을 기점으로 국책차원에서 본격 추진되었다. 그 이전까지는 한국의 무역권을 쟁취하기 위해 한국에 건너온 상인들과 서일본에 근거지를 두고 한국연안에 출어하는 通漁어민 등이 주 형태였다. 이들은 영구이민이 아니라 생업을 목적으로 한 나들이 형태의 도한이었다.[7] 대규모 재정지원을 전제로 한 조직적인 산업이민은 아직 실시하지 않았다.

---

5) 일본 산업혁명기 자본주의는 大內力 外, 『日本における資本主義の發展(全)』, 東京大學出版會, 1958과 大石嘉一郎, 『日本産業革命の硏究(上·下)』, 東京大學出版會, 1975 등이 참고된다.

6) 大藏省管理局, 앞 책, 1947, 174~184쪽.

7) 木村健二, 『在朝日本人の社會史』, 未來社, 1989, 10~13쪽 ; 善生永助, 앞 책, 1933, 14쪽.

청일전쟁 후 한국에서 거의 독점적으로 경제권을 장악한 일제는 정치권력 확보에 박차를 가하는 한편, 한국경제의 근간인 농업을 주 대상으로 농민 이주사업을 추진하려고 하였다.[8] 일본 농상무성에서는 이 목적을 달성하기 위해 농업식민을 위한 조사작업과 준비작업을 동시에 추진해 갔다.[9] 조사작업은 일본인 지주·자본가가 주체가 되어 일본농민을 동원하여 多勞多肥的인 일본식 농법을 이식·보급하는 한국농업개발론에 대한 타당성과 방법론을 모색하는 차원에서 실시한 것이다. 기본목적은 한국농업을 장악하여 농업생산물을 확대 재생산하는 데 있었다. 여기에는 두 견해가 공존하였다. 하나는 지주제에 기초한 대규모 농장을 설립하여 한국농민을 소작농민으로 장악하여 일본식 농법에 적응 이식시키는 방법이며, 다른 하나는 일본 농민을 이주시켜 이들을 통해 일본식 농법을 이식시키는 방법이었다.[10] 일본제국의 지주·자본가는 그때그때 사정에 따라 두 방법을 적절히 활용하였다.

일제는 국가적 차원에서 각 단계마다 수준에 맞는 지원방안을 마련하여 이주작업을 실시하였다. 을사조약 직후에는 한국개발이라는 이름아래 권업

---

8) 일본정부는 서일본 연안의 각 부현에 '한국통어조합'의 설립에 필요한 보조금을 지급하였다, 각 부현의 내무부 및 수산조합·수산시험장에서는 한국어업을 조사하고 시찰보고서를 발간하였다. 1900년 한국통어조합은 兵庫·岡山·廣島·愛媛·香川·山口·嶋根·德島·長崎·熊本·佐下·福岡·鹿兒島·大分 등 14현에 설립되었다. 木村健二, 앞 책, 未來社, 1989, 23~24쪽 ; 박구병, 「산업정책」, 『한민족독립운동사연구』 5, 국사편찬위원회, 1989, 456~457쪽 ; 이기복, 「일제하 '水産博覽會'와 조선 수산업의 동향」, 부산대학교 박사학위논문, 2010 등이 참고된다.

9) 일제는 농상무성 주관아래 산업조사에 착수했다. 1900년 농업기사 加藤末郎을 파견하여 농업사정 전반에 관한 조사를 했으며, 그 이후 中村彦 등을 파견하여 농업식민에 필요한 제반 조사와 준비 작업을 시도하였다. 일본농무국장 酒匂常明은 『日淸韓實業論』(1903)과 『韓國農業要項』(1905)을 저술하였다. 일본정부의 농업식민 조사작업은 김용섭, 「일제의 초기 농업식민책과 지주제」, 『한국근현대농업사연구』, 일조각, 1992가 참고된다. 일제는 군함을 파견하여 한국연안 측량사업도 병행하였다(『황성신문』, 1901. 6. 18).

10) 加藤末郎은 일본인을 10~30정보마다 1, 2명을 배치하여 경지관리인으로 삼고, 소작인을 장악하고 교류시키는 등 농장 내 '일한동맹'을 형성하여 상호이익을 도모할 것, 농업모범장과 농업학교를 설립하여 농업교육을 강화할 것 등을 제기하였다(加藤末郎, 『韓國農業論』, 1905, 261~278쪽).

모범장·식림모범장이나 한국중앙농회 등과 같은 기구를 설치하여 조직적으로 토대구축작업에 착수하였다.[11] 이들은 산업조사를 실시하는 한편, 이를 기초로 개발방법을 강구했다. 지주·자본가들에게 각종 자료를 제공하는 임무도 담당했다.[12] 일본의 지방관청이나 경제단체도 조사작업을 실시하고, 농업개발의 이익과 富가 풍부하다고 강조하며 한국이주를 적극 유도하였다. 한국개발은 일본인에게 부여된 당연한 임무라고 강조하였다. 한국인은 자본·건강·지능·인격 등에서 개발능력이 결여된 반면, 일본인은 우월한 본성을 지니고 있다는 논리였다. 게다가 한국인은 기질이 순종적이어서 우월한 일본인이 주체가 되어 이를 이용하면 개발을 더 용이하게 추진할 수 있을 것이라고 주장하였다.

이주작업은 토지를 확보하는 일부터 시작되었다. 기간지나 미간지를 가리지 않았다. 지주·실업가처럼 수익을 겨냥한 입장에서는 주로 기간지 매득을 통한 농업경영을 강조하였다. 일본정부처럼 대규모의 이주사업을 추진하는 입장에서는 기간지뿐만 아니라 미간지 이민도 강조하였다. 후자는 외국인 토지소유 금지규정을 합법적으로 돌파할 수 있는 방안으로 제기되었다. 일제는 황무지개척권을 한국정부에 대대적으로 요구하기도 하였다.[13]

미간지 이민론자들은 溝梁·제언·유수지의 개축, 하천연안 황무지의 개척, 양수기 설치, 특종식물 재배, 해면 매립 등의 방법으로 개발 가능한 미간지를

---

11) 일제는 1906년 산업의 개량 발달을 위한 조사, 시험, 농사의 모범, 실지지도, 강습, 강화, 양잠, 種禽, 種豚의 배부 등을 내걸고 수원에 권업모범장 本場을, 대구·평양·목포에 출장소를 설치하였다(조선총독부,『最近朝鮮事情要覽』, 1906, 314쪽). 이곳에서는 학술적 연구는 제외하고, 한국척식을 위한 기초자료를 제공하는 것이 주 임무였다(『황성신문』, 1906, 6. 13).

12) 압록강·두만강 연안의 산림조사(1906. 8), 농산조사(1906. 9. 3), 호수 인구의 정수조사(1906. 11. 22), 수리조사(1906. 11. 27), 법전편찬과 관습조사(1907. 4. 12), 연안측량(함남, 강원)(1907. 3. 25), 일본인 어업조합원의 어업조사, 수산사업 착수, 미간지조사(1907. 4. 24), 농업조사(1907. 5. 20.), 石材地段조사(1907. 5. 15) 등이 있다(『황성신문』 해당일 참조).

13) 윤병석,「일본인 황무지 개척권 요구에 대하여」,『역사학보』22, 1964.

선정 분류하였다.[14] 일본정부는 미간지가 140만 정보 존재한다고 보고 이민론을 전개하였다. 1인당 2단보로 할당하면 700만 명가량을 이식시키는 것이 가능하여 일본의 과잉인구 문제를 해결할 수 있다고 보았다.[15] 필요경비는 한국의 행정을 정리하고 농사진흥책을 시도하여 이주민들로부터 지조를 징수하면 해결할 수 있을 것이라고 했다.[16] 미간지 이민론은 경제적 가치 이외에 군사적 가치도 고려하여 제기한 방안이었다.[17]

지주제 옹호론자들은 미간지가 많다고 주장하는 견해도 있지만 이는 한국사정에 정통하지 못한 이해라고 반박하였다. 한국인은 본래 농본주의적 성향을 띠고 있기 때문에 인력이 미치는 곳은 물론이고, 경사가 심한 곳까지 개간된 실정이라고 하였다. 새로 개간하려면 대단히 많은 비용과 노력이 요구된다고 하였다. 개간비용이면 매득 가능한 기간지가 산재하여 있으니 기간지 매득에 힘쓰자고 주장하였다.[18] 일본의 경제력으로 미간지를 개간하는 것은 쉬운 일이 아니었다. 정책적 제안에 불과했다. 일제는 1920년대 산미증식계획 단계가 되어야 수리조합 건설사업과 함께 본격적으로 새로운 단계의 개간사업을 실천에 옮길 수 있었다. 당시 출판된 각종 도한안내서에는 경제적 이득과 국책 수행의 관점에서 토지획득 방법과 요령이 자세히 기술되어 있다. 이들은 한국인의 행동양식과 농업관행을 조사하여 외국인 토지소유

---

14) 岩永重華, 『最近韓國實業指針-附渡航案內』, 1904, 99~100쪽 ; 原田彦熊 외, 『朝鮮開拓誌』, 1910, 101쪽.

15) 일본 농상무성에서 파악한 개략적인 한국 토지는 전면적 21,413,000정보, 全可耕地 4,282,600정보(20%), 容易可耕地 3,212,000정보(15%), 현 경지 1,800,000정보, 미경지 1,412,000정보였다. 여기에 추정 한국인구 1,200만 명에 일본이민 700만 명을 더하더라도 일본의 인구밀도 299명에 비하여 232명 정도에 불과하여 개척의 여지가 충분하다고 하였다(주한일본공사관, 『한국농업조사의 건』(1904년), 『주한일본공사관기록』 20, 국사편찬위원회, 1991, 408~409쪽).

16) 주한일본공사관, 앞 책, 국사편찬위원회, 1991.

17) 주한일본공사관, 앞 책, 국사편찬위원회, 1991, 409쪽.

18) 吉倉凡農, 『企業案內 實利之朝鮮』, 1904, 106~108쪽. 이러한 견해는 미간지 개척의 신봉자인 藤井寬太郎에서도 엿볼 수 있다(藤井寬太郎, 『朝鮮土地談』, 1911).

금지규정을 교묘하게 피해가며 토지를 확보할 수 있는 방안들을 제시하였다.[19]

일본제국은 대규모 이주사업과 자유도한에 방해가 되는 한일 양국의 제도적 장애물을 제거하기 위한 방안을 강구하였다. 일본정부는 개항 때부터 일본인의 도한에 대해 법률로 일정한 제한규정을 두었다. 1904년 완전한 자유도한을 실시하기 전까지 다른 외국이민과 마찬가지로 도한에 이민보호법을 적용하였다. 통관절차가 매우 번거롭고 시간이 많이 걸려 사업수행의 장애요인으로 등장하였다.[20]

일본인 거류민단이나 상공회의소는 도한에 법적 제한을 철폐하고 편의를 제공해 줄 것을 일본정부에 여러 차례 요구하였다.[21] 특히 1901년 11월 재한국 일본인 상공회의소연합회에서는 자유도한의 실현을 만장일치로 결정하고 일본정부에 적극적인 조치와 협조를 요청하였다.[22] 자유도한을 요구한 이유는 여권 발급이 번잡하여 상인들이 편리하게 왕래하지 못하여 사기를 잃고 뜻하지 않은 손해를 본다는 것이다. 일본정부는 연합회에 중국·한국·시베리아 등지의 여행자에 대한 신원조회(護照規則)를 제외한 번잡스러운 절차를 없애겠다고 회신했다.[23] 일본내 강경론자들은 여기에 만족하지 않고 호조규칙도 폐지하여 일본 국내 여행처럼 자유롭게 해줄 것을 주장하였다. 매년 40~50만 명이 넘게 증가하는 일본의 과잉 인구문제를 해결한다는

19) 최원규, 「1900년대 일제의 토지권 침탈과 그 관리기구」, 『부대사학』 19, 1995.
20) 이민보호법에 따라 여권을 발급받을 때 많은 시간과 인내가 요구되었다. 馬關·長崎 등에서 출발할 때도 경찰관의 검열을 받은 후 며칠을 기다려야 배를 탈 수 있었다(『황성신문』, 1901. 8. 24 ; 木村健二, 앞 책, 未來社, 20~21쪽).
21) 목포상공회의소도 1901년 4월 외부대신에게 농업이주를 위해 법적 장치를 마련해 달라고 요구하였다(목포지 편찬위원회 편, 『木浦誌』, 1914, 159쪽).
22) 『조선신보(인천)』(『황성신문』, 1901. 10. 7. 인용기사) 재한국 일본인상공회의소 연합회에서는 일본정부에 '도한자'들에 대한 법률적 규제를 폐지하고 자유로운 왕래를 보장해 줄 것과 日本郵船會社에서 정기항로를 개설하고 운임을 낮추어 줄 것 등을 요청하였다(목포지편찬위원회 편, 앞 책, 1914, 170~172쪽).
23) 『황성신문』, 1901. 10. 14.

차원에서 볼 때 한국이 지리적으로나 정치적으로 가장 적당한 곳이라고 판단하였다.[24]

그러나 자유도한은 많은 일본인이 한국에 들어와 한국인과 잡거하게 된다는 양적인 차원의 단순한 문제가 아니었다. 우선 일본인은 법률적으로 치외법권에 해당되어 한국법규로는 관리할 수가 없다는 점이다. 이제까지 '不良無賴之輩'들의 도한을 방지하던 법적 장치였던 여권제도를 폐지하면, 이들이 대거 한국에 건너와 안녕과 질서를 파괴시킬 우려가 있다는 것이다. 한국정부는 일본인에 대한 이민거절권은 물론, 퇴거권이나 감독권도 빼앗기고, 모두 일본정부가 관할하게 되는 조치였다. 황성신문은 자유도한 조치를 국제법상의 이민거절권도 거부당하는 사태로 보고, 식민지 배태가 명약관화하다는 비판론을 게재하였다.[25]

한국의 반대여론에도 불구하고 일제는 이주정책을 계속 추진하였다. 일본의 각계각층의 요청에 따라 제16회 제국의회(1901년)는 商民의 '자유도한'과 부동산점유를 인정하는 '이민보호법 중 개정 법률안'을 통과시켰다.[26] 일본정부는 자유도한을 위한 후속 조치를 취했다. 일본 각지에서 한국 이주가 사회적 이슈로 대두되었다. 일본정부와 부현에서 한국에 조사단을 파견하여 인물 풍속 토질 농업 상업 등 여러 방면에 걸쳐 조사를 하고 이주를 실시했다.[27] 일본정부는 국내 여론과 재한 일본인의 요청에도 불구하고 여기서 파생될 문제 등을 고려하여 자유도한 조치를 미루어 왔지만, 러일전쟁을 계기로 완전 실시를 선언했다. 일본인은 여권 없이 국내여행처럼 자유롭게 한국을 왕래할 수 있게 되었다. 일본제국은 국가적·민간적 차원에서 한국이

---

24) 「日本時事新報」 사설(『황성신문』, 1906. 10. 7. 인용기사).

25) 『황성신문』, 1901. 10. 7, 14. 『황성신문』은 일본 실업가·지주·전문학자들의 도한은 긍정적으로 인식했지만, 자유도한은 우려를 표명했다. 제국주의 침략에 대한 인식이 불철저한 편이었다.

26) 『大日本帝國議會誌』 제5권, 1246쪽, 1254~1255쪽, 1259~1260쪽.

27) 『황성신문』, 1902. 1. 13. 이민현상.

주·식민사업을 적극 추진하였다.

이주사업을 성공적으로 추진하려면 대한제국의 외국인 토지소유 금지법을 제거하지 않으면 안 되었다. 일본인들은 내륙까지 잠매로 토지를 확보해 갔지만 이것은 불법이었다. 잠매로는 소유권을 제대로 행사하기가 곤란하였을 뿐만 아니라 토지 확대도 힘들었다. 이대로는 이주사업을 본격적으로 진척시키기 어려웠다.[28] 일본농민의 대량이주는 한국을 식민지로 확보하여 토지법을 마련하여 토지소유권을 허용할 때 실현할 수 있었다. 일본제국은 이에 앞서 한국을 식민지화하기 위해 정치공세와 무력행위를 강행하면서 이주·식민정책을 위한 환경마련에 주력하였다. 1904년 2월 러일전쟁의 시작과 함께 대한제국에 황무지개척권을 요구한 것도 이주·식민정책의 한 표현이었다. 외국인의 토지소유가 불허된 법체계 아래 합법적으로 이주사업을 추진하기 위한 방안으로 제안한 것이었다.[29] 한국정부는 국내의 격렬한 반대여론과 일본내 일부 반대여론에 힘입어 이를 좌절시켰다.[30]

(2) 만한이민집중론의 대두와 산업조사

러일전쟁 개전과 더불어 일본제국은 한국정부에 한일의정서 체결을 강제하였다. 이는 내정간섭과 전쟁 수행에 필요한 제반시설을 마음대로 이용할 수 있도록 한 것이다. 대한시설강령에서 척식을 위해 일본 농민을 한국에 이주시킬 것을 확정했다. 여기서 농지개방을 요구하였다. 그 수단으로 관유

---

28) 일본인들의 토지침탈에 대해서는 四方博,「朝鮮における の近代資本主義の成立進程－その基礎的考察」,『朝鮮社會經濟史研究(京城帝大法學會論集 6)』, 1933과 김용섭,『한국근대농업사연구(증보판)』하, 일조각, 1988, 475~485쪽.

29) 일본인들은 일본인을 이주시키기 위한 것이 아니라고 항변하기도 했지만, 한국농업조사의 건에서 이주를 위한 것임이 드러났다(주한일본공사관, 앞 책, 409쪽).

30) 일제의 황무지개간권 요구에 한국인들은 심하게 반발하였다. 집권여당인 정우회에서는 특별위원을 두고 조사한 뒤 이를 철회하기로 했다. 한국인의 감정을 상하게 하면, 차후 한국을 보호국으로 하는 데 유리하지 못하다는 이유를 들었다(『황성신문』, 1904. 11. 25).

황무지개척권을 일본인에게 허가할 것, 일본인의 토지소유권, 영대차지권, 용익권을 인정하여 농업경영에 차질이 없도록 강요하였다.[31]

일본제국은 한국을 지배하기 위한 시정개선 작업과 함께 일본농민을 이주시키기 위한 조사 작업에 착수했다. 1904년 3월 일본 농상무성은 한국농사조사위원회를 설치하고 총 7명의 농업전문가로 구성된 조사위원단을 파견하는 계획을 세웠다.[32] 당시 입안된 한국농사조사위원단의 구성과 조사 내용은 아래 표와 같다.

<표 1> 한국농사조사위원단의 구성과 임무

직위	학위	담당임무
기사	농학사	전답, 원예, 축산 등 현재와 장래의 생산조사
	농학사	개간지의 소재 면적과 적용, 측량 담당기사
	농학사	기간지, 미간지의 토성 계측
	수의학사	축산, 가축위생과 수질예방조사
	공학사	관개, 배수, 疏水, 저수 기타 농업토목조사
	임학사	수원함양, 토사, 땔감공급 등 산림경영조사
참사관	법학사	지방경제, 조세 등 조사

자료 : 국사편찬위원회, 『주한일본공사관기록』 20, 1991, 407~408쪽.

조사위원단의 목적은 식량의 공급력과 일반 토지의 생산력 조사에 있었다. 일본공사관의 지원과 보호 아래 180일간 한국의 각지를 돌면서 구체적인 실태를 조사하는 것이었다. 조사는 1904년 말 러일전쟁의 와중에 착수되었으며, 경비는 군사비에서 조달하였다.[33] 이 조사는 러일전쟁의 승리와 일본 내에 열풍처럼 일어난 한국경영열, 만한척식론, 만한이민론을 실현하기 위한 사전 작업이었다.

일제가 이주·식민사업에 국운을 걸다시피 한 또 하나의 요인은 일본의

---

31) 山邊健太郎, 『日本の韓國倂合』, 太平出版社, 1966, 280~286쪽.

32) 주한일본공사관, 앞 책, 407~479쪽.

33) 1904년 3월 입안된 '한국농업조사의 건'의 조사계획은 1904년 12월부터 단계적으로 시행되었으며, 조사원들이 조사 수집한 자료는 『한국토지농산조사보고』(일본농상무성, 1906)로 발간하였다. 당시 조사원과 조사지역은 다음 표와 같다.

해외이민이 커다란 난관에 봉착하였기 때문이다. 일본은 메이지유신 이래 과잉인구 문제의 해결과 해외자본을 유입하기 위해 지속적으로 해외이민을 추진했으며, 일정한 성과를 거두기도 했다.[34] 그러나 러일전쟁 이후 일본이 군사적 제국주의 국가로 성장하고, 세계적 불황이 닥치면서 해외이민사업이 난관에 직면하였다. 북미에서 일본이민이 사회 정치적 문제로 비화되어 일본인 이민배척운동이 일어났다.[35] 이 운동은 미일전쟁론이 대두될 정도로 심각한 외교문제로 비화되었다.[36] 일본인 이민배척안이 제기되자,[37] 일본정부는 1907·8년 미국과 캐나다에 여행권 발급을 통한 자발적 이민제한을 내용으로 하는 협정을 체결하는 선에서 파장을 막는 한편,[38] 이를 타개하기

조사지역(도)	조사위원		조사내용	조사일
경상 전라	농사시험장 기사	三成文一郎	토지	1904.12.
	농상무성 기사	有働良夫	농산	1904.12.
(부)노상개관		梁谷亮作 松岡長藏	토지	
	농상무성 기사	有働良夫	농산	
경기 충청 강원	농사시험장 기사	小林房次郎	토지	1905.3.
	농상무성 기사	中村彦	농산	1905.4.
함경	도쿄제대 농과대학 교수 겸 농상무성 기사	鴨下松次郎	토지	1905
		本田幸介	농산	1905.4.
평안	도쿄제대 농과대학 조교수 겸 농사시험장 기사	鈴木重禮	토지	1905.5.
황해·간도	도쿄제대 농과대학 조교수	原熙	농산	1905.4.

34) 1885~1906년 일본인의 해외이민은 26만 6천명에 달하였다. 하와이(136,000명), 미국 (22,000명), 러시아령(22,000명), 한국(19,300명) 순이었다(『황성신문』, 1908. 2. 7).

35) 일본인 배척운동은 캘리포니아 주 하리만 철도회사에서 백인노동자 대신 저렴한 일본인 노동자를 고용한 후 발생한 미국과 일본인 노동자 사이의 대립에서 비롯되었다. 이 문제는 일본인들의 교육, 세금, 인종차별 등으로 더 확대되었다. 1907년 2월 이민배척안이 가결됨에 따라 더욱 심각해졌다(『황성신문』, 1906. 11~1907. 12). 일본의 북미이민은 臼野正子, 「移民問題をめぐる日米加關係」, 『太平洋アジア圈の國際經濟紛爭史』, 東京大學出版會, 1983이 참고된다.

36) 『황성신문』, 1906. 12. 7 ; 1907. 9. 16.

37) 『황성신문』, 1907. 3. 23.

38) 미국의 배일운동·배일이민법 개정에 대해 일본정부는 미일조약의 최혜국 조항에 따라 일본인에게도 영국과 기타 유럽 제국의 이민과 동일한 권리를 허용해줄 것을 요청했다. 그러나 캘리포니아 주 정부의 입장도 무시할 수 없었기 때문에 이민법 개정이라는 제한적 형태로 타협을 보았다(『황성신문』, 1906. 12. 1 ; 12. 7 ; 1907.

위하여 해외이민정책에 일대 전환을 꾀하였다.[39]

북미의 일본인 배척문제는 일단락되었지만 문제가 근본적으로 해결된 것은 아니었다. 일본의 정계·재계·언론계에서 제국의 팽창과 국방의 요체로서 이주·식민론에 대한 대대적인 논의와 관심이 비등하였다. 남진론·남미이민론과 함께 만한이민집중론이 크게 주목을 받았다.[40] 일본제국은 러일전쟁의 승리로 페리의 개항 이래 제국주의 열강의 반식민지로 전락한다는 국가적 위기감에서 벗어나는 한편, 제국주의 열강과 함께 동아시아를 분할 지배할 수 있다는 강한 대국의식과 패권의식에 사로잡혔다.[41]

만한이민집중론은 패권의식과 자기보존 논리와 결합되어 강력한 침략론으로 전화되었다. 그 내용은 제국의 판도 내에 들어온 한국을 철저히 지배하고 경영해야만 향후 제국의 안위를 영원히 보존할 수 있다는 것이었다. 구체적으로 일본의 과잉인구 문제와 농업문제를 완화하고 해결하는 동시에, 대륙침략의 교두보를 마련하기 위한 것이었다. 일본제국은 이를 국책으로 채택하여 실천에 옮기기로 하였다. 만한이민론의 대표적 주창자는 제2차 가쓰라 다로(桂太郎) 내각의 외상 고무라 주타로(小村壽太郎)였다. 그는 러일전쟁 이후 일본제국과 그 세력권에 들어온 만주와 한국에 1억 정도의 인구(당시 일본 인구는 5천만 명)를 집중시켜야 제국의 안전을 기할 수 있다는 국방우선 이민론을 주장하였다. 앞으로 20년간 이 지역에 100만 명을 보낼

---

2. 21).

39) 미국의 이민법 개정안이 통과하자 일본외상 小村壽太郎는 일본의 새로운 발전지로 만한지방을 거론하고 이주의 필요성을 강조하였다(『황성신문』, 1906. 5. 23. ; 1907. 2. 27.). 憲政本黨도 對美결의를 통해 새로운 대책을 강구할 것을 정부에 요구하였다 (『황성신문』, 1907. 6. 18).

40) 만한이민집중론은 大和民族滿韓移民論, 만한척식론 등으로도 불리었다. ① 酒匂常明, 『日淸韓實業論』, 1903, ② 神戶正雄, 『朝鮮移民論』, 1910, ③ 永井柳太郎, 『滿韓集中論』, 『太陽』, 1910. 10, ④ 永井柳太郎, 『社會問題と植民問題』, 1912, ⑤ 德富蘇峰, 『時務の一家言』, 1913, ⑥ 東鄕實, 『日本植民論』, 1906, ⑦ 後藤新平, 『日本植民政策一斑』, 1921 등이 참고된다.

41) 江口朴郎, 『帝國主義の硏究』, 岩波書店, 1975, 23~45쪽.

것을 제안하였다.[42] 이것은 단순한 과잉인구 해소책을 넘어 열강에 견줄 정도의 인구를 집중시켜 제국의 안전과 대륙 팽창을 겨냥한 제국주의 침략책이었다. 일본자본주의의 발전을 위해서도 절대적으로 실천해야 할 국책사업이었다. 일본여론도 "총칼의 승리를 최종적으로 담보하는 것은 무엇보다도 식민지에서의 실업가의 경영"[43]이라는 논지로 이를 지지했다.[44]

이주·식민은 일본제국의 국방과 경제의 사활이 걸린 문제였다.[45] 만한이민론자들은 제국의 국력발전과 자위의 측면에서 만한이민론이 한국지배를 확고하게 보장할 수 있는 가장 '평화적인 정책'이라고 규정하고 이를 바탕으로 한국 지배를 완결할 것을 주장했다.[46] 황무지개척권 요구는 실패했지만, 러일전쟁에서 승리하자 만한이민론은 더욱 부각되었다. 일제는 이제 소극적 수동적 방식이 아니라 국가적 차원에서 조직적으로 사업을 추진하였다. 일본제국은 만한이민론의 차원에서 한국 나아가 만주도 실천대상으로 거론하면서 利源조사작업을 추진하였다. 여기에는 '합법'을 가장한 강압과 폭력이 동원되었다.

---

42) 일본의 이민론은 미국의 극동진출에 대한 위기감, 1907년 불황을 계기로 나타난 내외적 압박요인에 대한 외부적 해결수단, 일본의 제국주의적 팽창정책 속에서 제기된 것이다(小野――郎, 「日本帝國主義と移民論」, 『世界經濟と帝國主義』, 有斐閣, 1973, 그리고 大藏省管理局, 앞 책, 179쪽).

43) 田中喜男, 「明治以後'朝鮮拓殖'への地方的關心」, 『朝鮮史研究會論文集』 4, 1969. 8.

44) 러일전쟁 직후 일본군부의 실력자인 고마다 겐타로(兒玉源太郎)도 "금일 한국의 主從權을 피상적으로 말하는 자들은 승전이나 외교의 결과라고 보고 있으나 그와 같은 것들을 성급한 功으로만 볼 수는 없다. 주종권의 획득은 우리 국민이 한국 땅에 들어가 열국보다 먼저 차지하였다는 말로 다할 수 없는 사실이 존재하였기 때문이다"라고 언급하는 등 이주·식민의 중요성을 강조했다. 만주에도 50만 명의 일본인을 식민하는 것이야말로 만주제패의 근간이 된다고 주장했다(高承濟, 『만주농업이민의 사회사적 분석」, 『한국근대사론』 1, 1977, 343쪽).

45) 『政教新聞』, 1905. 7. 13~7. 15. 만한식민론. 정교신문은 石川縣 河北郡의 淨土眞宗系 지주층을 대상으로 1900년 5월에 창간되었다. 사장은 이 지방 대지주 林與右衛門으로 한국침략의 선봉적 역할을 했다고 한다(田中喜男, 앞 글, 『朝鮮史研究會論文集』 4, 134쪽). 『政教新聞』 외에는 姜東鎮의 「일본언론계와 조선(1910~1945)」, 지식산업사, 1987에서 인용한 것이다.

46) 『政教新聞』, 1905. 7. 13~7. 15. 만한식민론.

일본제국은 군부 주도아래 각계각층을 동원하여 정찰·여행 등의 방법으로 만한시찰계획을 실시하였다. 남만주 주차군 병참사령부는 여비·숙식 등 모든 비용을 지급해 준다는 조건으로 각 도부현에 만주지방의 이원 조사원을 파견해 줄 것을 요청했다.[47] 일본 농상무성은 만한실업시찰원 파견계획을 수립하고, 육군성과 교섭하여 각 부현에서 자격을 갖춘 희망자를 모집하였다.[48] 문부성도 학생과 직원들의 만주여행 계획을 추진하였다.[49] 이때 군비도 증액되었다.[50]

일본에서 만주 붐이 일어나자 일본정부는 이에 편승하여 조사작업을 추진하였다. 그러나 국제정세와 일본의 군사력 등을 고려하여 만주는 제1차 식민대상에서 제외하고, 한국에 초점을 맞추었다.[51] 일본 농상무성 농무국장 사코우 쓰네아키(酒匂常明)도 한국과 만주의 농업현황을 시찰한 결과를 토대로 이주·식민 대상지역을 한국으로 설정하였다.[52] 통감부의 정책은 두 방향으로 전개되었다. 하나는 일제가 한국에서 지배체제 구축작업을 수행하는 데 걸림돌이 되어왔던 법적 장치를 제거하는 일이고, 또 하나는 일본인을 대대적으로 이주시키는 작업이었다.

---

47) 田中喜男, 앞 글, 『조선사연구회논문집』 4, 1969. 8.
48) 제1회는 600여 명, 제2회는 400여 명이 도항했다(『황성신문』, 1906. 7. 10).
49) 참가한 인원은 3,694명에 달하였다(『황성신문』, 1906. 8. 15).
50) 일제의 만주경영 3대 강령은 東淸鐵道의 경영문제, 대련의 관세문제, 압록강의 삼림벌채 문제였다(『황성신문』, 1906. 6. 29). 군부는 만주경영을 위해 군부 예산(군비)의 증액을 요구하였으며(『황성신문』, 1906. 5. 23), 西園寺 수상은 만주시찰을 한 뒤 이를 수용하였다(『황성신문』, 1906. 6. 1).
51) 일본정부는 열강의 간섭을 우려하여 만주보전을 최선책으로 간주하고, 만주를 청국에 돌려주기로 결정하였다(『황성신문』, 1906. 6. 4).
52) 그는 만주시찰 뒤 만주에서는 상공업 척식을, 한국에서는 농업척식을 수행해야 한다고 주장하였다. 만주는 농법이 발달되어 있고, 중국 상인이 이를 장악하고 있기 때문에 大豆 등 농산물을 수입하고 대신 일본의 제작물을 수출하는 방법밖에 없다고 파악하였다. 반면 한국에는 자본가·기업가·기술가가 결핍되었을 뿐아니라 지가와 노임이 저렴하여 일본의 농업가가 한국인을 지도 경영하면 큰 이익을 향수할 수 있을 것이라고 하였다(『황성신문』, 1906. 6. 15).

일제는 전자의 작업으로 토지가옥증명규칙·토지가옥전당집행규칙·토지소유권증명규칙 등을 발포하여 일본인의 토지소유를 합법화시키는 한편, 삼림법과 국유미간지이용법을 공포하여 민유지 이외의 토지를 국유지로 선언하였다. 일본인 지주 자본가가 대부 허가를 받아 소유권을 확보할 수 있는 법적 장치였다.[53] 이때의 어업이민과 농업이민은 종전과 같은 나들이형이 아니라 영구이주가 목표였다. 일제는 이주민에게 삶의 터전을 제공해 주기 위한 방안 마련에 착수했다.

일본제국은 전 국가적 차원에서 이주장려책을 본격적으로 마련하여 실천에 옮기기 시작하였다. 통감부에서는 농상공부 농무과장 나카무라 히코(中村彦)를 일본에 파견하여 각 현의 지주·상공인들에게 이주농업의 유망함을 선전하는 순회강연을 실시하는 한편, 현 당국자들과 유지들에게 농업이주를 추진하도록 협조를 구하였다.[54] 이주 단체나 개인에게 각지의 농업경영자, 농업이주 방법, 농사개량 요령 등을 기재한 농업경영 안내서를 배포하고 각종 편의를 제공하였다.[55] 한국경영에 장애가 되는 무뢰상인의 도한은 경계하고, 자력과 경험을 가진 실업가의 도한을 장려했다.[56] 후쿠오카(福岡), 가가와(香川), 와카야마(和歌山), 야마구치(山口), 시마네(島根), 오카야마(岡山), 이시카와(石川), 오이타(大分) 등 한국과 가까운 서일본의 여러 현에서는 지주·상공인·실업가 등으로 구성된 실업조사단을 파견하여 각 지역의 경제적 개발여지와 정치 동향 등을 조사했다.[57] 이들은 조사보고서를 제출하고

53) 대한제국의 법률은 서울대학교 도서관, 『詔勅 法律』, 1991이 참고된다.
54) 南多平, 「岡山縣韓國農業奬勵組合設立の經過とその事業(1)」, 『韓國中央農會報』 3-7, 1909, 18쪽.
55) 統監府 農商工部 農林課, 『韓國ニオケル農業經營』, 1907, 서언과 목차.
56) 『황성신문』, 1904. 5. 10. 이때 통감부는 악질적인 범법자들을 송환시켜 화의와 우의를 강조하는 태도를 취하기도 했다고 한다. F. A. Mckenzie, *The Tragedy of Korea*, 1908(Yonsei University Press, 1969, 145쪽).
57) 시마네현 실업조사단은 1905년 5월 23일 松化를 출발하여, 24일 부산에 도착, 조선에 대한 제반조사를 수행하고 7월 11일 돌아갔다. 이들은 부산·동래·김해·삼랑진·밀양

시찰보고회를 열어 농업경영의 경제성을 선전하면서 이민여론을 환기시켰다. 한 사람이라도 더 이주시켜 한국농업을 일본화하는 일이 한국과 일본을 이롭게 하는 것이라고 선전하였다.[58]

식민여론과 정책적 지원에 힘입어 지주·상공인들은 소작농이나 자소작농을 한국에 이주시켜 자작농화시킨다는 목적 아래 자본을 출자하여 조합이나 회사를 설립하였다. 그리고 지방정부의 인적·물적 지원 아래 농업이민단체나 어업이민단·원양이민단 등을 조직하여 이주작업을 추진했다.[59] 농업이민은 지주·자작농·소작농 등 모든 계층을 대상으로 삼았다.[60] 이들은 각종 매체를 동원하여 "일본농민은 누구라도 일본의 농업경영에서 얻을 수 없는

·대구 등 경상도지역과 경성·인천·용산·개성 등 경기지역, 그리고 평양·신의주·용암포·진남포·兼二浦 등 평안도지역, 강경·군산·목포·영산포·마산포 등 전라도지역과 같이 개항 이래 새로 부각되는 지역을 선택하여 그 지역의 농장·공장·시장 등을 조사했다(島根縣, 『韓國實業調查復命書』, 1906, 1쪽). 石川縣에서도 1906년 조사단을 파견하여 『滿韓農事視察復命書』 등을 발간했다.

58) 統監府 農商工部 農林課, 앞 책, 1907, 52쪽.

59) 어업단의 실태는 다음 표와 같다.

명칭	창립일	단체원	단체기금	적립금	부현보조	출어 근거지
長崎縣遠洋漁業團	1906	1,050	-	56	2,200	전남 청산도
佐下縣朝鮮海出漁組合	1903	410	10,00	-	4,380	전남 목포 나로도
香川縣出漁團	1905	240			800	전남 고흥 봉래
岡山縣出漁團	1903	180			600	〃
香川縣朝鮮海出漁團	1912	100	5,000	800	2,200	경북 영일 구룡포
崎出漁團	1912	40		-	4,000	〃
林兼組	1907	10	5,000		-	〃
日生組	미상	100				
愛媛縣朝鮮海出漁組合	1905	200	-	-		경남 부산 절영도
鹿兒島朝鮮海出漁組合	1906	790		6,163		〃
三重縣遠洋漁業團	1912	574	219	540	1,200	
長崎縣遠洋漁業團	1904	309	-	-	2,500	경남 통영 거제도
香川縣朝鮮海出漁團	1908	2,240	-		2,000	경남 울산
香川縣朝鮮海出漁團	1912	192	-		2,000	경남 울산 방어진

자료: 조선총독부, 『最近朝鮮事情要覽』, 1918, 410~411쪽

60) 일본인 지주들은 일본인 소작농을 한국인 소작농과 함께 주거시켜 이들을 감독하게 하는 동시에, 일본식 농법을 이식시켜 자연히 한국농촌의 일본 농촌화를 촉진시킬 수 있다고 파악하였다(島根縣, 『韓國實業調查復命書』, 1906, 25쪽).

큰 이익을 한국에서 향수할 수 있다."고 대대적으로 선전하면서 이주민들을
끌어 모았다.[61] 농업시찰조사 보고서에는 금강·낙동강·영산강 유역의 전반
적인 농업상황과 지주·자작·소작인 등의 예상 수익률 등 이주 농업의 경제성
을 분석 제시하였다.[62]

그러나 이들이 실천한 주요 농업경영 형태는 자력과 조직에 기초한 지주경
영이었다. 지주의 지도아래 일본 농촌에서 유리된 소작농이나 자소작농을
엄선하여 '한국농업개발'의 첨병으로 내세우는 이주사업이었다. 지주 상공인
등이 실천한 '만한이민론'적 이주사업은 과잉인구 문제를 다소라도 해소하려
는 것이었지만, 대량 이민을 관철시키기는 어려웠다. 일제는 이 한계를
극복하기 위하여 동양척식주식회사와 같은 국책회사를 설립하여 대량 식민
사업을 추진하였다.

2) 이주·식민사업의 유형과 내용

러일전쟁 직후 한국경영열과 만한척식론에 입각한 일제의 농업이민사업
은 시행주체에 따라 농업회사나 대지주의 응모에 의한 농업이민, 부현에
지역적 기반을 둔 농업조합, 개인적 정착 등 세 형태로 나누어 볼 수 있다.
당시 농업이민사업은 대체로 지주·자본가가 주체가 되어 농민을 지주경영의
첨병으로 동원하거나 소작농민으로 지배하면서 점차 자작농으로 육성시켜
간다는 목표 아래 추진한 것이었다. 그리고 척식사업과 동화정책을 동시에
실현시킬 수 있는 방안으로 제안되었다. 일제는 일본농민을 각 촌락에 분산
이주시켜 통치기반으로서의 역할과 한국농민들에게 일본식 농법을 이식시
키는 임무를 부여하였다. 그들이 어떠한 형태로 한국농촌에 들어왔든 이들에

---

61) 어업이민도 대부분 순수 어민이라기보다 不漁時에 자력할 수 있도록 半農半漁의
    이민형태를 취하였다. 어업 이주도 그 성격과 존재형태는 농업이민과 유사하였다.
62) 島根縣, 앞 책, 1906, 256~279쪽 ; 梶川半三郎, 『實業之朝鮮』, 1911, 144~146쪽.

게 주어진 임무는 '한국농촌의 일본화'를 밑에서부터 실천해 가는 일이었다.

일제는 일본이민이 자리 잡을 수 있도록 농공은행이나 금융조합 등 금융기관을 동원하여 자금을 제공하는 방안도 강구했다. 그러나 자금부족과 높은 금리로 자금을 원활하게 공급할 수 없었다. 부동산등기제도도 마련되지 않아 토지담보 대부도 상당히 제한을 받았다.[63] 소규모의 농업경영자들은 자금 부족으로 상당히 어려운 처지에 놓였다.[64] 반면 지주·실업가들이 설립한 회사나 조합은 개인경영에 비해 절대적으로 유리했을 뿐만 아니라 한국인의 저항에도 조직적으로 대항할 수 있는 이점이 있었다.[65] 지방 유지들은 이 점에 주목하여 회사나 조합을 설립하여 이주사업에 나섰다. 각 부·현에서도 보조금을 지급하는 등 지원활동에 나섰다.[66] 일본 각 부현이 농업경영을 목적으로 설립한 주요 회사와 조합은 〈표 2〉와 같다.

〈표 2〉 일본인 농업조합과 농업회사

府縣	조합 또는 회사명	창립일	설립목적	자본금	대상지역
	한국농사(주)	1907		10만원	동래구포
岡山	韓國農業獎勵組合	1908.5	이주자보조, 농장경영	3만원	밀양
岡山	韓國企業株式會社	1907	황무지개간, 경지매수, 광산	10만원	김해대하
高知	土佐勸業合資會社	1908.1	개간, 조림	23만원	
大分	韓國興業株式會社		농사경영	3.5만원	전남남평
島根	山陰道産業株式會社	1907.6	旣耕地매수, 미경지개간 대금, 수출입 위탁업	50만원	부산
東京	韓國拓殖株式會社	1906.11	황무지개간, 전답택지매수	100만원	
東京	韓國興業(주)	1904.9	토지구입 租借 토지담보 대부, 식림, 양잠, 수리	130만원	전국
福岡	福岡縣農事獎勵組合	1905.12	이주장려, 농장경영, 농촌설립	4500원	영산포

63) 부동산 담보 대부제도와 그 한계에 대하여는 최원규, 「대한제국과 일본의 토지권법 제정과정과 그 지향」, 『동방학지』 94, 1996. 12와 이경란, 『일제하 금융조합연구』, 혜안, 2002 등이 참고된다.

64) 岡崎遠光, 『朝鮮金融及産業政策』, 1911, 26~147쪽.

65) 梶川半三郎, 앞 책, 1911, 252~253쪽.

66) 山口精, 『朝鮮産業誌』(상), 1910, 710쪽. 『황성신문』에서는 일본인 농업회사 조합의 권업을 본받을 것을 권유하기도 하였다(1907. 10. 18).

山口	大韓勸農株式會社	1907.6	부동산담보대금, 농사경영	1백만원	
石川	石川縣農業株式會社	1908.7	일반농사, 이민	10만원	김제
神戶	日韓林業株式會社	1907	일반임업	10만원	
長野	韓國長野縣組合	1908.	이주자 편익		
長野	韓農組合	1908	도한자의 지도장려	5천원	
佐賀	韓國興業株式會社	1908	농사경영	50만원	
香川	韓國實業(주)	1907.6	금전대부, 토지 매매와 대부, 농업과 부대사업	30만원	
香川	韓國勸業(주)	1906.8	이주자편의제공, 代金 토지(매매, 대여, 개간)	20만원	진주
和歌山	韓國興農株式會社	1908.12	경지, 택지 매수, 황무지개간	30만원	양산 가촌

자료 : ① 統監府農商工務府農林課, 앞 책, 1907, 41~42쪽, ② 梶川半三郞, 앞 책, 1911, 251~252쪽, ③ 『韓國中央農會報』 2-8, 1908. 2, 61쪽, ④ 山口精, 『朝鮮産業誌』(上), 1910, 663~710쪽.

〈표 2〉에서 보듯, 각 부·현 또는 지주·기업가들이 설립한 회사가 적지 않았다. 일본제국은 한국은 이주의 여지는 많으나 홋카이도와 달리 미간지가 거의 없기 때문에 중산 농가를 이주시키는 것이 가장 바람직하나 이 일은 현실적으로 용이한 일이 아니라고 판단하고, 자본의 대소나 유형에 관계없이 모두 이주시킨다는 방침아래 사업을 추진하였다.[67] 지주·자본가들이 농장이나 회사를 설립하여 지주경영을 하고, 그 일환으로 소작농민을 이주시키는 경우, 개인 단독으로 자작농으로 이주하는 경우 등 다양하였다. 회사나 농장, 조합, 개인 등의 이주사례를 통해 일본인이 농촌에 정착해 가는 구체적인 모습을 살펴보도록 하자.

(1) 회사형 이주사업－이시카와현 농업주식회사 사례

일본인이 지주경영을 할 경우 초기에는 대부분 일본인 농민을 모집하여 관리인이나 소작농으로 삼는 것이 일반적이었다. 회사가 주도한 이주사업의 대표적 사례는 이시카와현(石川縣)농업주식회사를 들 수 있다.[68] 이시카와현

---

67) 山口精, 앞 책, 1910, 663~664쪽.

68) 細川農場(전북 익산군), 國武農場(충남 논산군)도 이주사업을 실시했다. 전자는 北川 半三郞, 『實業之朝鮮』, 1911, 242~244쪽, 후자는 湖南日報社, 『忠淸南道發展史』, 1932,

에서는 러일전쟁 직후 '만한이원조사단'을 파견하여 한국의 실정을 조사한 뒤 이를 토대로 농업개발과 이주사업에 나섰다. 지방유지들은 현 정부로부터 3년 간 지원을 받는 조건 아래 1907년 2월 이시카와현 농업주식회사를 설립하였다.[69] 1908년 2월 기타오 에이타로(北尾榮太郎),[70] 모토쿠니 미치지 (本國三千治), 무라카미 마타지로(村上又二郎) 등을 한국에 파견하여 실지를 답사한 뒤 김제에 자리 잡고 본격적으로 농업경영에 착수했다.[71] 이 회사는 지주경영을 원활히 수행하기 위하여 이주사업도 함께 추진했다. 일본농민을 이주시켜 한국농민에게 일본식 농법을 모범적으로 보여주고 농촌개발을 도모한다는 명분 아래 시행한 것이다.[72] 이주농민은 한국인 소작농민을 지휘 감독할 농장경영의 기간요원이면서 일본제국의 식민통치를 밑에서부 터 지탱해주는 토대였다. 이주농민은 동화정책과 농업경영을 담당할 핵심이 었기 때문에 회사는 이주민의 선발과 지도감독에 세심한 주의를 기울였다.

이주민의 자격은 영주 토착하여 농업노동에 종사하고, 식민지배를 위한 토대구축 작업에 종사할 능력이 있는 자였다. 해외이민의 보편적 형태인 외지벌이형 같은 한시적 노동이 아니라 영원한 삶의 터전을 마련할 자를

293쪽이 참고된다.

69) 이시카와현 농업주식회사는 1907년 2월 자본금 20만 원으로 石川縣 金澤市에 설립되었다. 1918년 6월 본점을 김제로 옮기고 자본금을 40만 원으로 증자하였다(中村資良, 『朝鮮銀行會社要錄』, 1921, 94쪽). 설립 당시 지역사정에 대하여는 田中喜男, 앞 글, 『조선사연구회논문집』 4, 1969. 8, 지주경영은 淺田喬二, 「舊植民地(朝鮮)における日本人大地主の存在形態」, 『朝鮮歷史論集(下)』, 1979이 참고된다.

70) 北尾榮太郎은 대주주이며 지배인이었으며, 후에 전무가 되었다. 中村資良, 『朝鮮銀行會社要錄』, 1921, 94쪽.

71) 宇津木初三郎, 『金堤發展史』, 1934, 31~32쪽.

72) 大橋淸三郎, 『朝鮮産業指針』(下), 1915, 806쪽. 國武농장에서 표방한 이주계획의 목적은 "조선인의 농작은 일본에 비하여 작부 면적은 2배 이상에 달하고, 施肥 채초 및 관개 기타 등이 자못 조잡하여 지질이 양호함에도 불구하고 수확은 대단히 적다. 조만간 개량해야 할 필요가 있다. 또한 인구가 조밀한 일본에 비하여 조선과 같은 신개지를 발전시키는 것은 개인과 국가의 경제상 이익이 적지 않기 때문에 조선 소작인의 지도와 모범자로서 각지에 나누어 이주시키는 계획을 수립"한다는 것이었다(大橋淸三郎, 앞 책, 1915, 844쪽).

이주시킨다는 것이 원칙이었다. 이주자격 중 제일 주요한 요건은 병역을 필한 만 20세 이상의 신체 건강한 남자로, 토착의지가 강하고 반드시 농업경영을 목적으로 가족을 동반하여 이주하는 자였다. 병역필은 식민지 지배체제가 확립되지 않은 불안한 현지사정, 한국인의 저항에 효과적으로 대처하기 위한 조건이었다.[73]

다음 자격조건은 실제 농사경험이 있는 '선량한' 농민으로,[74] 한국인 소작농을 지도하고 모범이 될 수 있는 자였다.[75] 일본인 조사자들은 한국농법은 조잡하고 조방적이어서 수확이 대단히 적다고 인식하였다. 지주들은 농장경영 초기부터 일본식 농법으로 전환하여 지주경영의 수익을 극대화한다는 방침을 세우고 일본농민을 이주시켰다. 지주들은 자기들의 지휘방침을 준수할 것을 이들의 의무사항으로 강제하였다.

농업회사는 이주희망자에게 이주신청서와 본적지의 市區町村長의 증명서, 호적등본을 받아 자격조건을 심사 선별하여 계약을 체결하였다.[76] 계약기간은 5년이었다. 이주조건이 까다로운 만큼 회사에서는 이들이 안정된 생활 속에서 농업경영을 원활히 수행할 수 있도록 적절한 대접과 배려를 해주지 않으면 안 되었다. 이주민들은 소작조건에서 매우 유리한 대접을 받았다. 첫째, 소작지 규모는 논 2정보 내외, 밭 3단보 내외, 그리고 산림원야를

---

73) 1908년 동척 이민방법을 둘러싼 논의에서 러일전쟁을 경험한 제대병이나 퇴역병 등을 대상으로 한 '둔전이민'을 제기하기도 하였다(『황성신문』, 1909. 8. 1).

74) 이주민은 완전히 파산한 빈농이 아닌 여비, 농사자금, 생활비 등 기본적인 이주자금을 해결할 수 있는 자로 정했다. 이주자금은 200~300원(細川농장과 國武농장은 200원)정도였다(大橋淸三郎, 앞 책, 1915, 824, 844쪽).

75) 細川농장 소작계약서에서는 '한국인을 일본인같이 힘써 이들을 교훈하고 日鮮人간 평화를 뜻하는 일'이라고 명문화하였다(大橋淸三郎, 앞 책, 823쪽.).

76) 이주신청서에는 ① 이주자의 성명 연령, ② 병역 관계, ③ 노동의 적부, ④ 자산의 정도 및 부채 유무, ⑤ 종래의 직업과 경력, ⑥ 상벌의 유무, ⑦ 이주희망지, 의사의 건강증명서 등을 기재하도록 했다. 회사는 이들의 인적 사항과 물적 사항을 판단하여 이주 여부를 결정하였다(大橋淸三郎, 앞 책, 1915, 813쪽. 이민규정 제13조). 이러한 조건은 다른 농장도 유사하였다.

대여해 주었다. 2년 이상 되었을 때 토지상황과 이민상태 등을 고려하여
증감할 수 있도록 하였다. 소작지 면적은 일본 내의 평균 경작면적은 물론
그들이 조방적이라 평가한 한국인들의 평균 경작면적보다 훨씬 넓었다.[77]
이 점에서 당시 일본인들이 부르짖던 일본식 농법의 이식을 통한 한국농업
개발의 본질을 짐작할 수가 있다. 일본식 농법은 多勞多肥적인 집약농법이었
다. 일본보다 더 넓은 면적을 제공하여 일본식 농법으로 경작하기 위해서는
더 많은 노동력을 필요로 했다. 여기에 소유와 경작에서 배제된 한국인
노동력을 대량 동원할 것을 계획한 것이다.

둘째, 이주 일본인에게는 한국의 일반적 관행인 절반 정률지대가 아니라
더 저렴한 정액지대를 적용했다. 공과금도 회사가 부담한다는 조건이었다.
거주와 농경에 필요한 별도의 특혜도 제공했다. 가옥 1동, 농자금(1호당
50원), 농구(5호당 소 한 마리), 비료 종자 등을 무이자 혹은 저리로 대부해
주었다. 1912년에는 토지개량을 위한 토목공사를 실시하고 영농조건도 개선
해 주었다.[78]

이주민들의 소작조건은 한국인 소작농보다는 물론이고 일본 내의 농민보
다 유리하였다.[79] 물론 반대급부로 연대책임 아래 농장의 요구와 의무를
이행하도록 하고 이행하지 않을 경우 소작권을 박탈한다는 조항을 마련하기

---

77) 大橋淸三郞, 앞 책, 1915, 808쪽. 細川농장은 25~45두락이었다. 성적이 좋으면 15두락
   정도 증경도 하였다. 이들의 경작규모는 일본(1정보)이나 한국농민((1.5정보)보다
   우월하였다(大橋淸三郞, 앞 책, 824쪽. 소작인규칙 제3조).

〈細川농장 이주민수와 경작면적〉

연도	1906	1907	1908	1909	1910	1911	1912	1913	1914	1915	합
호수	2	1	1	6	5	11	16	7	7	6	65
두락	67	40.4	61	109	80	138.9	226.2	76	137.5	150.4	1,915.5
평균	33.5	40.4	61	18.2	16	12.6	14.1	10.9	19.6	25.1	29.5

78) 大橋淸三郞, 앞 책, 1915, 808~809쪽.
79) 소작료는 1단보 당 논은 현미 4두 5승 내외, 밭은 대두 3두 6승 내외였다. 〈표
   6〉에서 단보 당 수확이 1.2~2석 이라는 점에서 보면, 한국의 소작관행을 따른
   것이 아니라 일본의 소작관행에 따른 것으로 보인다. 소작조건은 5년 동안 정액으로
   결정하였다. 細川농장도 이와 비슷하였다(大橋淸三郞, 앞 책, 1915, 813·823쪽).

도 하였다. 이것은 일본인 농장의 일반적인 소작계약규정이었다.[80] 회사는 유리한 소작조건을 일본인 소작농에게 부담시키고 이들을 통해 한국인 소작농을 통제 관리하는 방식으로 지주경영을 했다.

〈표 3〉石川縣 農事株式會社의 이민 배치

호수	1	2	3	4	5	합	里數	평균
1909			1			3	1	3
1910					2	10	2	5
1911		1	2	1		12	4	3
1912		1	1	1		9	3	3
1913	1	2		2	1	18	7	3
1914	8	1		2	1	23	12	2
합	9	6	4	6	4	75	29	2.6

자료 : 大橋淸三郞, 앞 책, 819~820쪽.
비고 : 리수 29는 20개 리가 중복되어 합산된 숫자임.

이주민은 촌락 전체 호수의 1/4을 넘지 않는 수준에서 혼재시키는 방식으로 원칙을 정하였다.[81] 〈표 3〉에서 보듯, 이주민들은 김제군 5개 면 19개 리, 정읍군 1개 면 1개 리, 총 7개 면 20개 리에 1~5호의 범위 내에서 평균 2~3호씩 분산 배치하였다. 이주규모는 통치체제가 불안정한 초기에는 2, 3호 이상씩 단체로 이주시켰으나, 점차 단호로 분산 배치하는 방식을 택하였

---

80) 소작권 박탈 조항은 ① 소작지를 타인에게 전대할 때, ② 소작지를 황폐시키거나 또는 황폐할 우려가 있을 때, ③ 마음대로 소작지의 지형을 변경하거나 또는 지목을 변환할 때, ④ 개량에 관하여 농장의 지휘방침에 따르지 않을 때, ⑤ 소작료를 납부하지 않을 때 등이었다(大橋淸三郞, 앞 책, 1915, 809쪽). 全羅北道, 「소작관행조사서」, 1933, 34~37쪽에 예시된 이 회사의 "토지소작계약서에도 이 조항이 그대로 제시되어 있다."

81) 細川농장은 농장소유지에 따라 里마다 2호~10호를 주거시켰으며, 國武농장의 경우도 다음 표와 같이 분산배치 혼합거주였다(大橋淸三郞, 앞 책, 1915, 822·846쪽).

〈國武농장 이민호수와 배치지역〉

군면	(논산군)	광석면	조곡면	강경면	(부여군)은산면	합계	
리	葛山	泉洞	海倉	北塚	檜谷	호수	인구
1911	2	5	4	3	4	18	87
1915	2	3	2	2	3	15	52

다. 최소의 이주민으로 최대의 효과를 보려는 의도였다. 시간이 갈수록 농업조직이 안정화되는 경향을 보였다고 판단된다. 회사가 순수 일본인촌을 건설한 것이 아니라 한국인촌에 혼재시키는 방식을 택한 것은 이주민을 단순히 영주시키는 수준에 그치는 것이 아니라 원활한 지주경영을 대전제로 삼았기 때문이었다. 이들을 혼재시켜 일상생활에서 농업생산에 이르는 모든 방면에서 한국인을 지도 통제하는 데 목적이 있었다. 이주민들은 농장의 지휘에 따라 묘대 정리, 正條植 감독, 퇴비제작 등 전 생산과정에서 한국인 소작농을 지도 감독하였다. 회사는 이주민들을 지주경영의 근간으로 삼았으며, 동화정책의 효율적 수행도 기대하였다.

회사에서는 농사지도와 동화정책을 더 효율적으로 수행하기 위하여 '親睦講'이라는 단체를 조직하였다. 촌락(里)단위로 일본인 소작농과 한국인 소작농을 구성원으로 만든 조직체였다. 혼재형 촌락에서는 민족을 구분하지 않고 조직했으며, 한국인촌에서는 한국인만으로 회원을 구성했다. 이 단체가 표방한 목적은 회원들의 친목도모와 검약, 신앙심을 고취시키는 것이었다. 講頭(1명)와 世話方(3명)이 사무를 맡아보았다. 활동자금은 회원들의 출자금과 회사가 제공한 토지수익금이었다. 회원들에게 일이 발생했을 때 지원비용으로 사용되었다. 존립기간은 5년으로 하고 講金을 배당한 뒤 다시 조직하는 방식이었다.[82]

〈표 4〉에서 친목강의 조직 구성내용을 보면, 1914년도 한국인 소작농의 가입률은 혼재촌에서는 35% 정도였으며, 한국인 촌에서는 4%에 불과하였다. 혼재촌의 가입률이 훨씬 높았다. 회사 내에서 친목강의 역할을 보면, 혼재촌에서는 회사→ 친목강원(일본인 이주민＋일부 한국인)→ 한국인 소작농, 한국인촌에서는 회사→ 친목강원(일부 한국인)→ 한국인 소작농의 구조였다. 1915년 회사의 친목강 조직은 15개였으며, 회원은 329명에 달하였으며,

---

82) 大橋淸三郎, 앞 책, 1915, 815~816쪽.

<표 4> 친목강의 실태

구분	혼재촌락			한국인촌		소작인수		
	강수	이민	한인	강수	인원	①	②	합
1909						38	312	350
1910	1	15	123			153	2387	2540
1911	1	12	78	1	8	200	2041	2241
1912	2	5	65	5	45	230	1883	2113
1913	4	13	91	8	63	483	1547	2030
1914	8	33	208	7	85	595	1355	1950

비고 : ① 이민촌의 한국인 수, ② 한국인촌의 인수
자료 : 大橋淸三郞, 앞 책, 817~818, 821쪽.

전체 소작농의 16%가 참여하였다.[83] 한국인 소작농은 2,000호이고 이민호는 77호로 전체 소작농의 3.7%에 불과하였다. 회사는 이주민 외에 순응하는 한국인을 친목강이라는 친위대를 조직하여 한국인 소작농을 지휘 감독하도록 하는 방식으로 지주경영을 했다.

일제는 일본인 이주민이 일상생활이나 농업생산과정에서 한국인과 함께 하면서 점차 호감을 갖고 자연스럽게 조선농촌에 뿌리를 내리도록 하여 식민통치의 기반을 마련하고자 하였다. 일본인 이주민이 주체가 되어 각종 농사개량 등을 적극 추진한 결과, 혼재촌이 순한국인 촌락에 비해 상당한 농업지식의 발달과 생산력의 증대를 보았다고 주장했다.[84] 〈표 5〉와 〈표 6〉과 같이 '양호한' 성적을 거두었다고 평가하였다.

그러나 이주민들은 초기에는 큰 난관에 부딪혔다. 한국과 일본의 수리조건 등 농업환경의 차이를 간과한 채, 한국농법을 조잡한 약탈적 농법이라 치부하고 일본식 농법을 그대로 적용하려 했기 때문이었다.[85] 이것이 이주민을

---

83) 이주민들에게는 연 4회 지도장려책을 강화했다. 이주민 상호간의 융화와 개량진보 책 강구, 아동교육, 위생시설, 승려초빙, 강제저축 등을 실시하였다(大橋淸三郞, 앞 책, 1915, 807~816쪽).

84) 혼재촌과 한국인촌 사이의 개량종 보급비율은 거의 3배에 달하고, 이민의 수확량은 평균 1단보에 현미 1석 9두 7승, 이민부락내 한국인 농민은 1단보 당 현미 1석 4두 1승, 한국인 촌락의 소작인은 1단보 당 현미 1석 1두 5승이었다(大橋淸三郞, 앞 책, 1915, 812, 816~819쪽).

<표 5> 일본이주민이 한국인 소작농에 미친 농사개량 성적

종별	개량종 보급		正條植		短冊苗代		종자 저장조합		소작인수		
	①	②	①	②	①	②	①	②	①	②	합
1909	7		14	1	10				38	312	350
1910	3		15	3	38	2	22		153	2,387	2,540
1911	9	2	185	16	115	15	63		200	2,041	2,241
1912	245	51	201	23	182	26	173	17	230	1,883	2,113
1913	212	115	421	246	395	46	260	51	483	1,547	2,030
1914	443	332	595	204	591	444	485	60	595	1,355	1,950

비고 : ① 이민촌내 한국인 ② 순한국인촌
자료 : 大橋淸三郞, 앞 책, 816~821쪽.

<표 6> 石川縣농업주식회사 농업이민의 경영실태(水田)

연도	호수	순익		저축액		매득 면적		평균수확 (反當)
		총	호당	총	호당	총	호당	
1909	3	114.4	38.1	9	3		段步	1.29
1910	13	432.9	33.3	55.2	4.3	32	2.46	1.35
1911	25	2,282.8	91.1	125.3	5.0	51	2.04	1.63
1912	34	2,923.5	86.0	35.2	1.4	25	0.74	1.19
1913	54	14,480.3	268.2	1,025.1	19.0	105	1.94	1.85
1914	77	12,477.0	162.2	2,431.4	31.6	170	2.21	1.97

출전 : 大橋淸三郞, 앞 책, 809~811쪽

실패로 빠뜨린 첫 번째 원인이고, 이어 불어 닥친 미가하락이 이들의 희망을
좌절시킨 또 하나의 동인이었다.[86] 이러한 사태에 직면한 이주민은 토착의지
가 약화되어 비관과 허탈감에 빠져 다시 귀국하는 자, 향리에서 자금을
융통하여 고리대업을 하는 자, 상행위를 하는 자 등 농업에 대한 희망을
잃고 자기 살길을 찾아 이주농촌에서 탈락해가는 모습도 보였다.[87] 이

---

85) 대부분의 일본인 이민자들이 시행착오를 겪었다. 특히 동척은 이점에 유의하여
농사강습회, 농사지도 등을 실시했다(善生永助, 앞 책, 1933, 14쪽).

86) 다음 표에서 보듯, 이주 초기에는 이주민들의 경영실적이 한국인의 성적에 미치지
못하였지만, 해를 거듭할수록 수확량이 크게 증가하였다. 농장측에서는 한국의
농법을 연구하고 농사개량에 많은 투자를 한 결과 이 같은 성적을 거두게 되었다고
평가하였다(大橋淸三郞, 앞 책, 1915, 845쪽).

점을 고려하여 회사 측에서는 이들에게 입지조건이 좋은 토지를 제공하고 소작면적도 확대시켜주었다. 그리고 농사자금이나 상여 제공, 농가개량 실행, 부업장려 등 상당한 혜택을 제공하였다.[88] 이들은 회사 측의 배려와 현지사정에 점차 익숙해지면서 농업생산성도 높아져갔다. 〈표 6〉에서 보듯, 1단보 당 평균수확은 증가경향을 보였다. 영농실적이 진전되고 저축이 가능 해지면서 토지도 매입할 수 있게 되었다고 했다.

그러나 이주민의 경제상태는 기대치에 미치지 못하였다. 이들은 이주 초년 1개년의 식료는 이주 당시의 지참금으로 해결했다. 매년 순익금은 주로 다음해의 영농자금에 충당하고, 나머지는 저축하여 시기를 보아 토지를 구입하도록 하였다. 그러나 이 정도의 수입으로는 그들이 목표한 자작농은 물론, 소작농민으로서의 경제력도 만족할 만한 수준에 도달할 수 없었다. 이들은 토지를 구입할 여력이 별로 없었다. 매득한 토지도 얼마 안 되었다(〈표 6〉). 더 이상 이주사업을 지속할 만한 여건이 안 되었다.[89] 나아가 통치체제가

〈國武농장 이주민과 한국인의 단보당 수확비교〉 (단위 : 石)

지역	연도\국적	1911	1912	1913	1914
논산군 광석면 갈산	일본인	2.02	2.34	2.58	3.32
	한국인	2.58	2.46	2.62	3.17
논산군 광석면 천동	일본인	1.86	2.11	2.27	2.87
	한국인	2.34	2.28	1.33	2.61
논산군 강경면 북련	일본인	2.38	2.83	3.27	3.91
	한국인	2.99	2.96	3.11	3.78
논산군 조곡면 해창	일본인	1.57	1.88	2.24	2.54
	한국인	2.13	2.21	2.29	2.46
부여군 은산면 회곡	일본인	1.33	1.44	2.33	3.54
	한국인	1.97	1.67	2.53	3.21

87) 大橋淸三郎, 앞 책, 1915, 846쪽. 이 경우는 國武농장의 경우였지만, 초기 이민의 실패는 곳곳에서 거론되고 있었다.

88) 大橋淸三郎, 앞 책, 1915, 808~809쪽.

89) 全羅北道農務課, 「石川縣農業株式會社定款」, 『全羅北道農業會社 定款 小作契約書』, 1938, 이때 회사정관에는 이주사업이 보이지 않는 것으로 보아 중단된 것으로 판단된다.

안정되고 이들의 역할을 대체할 한국인 농민들이 양성되면서 필요성은 더 줄어들었다. 국책적 측면에서 일본인 농민은 여전히 필요했지만, 지주경영의 측면에서는 더 이상 추진할 필요가 없었다.

(2) 조합형 이주사업-오카야마현 한국농업장려조합 사례

일본의 각 지방에서는 지역유지들이 현청의 지원을 받아 조합을 결성하여 이주사업을 하는 경우가 대부분이지만, 지주들 스스로 조합을 결성하는 경우도 있었다. 김해군의 구리타케(栗竹)농사회사가 그 예이다. 이 회사는 구리즈카 세이고(栗塚省吾)·다케우치 쓰나(竹內綱) 외 8명이 조합을 설립하여 농업경영을 한 경우였다. 이들은 1904년부터 수전 매수에 착수하여 1907년 2월까지 약 200정보를 확보했다. 투자액은 38,000원으로 1단보 당 평균 19원이었다. 기타 측량과 조사 등의 잡비로 12,000여 원을 지불했다. 경영방법은 2~3단보는 자작하고 나머지는 소작경영을 했다. 수입액은 투자비의 약 12~13%정도였다.[90] 이러한 예를 〈표 2〉에서 볼 수 있다.

전자의 대표적인 예는 오카야마현(岡山縣) 한국농업장려조합이다.[91] 통감부 농상공부 나카무라 히코(中村彦) 농무국장이 오카야마현 岡山厚樂院에서 한국 이주농업의 유망함을 설명하고 현 당국자와 지방 유지들에게 이주조합 설립을 제의하면서 비롯되었다.[92]

오카야마현 정부는 한국의 실태를 조사하여 이주농업을 장려할 목적 아래 제1차 조사단을 선정하였다. 1906년 5월 현의 비용으로 시찰원 11명을 한국에 파견하였다. 이들은 시찰 뒤 가진 보고회에서 이주농업을 현 정책으로 채택할 것을 건의하였다.[93] 그 내용은 현의 보조를 받아 조합을 설립하고

---

90) 貴嶋一, 「洛東江沿岸視察槪況」, 『韓國中央農會報』 4, 1907, 29쪽.
91) 근거자료를 제시하지 않은 것은 岡山縣韓國農業獎勵組合, 『韓國移住農業ノ獎勵』, 1910에서 인용한 것이다.
92) 南多平, 「岡山縣韓國農業獎勵組合設立の經過とそ事業(1)」, 『韓國中央農會報』 3-7, 1909, 18쪽.

이주지를 선정하여 일본농민을 이주시키고 편리를 제공할 것 등이었다. 이를 위한 당면 급무로 한국의 산업개발과 식민지로서의 위치를 확고히 하고, 그 담당자로서 일본인 '良農'을 이주시켜 일본식 농법을 장려할 것을 제안하였다. 그러나 임무수행은 쉬운 일이 아니었다. 이들을 지도할 단체 설립이 요구되었다, 시찰원들도 조합 설립을 현안으로 제기하였다.

오카야마현 한국농업장려조합은 1908년 3월 11일 창립총회를 열고 발족을 보았다.[94) 조합규약을 정하고,95) 경비예산, 규정, 임원을 선임하였다. 총회에서 자본금은 10만 원으로 하고 현비에서 6,000원을 보조할 것, 한국에 농장을 설치하기 위한 토지를 선정하기 위하여 조사위원을 파견할 것 등을 결정하였다.96) 조합원의 자격은 오카야마현 재적자로서 만 3년 이상 현에 거주한 자로 정하였다.97)

조합의 설립목적은 한국에서 이주농업에 종사하려는 자를 장려하고 지도 감독할 것, 한국인에게 농업경영의 모범을 보이는 것 등이었다.98) 이를 효율적으로 수행하기 위해 오카야마 현과 한국에 각각 사무소를 설치하였다.99) 한국출장소에서는 ① 이주영농에 적당한 토지와 사업의 선정, ② 이주지망자의 영농지 선정과 임시숙박의 편의제공, ③ 이주자의 토지매수

---

93) 南多平, 앞 글, 『韓國中央農會報』 3-7, 1909, 19쪽. 岡山縣에서는 〈표 2〉에서 보듯, 1907년 한국기업주식회사를 설립하여 황무지개간과 경지매수, 광산경영 등을 실시하였다.

94) 창립위원은 5명을 선정하였다. 조합원은 예정수를 초과하였다. 창립총회에는 지사, 각 군시장, 발기인이 참석하였다(南多平, 앞 책, 3~7쪽, 19쪽).

95) 한국농업장려조합규약은 南多平, 「岡山縣韓國農業獎勵組合設立の經過とそ事業(2)」 『韓國中央農會報』 3-9, 1909, 15~16쪽(이하에서는 규약의 조항만 표기).

96) 「岡山縣の韓國農業獎勵組合」, 『韓國中央農會報』 2-3, 1908, 52쪽. 1908년 조합예산은 15,200여 원이고 6천 원의 보조금을 교부하였다. 이미 이주어업 장려비로 다액의 보조금을 지출하였다(大橋淸三郎, 앞 책, 1915, 832쪽).

97) 韓國農業獎勵組合規約 제5조.

98) 韓國農業獎勵組合規約 제2조.

99) 韓國農業獎勵組合規約 제4조.

또는 가옥건축 편의제공, ④ 이주자의 수요품의 공동구입과 생산물의 공동판매, ⑤ 이주자의 영농에 필요한 측량, 설계, 제도와 지질, 비료, 작물의 조사, ⑥ 농장 관리와 이주자 감독 등을 담당하였다. 현 사무소에서는 한국출장소의 조사와 보고에 기초하여 이주를 장려하고 지도하는 한편, 도항에 편리도 제공하였다.

조합은 현청 내에 사무소를 설치하고 이주대상지 선정 작업에 착수하였다. 1908년 3월 18일 5명의 선정위원들은 마산·삼랑진·밀양·대구·대전·수원·경성·평양·인천 등 각 지방을 돌아보고, 이사청·권업모범장·농상공부 등의 협조와 의견에 따라 경상남도 밀양을 이주대상지로 선정하였다. 공사비 200원을 투입하여 사무소와 이주민을 위한 임시숙소를 건축하였다.[100] 농장용지는 조합원의 출자금으로, 현의 보조금은 현민의 이주장려비에 충당하기로 정하고 토지매수에 착수하였다. 1909년 답은 21정보(밀양 15정보, 기타 지역 6정보), 밭은 경부선 원동역 앞 낙동강변에 약 80정보를 마련하였다.[101] 농장은 직영지와 소작지로 구분하였다. 직영지는 논 1정보, 밭 2정보의 규모였다. 이주자에게 농업 개량방법을 설명하고, 인근 한국인들에게 모범을 보이기 위해 설치하였다. 다양한 작물을 비교 검토하고 재배법을 시험하는 용도였다.[102] 직영지 이외의 소작지는 한국인에게 소작 주었다. 직영전의 종묘를 배부해 주고, 경종방법을 개량하도록 지도하였다.

원동지역에는 관리소를 설치하고 일본인 농부 3호를 수용하고, 농부의 집과 창고를 신축하였다.[103] 농사개량은 수전에서는 早生神力 등 일본 벼품종

---

100) 이주지 선정조건은 일본과의 교통의 편부, 기후 토질의 良否, 인구의 多寡 등이었다. 南多平, 앞 글, 『韓國中央農會報』3-7, 1909, 20쪽.

101) 1913년 밀양군 부내면 조선농사장려조합은 1만 3천원을 투자하고 답 6.8정보, 전 6.6정보, 원야 2정보, 합 13.6정보를 확보하였다. 밭 2정보는 자작하고 나머지는 소작경영을 했다(경상남도, 앞 책, 1913, 277쪽).

102) 시작답 이외에는 早生神力을, 밭에는 과수와 연초, 뽕나무, 杞柳, 아마, 채소, 蛇麻草 등을 시험 재배하였다(南多平, 앞 글, 『韓國中央農會報』3-7, 1909, 21쪽).

103) 南多平, 앞 글, 『韓國中央農會報』3-7, 1909, 21쪽.

을 대상으로 일본식 농법을 시험 보급하고, 한전에서는 특용작물 재배에 초점을 두었다. 1908년 삼림법이 제정 공포되자 조합은 재원을 함양하기 위해 약 500정보의 식림허가를 출원하였다.[104] 창립 초기에는 자본이 부족하여 금전 보조 보다는 한국사정을 전파하고 이주알선과 편의를 제공하는 수준이었다. 그 내용은 이주희망자의 위촉을 받아 자본액에 따른 농장의 설계, 토지의 매수, 가옥의 건축 등을 알선하고, 임시숙박소를 제공하는 것이었다. 조합이 초기에 이주대상으로 삼은 계층은 하층 보다는 어느 정도 자본력을 갖춘 계층이라 할 수 있을 것이다.

조합에서는 1909년 7월 18일 한국이주농업장려금 교부규정을 마련하고 이주사업에 나섰다.[105] 이 규정은 이주민에게 현비로 가옥건축비의 일부를 보조해 주는 제도였다. 이주성적이 양호할 경우 계속 실시하기로 정하였다.[106] 이는 이주사업에 대한 경험이 축적되고 현에서 보조비를 책정함에 따라 결정된 것이다.[107] 장려금을 받기를 희망하는 자는 한국이주농업장려금 교부액, 호적등본과 市町村長의 신원재산에 관한 증명서를 첨부하여 조합의 승인을 받아야 했다.[108] 자격요건은 부부 등 가족과 함께 3년 이상 이주할 자에 한하였다. 가옥의 건축비가 30원 이상이 소요될 경우에 한하여 1호당 30원을 한도로 장려금을 지급하기로 하였다. 가옥에 장려금을 지급한 것은 이주자들을 토착화시키려는 의도인 동시에, 휴대 자금을 토지에 투자할 수 있도록 배려한 것이었다.

조합에서는 이주자의 희망에 따라 이주지를 사전에 조사하여 가부를

---

104) 南多平, 앞 글, 『韓國中央農會報』 3-9, 1909, 12쪽. 1909년 5월에는 그중 7정보의 허가를 얻고 조림사업을 하였다. 그후 계속 출원하여 면적확대를 계획하였다.
105) 農商務省 農務局, 『朝鮮農業槪說』, 1910, 100~101쪽.
106) 조합에서는 규정을 제정하기 전에 8호를 이주시킨 바 있었다(南多平, 앞 글, 『韓國中央農會報』 3-7, 1909, 32쪽).
107) 南多平, 앞 글, 『韓國中央農會報』 3-9, 1909, 13쪽.
108) ① 이주할 가족의 성명, ② 휴대할 자본액, ③ 농업경영 방법, ④ 이주할 지방과 시기에 대한 희망 등이다(南多平, 앞 글, 『韓國中央農會報』 3-9, 1909, 13쪽).

결정하였다. 이주시기도 농업에 적당한 계절을 지정하여 경작시기를 잃고 낭비하는 일이 발생하지 않도록 주의하였다. 이 규정은 자작농 혹은 자작 겸 소작농 이주자에 대한 보호조치로 마련한 것이었다. 오카야마현 한국농업 장려조합에서는 밀양 부근의 이주자를 대상으로 '韓農岡山團'을 조직하여 서로 공동 협력하도록 규약을 제정했다. 조합의 목표는 일본인 이주민과 한국인 소작농이 농업경영을 통해 서로 협조하는 '평화로운 일한연합의 농촌', 제2의 일본농촌을 한국 전역에 건설하여 식민지 지배체제를 확고히 다지려는 것이었다.[109] 오카야마현에서는 현비를 보조하여 김해에 한국기업 주식회사라는 농장을 건설하기도 했다.[110] 다른 현에서도 일본인을 이주시 키기 위해 조사원을 파견하여 한국사정을 조사하고, 사업을 장기적으로 실천하기 위해 이주 지원 단체를 만들거나 안내책자를 펴냈다.[111] 사업내용 은 오카야마현 한국농업장려조합과 유사했다. 이들은 전국단위로 활동했지 만, 경남지역에서 가장 활발히 활동했다.

(3) 개인별 이주사업－경남 밀양군 상남면 탕천촌 사례

개인별 이주는 가장 보편적인 형태였다. 조합이나 회사에 의한 이주보다 여러 점에서 불리하여 실패하는 경우도 많았다. 이들은 자기 자금이 적었을 뿐만 아니라 개인이 한국의 자연적 조건과 정치 사회적 조건에 능동적으로 대처하기에는 적지 않은 한계가 있었기 때문이다.[112] 경남 밀양군 상남면 탕천촌은 개인별 이주이면서도 지주의 지도아래 이러한 한계를 극복하고 일본인촌을 건설한 예이다.

---

109) 南多平, 앞 글, 『韓國中央農會報』 3-9, 1909, 14쪽.
110) 『韓國中央農會報』 2-2, 1907, 59~61쪽.
111) 農商務省 農務局, 앞 책, 1910, 132~134쪽. 高知縣에서는 조사원을 12명, 滋賀縣에서는 4명을 파견하여 한국사정 조사에 나서기도 했다.
112) 동척이 설립초기 단체이민을 선호한 것은 이 같은 이유이다. 「朝鮮의 農業과 移民」, 『每日新報』, 1911. 8. 19.

밀양군 상남면은 낙동강과 그 지류인 밀양강의 우측 연변에 위치한 30리에 달하는 충적토로 토지가 비옥하여 농업경영에 적합한 지역이었다. 그러나 수리관개시설이 갖추어지지 않아 수해가 일상화되어 미간지가 대부분이고, 일부만 한국인이 경작하고 있었다.[113] 미간지는 투자비용이 대규모로 요구된다는 점에서 기경지보다 비경제적이라는 지적도 많았지만, 기존 경작자들의 저항이 적고 대단위 경지를 단번에 마련할 수 있는 이점이 있었다.[114]

탕천촌은 일찍이 히로시마현의 유아사 본페이(湯淺凡平), 후쿠오카현의 노세 히로키치(野瀨廣吉), 오카야마현의 마쓰시타 데이지로(松下定次郎) 등이 이곳을 개간한 덕분에 일본인촌으로 자리 잡을 수 있었다. 유아사 본페이는 1903년 도한하여 삼랑진에 거주하면서 1905년 이 지역의 토지가 비옥함에 착안하여 30정보의 숙전을 구입하였다. 이미 이곳에 들어와 있던 구마모토현의 호리모토 호리마쓰(堀本堀松) 외 3, 4명을, 1906년에는 고치현(高知縣)과 나라현(奈良縣) 사람들을 소작인으로 채용했다. 이후에도 일본농민을 계속 이주시켜 일본농촌을 건설하여 탕천촌이라고 불렸다.

마쓰시타 데이지로는 탕천촌을 일본인 집단거주지로 발전시킨 사람이었다.[115] 그는 경부선 철도공사를 청부받아 공사하던 토목기술자였다. 밀양에 거주하면서 토지에 투자하고 정착했다.[116] 1904년 이곳을 시찰한 뒤 수리시설이 필요하다고 판단하고 밀양군수의 허가를 얻어 '일한공동수리조합'을

---

113) 島根縣(菊池悍 외), 앞 책, 1905, 209~212쪽. "특히 밀양은 논이 적으나 관개법을 강구하면 일대 발전할 것"이라 전망하였다. 이외 각종 조사서와 안내서에도 농사의 적지로 이곳을 소개하고 있다.

114) 式田淸三,『朝鮮農業要覽』, 1911, 54~55쪽. "당시 미간지 개척은 시도하는 자 다수이나 대부분 실패로 돌아갔으며 대자본가가 아니면 성공하기 어렵다는 점을 지적하고 있으며 비용만 계산하면 起墾地만 못하다는 점을 지적하고 있다."

115) 松下는 농장주로서 창녕, 밀양지역에 100정보를 소유한 이 지역 유수의 지주이다(조선총독부 식산국,『朝鮮の農業』, 1930, 197쪽).

116) 慶尙南道協贊會,『경상남도안내』, 1915, 48쪽. 松下농장은 창녕군 도천면 낙동강 연안에 마산 대구간 구 도로에 위치하고, 1910년 전답 50정보 1913년 100정보인데 미간지를 정리한 것이다. 일본인 소작농 8호가 있다.

설립하고 공사에 착수하였다.[117] 1906년 11월 5만 3천원의 비용을 들여 400여 정보의 논을 관개할 수 있는 개인 수리시설을 마련하였다.[118] 탕천촌에는 농업경영의 기본틀이 마련되고 일본인들을 대거 이주시킬 수 있는 토대가 구축된 것이다.

노세 히로키치는 후쿠오카 출신으로 일본인을 이주시키는 데 공헌한 인물이다.[119] 그는 1906년 도한하여 수 정보의 토지를 구입한 뒤 가족과 함께 이주하려고 귀국하였다. 향리에서 한국의 농사경영이 유망하다고 시찰 상황을 선전하는 등의 노력으로 이곳 사람들을 대거 이주시켰다. 탕천촌에는 후쿠오카·오이타·히로시마·오카야마·시마토리·시마네·에히메·나라 등 각 현에서 이주해 왔다. 후쿠오카현 출신이 8할로 다수를 점했다.[120]

일본인 이주민은 〈표 7〉에서 보듯 1910년대 강점을 계기로 크게 증가하였다. 이주형태는 단독이주에서 가족을 동반한 영구이주로 바뀌었다. 단독이 주했던 자도 가족을 불러들여 이주민이 대폭 증가하였다. 거주지역도 2㎞로 확대되었다. 이들은 이주하여 유아사의 소작인이 되었다. 오카야마현 사람들은 토지를 구입하는 자도 많았다.[121] 이들의 이주를 촉진한 것은 연초재배

---

117) 일한공동수리조합은 1904년에 조직된 것으로 1907년 수리조합조례 공포이전의 일이었다. 밀양군수의 허가로 설립이 가능하였다. 또한 이 수리조합은 명칭만 공동이지 松下定次郎 개인의 소유였다. 물론 그는 여기서 수세로 1단보 2원 50전을 징수하여 비용에 충당하였지만, 이를 근거로 토지도 확보할 수 있었다(島根縣, 앞 책, 209~210쪽). 이러한 사업계획허가는 외국인 토지소유불허 규정을 피하여 토지를 합법적으로 획득할 수 있는 수단으로 일본인들이 이 시기 애용하던 방식의 하나이다(吉倉凡農, 『企業案內 實利之朝鮮』, 1904, 86~92쪽).

118) 『동아일보』, 1927. 8. 30.

119) 그는 사무소를 岡山縣한국농사장려조합에 두고 1906년 창립하여 25,000원을 투자했다. 총 20.7정보 가운데 수전 5.5정보는 소작 주고, 나머지는 자작했다. 보통농사와 연초농사에 종사했다(경상남도, 앞 책, 1913, 278쪽).

120) 湯淺村의 출신지역별 호수(1915년)

지역	福岡	大分	廣島	岡山	鳥取	嶋根	愛媛	奈良	합계	인구합
호수	82	3	3	2	3	2	1	1	97	471

자료 : 大橋淸三郎, 앞 책, 1915, 859쪽.

121) 大橋淸三郎, 앞 책, 1915, 855쪽. 岡山縣은 농사장려조합 밀양지부의 영향으로 이

<표 7> 湯淺村의 호수변동

연도	1905	1906	1907	1908	1909	1910	1913	1915	1930
호수	4	13	20	45	50여	70여	100여	97	73

자료 : 大橋淸三郎, 앞 책, 1905, 854~858쪽 ; 善生永助, 앞 책, 1933, 110쪽.

였다. 이 지역은 벼농사 지대이면서도 1906년부터 연초 생산지대로 변모하기 시작하였다. 연초재배는 수요가 제한되어 생산과잉으로 가격이 하락한 시기도 있었지만, 다른 농산물에 비해 수익성이 높았다.[122]

탕천촌이 일본인촌으로 모습을 갖추어 가는 가운데, 이들의 존립을 위협한 것은 연속된 홍수피해였다. 1909, 1910년 2차례 연속하여 홍수피해를 겪었다. 1911년 8월의 대홍수 때에는 제방까지 파괴되는 사태가 발생하였다. 1912년에는 그 영향으로 이주자가 없이 현상유지만 했다. 마쓰시타가 1906년 만든 수리시설만으로 안정적 농업경영을 하는 데는 역부족이었다. 탕천촌에서는 1909년 2월 밀양수리조합을 설립하고 조합규약의 인가를 받고 공사에 착수하였다. 1910년 6월 수리시설이 완공되어 관개면적이 750여 정보로 확대되었다. 사업비는 경상농공은행에서 기채로 충당하였다. 마쓰시타가 만들었던 수리시설은 밀양수리조합에서 인수하였다. 1911년 대홍수 때 파괴된 제방은 수리조합에서 기채를 얻어 확장 공사를 실시하였다. 1914년 관개면적 750여 정보의 수리시설로 완공되었다. 마쓰시타의 개인 수리시설에서, 수리조합조례에 근거하여 지역지주들이 공동 관리하는 수리조합으로 명칭과 주체가 바뀌었다. 이에 따라 '탕천촌'의 농업환경이 호전되어 지속적인 발전이 가능하게 되었다.

밀양수리조합이 완성되자 지류를 뚫어 밭을 논으로 지목 변환을 꾀하였다.

지역과는 밀접한 관련이 있었다. 이주호수가 증가하자 지가도 등귀하여 지가가 1905년부터 1910년 사이에 약 3배 정도 상승하였다.

122) 山口精,「朝鮮産業誌」, 1910, 688~693쪽. 밀양지역은 전국의 연초생산자 120명 가운데 29명(1907년), 1908년에는 282명 가운데 45명을 점하였다.

탕천촌의 경영조건이 눈에 띄게 호전되어 전형적인 일본인 농촌의 모습을 갖추게 되었다. 탕천촌은 이주민 90여 호가 4개 마을로 나뉘어 2㎞에 걸쳐 펼쳐 있었다.[123] 탕천촌은 일본인촌으로 자리 잡기 위해서 한국인의 저항, 지리적 위협과 경제 변동에 효과적으로 대응하기 위한 집단적 조직체를 마련했다. 탕천촌 내에는 자치조직, 방화조직, 청년단 등의 관리단체와 연초경작조합, 저축조합 등의 수익단체가 있었다. 1909년 마련된 자치조직에 는 촌을 대표하는 총대 1명을 두고 여러 조로 나누어 조마다 무보수의 명예직 조장 1명을 두었다. 여기서 촌내의 안위, 노임, 기타 촌에 관련된 사항을 협의하여 공동 시행방안을 마련하였다.[124] 탕천촌 消防組는 방화조직 이었다. 조직은 부장 1명, 小頭 4명, 이사 4명, 소방수 45명, 보조소방수 한국인 30명으로 구성되었다. 한일 공동조직인 밀양소방조의 제4부에 편재 되고, 밀양헌병분견소의 감독을 받았다. 이는 방화조직이었지만 반일운동 등에 동원되는 치안조직이기도 했다. 청년조직으로 밀양상남청년단이 있었 으며, 단장은 밀양공립심상소학교장이었다. 설립목적은 공익사업과 사회발 전에 도움을 주는데 있다고 표명하였다.[125] 종교활동은 밀양군 부내면에 있는 대곡파 본원사 포교소에서 담당하였다. 출장 설교 등의 방법으로 끊임없 이 일본정신을 불어넣었다. 일본과 다를 바 없는 생활을 영위해 갔다.[126]

수익단체로는 밀양연초경작조합과 예림後樂貯金組合이 조직되었다. 밀양 연초경작조합은 1908년 수해로 입은 타격에서 농민을 보호해 주기 위하여 설립되었다. 조합은 농공은행에서 자금을 빌려 비료를 구입하거나 조합원에 게 싸게 현품을 대부하는 등의 편의를 제공하였다. 1주당 년부 2할의 높은 배당금을 지불할 정도로 이익을 창출하였다. 예림後樂貯金組合은 이주민의

123) 大橋淸三郎, 앞 책, 1915, 858쪽.
124) 大橋淸三郎, 앞 책, 1915, 861~862쪽.
125) 善生永助, 앞 책, 1933, 111쪽. 團則 제4조.
126) 大橋淸三郎, 앞 책, 1915, 860쪽.

근검 저축심을 양성할 목적으로 우편국장의 지도 아래 1913년 설립되었다. 1915년 조합원은 백 수십 명으로 거의 모든 호가 가입하였다. 주거이전이나 농사자금 이외에는 간사장의 허가 없이 예금을 인출할 수 없도록 강제저축제도를 도입하였다. 이들이 몰래 촌을 떠나는 사태를 방지한 것이다.[127]

탕천촌은 지역사회에서 '한국의 일본화'라는 통치거점 확보 목표에는 어느 정도 근접할 수 있었다. 그러나 이것만으로 이주민에게 부여된 임무가 모두 달성된 것은 아니었다. 탕천촌은 규모로 볼 때 통치나 농업경영의 측면에서 그 자체로서 완결된 구조를 가진 것은 아니었기 때문이다. 탕천촌은 외연적 확대를 통하여 그와 구조적 연관을 갖는 한국인과의 동화, 농업경영 문제까지 해결할 것이 요구되었다. 이곳이 미간지라고는 하지만 무주지가 아닌 한 한국인의 저항이 뒤따르는 것은 다만 정도의 차이일 뿐 기간지와 마찬가지였다. 이주 초기 이들이 취한 대책은 이주민을 계속 증가시켜 세력을 확대하는 한편, 토지 매득이나 수리조합 건설 등을 통하여 한국인의 경제적 기반을 압박하여 인근 한국인들을 자기들 경제권 안에 종속시켜 가는 방식이었다. 갈수록 일본인들의 토지면적은 확대되어 갔으며, 한국인의 토지는 축소되는 경향을 보였다.[128]

탕천촌에 이주한 일본인 농민 가운데는 토지를 구입하는 자도 적지 않았다. 특히 오카야마현 사람들은 오카야마현 한국농사장려조합 밀양지부의 도움을 받아 토지 매득에 힘썼다. 토지구입 열로 지가가 무려 3배나 상승했다.[129] 그러나 탕천민들은 유아사 본페이의 농장에서 소작으로 생활을 영위해가는 자가 많았다. 소작경영이라는 어려운 여건 속에서 탕촌민들이 이곳에서

127) 大橋淸三郎, 앞 책, 1915, 863쪽.
128) 밀양수리조합의 몽리구역 내에는 한국인 2,000호, 일본인 120호가 거주하였다. 일본인의 토지가 8할을 점하였다. 총대인 총 120명 가운데 한국인은 30명에 불과하였다. 이 지역은 조합설치 이전부터 대부분 일본인이 소유하였으나 설치 후에도 꾸준히 일본인에게 토지를 방매하였다고 했다(『동아일보』, 1927. 8. 30.~31).
129) 大橋淸三郎, 앞 책, 1915, 855쪽.

생활할 수 있었던 것은 수익성이 높은 연초 등을 재배할 수 있었기 때문이었다.[130)

　일본인들이 토지를 확대해감에 따라 한국인의 토지는 매년 감소했다. 미간지 기간지 가릴 것이 없었다. 한국인들이 토지를 소유할 기회는 더욱 멀어져 갔다. 한국인은 소유권과 경영권을 박탈당하자 저항하기도 했지만 역부족이었다. 갈 곳이 없었다. 자기 삶의 터에서 생존이 가능하다면 그곳에 머무를 수밖에 없었다. 그 방법은 일본인의 농업생산과 밀접한 관계를 맺는 일이었다. 일본인들의 소작인이 되거나 年雇나 日雇로 품을 팔아 생계를 유지하였다. 먼 곳에서 품 팔러 오는 경우도 드물지 않았다.[131) 이주민은 한국인들을 임노동관계로 편입시켜 일본에 동화할 수 있도록 지도개발하려고 하였다.[132) 이들은 한국인의 어려운 경제적 형편을 이용하여 일본어와 생활관습을 체득시키는 한편, 영농방법에서도 일본식 농법을 주입시켜 한국의 일본화를 추구해갔다.

　한편 이주 일본인들도 계급적으로 분화되어 몰락계층의 이탈이 가속화되었다. 이주 초기부터 형성된 지주 소작관계가 갈수록 더 심화되어 갔다. 1915년도의 농가구성을 보면, 수십 정보의 토지를 소유하여 소작시키는 극소수의 대지주, 수 정보 내지 십여 정보의 토지를 소유하여 일부를 자작하거나 소작을 주는 전호수의 1/3가량 되는 지주 겸 자작, 그리고 다수의 자소작농과 소작농으로 구성되어 있었다. 1930년대에는 총 73호 중 지주 겸 자작 7호, 자작 겸 소작 53호, 소작 13호의 분포를 보였다. 이를 총 호수 변동에서

---

130) 1908년 전국 연초생산자는 282명이었는데, 밀양이 45명이었다(山口精 편, 『朝鮮産業誌』, 1910, 688~693쪽.). 1908년에는 연초경작을 효율적으로 수행하기 위해 밀양연초경작조합이 조직되기도 했다(大橋淸三郎, 앞 책, 1915, 863쪽).

131) 大橋淸三郎, 앞 책, 862쪽.

132) 탕천촌민이 한국인들에게 지불하는 임금은 매년 2만 원 정도였으며, 이에 힘입어 조선인 노동자들은 종래보다 의복이나 생활정도를 높였다고 자랑하였다(大橋淸三郎, 앞 책, 1915, 862쪽).

보면, 1910년대 초 100여 호로 가장 많은 호수를 보이다가 1930년대는 73호로 30여 호 이상이나 감소되는 경향을 보였다. 30여%의 일본인 농가가 탕천촌에서 이탈하는 모습을 보였다.[133]

회사(농장), 조합 등을 통한 단체이주는 일본정부의 정책적 지원 아래 한국을 영구히 일본영토화하려는 의도에서 나온 것이었다. 이들은 농업이민을 통해 한국 농촌의 일본농촌화, 일한연합의 농촌, 新일본촌의 건설로 한국지배의 근거지를 확보하고,[134] 이를 통한 한국농민의 동화를 표방하였다.[135] 일본 각지의 소작농이나 자소작농을 한국에서 자작농으로 육성시킨다는 사업목적은 구래의 한국농업을 파괴하고 대신 일본식 농법을 강제함으로써 한국 농촌을 장악하려는 것이었다. 일본인 지주·자본가들은 일본식 농법의 이식에 주력하였다.[136] 개별이주한 경우도 탕천촌의 예에서 보듯, 단체이주와 마찬가지로 이러한 모습을 보여주었다.

이러한 노력의 결과 1909년 말 일본인 농가는 총 1,741호로 증가하였다. 1911년 말에는 2,960호로 더 늘어났다.[137] 그러나 회사나 조합 등을 통한 일본농민의 이주식민과 농업개발은 이들 조직 사이의 횡적 연락의 부재와 자본 규모의 빈약 등으로 규모는 크지 않았다. 지속적으로 대규모 이주·식민을

---

133) 善生永助, 앞 책, 1933, 111쪽과 大橋淸三郞, 앞 책, 1915, 863~864쪽. 대지주는 『朝鮮の農業』을 참고하면 거의 변동이 없었다. 탈락된 계층은 하층이라 판단된다.

134) 梶川半三郞, 앞 책, 1911, 248쪽. '일본 농촌화'는 일본인 농민을 이주시켜 일제가 진보적 농법이라고 자랑했던 多勞多肥的 메이지농법을 보급시킴으로써 일제의 통치목표인 한국의 일본화를 달성한다는 것이었다. 石川縣의 대중소지주, 실업가의 지원 하에 설립된 石川縣 농업주식회사도 한국에 '제2의 石川縣'을 건설한다는 목표를 세웠다. 田中喜男, 앞 글, 『朝鮮史硏究會論文集』 4, 1969, 136쪽.

135) 동화는 차별을 전제로 한 것이었다. '일본부락'의 건설도 한국에 대한 영구적 지배의 일환인 동시에 한국농민들에 대한 차별화 전략의 일환으로서 제기된 것이었다(志賀重昻, 『大役小志』, 1909, 1203쪽).

136) 한국 농업경영과 척식에 관한 지침서에서는 반드시 일본식 농법의 이식을 위해 농사개량, 품종개량 등의 보급에 상당 부분 할애하였다. 일본인 농장에서는 이를 소작인 통제수단으로 이용하기도 하였다.

137) 조선총독부, 『조선총독부통계연보(1912년)』, 30쪽.

통한 한국의 일본화라는 식민지 지배의 이상을 실현하는 데도 한계를 보였다.[138] 오히려 그후 계속 축소되어가는 모습을 보였다. 이러한 가운데 일본제국은 국가적 차원에서 대량이민을 통해 한국지배를 완성하기 위한 실천방안을 강구했다. 그 실체가 동양척식주식회사의 이주사업이었다.

3. 일제의 국책 식민회사 설립논의

일제는 통감부를 설치하고 일본인이 불법적으로 취득한 토지를 합법화시켜가는 작업을 추진하는 동시에, 각종 기초조사를 토대로 식민정책을 구체화시켜 갔다. 일본제국의 정책담당자들은 독립자영농을 목표로 일본의 중견농민을 이주시키는 것을 가장 바람직한 한국척식의 기초로 인식하고 이주사업을 추진하였다. 일본 내의 자영농이나 몰락위기에 몰린 소빈농 등 계층을 불문하고 한 농가라도 더 이주시키는 것이 식민지 지배를 안정화시키고 일본을 부유하게 하는 길이라는 인식아래 이주·식민을 추진했다.[139]

그러나 척식사업은 지주 자본가들을 중심으로 전개되었다. 한국농민을 소작농민으로 지배하는 것을 목표로 삼았다. 통감부와 조선총독부도 지주제를 기반으로 한 농업정책과 토지제도 정비작업을 추진했다.[140] 농업이민은 수적으로는 얼마 안 되지만, 일본의 자본과 기술을 결합시켜 한국농촌을 철저하게 일본농촌화(='신일본 농촌'의 건설)한다는 동화정책의 연장선상에서 시행되었다. 대규모의 조직적인 이주·식민은 재정적 부담이 컸기 때문에 일제는 일본인 대지주와 자본가를 한국지배의 기간세력으로 삼아 한국농업을 장악해 갔다.[141] 그러나 이것은 일제가 당초 지향했던 대규모 식민사업과

---

138) 조선농회, 『조선농업발달사(정책편)』, 1940, 129~130쪽.
139) 통감부 농상공무부 농림과, 앞 책, 16쪽.
140) 일제의 농업정책과 각종 조사 보고에 대하여는 김용섭의 주 2)의 ④논문 참조.

는 거리가 있었다. 그 원인은 일차적으로는 한국 내의 반일세력을 제압하지 못한 데서 기인한 것이지만,[142] 기본적으로는 이 사업에 소요되는 경비를 감당할 만큼 일본제국의 경제력이 성장하지 못한데 있었다.

결국 이주·식민사업은 지주·자본가에 국한되었다. 농민을 이주시켜 체제 안정화와 동화정책을 시도하는 일은 구호에 머물 수밖에 없었다. 일본의 농업문제와 과잉인구 문제를 해결하는데 실질적인 효과를 기대하기가 어려 웠다. 이때 한국경영에 필수적인 일본인 이주민수가 절대적으로 부족하다는 여론이 비등하였다.[143] 일제가 한국에 대한 독점적 지배권을 확보하게 되자 이주·식민사업이 크게 부각되었다.[144] 통치기반을 조성하고 한국인을 동화 시켜 항구적인 지배체제를 구축하기 위해서,[145] 그리고 일본의 인구문제 사회문제를 해결하기 위해서[146] 일본농민의 대량 이주가 절실히 요구되었

---

141) 조선농회, 『조선농업발달사(정책편)』, 1940, 23쪽.
142) 일제초기 반일 민족운동에 대하여는 한국역사연구회, 역사문제연구소, 『3·1민족해 방운동연구』, 청년사, 1989 ; 홍순권, 『한말 호남지역 의병운동연구』, 서울대학교 박사학위논문, 1991 참조.
143) 강동진, 『일본언론계와 조선』, 지식산업사, 1987의 곳곳에 여론이 소개되어 있다. 주) 144에서 149까지는 이 책에서 재인용했다.
144) 永井柳太郎은 남진론이나 미주이민에 대해 다음과 같이 비판하고 일본인을 만주, 한국에 집중해야 한다고 하였다. 첫째 생산력이 왕성한 일본 장정을 미국으로 이민시키는 것은 자기의 혈액을 희생하여 타인의 빈혈을 보충해주는 격으로 비경제 적인 것이며, 둘째 일본인의 값싼 노력과 독특한 공예적 능력을 외국기업가에 주는 것은 일본의 대외수출 진흥의 요인이 되며, 선진국 미국으로의 이주는 일본인을 미국에 동화시키는 것을 의미한다고 했다(「滿韓集中論」,『太陽』, 1910. 10).
145) "조선을 동화시키려면 무엇보다도 조선 땅에 충량한 일본인을 이식하여 일본민족으 로써 조선경영을 할 필요가 있다"라고 하여 이민과 동화정책을 한 묶음으로 해결하고 자 하였다(『萬韓報』, 1911. 6. 18).
146) 일본의 한 신문에는 "만약 일본인 가운데 불평 불만자나 직업 없는 과잉인구를 오랫동안 실직상태에 방치해 두면, 막다른 골목에서 잘못 사회주의에 雷同하여 마침내 국가치안을 문란 시킬 염려가 있다. 이들을 밖으로 유도하여 자유 활동의 길을 주는 것은 바로 식민정책에서도 상책에 속하는 일이다. 한 걸음 더 나아가 그들과의 혼인을 장려하는 것도 두 국민을 동화시키는 빠른 길일 뿐 아니라, 그들과 인정습관이 통하지 않는 우리 이민들이 활동의 편의를 얻어 산업개발에 다대한 효과를 주는 것이라 믿는다."(『萬韓報』, 1910. 9. 11)라고, 한국척식과 동시에 일본

다. 당시 한 언론에서는 "스페인이나 프랑스가 식민지 지배에 많은 어려움을 겪었던 것은 식민지내에 자국민의 이주가 적었기 때문이며, 오키나와와 같은 작은 섬이 일본에 병합된 지 수십 년이 경과했는데도 완전히 동화되지 못하고 있는 것도 일본인의 이주가 적었기 때문이다."라고 주장하면서 일본인의 대량이민을 촉구했다.[147] 이는 일본의 과잉인구를 해소시키는 동시에 한국인과의 혼인을 통한 혈연적 일체화도 고려한 것이었다.[148] 식민지 지배라는 민족모순을 완화하고 동화정책을 완수하는 지름길로 일본인의 절대적 증가를 요구한 것이다.[149]

교토제국대학 법학과 교수였던 간베 마사오(神戸正雄)는 1910년 한국을 실지 답사한 뒤, 당시 농업이민이 지주에 편중되고 농업종사자를 가볍게 취급되고 있음을 비판하면서 소독립농민층, 즉 자작이민이 경제면에서나,[150] 국방면에서[151] 기본토대가 된다고 주장하였다. 특히 한국농업자가

내의 인구·사회문제를 더불어 해결해야 한다는 논지를 펴고 있다.

147) 「今後의 朝鮮移民」, 『萬韓報』, 1910. 9. 5. 농학전문가인 橫田時敬은 한국에 대한 일본농민 이주의 가장 중요한 목적이 한국을 영구히 지배하기 위해 다수의 일본인을 토착시켜 자위의 힘을 쌓는 데 있다고 하면서 한국농업 상황을 간략하게 소개했다(「한국의 농업경영에 관하여(1)~(6)」, 『萬韓報』, 1910. 9. 29~10. 5).

148) 松田正久, 「倂合後의 朝鮮의 統治問題」, 『太陽』, 1910. 9 ; 海野幸德, 「日本人種과 朝鮮人種과의 雜婚에 關하여」, 『太陽』, 1910. 12.

149) 中野正剛, 「同化政策論(下)」, 『日本及日本人』, 1913. 4. 15. "동화정책의 가장 급선무는 될 수 있는 대로 많은 주민과 접촉시키고 공동의 이익을 향수시키는 데 있다. 도대체 동화란 것은 인민의 개성의 강약, 문명의 고저에 따라 일률적으로 논할 수 없으나, 다수가 소수를 변화시키는 것을 원칙으로 삼지 않으면 안 된다. 오늘처럼 조선에 들어오는 일본인의 수가 적다면, 나는 조선인의 일본화가 아닌 일본인의 조선화를 보게 될 것을 우려하는 바이다."라고 하면서 일본인 관리의 조선화를 그 예로 들고 있다.

150) 神戸正雄은 ① 조선이 농업개발과 일본인의 지도 경영, ② 과잉인구 흡수와 원료공급 상품시장, ③ 소독립자영농민의 토지의 이용과 지력의 保持에 대한 노력 등의 원인을 들고 있다(神戸正雄, 『朝鮮農業移民論』, 1910, 48쪽).

151) 神戸正雄은 ① 愛土의 관념, ② 건강한 신체와 도의심, ③ 곳곳에 분산 정착거주, ④ 동포상조정신, ⑤ 근면성 등을 이유로 소독립 농민이 국방에 가장 적합한 분자라 파악하였다(神戸正雄, 앞 책, 1910, 50~51쪽).

751만 명 정도가 되니 적어도 50만 명 이상을 이식시켜야 국방이 크게 안전할 것이라는 취지로 농업이민을 주장하였다.[152)

간베의 자작이민론의 근저에는 일제의 '농본주의' 이념이 깔려 있었다. 이것은 일본 내 지주 소작인 간의 대립문제, 과잉인구 문제 등 일본의 농업문제를 해결하기 위한 방책으로 제시된 것이었다. 기본적으로 지주적 입장의 농촌문제 해결방안이었다. 일본정부의 관료적 농본주의는 농촌 내 유력자로서 풍부한 경험과 존경을 받는 '老農'과 근대적인 서구농법 농업기술을 익힌 농업자를 연결시켜, 풍부한 노동력에 기초한 多勞多肥的인 일본식 농법을 통해 농업생산력을 확충하는 동시에, 老農을 중심으로 농촌 내의 지주제 모순을 사상적으로 통제 교화해가려는 것이었다.[153) 천황제 국가의 사회적 기반을 중견농민으로 상정한 것이다. 이 방안은 소농보호를 전제로 지주제의 안정화를 도모하는 지주적 농본주의였다.[154)

일제의 농본주의적 이념과 농업정책은 일본인 자작이민론의 기본 사상이었으며, 대규모의 자작이민은 이를 기초로 한국농촌을 일본농촌으로 개조시키는 작업이기도 하였다. 지주제의 발전에 따라 몰락할 위험에 처했으면서도 '건전한' 일본정신을 지닌 자작농과 소작농을 대량 한국에 이식시켜 식민지

---

152) 神戶正雄, 앞 책, 1910, 137쪽. 이러한 논조는 당시 신문사설의 기본 논조였다. 「금후의 조선이민」에서는 "일본인이 한국으로 이주하는 것이 조선지배에 유종의 미를 가져올 수 있는 유일한 길이며 … 만약 일본인이 조선인의 반 이상을 차지하게 된다면 국방 정치 경제상의 문제, 그리고 예컨대 시끄러운 동화문제 따위도 아무런 어려움이 없이 해결될 수 있다"라고 했다. 『萬韓報』, 1910. 9. 5.

153) 櫻井武雄, 『農本主義』, 1936.

154) 농본주의는 메이지시기 이래 농촌지배의 이념으로 작용했다. 특히 만주사변 이래 일제는 중견농민을 大和民族의 피의 순수성을 보존한, 그리고 제국의 노동력과 병사의 근원이라 선전하면서 파쇼적 억압체제를 합리화해 갔다. 이것은 조선의 농업정책에도 그대로 활용되었다. 농본주의의 대표적인 이론가였던 야마자키 노부요시(山崎延吉)는 1920년 중반 조선총독부 촉탁으로 초빙되었다. 1930년대 농촌진흥운동에도 농본주의 이념이 깔려 있었다. 농본주의 이념에 기초한 일제 농정은 이수일, 「일제 강점. 해방기 印貞植의 경제사상연구」, 연세대학교 석사학위논문, 1992, 76~78쪽이 참고된다.

지배의 인적 기반을 확보하고자 했다. 이 목표를 달성하기 위하여 일제는 기본적으로 지주적 농정을 하면서도 자작농보호와 유지 차원에서 일본인 자작이민들을 장려하는 정책을 중단하지 않았다.[155]

일본인 이주자에게 편의와 혜택을 제공한다하더라도 지주와 소작농이라는 양극분해로 달리는 농촌현실에서 이주민이 중견자작농의 지위를 계속 유지한다는 것은 쉬운 일이 아니었다. 일본의 자작농민을 대량 이주시켜 척식을 추진한다는 이주·식민론은 지주제를 기본토대로 한 일제의 농업정책에 근본적으로 규정될 수밖에 없었다. 일본제국이 지주제를 체제적으로 유지하는 한 이주농민이 몰락하지 않고 정착하는 일은 쉽지 않았다.

조선총독부는 강점 직후 농업이민이 부진하고,[156] 지주이민만이 크게 부각되는 한국 농촌사회의 실상을 우려하며,[157] 1912년 3월 총훈 제10호 '미작의 개량장려에 관한 건'과 1912년 11월 총훈 제13호 '자작농민의 보호 증식에 관한 훈령'을 각각 발표하였다.[158] 이 가운데 후자는 토지겸병을 위주로 지주제가 발전함에 따라 사회조직의 중견이 결여되어 발생한 한국 통치상의 문제를 소농 이민을 통해 해결하려는 시도로서, 자작농과 耕畜에 종사하려는 이주농민에 대하여 편의와 보호를 제공할 것을 지시한 것이었다. 식민지 지주제의 발전 속에서 자작농보호육성책은 정책적 선전효과에 불과

---

155) 大鎌邦雄, 「東洋拓殖會社創立期實態」, 『農耕論叢(北海道大學)』, 1972. 3, 80쪽.

156) 일본의 농업이민이 부진한 원인으로 神戸正雄은 ① 일시 출가적 근성, ② 조선에서의 생명 재산의 불안정성, ③ 가족적 의뢰 성향, ④ 사회 복지시설 등의 미비, ⑤ 토지법제의 미비, ⑥ 농법의 차이, ⑦ 농업시설 미비, ⑧ 농지구입의 오류, ⑨ 금융기관의 불완전, ⑩ 육체노동 기피, ⑪ 이주장려시설 미비, ⑫ 대지주 위압, ⑬ 轉職 등을 원인으로 들고 있다(神戸正雄, 앞 책, 1910, 138~159쪽).

157) 한국내 일본인 농업자는 겨우 37,605명으로 전체 일본인의 11.3%에 지나지 않았다(조선총독부, 『朝鮮における内地人』, 1924, 38~42쪽). 1915년 현재 일본인 농업자수는 6,969명에 소유면적은 합계 20.5만여 정보였으며, 1인당 소유면적은 29.4정보였다. 100정보이상 대지주는 1911년 74명 소유면적은 52,400여 정보였다. 이는 전체 일본인 농업자의 2%, 소유면적의 40%, 투자액의 70%를 차지하였다. (조선농회, 『조선농업발달사(발달편)』, 1944, 591~593쪽).

158) 조선총독부, 『조선법령집람(하1)』, 1940, 1쪽.

한 수준이었지만, 일제 농업정책의 한 축으로 끊임없이 논의되고 제한적으로 실천되기도 하였다.[159]

전자는 일제의 지배 목적 중의 하나인 미곡증산과 수탈을 전제 한 농사개량 사업에 대한 지침이었다. 우량미의 보급, 건조 조제의 개량, 관개수의 공급, 시비 장려를 통해 미곡증산을 꾀하는 것이었다. 이주농민은 그 임무를 담당자로 계획되었다. 동양척식주식회사가 이러한 목적을 수행할 이민을 대량으로 조직적으로 실천하기 위한 국책회사로 설립되었다.

4. 맺음말

일본제국은 제국의 사활을 걸고 해외이민과 이주·식민정책을 추진하였다. 이주·식민은 한국·만주가 대상이었지만, 1920년대까지는 한국이 주 대상이었다. 일제의 정책담당자들은 안으로는 일본자본주의의 급격한 발전과정 속에서 나타난 인구문제, 사회문제, 식량문제의 해결, 밖으로는 세계자본주의의 압력을 해소하기 위한 출구로서 이주·식민사업을 구상하고 추진해

---

159) 일제의 농정은 지주제가 대전제였지만 자작농 육성도 당위론적 차원에서 끊임없이 개진되었다. 1914년 12월 농업기술관회의에서 자작농민 증가방법에 관한 지원방안이 논의되었다(조선농회, 『조선농회보』, 1915. 1, 102~103쪽), "조선에서도 자작농 창정에 관한 지대농지법을 제정하여 국가 스스로 실행"해야 한다(東鄕博士, 「自作農創定論」, 『臺灣農事時報』 12, 1923. 『조선농회보』 19-4, 1924 초록)는 주장도 제기되었다. 1912년 10월 역둔토특별처분령과 1920년 역둔토 특별처분에 관한 건은 역둔토농민들의 저항을 무마하고 자작농으로 육성하기 위하여 마련한 것이었지만, 상당수 농지가 지주에게 넘어갔다. 1932년 '자작농창정계획'을 추진했지만, 선전적 의미를 갖는 정도였다. 자작농창정책에 대하여는 ① 백남운, 「자작농창정계획」, 『동방평론』 193. ② 박명규, 「일제의 자작농창정계획에 관한 고찰」, 『한국학보』 37, 1984, ③ 김경준, 「일제하 자작농창정계획에 관한 연구」, 서울대학교 석사학위논문, 1989, ④ 정연태, 「1930년대 자작농지창정사업에 관한 연구」, 『한국사론』 26, 1991, ⑤ 정태헌, 「1930년대 식민지농업정책의 성격전환에 관한 연구」, 『일제말 조선사회와 민족해방운동』, 일송정, 1991 등이 참고된다.

갔다. 한국식민론은 식민통치의 목표인 '한국의 일본화'라는 동화정책 속에서 구상되었다. 일본제국은 처한 정세에 따라 이주정책의 실천방법에는 차이를 두었지만, 한국의 일본화라는 기본방향에는 변함이 없었다.

일본제국의 한국 농업이민은 식민지 지배를 위한 인적 자원을 이주 정착시킨다는 목표 아래 다른 해외이민과는 달리 처음부터 목적 의식적인 산업이민의 형태를 취했다. 청일전쟁 이후 한국에 대한 지배력이 강화됨에 따라 이민사업에 주력하기 시작했다. 일본인의 자유도한을 위해 이민법을 개정하여 인적 자원을 확보하는 한편, 을사조약 이후에는 불법적으로 확보한 일본인의 토지소유를 합법화하는 작업을 추진했다. 제도 보완작업과 더불어 통감부·일본농상무성·일본지방관청·경제단체들은 한국의 농업환경에 대한 조사를 집중적으로 실시하였다. 조사 결과를 토대로 미간지 등 '농업개발의 利源·富源'이 풍부하다고 선전하면서 이주·식민사업을 유도했다. 기간지·미간지를 불문하고 일본인 지주·자본가·농민을 이주시켜 일본식 농법을 이식하는 '한국농업개발론'이었다.

일본제국의 식민지적 '한국농업개발론'은 러일전쟁 후 산업이민의 형태로 본격 추진되었다. 러일전쟁에 승리하면서 제국주의국가로 상승 전화한 일본제국은 본격적으로 한국의 식민지화 작업에 나섰으며, 일본외상 고무라 주타로는 만한이민집중론을 주장하였다. 이것은 자작이민을 통해 척식사업을 완수한다는 국책사업이었다. 이 사업은 미국에서 발생한 일본이민배척운동으로 더욱 부각되었다. 한국의 식민지지배를 눈앞에 둔 역사적 상황 속에서 척식사업이 제국의 사활이 걸린 문제로 대두되었다.

만한이민집중론은 경제·국방의 측면에서 기본토대가 되는 독립소농민층을 다양한 방법을 동원하여 대량으로 이주시켜 한국지배를 완성하려는 것이었다. 일본농민을 대량으로 각 지방에 이주시켜 농촌사회를 장악하는 동시에, 이들을 식민지 지배의 중추세력으로 육성하여 조선 통치체제를 구축하려 했다. 당시 일제의 한국 식민책은 일본인 지주 자본가들 중심으로 추진되었다. 이들은 지주경영을 목적으로 이주사업을 추진했지만, 이와 아울러 일본의 소작농·영세자작농을 한국에서 자작농으로 육성시킨다는 국책 아래 농업조합이나 농업회사를 조직하여 농업이민을 추진했다. 이시카와현 농업주식회사와 오카야마현 한국농업장려조합이 대표적인 예이다. 이들은 일본인 이주민을 중핵으로 한국의 전통농법을 일본식 농법으로 대체하는 동시에, 일선동화, 한국의 일본화라는 식민지 통치목적도 달성하려 했다. 일본인 이주민이 한국인을 장악하는 일은 이들이 가장 중요하게 내세웠던 실질적인 목표였다.

이주·식민사업에서 가장 중요한 요소는 이주민의 자질이었다. 이민추진기관은 일본정신으로 무장된 충량한 농민을 선발하여 이주 후 농업을 충실히 수행할 수 있도록 이들을 조직화하고 지도 감독하였다. 특히 단체이주는 일본제국의 정책적 지원 아래 한국을 영구히 일본영토화하려는 의도에서 나온 것이었다. 이들을 집단 이주시켜 그곳을 新일본촌으로 변모시켜 지배의 근거지로 삼고, 주변 한국농민을 동화시키려고 나섰다. 탕천촌민처럼 개별 이주자도 이주방법과 일본화 작업의 형태에는 차이가 있었지만, 지향점은 단체이주와 다를 바 없었다.

그러나 일제초기 이주사업은 주로 지주 자본가에 국한되고 영세농민을 대거 이주시켜 자작농으로 육성하여 통치체제의 안정화와 동화정책을 시도하는 일은 구호에 머물 수밖에 없었다. 일본의 농업문제·과잉인구문제 해결에도 실질적인 효과는 거의 기대할 수 없었다. 일제 식민통치의 사활이 걸린 한국경영에 필수적인 일본인 이주민 수가 절대적으로 부족하다는 여론이 비등하였다. 러일전쟁 직후 대두된 만한이민집중론은 한국을 강점하면서 구체화되었다. 한국을 일본제국의 이익에 완전히 일체화시켜야 한다는 조선경영론의 측면에서, 대량의 조직적인 식민사업의 필요성이 더욱 부각되었다. 그것은 조직적이고도 체계적인 방식으로 자영농민을 대량 이주시켜 통치기반을 조성함은 물론 궁극적으로는 한국인을 동화시켜 항구적인 식민지 지배체제를 구축하는 것이었다. 이러한 목적의식 아래 일제는 국책회사인 동양척식주식회사 설립을 계획하였다.

동척의 식민사업은 일본제국의 농업정책적 관점에서 볼 때 자작농 보호, 자작농 창정 유지의 형태로 진행된 사업이었다. 중견자작 형태의 동척농민은 식민지 지배체제 유지의 안전판인 동시에, 일본의 多勞多肥的 집약농법을 한국에 강제로 보급시키기 위한 농사개량사업의 추진담당자이기도 하였다. 그러나 일제의 농정이 지주적 입장에서 추진되면서 이민사업은 경제적 실익 없이 반발만 초래하였다. 일제의 지배정책도 조선인을 직접 동화시키는 방식으로 추진되면서 한계점을 노출한 이주·식민사업은 막을 내렸다.

제2장 일본인의 사회적 존재형태와 농업경영
―경남 밀양군 삼랑진 지역 사례―

1. 머리말

일본제국이 식민지 건설과 관련하여 추진한 이주는 일본 제국의회가 1901년 商民의 자유도한과 부동산점유를 인정하는 '이민보호법 중 개정 법률안'을 통과시키면서 본격화되었다. 러일전쟁 지원과 한국경영과 개발, 나아가 식민지 건설을 위한 토대 구축 작업에 적극 나선 것이다. 일본제국은 국가적 차원에서 '도한'을 선전하고 장려했다. 이에 호응하여 한 몫 잡으려는 투기적 자본가로부터 밑바닥 계층에 이르기까지 한국행 붐에 동참하였다. 일본외상 고무라 주타로(小村壽太郎)는 만한이민집중론을 주장하며 일본농 민을 한국에 이주 정착시킬 목적 아래 여러 방안을 강구하고 실행에 옮겼다.[1]

한국에 건너온 일본인들은 도시와 농촌 가릴 것 없이 돈벌이에 유리하면서 교통이 편리하고 치안이 확보된 곳을 중심으로 자리를 잡았다. 주 대상지는 거류지와 대도시였으며, 농촌은 지가가 비교적 싼 큰 강 유역이었다. 그중에서 제일 중시한 곳은 일본과의 교통로가 확보된 지역이었다. 철도가 개통된

---

1) 일제의 농업 이주식민책은 ① 김용섭, 「일제의 초기 농업식민책과 지주제」, 『한국근현대농업사연구』, 일조각, 1992. ② 최원규, 『한말 일제초기 한국식민책과 일본인 농업어민』, 『동방학지』 77·78·79 합집, 1993. ③ 정연태, 「대한제국후기 일제의 농업식민촌과 이주식민책」, 『한국문화』 14, 1993 등이 참고된다.

이후에는 자연스럽게 철도연변이 좋은 투자처로 떠올랐다. 이제 내륙 깊숙이 들어가 자리 잡을 수 있었다. 삼랑진을 중심으로 한 밀양 일대는 이러한 조건에 가장 근접한 지역 중의 하나였다.[2]

삼랑진은 낙동강과 밀양강이 합쳐지는 곳으로 조창이 설치될 정도로 수운의 요충지였다. 1905년 경부선과 마산선이 건설되면서 이 지역은 두 철도가 교차하는 분기점에 위치하여 교통이 더없이 편리한 지역이 되었다. 특히 화물의 집산지로서의 위치가 더욱 확고해졌다. 더구나 이 지역은 낙동강가로 비교적 토지가 비옥했다. 홍수와 한해로 농업경영이 불안정한 미간지가 적지 않았지만, 헐값에 토지를 대량 확보하여 개간할 수 있는 지역이었다. 경부선이 건설되면서 일본인들의 주요한 투자처로 떠올랐다. 식민지 개발이 본격화되기 시작하였다.

삼랑진은 지리적으로 두 지역을 의미하였다. 하나는 구래의 삼랑진으로 마산선 낙동강역이 소재한 곳이며, 행정구역명은 삼랑리였다. 또 하나는 경부선 삼랑진역이 소재한 곳으로 행정구역명은 송지리이다. 전자는 한국인의 주된 생활터전이었던 곳이고, 후자는 일본인이 삶의 터전으로 건설해 간 곳이다. 본장에서는 일본인들이 두 지역에서 어떻게 활동하며 존재해 간 모습을 직업과 가족구성, 토지소유를 중심으로 살펴보되 식민지 건설과 관련하여 이들의 정착과정에 초점을 두고 분석하려고 한다. 종래 한국에 거주한 일본인 사회에 대한 연구는 거류지나 대도시 중심이었다. 농촌에서는 일본인 대지주제가 발달한 지역을 주로 다루었다.[3] 그런데 기존 연구는

---

2) 吉倉凡農, 『企業案內 實利之朝鮮』, 1904, 10~18쪽.

3) 식민지 조선에서 일본인이 한 활동에 관한 연구는 정치·군사·경제 등 다양한 부분에서 진척되어 왔다(이에 대하여는 홍성찬, 「1920년대 경성주식현물취인시장(주) 연구」, 『경제사학』 22, 1997, 서론이 참고된다). 그리고 근래 지역사적 측면에서는 서울·평양·부산·목포·마산·군산 등을 대상으로 개항 이래 도시사적 접근방식의 연구가 괄목할만한 진척을 보였다. 부산에 관한 최근 연구로 홍순권, 「일제시기 부산지역 일본인 사회의 인구와 사회계층구조」, 『역사와 경계』 51, 2004 ; 차철욱, 「개항기~1916년 부산 일본인 상업회의소의 구성원 변화와 활동」, 『지역과 역사』

반농·반도시적 특징을 갖는 지역에 대한 연구는 보이지 않았다. 농촌지역도 대부분 수전 지대이고 밭작물 지대는 연구가 거의 없었다는 점에 특징이 있다. 연구내용은 특정주제나 특정계층을 선정하여 구체적인 역사상을 그려내고 있지만, 지역을 대상으로 한 연구는 드문 편이었다. 연구방법도 대부분 통계나 조사자료·신문자료 등 2차 자료에 제한되어 추상적 차원의 소묘가 대부분이었다.[4]

본 연구는 삼랑진 지역전체를 대상으로 각 부문의 상호 구조적 관계에 초점을 두고 가능한 한 구체적인 역사상을 그리는 것을 목표로 삼았다. 나아가 여러 복합적 성격을 지닌 삼랑진 지역사회를 선택하여 민족별 계층별 상호 구조적 연관관계와 변화를 분석하려 한다. 본 연구의 대상인 삼랑리와 송지리는 이러한 점을 모두 보여주는 적절한 사례라고 생각된다. 그 특징은 다음과 같다.

첫째, 삼랑진은 거류지가 아니면서 철도교통의 발달로 일본인이 집중 거주한 내륙의 반농·반도시적 특징을 갖는 지역이다. 그런 만큼 일본인의 직업구성이 매우 다양했다. 둘째, 경지가 밭 위주로 구성되었다는 점에서 기존 논 중심의 농촌지역과 차이가 났다. 점차 수전지대로 확대되어 가는 모습을 보였지만 밭의 비중이 적지 않았다. 셋째, 기존 연구대상 지역보다 일본인 대지주제가 상대적으로 덜 발달된 곳이지만 대지주부터 자소작농에 이르기까지 다양한 계층의 일본인이 존재하였다. 넷째, 농업도 미곡 단작이 아니라 밭 중심의 다양한 상업적 농업이 발달한 지역이었다. 그 주역이 일본인이었다는 점이다.

14, 2004 등이 있다. 지역 단위를 대상으로 한 연구는 김경남,『일제의 식민도시건설과 자본가』, 선인, 2015와 홍성찬 외,『일제하 만경강 유역의 사회사』, 혜안, 2006 등이 있다. 지역사회 각 부분에 대한 주제별 종합적 연구이다.

4) 이러한 방법론으로 일본인들의 활동상을 추적한 연구로는 木村健二,「在朝日本人の社會史」, 未來社, 1989 ; 木村健二,「在外居留民の社會活動」,『岩波講座 近代日本と植民地』 5, 1993 등이 있다. 그리고 임승표,「개항장 거류 일본인의 직업과 영업활동」,『홍익사학』 4, 1990과 서론에 소개한 여러 글이 여기에 속한다.

본 분석에서 사용한 연구 자료에서 특징적인 것은 삼랑진 경찰서에서 작성했을 것으로 추정되는 『日本人除戶簿』를 발굴하여 활용하였다는 점이다. 이 지역 일본인 거주자의 가족구성과 직업 등 다양한 삶의 형태를 상호 연관성 속에서 살펴볼 수 있을 것으로 생각된다. 그리고 삼랑리와 송지리의 토지조사부와 지적원도를 통해 1910년대 이 지역의 토지소유관계와 지목 지형 등을 복원하여 그 실체에 더 가까이 가려고 한다.[5]

2. 삼랑진의 경제환경과 일본인의 존재형태

1) 경제환경과 각종 통치기구

(1) 농업환경과 교통·물류 유통

경남 밀양군 하동면 삼랑리와 송지리는 〈지도 1〉에서 보듯, 매봉산을 사이에 두고 서로 이웃한 지역이다.[6] 삼랑진역은 송지리에 위치하고, 동북쪽은 구릉이나 남서쪽은 낙동강에 접한 지역이다. 구래의 삼랑진은 1914년 군면동리 통폐합과정에서 삼랑리로 명명되었으며, 밀양강과 낙동강이 교차

---

5) 이 문서의 표지는 『日本人除戶簿』였지만, 뒷장 안쪽에 『三浪津 警察署 日本人居留簿』로 적혀 있었다. 당시 삼랑진 경찰서에서는 일본거류민들의 신분과 가족 직업 등을 기록하면서 『居留簿』를 작성했는데, 이들이 타 지역으로 전출 가면 거류부에서 전출자의 기록을 떼내 별도로 편철하여 『日本人除戶簿』라 한 것 같다. 이 서류철은 삼랑진경찰서에서 관리하다가 후에 면으로 이전한 것으로 보인다. 해방후 『日本人除戶簿』(1945년 이전)라는 명칭으로 다시 편철하고, 보존기간을 50년으로 정하여 1995년까지 보존하도록 했다.

6) 밀양군 하동면은 13개리로 구성되었다. 송지리는 內松 外松 後松 竹谷 寒泉 柳島가, 삼랑리는 巨乭이 합쳐진 것이다(한국인문과학원 편, 『한국근대읍지 15(安秉禧, 『密州徵信錄』(1935)』, 1991, 39쪽). 그리고 일제는 1914년 군면동리 통폐합을 하면서 송지리는 하동면 송지리와 3개리와 김해군 생림면 도요리의 일부, 삼랑리는 삼랑리의 일부로 구획했다. 越智唯七, 『新舊對照 朝鮮全道府郡面里洞名稱一覽』, 1917, 665쪽. 1928년 하동면은 삼랑진면으로 개명되었다.

〈지도 1〉 삼랑진역과 낙동강역 주변지도

하는 지역에 위치했다. 1905년 일본 농상무성 조사관들은 당시 삼랑진을
다음과 같이 묘사했다.[7]

"낙동강물이 삼랑진에 이르면 강폭이 좁아져 물이 정체되어 매년 홍수
때가 되면 범람할 위험에 직면한다. 강가에는 저습지가, 그 안쪽으로 광대한
초생지와 溜地가 있고, 그 곁에 일부 개간된 지역이 있다. 밀양 방면 쪽으로
평야가 있지만 황무지도 적지 않았다. 한발과 수해의 피해를 면할 수 없는

7) 일본농상무성, 「韓國土地農産調査報告」(전라도 경상도), 1905, 72쪽, 240쪽.

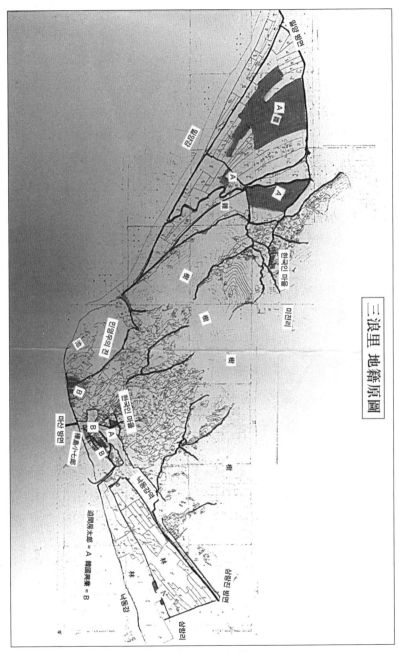

三浪里 地籍原圖

〈지도 2〉 삼랑리 지적원도

곳이다. 강가를 제외하고는 모두 산으로 둘러싸여 있고 산기슭에는 7개의
촌락이 있었다. 수전은 거의 없었다."

삼랑진역 부근은 자연조건이 좋지 않아 역이 건설되기 전에는 겨우 14,
15호의 한국인 가옥이 점재하는 데 지나지 않았다. 일본인은 낙동강을 통해
내륙시장을 오가며 기착하는 정도에 불과했다.[8] 경부선과 마산선이 개통되
면서 일본인이 이 지역에 주목하게 되었다. 경부선이 1905년 1월 개통되면서
송지리에 삼랑진역이 건설되었다.[9] 또 하나는 러일전쟁을 위한 군수물자
운송을 위해 삼랑진역과 마산을 연결하는 마산선이 같은 해 10월 개통되었다.
조창이 있던 삼랑리에 낙동강역이 건설된 것이다.[10] 삼랑진이 철도교통의
요충지로 자리 잡게 되면서 일본인들이 몰려들어 집단 거주지를 형성하였다.
이들은 낙동강가의 개간 가능지에도 주목하여 개간에 착수하고 농업경영을
시작하였다.
    일본 농상무성 기사는 이곳에 상당수의 일본인 투자가들이 황무지를
매수 개간하고 수로를 개척하여 실제 농업경영에 착수한 자가 적지 않았다고
보고했다.[11] 삼랑진 강 쪽에 20정보 가량의 농장이 있었으며, 삼랑진 철도와
도로에 접한 지역에도 농업경영을 하면서 개간계획을 수립하고 있다고
했다. 이들은 한국인이 개간했지만 현재 진전인 곳, 제방을 쌓은 흔적이
있는 개간 가능지 등을 헐값에 확보하여 개간사업을 추진하였다.[12] 일본인은
토지를 잠매하여 농사경영이나 개발사업을 추진하는 일이 당시는 불법이었
음에도 불구하고, 거리낌 없이 작업을 추진해 갔다.

    8) 龜岡榮吉 외, 『조선철도연선요람』, 1927, 123쪽.
    9) 조선철도사편찬위원회 편, 『조선철도사』(권1 창시시대), 1937, 406쪽.
    10) 한국인문과학원편, 앞 책, 1991. 39쪽. 古蹟漕倉統倉.
    11) 三成文一郎·有働良夫, 앞 책, 1906, 549쪽. 특히 김해와 삼랑진 부근에 진출이 눈에
        띈다고 했다.
    12) 三成文一郎·有働良夫, 앞 책, 1906, 71~73쪽.

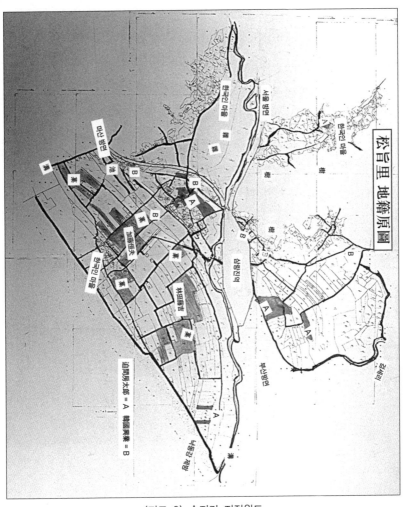

松旨里 地籍原圖

迫間房太郎 = A　韓圓興業 = B

〈지도 3〉 송지리 지적원도

개발사업은 농지만이 아니라 낙동강역·삼랑진역 등 시가지에서도 추진되었다. 일본인들은 두 역 앞쪽에 새로 시가지를 건설했다(〈지도 1〉). 낙동강역은 마산선의 첫 번째 역이다. 종전에는 낙동강에서 제일 중요한 진이 설치되어 적지 않은 물자가 모였던 교통의 요충지였다. 정거장이 건설되면서 낙동강역도 급격한 발전을 보였다. 1908년에는 일본인이 250명이고, 한국인은

3천 명 가량이 될 정도였다.[13]

〈지도 3〉에서 송지리의 모습을 살펴보기로 하자. 송지리는 삼랑진역과 철도 선로를 경계로 북동쪽은 구릉이고 남서쪽은 낙동강에 접하였다. 강가에는 홍수막이 제방이 있었다. 이곳의 필지 모습을 살펴보면, 철도와 낙동강 사이의 경지는 개간을 한 뒤 일본인 지주가 자기 지분만큼 직사각형 형태로 구획하여 나누어 가졌음을 알 수 있다. 삼랑리도 낙동강역에서 삼랑진 방면 철도와 낙동강 사이 지역이 비슷한 형태로 개발되었다.(〈지도 2〉)[14] 두 지역 모두 필지를 구획할 때 필지가 한 쪽 면은 도로에 접하여 교통과 상업경영이 편리하도록 설계했다. 신개발지는 하자마 후사타로(迫間房太郎)와 한국(조선)흥업을 비롯한 일본인 대지주들이 대부분 소유했다.

삼랑진의 중심 지역인 낙동강역과 삼랑진역의 인구와 철도이용 실태를 보기로 하자. 두 역은 건설 초기부터 일본인이 몰려와 인구가 크게 증가했다.[15] 〈표 1〉에서 낙동강역은 1907년 40호 190명, 1910년 250명이었다가 1912년에는 31호 117명으로 감소하였다.[16] 삼랑진역은 1907년 48호 205명이었다가 1912년 170호 581명이 되었다. 삼랑진역도 이후에는 감소하였다. 낙동강역은 1927년에는 22호 114명, 삼랑진역은 114호 410명이었다.[17] 일본

---

13) 통감부 철도관리국, 『한국철도선로안내』, 1908, 118쪽. 1920년대에는 도로와 철도의 발달로 밀양과 진영의 세력권이 커져감에 따라 점차 쇠퇴해갔다고 언급했다. 龜岡榮吉 외, 앞 책, 1927, 263쪽.

14) 일찍부터 일본인들은 밀양천과 낙동강 일대의 미간지에 주목하여 개간 가능지에 대한 개략적 조사를 실시한 바 있다. 三成文一郎·有働良夫, 『한국토지농산조사보고(경상도 전라도)』, 1906, 179~226쪽.

15) 다른 자료에는 1912년 일본인 215호 인구 731명, 한국인 984호, 2,423명 합 1,199호 인구 3,154명이다(納富由三, 『朝鮮商品と地理』, 1912, 89쪽). 〈표 7〉에서 1925년 삼랑진의 인구는 371명으로 1927년의 〈표 1〉의 410명과 차이를 보였다. 이같이 1~2년 사이 차이를 보이는 것은 『日本人除戶簿』 분석에서 보는 바와 같이 삼랑진이 인구이동이 심하다는 것을 보여주는 반증이기도 하다.

16) 佐村八郎, 『渡韓のすすめ』, 1909, 189쪽.

17) 1907년의 인구와 호수는 統監府 農商公務部 農林課, 『朝鮮ニ於ケル農業ノ經營』, 1907, 21쪽.

〈표 1〉 낙동강역과 삼랑진역의 인구와 철도이용 실태(단위 : 명·円)

연도	역명	호수			인구			승차인원	하차인원	객차수입	화차수입
		일본인	한국인	합	일본인	한국인	합				
1912	삼랑진	170	112	282	581	578	1,159	18,035	17,362	14,130	4,636
	낙동강	31	292	323	117	1,418	1,535	3,810	4,239	2,008	8,789
1927	삼랑진	114	2,024	2,138	410	10,798	11,208	81,210	74,096	95,940	11,035
	낙동강	22	345	367	90	1,565	1,655	21,462	26,588	9,651	16,018

출전 : 朝鮮總督府鐵道局, 『朝鮮鐵道沿線市場一覽』, 1912, 45쪽, 216쪽 ; 龜岡榮吉 외, 『朝鮮鐵道沿線要覽』, 1927, 123쪽, 263~264쪽.

〈표 2〉 1910년도 발착화물의 종류와 수량(단위 : 톤)

삼랑진	발송	물품	맥	대두	과일	야채	연초	술	기와	목재	薪炭	
		수량	28	29	67	179	20	14	628	60	21	
	도착	물품	미	비료	繩叺	선어	술	석재	목재			
		수량	67	92	21	25	14	44	67			
낙동강	발송	물품	미	맥	대두	과일	야채	繩叺	염	종이	목재	대
		수량	2,714	683	2,398	18	26	14	46	111	23	15
	도착	물품	미	繩叺	선어	鹽干魚	명태	염	麻布	隣村	석유	목재	대
		수량	106	13	23	78	87	13	11	15	55	52	20

출전 : 조선총독부철도국, 앞 책, 1912, 45쪽, 216쪽.

인은 감소한 반면, 한국인은 계속 증가하였다. 1927년 삼랑진역은 인구가 만 명에 달했다. 낙동강역은 초기에는 일본인이 대거 증가하였다가 그 후 감소와 정체되는 현상을 보였다. 전체인구는 한국인의 증가폭이 커 더 증가된 모습을 보였다. 삼랑진역과 낙동강역 등 역세권은 모두 일본인이 주도하였다. 한국인은 삼랑진역보다 낙동강역의 비중이 더 컸다.

〈표 1〉과 〈표 2〉에서 삼랑진역과 낙동강역의 이용도를 보면, 서로 대비되는 모습을 보였다. 여객의 비중은 〈표 1〉에서 전자가 후자의 4~5배나 되었다. 여객 수는 10여 년 사이에 거의 5배 정도 증가했지만, 두 역의 격차는 그대로였다. 여객 수와 수입에서 두 역은 갈수록 양적 격차가 벌어졌다. 반면 화차 수입은 낙동강역이 삼랑진보다 2배가량 많았다. 10년 동안 화차 수입이 2배가량 증가했으며, 두 역의 격차는 처음 수준을 그대로 유지했다. 삼랑진역이 주로 여객을 담당하고, 낙동강역은 주로 화물을 담당했다. 〈표 2〉에서 두 역은 취급한 화물의 성격이 달랐다. 발송물을 보면, 삼랑진역은

이곳에서 생산된 기와와 채소, 낙동강역은 낙동강 수운으로 실어온 미와 대두가 주종을 이루었다. 도착물을 보면, 삼랑진역은 비료와 건설자재, 낙동강역에서는 어류와 생활용품이 주류를 이루었다. 삼랑진역은 일본인의 생산과 소비에, 낙동강역은 농산물을 발송하고 생활물품을 들여오는 데 주로 이용되었다.

〈표 3〉은 낙동강역이 물산의 집산지이며 발송처임을 보여주고 있다.

〈표 3〉 낙동강역을 경유한 물품

낙동강 시장 이입물				낙동강 시장에서 이출물				
운반수단	출발지	이입물	물량	이출방식	이출물	수산	영산	창녕
철도편	부산	면포(疋)	20,600	낙동강 경유 이출	燐寸(箱)	250	25	20
		마포(斤)	16,400		석유	365	750	65
		사탕(俵)	364		방적(個)	20	10	
		金巾(反)	500		면포(疋)	2,400	120	70
		방적사(個)	60		金巾	170	50	30
		비료(斤)	20,300		사탕(俵)	145	73	
		莫(斤)	11,400		鹽干魚(斤)	13,800	19,000	
	부산 마산	주류(斤)	9,500		명태(個)	800	450	
		장유(圓)	900		맥분(袋)	135	135	
		도기(斤)	7,400		소면(箱)	50	10	
		죽(斤)	18,000		마포(疋)	0	50	30

품목	출발지	도착지	수량
종이	초계	인천 경성 부산	115
야채	수산 상포	초량 마산 부산	65
맥	밀양 창녕 영산 의령	부산 초량 구마산 용산	224
염	명호	청도 유천 김천	44
葉莨	시장부근	부산 대구	18
대두	영산 밀양 수산	부산	1700
미맥	밀양 영산 의령 창녕 초량 현풍 고령	부산(대부분) 구마산 마산	1920
땅콩	영산	마산	87

운반수단	출발지	이입물	물량	이출방식
철도편	부산 초량	味噌(斤)	3,840	洛東江 시장을 경유하지 않고 舟運 牛馬車 짐꾼에 의하여 정거장에서 철도편으로 각지로 이출되는 물품 (단위 : 톤)
		목재(斤)	41,000	
		석유(箱)	1,740	
		麥粉(袋)	450	
		명태(個)	2,000	
		燐寸(個)	1,000	
	부산 밀양	식료품(斤)	6,400	
	부산 초량 부산진 마산	鹽干魚(斤)	96,300	
	대구	약재(斤)	1,300	
	부산 경산 밀양	미(斤)	44,000	
	마산 기타	선어(斤)	9900	
	부산진	해초(斤)	1090	
수운	명호	염(斤)	3700	
철도와 우마차 짐꾼	밀양 유천	목탄(斤)	25,000	

출전 : 朝鮮總督府鐵道局, 앞 책, 1912, 217쪽.

이곳에서 소비되는 물품은 극소수였다. 낙동강역에 철도편으로 들어오는 물품은 경부선의 상행선에서는 부산·초량·부산진, 하행선에서는 대구와 경산, 그리고 마산선에서는 마산·구마산에서 들어왔다. 부산·마산 방면에서 오는 물품은 면포 등 옷감이 가장 많았고, 수산품·비료·일본식 식료품 순이었다. 대구 방면에서는 약재와 목탄이 들어왔다. 도착한 물품은 낙동강 수운을 통해 상류로 운반되었다. 밀양의 수산, 창녕의 영산 방면 등이 주 소비처였다. 주로 옷감류와 일상용품이었다.

낙동강 상류의 산지에서 생산한 물품 가운데 시장을 거치지 않고 배편으로 이곳에 실어와 짐꾼 등이 기차로 옮겨 전국시장으로 향하는 물품도 적지 않았다. 수출과 관련된 미·맥·대두 등은 대부분 부산과 마산으로 향했다. 종이는 인천·서울 등 경기 지역의 소비처로 향했다. 야채는 수산과 상포에서 들여와 일본인이 거주하고 있는 초량·마산·부산으로 운반되었다.

낙동강역은 물산의 집산지답게 운송점이나, 곡물·藥種·布帛 등 특정 상품을 전문적으로 취급하는 상점이 있었다. 한일 상인의 분포를 보면, 곡물은 일본인이 6명이고, 한국인은 3명으로 일본인이 압도적이었다. 일본 수출을 목표로 곡물을 수집한 것으로 보인다. 운송업은 각각 2명이고, 포백은 한국인의 의생활과 관련하여 한국인 상점만 12곳이었다.[18] 이곳 상권은 부산상인과의 연계 아래 운영된 것으로 보인다.

낙동강역 수운의 세력 범위는 1912년 상류 방향으로는 밀양의 멱례·수산·반월동, 영산의 임해·송진·상포, 창녕의 마수원, 창원의 유동·신천, 의령의 거임강·유포·박진, 초계의 적포, 고령의 개포로 향하고, 아래로는 구포·하단을 거쳐 부산에 이르렀다. 가장 먼 곳은 상류는 고령의 개포로 190리, 하류는 하단으로 100리였다. 1927년 후반에는 낙동강역의 세력 범위가 박진까지로 제한되었다.[19]

---

18) 조선총독부철도국, 『朝鮮鐵道沿線市場一覽』, 1912, 216쪽.

19) 기항지는 明禮, 守山, 半月里, 新川, 臨海津, 德村, 松津, 南旨, 巨龍江, 阿加里, 泊津

1920년대 후반 이 지역의 운송점은 화물을 실어 나르는 청부업도 겸했다. 삼랑진에는 운송共同組 본점, 協同組 등 2개의 운송점, 낙동강역에는 가와나미(川波)수륙운송점, 이완희 운송점, 운송共同組 출장소, 咸邦佑운송점, 이사사카(伊佐坂)운송점 등이 있었다. 운송점은 수적으로 낙동강역의 비중이 더 컸다.[20] 운송점은 1920년대까지는 전업보다 대개 겸업이었다. 대부분 미곡상을 겸했다. 共同組본점은 醬油·味噌 제조업을 겸했다.[21] 운반은 배와 기차가 담당했지만, 장시 사이는 짐꾼과 우마가 담당했다. 특히 낙동강역은 도로가 좁아 짐꾼이 전담하다시피 했다고 한다.[22] 배편은 시간이 많이 걸리고 12월에서 2월까지는 결빙기로 운항이 중지되는 등 불편이 많아 역할이 점점 축소되었다.[23] 선박운송업이 쇠퇴되면서, 철도와 도로의 연계 교통망은 더욱 활성화되어 갔다. 1920년대 중반부터 자동차 운수회사들이 설립되면서[24] 하천 운송에서 도로 운송으로 옮겨가는 모습을 보였다.

운송점은 자본결합을 통해 대형화되어 가는 모습을 보였다. 〈표 4〉에서 1927년 설립된 마산선 합동운송창고와 마산합동운수(주)가 그 예이다. 전자는 일본인이, 후자는 한국인이 주도하여 마산에 본점을 두고 각역에 지점을 설치 운영하였다.[25] 1930년대에도 일본인과 한국인이 각각 삼랑진운송과

　　등이다. 龜岡榮吉 외, 『朝鮮鐵道沿線要覽』, 1927, 264쪽.
20) 柳川勉, 『朝鮮の交通と運輸』, 1925, 鮮內運送店名住所錄.
21) 龜岡榮吉외, 앞 책, 1927, 124쪽, 264쪽.
22) 조선총독부철도국, 앞 책, 1912, 216쪽.
23) 소요시간은 상하행이 달랐다. 영산의 上浦는 12시간과 8시간, 제일 먼 개포는 36시간과 24시간, 하류의 하단은 20시간과 10시간이 각각 걸렸다. 1912년 당시 운행선박은 朝鮮船이 150石 내외이고 倭船 50石 내외로 조선선이 우위를 점했다. 朝鮮總督府鐵道局, 앞 책, 1912, 217쪽.
24) 〈표 4〉에서 보면, 합동화물 운송회사에서 자동차 영업을 하고, 경남합동 자동차 밀양 자동차회사는 1920년 설립 자동차 영업을 했다(부산대학교 한국민족문화연구소 학술회의 발표문, 「경부선 관부연락선 개통과 부산항」, 2005. 12. 22. 71쪽).
25) 일본정부가 1驛1店주의 정책을 취하려하자 일본인 운송업자는 마산선합동운수창고를 설립했으며, 이에 대한 대항으로 마산선의 한국인운송업자는 마산합동운수를 설립했다(『동아일보』, 1927. 5. 22).

<표 4> 삼랑진 관련 회사

회사명	설립일	자본금(원)	임원	목적
朝鮮滑船巡航 (合資)	1923	20,000	(사장/대표)川波藤太郎 (6000무), (사원)久持德次 郎(5000무), 荒井覺(5000 유), 名倉明五郎(4000유)	승객운송영업
馬山線合同運送 倉庫(株) 구마산, 창원, 진영리, 삼랑리, 송지리	1927	100,000	(사장/대표)米田八百三 (이사)白垣善四郎, 中島萬 造, 川波藤太郎, (감사)靑柳 種吉	해륙 운송 및 운송 취급업, 창 고업, 세관화물 취급업, 금융 업, 보험 대리업, 대행 보증행 위, 영업상 관계가 있는 타회사 의 주식인수 및 양도 및 이의 처분
馬山合同運輸 (株) 마산 삼랑진	1927	100,000	(사장/대표)明道奭, (전무) 金達詢, (상무이사)彭東柱, (이사)李完熙, 金漢榮, (감 사)鄭明魯, 金學龍, 金駿榮	화물 운송 취급 및 운반 및 대부 업
三浪津桑苗(株) 삼랑진	1928	20,000	(사장/대표)丸山喜代二, (이사)秋本懷七, 高須濟, 丸 山多嘉登, (감사)鹽見源太 郎, 神田信一, 渡邊登	桑苗 및 농림 종묘의 생산 판매 및 중개, 이에 관한 부대한 업 무
水也農事(株) 삼랑진	1931	100,000	(사장/대표)池昌奎, (이사) 池二晋, 池義元, (감사)崔杰 植, 朴晩奎	농사 개량 농구 및 비료 구입 판매 및 산업 자금 대차 부동산 매매 기타 부대사업
川波運送(合資)	1932	3,000	(사장/대표)川波次郎	운송 및 운송 취급업
川波藤太郎商店 (合名) 삼랑리	1932	30,000	(사장/대표)川波藤太郎 (22800), (사원)川波藤吉郎 (7200), (지배인)田中一男	창고업, 비료매매, 미곡 위탁 매매, 새끼 가마니 매매, 금융 업, 보험 대리업, 노력청부 근 해수송업
洛東江運輸 (合資) 삼랑리	1933	7,500	(사장/대표)李完熙	운송업 및 운송취급업
三浪津金融倉庫 會社	1935	10,000	鄭甲守	금융신탁 운송창고
合同貨物運送 (株) 밀양	1936	100,000	(사장/대표)崔鳴琇, (이사) 李鍾琇, 李完熙, (감사)李在 鳳, (지배인)朴準燁	대절화물자동차업, 화물자동 차에 의한 물품운송업, 곡물매 매 및 도정정미업, 일반물품의 매매 및 위탁매매업
三浪津運送(合資)	1937	2,500	(사장/대표)堀淳一	운송 취급업

출전 : 中村資良 編, 『朝鮮銀行會社組合要錄』(각년판), 東亞經濟時報社.

낙동강운수라는 화물운송업회사를 설립 운영했다. 정갑수는 삼랑진금융창
고회사를 세워 운송업에 진출했다. 운수업은 자본이 비교적 적게 들고,
한국인은 지역 사정에 익숙하여 진출이 용이했던 것으로 보인다. 특히 낙동강

운수의 사장인 이완희는 일본인 운수업자와의 경쟁을 위해 한국인 운송업자의 자본결합체인 마산합동운수와 합동화물운송에 참여하는 등 활동범위가 컸다. 한국인의 활동이 주목된다. 〈표 4〉에서 보듯, 운수업에서는 한국인 회사의 비중이 일본인 회사에 비해 적지 않았다. 이곳 상인들은 부산·마산의 거상들과 연계아래 활동한 것으로 보인다.26)

삼랑진은 배후에 큰 도시가 없고, 강과 산으로 둘러싸인 지리 환경적 요인 때문에 자체 발전에는 한계를 보였다. 물산을 수집 분배하는 지위에 머물렀다. 주로 통과화물이었다. 그나마 갈수록 철도와 도로 교통이 활성화됨에 따라 한계를 보였다.27) 삼랑진은 지정학적 측면에서 도시 발전에 한계를 보였지만, 장시는 어느 정도 활성화된 모습으로 보였다. 밀양군에는 7개 장시(〈표 5〉)가 있었으며, 이곳에는 삼랑시와 송지시 2곳의 장시가 있었다. 삼랑진역 부근의 송지시는 삼랑시의 1/4 정도였으며, 1908년 설립되었다. 이곳 상품은 땔감·백미·소고기·鹽乾魚·잡화 등이었다. 밀양·수산·삼랑진 등의 각 시장을 순회하는 행상들과 짐꾼들이 각 인근 마을의 수요에 충당했다. 낙동강 장시는 독특하게 개시일을 달리하는 上市場(1일)과 下市場(6일)이 있었다. 수운·철도편과 관련하여 다른 장소에 장이 선 것으로 보인다.28) 이곳의 주요 수송 물품은 〈표 3〉에서 보듯, 농·축산물 중심의 유통경제를 잘 보여주었다.29) 주로 이곳 지역민들의 소비생활과 관련한 교환경제를 담당한 것으로 보인다.

---

26) 川波藤吉郎 상점의 대지는 부산의 면포상인 小澤宇三郎(田中善支店)의 소유지였다 (『三浪里 土地調査簿』).

27) 낙동강은 경부선 개통 전에는 대단히 중요한 물자운송 통로였지만, 개통 후에는 여기에 점점 흡수되었다. 부산의 中村俊松(中村상점)은 왜관역의 성운사와 의령을 경계로 낙동강 수운을 나누어 운영했다. 각 기항지에 출장소를 두었다. 森田福太郎, 『釜山要覽』, 1912, 149~153쪽 ; 龜岡榮吉 외, 앞 책, 1927, 217쪽.

28) 조선총독부 철도국, 앞 책, 1912, 216쪽.

29) 삼랑리 장시의 집산품은 絹布, 魚鹽, 鍮器, 薪炭, 穀物, 蘆席 등이었다. 유통권은 집산지와 군내, 양산, 창원, 김해 등이었다(탁지부 사세국, 『韓國各府郡市場狀況報告書』(제4편), 1909, 56쪽). 당시는 지역 사람들만을 위한 장시였다.

<표 5> 밀양군 장시 일람(단위 : 圓)

밀양군	개시일	농산물	수산물	직물	축물	기타잡품	계
밀양시	7.4	25,800	6,200	5,000	27,090	1,764	65,854
삼랑시	7.2	6,000	1,800	1,600	600	1,589	11,589
송지시	7.2	1,200	480	350	280	290	2,600
수산시	7.2	2,400	600	840	13,232	753	17,825
연경시	6.8	1,200	150	140	150	160	1,800
무안시	6.2	1,200	450	150	20	180	2,000
가곡시	7.1	2,800	500	1,200	30	570	5,100

출전 : 慶尙南道, 『朝鮮總督府 慶尙南道 道勢要覽』, 1913, 437쪽.

<표 6> 송지리 기와공장의 실태(단위 : 圓, 個)

조사 연도	공장명	공장주명	창립일	건평	자본금	기술자 일	기술자 조	직공 일	직공 조	1년 취업 일수	생산품	생산가격
1913	太田瓦공장	太田勝三郎	07.1	150	3,000	1		10	13	200	25,000	5,750
	船田瓦공장	船田喜三郎	05.4	150	3,000	1		9	14	200	20,000	4,600
	合瓦공장	井上豊次郎	11.3	50	1,500	1		4	5	200	10,000	2,300
1921	船田瓦공장	船田喜三郎	05.4	200	5,500	1			9	240	130,000	7,800
	合瓦공장	大槻喜太郎	11.3	70	3,000				7	230	90,000	5,400

비고 : 연료는 薪이고 선전와공장 3000, 합와공장 2,000톤이었다.
출전 : 경상남도, 앞 책, 1913, 412쪽 ; 경상남도, 『조선총독부 경상남도 통계연보 제1편』, 1921, 206~207쪽.

곡류·과일·야채·기와 등은 거상들이 거래하는 물품은 장시와 관계없이 정거장을 통해 다른 지역으로 보냈다. 삼랑진은 물류유통의 중심지였지만, 장시부분과 철도유통 부분이 구분된 2원적 구조로 보인다.

삼랑진의 공업은 특별한 것은 없었다. <표 6>에서 보듯 기와공장이 유명했다. 최초의 기와공장은 1905년 4월에 세워진 후나타(船田)기와공장이었다. 이어서 오타(太田)·코우(合) 등 기와공장이 세워졌다. 1912년 생산량은 52만 장에 달했다.[30] 1925년 소유주가 오쿠보(大久保)·후나타(船田)·가와타(川田) 등으로 바뀌었다.[31] 기와공장 설립은 철도개통과 밀접하게 관련되어 있었

---

30) <표 6>의 통계는 1912년 5만 5천 장으로 10배가량 차이가 나는데 월별생산액 혹은 인쇄착오일 것이다.

31) 船田만이 1920년대 후반까지 남고 두 공장은 주인이 바뀐 것으로 보인다. 大久保는 大久保八郎이라 생각되고, 川田은 누구인지 알 수 없었다. 『송지리 토지조사부』.

다. 삼랑진뿐만 아니라 각지 일본인 중심의 시가지 건설을 위한 자재를 제공했다. 철도편으로 부산·부산진·마산·밀양·대구·김천 등으로 운반되었다.[32] 공장은 공장주·기술자·직공으로 구성되었다. 일본인 기술자가 일본인과 한국인 직공들을 감독하고 제조하는 체제였다.[33] 공장주의 출신배경은 알 수 없지만, 이노우에 도요지로(井上豊次郎)와 오타 가쓰사부로(太田勝三郎)는 지주 경영도 겸하였다.[34]

(2) 관공서와 여러 조합

삼랑리는 〈지도 1〉에서 보듯, 하동면의 중심지로 면사무소,[35] 우편소를 비롯하여 학교, 종교기관, 경찰서, 금융조합, 수리조합 등이 자리 잡고 있었다. 삼랑리 우편소 소장에는 기와공장 주인이며, 지주인 오타 가쓰사부로와 가토 쓰네오(加藤恒夫) 등이 임명되었다.[36] 그리고 일본인들은 삼랑진학교조합과 삼랑진공립심상고등소학교(1906년 설립) 등을 설립하여 자식 교육을 시켰다. 1921년 학교 직원은 3명이고 학생 수는 심상과·고등과를 합하여 90명이었다. 일본인 자제들의 취학률은 100%였다. 한국인을 위해 삼랑진보통학교가 세워졌다.[37]

일본인들의 정신세계를 이끌어갈 종교기관으로 1913년 이전에는 천리교,[38] 眞宗大谷派 本願寺[39] 등이, 1917년 6월 12일에는 아마테라스(天照大神)를

---

32) 龜岡榮吉 외, 앞 책, 1927, 124쪽.

33) 조선총독부 철도국, 앞 책, 1912, 45쪽에는 29명으로 되어있다.

34) 『송지리 토지조사부』에 井上豊次郎은 4정보이고 다음 太田勝三郎은 2정보의 소유자였다. 太田은 〈표 19〉에 지주였다. 船田은 전과 대를 합하여 126평을, 大久保八郎은 垈地만 187평을 소유했다. 지주경영 여부는 알 수 없다(『송지리 토지조사부』).

35) 밀양면은 지정면이었으며, 삼랑진면은 아니었다. 면장에는 朴祐穆, 金想均, 水原正義, 李命學, 丁石倫, 宋萬迪 등이 역임했는데, 이들의 토지가 『토지조사부』에는 보이지 않았다. 삼랑진면 토지대장을 검토하여 볼 필요가 있을 것이다.

36) 조선총독부, 『조선총독부 직원록』(각년판).

37) 경상남도, 『朝鮮總督府 慶尙南道 統計年報(제6 교육)』, 1921년판, 173쪽, 201쪽, 235쪽. 심상과 학생이 72명 고등과가 17명이었다.

받드는 삼랑진 神社가 세워졌다.[40] 삼랑진역 인근에는 일본인과 철로 등을 보호하고 의병전쟁 등의 피해를 막기 위해 헌병대가 설치되었다. 1912년 삼랑진경찰서, 1921년에는 삼랑진주재소가 설치되었다. 일본인 집단 거주지이며 교통의 중심지인 이곳의 치안확보를 위해 우선적으로 설치되었다.[41] 이러한 통치기구에 힘입어 조선흥업을 비롯한 지주·상인들도 관리사무소와 창고를 설립하여 농산물을 비롯한 각종 상품의 생산과 수집을 위한 전진기지 역할을 수행하도록 했다.[42]

삼랑진금융조합은 삼랑리에 1922년 9월 11일 설립되었다. 설립목적은 조합원을 대상으로 자금대부와 예금, 산업상 필요한 재료의 대부, 공동구입, 위탁판매업, 그리고 조선식산은행의 업무를 대리하였다. 조선총독의 명령에 따를 것을 명시하였다. 한국인을 주 대상으로 삼기 위해 이곳에 세웠다.[43] 출자금액과 출자구수는 계속 증가했다. 조합 구역은 하동면으로 제한했으나 점차 상남면 일부, 삼랑진면, 김해군 생림면 등으로 확대되었다.

초대 조합장은 金在昊로 삼랑리 사람이었다. 이어서 趙亨植(1931)·池二晉 (1935)·丁碩倫(1938) 등이 조합장을 지냈다. 실무책임자이며 실권자인 이사는 중앙에서 일본인을 파견했다. 감사는 현지인으로 선임했으며, 첫 감사는 가와나미 도타로(川波藤太郎)·池二晉·이마이 슈노스케(今井秀之助) 등이 임명

38) 『日本人除戸簿』 天理教 교사 2명이 퇴거한 기록이 있다.
39) 『송지리 토지조사부』 송지리 366번지에 京都市 眞宗大谷派 本原寺 소유의 寺社地 305평이 있었다.
40) 경상남도, 앞 책(제4 경찰), 1921, 251쪽.
41) 1912년에 경남에는 11개 경찰서와 4개 헌병분대, 8개 헌병분견소가 설치되었다. 삼랑진 松旨里에는 삼랑진 경찰서가 설치되었는데, 한국인 일본인 警部 각각 1명씩 배치했다(『警務月報』, 1910. 8 〈全國警察職員配置表〉 1910년 8월 26일 제정). 관할구역은 김해군 상동 진례 하계 상북 중북 하북 생림 등이었다(慶尙南道, 앞 책, 1913, 205~206쪽.). 1921년 밀양에는 1警察署, 12개 駐在所가 설치되었다(慶尙南道, 앞 책, 1921판, 61쪽).
42) 龜岡榮吉 외, 앞 책, 1927, 123쪽.
43) 龜岡榮吉 외, 앞 책, 1927, 124쪽. 조합원이 753명, 예금고는 25만에 달하여 건실하다고 평가했다.

되었다.[44] 정석륜은 면장도 역임했다.[45] 조형식은 삼랑진금융창고회사, 池二晋은 水也農事(주)의 주주였다(〈표 4〉).[46] 금융조합은 일제가 한국농민을 자본으로 장악하기 위해 설치했으며, 이를 효율적으로 수행하기 위해 지역 유지를 조합장으로 내세웠다.[47] 이들 중 일부는 동아일보 기자와 고문으로 임명되기도 했다.[48] 일제와 네트워크를 가진 지주나 유지들이 언론에 참여하여 기사를 제공하며 힘을 발휘하기도 하였다.

삼랑진에는 일본인 농민들이 특종분야의 동업조합을 조직하여 운영하였다. 특히 과수원과 묘목업에 종사하던 일본인들이 관계농민들과 함께 경작개량과 공동판매, 자금융통 등을 진작시키기 위해 동업조합을 조직했다.[49] 1912년 처음으로 삼랑진 묘목업 과수업조합을 조직했다. 1905년 하야시타 도키치(林田藤吉)가 뽕나무와 과일나무 묘목을 재배하다가 생산액과 재배자가 증가하면서 판로확장과 품종개량을 위해 과수원업자와 함께 조합을 설립하였다. 그러나 조합운영을 둘러싸고 과수원업자와 갈등하게 되면서 이를 해산하였다.

1913년 묘목업자들은 별도로 삼랑진묘목업조합(일본인 36명)을 조직하였다. 뽕나무, 산림용, 과수 등의 묘목을 재배했는데 뽕나무 묘목의 비중이 제일 높았다. 부대사업으로 삼랑진 사립 전습소를 경영하기도 했다.[50] 과수업자는 이들과 별도로 삼랑진 과물 동업조합을 설치했다. 조선 과물 동업조합 연합회

---

44) 부산지방법원 밀양지청, 『金融組合登記簿』 1, 1922.

45) 조선금융조합연합회, 『회원연락부』, 1938, 42쪽. 민중시론사 편, 『조선금융조합대관』, 1935, 179~180쪽 ; 藤澤淸次郞, 『朝鮮金融組合と人物』, 1937, 682쪽.

46) 김재호는 답 598평, 전 7,524평, 대 240평, 잡종지 1575평, 합 9,960평을 소유했다(『토지조사부』). 지창규는 水也農事會社의 사장이었다.

47) 이경란, 『일제하 금융조합연구』, 혜안, 2002.

48) 『동아일보』, 1940. 6. 2. 박재성, 박근후, 이완희, 정석륜, 조형식은 동아일보 고문 또는 기자로 임명되었다.

49) 조선총독부 철도국, 앞 책, 1912, 45쪽. 과실·연초·대두·야채·묘목·맥 등이 주류였으며, 미의 생산액은 극히 적었다.

50) 大橋淸三郞, 『조선산업지침』, 1915, 403~412쪽.

가 창립되면서 회원이 되었다.[51] 삼랑진에는 연초경작자조합(일본인 40명)도 조직되었다.[52] 조합원의 범위는 삼랑진학교조합 구역으로 정했다.

1925년에는 삼랑진수리조합이 설립되었다.[53] 이 조합은 1923년 개통된 경부간 1등도로가 수리조합 구역과 낙동강을 분할하는 방수제방 역할을 하게 되면서 설립되었다. 1924년 도로에 배수갑문을 설치하고 1925년 조선총독부로부터 설립인가를 받았다. 몽리구역은 송지리와 삼랑리였다. 몽리면적은 전 82.2정보·답 23.5정보·잡 3정보·대 2.7정보·합 111.3정보로 대부분 재래식 전이었다. 답작은 낙동강물이 쉽게 침범하여 수확이 없는 경우가 많았고, 맥작은 별로 피해를 입지 않았기 때문에 맥작을 주로 했다고 한다. 조합비는 지반의 고저에 따라 부과하였다. 비교적 고지에 있던 재래의 좋은 전답 소유자가 불리하고 저지대의 개간지에 땅을 소유한 일본인 지주가 유리했다고 한다. 몽리구역 내 7할은 한국인, 3할은 일본인이 소유했다. 조합원 중 대지주는 조선흥업(8정보)·동척(10정보)·오쿠라 기하치로(大倉喜八郎 : 5정보)·하자마 후사타로(迫間房太郎 : 5정보) 등이었다.[54]

일본인들은 삼랑진을 내륙 진출의 교두보로 삼기 위한 정치 경제적 기반을 구축하고, 주로 부산 시장권과 연계되어 활동을 했다. 점차 마산·대구 등은 물론 경기도 등 먼 곳까지 활동 영역을 확대해 갔다. 반면 한국인은 외연적 확대보다는 밀양·창녕 등 주로 인근 지역을 중심으로 활동했다.

51) 『조선총독부관보』, 제4251호, 1926. 10. 25.
52) 경상남도, 앞 책, 1913, 415~416쪽 ; 納富由三, 『朝鮮商品と地理』, 1912, 114~115쪽.
53) 조합장은 송지리에 거주하는 今井秀之助였다. 그가 소유한 토지는 전 4,375평에 불과했지만 삼랑진 운송회사(합명)의 사장이었다. 자본금 1,300원이었다.
54) 『동아일보』, 1927. 10. 25. 조합원은 252명이고, 평의원은 일본인 3명, 한국인 5명이었다.

2) 일본인의 사회적 존재형태

(1) 경남지역 일본인의 인구와 직업변동

송지리와 삼랑리에 거주하는 일본인의 사회적 존재형태를 경남 전체와 비교하여 그 특질을 살펴보자. 〈표 7〉에서 1913년 경남지역 내 일본인은 부산에 거의 절반이 거주했으며, 마산까지 합하면 70%가량 되었다. 부산은 개항과 더불어 조선의 관문 역할을 했다. 그 이후 30여 년간 일본인이 거주하는데 불편이 없는 일본인 도시로 자리를 잡아갔다. 1899년 개항된 마산도 마찬가지였다. 마산보다 규모가 작지만, 진주는 경남 도청 소재지로, 김해는 부산 인근의 평야지대라는 이점 때문에 일본인의 이주농업이 활성화되어 일본인의 비중이 적지 않았다. 밀양도 교통이 편리하여 일본인의 진출이 비교적 활발했다.[55]

경남 일원의 일본인 사회는 강점 후 10여 년이 지난 1925년에는 지역별로 차이를 보이며 변화되어 갔다. 부산은 일본인이 만여 명 증가하는 등 여전히 강세를 보였다.[56] 김해와 동래도 집중되는 모습을 보였다. 반면 밀양군은 전체적으로 감소되는 경향을 보이면서 내부에서 각 지역별 차이를 보였다. 상공업 등 도시화가 진전된 밀양읍에서는 증가한 반면, 다른 지역은 감소해 가는 모습을 보였다. 대체로 상공업이 발달한 지역에 몰리고 농촌지역은 감소하는 경향을 보였다. 삼랑진은 일본인이 대폭 감소했지만 여전히 적지 않게 거주하였다. 교통 중심지이며 물산의 집산지로서 경제적인 측면에서 기본적 수요가 있었던 것으로 보인다.

경남 거주 일본인은 10여 년간 1만 5천명 연평균 1,200여 명 가량 증가하였

---

55) 경상남도사편찬위원회 편, 『慶尙南道史(上, 中, 下)』, 1988 : 부산직할시사편찬위원회 編, 『釜山市史』(1-4), 1989~1991.

56) 부산과 마산은 1914년 행동구역 변동으로 동래군과 창원군이 분리되어 인구 증감을 명확히 알 수는 없지만, 일본인은 계속 증가되어 간 것으로 보인다.

〈표 7〉 일본인 거주현황(1913년과 1925년 비교)

1913	호		남		여		합		1925년	
	수	%	수	%	수	%	수	%	인구	%
부산	7,397	44.9	15,106	45.4	14,174	49.3	29,280	47.2	39,756	51.3
거류지	6,596	40.0	14,202	42.7	13,408	46.6	27,610	44.5		
동래	77	0.5	153	0.5	135	0.5	288	0.5	2,672	3.4
마산	3,597	21.8	7,015	21.1	5,817	20.2	12,832	20.7	4,824	6.2
진주	660	4	1,247	3.7	1,047	3.6	2,294	3.7	2,179	2.8
김해	566	3.4	1,113	3.3	855	3.0	1,968	3.2	2,916	3.8
밀양	723	4.4	1,429	4.3	1,207	4.2	2,636	4.2	2,388	3.1
삼랑진	196	1.2	379	1.1	345	1.2	724	1.2	371	0.5
밀양읍	300	1.8	579	1.7	469	1.6	1,048	1.7	1,109	1.4
합	16,481	100	33,291	100	28,768	100	62,059	100	77,548	100

비고 : 굵은 선은 부산내 거류지와 밀양군내 삼랑진과 밀양읍을 별도로 표시한 것이다.
출전 : 경상남도, 앞 책, 1913, 37~41쪽 ; 경상남도, 『朝鮮總督府 慶尙南道 統計年報』, 1925, 11~14쪽.

다. 매년 증가율이 2%가량 되었다. 이들의 본적지는 거의 일본 전역에 걸쳐 있었다.[57] 〈표 8〉에서 보듯, 조선에 가까운 사이가이도(西海道)와 산요도(山陽道) 출신이 대부분이었다. 그중에서도 야마구치현(山口縣)이 가장 많고, 후쿠오카현(福岡縣)·히로시마현(廣島縣)·나가사키현(長崎縣)·오카야마현(岡山縣)의 순이었다. 이들이 거의 50%를 차지했다. 자연조건과 이주거리 등이 작용한 것으로 보인다. 이러한 경향은 1925년에도 마찬가지였다. 야마구치현이 인원이 가장 많았으며, 다음이 히로시마현과 오카야마현 등이었다. 밀양은 오카야마현과 후쿠오카현 출신이 높은 비중을 차지했다. 전자는 오카야마현 차원에서, 후자는 유아사 본페이(湯淺凡平, 1867~1943) 등이[58] 이주사업을 적극 추진한 결과로 보인다.[59]

---

57) 출신지는 동경부, 경도부, 대판부 등 3부 44개현이었으며, 호수는 17,856호, 인구는 남자 39,760명, 여자 37,878명으로 합 77,548명이었다. 경상남도, 앞 책, 1925, 14~15쪽.

58) 유아사 본페이는 히로시마현 출신이다. 慶應義塾을 나와 日本郵船 사원, 밀양은행 업무집행사원, 상남수리조합장을 거쳐, 요코하마 市議, 동 參事會員, 1912년 중의원에 당선되었다.

59) 밀양에는 일본인 집단 거주촌이 존재했다. 하나는 岡山縣 농업장려조합이었다. 岡山縣 유지들이 1906년 5월 縣民의 기업에 도움을 주고 이주농업을 장려한다는 목적 아래 1908년 창립했다. 밀양 부근 이주자는 韓農岡山團을 조직하여 한일연합의

<표 8> 경남거주 일본인의 출신지별 호와 인구수 (1912년과 1925년)

1912년	호 수	호 %	인구 남	인구 여	인구 합	주거	세대	1925년 인구
熊本	601	4	1,197	1,109	2,306	704	753	2,963
大分	745	5	1,534	1,308	2,842	782	832	3,406
島根	748	5	1,461	1,139	2,600	570	613	2,552
佐賀	769	5	1,482	1,233	2,715	729	765	3,102
岡山	921	6	1,771	1,543	3,314	1,037	1,117	4,397
長崎	1,469	9	2,970	2,822	5,792	1,482	1,549	6,548
廣島	1,498	9	3,204	2,721	5,925	1,653	1,775	7,504
福岡	1,566	10	3,495	3,102	6,597	1,540	1,612	6,754
山口	2,039	12	4,146	3,947	8,093	2,267	2,399	9,982
합	16,481	100	33,291	28,768	62,059	17,856	18,991	77,548

출전 : 경상남도, 앞 책, 1913, 43~44쪽 ; 경상남도, 앞 책, 1925, 14~15쪽.

<표 9> 경남지역 일본인과 한국인의 직업 구성비 (1913년과 1925년)

직업	일본인 호수	일본인 비중	일본인 인구	일본인 %	한국인 인구	한국인 %	인구수 일본인	인구수 비중	인구수 한국인	인구수 비중
농림어업 등	3,523	21	14,022	23	1,298,925	85	8,308	11	1,514,381	80
어업제염							7,158	9	46,057	2
공업	2,187	13	8,292	13	25,619	1	12,412	16	49,290	3
상업교통업	5,590	34	20,507	33	98,640	6	26,576	34	123,718	7
공무자유업	1,990	12	7,448	12	21,614	1	18,480	24	33,770	2
기타	2,526	15	8,885	14	68,925	4	3,255	4	79,399	4
무직	665	4	2,865	5	21,822	1	1,359	2	36,216	2
계	16,481	100	62,019	100	1,513,723	100	77,548	100	1,882,771	100
연도	1913년						1925년			

출전 : 慶尙南道, 앞 책, 1913, 44~58쪽 ; 慶尙南道, 앞 책, 1925, 16~20쪽.

<표 9>에서 경남 거주 일본인들의 직업구성은 1913년에는 상업·교통업 부분이 가장 많은 34%이고, 농업·어업은 21%로 두 부문이 절반 이상을 차지했다. 공업과 공무·자유업도 적지 않았다. 1913년과 1925년 사이에 가장 큰 변화는 공무·자유업의 비중이 크게 증가했다는 점이다. 식민지 지배체제의 강화와 관련이 있을 것이다. 산업부분에서는 상업이 여전히

농촌건설을 시도했다. 다른 하나는 상남면의 일본인 지주들이 일본농민을 이주시켜 건설한 탕천촌이다(본서 57~65쪽).

<표 10> 밀양 일본인 한국인 직업구성비 (1913년)

| 구분 | 직업 | 호수 | 비중(%) | 본업 | | 가족 | | 계 |
				남	여	남	여	
밀양	농림업	329	46	390	366	280	242	1,278
	공업	52	7	138	12	46	79	275
	상업교통업	228	32	264	220	111	145	740
	공무자유업	49	7	49	2	31	62	144
	기타	61	8	75	36	41	39	191
	무직	4	1	2	1	2	3	8
	계	723	100	918	637	511	570	2,636

출전 : 경상남도, 앞 책, 1913, 55~58쪽.

가장 우세했다. 농·어업이 정체되는 가운데 공업부문이 증가했다.

〈표 10〉에서 밀양지역의 일본인은 농림업이 46%로 거의 절반을 차지하고, 다음은 상업 교통업으로 32%를 점하였다. 경남 전체와는 다른 모습을 보였다. 그러나 밀양군의 직업 분포는 〈표 7〉에서 본 바와 같이, 높은 시가지 인구 비중을 감안하면 점차 경남과 비슷한 모습을 보였을 것이다. 일본인들은 주로 도시에 거주하며 상업 교통업에 집중하는 모습을 보였다. 공무·자유업도 적지 않은 비중을 점하였다. 반면 한국인은 80%가 농업이고, 상업 7%, 공업이 3%였다. 1925년까지 한국인의 상공업 분야로의 진출은 미미했다. 밀양은 더 심해 농림업이 90%를 점하였다

(2) 삼랑진 거주 일본인의 사회적 존재형태

이 주제는 주로 『日本人除戶簿』를 분석하여 서술하였다. 〈그림 1〉에서 보는 바와 같이 서류의 내용은 다음과 같다. 맨 앞에 본적지와 族稱(신분), 거류지와 직업, 전거주지와 계출일(신고일), 퇴거일과 퇴거지 등을 기록하고, 양식 하단에는 호의 구성원을 기록했다. 첫 줄에는 호주, 호주와 동거인의 관계(처 내처 장남 장녀 등)를 기록한 다음, 그 밑에 이름과 생년월일을 기록하였다. 작성시기는 1904년부터 1915년까지이다. 이 자료는 이곳을 떠난 자만 기록하여 당시 지역주민의 전모를 알기에는 한계가 있지만, 통계자

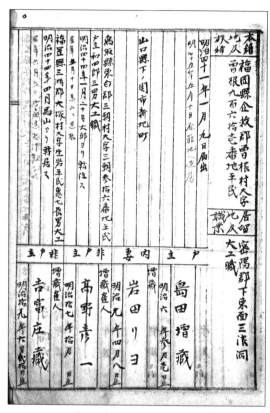

료와 일반자료를 보완하면 삼랑진 일본인 사회의 구체적 실체에 접근하는 데 유용하다고 판단되었다.

삼랑진에 일본인이 처음 거주한 시점은 확인할 수 없지만 제호부에서 제일 먼저 전입한 자의 전입일은 1904년이었다. 그이후 1905년 6호, 1907년 7호, 1908년 8호, 1909년 9호, 1910년 33호, 1911년 43호, 1912년 35호, 1913년 37호, 1914년 11호가 전입해 왔다. 이들이 전출한 해와 호수를 보면,

〈그림 1〉 일본인 제호부 양식

1911년 34호를 시작으로 1912년 24호, 1913년 23호, 1914년 23호, 1915년 22호였다. 전입과 전출이 가장 빈번했던 해는 1911년이었다. 일제가 직접 안정적 통치체제를 확립하자 일본인들은 전보다 더 활발하게 한국에 진출하였다. 전출호는 평균 매년 20여 호 정도였다. 전입호는 1911년 43호로 가장 많았고, 1912년·1913년에 30여 호의 수준으로 전입이 더 많았다. 삼랑진에 거주한 일본인 호 전체는 알 수 없지만 1914년을 계기로 전입보다 전출이 더 많아 점차 감소되어 가는 경향을 보였다고 판단된다. 이것은 경상남도 농업인구의 일반적 동향과 비슷했다.60)

제호부에 기록된 일본인의 호구성은 다음과 같다. 제호부는 가옥 1호당

1장으로 구성하여 편철하였다(〈그림 1〉). 한 장, 즉 한 가옥 안에는 한 세대, 또는 여러 세대가 함께 거주하기도 했는데, 이들은 '同居'로 표기되었다. 제호부는 총 151호인데, 여기에 한 호에 두 세대 이상 거주하는 다세대 호가 22호가 포함되어 있었다. 삶의 경제단위인 세대수로 계산하면 총 227세대였다. 酌婦·藝妓 등 32세대와 직업을 기재하지 않은 24세대를 제외하면 171세대가 되었다. 이 가운데 110세대는 호주가 함께 거주하였으며, 나머지 세대는 호주가 일본 등 다른 지역에 거주하였다.

출신지는 홋카이도(北海道)에서 가고시마(鹿兒島)까지 3府 39縣으로 거의 일본 전 지역을 망라했다. 1명만 있는 현이 7개 현, 후쿠오카현 24호, 나가사키현 18호, 오카야마현 15호, 야마구치현 14호, 구마모토현 14호, 시마네현 12호, 사가현 10호, 히로시마현 9호, 가고시마현 등의 순이었다. 밀양군 전체 통계와 마찬가지로 후쿠오카현과 오카야마현 출신이 많았다. 나가사키현, 야마구치현, 구마모토현도 적지 않았다. 작부는 출신지역이 매우 다양했지만, 시마네현과 나가사키현 출신이 많은 편이었다.

삼랑진에는 가족 전체가 이주한 호도 있지만, 가족의 생계를 보충하기 위해 가족의 일부만 이주한 호도 적지 않았다. 이들은 정착형 이주라기보다 생계형 취업이주라 할 수 있을 것이다. 인구는 총 486명이었다. 남여구성은 여 252명, 남 233명으로 여자가 더 많았다. 작부·예기 등 특정 서비스업에 종사하는 자가 많았기 때문이다. 이러한 요인으로 일본인은 인구 이동이 빈번하였다.

일본인의 호 구성은 단독, 집단, 가족 등 세 가지 형태였다. 단독호는 회사원, 역부 등 홀로 이곳에 부임하는 직업에 많았다. 집단거주는 토목

---

60) 경남의 일본인 인구는 1910년대 4만에서 6만대로 급증하나 1918년까지 정체현상을 보였다가 1925년까지 점증 현상을 보여 80,188명에 달했다. 하지만 농업인구는 1910년 554명에서 1916년 2,152명으로 증가했다. 이어서 1922년까지 증감을 반복하다 1925년 1,898명으로까지 감소하는 현상을 보였다. 경상남도, 앞 책, 1925년판, 호구 11쪽, 농업 3쪽.

등 건설 관련 직종, 작부·예기 등에서 볼 수 있는 형태였다. 건설 관련 직종은 우두머리를 따라 이동하며 같은 집에 동거하는 모습을 보였다.[61] 작부·예기는 단독으로 고용주에 고용되어 여관 같은 집에 집단 거주하는 모습을 보였다.[62] 이들은 특수한 경우였고, 대부분은 가족 형태였다.

가족 구성은 부부와 자식이 함께 거주하는 것이 일반적인 형태였다. 부모 가운데 한 사람, 그리고 형제 등과 같이 거주하는 경우도 적지 않았다. 부부의 구성은 부가 법적인 처를 동반한 경우가 79명이었으며, 법적인 처가 아닌 內妻(또는 內緣內·內緣妻)와 함께 거주하는 경우도 26명이나 되었다. 內妻는 법적으로 결혼하지 않고 동거하는 내연관계로 보인다. 제호부에서 처와 內妻의 기록상의 차이는 전자는 夫의 성을 따랐지만, 후자는 夫의 성을 따르지 않았다는 점이다. 內妻는 자식이나 모와 함께 거주하는 경우도 많았으며 자식은 母의 성을 따랐다.[63] 內妻는 매우 독특한 형태로 夫의 본처가 일본 등 다른 곳에 있는지는 알 수 없지만, 內妻가 있으면 처는 없었다. 이같이 사적으로 부부관계를 맺은 쌍이 전체에서 24.7%를 차지했다. 식민지 건설기 일본인 사회의 생활상의 한 특징으로 보인다. 관리 등 상류층보다는 하층이 많았다.

일본인의 가족구성의 특징을 보면 〈표 11〉과 같다. 호당 거주인원은 2~3명의 경우가 가장 많았다. 동일 경제단위인 호 구성원은 1~2명인 경우가 58%였다. 이중에서도 1인 단독호가 전체의 33%를 차지했다. 이 경우 집단

---

61) 福岡縣출신인 島田增藏은 목수로 1908년 1월부터 1912년 5월까지 內妻와 함께 거주했는데, 島取縣人 高野彦一을 1911년 1월부터 5월까지, 福岡縣人 吉富庄藏을 1911년 4월부터 6월까지, 福岡縣人 山手增次郎을 1911년 4월부터 7월까지 雇人으로 한 집에 동거했다(『日本人除戶簿』).

62) 밀양군 하동면 송지리의 伊藤兼次郎方과 松田龍助方, 그리고 이름이 기록되지 않은 곳에 집단적으로 동거했다.

63) 內妻의 법률적 근거는 파악하지 못했다. 內妻의 경우도 1부 1처였다. 妻와 內妻가 동시에 夫와 함께 기록된 경우는 없었다. 內妻와의 사이에 난 자식은 庶子라 기록했다. 私生 또는 私生子는 내처의 자식으로 父의 표기 없이 母의 성을 따랐다. 예외적으로 내처와 그 딸이 夫의 성을 따르는 경우가 한 사례가 있었다.

<표 11> 직업별 가족수별 호수

호당 인원	1	2	3	4	5	6	8	합
농업	6	4	5	5	5			25
어업	1	1	2					4
상업	5	1	6	5	1			18
관리	7	4	3	3	2	2	1	22
회사원	8		2	1				11
건축 토목업		1	1					2
기능직	9	10	3	2	1			25
서비스	4(32)	5	1			2		12(32)
품팔이	12	4	1	1				18
전문직	1	2	1	1				5
철도관리		4	3	1				8
철도노무	4	6	2	2	7			21
합	57(32)	42	30	21	16	4	1	171(203)
%①	33	25	18	12	9	2	1	100
%②	44	21	15	10	8	2	1	100

비고 : ①은 ( )의 작부와 예기를 제외한 것이고, ②는 포함한 것이다.
출전 :『일본인제호부』

거주하고 있는 작부·예기들처럼 〈표 12〉의 19번~22번에 동거하는 자들을 각각 단독 세대로 계산하면 단독세대가 크게 증가하여 이들이 전체의 50%

<표 12> 다가구 주택의 세대수와 구성내용

연번	다가구주택		주택내 가구별 구성내용
	거주인원	가구수	
1	2	2	농업(1) 농업(1)
2	2	2	급사(1) 역부(1)
3	3	2	線路工夫(2) 역부(1)
4	3	3	瓦職(1) 와직(1) 빈칸
5	3	2	중매상(2) 점원(1)
6	3	2	석공(2) 석공(1)
7	3	2	의사(2) 치과기공사(1)
8	4	3	여인숙(1) 작부(1) 목수(1) 작부와 목수는 동거관계
9	4	2	사무원(1) 무(3)
10	4	2	목수(3) 목수(1)
11	4	2	흥업사무원(3) 무(1)
12	4	2	농업(2)무(2)

13	5	3	대금업(2) 무(2)무(1)
14	5	2	잡화상(4) 고인(1)
15	5	4	목수(2) 고인(1) 고인(1) 고인(1)
16	5	2	목수(2) 목수(3)
17	6	3	토공직(4) 토공직(1) 무(1)
18	6	3	어업(2) 어업(3) 어업(1)
19	11	11	雇人(1) 요리인(1)하녀(2)무(1) 작부(6)
20	11	11	무(7) 요리(1) 예기(1) 작부(2)
21	11	11	무(4) 예기(2) 작부(2)하녀(3)
22	21	21	작부(14) 예기(4) 요리인(1) 빈칸(2)

비고 : ( )은 가구별 인원이고 무는 직업이 표기되지 않은 경우이다.
출전 :『日本人除戶簿』

이상을 상회하게 된다. 〈표 12〉에서 보듯 다세대 주택에 동거하는 자는 대체로 경제적으로 열악한 처지에 있는 자들이었다. 삼랑진에 존재한 일본인의 거주형태를 보면, 정착형과 항상 떠날 준비가 되어 있는 외지벌이형(출가형)이 혼재된 형태로 구성되었다. 후자는 단독호와 타인 가에 동거하는 자들이 그러한 모습을 보였다. 본래적 의미의 정착성을 갖는 것이 자작농이라면, 이 지역은 외지벌이가 보편적 형태였다고 할 수 있겠다.

다음은 〈표 13〉에서 직업과 호의 구성과의 상관관계를 보기로 하자. 첫째, 전출자의 직업구성과 비중을 보면, 이곳이 철도를 중심으로 한 교통운수업이 발달한 지역이라는 특질이 잘 드러나 있었다. 철도 관계인이 29호로

〈표 13〉 직업별 구성내용과 호수

직업	호수	비중	비고
농업	25	12	농업25(2)
어업	4	2	어업4
상업	18	9	상업3, 연초상2, 잡화상4, 두부가게1, 과자제조판매업6, 연초제조1, 약종상1
공무직	22	11	관리13(5), 면서기1, 천리교 교사2, 교사3(1), 군인2, 순사1
회사원	11	6	사무원2, 회사원3(2), 흥업회사고인1(1), 사원1, 점원3, 관리인1
건설 토목업	2	1	토목업1, 청부업1.
기능직	25	12	기와공5, 미장이2, 대장장이1, 석공2, 토공3, 樋職1, 게다(나막신)제작인1, 목수9,땜쟁이1
서비스업	44	22	요리인3, 운송업1, 음식점2, 이발업1, 미장원1, 잡업1, 작부24,

			예기7, 여인숙1, 금대업1, 대서업2(1)		
전문직	5	2	의사3(1), 치과기공사1, 산파1		
품팔이	18	9	죠바1, 일고2, 짐꾼1, 하녀3, 급사1, 고인5, 무직4		
철도 관리직	8	4	철도국원1(1), 고원1(1), 낙동강역장1(1), 부역장1, 역원2, 물계2(2)		
철도 노무직	21	10	역부6, 철도보선조수2, 건널목지기2, 철도전철수1, 선로공부10		
합계			203(100%)		

비고 : 고딕 글씨와 ( )은 사족이다. 총 18호.
출전 : 『日本人除戶簿』 무기재 23호

가장 많았으며, 여기에 운송업·짐꾼·고용인 등을 합하면 47호 23%로 비중이 매우 높았다. 다음은 서비스업종으로 12호였으나 작부와 예기를 합하면 이 지역 최대의 호수(44호)를 점했다. 이들은 단독호이기 때문에 딸린 가족까지 합하여 계산하면 식구수가 가장 많은 업종은 아니지만, 유동인구가 많은 교통 중심지에서 볼 수 있는 직업군이었다. 이곳의 지역적 특징을 잘 보여주었다.

다음 순위는 기능직이었다. 삼랑진은 공업이 발전한 지역이 아니기 때문에 대부분 일상생활이나 건축 관련 직종이 대부분이었다. 목수·석공·토공 등은 퇴거 비중이 높았다. 이곳은 이들이 경제생활을 영위할 수 있을 만큼 일감이 많은 편이 아니었다고 할 수 있겠다. 삼랑진의 건설작업이 끝나가는 것을 의미했다. 이곳에는 기와공장이 3곳 있었으며, 여기에 일본인 기술자와 한일 양국인 직공이 고용되어 있었다. 瓦工 5호가 퇴거한 것으로 나타났다. 직원의 규모에 비해 많은 수는 아니라고 생각된다.

최고 점유율을 보인 호는 농가호로 전체 150호 중 60호를 차지했다. 총 25호가 이주하여 매년 5호가 이주한 셈이다. 산술적으로는 적은 편이지만, 농업의 정착성을 고려하면 적은 수는 아니다. 관리나 회사원 등 일정하게 정규 급료를 받는 직업군들의 이주도 적지 않았다. 이들은 철도관계인과 마찬가지로 직업적 전출로 자발적 퇴거가 아니기 때문에 경제적 형편으로 설명할 수는 없다. 삼랑진도 공무·관리직(철도관계인 포함)의 수가 31%로 적지 않았다. 삼랑진의 호구성은 도시형과 농촌형의 혼합적 형태이면서 거주에서 불안성이 높은 편이었다.

일본인들의 출신 성분은 대부분 평민이고, 士族은 18호로 전체의 9%에 불과했다. 두 신분은 직업 분포에서 차이를 보였다. 평민은 모든 직종에서 보였지만, 사족은 관리 5명, 역장을 비롯한 역 직원 5명, 교원 1명(여자), 의사 1명, 대서업 2명, 회사원 3명이었다. 대부분 고등교육을 받아야 가능한 직업에 종사했다. 상업, 공업노동자, 일반 서비스업 등에는 보이지 않았다. 농업분야에서 퇴거한 자 가운데 2명이 사족 출신이었다. 곧 퇴거하는 것으로 보아 경제적 형편은 그리 좋아 보이지 않았다.[64]

둘째, 직업과 가족수의 상관관계에 대해 검토하기로 하자. 〈표 11〉에서 1인 단독호는 농민, 회사원, 천리교, 철도관계인, 사무원, 면서기, 대서업, 무직, 연초상, 교원, 군인, 과자상 등 다양하였다. 회사원과 관공리 등이 많은 비중을 차지했다. 가족단위의 노동력이 필요한 농민도 1인 단독호가 6명이나 된다는 점이 주목된다. 이들은 매우 영세한 단독호로 경제력이 미약하여 농업노동자와 유사한 존재로 보인다. 단독호 가운데는 품팔이와 집단 거주하는 작부나 예기 등의 비중이 컸다. 이들은 직업적 속성 때문인지 1년 미만 거주자가 많았다.

기능직·서비스업·철도국 직원 등은 2인호가 많았다. 이것은 이 지역 일반적 가족구성 형태의 하나였다. 부부나 부자 구성이 대부분이었다. 단독호보다는 덜하지만 이동은 잦은 편이었다. 경제적 형편보다 직업과 관련한 퇴거가 많았다. 3인호 이상의 가구는 앞의 경우와 구별되었다. 직업은 농업·상업·관리들의 비중이 특히 크고, 철도국 직원 등도 적은 편은 아니었다. 대체로 경제력이 어느 정도 있는 자산가층이나 사회적 지위가 상위에 속한 자들이었다. 경제적 형편에 따라 같은 직종이라도 가족 구성에 차이가 있었다.

셋째, 〈표 13〉의 직업별 구성내용과 성격을 보기로 하자. 먼저 서비스업을

---

64) 〈표 14〉에서 三原重三은 土族으로 대지 195평만 소유했다. 퇴거지는 불명이었다. 다른 1명은 소유의 흔적이 없었다.

제외하고 가장 높은 비중을 차지한 철도 관련 분야를 보면, 직접 종사자가 29호로 전체의 14%나 되었다. 철도 직종은 직업적 특성 때문인지 이동이 잦았다. 역원들은 위로는 역장으로부터 철도국원, 고원 등 사무직, 그리고 기관사·선로보수 관계자, 역부, 건널목지기 등 다양했다. 하급 노동자층이 다수를 점했다. 관리직에는 사족이 많이 진출했으며, 하위직은 모두 평민이 었다. 철도직원의 민족별 구성은 알 수 없지만, 대부분 일본인이었을 것으로 생각된다.[65]

상업분야는 9%정도로 경남지역 통계와 비교하면 대단히 낮았다. 이곳 통계가 이주호로 한정하였기 때문이라고 판단된다. 현존 상인은 지역적 특성상 비중이 훨씬 높았으리라 생각된다. 가장 많은 분야는 잡화상이고(품목이 표기되지 않은 상인 3명 포함), 과자 제조판매업이 6호였다. 그리고 이 지역의 농업 지리적 특질과 관련된 연초 제조상인, 약종상, 곡물중매상 등이 각 1명이었다. 곡물과 관련된 상업부문은 하자마 같은 거상이나 한국흥업 같은 대지주, 이타니(井谷)와 같은 부산의 유통업자가 상권을 장악했으리라 짐작된다. 현지 곡물상은 이들에 종속된 존재라고 생각된다. 삼랑진은 지역 내 유통경제가 발전한 지역이라기보다 생산물을 수집하는 거점 역할을 하는 지역이기 때문에 현지에 경제력이 큰 상인은 드물었지만, 상인의 비중은 높았을 것으로 추측된다. 이들은 비교적 퇴거자가 적었으며 정착률은 높았을 것이라고 판단된다.

공무관리직은 11% 22세대였다. 다른 직업에 비해 사족출신이 많은 편이고, 출신지가 다양하였다. 다른 직업과 달리 도쿄와 교토 출신도 있었다. 이들은 부산 구포에서 오기도 했지만 1910년대 초에는 일본에서 발령받아 오는 경우가 많았다. 전출지는 동래·부산·마산 등 인근 도시지역이 대부분이었다.

---

65) 조선총독부, 『朝鮮總督府施政二十五周年記念表彰者銘感』, 1935. 이 지역 사람으로 김응주, 박용수, 이박이 3명이 기록되어 있는데, 각각 線路手 看守 轉轍手 등 하급직이 었다.

멀리 강원도 춘천도 있었다. 다른 직업과 달리 일본으로 돌아가는 경우는 보이지 않았다. 그리고 순사와 면서기는 밀양을 순회 근무했으며, 삼랑진 헌병파출소에 근무한 군인은 언양과 안의에서 왔다가 부산으로 퇴거했다. 학교 교원은 3명이 등록되었는데, 밀양과 일본에서 왔다가 양산과 진주로 옮긴 경우였다. 경남지역을 순회한 것으로 보인다.

공무관리직도 수적으로는 평민이 많지만 다른 직종에 비해 사족 출신이 많았다. 한국흥업 사무원과 하자마 출장소 사무원 등 회사원도 이와 비슷한 경향성을 보였다. 그리고 종교인으로 천리교 교사가 2명이 전출하고 있었다.[66] 기능직 종사자들은 퇴거가 비교적 많은 편이었다. 가장 퇴거가 많은 직종은 瓦工으로 5호였다. 목수·미장이·석공·토공 등 건축 관련 기능직들의 이출도 많았다. 이중 목수의 전출이 가장 많았다. 일상생활에 필요한 도구를 만들거나 보수하는 대장장이·땜장이·게다 제작자 등의 전출도 보였다. 그런데 이들을 고용한 기와공장주와 醬油·味噌제조업자의 퇴거는 보이지 않았다.[67] 토목직과 청부업자는 각각 1호씩 퇴거했다.

삼랑진은 철도편과 배편으로 통과하는 화물과 여객이 적지 않은 곳이었기 때문에 여기에 종사하는 임노동자들이 적지 않았다.[68] 최하계층으로 품을 팔아 생계를 유지하는 품팔이꾼이나 직업이 없는 무직 호 등이 여기에 종사한 것으로 보인다. 업주에 고용되어 품을 파는 임노동자군으로 상점점원·급사·여관 내 심부름꾼·짐꾼·목수고용인 등이 그들이다. 이들은 가진 것 없는 자유로운 노동자로 쉽게 떠날 수 있었을 것이다.

삼랑진에는 교통의 요충지라는 조건을 배경으로 숙박업·요식업·이발업 등 서비스업종에 종사하는 자들이 많았다.(〈표 13〉) 이곳에는 유동인구가

---

66) 『松旨里土地調査簿』에 京都市의 眞宗大谷派 本原寺의 寺社地가 있는 것으로 보아 승려도 있을 것으로 생각되나 『除戶簿』에는 보이지 않았다.
67) 龜岡榮吉 외, 앞 책, 1927, 124쪽.
68) 〈표 2〉와 〈표 3〉 참조.

많아 삼랑진역 근처에는 모리타야(森田屋)·규슈야(九州屋)·사쓰마야(薩摩屋)·이노우에(井上)·이토(伊藤) 등이, 낙동강역에는 낙동여관이 개설되었다. 이곳에 작부·예기·요리사·심부름꾼 등이 고용되었으며,[69] 작부와 예기의 비중이 높았다. 일본거류지나 시가지에 건설된 유곽과 같은 역할을 한 것 같다. 이들은 모두 홀로 전입하여 여관이나 개인집에 계약을 맺고 집단 거주했으며, 거주기간도 매우 짧았다. 작부는 15세에서 27세 사이로 구성되었다. 대부분 20대 초반의 여성들이었다. 10대 후반의 미성년자도 이들과 동거하고 있었다.[70] 이들의 전 거주지는 일본이 9명으로 가장 많고, 한국 내에서는 밀양·군산 등이었다. 전출자는 일본으로 다시 돌아가는 경우가 가장 많았다. 부산·마산이 각 3명이고, 진영·통영·창원·군산 등이었다. 일본인 집단 거주지를 찾아 이동한 것으로 보인다. 이들의 출신지는 나가사키현과 시마네현이 각 4명이고, 야마구치현·이시카와현·오이타현·오카야마현·교토가 각 2명, 이외에 여러 현이었다. 다른 식민 출신자와 비슷한 양상을 보였다. 예기는 작부와 함께 집단 동거했다. 전출자는 모두 7명이며 출신지는 다양했다. 이들은 일본에서 건너왔다. 전출지는 부산·밀양·진영 등으로 작부와 비슷했다. 나이는 20대 후반부터 30대 후반에 걸쳤으며 작부보다 많은 편이었다.

농업 전출호는 25호로 전체의 12%를 차지하였다. 밀양이 농촌지역이라는 점에서 보면 비중이 낮은 편이었지만, 농업의 특질이 정착성이라는 점을 감안하면, 삼랑진은 비교적 이동이 잦은 편이었다고 할 수 있을 것이다.[71]

---

69) 龜岡榮吉 외, 앞 책, 1927, 124쪽, 264쪽.
70) 『日本人除戶簿』에 10대 초반의 나이 어린 여자들이 직업표기 없이 작부와 함께 同居하고 있다는 점이 주목된다.
71) 퇴거인의 직업 중 어업이 4호나 있다. 『慶南の槪觀』(경인문화사 영인본), 1935년, 87쪽에 낙동강은 잉어나 뱀장어 등이 유명하다는 것으로 보아 이를 목적으로 어민이 이주해 온 것으로 보인다. 이곳에는 최근까지 어부가 상당수 거주했다고 주민들이 증언하고 있다고 기술하고 있다.

출신지는 후쿠오카현(5)·고치현(4)·오카야마현·구마모토현·나가사키현 등의 비중이 높은 편이었으며, 대체로 각지에 고루 걸쳐 있었다. 다른 지역 농업 식민자들의 출신지역 분포와 별반 다르지 않았다.72) 이들은 주로 일본에서 건너왔으며, 마산·창녕·상남 등 인근지역과 추풍령 등에서 이주해 온 자도 있었다.73) 이들은 이곳에서도 뿌리를 내리지 못하고 다시 마산·밀양·부산, 혹은 멀리 황해도 사리원으로 이주하거나 일본으로 돌아간 자도 있었다.

농업은 정주가 일차적 조건이나 일제초기 삼랑진역 부근 농민들은 이동이 잦은 편이었다. 일본에서 살길을 찾아 한국에 왔으나 정착하지 못하고 떠돌아 다니는 신세였다. 이들은 토지가 아예 없거나 있어도 얼마 안 되고 심지어는 타인 집에 동거하는 등 대부분 영세빈농이었을 것으로 추론된다.

이러한 점은 제호부에 등록된 인물이 소유한 토지실태를 보아도 잘 나타나 있다. 이들 가운데 〈표 14〉에서 보듯 총 7명만이 토지를 소유했다. 농업이 4명으로 제일 많고, 다음은 어업, 잡업, 잡화상 등이었다. 전출지는 마산이 4명으로 압도적이었다. 모리 가네시카(森金鹿)는 대지없이 약 1정보 소유하고 농업에 종사하다 1913년 마산으로 이거했다. 요시다 주베(吉田重兵衛)는

〈표 14〉『除戶簿』의 인물중 토지소유자(1913년) (단위 : 坪)

거주자	거주지	생년	나이	출신지	신분	직업	전입	전출	전출지	전	대	합
岡崎久太郎	송지리	1880	31	高知縣	평민	농업	1910	1914	사리원	2,912	147	3,059
橋本吉太郎	송지리	1878	33	佐賀縣	평민	농업	1911	불명	마산	26,523	398	26,921
吉田重兵衛	송지리	1868	43	滋賀縣	평민	잡업	1911	1911	마산	3,033	50	3,083
山田信助	삼랑리	1878	33	山口縣	평민	잡화상	1905	1912	마산	1,238	133	1,371
森金鹿	송지리	1886	25	高知縣	평민	농업	1911	1913	마산	3,176		3,176
三原重三	삼랑리	1863	48	長崎縣	사족	농업	1908	불명	불명		196	196
中西百太郎	삼랑리	1856	55	滋賀縣	평민	어업	1910	1913	일본		52	52

출전 : 『日本人除戶簿』와 『土地調査簿』(삼랑리와 송지리)

---

72) 일본인의 출신지에 대해서는 木村健二, 「在朝日本人の社會史」, 未來社, 1989와 최원규, 『한말 일제초기 한국식민책과 일본인 농업어민」, 『동방학지』 77·78·79, 1993이 참조된다.
73) 철도관사에서 거주하다 온 자로 철도 관계직종에 근무한 자로 생각된다.

잡업으로 1정보를 소유했다. 농업 이외에 여러 일에 종사하다 마산으로 퇴거했다. 야마타 신스케(山田信助)는 잡화상으로 대지와 밭을 소유한 것으로 나타났다. 〈표 21〉에서 보듯, 규모는 작지만 지주경영을 하고 있었다. 하시모토 기치타로(橋本吉太郎)는 398평의 넓은 대지와 9정보 가량의 밭을 소유한 중소 지주적 존재로 농업에 종사하다 마산으로 옮겼다. 미하라 주조(三原重三)는 사족으로 직업이 농업이지만, 대지 이외에는 소유한 것이 없고, 나카니시 하쿠타로(中西百太郎)는 대지만 소유하고 어업에 종사하다 3년 만인 1913년 일본으로 돌아갔다. 오카자키 규타로(岡崎久太郎)는 대지와 1정보가량의 전을 소유했다. 송지리에 거주하다 1913년 황해도 사리원으로 이거했다. 조선흥업과 관련이 있는 자로 추정된다. 농업자라도 소규모의 토지를 소유한 전업농이 아닌 경우는 상대적으로 이주가 빈번하였다.

〈표 14〉에서 거주지를 마산으로 옮긴 자가 7명중 4명이었다. 하시모토 기치타로 같은 부재지주도 있었지만, 토지를 방매하고 다른 업종으로 전환한 자도 있었다. 상대적으로 사정이 괜찮았을 것으로 생각된다. 이들 이외에 토지 없는 자들 가운데는 관리·상인·여관업 종사자 등 형편이 괜찮은 경우도 있겠지만,[74] 일반적으로는 생활수준은 대단히 열악했다고 판단된다.

일본인의 전출처는 크게 일본·한국·불명으로 구분할 수 있다. 23호는 본적지나 원적지인 일본으로 되돌아 간 경우였다. 신고를 하지 않고 떠나 불명인 경우도 이와 비슷한 수준이었다. 이들은 경제적 형편이 그다지 좋은 편은 아니었을 것으로 판단된다. 도망간 자도 3호나 되었다.[75] 조선 내 이주자는 50여 호로 거의 1/3을 차지했다. 이주지로 가장 많이 선택된 곳은 삼랑진 주변지역이었다. 마산이 가장 많고, 다음이 부산·동래·밀양 지역이었

---

74) 이들 이외에 소수의 의사 치과기공사 산파 등 의료계통 종사자나 대부업자 등은 경제적 형편이 그리 나쁘지 않았을 것이다.

75) 除戸簿에 퇴거사항은 퇴거하면서 신고한 자와 신고하지 않은 자, 그리고 도망간 자를 구분하여 기록했다. 도망은 逃로 기록했다.

다. 적지만 진해·초량·원동·진영·창원·창녕·통영·진주 등도 있었다.[76] 경
부선과 마산선을 따라 이주하는 모습을 보였다. 경남 이외의 지역으로는
경성·영등포·용산·조치원·신의주·대전·사리원·대구 등이었다. 대구는 가
깝고 익숙한 대도시이기 때문인지 제일 많이 선호했다. 강원도·평북·인천·
군산·목포 등도 보였다. 전출지의 폭이 매우 넓었다. 전반적으로 일본인
집단거주지나 철도역 인근 지역이었다.

　결론적으로 1911~1915년 사이 거의 전가구가 교체된 것과 같은 정도로
매년 평균 20% 정도로 전입출의 비율이 높았다. 이들의 경제적 형편이
그다지 좋은 편은 아니었지만, 삼랑진도 이주조건이 좋다고 말하기는 어려웠
다. 특히 식민지 지배의 기반으로 영구 정착해야 할 농민들이 떠난다는
것은 경제기반이 불안정하다는 것을 의미한다. 식민지에서도 일본인은 예외
없이 도시지향성이 강했다.

3. 일본인의 농업 환경과 토지소유관계

1) 일본인 농업자의 구성과 재배작물

　일본인 영농자들의 주요 투자지역은 〈표 15〉에서 보듯 마산·창원·김해·밀
양 등이었다. 주요 거주지는 부산·김해·밀양 등이었다. 일본인들은 개항
초기에는 부산에 집중 투자를 했지만, 곧 마산·창원·밀양·김해 등으로 확대
해 갔다. 이곳은 낙동강 유역으로 농업경영이 유리한 평야지대일 뿐 아니라,
선편과 철도 등 교통이 편리한 곳이었다.[77] 이들은 미곡무역과 관련하여

---

76) 전출지와 호수는 동래 8호, 마산 18(진해 1)호, 부산 10호, 밀양 8호, 진영 5호,
　　초량 1호, 원동 1호, 창원 1호 등이었다.
77) 三成文一郞·有働良夫, 앞 책, 1906, 549쪽.

수전 농업을 위주로 지주경영을 했지만, 콩 등 수출농산물을 비롯하여 채소류 등 상업적인 도시근교농업에 종사하는 자도 적지 않았다.[78]

경남의 지목구성은 임야 74%, 전 10%, 답 14% 정도였다. 전답의 구성비는 40 : 60으로 답이 우세한 편이었다. 일제초기 일본인의 주 투자처는 내륙을 제외하고 대부분 수전의 비율이 높은 지역이지만, 밀양지역은 약간 차이가 있었다. 밀양은 임야가 71%로 경지비중이 경남 전체 비중보다 약간 높았다. 전체 토지에서 전이 13%, 답은 12%를 차지하였으며, 전답의 구성비는 53 : 47 로 전이 우세한 편이었다.[79]

〈표 15〉 일본인 경영의 농업표(단위 : 단보 圓)

구분	경영자수		농업자		투자		답		전			산림	원야	기타	총합		1인당 투자면적	정보당평균투자액
	수	%	1913	1925	액	%	면적	%	면적	%	경지평균	면적	면적	면적	면적	%		
부산	53		163	201	699666	8.8	420.3	13	354.6	11	15	1020	309	1101	3206	13	61	218
마산	11		95	40	1596627	20	4779	68	1852.3	26	603	320		.85	7036	28	640	227
울산	37		122	47	9380	0.1	26.5	10	196.7	71	6	42	12	0	278	1.1	7.5	34
동래	138		25	141	122734	1.5	110.8	36	186.9	60	2	4	8	0	310	1.2	2.2	396
창녕	22		123	39	10317	0.1	19.5	21	70.5	76	4		1	2	93	0.4	4.2	111
사천	214	1	243	114	632291	7.9	419.3	66	118.5	19	3	75	13	6	631	2.5	2.9	1002
하동	61		46	45	241991	3.0	171.3	37	103.9	23	5	184			460	1.8	7.5	527
고성	42		49	61	20500	0.3	324.2	71	100.6	22	10	29		4	457	1.8	11	45
통영	20		2	51	2215	0.0	3.7	32	3	26	0	5	1		12	0.0	0.6	189
함안	70		11	5	74600	0.9	49	8	192.7	32	3			368	610	2.4	8.7	122
창원	317	1	25	411	1227326	15.4	923.2	28	941.7	28	6	136		1341	3343	13	11	367
진주	212	1	33	38	485692	6.1	307.8	25	537.2	44	4	313	52	16	1225	4.9	5.8	397
김해	110		331	444	1272635	15.9	2023	40	1613.9	32	33	54	12	1345	5048	20	46	252
밀양	312	1	403	175	1299000	16.2	452.3	28	920.1	56	4	2	255		1630	6.5	5.2	797
양산	26		27	71	286731	3.6	179.2	25	126.2	18	12	209	203		718	2.9	28	400
합	1654	10	1952	1898	7994390	100	10232	41	7334.1	29	11	2393	866	4267	25094	100	15	319

비고 : 1913년 함양 5명, 합천 2명, 남해 1명, 산청·거창·의령은 제외했다.
출전 : 경상남도, 앞 책, 1913, 235~236쪽, 275~276쪽.

〈표 15〉에서 일본인이 투자한 지목을 보면, 마산·김해는 답 중심이었으며,

---

78) 본서 291~292쪽.

79) 토지지목별 비율은 토지조사사업이 끝난 이후의 통계로 산출했다. 慶尙南道, 앞 책, 1925, 제2 土地及 氣象 6. 지방별 토지면적.

부산·창원·김해는 기타 지목이, 밀양과 양산은 원야가 많았다. 이들은 낙동강 유역의 값싼 개간 가능지를 대거 구입한 것으로 보인다.[80] 김해의 무라이(村井)농장처럼 이 지역 지주들은 개간 가능지를 대거 구입하여 이를 토대로 대농장을 건설해 갔다. 조선총독부의 지원 아래 동척이나 식산은행으로부터 자금을 대부받아 수리조합도 설립하였다.[81] 단위 면적당 투자비용은 사천을 제외하고는 밀양이 제일 높았다.

〈표 15〉에서 밀양은 지가가 경남의 다른 지역보다 2~3배 비싸 투자액에 비해 구입면적이 대단히 적었다. 그중에서도 전이 답의 2배가량 많았다. 수전 중심의 농장경영에 적당한 지역으로 보이지는 않는다. 밀양은 경영자가 312명으로 가장 많았다. 농업자는 1913년에는 403명으로 가장 많았지만 1925년에는 175명으로 급감하는 등 탈락률이 높았다. 1인당 평균 투자면적으로 볼 때, 마산·부산·김해·양산·창원은 대지주, 적어도 중소지주 이상이 대부분이고, 그 이외의 지역은 지주도 있겠지만 자작농도 적지 않았으리라 판단된다. 밀양은 평균 5.2정보인 것으로 보아 지주계층과 함께 자작농이 상당수 존재했으리라 판단되며, 탈락률도 높았던 것으로 보인다. 이들 소유지도 답보다 전이 2배가량 많은 특징을 보였다.

경남지역 일본인 농업자수의 연도별 증감을 보면, 1910년 554명에서 1911년 766호, 1914년 2,221호로 급증하다가 1914년 2,261호, 1915년부터 감소하여 2,151호, 1921년 2,018호로 정체와 감소를 반복하면서 1925년 1,898호로 줄었다. 부산·동래·창원·김해·양산·통영은 증가하는 경향을, 울산·창녕·사천·밀양은 감소하는 경향을 보였다. 특히 밀양은 1913년 403호에서 1921년 216호, 1925년 175호로 계속 감소하였다.[82] 감소된 지역의 인구는 김해·창원지역의 대규모 미간지 개간과 관련하여 이곳으로 이주했을 것으로 예상해

---

80) 三成文一郎·有働良夫, 앞 책, 1906, 549쪽.
81) 村井農場은 大橋淸三郎, 앞 책, 727~735쪽과 본서 제2부 제3장 참조.
82) 慶尙南道, 앞 책, 1913, 276쪽, 1921, 27쪽, 1925, 농업 4쪽.

볼 수 있겠지만, 부산과 그 인근으로 옮겨갈 확률이 높았다고 생각된다. 일본인이 농촌에서 점차 도시로 집중되어 갔을 것으로 판단된다.

〈표 16〉 밀양군 각면의 호수·인구·면적(1914년)(단위 : 단보)

면명	호수		인구		동리수	답		전		합	답비	면적비중
	한국인	일본인	한국인	일본인		면적	%	면적	%			
부내면	1,687	283	8,125	927	9	243	5	371	5	615	40	5
부북면	1,595	14	7,942	45	17	762	15	371	5	1,132	67	9
상동면	975	17	4,971	39	8	329	6	241	4	571	58	5
산외면	862	2	4,385	5	7	335	6	150	2	484	69	4
산내면	1,619	6	8,367	10	8	464	9	294	4	758	61	6
단장면	1,950	9	9,651	34	13	491	9	325	5	815	60	7
하동면	2,091	186	9,656	655	12	417	8	1,010	15	1,427	29	12
상남면	1,543	119	7,243	528	13	677	13	1,394	20	2,071	33	17
하남면	1,623	35	6,495	55	8	179	3	1,414	21	1,592	11	13
초동면	1,417		5,854		16	359	7	687	10	1,046	34	9
이동면	1,043		4,938		9	274	5	264	4	538	51	4
하서면	1,393	10	5,663	52	12	463	9	237	3	700	66	6
청도면	1,107	1	5,294	2	10	223	4	92	1	315	71	3
합계	18,905	682	88,584	2352	142	5216	100	6,849	100	12,065	43	100

비고 : 면적 단위 : 정보, %는 면 면적/전체면적.
출전 : 조선총독부, 「密陽郡外二個郡面廢合ニ關スル件」, 1914.

다음은 밀양군 내 실정을 보자. 〈표 16〉에서 1913년 밀양군내 일본인은 밀양군의 중심지인 부내면에 압도적으로 거주하였다. 다음은 삼랑진이 소재한 하동면, 탕천촌이 있는 상남면에 집중되었다. 군 전체의 경지구성은 전이 57%로 우세했지만, 면별로 차이가 있었다. 청도면, 산외면, 부북면, 하서면, 산내면 등은 답의 비중이 60% 이상을 차지했다. 상남면은 답의 비중이 전보다 적었지만 다른 면보다 답 면적은 더 넓었다. 삼랑리와 송지리가 속한 하동면은 다른 면보다 답이 비교적 넓은 편이었지만, 전답의 구성비는 71 : 29로 田이 압도적인 전작 지대였다.

이러한 경지구성으로 판단하면, 밀양강에 연한 부북면과 상남면이 수전 위주의 대지주가 자리 잡기가 상대적으로 용이했다. 하동면·하남면·초동면 등은 수전보다는 전작 위주의 농업지대였지만, 낙동강 유역은 수전 중심의 지주제가 발달했다. 특히 이곳의 대지주들은 수리조합을 설립하여 개간지를 확대하는 등 자연환경을 잘 활용해 갔다.[83] 일제의 농업정책은 벼농사에 중심을 두었지만, 이 지역은 田의 비중이 높았다. 대맥·대두 등을 주로 재배하고, 특용작물도 재배하였다.

밀양은 경남에서 비교적 지주제가 발달한 지역에 속했지만,[84] 자작지가 30~40%를 차지하여 자작 겸 지주가 우세한 편이었다. 특히 삼랑진은 밀양군 내에서 투자액과 지주가 가장 많은 지역이었다. 〈표 17〉에서 보듯, 일본인들은 초기부터 한국인을 소작농으로 하는 지주경영을 선호했으나, 김해와 밀양에서는 자작도 적지 않았다. 특히 삼랑진은 자작면적이 많았으며, 자작 겸 지주와 자작농이 광범히 존재했을 것으로 사료된다.

〈표 17〉 1907년 경남지역 일본인 농가경영통계(단위 : 円, 정보)

군명	면명	자본금	%	자작면적	일본인 소작	한국인 소작	인원	%
부산		997,450	57	247	113	1,598	20	22
구포		46,800	3	8	0	253	4	4
김해		298,850	17	2,549	3	893	27	30
밀양	밀양	114,030	7	27	7	153	10	11
	삼랑진	129,900	7	233	5	998	16	18
	상남	500	0	3	0	0	1	1
	수산	3,000	0.2	20	0	0	1	1
	합	247,430	14	283	12	1,151	28	31
양산 영산	언양 금산	154,200	8.4	1,081	21	1,851	39	42
총계		1,744,730	100	4167	137	4,594	90	100

출전 : 부산이사청, 「부산이사청내 일본인 농사경영자」, 『韓國中央農會報』 2-4, 1908, 18~22쪽.

---

83) 밀양수리조합은 상남면에 있고 한국인 2천호, 일본인 120호, 한국인 2할, 일본인 8할을 소유했다. 하남수리조합은 1923년에 설립되고 몽리면적은 2,100여 정보였다. 한국인 7할, 일본인 3할(동척포함)을 소유했다. 초동수리조합은 1921년 설립되고 몽리면적은 458정보였다. 대지주는 조선농업(주), 송병준, 佐佐木志賀, 佐佐木, 大槻, 上西, 白石 등(합193정보)이었다(『동아일보』, 1927. 8. 30, 8. 31, 9. 1, 9. 3, 9. 6).

84) 밀양군은 답 67% 전 70% 가량이 소작지였다(慶尙南道, 앞 책, 1913, 237쪽). 1925년도 비슷했다. 경상남도, 앞 책, 1925, 1쪽.

밀양군에서 자작농은 〈표 18〉에서 보듯, 울산·김해 지역과 더불어 전에서 과수·채소 등의 작물 재배에 많이 종사했다. 1910년대 초 김해에서는 사과와 배를, 울산에서는 배를, 밀양은 여러 특용작물과 잡곡의 비중이 높았다. 밀양의 경우 잡곡에서는 대두가 지배적 위치를 점하여 전면적의 72%가량을 차지했다. 경남 전체(21개 군) 대두 재배면적의 11%를 차지했다. 연초재배지는 전체 전면적 가운데 5.6%였지만, 1925년의 경우 경남 전체의 4분의 1을 차지했다.[85] 대두와 연초의 재배면적은 밀양이 경남 전체에서 수위를 차지했다.

〈표 18〉 밀양군내 특용작물과 그 비중

구분		1913년			1925년			비고
품목	단위	밀양	경남	비중	밀양	경남	비중	
연초	정보	385.6	1,636.1	24%				
	관	107.580	379.176	28%				
대두	정보	4,896.9	34,093.6	14%	5,517	51,910	11%	
배	그루	8,487	57,824	15%	14,505	198,775	7%	김해 울산
감	그루	14,400	100,125	14%				
밤	그루	19,340	103,717	19%				
사과	그루	2,845	101,510	3%	13,144	29,583	44%	면적
	관	9,006	48,271	9%				김해
桑田	정보	25.4	168.1		176.7	1,178.3	15%	

출전 : 경상남도, 앞 책, 1913, 243~248쪽 ; 경상남도, 앞 책, 1925, 16~30쪽.

桑田은 한국흥업과 탕천촌 등이 장려하여 밀양이 경남에서 제일 높아 경남 전체의 15%이상 되었다. 밀양은 과일재배지로도 우월한 지위를 차지하여 1925년에는 경남의 절반가량이 재배되었다. 초기에는 김해가 주산지였다가 밀양으로 옮겨가는 모습을 보였다. 감도 경남 최고의 산지였다. 밀양의

---

85) 탕천촌민들은 稻作과 아울러 수익성이 높은 연초 등을 재배하여 경제적 향상을 꾀하기도 했다. 1908년 전국 연초 생산자는 282명이었는데, 밀양이 45명이었다. 1908년에는 연초경작을 효율적으로 수행하기 위해 밀양연초경작조합을 조직하기도 했다. 이와 아울러 과수원이나 특용작물 재배로 인한 수익도 적지 않았다. 본서 57~65쪽.

영농조건은 첫째, 부산·마산·대구 등 일본인 집단거주지에 접했다는 점, 둘째, 기후조건이 과일 재배에 적당하다는 점, 셋째, 田의 비중이 높다는 점 등이다. 밀양군의 일본인 영농자들은 이러한 조건에 주목하여 과수·채소를 비롯한 특용작물에 비중을 두었다.[86]

　다음은 삼랑진 지역에서 과수와 채소, 특용작물 재배의 실태를 보기로 하자. 삼랑진역 부근에서 재배되는 주 종목은 〈표 19〉와 같았으며, 桑도 주요한 작물이었다. 그중에서도 도시를 소비처로 하는 다양한 채소 재배가 활발했다. 당시 일본인들은 한국의 기후와 토성이 과실과 채소를 재배하는 데 적당한 곳이라는 실험결과를 제출하기도 하였다. 일제는 한국은 양질의 과일과 채소가 없고 품질이 열등하고 생산량도 많지 않았는데, 일본인의 이주가 급증하면서 수요가 갈수록 증가하여 장래성이 크다고 주장하고 재배를 장려했다.

〈표 19〉 삼랑진 지역 일본인들의 채소류 경영

종류	연초	땅콩	과수	午蒡 胡瓜	무우	순무 감자	가지	繭精 묘목
경작자	土屋	庄野	林田	龜田	大崎	岩坂	高木	韓國興業
종류	파	양파	인삼	山芋	수박	양배추	麻 杞柳	합
경작자	野中	久保田	朝香	伊藤	岡本	八杉	太田	18종

출전 : 삼랑진지회, 「삼랑진의 농업」, 『韓國中央農會報』 2-3, 1908, 48~49쪽

　일제는 1907년 경기도 纛島에 원예모범장을 만들어 이들을 지원했으며, 대도시와 철도연변에는 과일 재배에 착수하는 자가 속출했다고 한다.[87] 과수 재배자와 채소 재배자는 자본력에서 차이가 있었다. 채소 재배자는 도회지 부근에 거주하면서 7단보~3정보 정도를 재배하는 소자본가이고,

---

86) 三成文一郎·有働良夫, 앞 책, 1906, 548쪽. 과수·채소의 재배 등은 거류지 부근에서는 누누이 보는 바라고 언급하고 있다.
87) 梶川半三郎, 『實業之朝鮮』, 1911(조선연구회), 178쪽. 이 시기 계몽단체에서도 과수재 배에 관심을 갖고 조사 개량사업을 희망하기도 했다(『西北學會月報』 15, 1909. 8. 1. 金鎭初 我國現在의 果樹改良雜著).

과수 재배자는 대자본가나 중자본가가 많았다. 주로 경인선 부근과 경부선의 수원·대구·왜관·삼랑진 등지에서 재배되었다.[88]

　1908년경 삼랑진의 영농자들은 채소를 재배하여 마산·진해·부산 등에 내다 팔았을 것으로 추정된다. 여기에 참여한 〈표 19〉의 영농자들을 〈표 21〉과 비교하면 15명 중 8명이 보인다. 쓰치야(土屋)는 연초재배,[89] 한국흥업은 누에고치와 묘목을 재배하는 동시에 지주였다. 그 이외에 6명은 자작경영자로 투자액도 얼마 안 되었다. 과수재배는 1905년 하야시타 도키치(林田藤吉)가 처음 시작했다. 10정보의 과수원에 사과·배·복숭아 등을 재배했다. 과일재배 농가가 계속 증가하여 전국적인 명성을 얻었다.[90]

　지적원도에 표기된 삼랑진의 과수원 면적은 1912년 합 50,277평으로 16.8정보였다. 지적원도에 한국인 소유의 과수원은 보이지 않았다. 〈표 20〉의 과수원 경영자들은 부산에 거주하는 하자마를 제외하고 모두 현지에 거주하며 직영한 것으로 보인다. 대부분 과수원 옆에 본인 소유의 대지를 소유하였

〈표 20〉 송지리의 과수원 실태(단위 : 평)

거주지	소유자	전	대	합	잡종지	지소	기타	총합	과수원
송지리	藤川敬次郎	36,351	388	36,739				36,739	2,949
부산	迫間房太郎	51,187	11,875	63,062	16,173	695	70	80,000	957
송지리	寺晉祐	30,893	233	31,126	923	1,602		33,651	3,816
송지리	三枝茂	2,899	189	3,088				3,088	2,763
검세리	伊藤彌八	22,913	1,248	24,161	1628			25,789	11,054
송지리	林田藤吉	31,045	320	31,365				31,365	28,738

출전 : 송지리의 「토지조사부」와 「지적원도」

---

88) 藤田농장은 1905년부터 과수를 재배하여 양호한 성과를 보았으며, 토질이 사토이기 때문에 수목이 약하기 쉬웠지만 충분히 거름을 주면 목적달성이 가능하다고 했다. 농장의 주 목적은 묘목재배였다. 이미 수십만 그루를 길렀으며, 일본산 보다 좋다고 했다. 梶川半三郎, 위 책, 1911(조선연구회), 195쪽.

89) 연초는 향기가 특히 좋았으며 재배면적이 30정보 가량 되었다. 삼랑진지회, 「三浪津の 農業」, 『韓國中央農會報』 2-3, 1908, 49쪽.

90) 三成文一郎·有働良夫, 앞 책, 1906, 71~73쪽. 1905년 삼랑진의 주 수확물은 大小麥·陸稻 ·예·채·대근·연초·감와·마 등이었다. 이후 과수재배와 채소류 재배로 크게 변모했다.

다. 이곳에 본인이 거주하거나 관리인을 두고 과수원을 경영하였다(〈지도 3〉). 1920년대 삼랑진 지도에는 삼랑진역 앞 일대가 거의 과수원과 뽕나무밭이었다(〈지도 1〉). 재배면적은 계속 증가한 것으로 보인다. 1930년대 중반 혹자는 다음과 같이 언급할 정도였다.[91]

고래로부터 농업자가 많이 거주하고 일본인이 500명 정도 거주하고 있으며, 최근 수해를 입어 감퇴하는 경향이 있다. 삼랑진에서 유명한 것은 과일인데, 사과·배·복숭아 등이 60정보가량 되며, 판로는 일본은 물론 만주에 이른다.

삼랑진은 과일 재배면적과 수확이 갈수록 증가하였으며, 그중 배는 한국 내에서 제일이라는 평판을 얻기도 했다.[92]

다음 〈표 21〉과 〈표 22〉에서 삼랑진 지역 일본인들의 농업경영의 특질을 보기로 하자. 첫째, 지주경영과 아울러 자작경영의 비중이 높았다. 1907년 토지소유규모를 보면, 한국흥업과 도요타 후쿠타로(豊田福太郎)가 500정보 이상의 거대 지주였으며, 50정보 이상의 대지주는 삼랑진의 오타 가쓰사부로(太田勝三郎)·후지타 도미타로(藤田富太郎), 밀양의 마쓰시타 데이지로(松下定次郎)·유아사 본페이(湯淺凡平), 부산의 하자마 후사타로(迫間房太郎)·오이케 츄스케(大池忠助) 등이었다. 영농자 총 25명 가운데 자작 5명, 자작 겸 지주 2명, 여기에 과수재배자 3명을 포함하면 11명이 자작을 하고 있었다. 삼랑진 지역에 거주한 농업경영자는 부산·밀양 지역 지주보다 소유규모가 작았으며, 순수 지주보다는 지주 겸 자작농이거나 자작농이 더 많았다.

둘째, 부산 지주들은 보통농사를, 부내면 지주는 연초를, 삼랑진 지주는 연초, 묘목, 과수 등을 보통농사와 함께 경영한 점이다. 밀양의 영농자는 전북이나 경남의 김해·창원 등지와 달리 자작의 비중이 높았다. 지목에서는

---

91) 『慶南の槪觀』(경인문화사 영인본), 1935, 23쪽, 87쪽.
92) 龜岡榮吉 외, 『朝鮮鐵道沿線要覽』, 1927, 123쪽.

〈표 21〉 1907년 밀양군내 일본인 농사경영자(단위 : 圓, 정보)

주소	구분	지주명	출신	자본금	자작면적	소작 일본인	소작 한국인	경영종별	경영지
삼랑진	1	萩野米吉	岡山	200			1.2	지주	밀양군 삼랑진
	2	土屋瀧平	岡山	500			2.6	지주	밀양군 삼랑진
	3	大村新次郎	福島	500	1.8			자작	밀양군 삼랑진
	4	山田信助	山口	600			5	지주	밀양군 삼랑진
	5	久保田秀吉	千葉	700	4.6			자작	밀양군 삼랑진
	6	朝香熊太郎	香川	900	8			자작	밀양군 삼랑진
	7	大崎命太郎	高知	1,200	2.6			자작	밀양군 삼랑진
	8	太田勝三郎	大分	1,300			101	지주	밀양군 삼랑진
	9	多賀茂	岡山	1,700	1.8	5		과수재배	밀양군 삼랑진
	10	伊藤彌八	福岡	3,000	12			과수자작	밀양군 삼랑진
	11	眞川小平	東京	3,000	115			농림경영	밀양군 삼랑진
	12	寺晉祐	東京	3,000			10	지주	밀양군 삼랑진
	13	林田藤吉	福岡	3,000	15			과수재배	밀양군 삼랑진
	14	神保嚴之助	福島	4,300	1		28	자작소작제	밀양군 삼랑진(일부공동)
	15	藤田富太郎	奈良	6,000	5		50	자작소작제	밀양군 삼랑진
	16	韓國興業	東京	100,000	50		800	대지주	밀양군 삼랑진
밀양	17	野瀨廣吉	福岡	680	2			자작	밀양군 상남면
	18	安永運平	福岡	500	3.1			자작	밀양군 상남면
	19	松下定次郎	岡山	50,000		7	60	지주	밀양군 상남면
	20	湯淺凡平	廣島	55,200			80	지주	밀양군 상남면 창원 김해
부산	21	迫間保太郎	和歌山	4,000			1.7	지주	동래
	22	竹下佳隆	長崎	50,000	33	10	17	지주	동래 밀양
	23	豊田福太郎	長崎	79,650	22.5		804.7	지주	동래 양산 밀양 대구 경산
	24	大池忠助	長崎	330,000			266	지주	동래 김해 창원 밀양외 8군
	25	迫間房太郎	和歌山	400,000		100	242.8	지주	동래 김해 양산 밀양외 8군

비고 : 한국흥업의 관리자는 鹿沼十郎 長瀧直哉이었다.
자본금 500원이상 면적 1정보이상을 가진 자(상업 경영자 포함)
출전 : 부산이사청, 『부산이사청관내 일본인 농사경영자』, 『한국농회보』 2-4, 1908.

전의 비중이 적지 않았기 때문에 농업경영에서 독특한 면을 보여주었다. 〈표 22〉에서 하동에 거주하는 영농자는 대부분 과수나 연초 등 특용작물을 재배했다. 반면 부산거주 지주들은 대부분 보통농사만 했으며, 전업농보다는 자본가나 상인들이었다.

셋째, 출신 지역은 후쿠오카현이 제일 많았으며, 다음이 도쿄와 오카야마현이었다. 대체로 지주수는 전체 이주자수에 비례했지만, 이주자가 적은

<표 22> 1913년 말 밀양지역 일본인 농업경영자(단위 : 정보, 圓)

본점	지주명	사무소	창립일	투자액	총면적	소작 답	소작 전	영업종별
밀양	小山仙吉	부내	1903	12,000	11.7	3.5	8.2	보통 연초
	松下定次郞	부내	1903	80,000	115.3	55.6	8.9	보통 연초
	野瀨廣吉	부내	1904	25,000	20.7	15.5		보통 연초
	藤川敬次郞	하동	1906	12,000	49.4			과수 묘목 연초
	橋詰好	하동	1908	10,000	12.3			과수 묘목 연초
	寺晉祐	하동	1908	10,000	13.5		12.5	보통
	伊藤彌八	하동	1910.03	10,000	15.4		13.2	과수 묘목
	林田藤吉	하동	1905.02	10,000	11.4			과수묘목
부산	豊田福太郞	부산	1899	12,600	13.3	2.5	3.4	보통 산림
	迫間房太郞	부산	1894.05	79,500	530.8	24.7	36.6	보통 산림
	大池忠助	부산	1902.05	46,790	55	24.6	19.4	보통 산림
	豊田福太郞	부산	1909.04	7,200	164.9	1	18	보통
	大池忠助	부산	1902.05	62,714	177.1	76.4	64.8	보통
	迫間房太郞	부산	1894.05	50,640	126.6	126.6		보통

출전 : 朝鮮總督府 慶尙南道, 「朝鮮總督府 慶尙南道道勢要覽」, 1914, 276~279쪽.

도쿄 출신이 지주에 많이 포함된 반면, 야마구치현 출신은 이주자 수는 많았지만 지주는 1명에 불과했다.[93]

2) 각 유형별 토지소유관계와 지주

(1) 민족별·계층별·지목별 토지소유관계와 지주

송지리와 삼랑리의 토지소유관계를 토지조사부를 통해 살펴보기로 하자. 송지리와 삼랑리 두 지역 토지의 면적비는 <표 23>·<표 24>에서, 전체규모는 57 : 43이고, 경지의 면적비는 64 : 36이었다. 송지리가 삼랑리보다 전체 면적은 14%, 경지면적은 28% 정도 더 넓었다. 삼랑리가 임야·잡종지·분묘의 비중에서 송지리보다 더 넓었기 때문이다. 한국인과 일본인의 소유비중을

---

93) 山口縣 출신의 대표적 지주는 군산의 嶋谷八十八의 嶋谷농장이다. 여기에 대해서는 최원규, 「일본인 지주의 농업경영과 농외투자」, 『지역과 역사』 17, 2005가 참조된다.

〈표 23〉 삼랑리·송지리의 민족별 경지소유(단위 : 평)

리명	국적	필수	인원		답		전		대		경지합	
			수	%	면적	%	면적	%	면적	%	면적	%
삼랑리	일본인	131	39	9	1,023	4	90,563	10	6,197	10	97,783	10
	회사		1				31,508	3	2,105	3	33,613	3
	한국인	678	218	50	12,596	48	199,289	22	17,520	27	229,406	23
	국공유	5	1						90		90	
	합	814	259	60	13,619	52	321,360	35	25,912	40	360,892	36
송지리	일본인	340	58	13	1,594	6	387,556	42	23,244	36	412,395	41
	회사	23	1				29,148	3	2,600	4	31,748	3
	한국인	391	148	34	10,769	41	174,598	19	9,240	14	194,608	19
	국공유	12	4	1			692		3,040	5	3,732	
	합	766	211	49	12,363	48	591,994	65	38,124	60	642,482	64
총합		1,580	432	100	25,982	100	913,354	100	64,036	100	1,003,374	100
전체 경지의 지목비						3		91		6		100

비고 : %는 두개 리를 합친 비중이다.
출전 : 『송지리토지조사부』, 『삼랑리토지조사부』

〈표 24〉 삼랑리·송지리의 민족별 경지 이외의 소유(단위 : 평)

리명	국적	분묘	잡종지		임야		지소	철도	합		경지/전체%	평균 경지 면적
			면적	%	면적	%			면적	%		
삼랑리	일본인		11,502	5	2,699	3			111,984	8	87	0.84
	회사		73,169	29	29,190	37			135,972	10	25	11.20
	한국인	6,528	59,087	24	33,231	42			328,251	23	·70	0.35
	국공유	448						27,793	28,331	2	0	0.03
	합	6,976	143,758	57	65,120	82		27,793	604,538	43	60	0.46
송지리	일본인		86,734	35	12,030	15	4,122		515,280	37	80	2.37
	회사						1,497		33,245	2	95	10.58
	한국인	2,086	20,224	8	2,466	3	537		219,920	16	88	0.44
	국공유							33,561	37,598	3	10	0.31
	합	2,086	106,958	43	14,496	18	6,156	33,561	806,043	57	80	1.01
총합		9,062	250,716	100	79,616	100	6,156	61,354	1,410,581	100	71	0.77

출전 : 『송지리토지조사부』, 『삼랑리토지조사부』

보면, 삼랑리는 23 : 13이고, 송지리는 19 : 44로 둘을 합한 비는 42 : 57이다. 삼랑리에서는 한국인이, 송지리에서는 일본인이 압도적 우세를 보였다. 두 지역은 국적별 토지소유 면적에서 정반대의 현상을 보였지만, 전체로는 일본인이 절반 이상을 차지하였다. 삼랑진역을 중심으로 일본인이 활발하게 토지소유를 확대해간 결과였다. 이곳은 다른 농촌지역에 비해 일본인 전체인구는 물론 농업인구도 많은 편이었다.

지목별 구성에서 답·전·대의 비율은 3 : 91 : 6으로 대부분 밭이고, 답은 3~4정보로 3%도 안 되었다. 삼남지방의 일본인 지주들은 답 중심이었지만, 이 지역 일본인은 전을 집중 매입하였으며, 답은 대부분 한국인 소유였다. 일본인들은 다음과 같은 조건에 유의하여 토지를 확보했다. 첫째, 토지는 전 위주로 구입하되 한 곳에 집중 구입했다. 삼랑진의 전은 도시근교농업에 적당할 뿐 아니라 대지로의 전환이 용이했기 때문이다. 둘째, 대지는 물론 밭도 철도역 주변과 도로가 잘 확보된 지역에 집중적으로 구입했다. 이러한 요인으로 일본인 거주지와 한국인 거주지가 구별되는 모습을 보였다. 한국인은 지대가 높고 수해가 적은 구릉지에 거주한 반면, 일본인은 삼랑진역 등 역세권에 집중 거주했다.[94] 셋째, 낙동강역 역세권은 두 민족이 혼합 거주했지만 한국흥업·하자마 후사타로·가바시마 고시치로(樺島小七郞) 등의 일본인 소유지가 압도적이었다.

다음은 지목별 민족 간 소유비중을 살펴보자. 먼저 전의 경우 한·일(한국흥업 포함) 양국인의 비중을 보면, 삼랑리는 62 : 38이고 송지리는 29 : 70이었다. 대지는 삼랑리와 송지리가 각각 40 : 60의 비중인데, 한일 두 민족 간의 비율을 보면, 삼랑리에서는 67 : 33(그중 8은 한국흥업)이고, 송지리에서는 26 : 74(7은 한국흥업)이었다. 삼랑리에서는 한국인이, 송지리에서는 일본인이 압도적이었다. 두 지역을 비교하면, 일본인은 송지리에서 대지뿐만 아니라 밭도 압도적으로 소유했다. 삼랑리에서는 밭과 대지 모두 한국인의 비중이 높았다. 전체적으로 58 : 42로 일본인이 우세하였다. 특히 인구수에 비해 일본인의 대지 소유비중이 높은 점이 주목된다.

대지의 소유실태는 〈표 25〉와 같다. 한국인은 191명이 240필지를 소유하였다. 그중 2필지 이상을 소유한 자가 40명이고, 89필지를 소유하였다.

---

94) 松旨里 하단 일본인 과수원 근처에 예외적으로 한국인 마을이 한 곳 있었다.

<표 25> 국적별 대지소유 인원과 필지수

필지수	한국인		일본인		합		비고
	인원	필지수	인원	필지수	인원	필지수	
1	151	151	29	29	180	180	
2	34	68	13	26	44	88	
3	4	12	5	15	9	27	
4	1	4			1	4	지창규
5	1	5			1	5	송지리
6			1	6	1	6	加藤恒夫
19			1	19	1	19	한국흥업
41			1	41	1	41	迫間房太郎
합	191	240	50	136	237	329	

출전 : 『송지리 토지조사부』, 『삼랑리 토지조사부』

40명이 40필지를 제외하고 49필지를 다른 사람에게 대여해준 꼴이 된다. 이중 2명은 각각 3필지와 4필지를 타인에 대부하였다. 일본인은 50명이 136필지를 소유하였다. 이중 29명이 1필지씩 소유하고 21명이 107필지를 소유하여 86필지를 타인에 대여한 셈이다. 한국인은 대체로 1~2필지를 소유했지만, 일본인 대지주인 하자마는 41필지, 한국흥업은 19필지, 가토 쓰네오(加藤恒夫)는 6필지를 소유했다. 이들이 소유한 대지에는 면적이 1,000평 이상 되는 필지도 존재했다. 한국흥업, 하자마 후사타로(2필지), 이토 야하치(伊藤彌八), 아키노 요네키치(秋野米吉), 오타 가쓰사부로(太田勝三郎) 등이 각 1필지, 그리고 한국인은 하남면에 거주하는 민영우 외 6명이 소유한 7필지가 여기에 해당한다. 송지리에 거주하는 오타 가쓰사부로만 제외하고 모두 부재지주였다. 이들은 여기에 농장 사무소나 창고 등 시설물을 짓거나 한 필지 안에 여러 주택을 건설하여 소작농민에게 대여한 것으로 보인다. 그리고 역 부근에 주택을 지어 임대사업도 한 것으로 보인다.[95]

가장 핵심지역인 역세권을 보면, 민족별·계층별 격차는 더욱 벌어졌다.

---

95) 『日本人除戶簿』에 보이는 거의 모든 사람의 토지가 『土地調査簿』에 보이지 않는 것으로 보아 이들은 타인 집에 대부분 세들어 사는 것으로 짐작된다.

삼랑진역 역세권의 대지는 총 67필지 가량 되었는데, 일본인이 그중 39필지 12,835평을 소유했다. 하자마의 지분이 21필지 8,879평으로 2/3가량이 되었다. 그가 소유한 대지는 역세권의 핵심 요지에 자리잡고 있었다. 지적원도에서 보듯, 여객이 빈번히 출입하는 시가지에 있었다. 이 밖에 한국흥업이 6필지 2,512평을 소유했다. 한국인은 13필지 1,291평을 소유한 데 불과했다. 나머지는 국유였으며 그중 절반이 철도관사 부지였다. 역세권에는 부북면의 대지주 유아사의 잡종지도 적지 않았다. 이들은 삼랑진역 건설 초기부터 인근 토지에 집중 투자하여 확보한 것으로 보인다.

삼랑리에는 한국인이 소유한 대지가 176필지(17,520평), 일본인 58필지 (6,198평), 한국흥업은 12필지(2,105평) 등의 비중으로 한국인이 압도적으로 소유하였다. 일본인은 하자마가 18필지 2,626평, 가바시마 고시치로가 7필지 (1,104평)로 많이 소유한 편이었다. 한국인은 하남면의 민씨가, 부내면의 윤희규, 삼랑리의 지창규 등 5명이 5필지 내외로 많이 소유한 편이었다. 대부분 1필지이고, 2필지 이상 소유한 경우는 드물었다.

낙동강역 역세권과 도로주변 등은 사정이 달랐다. 역세권 69필지 중 일본인(한국흥업 포함)은 41필지 3,826평이고, 한국인은 27필지 1,376평이었다. 일본인이 한국인보다 3배가량 많았다. 이 지역에서도 하자마(7필지)와 한국흥업(5필지), 가바시마(4필지) 등 일부 일본인 지주가 집중 소유하였다. 삼랑진 역세권과 달리 한국인도 적지 않게 토지를 소유했다. 이들은 거의 운송업이나 상업·어업에 종사했을 것으로 생각된다.[96] 삼랑리에서 낙동강역 역세권 이외의 거주지는 거의 한국인만 거주했으며, 산기슭이나 구릉지에 존재했다.

잡종지는 삼랑리에서는 한국인이 일본인의 5배 정도 많이 소유했으나,

---

96) 삼랑리 역세권에 대지를 소유한 한국인 가운데 손영석 집안은 현지 주민의 증언에 의하면 이 지역에서 손꼽는 부자였다고 한다. 이곳 한국인의 경제적 배경에 대한 폭넓고 구체적인 검토가 요구된다.

한국흥업이 소유한 24정보를 더하면 한국인을 훨씬 능가했다. 송지리에서는 일본인과 한국흥업이 약 80정보가량이고 한국인이 소유한 것은 보이지 않았다. 개간이 진행되면 일본인 대지주의 경지소유가 더 늘어나 두 민족이 소유한 경지의 격차는 더 벌어질 것으로 예상된다. 池沼는 송지리의 역세권에 존재했으며, 일본인 대지주가 대부분을 차지했다. 임야는 삼랑리에서는 일본인과 한국인이 각각 11정보로 비슷하게 소유하였다. 송지리에서는 일본인이 80정보, 한국인이 7정보 가량으로 일본인이 압도적이었다.[97] 전반적으로 볼 때 개간과 시가지 개발이 진척되면 될수록 민족 간, 계층 간의 격차가 더 벌어질 것으로 예상된다.

다음 〈표 26〉에서 민족별 계층별 토지소유관계를 보기로 하자. 한국인과 일본인의 전체 소유 토지의 비중을 보면, 소유자의 인원은 81 : 18이고 면적은 42 : 58이었다. 인원에서는 한국인이 압도적이었지만, 면적에서는 일본인이 16% 정도 많았다. 송지리는 일본인이, 삼랑리는 한국인이 압도적 우세를 보였다. 두 지역을 합치면 1913년에 이미 일본인이 한국인의 소유를 능가했다. 이를 계층별로 보면 제일 하위 등급인 1,500평 미만 계층은 인원수에서 한국인은 60%, 일본인은 7%로 합 67%를 차지했다. 전체 일본인 가운데 약 40%, 전체 한국인 가운데 75%가 여기에 속했다. 최하계층에는 한일 양국인 모두 수적으로 압도적 다수를 차지했다. 면적에서는 각각 12%와 1%로 합 13%를 차지하여 대단히 영세한 모습을 보여주었다. 0.5~1정보 계층은 소유자수는 한국인이 14%, 일본인이 4%로 대략 18%가량이고, 토지면적은 12%와 4%로 합 16%였다. 1~3정보 계층은 한국인이 6%, 일본인이 4%를 차지하고 면적은 12%, 7%를 각각 점하고 있다. 이들은 자작하층과

---

97) 한국인 토지소유자 가운데 16명이 경지는 없고, 분묘·잡종지 등만 소유했다. 이들은 주로 이웃의 면리민으로 송지리에 분묘와 잡종지를, 삼랑리에 잡종지를 소유했다. 분묘는 한국인이 삼랑리에 6,528평, 송지리에 2,086평 총 9,062평을 소유했으며, 일본인 소유는 없었다.

〈표 26〉삼랑리·송지리 경지소유자 계층별 분포(단위 : 평)

국적	계층	합				송지리				삼랑리			
		인원		면적		인원		면적		인원		면적	
		수	%	평	%	수	%	평	%	수	%	평	%
국공유	0~1500	3	1	1,824	0	3	1	1,824	0	1	0	90	0
	1500~3000	1	0	1,998	0				0				0
	전체합	4	1	3,822	0	3	1	1,824	0	1	0	90	0
일본인	0~1500	31	7	13,246	1	18	9	9,416	1	24	9	7,499	2
	1500~3000	17	4	36,959	4	15	7	32,635	5	8	3	16,589	5
	3000~9000	16	4	75,066	7	11	5	51,539	8	4	2	20,226	6
	9000~15000	4	1	47,809	5	5	2	66,291	10	0			0
	15000~30000	6	1	121,013	12	5	2	105,611	16	3	1	53,469	15
	30000~	5	1	216,084	22	4	2	146,862	23	0	0	0	0
	전체합	79	18	510,177	51	58	27	412,354	64	39	15	97,783	27
한국인	0~1500	261	60	123,462	12	99	47	49,960	8	181	70	81,241	23
	1500~3000	59	14	119,766	12	35	17	68,709	11	24	9	48,730	14
	3000~9000	24	6	119,235	12	14	7	67,287	10	10	4	48,444	13
	9000~15000	2	0	24,513	2	1	0	10,599	2	1	0	13,954	4
	15000~30000	2	0	37,036	4		0		0	2	1	37,036	10
	전체합	348	81	424,012	42	149	71	196,555	31	218	84	229,405	64
한국흥업	30000~	1	0	65,361	7	1	0	31,748	5	1	0	33,613	9
	전체합	1	0	65,361	7	1	0	31,748	5	1	0	33,613	9
합	0~1500	295	68	138,532	14	120	57	61,200	10	206	80	88,830	25
	1500~3000	77	18	158,723	16	50	24	101,344	16	32	12	65,319	18
	3000~9000	40	9	194,301	19	25	12	118,826	18	14	5	68,670	19
	9000~15000	6	1	72,322	7	6	3	76,890	12	1	0	13,821	4
	15000~30000	8	2	158,049	16	5	2	105,611	16	5	2	90,505	25
	30000~	6	1	281,445	28	5	2	178,610	28	1	0	33,613	9
	전체합	432	100	1,003,372	100	211	100	642,481	100	259	100	360,891	100

출전 : 『松旨里土地調査簿』, 『三浪里土地調査簿』

상층으로 분류할 수 있을 것 같다. 두 계층을 합한 수는 한국인이 20%, 일본인이 8%이고, 면적은 한국인이 24%, 일본인이 8%였다. 30% 내외 가량의 비중을 점하고 있다. 자작 계층이 적지 않은 점유율을 보이고 있다. 한국인의 경우 영세농이 압도적이고, 자작 계층은 24%였다. 일본인은 이 계층이 일본인 전체의 42%를 점하여 가장 많은 비중을 차지하였다. 적지 않은 자작농이 존재하였다. 지역별로 보면 삼랑리의 경우 한국인 영세농이 70%로 압도적이었다. 반면 송지리는 영세농이 47%, 자작농이 24%를 점하여 송지리 가 영세농이 훨씬 적고 자작농이 많은 편이었다.

다음은 제일 상층 계층인 10정보 이상 계층을 보자. 한국인은 전혀 없고 일본인은 5명(1%)이고 면적은 22%이다. 송지리 4명과 두 지역의 면적을 합쳐 이 규모가 되는 1명 등 총 5명이다. 그리고 한국흥업이 22정보(7%)를 차지했다. 1%의 일본인이 29%의 면적을 차지한 셈이다. 5~10정보는 한국인은 4명으로 면적은 6%이고, 일본인은 6명으로 면적은 12%를 차지했다. 두 계층을 합한 5정보 이상 계층은 인원은 3%이고 면적은 44%를 차지하였다. 지주경영 가능 계층이 절반가량의 토지를 차지하였다.

전체적으로 한국인은 소지주가 2명인데 비해, 일본인은 중간 지주 5명, 소지주 6명 정도이고, 면적은 40%였다. 하층인 영세농은 68%이고 이중 90%가 한국인이었다. 한국인은 영세 소유자가 지배적이었다. 반면, 일본인은 영세소유자와 자작 계층이 비슷한 비중을 보였다. 일본인은 지주적 소유가 압도적인 가운데 자작농의 소유도 비교적 많았다. 한국인은 영세농이 압도적이고 자작농도 분포하였지만, 대부분 일본인 지주의 소작농이었을 것이다.

(2) 거주지별 토지소유관계와 지주

다음은 거주 여부를 통해 토지소유자의 성격을 검토해 보자. 〈표 27〉에서 거주지별로 민족별 구성을 보면, 현지 거주자는 일본인은 전체의 11%(일본인 가운데 60%)이고, 한국인은 전체의 63%(한국인 가운데 78%)를 점했다. 인접리와 인접면을 합하면 한국인은 94%, 일본인은 62%가 현지에 거주하는 셈이다. 현지 거주자와 원격지 거주자의 소유면적비율을 보면, 일본인은 50 : 50이고, 한국인은 92 : 7이었다. 일본인의 평균소유면적을 보면, 본리 거주민이 1.78정보로 가장 적고, 원격지 거주자는 일본〉마산〉부산 순으로 평균 소유면적이 넓은 편이었다. 원격지 거주자가 소유한 토지의 지목별 특징은 잡종지의 비중이 높았다. 기타 지목까지 포함하면 평균 소유면적은 차이가 더 벌어졌다.

한국인은 원격지 거주자의 비중이 낮았다. 부산 거주자가 10명으로 제일 많았으며, 대구·삼가·청도 등지는 각 1명이었다. 평균면적은 부산지역 거주

〈표 27〉 민족별 거주지별 토지소유의 실태 (면적 단위=평, 평균=정보)

국적	거주지	인원 수	%	답 면적	%	전 면적	%	대 면적	%	합 면적	%	잡종지	임야	총합 면적	경지평균	총평균	%
일본인	본리	49	11	1,673	6	247,958	27	11,500	18	261,131	26	17,406	1973	2805,100	1.78	1.9	20
	인접리	1				22,913	3	1,248	2	24,161	2	1,628		25,789	8.05	8.6	2
	인접면	1		944	4	3,850		198		4,992		19,323	633	24,948	1.66	8.3	2
	부산	16	4			106,702	12	142,28	22	120,930	12	21,962	9,699	156,713	2.52	3.3	11
	마산	5	1			63,048	7	347	1	63,395	6	10498	2,424	76,317	4.23	5.1	5
	인접군	1				2,211		160		2,371				2,371	0.79	0.8	
	일본	8	2			92,093	10	6,465	10	98,558	10	100588	29,190	230,138	4.11	9.6	16
	합	81	19	2,617	10	538,775	59	34,146	53	575,538	57	171405	43,919	796,786	2.37	3.3	56
한국인	본리	271	63	13,407	52	289,996	32	20,507	32	323,910	32	47358	9,526	388,319	0.4	0.5	28
	인접리	32	7	1,524	6	28,567	3	1,300	2	31,391	3	13,762		45,766	0.33	0.5	3
	인접면	24	6	6,616	25	28,746	3	4,701	7	40,063	4	10,521	248,73	76,470	0.56	1.1	5
	부산	10	2	689	3	19,318	2	252		20,259	2	3,848		24,107	0.68	0.8	2
	인접군	11	3	1,129	4	7,260	1			8,389	1	3,822	1298	13,509	0.25	0.1	1
	합	348	81	23,365	90	373,887	41	26,760	42	424,012	42	79,311	35,697	548,171	0.41	0.5	39
국공	본리	3	1			692		3,130	5	3,822				65,624	0.42	7.3	5
전체합		432	100	25,982	100	913,354	100	64,036	100	1,003,372	100	250,716	79,616	1,410,581	0.77	1.1	100
전체 비중				2%		65%		5%		71%		18%	6%	100%			

비고 : 철도용지=61,354평(전체의 4%), 지소=일본인 부산 4122평, 일본 1497평, 한국인 본리 537평.
분묘 : 한국인 : 본리 6,988평 인접리 613평 인접면 1013평, 국공유 : 448평(전체의 1%)
출전 : 삼랑리와 송지리의 「土地調査簿」

자의 경우 0.8정보로 한국인 평균보다 많은 편이었지만 전체적으로 영세한편이었다. 〈표 28〉에서 부산 거주자 가운데 정기두만 5정보를 소유하고, 6명이 1,000평 미만이었다.[98]

〈표 28〉 부산거주 한국인 토지소유자(단위 : 평)

토지소재	소유자	답	전	대	합	기타	총합
삼랑리	정기두		13,821	133	13,954	1,321	15,275
삼랑리	김만이		1,312		1,312		1,312
삼랑리	박경숙		950	25	975	2,527	3,502
삼랑리	엄석찬	689			689		689
송지리	김복태		578		578		578
삼랑리	김인길		360		360		360
송지리	이덕삼	94			94		94
송지리	김화윤			50	50		50
삼랑리	임병직			44	44		44

출전 : 『土地調査簿』(삼랑리와 송지리)

98) 釜山證券(주)은 1920년 설립되었다. 정기두는 감사였으며, 사장은 文尙宇이고, 이사

원격지에 거주하는 일본인 가운데 부산 거주자가 인원수와 면적에서
비중이 많았지만, 1인당 평균면적은 마산과 일본 거주자가 더 많았다. 상대적
으로 부산 거주자는 하자마처럼 이곳 최대의 지주도 있지만, 소유면적이 적은
자도 다수 포함되어 평균면적이 다른 지역에 비해 적었다. 이들은 농업이나
상업·숙박업 등 토지를 서로 다른 목적으로 사용하여 면적에서 차이를
보였다.[99] 부산에 거주하는 일본인 소유자는 16명이었다. 이들이 삼랑진에
자리를 잡기 시작한 것은 경부선과 마산선 건설과 밀접한 관련이 있는
것으로 보인다. 경부선 건설기에 시작되어 1905년 본격화되었으리라 짐작된
다. 〈표 29〉의 부산거주 일본인 대지주들은 1907년에 이곳에 진출하였다.
하자마 후사타로, 오이케 츄스케, 다케시타 요시타카(竹下佳隆), 도요타 후쿠
타로(豊田福太郎) 등은 부산의 유수한 지주 자본가들로 부산수산(주)의 임원
이었다는 점에서 공통점이 있었다.[100] 이들 가운데는 하자마 후사타로나
사이토 고조(齋藤孝藏)같이 삼랑진에 10정보 이상을 소유하는 지주층도 있지
만, 대부분은 소유규모가 많지 않았다. 500평 미만인 자가 5명, 영세규모의
대지만 소유한 자도 4명 있었다. 이들은 농민이 아니라 부산의 거상들이었다.
　부산 거주자들의 직업을 〈표 29〉에서 보면, 수출미곡상이 압도적 다수를
점하고, 다음은 미곡 중매업, 잡화상, 면제품 수입 판매상, 정미소 등이었다.
나카무라(中村)상점의 주인인 나카무라 도시마쓰(中村俊松)[101]나, 부산 이타

에 大池忠助, 迫間房太郎, 香椎源太郎, 坂田文吉, 田邊源四郎 등이 참여했다. 中村良資編,
『朝鮮銀行會社要錄』(1923년판).

99) 잡종지는 인접리 거주 한국인이 대량 소유했지만 일본인의 소유도 적지 않았다.
특히 가장 많이 소유한 자는 한국흥업이었다.

100) 豊田福太郎은 부산자동차(주) 부산수산(주)의 주주이며 임원이었다. 竹下佳隆은 長崎
출신으로 부산수산(주)의 주주이며 감사를 지냈으며, 植林과 農場을 경영했다. 아들
竹下隆平(1882년생)은 부산부협의원 학교조합의원을 지냈다. 여기서 1907년 설립된
부산수산(주)가 주목된다. 이 회사는 사장 大池忠助 이사 迫間房太郎, 香椎源太郎,
坂田文吉, (지배인)淺原義雄, (감사)豊田福太郎, 竹下佳隆, 中村俊松 등이었다. 최대의
주주는 迫間房太郎이었다(국사편찬위원회 한국사 데이터베이스).

101) 미곡상이면서 약 백석을 실을 수 있는 일본형 하선 4척으로 하단과 의령을 1개월에

출전 : 『土地調査簿』와 森田福太郎, 『釜山要覽』, 1912, 부록 1~10쪽.

〈표 29〉 부산거주 일본인 토지소유자(단위 : 평)

이름	직업	전	대	합	잡종지	임야	지소	총합
橋本 フサ	수출무역상 미곡	6,041	170	6,211				6,211
大池忠助	수출무역상 미곡	6,617		6,617		726		7,343
島津敏右衛門	미곡중매업		225	225				225
迫間房太郎	수출무역상 미곡	51,187	11,875	63,062	16,173	695	70	80,000
小澤宇三郎 (田中善支店)	방적과 金巾도매		406	406				406
井谷義三郎	수출무역상 미곡		118	118				118
中村俊松(招)	米穀海産		38	38				38
豊田福太郎	미곡	8,961	856	9,817		3495		13,312
大澤友太郎		297	70	367				367
藤原柾平		1,103		1,103				1,103
野田卯三郎	미잡곡판매상	2,471		2,471				2,471
五島甚吉	부산정미소	4,008		4,008				4,008
中野嘉吉	잡화상				5789			5,789
吉川義治		2,349	480	2,829				2,829
齊藤孝藏	서양잡화상	22,209		22,209		4783	4052	31,044
竹下佳隆		1,459		1,459				1,459

니(井谷)상점의 주인 이타니 요시사부로(井谷義三郎)는 상업을 목적으로 삼랑진에 파출소를 두고 직원을 파견했다. 〈표 29〉의 토지는 이를 위한 것이었다.[102]

〈표 27〉의 마산에 거주한 일본인 소유자 5명과 일본인 거주자 8명은 부산지역 거주자보다 소유면적이 더 넓었다. 이들도 일부는 지주경영을 하면서 이곳을 거점으로 이용하기 위해 토지를 소유한 것으로 보인다. 일본인 원격지 지주들은 다른 지주처럼 토지를 직영했지만 현지 일본인에 위탁하기도 했을 것이다. 이들의 토지 지배력은 다른 지역의 거대 일본인 지주와 달리 지역사회에서 차지하는 비중은 적었다. 동척 다음으로 최대의 회사지주

3회 이상 왕복했으며, 각 寄泊地에 출장소를 두고 하객을 취급했다. 森田福太郎, 『釜山要覽』, 1912, 151~152쪽.

102) 『日本人除戶簿』.

인 한국흥업도 이곳에서는 지배적 존재가 아니었다. 이곳을 거점으로 활용하기 위한 것이었다.

<표 30> 삼랑진 지역 일본인 대토지소유자

주소	소유자	답	전	대	합	잡종지	임야	지소	총합
도쿄	韓國興業		60,656	4,705	65,361	73,169	29,190	1,497	169,217
부산	迫間房太郎		51,187	11,875	63,062	16,173	695	70	80,000
마산	津田俊二		53,495	297	53,792	10,498	2,424		66,714
송지리	藤川敬次郎		36,351	388	36,739				36,739
송지리	林田藤吉		31,045	320	31,365				31,365
송지리	寺晉祐		30,893	233	31,126	923	1,602		33,651
송지리	橋本吉太郎 重松德次郎		26,523	398	26,921	1,239			28,160
검세리	伊藤彌八		22,913	1,248	24,161	1,628			25,789
부산	齊藤孝藏		22,209		22,209		4,783	4,052	31,044
송지리	龜田門治郎	1,338	14,896	355	16,589	51			16,640
향천현	西川虎一		15,546	206	15,752				15,752
송지리	加藤恒夫		13,118	2,263	15,381	1,386			16,767
송지리	井上豊次郎	256	12,987	666	13,909				13,909
송지리	橋詰好		12,146	282	12,428				12,428
오사카	金澤種次郎		11,655		11,655	25,091			36,746

비고 : 龜田門治郎과 井上豊次郎은 답을 각각 1,338평 256평 소유했다.
출전 :『土地調査簿』

다음은 삼랑진 지역의 대표적 지주들의 실상을 보자(<표 30>). 이곳 최대의 지주는 한국(조선)흥업으로 소유면적은 총 56정보였다. 잡종지와 임야를 제외한 경지는 22정보이고, 대부분 田이었다.[103] 한국흥업은 부산에 제일은행 부산지점을 설립하고 침략의 선봉에 선 일본의 거대 재벌인 시부사와(澁澤) 재벌이 주도하여 설립한 기업형 농업회사였다. 하야시 곤스케(林權助) 공사가 지원하고 오쿠라 기하치로(大倉喜八郎 : 大倉재벌), 아사노 소이치로(淺野總一郎 : 淺野재벌) 등 일본의 유수 재벌들이 참여하여 1904년 9월 창립되었

---

103) 1927년 삼랑진수리조합 지구내 지주는 朝鮮興農(8정보), 東洋拓殖(10정보), 大倉喜八郎(5정보), 迫間房太郎(5정보) 등인데, 규모는 작았지만 한국 내 유수한 일본인 대지주들이었다(『동아일보』, 1927. 10. 25.).

다.[104] 이들은 외국인의 토지소유와 점유를 인정하지 않는 한국법제와 2중 3중 매매로 인한 토지분쟁 등의 공세를 막아내며 농장을 건설했다.[105]

한국흥업의 토지소유 규모는 1905년 2,857정보를 시작으로 1912년에 1만 정보(수전 2,548정보)를 돌파하고 1928년에는 1만6천 정보에 달했다. 지목별로는 전 11,166정보, 답 4,097정보, 잡 850정보였다.[106] 이 회사의 토지구성은 논도 적지 않았지만, 밭이 2배가 넘을 정도로 많았으며 수익률도 더 높았다는 점에 특징이 있었다. 관리조직은 황주지점과 목포·삼랑진·대전·경산 4관리소를 두었으며, 해주파출소를 설치했다.[107]

삼랑진 농장에서는 1906년 3월부터 전답을 매수하기 시작하면서 관리소를 설치했다. 경남 10개 지역에 토지가 분포했으며, 1936년의 규모는 1,700정보였다.[108] 삼랑진 농장의 토지는 전국 농장 가운데 지가가 가장 비쌌다. 수확물은 밀양·삼랑진·낙동강·진영·청도 등 5개 창고에 운반되어 각기 마산선과 경부선을 통해 부산과 마산을 거쳐 일본으로 이출해 갔다. 일본자본주의를 선도하는 대재벌이 새삼 지주경영에 나선 것은 식민지 지배체제의 안정성을 확보하는 동시에, 지주경영을 통한 이윤율이 산업부문에 투자하는 것 이상으로 높았기 때문이었다. 농장경영은 구래의 봉건적 소작료 수취방식이 아니라 시장경제에 조응하는 기업형 경영방식을 도입하여 이윤 증대를 꾀해 갔다.[109]

---

104) 조선흥업주식회사, 『朝鮮興業二十五年史』, 1928, 1쪽, 67~68쪽. 조선(한국)흥업에 대하여는 久間健一, 『朝鮮農政の課題』, 1943 ; 淺田喬二, 『日本帝國主義と舊植民地地主制』, 御茶の水書房, 1968, 146~166쪽 ; 윤수종, 「일제하 일본인 지주회사의 농장경영분석」, 『한국사회사연구회논문집 12』, 1988 등이 참고된다.

105) 朝鮮興業株式會社, 『朝鮮興業二十五年史』, 1928, 1쪽 ; 최원규, 「1900년대 일제의 토지권 침탈과 그 관리기구」, 『부대사학』 19, 1995 참조.

106) 1928년 1만6천 정보(수전 4097정보), 1936년 1만7천 정보(수전4983정보)로 30년 만에 6배로 증가했다.

107) 朝鮮興業株式會社, 앞 책, 1928, 3쪽.

108) 삼랑진면 松旨里 409번지에 있고, 초기 소장은 下村忠이었다. 田畓 1,672정보 택지 5,623평 건물 21동, 건평 623평이었다. 본서 323쪽의 〈표 35〉 참조.

부산의 대지주 하자마는 삼랑진에서 개인으로는 최대의 지주였다. 경지의 합이 21정보이고 그중 전이 17정보, 대지가 4정보로 적지 않은 면적을 소유했다. 잡종지까지 포함하면 27정보였다. 하자마는 특히 대지의 소유규모가 주목된다. 삼랑진역과 낙동강역 주변에 각각 23필지와 18필지를 집중 소유하여 건물 임대사업을 한 것으로 보인다. 하자마는 부산에서 상인 고리대활동으로 자본을 축적하여 토지에 투자하고 금융자본가, 산업자본가로 성장한 대부호였다. 삼랑진 투자도 그 일환이었다.[110]

다음은 마산에 거주하는 쓰다 슌지(津田俊二)로 경지가 18정보이고 잡종지를 합하여 22정보였다.[111] 송지리에 거주하는 4명의 일본인이 그 뒤를 이었다. 이들의 소유규모는 3명은 10정보가 넘고, 1명은 9정보가량 되었다. 이것은 경지만을 계산한 경우이고 기타 지목까지 합하면 송지리의 하시즈메 요시(橋詰好), 부산의 사이토 고조(齋藤孝藏)도 10정보가 넘었다. 이들은 대체로 초기부터 거주한 자들로 과수 재배를 주로 하는 부농들이었다. 일본 거주 지주로는 오사카의 가나자와 다네지로(金澤種次郎)가 경지 4정보에 기타를 합하여 12정보 가량 소유했다.

다른 지역인으로 이곳에 소유한 토지는 적지만, 주목할 만한 인물로는 오이케 츄스케와 유아사 본페이가 있다. 부산의 대지주 오이케는 田 2정보 정도밖에 소유하지 않았지만, 大池여관, 大池정미소, 海運, 米豆수출업 등에 진출한 자본가이며 대지주였다. 하자마와 가시이 겐타로(香椎源太郎)와 함께 부산의 3거두로 불렸다.[112] 하자마와 같은 이유로 삼랑진에 토지를 소유한

109) 久間健一, 「巨大地主の農民支配」, 『朝鮮農政の課題』, 1943.
110) 淺田喬二, 『日本帝國主義と舊植民地地主制』, 御茶の水書房, 1968, 133~136쪽. 본서 301~304쪽 참조.
111) 마산의 津田俊二는 총독부로부터 장유면 대정리의 임야 552정보를 양여 받은 것(『조선총독부관보』, 1934. 3. 30.) 등을 보면, 대지주였을 것으로 생각된다. 이들의 소유가 이곳에만 있다고 할 수 없고 적어도 하동면 전체 분석, 나아가 경남 일원에 대한 분석이 필요할 것이다.
112) 김동철, 「부산의 유력자본가 香椎源太郎의 자본축적과정과 사회활동」, 『역사학보』

것으로 보인다.[113) 밀양군 부내면의 유아사 본페이도 이곳 소유지만으로는 지주라고 하기 어렵지만 〈표 21〉에서 보듯, 밀양군 부내면·상남면 등 여러 곳에 토지를 소유한 밀양의 대지주였다. 삼랑진역 근처의 요지에 얼마간 토지를 소유했다.

한국인으로는 하남면에 거주하는 민영우 외 6인이 공동명의로 12.5정보를 소유하였다. 경지가 7정보이고 잡종지가 5정보로 제일 많이 소유하였다. 단독으로는 삼랑리의 박의봉과 부산의 정기두가, 대략 5정보로 그 뒤를 이었다. 이 지역에서 한국인 지주들은 거의 보기 어려웠으며, 이들 토지는 대부분 삼랑리에 있었다.

마지막으로 1931년의 일이지만, 삼랑진에 자본금 10만 원의 한국인 농사회 사가 설립된 일이 주목된다. 삼랑리의 지창규가 대표인 水也農事株式會社이다. 이 회사의 임원은, 〈표 31〉에서 보듯 1913년 당시는 池氏家의 가족과 친분 있는 자들이었다. 사업목적은 농사개량, 농구 및 비료 구입 판매, 산업자금 대차, 부동산 매매 등이었다. 일본인이 주도하는 삼랑진에 한국인이 운송부 문 이외에 농업부문에 기업시스템을 도입한 것이다.

〈표 31〉 水也農事株式會社의 주주의 토지소유

거주지	소유자	답	전	대	합	분묘	잡	임	총합
삼랑리	池二晉	1,306	1,082	0	2,388	0	1,608	0	3,996
삼랑리	池昌奎	0	3,785	488	4,273	231	9,267	0	13,771
삼랑리	池昌奎 외 5	0	522	875	1,397	0	14,462	3226	19,085

전체적으로 대지주는 원격지에 거주하는 일본인이고, 재지지주는 규모가 작았으며, 그나마 일본인이었다. 한국인 지주는 5~10정보의 소지주 3명에 불과했다. 대부분 현지에 거주하였다. 대단히 미약하였다. 전체에서 한국인 의 60%, 일본인 7%가 소작을 겸해야 하는 0.5정보 이하를 소유한 영세농들이

186, 2005. 6.
113) 최원규, 앞 글, 1999. 68~70쪽.

었다. 전체에서 한국인 6%, 일본인 39%가 3정보 이상의 토지소유자로 45%가량이 임노동 또는 소작을 필요로 했다. 일본인 소작농도 있겠지만 한국인은 60%의 영세농과 통계에 보이지 않은 무토지소유자들은 소작이나 임노동을 해야 생존이 가능했을 것이다. 전반적으로 이곳은 전작지대로 수전지대에 비해 자작의 비중이 높았으며 양국인 모두 자작농이 많았던 것으로 보인다. 이곳은 지주로부터 하층계층까지 이동성이 잦다는 특징이 있다. 그리고 오쿠라·東拓 등 새로 진출하는 일본인 농업회사의 모습도 볼 수 있었다.

4. 맺음말

삼랑진 지역은 삼랑진역과 낙동강역 두 지역으로 구분되며, 선운교통과 철도교통의 요지이며 전작지대라는 점을 기반으로 일본인 사회가 형성되었다. 일제는 삼랑진 일대를 일본인 사회로 만들기 위해 통치에 필요한 경찰서·종교기관·학교·수리조합 등을 설치했다. 이곳은 여객이 빈번하여 각종 서비스업종이 자리 잡았으며, 농업분야에서는 미작뿐 아니라 채소나 과수 등 특용작물을 재배하는 지역이었다. 낙동강역 주변은 일본인이 우월했지만 삼랑리에서는 한국인이 지배적 위치를 점했다. 낙동강역은 낙동강으로 운송되는 화물의 집산지로 장시와 운송업이 발전했다. 삼랑진 금융조합이 이곳에 설립되었다. 삼랑진역의 화물은 일본인 사회에 필요한 것이었다면 낙동강역은 주변 지역에서 생산한 쌀과 콩의 집산지이며 한국인을 위한 수입 면포의 도착지로 내륙 유통이 주 임무였다.

삼랑진역 인근에 이주한 일본인은 초기에는 한국인이 전에 마련한 기존 제방시설 등을 바탕으로 시가지와 농지를 개발하여 거주조건을 마련했다. 일제초기 일본인은 150여 호 정도였다. 이들의 직종은 농어업·상업·관리·회사원·기술직·서비스업·품팔이·철도관계인 등 다양했다. 이들은 농업·상업

·운송업 등의 직종에서 경제력이 있는 계층을 제외하고 대부분 이동이 매우 빈번했다는 점이 특징적이었다. 이동이 잦은 직업은 공무·관리직이고, 그중에서도 철도 관계자가 제일 잦았다. 하지만 이들은 경제적 요인이 아니기 때문에 이들을 제외하면 품팔이꾼·건축 토목관계 기능직, 서비스업 종사자 등이 가장 많았다. 서비스업 가운데 작부·예기 등은 매우 짧게 거주하다 타지로 옮겨가는 특징을 보였다.

그리고 영구 이주로 식민지 지배의 기반세력이 될 농업인구도 적지 않았다는 점이 눈에 띤다. 일본인 농업자는 지주와 자작농이 주류였지만 적지 않은 수의 소작농도 존재하였다. 토지 없는 단순 노동자의 존재도 예상된다. 이들의 호구성은 단독호 내지 2인호가 가장 많았다. 관공직이나 회사원 등이 많았지만 농민도 단독호가 6명이나 되었다. 경제력이 낮은 집단들의 전입이주는 정착보다 곧 떠날 것을 예약한 것이나 마찬가지처럼 이동이 잦았다. 퇴거자 가운데는 일본으로 돌아간 자, 신고 없이 사라진 자, 심지어는 도망친 자도 있었다. 한국 내로 옮길 때는 철도교통이 편리한 곳이나 거류지와 같은 일본인 사회, 농촌보다는 도시로 향했다. 일본인 지주의 토지는 계속 증가해 가는 경향을 보였다.

삼랑진 거주 일본인은 점차 줄어들었다. 일본인들도 계층적 격차가 대단히 심하여 경제적 문제로 정착하지 못하고 떠돌아다니는 자가 적지 않았다. 일본인제호부 분석 결과, 삼랑진의 일본인 사회는 도시형과 농촌형, 외지벌이형과 정착형 등이 혼재된 혼합형태적 성격을 갖지만, 도시적 발전이 한계에 부딪히면서 경제적 불안성을 극복하지 못한 하층 일본인들은 계속 떠나갔다. 농촌지대에서 일본인 지주는 강세를 보였으며, 조선농민은 여기에 소작농으로 종속된 채 삶을 유지하였다. 일제는 불안정한 농민 이주·식민정책을 지양하고, 계층적 지배체제를 구축하는 가운데 동화정책을 강화해 갔다.

다음으로 농업과 토지소유관계의 특징을 보면, 밀양을 비롯한 삼랑진 지역은 일본인 지주제가 발전한 지역이면서도 밭작물이 비중이 높고, 자작농의 비중도 높았다는 점에서 다른 지역과 차이가 있었다. 일본인은 전에서 대두·잡곡 등 보통농사도 했지만, 일찍부터 미간지를 개간하여 과일 채소 등 특용작물을 재배하였다. 부산·마산·진해 등 일본인 도시의 수요를 겨냥하여 채소 등을 재배하고, 전국시장을 대상으로 한 과수·연초·묘목 등의 재배면적이 갈수록 확대되어 갔다. 일본인 자영농은 특용작물을 재배하며 부를 축적해 가는 모습을 보였다.

삼랑리와 송지리의 토지소유관계는 다음과 같은 특징을 보였다. 전체적으로 일본인의 소유가 50%를 넘고 지역별로 송지리는 일본인이, 삼랑리는 한국인이 지배적 위치에 있었다. 그러나 일본인은 역세권을 중심으로 대지와 전을 집중 구입하여 두 지역의 경제권을 장악했다. 그중에서도 하자마와 한국흥업이 핵심요충지를 장악했다. 전자는 시가지 운영과 미곡운송의 면에서, 후자는 지주제 운영을 위한 것이었다. 낙동강역 역세권도 삼랑진 역세권과 마찬가지로 일본인이 장악했다. 하지만 한국인 상층부는 그들과 함께 경제생활을 하면서 식민지 지배세력으로 성장해 가는 모습을 보였다. 1920년 대 초부터 떠나가는 일본인을 점차 대체하는 모습도 보였다.

일본인과 한국인의 토지소유규모를 보면, 한국인은 75%가량이 영세빈농이었다. 이 지역 내 토지소유만으로 지주층이라고 할 수 있는 자는 보이지 않았지만, 교통의 요충지라는 이점을 살려 주변 지역에 토지를 대거 소유한 자도 있었다. 일본인의 경우 한국흥업과 하자마를 비롯한 수명이 토지를 대거 소유했지만 전체의 22%로 비중은 낮은 편이었다. 다른 농촌지역처럼 지배적 지주로 존재하지 않았다. 자작농의 비중이 20여%로 비교적 많은 편이었다. 특별한 점은 일본인 소토지 소유자의 경우 영세농이 아니라 부산·마산에 거주하는 지주나 상인들이 상업적 이익이나 지주경영을 위해 이곳에 토지를 소유한 경우도 적지 않았다는 점이다. 부산 등에 거주하는 한국인도 일부 이러한 형태를 취했겠지만 한국인은 대부분 현지에 거주했다. 반면, 일본인은 부재지주가 많았다. 일본인은 원격지에서 이곳을 통제 관리하는 모습을 보였다.

삼랑진에서는 새로운 지주들이 계속 편입해 들어왔다. 1920년대는 오쿠라·동척 등이 새로 토지를 확보한 모습을 보였다. 교통의 요충지에 거점을 마련하기 위해 일본인 거대지주들이 토지를 확보한 것으로 보인다. 일본인 부재지주들이 증가하는 한편, 영세빈농층은 계속 밀려났다. 이곳 농업자의 수는 감소되는 경향을 보였다. 일본인 하층부는 식민지에서도 견디며 성장하기가 쉽지 않았다. 반면 한국인 상층부는 지배체제에 흡수되면서 지역유지로 성장해가는 모습을 보여주었다. 물론 하층부는 소작농 등 영세소작농이면서 품팔이로 살아가는 존재들이었다. 타지로 항상 떠날 수 있는 층들도 적지 않게 있었으리라 생각된다. 특히 일본인 하층부가 직종을 불문하고 집중적으로 이탈해가는 모습을 보였다. 반면 상공업 부문에서 조선인이 일본인을 대체하며 새로운 실력자층으로 성장하는 모습도 일부 보였다.

결국 일제는 초기에 목표했던 '만한이민집중론'적 이주·식민정책, 즉 일본인 자작농을 식민지 조선에 이주 정착시켜 완전한 일본으로 만들 것을 목표로 한 정책을 사실상 포기했다. 일본인은 농촌이나 소도시에 거주 정착하기보다는 대도시 지향적이었다. 일제의 식민정책은 이제 조선인을 일본에 동화시켜 일본제국의 하층민으로 육성하려는 '황국신민화' 정책으로 어쩔 수 없이 점차 방향전환을 꾀하였다.

제3장 일본 『동양경제신보(東洋經濟新報)』의 한국관계 여론(1895~1905)

1. 머리말

일본제국은 조선의 '보호국'화와 동아시아에서의 패권 확보를 목표로 청일전쟁을 일으키고 승리하면서 대륙침략이라는 오랜 꿈을 실현할 기틀을 마련하였다. 대만과 요동반도의 할양, 거액의 배상금, 조선 '보호국'화를 위한 내정개혁권 등을 차지했다.[1] 그러나 일제는 러시아, 독일, 프랑스 등의 삼국간섭이라는 사태에 직면하여 요동반도를 돌려줄 수밖에 없었다. 한반도를 둘러싸고 제국주의 열강이 세력균형을 유지하며 관망하는 틈을 타고 조선은 대한제국을 선포하고 舊本新參을 모토로 자주적 근대국가 수립의 길에 나섰다.[2] 일본제국은 한반도에 대한 영향력이 크게 약화되자 잠시 보호국화의 꿈을 뒤로 하고 새로운 활로개척에 나섰다.

일본은 내부적으로 제국주의 국가체제를 완비하고, 경제적으로 '산업혁명'을 수행하는 등 급격하게 국력을 신장시켜 갔다. 국외로는 미국과의 협력관계, 영국과 동맹을 체결하는 등 영·미·일 체제를 수립하면서 본격적으로 제국주의 국가로 발걸음을 내딛기 시작하였다. 이 무렵 일본 정가에 등장한

---

1) 일본외무성 편, 『일본외교 연표와 주요문서』 상, 1955, 164~169쪽.
2) 광무개혁은 김용섭, 『한국근대농업사연구』, 일조각, 1978과 한국역사연구회 토지대장연구반, 『대한제국기 토지조사사업』, 민음사, 1995 등이 참고된다.

대외팽창정책 가운데 하나가 만한이민집중론이었다. 만주와 한반도에 일본인을 이주시켜 일본 영토화 한다는 계획이며, 이러한 여론이 일본 내에서 비등하였다.

청일전쟁 직후 1895년 11월 일본의 대표적인 경제잡지의 하나였던 『東洋經濟新報』(The Oriental Economist) 제1호가 발행되었다. 마치다 츄지(町田忠治 : 1863~1946)가 자유주의적 입장을 표방하며 발행했다.3) 이 잡지는 1919년 10월 4일 제864호부터 순간에서 주간으로 변경되었으며, 1960년 12월 17일부터 『週刊東洋經濟』로 제목을 바꾸고 오늘에 이르렀다.4) 일본제국 발전에 일익을 담당했다. 동양경제신보 이전의 본격적인 경제잡지로는 다구치 우키치(田口卯吉 : 1855~1905)의 『東京經濟雜誌』가 유일했다.5) 메이지 초기에 창간된 統計集誌, 銀行通信錄 등도 있었지만, 기관지적 성격을 갖는 특수한 분야에

---

3) 町田忠治는 秋田縣 秋田市에서 秋田藩士 町田伝治의 四男으로 출생했다. 도쿄제국대학 법과 수료 후 법제국에 잠시 근무하고 이후 기자생활을 하다가 오사카에서 재계활동을 하였다. 山口銀行의 총이사로 근무하는 등 오사카 재계의 지도적 위치에 있었다. 1912년 衆議院議員에 당선되었다. 大隈의 권유로 1919년 報知新聞社 사장이 되었으며, 立憲民政党·日本進歩党總裁·농림대신·상공대신·대장대신 등을 역임하였다. 전시체제기 정당정치가 무너지면서 공직에서 추방되고 전후 일본진보당 총재에 취임하였다. 1946년 공직에서 추방되었다(杉原四郎, 『日本經濟雜誌の原流』, 有斐閣, 1990, 80~81쪽).

4) 『東洋經濟新報』에 관한 연구는 다음과 같다. 小倉政太郎, 『言論六十年』, 東洋經濟新報社, 1955 ; 高橋龜吉, 『經濟評論 五十年』, 1963 ; 宮本盛太郎, 「東洋經濟新報社とイギリス自由主義(1)」, 『社會科學論集』 26, 愛知教育大學社會科學會, 1986 ; 宮本盛太郎, 위 글 (2), 『京都大學 敎養部 法政論集』 6, 京都大學 敎養部 法政研究室, 1986 ; 杉原四郎, 『日本經濟雜誌の原流』, 有斐閣, 1990 ; 溝川喜一, 「明治末期の自由貿易論-「東京經濟雜誌」と「東洋經濟新報」を中心に」, 『京都産業大學論集』 17-3, 1991 ; 東洋經濟新報百年史刊行委員會, 『東洋經濟新報百年史』, 1996 ; 上田美和, 「東洋經濟新報と經濟界」, 『早稻田大學大學院 文學研究科紀要』 50, 2004 등이다.

5) 田口卯吉(1855~1905)는 京都 德川吉宗의 從士집안이다. 요코하마에서 미국 장로교 선교사로부터 영어를 배우고 1871년 도쿄의 私立共立學舍에 입학했다. 1872년 대장성 번역국에 들어가 경제학과 서양문화사를 접하고, 1878년 『自由交易日本経濟経濟論』를 출판하였다. 1879년 대장성을 사직하고 번역업에 종사하다 『동경경제잡지』를 창간하였다. 1880년 도쿄부회의원, 自由新聞의 객원으로 참여했다. 실업가로서 南島商會, 東京株式取引所, 兩毛鐵道社長, 小田原電氣鐵道 등의 이사로 근무했다. 1894년 衆議院議員을 역임하고, 國史大系, 群書類従의 편찬에 힘썼다.

속한 것이었다. 동경경제잡지는 철저한 자유주의 경제론적 입장을 견지했다
는 점에 특징이 있다.[6] 이와 대립적 입장에서 보호주의를 표방한 잡지로는
이누카이 쓰요시(犬養毅)가 1880년 창간한『東海經濟新報』가 있었다.[7] 자유무
역과 보호무역을 둘러싼 양자의 논쟁은 1880년대 일본 경제사상계의 커다란
이슈였다. 동경경제잡지와 동양경제신보는 영국, 동해경제신보는 미국의
영향을 받았다. 양자는 무역의 방법론은 달랐지만, 기본적으로 부국강병을
목표로 대외적으로 제국주의적 경향을 보였다는 점에서 일본제국의 시대적
임무에 충실한 잡지들이었다.

본 글은 동양경제신보(이하『신보』라 약칭함)를 분석대상으로 선택했다.
분석 시기는 창간한 1896년부터 일제가 한국을 보호한다는 명분아래 을사조
약을 강제로 체결하기 이전까지이다.『신보』가 탄생한 청일전쟁 이후는
일본이 산업혁명을 수행하며 본격적으로 제국주의로 발걸음을 내딛는 시기
였다. 이때『신보』는 일본 부르주아적 입장에서 자유무역주의를 표방하며
추진한 대외팽창정책의 모습을 구체적으로 보여주었다.[8]

『신보』가 취급한 한국관계 기사는 정치 분야에 관한 기사는 거의 없고,
일본자본주의의 확대 발전과 관련된 경제기사가 대부분이었다. 본 글에서
다룰 기사는 한국관계 기사 전반이지만, 통계나 사건기사보다는 사설, 일본
경제계 인사들의 평론이나 논설·방문록 등을 주 대상으로 삼았다. 1895~1905
년은 일본제국이 한국을 보호국, 나아가 식민지로 만들기 위해 러시아와

---

6) 19세기 후반 일본 자유주의 경제학에 대하여는 住谷悅治,『日本經濟學史의 一齣』,
大畑書店, 1934를 참고하였다.
7) 이 잡지는 미국의 보호주의 경제학자 케리(Henry Charles Carey)의 설에 공명한
犬養毅가 岩崎家의 원조 아래 1880년 8월 발행한 것이다(東洋經濟新報百年史刊行委員
會, 앞 책, 1996, 24쪽 ; 아이작 일리치 루빈, 함상호 옮김,『경제사상사 I』, 지평,
1988, 311~319쪽). 犬養毅(1855~1932)는 岡山縣 출신으로 慶應義塾을 중퇴했다. 1882
년 立憲改進黨 결성, 1890년 중의원의원, 1929년 政友會총재, 1931년 수상을 지냈다.
1932년 암살되었다(講談社,『日本人名大辭典』, 2002, 213쪽).
8) 淺井良夫,『日本近代史論』, 지식산업사, 1981, 196~212쪽.

식민지 쟁탈전을 본격적으로 전개한 시기였기 때문에 당시 『신보』가 취한 대한제국에 대한 인식과 정책방향을 통해 이들이 표방한 자유주의의 속성을 잘 파악할 수 있을 것으로 생각된다.9)

2. 편집진과 한국관계 기사의 분포

1) 편집진의 구성과 편집방침

『동양경제신보』를 창간한 마치다 츄지부터 살펴보자. 아키타시(秋田市)에서 출생한 그는 도쿄제국대학 법과를 졸업한 후 법제국 관료를 거쳐 『朝野新聞』의 기자가 되었다. 이곳에는 이누카이 쓰요시가 근무하고 있었으며, 오쿠마 시게노부(大隈重信)를 소개받았다.10) 마치다가 『신보』 창간을 생각한 것은 오쿠마의 郵便報知新聞 기자시절, 1893년 영국에 체재한 기간이었다. 이곳에서 영국의 2대 경제지 『이코노미스트』(The Economist)와 『스타티스트』(The Statist)로부터 강한 인상을 받고 경제잡지의 필요성을 절감했다고 한다.11) 귀국 후 1895년 초부터 구체적인 계획에 착수하여 11월에 창간했다. 미쓰비시(三菱)재벌의 이와사키가(岩崎家)와 오쿠마(大隈)측 인사들이 지원했다.12)

---

9) 시기와 분석대상은 다르지만, 일제하 일본 언론계의 한국 인식은 강동진, 『日本言論界와 朝鮮(1910~1945)』, 지식산업사, 1987이 참고된다.

10) 大隈重信(1838~1922)은 肥前佐賀藩士인 大隈信保의 장남이다. 메이지유신에 참여하여 지조개정을 추진했다. 1880년대 자유민원운동, 동서문명론, 국민계몽운동에 종사했다. 立憲改進黨을 결성하고, 伊藤, 黑田내각의 외상을 지냈다. 1898년 일본 최초의 정당내각을 조직하고, 1914년 제2차 내각을 조직했다. 도쿄전문학교(와세다대학의 전신)의 창립자이다(講談社, 『日本人名大辭典』, 2002, 341쪽).

11) 町田忠治, 「創刊當時の思想」, 『東洋經濟新報 言論六十年史』, 東洋經濟新報, 1955, 444쪽. 町田忠治는 창간 30주년 기념호의 「창간 당시를 생각한다.」에서 "청일전쟁 후에 世論은 점점 무게를 재정경제에 두었는데, 나는 … 재정경제에 관한 전문 잡지를 발행할 필요를 통감하고, … 신보의 간행을 시도했다."고 회고하였다.

구분	이름	기간	구분	이름	기간
1	町田忠治	1895. 11~1897. 3	4	三浦銕太郎	1912. 9~1920. 12
2	天野爲之	1897. 3~1907. 4	5	石橋湛山	1920. 12~1946. 5
3	植松考昭	1907. 4~1912. 9			

출전 : 杉原四郎, 『日本經濟雜誌の源統』, 有斐閣, 1990. 80쪽

그러나 그는 1년 4개월 후 일본은행. 1899년에 야마구치 은행에서 활동하였으며, 그 후 일본제국의 정치인, 장관으로 활동했다. 창간된 해에는 마치다가 편집을 맡았지만, 다음 해는 하라다 고마노스케(原田駒之助)가 입사하여 편집을 담당했다.[13] 유급기자는 쓰루오카 이사쿠(鶴岡伊作),[14] 가네코 하쓰타로(兼子初太郎),[15] 니시우치 세이란(西內靑藍)[16] 등이었다. 일본 경제계에서 크게 활동했다. 하라다는 부산상업회의소에도 관여했다.

제2대 주간 아마노 다메유키(天野爲之)는 1861년 에도에서 출생하여 유신 후 가라쓰(唐津)에 귀향했다. 영어학교, 도쿄외국어학교, 도쿄개성학교, 도쿄대학 예비문을 거쳐 1882년 도쿄대학 문학부 정치理財학과를 졸업했다. 졸업 후 改進黨 당원으로 정치활동을 하는 한편, 도쿄전문학교(현 와세다대학)의 전임교사로서 정치경제학과의 설립과 운영에 힘을 기울였다. 그리고 朝野新聞, 郵便報知新聞, 讀賣新聞 등에서 언론활동을 하며 저술가로 활약했

---

12) 東洋經濟新報百年史刊行委員會, 『東洋經濟新報百年史』, 1996, 15쪽.

13) 原田駒之助는 町田과 동향이고, 1892년 도쿄전문학교를 졸업하였다. 도쿄상업회의소, 부산상업회의소 등을 거쳐 日淸生命 상무가 되었다(東洋經濟新報百年史刊行委員會, 앞 책, 1996, 20쪽).

14) 鶴岡伊作은 1894년 전수학교 졸, 岡山縣人으로 犬養계 인물이다. 犬養, 町田과 함께 朝野新聞에서 활동했다. 사직 이후 일본무역협회, 도쿄은행집회소 등을 거쳐 전수대학 상무이사를 지냈다(東洋經濟新報百年史刊行委員會, 앞 책, 1996, 20쪽).

15) 兼子初太郎은 동양경제에서 매일신문으로 옮기고, 경제 문제의 논설기자로 활약하다 1901년에 죽었다(東洋經濟新報百年史刊行委員會, 앞 책, 1996, 20쪽).

16) 西內靑藍은 1896~1897년에 서명 사설을 실었다. 이후 大阪銀行集會所 서기장, 中外商業新報 기자, 1913년 발간된 『經濟時論』의 주간을 지냈다. 말년에 『日本經濟全史』를 저술했다(東洋經濟新報百年史刊行委員會, 앞 책, 1996, 20쪽).

다. 후쿠자와 유키치(福澤諭吉), 다구치 유키치와 더불어 영미경제학을 일본에 이식시키는데 공헌하였다. 특히 밀(J. S. Mill)의 소개자로 경제학원리·자유론 등을 번역했으며, 그가 저술한 경제원론은 3만 부나 팔렸다고 한다. 『신보』는 밀의 자유주의를 계승했다고 한다.[17] 그는 자기 이념을 실천하기 위해 1889년 『日本理財雜誌』(The Japan Economist)를 발행했다. 당시 관학적인 정치학·경제학을 대표하는 국가학회잡지, 독일학협회잡지 등과 대립적 경향을 보였던 다구치 유키치의 『동경경제잡지』와 함께 재야 자유주의 사상운동의 일익을 담당했다고 평가한다.[18]

아마노는 창간이래 객원으로 활약하다 1897년 3월부터 잡지를 주재했다. 마쓰오카 다다요시(松岡忠美), 우에마쓰 히사아키(植松考昭), 야마시타 데쓰타로(山下銕太郎), 미우라 데쓰타로(三浦鐵太郎 : 필명 鐵牛) 등 도쿄전문학교 제자들을 잡지사에 입사시켰다. 1902년 10월 아마노는 이 학교가 와세다 대학으로 승격된 후, 1904년 초대 상과장에 취임했다. 그의 뒤를 이어 우에마쓰가 주간이 되었다. 그는 지쿠키(藘木)라는 필명으로 만한문제, 러일관계 등에 관한 기사를 많이 실었다.

1904년 2월 러일전쟁이 터지자 5월 우에마쓰는 육군 포병 소위로 입대하여 사할린, 한국 등에 출정했다. 이때 대리주간으로 자리를 지킨 사람이 미우라였다. 러일전쟁기는 일본 언론계의 일대 성장기였다. 각 신문은 경쟁적으로 많은 종군기자를 파견하였다. 전황기사에 힘을 기울였으며, 독자수가 비약적으로 증가하였다. 이 시절 일본에서 대 신문사의 기업적 기초가 이루어졌다고 한다. 잡지계에서도 대중적인 잡지들은 전투기사나 군국 미담, 사진 화보 등을 싣는 등 전쟁을 계기로 확대를 기도했지만, 『신보』는 전황의 보도나 분석기사 등은 매우 제한적으로 취급했다.

---

17) 井坂康志, 「東洋經濟新報社の思想形成科程に關する考察 — J.S. ミルの自由概念の繼承を中心に(上)(下)」, 『自由思想』 92, 93, 石橋湛山記念財團, 2002. 12, 2003. 4.

18) 杉原四郎, 『西歐經濟學と近代日本』, 末來社, 1972.

『신보』의 편집방침은 다음과 같다. 일본자본주의 경제는 메이지유신 이래 정부의 두터운 보호정책 아래 육성되었다. 그 기조는 청일전쟁 이후에도 계속되었다. 당시 보호론이냐 자유경제론이냐 하는 문제가 서구경제학의 도입 이래의 논쟁점이었다. 『동경경제잡지』는 철저히 자유경제론적 입장이었지만, 『신보』의 창간자 마치다 츄지는 서구의 자유경제론을 직수입하는 것에는 찬성하지 않는 입장이었다.[19] 자유주의 원리와 실증적 방법을 편집의 기본 방침으로 삼았다.[20]

동경경제잡지에 대항하여 전면적으로 보호론을 전개한 자는 이누카이 쓰요시의 동해경제신보였다. 하지만, 마치다는 "우리들은 경우와 사정을 묻지 않고 일체의 보호정책을 배척한다. … 자유경쟁은 大道이다."라고 하면서 『신보』 제1호의 발간 취지에서 다음과 같이 입장을 표명했다.[21]

첫째, 재정기반을 충실히 해야 한다. 청일전쟁 후 재정정책의 논란은 경비의 조달방법, 더 기본적으로는 그 원천인 국민경제의 발전을 계획하는 것에 두었다. 이를 위한 적정한 경제정책은 자유경제를 기본으로 하면서 정부의 국민경제에 대한 관여의 정도와 범위를 확정하는 것에 있다고 하였다. 경제활동에는 개인에 맡기는 것, 정부의 감독과 보호를 필요로 하는 것, 국영으로 해야 할 것 등이 별도로 있다고 했다. 이는 자유주의 경제를 기본으로 하면서 정부의 개입을 어느 정도 허용하는 방안이었다.

둘째, 각국에는 각각 고유한 사정이 있기 때문에 구미제국의 학설을 그대로

---

19) 『동경경제잡지』는 에코노미스트로부터 편집방침을 배웠다. 런던의 *The Economist* (James Wilson 1843년 9월 창간)는 영국에서 자유무역운동을 담당한 맨체스터파가 갖지 못한 지적 환경을 부여할 목적으로 창립되었다. 자유무역 원리의 제창자와 전개자로 아담 스미스(1723~1790)와 바스티아(1801~1850)의 입장에서 경제에 관한 시사 문제를 취급했다(杉原四郎, 『日本經濟雜誌の源流』, 有斐閣, 1990, 63~64쪽). 아담 스미스와 바스티아에 대해서는 김광수, 『고전학파』, 아세아문화사, 1992와 아이작 일리치 루빈, 앞 책, 1988, 141~194쪽, 311~319쪽.
20) 町田忠治, 「創刊當時の思想」, 『東洋經濟新報 言論六十年史』, 東洋經濟新報社, 1955, 444쪽.
21) 『東洋經濟新報』 제1호, 1895. 11. 15.

제3장 일본 『동양경제신보(東洋經濟新報)』의 한국관계 여론(1895~1905) 145

적용하여 우리나라의 경제문제를 논하는 것은 적당한 것이 아니다. 그리고 경제학설에는 각국에 공통된 확고한 진리가 있기 때문에 이를 경시해서도 안 된다고 했다. 이것은 동경경제잡지처럼 구미 경제학설을 기본으로 하면서도 이에 덧붙여 일본의 고유한 현실 사정을 감안한 것이다. 『신보』는 구미 경제학을 정면에서 취급하기보다는 일본경제에 관한 시사문제를 다루는 가운데 논하는 방식이었다.[22]

셋째, 일본경제가 살 길은 무역입국이기 때문에 세계의 경제사정, 특히 동양제국의 경제사정에 정통하지 않으면 안 된다고 하고, 본지는 이것을 확보하여 세계무역의 추세를 예측하고 싶다고 했다. 무역입국을 통한 부국강병을 목적으로 삼고, 이를 위해 특히 동양의 경제사정에 주의를 기울였다. 잡지명도 여기서 연유했다. 마치다 츄지의 편집 방침은 이후에도 계승되었다. 아마노도 자유무역정책의 입장이었으며, 다음 주간인 우에마쓰(植松)도 자유무역에 관한 사설을 54편이나 집필했다. 자유무역론, 나아가 경제정책론의 기본적 사고를 보이는 사설이었다. 그는 이론적으로 리카도류의 비교우위론을 기저에 놓고 보호무역론을 비판했다. 그의 뒤를 이은 미우라 데쓰타로도 우에마쓰의 기본적 자세를 견지했다.[23]

2) 잡지구성과 한국관계 기사

『신보』의 발행부수는 〈표 2〉에서 보듯, 太陽과 같은 종합지는 물론, 동경경제잡지보다 적었다.[24] 1898~1900년 2,300~2,500부, 1903~1905년 3,000부

---

22) 동양경제신보가 창간된 1878년 일본에는 『國家學會雜誌』등 일부를 제외하면 경제학 학술잡지는 존재하지 않았다. 경제잡지가 학술잡지의 역할도 겸하는 상황이었다. 그리고 아담 스미스의 국부론을 비롯한 구미의 경제서를 번역 간행하여 구미 경제학을 계몽하는 데 힘을 기울였다. 이것이 잡지편집에도 반영되었다(杉原四郎, 앞 글, 『日本經濟雜誌の原流』, 有斐閣, 1990, 65쪽).

23) 溝川喜一, 앞 글, 『京都産業大學論集』17-3, 1991.

24) 『東京經濟雜誌』는 1923년 9월 1일 제2138호가 마지막이었다. 杉原四郎, 앞 책, 有斐閣,

〈표 2〉 『東洋經濟新報』 창간 당시의 주요 잡지와 발행부수

구분	창간일	발행	1896	1897	1898	1899
동경경제잡지	1879. 1	주간	11,984 (51)2,313	148,089 (51)2,904	151,256 (52)2,909	131,381 (51)2,576
동양경제신보	1895.11	순간	49,168 (36)1,366	50,471 (35)1,442	62,214 (35)1,778	62,954 (35)1,799
태양	1895. 1	반월간	2,162.140	2,448,654	2,310,113	2,053,991

자료 : 동양경제신보사백년사 간행위원회. 앞 책. 1996. 19쪽.
비고 : ( )은 연간 발행회수

전후, 1906년 3,800부, 1907년 4,800부로 장기적으로 점증하는 경향을 보였다.

『신보』의 구성은 다음과 같다.[25] 권두에 원칙적으로 서명이 없는 사설을 매호 3, 4편, 서명으로 집필한 논설 2, 3편을 싣고, 이하 '방문록'이라는 인터뷰기사, 동양상업시사, 구미경제사정, 잡보, 잡록이라는 경제정보란, 권말에는 금융, 주식, 상품 등을 싣는 은행과 내외상황을 두었다. 사설과 논설의 비중이 대단히 높았다. 항목별로 분류하면, 사설, 논설(27%), 방문록 (0.06%), 동양상업시사, 구미경제사정, 은행과 내외상황(26%), 무역통계 (20%), 잡보, 잡록(21%) 등이 있다. 기사의 비중은 사설과 논설이 약 1/3정도였다. 다음은 내외의 경제사정에 관한 정보 제공에 중점을 두었다. 당시 동경경제잡지는 경제관계 기사가 약 1/2이고 나머지는 정치 역사관계의 기사인 점에서 두 잡지의 성격 차이를 볼 수 있다.

『신보』의 각 항목에서 한국관계 기사의 분포를 보면 〈표 3〉과 같다. 〈표 3〉을 보면, 1903년 2월 이전 해외부분은 동양상업시사와 구미경제사정으로 동양과 서양을 구분하여 기사를 실었다. 그 이후에는 외보, 해외경제시사, 해외시사, 해외상업시사 등으로 나누었다. 건수를 보면 동양상업 시사가 전체 418건 중 177건(42%)으로 압도적이었다. 1903년 이후의 해외관계 항목 96건을 여기에 첨가하면 65%에 달한다.

1990, 66쪽.
25) 신보의 구성은 東洋經濟新報百年史刊行委員會, 앞 책, 1996, 21~22쪽.

<표 3> 각 항목별 한국관계 기사의 분포

항목	연도	건수	항목	연도	건수
寄書	1904	3	사설	1896	24
내국 경제휘보	1903	11	外報	1904~5	15
논설	1896~1904	16	要報	1903~4	13
동양상업시사	1895~1903	177	자료	1905	3
漫言	1902-4	4	잡록	1900.5	6
방문록	1904-5	14	잡보	1895~1905	48
방자사항	1903-5	4	전황	1904	10
해외경제사정	1903	19	해외상업시사	1903	2
해외시사	1903.4	49	합	1895~1905	418

　　한국관계 기사는 정보 전달 차원의 단편 취재기사가 대부분이었다. 전황은 그때그때 러일전쟁의 상황을 알려주는 항목을 두었지만 비중은 적었다. 자본 투자와 관련된 방자사항은 모두 경부철도회사의 경영실적과 관련된 것이었다. 이외에 한국과 관련된 것은 거의 없었다. 기사의 내용별 비중을 보면, 가장 많은 비중을 차지한 것은 철도관계 기사로 111건이었다. 무역관계 기사는 59건에 불과했지만, 이와 관련 있는 조약, 쌀 등을 포함하면 가장 많은 비중을 차지한 것으로 보인다. 당시 한국과의 관계가 주로 무역을 통해 이루어진 점을 감안하면 당연하다고 할 수 있을 것이다. 다음은 정부관련 기사로 화폐(25건), 재정, 은행, 정치, 조약, 차관, 조세 등으로 적지 않았다. 기사 내용은 회사나 개인 보다는 국가 차원에서 다룬 기사가 대부분이었다. 한국 내 정치 사건은 거의 다루지 않았다.[26]

---

26) <표 3>과 이와 관련된 부분은 한국관계 기사를 뽑아 통계 처리하여 작성한 것이다.

3. 사설의 주제와 내용

1) 제국주의적 전쟁관과 팽창주의

1896~1905년 10년간 『신보』에 실린 한국관계 사설은 총 23건이다. 이들은 대체로 6개 분야에 걸쳐 있었다. 이 중 철도관계가 9건이고, 한국경영에 관한 방침 8건과 재정고문 문제 3건이었다. 여기서는 이 문제를 주로 살펴보려고 하는데, 그 전제로 『신보』의 제국주의관부터 살펴보자.

〈표 4〉『동양경제신보』의 한국관계 사설

연번	구분	호수	발행연	월일	사설 제목
1	정치	11	1896	2.25	朝鮮事變を論して英國の東洋政略に及ふ
2	무역	13	1896	3.15	朝鮮貿易の前送を憂ふ
3	철도	22	1896	6.15	京釜鐵道は世界の郵便線路なり
4		119	1899	3.25	京釜鐵道と京仁鐵道
5		137	1899	9.25	京釜鐵道の敷設何ぞ其れ遅きや
6		138	1899	10.5	京仁鐵道の開通
7		145	1899	12.15	京釜鐵道の敷設は政府宜しく之に富るべし
8		152	1900	3.5	京釜鐵道は寧ろを官設にすべし
9		173	1900	10.5	京釜鐵道敷設者の覺悟如何
12		265	1903	4.15	京釜鐵道債券保證の議に就て
13		291	1904	1.5	京釜鐵道の速成に就て
10	取引所	176	1900	11.5	釜山取引所問題と政府富局に東京商業會議所の無定
11		181	1900	12.25	釜山取引所問題の內決
14	재정고문	315	1904	9.5	韓國財政顧問の權限に就て
15		316	1904	9.15	目賀田氏に望む
16		317	1904	9.25	三たび韓國財政顧問の權限に就て
17	한국경영방침	310	1904	7.15	對韓經營を語る勿れ
18		314	1904	8.25	滿韓經濟政策は飽 開放主義を採るべし
19		325	1904	12.15	對韓經營に就て議會に望む
20		339	1905	5.5	對韓經營に對する一大疑問
21		343	1905	6.15	對韓經營の根本
22		352	1905	9.15	今後の對滿韓策
23		353	1905	9.25	大韓方針を確立すべし
24		360	1905	12.5	對韓經營に關する一大疑惑

1895년부터 1905년까지는 동아시아에서 제국주의 열강의 식민지 쟁탈전, 특히 러·일 사이의 다툼이 본격적으로 전개된 시기로 분쟁과 전쟁의 연속이었다. 『신보』는 시대적 조류와 밀접한 관련이 있는 경제문제를 주로 취급했다. 편집내용은 안으로 입헌주의, 밖으로 제국주의라는 자유주의의 기본이념을 관철시키는 방향에서 결정하였다.[27] 일본제국의 국가정책과 동반자적 입장이었으며, 반대는 대단히 제한적이었다.

『신보』의 논조는 청일전쟁 후 일본사회에 대한 진단 부분에 잘 나타나 있다. 일본에는 전쟁의 승리로 국가는 만능이라는 국가 전능주의 경향을 보였으며, 기업은 의뢰심이 팽배하고, 重稅정책이 만연하는 상태에 있다고 『신보』는 진단했다. 그리고 국가경영은 동양 패권주의 방침에 기초하여 결정되어야 한다는 헛된 夢想이 팽배하여 각종 문제가 발생했다고 지적하고, 그것을 일소해야 한다고 주장했다. 그러나 『신보』의 논설이 전반적으로 제국주의의 '夢想'에서 해방된 것은 아니었다. 일반적인 언론계 동향과 같이 주전론적 경향을 보였다.[28] 이러한 경향은 중국의 의화단 운동에 대한 논조에서 명확히 볼 수 있었다. 『신보』는 열강의 태도를 살피던 일본정부에 열강에 앞서 출병할 것을 제안하였다. 일본이 조기 출병을 단행하여 극동의 헌병으로서 실적을 보이면 중국을 둘러싼 제국주의 경쟁에 끼어들 수 있을 것이라는 판단에서 제시한 출병론이었다.[29] 『신보』가 계속 대륙진출론의 입장을 견지해 간 것은 일본의 과잉인구론이 크게 작용했다. 일본은 자국 영토만으로는 매년 50만 명 이상 증가하는 인구 압력을 감당할 수 없으며, 해외이민이 절대로 필요하게 되었다. 조선과 만주는 그 배출구로 반드시 확보해야 한다는 필연성에서 제기했다. 이 문제는 러시아를 비롯한 열강의 입장도 별반 다를 바 없다고 판단했다.[30]

---

27) 松尾尊兌, 앞 책, 岩波書店, 1974, 309쪽.

28) 井上淸·渡部徹 編, 앞 책, 東洋經濟新報社, 1972, 39~40쪽.

29) 井上淸·渡部徹 編, 앞 책, 東洋經濟新報社, 1972, 40쪽.

러시아와 일본은 만주와 한반도의 처리방법을 둘러싸고 갈등할 수밖에 없었다. 일본은 자기 안전을 위해 조선에 진출하여 러시아의 남하에 대비해야 했지만, 러시아만 홀로 만주에서 발호하고 일본은 조선에서 하는 일이 거의 없는 형국이었다고 『신보』는 당시 정세를 파악했다. 이때 제시한 해결방안이 만한교환론이었다. 이 방안은 동아시아 지역분쟁을 평화적으로 해결하기 위한 방안으로 이토 히로부미도 동의했지만, 이를 國賊으로 보는 여론도 있었다. 『신보』의 기자 지쿠키(鱸木)는 만한교환론에 동의하면서도 조선에 진주할 일본군의 군비 부담문제로 러시아의 만주철병을 조건으로 내걸었다. 이 지역에 대한 평화적 이용을 보장하자는 제안이며, 그렇지 않을 때는 싸울 수밖에 없다는 의견을 피력하였다.[31] 러일전쟁 불가피론을 염두에 둔 제국주의적 해결방안이었다. 1904년 2월 5일 조선출병을 촉구했다.[32]

러일전쟁 중 『신보』는 전쟁에 협력하는 차원을 넘어 전쟁에 적극 참여하자는 자세를 보였다. 주필 아마노는 나폴레옹 전쟁시 영국이 어떻게 이를 극복했는지를 예를 들며, 국민들에게 내구력을 요구했다. 일본의 회복과 팽창력을 확신하면서 러시아가 일본에 더욱 이익이 될 수 있는 조건아래 강화를 청할 때까지 전쟁을 중지해서는 안 된다고 국민을 독려했다.[33] 러일전쟁이 종결된 후 『신보』는 전승물 확보에 열중했다.

1904년 이래 조선의 완전한 '보호국'화를 잇달아 주장하고, 만한이민론을 주장하는 일본정부의 관점에서 만주에서의 이권 확보를 주장했다. 『신보』는 1907년 조선의 식민지화를 위한 공세를 더욱 강화했다. 헤이그 밀사사건을 빌미로 일제는 제3차 한일협약을 강제로 체결하였다. 잃어버린 국권을 회복

---

30) 일제의 이민정책은 본서 제1부 제1장과 정연태, 「대한제국 후기 일제의 농업식민과 이주식민정책」, 『한국문화』 14, 1993이 참고된다.

31) 『東洋經濟新報』 제903호, 1903. 11.25.

32) 『東洋經濟新報』 제294호, 1904. 2. 5.

33) 天野爲之, 「郡翁戰爭に於ける英國と今日の日本(1~9)」, 『東洋經濟新報』 제303호, 1904. 5. 5 ; 제311호, 1904. 7. 29.

할 목표로 의병전쟁이 각지에서 일어나자[34] 『신보』는 다음과 같은 견해를 표명했다.

한반도의 안녕과 행복은 우리 제국의 국방상 중대한 관건이고, 아울러 동아 전국에서 평화유지의 최대한 보장이다. 韓王이 스스로 통치할 능력이 없는 이상 일본이 모든 권력을 장악하는 것은 당연하다. 한국 금일의 운명은, 한국인의 애국심에 대하여는 여하히 비통한 타격인지는 나는 동정을 금할 수 없지만, 한국민의 애국적 반항에 대하여 일본이 취할 태도는 오직 피 흘린 탄압일 뿐이다.[35]

라고 일본정부를 격려했다. 『신보』는 대륙정책에서 일본정부와 궤를 같이 했으며, 남한대토벌 작전 같은 방식으로라도 한국을 식민지화할 수밖에 없다는 강경한 입장을 취했다. 일제는 『신보』와 같은 제국주의적 팽창론의 입장에서 한국을 침략해갔다. 저항하는 한국민중은 어쩔 수 없이 희생물이 될 수밖에 없다고 보았다.

2) 경부철도 부설론

청일전쟁 이후 『신보』가 경제적 측면에서 한국에 대해 가장 관심을 가진 것은 일본 주도 아래 한국에 철도를 건설하는 일이었다. 주로 한국 내 자원개발과 군사적 측면에 주목하여 이를 설명하고 있다. 철도에 관한 첫 사설은 1896년 6월 15일 제22호에 실렸다. 삼국개입과 아관파천 이후 일본 세력이 위축되는 가운데 나온 것이다.[36]

---

34) 한말 의병전쟁은 박성수, 『독립운동사연구』, 창작과 비평사, 1980 ; 홍순권, 『한말 호남지역 의병운동사 연구』, 서울대학교 출판부, 1994 등이 참고된다.

35) 井上淸·渡部徹 編, 앞 책, 東洋經濟新報社, 1972, 40~41쪽에서 재인용.

경부선은 러시아가 확보한 경원선을 거쳐 시베리아·유럽으로, 프랑스가 확보한 경의선을 거쳐 천진·산해관·북경을 지나 중앙아시아와 유럽으로 연결되는 통로로, 일본의 시모노세키와 나가사키에서 연결된다는 것이었다. 경부철도는 일본이 세계 열국과 통하는 길이며, 우편 선로 등 평화적 사업은 물론 군사상으로도 중요하다고 자리매김하였다. 따라서 일본 대신 러시아나 프랑스가 경부철도를 건설할 경우 일본 방어에 큰 해를 줄 것이라고 주장했다. 러시아에 대한 우려가 깊이 배어있었다.

그러나 일본의 철도설립 작업은 지지부진했다. 여론이 분분했다. 『신보』도 여러 차례 견해를 표명했다. 3년이 지난 1899년 3월 25일 사설에서는[37] 경인철도 인수조합이 일본정부로부터 자금을 대여 받아 경인철도를 미국인으로부터 인수받아 1899년 안에 준공할 예정이라고 했다. 하지만 경부철도 추진과정에 대해서는 비판적 의견을 개진했다. 경부철도는 계획뿐이고, 아직 회사도 설립하지 못한 실정이라고 했다. 발기인이 한국에 들어와 실측하고 부설준비에 착수했지만, 수지면에서 볼 때 私力으로 부설할 수 있을지 모르겠다는 의문을 표시하기도 했다. 그리고 다음과 같은 이유로 정부가 부설하는 편이 좋겠다는 의견을 제시했다.

첫째, 자원개발과 이민론적 관점이다. 한국은 천연물은 풍부하지만 인민이 유약 나태하고 교통기관 등이 불비하여 산업이 흥기하지 않는 실정이라고 했다. 이민을 보내 산업을 일으켜 富源을 개척하는 것이 일본의 임무라는 것이다. 둘째, 철도공사가 시베리아·중국·인도 등 아시아 각지에서 진행 중인데, 이것이 완성되면 경부철도는 세계 열국의 통로가 된다는 것이다. 따라서 일본은 평화사업만으로도 부설할 필요가 매우 크며, 군사상으로는 말할 필요도 없다고 했다. 셋째, 사립회사에 맡겨 대만철도회사처럼 끝내지

---

36. 『東洋經濟新報』 제22호, 1896. 6. 15.

37. 『東洋經濟新報』 제119호, 1899. 3. 25 ; 井上淸·渡部徹 編, 앞 책, 東洋經濟新報社, 1972, 40쪽.

제3장 일본 『동양경제신보(東洋經濟新報)』의 한국관계 여론(1895~1905) 153

못하는 일이 재연되면 국가의 불행이라고 했다. 재정 곤란으로 자금 확보가 우려되지만 외채를 모집해서라도 해결해야 할 사업이라고 주장했다. 이는 재정곤란을 이유로 그만둘 수 있는 성질이 아니고 시급히 국가가 주관하여 완성해야 한다고 했다. 사립회사안의 폐기를 주장하고 국유철도안을 제시하였다.

『신보』는 경부철도 부설이 지지부진한 이유를 자금 문제로 파악하고, 사설에서 구체적인 해결방안을 제시했다.[38] 경부철도의 필요성을 두 측면에서 정리했다. 하나는 경제적 측면이다. 경제범위의 확장과 식산흥업, 그리고 아시아 제국의 우편선로로서 이익이 광대하다는 것이다. 또 하나는 국방상의 측면이다. 대륙 공격의 중요한 길인 반도를 종관하는 철도 설립이 필요하다는 것이다. 철도부설은 늦출 수 없는 중요한 사업인데, 기업비를 마련하지 못해 늦어지고 있다고 지연원인을 분석했다. 시중 금리가 높아 민간에서 자금을 모집하는 일이 용이하지 않기 때문이라고 했다. 정부개입 불가피론을 제기하였다. 일본정부에서 이익을 보증하거나 보조금을 주는 방식, 또는 직접 부설하는 방식 등으로 개입하는 것이 가능하다고 했다. 경부철도는 북청철도·남만철도가 착착 부설되는 등 대륙시장이 면목을 일신하며 여러 나라의 경쟁이 격화되는 상황에서 시급히 완성해야 할 필요가 있다고 주장했다. 문제는 정부의 선택뿐이라고 언급했다.[39]

1899년 경부철도 회사가 창립되지 못한 가운데 경인철도가 개통되었다. 경부철도 부설이 시급한 과제로 대두되었다. 『신보』는 관망 자세를 버리고 정부가 직접 부설하여 이 문제를 해결할 것을 제안했다.[40] 자본이 확보되지 못했기 때문에 사업이 지체되었다고 단언하고, 하루빨리 완성하려면 정부가

---

38) 『東洋經濟新報』 제137호, 1899. 9. 25.
39) 경부철도 건설이 현안인 가운데 경인철도 개통사설을 실었다(『東洋經濟新報』 제138호, 1899. 10. 5.). 9월 19일 개통식을 거행했다. 전부 개통한 것은 아니었다.
40) 『東洋經濟新報』 제145호, 1899. 12. 15.

책임져야 한다는 의견을 피력했다.

경부철도발기위원은 정부에서 자본금과 사채에 대해 15년간의 이자를 보급해줄 것을 청원했다. 철도부설은 국가적 측면에서는 중요하지만, 영업이익이 적기 때문에 민력으로는 어렵다는 이유를 들었다. 설사 국가가 이익을 보증해도 목적 달성이 어려울 것이라는 견해를 표명했다. 이에 맞서 『신보』는 정부가 관설하는 속성계획을 세워 직접 추진하는 편이 최선이라고 했다. 필요한 자본은 공채를 모집하여 충당하되 가능한 외자로 충당할 것을 제안했다.

1900년 3월 5일 사설 제목을 "경부철도는 차라리 관설로 하라"고 뽑았다.[41] 우선 민설 발기인이 경부철도부설권을 갖고 있는 상황에서 정부가 이를 보호하여 속성할 계획을 세우는 것이 적당한 방법인지 검토했다. 당시 발기인은 정부에 이자 보급과 채권보증의 방법을 요구했는데, 전자는 대만철도의 경험으로 볼 때 목적 달성이 어려울 것이라고 했다. 후자는 투자자가 위험책임을 면할 수 있기 때문에 효과적으로 자본을 모집할 수 있겠지만, 정부의 재정 정책적 측면을 고려하여 채용해서는 안 될 방식이라고 못 박았다. 사업 경영을 일개 사립회사에 맡기고 정부가 위험을 책임지는 방법은 국가재정을 위험에 빠뜨릴 우려가 있다는 것이다. 정부가 발기인이 소유한 철도부설 특허권을 상당한 가격으로 변상해주고, 비용을 부담하는 관설로 빨리 건설하자고 주장했다.

1903년의 제265호와 1904년의 제291호 사설에서는 그 실현 문제를 재검토하였다. 제265호 사설에서는 민설발기인이 제기하는 1천만 원의 사채를 모집하되 정부가 원리금을 지불 보증하는 안은 반대했다. 정부가 일개 사립회사의 차금을 변제하는 일은 고금 만국에 그러한 사례가 없다는 것이다. 경부철도가 긴요하지만 국가가 사설회사의 채권을 보증하는 것은 도리가

---

41) 『東洋經濟新報』 제152호, 1900. 3. 5.

아니라고 했다. 국가적 이해관계가 있는 사업은 경부철도만이 아니라고
했다. 경부철도 관계자의 면면이나 금융 상황을 볼 때 1천만 원 정도의
자금을 조달하지 못할 리도 없다는 것이다.[42] 이들이 자기 신용과 수완으로
자금을 얻지 못하고 정부 보증을 기다리는 것은 믿을 수 없는 일이라고
확언했다. 독립적으로 자금을 조달하여 사업을 할 수 없는 자라면 국가의
긴요한 사업을 맡길 수 없으니 정부에서 매수하여 관설로 하자고 제안했다.[43]
정부가 채권을 보증하는 것은 도리에 맞지 않고 나쁜 예를 남길 위험이
있다고 단연코 반대하고, 관설안을 다시 주장하였다.

　　제291호 사설에서는 경부철도의 속성안으로 두 안을 내놓았다.[44] 하나는
국가가 이자 보급의 특전과 기타 여러 특전을 받은 관리자의 공공심에
호소하여 혼자 힘으로 속성하는 방안이다. 다른 하나는 대만철도회사와
같이 정부에 철도를 봉환하도록 하고 정부가 속성 부설하는 방안이었다.
『신보』는 이 가운데 하나를 택하라고 회사측에 강공을 퍼부었다. 『신보』는
자유주의의 틀을 넘어 철도 관설론을 주장한 것이다. 부국강병을 기본으로
한 철저한 제국주의적 사고였다.

3) 보호국화론과 내정개혁론·문호개방주의

　　러일전쟁이 종결될 무렵 일본 내에서 향후 한국을 어떻게 통치할 것인가
하는 문제가 제기되었다. 『신보』의 기본 입장은 한국을 보호국화 시키는
가운데 대한경영을 하되 대외적으로는 문호개방을 원칙으로 해야 한다는
입장을 피력하였다.

---

42) 경부철도주식회사의 대주주에 대하여는 村上勝彦,「朝鮮鐵道敷設 資本流出」,『日本産
　　業革命の研究』(下), 東京大學出版會, 1975, 299~304쪽.
43)『東洋經濟新報』제265호, 1903. 4. 15.
44)『東洋經濟新報』제291호, 1904. 1. 5.

1904년 7월 15일 "대한경영을 잘못하지 말라"는 사설에서, 일본이 국가의 명을 걸고 중국·러시아와 싸운 것은 어떤 의미에서는 한국보전을 위한 것이라고 했다.[45] 한국은 일본제국의 보호국으로 일본의 권리 범위에 속한다는 것은 열국이 인정하고 있으며, 한국통치 방침을 세울 때 이 점을 대전제로 삼아야 한다고 했다. 일본이 한국의 나쁜 정치를 혁신하고 開明하는 일은 당연한 권리이자 급무라는 것이다.[46]

아마노는 영국이 이집트에서 한 성공사례를 본받아 보호국인 조선을 문명개화하기 위한 방법을 세우도록 제안했다. 영국이 이집트를 영국화한 것같이 일본도 한국을 일본화하는 방식을 채택해야 한다는 것이다. 이 방식은 자국민의 이익이 아니라 土人의 문명과 행복을 진척시킬 목적 아래 추진해야 하며, 적어도 이를 표방해야 한다고 했다. 이것이 국가의 일시적 이익이 아니라 영원한 이익이 되는 우월한 방식이라고 파악했다. 대한경영도 한국민의 문명과 행복을 진척시키는 방향으로 시행해야 한다고 했다.[47]

"개방주의를 채택하라"는 사설에서 아마노는 영국적 자유주의 논리로 한국을 통치할 것을 제언했다.[48] 이것은 차별적 질서가 아니라 일본적 질서가 한국에 그대로 관철되게 하자는 논리, 나아가 세계질서가 차별 없이 한국에서도 관철되도록 하자는 논리였다. 자유주의를 표방한 제국주의 논리 그 자체였다. 을사조약을 체결할 무렵에는 "대한경영의 요체는 한국의 주권을 우리나라에 위탁하고, 다른 한편 한국민에 대한 사랑을 우리 동포와 같이 하는 一視同仁의 자세로 한국민의 복리를 증진하는 데 있다."라고,[49] 구체적인 내정방향을 제시하였다.

대외정책에서는 원칙적으로 제국주의 열강이 한국에서 불이익을 받지

---

45) 『東洋經濟新報』 제310호, 1904. 7. 15.
46) 『東洋經濟新報』 제315호, 1904. 9. 5.
47) 『東洋經濟新報』 제339호, 1905. 5. 5.
48) 『東洋經濟新報』 제314호, 1904. 8. 25.
49) 『東洋經濟新報』 제360호, 1905. 12. 5.

않도록 기득권을 보호하는 문호개방주의를 실천해야 한국 지배를 방해하지 않을 것이라고 했다. 아마노는 문호개방주의를 택하고, 독점정책과 보호무역에 반대하는 자유무역주의, 평등주의가 세계에서 가장 공평한 정책이라고 했다. 이렇게 해야 영미제국도 일본이 만주에 세력을 뻗쳐가도 일본의 개방정책을 믿고 방해하지 않을 것이며, 목적도 달성할 수 있을 것이라고 했다. 이 같은 자세를 취할 때 일본은 동양의 경찰국가가 되고 전승의 이익을 영원히 유지할 수 있을 것이라고 주장했다.[50]

반대로 보호론은 앞을 보지 못하는 맹목론이라고 비판했다. 외국인이 이미 경제적 黃禍論을 부르짖는 상황에서 보호론은 이익이 없고 해가 될 뿐이니 영국같이 자유개방주의를 택하여 경제적 전투에 임해야 한다고 주장했다. 일본정부는 보호주의적 방향에서 정책을 추진했으며, 관세자주권 획득 이후 더욱 심화되었다는 것이다. 『신보』는 이를 반대하는 입장이었다.[51] 그러나 『신보』가 선택한 영국과 같은 문호개방주의도 궁극적으로는 대륙진출론과 맞물린 팽창주의적 관점에서 제시한 것이었다.

『신보』는 일제가 조선에서 급무로 시행할 내정개혁도 검토하였다. 일본제국은 한일협약에 기초하여 재정·외교·군무·경찰 등 각 부문에 고문을 파견하고 재정개혁을 추진했다. 『신보』는 사안별로 비판과 대안을 제시했다.

첫째, 『신보』는 고문정치는 고문이 실권이 없기 때문에 별 효과를 거두지 못한다고 지적하였다.[52] 재정고문인 메가타 다네타로(目賀田種太郎)는 나쁜 정치를 근본적으로 개선시킬 담당자로 임명되었지만, 권력이 미약한 상담역에 불과하여 실효를 거두지 못하는 실정이라고 비판하였다. 메가타는 감독관이 아닌 고문관으로 권한이 협소하고 활동 방편도 구비되지 않았다고 했다.

---

50) 『東洋經濟新報』 제314호, 1904. 8. 25.
51) 일본의 관세정책에서 보호주의와 자유주의에 대해서는 溝川喜一, 앞 글, 『京都産業大學論集』 17-3, 1991 참조.
52) 『東洋經濟新報』 제343호, 1905. 6. 15.

지휘 감독할 힘도 없는, 국왕의 자문역할에 머물렀다는 것이다.[53]

『신보』는 재정고문의 지위를 비판하면서 개혁안을 제시하였다. 고문이 지도 감독을 할 수 있으려면, 대신 이상의 권세가 있어야 하며 관리의 任免黜陟權을 부여해야 한다고 주장했다. 고문의 임면권은 일본정부가 가져야 하며 강제 명령권을 부여하여 한국정부의 견제로부터 벗어날 수 있어야 한다고 했다. 고문이 실권을 잡고 지도감독이 가능해야 보호정책도 실효를 거둘 수 있을 것이라고 했다.[54] 대한경영의 근본은 실권 장악이 제일 중요하며, 이것이 가능하려면 대한제국 황제가 실권을 일본에 위탁하는 길 뿐이라고 했다. 러일전쟁의 제일 목적이 한국경영에 있다는 것은 모두가 인정하는 일이고, 대권을 일본에 위탁하라고 하는 것은 일본의 당연한 요구라는 것이다. 또 그렇게 할 수밖에 없는 것이 대한제국 황제의 운명이라고 했다.[55]

일본이 한국을 식민지로 삼더라도 자유개방정책에 의거하여 외인의 경제적 권리를 존중하면 일본이 한국을 어떻게 해도 상관하지 않을 것이라고 했다. 한국의 실권을 장악하는 동시에 통치는 한국민을 위해 한다는 원칙을 지키고 경영할 것을 권했다. 이러한 방식이 영국이 식민지 팽창을 이룬 성과라고 하였다. 따라서 "우리는 영국을 공부하여 건전한 앞날의 커다란 방침을 결정하고, 한국민의 문명과 행복을 진척하는 것을 주안으로 하면 제국팽창의 진로가 평탄할 것이다."라고 하였다. 러일강화조약에서 보호우월권을 규정하고 제반시설에 대한 보호감독을 확인한 다음. 대한경영의 기반을 확립하기 위해서는 실권을 장악하는 일이 급선무라는 것이다.

둘째, 나가모리(長森)가 조선 전체의 황무지개척권을 한국정부에 요구한 일과 이에 대한 일본공사의 처신에 비판적 견해를 보였다.[56] 먼저 일본인은

---

53) 『東洋經濟新報』 제316호, 1904. 9. 15.
54) 『東洋經濟新報』 제315호, 1904. 9. 5.
55) 『東洋經濟新報』 제343호, 1905. 6. 15.
56) 『東洋經濟新報』 제310호, 1904. 7. 15. 이 사건에 대하여는 윤병석, 「일본인의 황무지 개간권 요구에 대하여」, 『역사학보』 22, 1964에 다루고 있다.

자기 스스로를 올바로 인식해야 한다고 제언했다. 영미인들은 군사 경제적으로 황화론적 인식을 가질 정도로 일본을 강국으로 인식한 반면, 일본인은 스스로 경제상 열등한 국민이고 외국인과 자유경쟁을 할 수 없다고 인식하고 보호정책으로 일관하고 있다는 것이다. 이러한 인식이 공공의 이익이라는 이름으로 私家의 이익을 계산하고 부당이익을 분배하려고 한다고 했다. 그 대표적 예가 나가모리案이며, 이는 보호주의의 변태라고 비판했다.[57]

『신보』는 일본이 한국을 보호국으로 하고 개명하게 하는 원칙을 공명정대하게 처리하여 한국민과 세계 국민이 공식적으로 허락하는 가운데 권리를 확보해야 한다고 주장했다. 개인이 특권을 독점하려는 시도는 대한경영의 앞날에 큰 해를 입히는 사태로 백해무익할 뿐인데, 대리공사가 오히려 이를 관철시키기 위해 노력하고 있다는 것이다. 이렇게 하면 조선의 인심을 물론 세계의 동정도 얻지 못하여 대한경영에 차질을 줄 것이니 정부가 철회시키기 바란다고 했다.

대한경영의 원칙은 조선을 세계에 개방하고 조약으로 당당히 토지사용권과 수익권을 체결하고 각국 국민과 자유경쟁을 해야 한다는 것이다. 보호정책은 국민이 원하는 것이지만, 영미 등에 불이익을 주는 것이라고 했다. 영국과 미국이 러시아를 반대한 것도 쇄국주의 때문이라고 했다. 세계가 자유개방주의를 택해야 하며 이것이 국민의 독립정신을 길러줄 것이라고 결론을 내리고 있다.[58]

셋째, 화폐정리사업에서 일본정부의 한국경영 방침에 대한 반성을 촉구했다. 『신보』는 일본정부가 一視同仁의 방침에 의거 시행할 것이라고 믿었지만, 대한시설방침에서 여러 부작용이 발생했다고 했다.

"하나의 법령으로 한국민의 재산을 몰수하고 파산에 빠진 것이 만약 진실이

---

57) 『東洋經濟新報』 제316호, 1904. 9. 15.
58) 『東洋經濟新報』 제314호, 1904. 8. 25.

라면 어찌 한국민의 이익을 무시하고 난폭하게 짓밟는 것이 아니리오 …
우리의 친구인 영미의 인민이라도 반드시 한국민을 동정하고 … 장래 발전을
방해하는 것이 적지 않을 것이다."

라고 했다. 일본의 대한정책은 열국이 모두 주시하고 있으니 신중한 태도가
필요하다고 했다. 이러한 일이 진실이 아니라면 명백히 이를 논박하고 밝혀
열국의 의혹을 풀어야 하고, 만일 사실이라면 나쁜 정치를 개혁하여 한국민의
원한을 끊고 제국팽창의 앞길을 막지 말라고 했다.[59]
　『신보』가 제시한 대한경영의 원칙은 영국의 성공사례를 본받아 한국을
일본화 하되 보호주의가 아니라 자유주의, 개방주의, 평등주의 원칙으로
처리할 것을 주장하였다. 이것은 만주까지 내다보는 팽창주의적 태도로
일본제국의 큰 이익을 목표로 한 방안이었다.

4. 논설·방문록의 주제와 내용

1) 논설 : 국가재정과 철도·광산·토지 확보론

　『신보』의 한국 관계논설은 총 16편이었다. 작성자의 사회적 지위가 모두
표기되어 있지 않아 성분을 알기에 한계가 있지만, 대체로 관리나 귀족,
기업체의 고위직 사람들이었다. 논설의 주제는 국가재정 문제도 있지만,
경제적 특권과 관련된 광산·철도·토지·어업 등 구체적 분야였다.[60]

---

59)『東洋經濟新報』제360호, 1905. 12. 5.
60)『東洋經濟新報』제173호, 1900. 10. 5. "한국 부산항에 米豆取引所 설치의 득실을
　　논한다." 등은 지면 관계상 논의에서 제외했다.

<표 5> 동양경제신보의 한국관계 논설

구분	호수	연도	월일	제목	필자
1	6	1896	1.5	조선재정	阪谷芳良
2	155	1900	4.5	朝鮮に於ける鑛山事業	鳳凰山人
3	161	1900	6.5	경부철도론	前島密
4	172	1900	9.25	朝鮮漫遊所惑(제일은행 지배인)	市原盛宏
5	173	1900	10.5	韓國釜山港に米豆取引所設置の得失を論す	大東生
6	182	1901	1.5	對韓政策に就て現内閣に望む	鳳凰山人
7	195	1901	5.15	韓國の形勢を論す(前주한공사)	大鳥圭介
8	210	1901	10.15	京釜鐵道の前途(경부철도 취체역 남작)	尾崎三良
9	266	1903	4.25	京釜鐵道債券保證の議に就て(橫濱화재보험회사 사장)	富田鐵之橫助
10	279	1903	9.5	對韓經營の急施を望む(三井吳服店이사)	高橋義雄
11	282	1903	10.5	朝鮮經營上の一急務(土地を獲得せよ)(농무국장)	酒匂常明
12	287	1903	11.25	조선개방론(동양경제신보 기자)	鐵牛
13	287	1903	11.25	滿韓交換論の眞價(동양경제신보 기자)	矗木
14	307	1904	6.15	韓國渡航を慫慂す	大隈重信
15	314	1904	8.25	韓國の地租を論す(경부철도회사경성지점장)	江南哲夫
16	315	1904	9.5	滿韓經營と滿韓起業同志論(전정무국장)	早川鐵治

첫째, 대장성 관로인 사카타니 요시로(阪谷芳良)는 국가재정문제에 대한 논설을 실었다.[61] 1895년 조선의 재정은 일본정부가 제공한 3백만 원 의 대부로 유지되고 있는 상황이고 1896년 재정을 수립하는 것이 재정당국자의 고심이라고 했다. 그 해결책으로 규율 있는 행정 기관을 설립하고, 채권자인 일본정부가 선정한 재정위원을 둘 것을 제안했다. 이들에게 세입·세출에 대한 감독권, 금전출납, 지폐발행, 외환업 등 여러 업무를 수행하는 은행을 설립하고, 연한을 정하여 특허를 주고 감독도 맡기자는 안을 제시하였다. 은행의 주주는 조선인과 외국인으로 구성하도록 했다. 재정해결 방안을 빌미로 조선의 재정권을 완전히 장악하려는 논설을 게재한 것이다.[62]

---

61) 阪谷芳良(1863~1941)는 備中國 川上郡 九名村 출신. 그의 처 琴子는 澁澤榮一의 차녀이 다. 도쿄대학 문학부 정치과를 졸업하고 대장성에 들어가 1903년 대장차관, 1906년 대장대신을 역임한 후 도쿄시장을 지냈다. 러일전쟁의 공적으로 남작이 되었으며, 1941년 자작으로 승작되었다. 법학박사이다.

62) 『東洋經濟新報』 제6호, 1896. 1. 5.

둘째, 광산사업에 대한 논설이다. 이 논자는 일본 사업가가 이권 확보에 미약하여 기회상실이 우려되어 맹렬한 반성을 촉구하기 위해 썼다고 했다.[63] 구미인은 청일전쟁 때부터 채굴특허권 획득에 나서 운산금광채굴권과 같은 성과를 보였는데, 일본인은 무익한 법령 개폐나 제도변경에만 신경을 쓰고 이권을 확보하는 일은 거의 고려하지 않아 광산사업이 위기에 처했다는 것이다. 더구나 일부 외국인은 한국정부가 외국인의 특허획득운동에 대해 일종의 견제책을 강구하자 오히려 이를 이용하여 광산채굴권을 독점할 계획을 세우고 있다고 했다. 이러한 사태를 타개하려면 국왕이나 해당 관리의 승낙이 필요한데, 표면적 운동만 하지 말고 속으로 은밀하고 기민하게 운동을 해야 한다고 했다. 광산사업은 모험이 뒤따르는 일이니 좀 더 과감하게 실천하는 일이 필요하다고 충고했다.

셋째, 경부철도는 사설처럼 논설에서도 건수가 제일 많았으며, 내용도 더 구체적이었다. 마에지마 히소카(前島密)는 경부철도론에서 일본인이 경부철도 부설권을 획득한 일, 경인철도 부설권을 조선정부에서 미국인에게 준 일, 그리고 경부철도 부설을 시작하기까지의 경과와 정치 경제적 이익 등을 종합적으로 고찰했다.[64] 당시 발기인이 이익을 우려하여 건설자금 2,500만 원에 6朱의 이자보급을 정부에 청원하고 제국의회가 건의안을 정부에 송달했지만, 정부는 5朱를 주장하였다. 이때 논자는 전자의 입장에서 주장을 폈다. 경부철도는 군사 정치적으로는 물론, 경제적으로 대단히 중요하다고 했다. 조선 내륙의 자원개발, 무역의 발달, 교통의 편리를 도모하여 조선을 문명세계로 유도하는 역할, 일본철도를 세계공통철도의 일부로 만드는 역할 등을 예로 들었다. 그리고 빨리 작업을 진척시키기 위해 발기인

---

63) 『東洋經濟新報』 제155호, 1900. 4. 5.
64) 『東洋經濟新報』 제161호, 1900. 6. 5. 前島密(1835-1919년)은 新潟縣 上越市에서 태어났다. 근대 우편제도를 창설하고 전국에 우편국의 네트워크를 구축하고 우편저금 등을 포함한 우정사업의 기초를 구축하였다.

편에서 논지를 전개하였다. 『신보』의 관설안과는 입장이 다른 논설이었다. 논자마다 의견차는 있지만 『신보』를 비롯한 대부분의 일본인은 경부철도를 일본철도로 인식하고, 일본의 세계진출과 관련하여 지원계획을 수립하라고 주장했다.

경부철도의 임원 오코시 사부로(尾起三良)도 마찬가지 입장이었다. 그는 회사 경영자답게 경부철도의 부설과 장래에 대해 희망적인 전망을 폈다. 경부철도는 한국은 물론이고 대륙과 세계교통에서 중요하고 유망한 것이라는 전제 아래, 부설 문제를 언급했다. 공사비에서 임금이 낮은 한국인 인부를 사용하여 6朱의 이자보급이 번거롭지 않을 것이라는 점, 한국은 중국과 달리 모두가 하루빨리 완성되기를 희망하며 토지수용이나 공사 등에 방해가 없다는 등의 유리한 점을 제시하며 일본국민의 원조를 호소했다.[65]

경부철도 부설에서 논란의 핵심은 일본정부의 보조 없이는 부설이 가능하지 않은 사업이라고 회사 측에서는 일관되게 주장하고 있다는 점이다. 일본정부는 이 요구를 어느 정도 수용하여 2천만 원의 채권발행을 허락하고, 6朱의 이자를 보급하는 특전을 제공했다. 그러나 회사 중역들은 여기에 만족하지 않고 정부로부터 원리금 지불보증의 특전을 계속 요구하여 사회적으로 커다란 논란을 야기하였다.

요코하마(橫濱)화재보험회사 사장 도미타 데쓰노스케(富田鐵之助)는 이안에 적극 반대했다.[66] 국가가 사설회사의 차금을 갚아준다고 보증해주는 일은 동서고금에 그 예가 없다고 했다. 정부가 거절해야 하며, 의회도 통과하

---

65) 한국정부와 한국인의 대응은 정재정, 『일제침략과 한국철도』, 서울대학교 출판부, 1999가 참고된다.

66) 富田鐵之助(1835~1916)는 幕末 仙台藩士출신으로 뉴욕상업학교에 유학하였으며, 1872년 뉴욕영사를 지낸 후 외교관으로 활동했다. 그후 실업가로 일본은행 초대 부총재·제2대 총재로 근무하다 대장대신 松方正義와 대립하여 파면되었다. 후에 귀족원의원·도쿄부 지사를 역임하였다. 1893년 퇴관 후 실업가로 활약했다. 日本勸業銀行·富士紡績·橫浜火災海上保險의 설립에 참가하고 橫浜火災保險 사장과 日本鐵道 理事를 역임했다.

지 못할 것이라고 전망하면서 불가하다는 의견을 제시했다. 이 같은 선례를 남기면, 흥업은행과 같은 다른 사업에도 국가가 채권 보증을 해주어야하기 때문에 국가재정으로는 감당할 수 없다고 했다. 부조리하고 유해한 나쁜 선례가 될 것이라고 했다. 따라서 발기인들은 국가에 해를 끼쳐서는 안되니 인책 사임하고, 정부가 완전히 金主가 되어 경영하는 편이 더욱 믿을만하다는 국가경영론을 제시했다.[67] 경부철도건설은 사립회사 부설론과 정부 부설론이 대립하는 가운데 『신보』는 후자의 입장을 계속 견지했다.

넷째, 일본인들은 1900년 이후 논설에서 일본의 이익실현을 위한 다양한 방책을 제시했다. 먼저 조선에 거주하는 鳳凰山人은 내지개방의 실현을 내각에 촉구했다.[68] 내각총리인 이토 히로부미가 평화주의, 문명주의, 상공주의를 원칙으로 하면서 러일협상론, 한일교의론으로 실리실익을 추구하는 정책적 입장을 표방했는데, 이것은 그 반영물이라고 했다. 일본이 다른 나라에 비해 한국과 특별한 관계에 있음에도 불구하고 압도당하는 형편이라고 하면서 대한정책을 새롭게 하는 일이 급무라고 했다. 그 첫걸음으로 내륙을 개방하도록 일한통상장정을 개정할 것을 촉구했다. 이 규정에 외국인은 거류지 이외에는 영업거주권이 없었으며, 間行里程 밖으로 마음대로 왕래할 수 없다고 정했다. 따라서 내지개방을 통해 비좁은 거류지에 제한된 불편을 일소하는 동시에, 자유롭게 자기가 적당한 지역을 선택하고 생업에 종사할 수 있도록 해야 한다고 했다. 일본의 과잉인구를 이주시켜 생산력과 구매력을 증진시키면 양국 무역이 더욱 발달할 수 있을 것이라고 했다.

1903년 『신보』의 기자도 '조선개방론'을 썼다.[69] 그는 일본의 대한경영의 목적을 인구배출 장소와 미개지 개척 경작을 위해 조선을 제국의 식민지로 만드는데 있다고 피력했다. 이를 위한 급무가 철도부설과 이주 경작인데,

---

67)『東洋經濟新報』제266호, 1903. 4. 25.
68)『東洋經濟新報』제182호, 1901. 1. 5.
69)『東洋經濟新報』제287호, 1903. 11. 25.

사업진척이 지지부진하다고 했다. 그 이유는 내지개방과 이주의 자유, 완전한 토지소유권의 획득 등이 불완전하기 때문이라고 했다. 도한자가 많으려면 한국전체가 개방되고 내지잡거를 자유롭게 허용하되 각국이 균점하도록 하는 것이 일본이 해를 보지 않는 良策이라고 했다. 자유개방정책이었다.

러시아와 일본이 갈등하는 상황에서 시급한 대한경영을 추진하기 위해서는 자유도한자를 증가시켜야 한다고 했다. 도한은 모두에게 허용되었지만, 백작 오쿠마(大隈)는 자유경쟁의 무대에서 성공적인 기반을 구축하기 위해서는 실업가의 도한을 더 권장했다.[70] 이러한 자유경쟁 대상지역은 한국뿐 아니라 만주도 포함했다.

다섯째, 토지투자론이다. 내지개방과 자유도한 허용과 맞물려 농업경영을 위한 토지확보가 시급한 과제로 등장했다. 일본은 한국의 강한 반대에 부딪쳐 외국인 토지소유금지를 규정한 조약을 개정하지 못했음에도 불구하고 정부 차원에서 공식 비공식적으로 불법을 조장했다. 일본의 농무국장 사코우 쓰네아키(酒匂常明)는 『신보』에 「조선 경영상의 일 급무-토지를 획득하라.」라는 선동성 글을 게재했다.[71] 그는 한국의 농업이익은 일본이 5분인데 비해 2할이나 되고, 한국의 지가는 일본의 1/5에서 1/10정도에 불과하여 투자이익이 매우 크다고 했다. 그런데 현재 농업에 종사하는 자가 거류지 부근에 소수에 불과하고, 농업경영도 일본인이 조선사정을 잘 알지 못해 별로 진척되지 않았다는 것이다. 이를 위해 다음 두 방안을 제안했다.

먼저 토지 획득을 강조했다. 한국에는 일본인의 수중에 들어간 토지를 보호할 법률제도가 마련되지 않았지만, 일본에 대항할 세력이 없기 때문에 거의 절대적으로 안전하다고 선전하며 투자를 유도했다. 다음은 투자지에 모범농장을 설치할 것을 권유했다. 각지의 사정을 파악한 보고에 따라 진출하

---

70) 『東洋經濟新報』 제307호, 1904. 6. 15.
71) 『東洋經濟新報』 제282호, 1903. 10. 5. 酒匂常明은 당시 한국과 청에 출장을 갔다 돌아와 『日淸韓實業論』, 實業之日本社, 1903을 저술했다.

면 내륙개발이 용이할 것이라고 했다. 이렇게 내지에 섞여 살 때 다른 외국인에게도 동일한 권리를 부여하여 명목을 살리는 편이 좋다는 견해를 피력했다. 일본인이 농업분야에서는 '무적'이라고 진단한 결과였다.

다음은 러시아가 만주를 점령하는 사태에 직면하여 위기의식을 느낀 일본인들의 대응방안이다. 『신보』에 적지 않게 실려 있었다. 당시 러시아는 일본의 항의에도 불구하고 특약을 파기하고 질서유지를 이유로 사실상 만주점령 상태를 계속 유지하고 있었다. 그러나 일본정부는 단독으로 러시아를 구축하기에는 힘이 부족하다는 판단 아래 한국에서 경제적 이권 획득에 중점을 둔 대책을 강구했다. 전 주한공사 오토리 게이스케(大鳥圭介)는[72] 한국이 홀로 독립을 할 자격은 없지만 상호견제로 독립을 유지하고 있기 때문에 정치 군사적으로 다른 열국과의 분쟁을 피하는 가운데 한국경영을 진행하도록 했다. 주로 식민, 교통, 농업, 어업, 광산, 상업 등에서 利源을 개척하고 식산 상의 이권을 획득하는 평화적 시설을 설치하도록 권유했다.[73]

미쓰이(三井)포목점의 이사 다카하시 요시오(高橋義雄)는 만주문제와 관련하여 한국경영에 더욱 큰 결단을 해야 할 때라고 주장했다.[74] "러시아는 만주에 철도와 항만 등의 사업에 투자하고 이를 보호하기 위해 만주에 주둔하고 있다. 이것은 지극히 대담한 일이지만 실제 시설투자에 기초한 것이다."라고 자국 시설보호라는 명분의 유효성을 강조했다. 이러한 예에 비추어 일본이 이권을 확장하기 위해서는 전쟁할 각오로 한국에서 제국경영을 강화해야 하는데, 실적이 거의 없다고 했다.

---

72) 大鳥圭介(1833~1911) 효고현 의사 아들, 일본의 서양 군사학자, 막부 대신, 군인, 관료, 외교관이다. 1889년 주청국 특명전권공사를 지내고 1893년 7월 조선 공사도 겸임하였다. 6월에 조선에 부임했다. 동학농민전쟁 당시 청일전쟁이 발발하자 군대를 이끌고 경복궁에 들어갔다. 1894년 10월 11일 공사에서 해임되었다. 귀국 후 같은 해 11월 10일 추밀고문관이 되었다. 1900년 5월 9일 남작 직위를 받았다.

73) 『東洋經濟新報』 제195호, 1901. 5. 15.

74) 『東洋經濟新報』 제279호, 1903. 9. 5.

반면 러시아는 한반도에서 자기 세력을 부식시켜 제2의 만주로 만들 목적으로 용암포 조차를 시도했다는 것이다. 다카하시는 러시아 진출에 대항하여 일본이 대한경영에 적극 임해야 할 시기가 도래했다고 파악했다. 한국은 유일한 일본인구의 배출처로 매우 중요한 곳이므로 일본의 지위를 무시하는 일을 허용해서는 안 된다고 했다. '開戰결의'의 자세로 1, 2억 정도의 외채를 빌려서라도 신속하고 과단성 있게 투자할 것을 주문하였다. 일본정부가 주체가 되어 경부철도를 신속하게 건설하고, 광산·임업·농사 등 분야에서 일본인의 일터를 조성하는 한편, 군대도 파견해야 한다고 했다. 1903년 러일 결전의 분위기 속에 "조선국왕도 필경 제국의 한 華族으로 보는 기개"로 처리해야 하고, 한국을 일본 영토화해야 한다고 하였다.

러일전쟁이 끝날 무렵 『신보』는 실업가들에게 이제 만주를 목표로 할 것을 주문하는 논설을 실었다. 滿韓企業同志會의 만한경영론이 그 중 하나였다. 이들은 일본이 한국경영의 독점권을 세계로부터 승인 받았지만 문호개방주의 원칙 아래 만주와 한국에서 독점의 폐해를 피하며 실력으로 이익을 다투는 기업경영을 할 것을 제안했다. 사업 분야도 농업·광업·벌목 등 한국인과 충돌할 수 있는 분야보다는 공업 분야, 그 중에서도 제조업·항만매축·전등·수도 등의 분야에 진출하여 양자가 서로 이익이 되도록 할 것을 제안했다. 새로 일본판도에 편입된 만주경영방법도 제시했다. 이들은 실업가로서 만주에서 기업을 일으켜야 하는데, 러시아가 만주에서 이익을 독점하려다 러일전쟁이 발생한 것을 교훈삼자고 했다. 문호개방주의를 택하여 외국인에게 나쁜 감정을 사지 않도록 주의해야 한다고 했다.[75]

러일전쟁에서 한국의 지배권을 확보한 일본제국주의자들은 한국정부 무용론의 입장에서 대한경영방침을 논했다. 이를 가장 잘 보여준 논설은 경부철도 경성지점장의 "한국의 地租를 논한다."였다.[76] 이 글은 당시 식산흥

75) 『東洋經濟新報』 제315호, 1904. 9. 5.
76) 『東洋經濟新報』 제314호, 1904. 8. 25.

업·교육·위생·운수교통 등 재정적 수요가 크게 증가하자 이를 해결하기 위한 방안을 제시한 것이다. 먼저 그는 한국의 세입구조를 분석하여 두 가지 방안을 제시했다. 하나는 지조개정을 통한 세입 확충책이었다. 조선의 세입은 지조로 충당되지만 의외로 적었는데, 그것은 세법이 불완전해서 그런 것이라기보다 官稅를 면한 隱田이 많은 것에서 기인했다고 파악했다. 전국적인 지조개정을 실시하면 2천만 원 이상의 지조수입을 확보할 수 있다고 했다. 토지조사사업의 필요성을 일찍부터 제기하였다.

다른 하나는 1904년 정부의 총지출 가운데 군부의 경상비가 3분의 1을 차지했는데 이것을 여기에 투입하고자 했다. 그 이유는 지금 국세가 일변하여 한국의 방비와 내란이 진정되었으니, 유명무실한 군병은 해체하고 군부는 폐지하자고 한 것이었다. 1907년 군대해산을 이때 이미 주장한 것이다. 당시 일본인들의 대한경영방침을 보면, 대한제국 정부는 더 이상 고려대상이 아니었다. 한국을 자국 식민지와 다를 바 없이 취급했다.[77] 그들 내부에 자리한 제국주의 팽창론이 이제 만주로 향하고 있었다.

2) 방문록 : 만한경영론과 철도확장론

〈표 6〉은 기자가 방문하여 대담을 기록한 방문록 가운데 한국관계만 뽑은 것이다. 인터뷰 기사는 1896년 경부철도 설립시의 1건을 제외하고는 1900~1905년까지에 이루어진 것이었다. 내용은 대부분 러일전쟁기 일본의 대한경영과 관련된 것이었다. 대담자는 현장에서 활동하는 경제계의 거물급들이 주류를 이루었다.

백작 오쿠마 시게노부(大隈重信)의 방문록부터 검토하자. 그는 1900년

---

77) 『東洋經濟新報』 제172호, 1900. 9. 25. 朝鮮漫遊所感은 제일은행 지배인의 글로 전문가가 각지를 조사한 결과, 자금을 투자하여 사업을 계획하면 많은 부를 얻을 수 있다고 주장하며 투자할 것을 종용한 글이다.

<표 6> 『東洋經濟新報』의 한국관계 방문기사

구분	호수	연도	월일	제목	직책	대담자
1	26	1896	7.25	京釜鐵道談		前島密
2	179	1900	12.5	朝鮮經濟談	伯爵	大隈重信
3	283	1903	10.15	對韓經營答見	일본은행총재	添田壽一
4	297	1904	3.5	今後の韓國經營問題	귀족원의원	某
5	300	1904	4.5	滿韓旅行所見	삼림감독관	宮島多喜郎
6	309	1904	7.5	滿韓に華族移佳の議	金町製瓦會社社長	金枝道三
7	311	1904	7.25	韓國の漁業に就て	수산강습소장	松原新之助
8	314	1904	8.25	滿韓經營の意義及其要點	三井銀行이사	波多野承五郎
9	319	1904	10.15	韓國の産業事情	東方協會간사	恒屋盛服
10	331	1905	2.15	農民の韓國移住お希望する	農商務省 기사	加藤末郎
11	344	1905	6.25	滿韓炭に就て	북해도탄광철도회사전무	井上角五郎
12	357	1905	11.5	京釜東淸兩鐵道에 대해	경부철도회사 고문	笠井愛次郎

한국을 일본의 경제력 신장에 대단히 밀접하고 중요한 존재로 파악했다. 청일전쟁이후 일본이 자유롭게 한국에 수비대를 파견하고 활발한 경제활동을 했다고 했다. 어민은 물론 거류민이 증가하고 활동도 활발했으며, 철도부설과 수출입이 증진하는 형세라고 진단하였다. 그리고 조선의 유용성에 대해 다음과 같이 분석하였다. 농산에서 쌀과 콩 등 일본에 필요한 것을 생산한 점, 상공업이 유치하여 개발의 여지가 많다는 점, 토지는 넓고 인구는 희박한 점 등을 들고 있다. 반면, 일본에서는 인구증가, 공업증진, 식료품 부족 등의 현상이 나타났다고 했다.

이러한 점을 종합하여 조선이 일본의 '일대 절호시장'이라 평가하였다. 그는 "우리나라는 독립국으로 조선을 세계에 소개하고 병력까지 파견하여 독립을 지켜주었다. … 조선의 개발 진보는 실로 일본인의 책임이다. 현재 조선에 재류한 외국인 중 일본인이 가장 많은 점으로 보아도 … 조선의 개발과 진보는 일본인의 책임이 아닐 수 없다."라고 언급한 것에서 보듯, 일본이 조선에 대해 '보호자적' '후견자적' 입장에서 개발책임을 져야 한다고 역설했다.78)

다음은 러일전쟁 전야 일본은행 총재 소에다 주이치(添田壽一)가 제기한 한국경영론이다. 일본의 급무는 만주가 아니라 조선경영이라는 것이다. 경영분야에서는 경부철도의 신속한 완성, 경의선 포설권 획득, 중앙은행 실권 장악, 광산채굴권, 항해권, 교통통신사업, 화폐도량형 정리, 치안보전, 관리뇌물의 폐 제거, 관세제도 개정, 토지소유권과 사용권 획득, 일본농민 이식 등을 들었다. 이러한 경제 분야에 일본인이 진출하여 수단과 방법을 가리지 말고 목적을 달성해야 한다고 주장하였다.[79]

러일전쟁의 와중에 한 귀족원 의원도 한국경영에 대해 언급하고 있었다. 첫째, 재정문제에서 戰時稅문제를 제기하고, 지조의 증징, 소득세 증과, 엽연초 전매제로 해결하되 부족분은 공채와 외채로 해결할 것을 주장했다. 둘째, 내치와 외교 등 모든 것을 일본의 통제 아래 두고 보호국과 같이 내부의 근본적 쇄신, 문명유도, 일본국민 이주, 상공업 진작 등을 추진해야 한다고 했다. 셋째, 경부철도를 대한경영을 완성하기 위한 기초로 규정하고 신속하게 완성할 것을 주문했다. 이를 위해 보조금 175만 원을 제공하는 한편, 임원 개선, 정부임명제 등을 도입할 것을 주장했다.[80] 이같이 일본인 지도층은 러일전쟁 와중에 일본의 한국통치를 당연시하며 각종 개혁방안을 제시하였다. 『신보』는 이 같은 여론 확산에 기여했다.

러일의 대립이 전면화 되면서 만한경영이 관료와 귀족뿐만 아니라 기업가들의 주요 관심사이기도 했다. 金町製瓦會社 사장 가나에다 도산(金枝道三)은 만한경영 문제에 직면하여 유력한 실업가들이 만한기업동지회를 조직할 것을 희망하는 한편, 여기에 華族이 이주할 것을 촉구했다. 특히 화족은 황실의 번병으로 만한의 들판에 이주하여 조국의 번병이 되어야 하며 그곳에서 광산·삼림·농업·어업 등 유리한 사업에 종사하기를 권고하였다. 이렇게 되면 일반 국민도 속속 이주할 것이라고 했다.[81]

---

78)『東洋經濟新報』제179호, 1900. 12. 5.
79)『東洋經濟新報』제283호, 1903. 10. 15.
80)『東洋經濟新報』제297호. 1904. 3. 5.

방문 대담에서 주요 주제는 '만한이민론'이었다. 그는 만한을 영원히 일본 땅으로 하려면 한국에 500만, 만주에 1천만이상 이주해야 한다고 했다. 그렇지 않고 '島國根性'에 머물면 인구 밀집이 심해지고 경지가 부족하여 서로 빈약에 빠질 것이라고 경고했다. 전쟁 승리를 기회로 대 이주를 실시할 것을 주장했다. 이주는 적극적으로는 국운발전을 위한 세력을 심는 것을 의미하고, 소극적으로는 인구분배 사업을 의미한다고 했다. 각계각층이 이를 실행해야 하지만, 특히 화족이 급히 이주하기를 요구했다.[82]

미쓰이(三井)은행 이사 하타노 쇼고로(波多野承五郞)[83]도 만한경영에 대한 의견을 개진했다. 그는 일본의 이익이라는 관점에서 논의를 전개했다.[84] 만한경영은 한국을 '보호'아래 두고, 만한에 제국의 방위와 경제범위를 혼입 하는 데 목적이 있다고 했다. 그리고 농업·어업·목축업·벌목업 등 각 분야에 서 일본인 개인의 발의에 기초하여 이익을 보게 하고, 화폐정리사업 등은 자연스럽게 방임해야 하지만 전승의 기회를 이용하여 제국이 손에 넣어야 한다고 했다. 한국은 정치적으로 일본의 경제범위에 혼입되어야 하고, 일본 본토와 같이 관세동맹을 형성해야 한다는 것이다. 이 일은 외국인이 기뻐하지 않더라도 전쟁의 승리로 얻은 당연한 결과라고 했다. 관세동맹은 전후 만주처 분 문제와 관련된 일이지만 다른 것은 양보해도 한국만큼은 제국의 권내에 두어야 한다고 주장했다. 『신보』의 입장과 달리 보호론적 입장이 강했다.

동방협회의[85] 간사인 쓰네야 세이후쿠(恒屋成服)는[86] 한국 전문가답게

---

81) 淺田喬二, 『日本帝國主義と舊植民地地主制』, 御多の水書房, 1968, 123쪽. 細川護立과 德川賴論이 대표적인 예이다.

82) 『東洋經濟新報』 제309호, 1904. 7. 5.

83) 波多野承五郞(1858~1929)는 慶應義塾 출신으로 福澤諭吉의 제자이다. 일본의 실업가, 衆議院議員, 『時事新報』기자, 慶應義塾 평의원, 三井銀行이사, 玉川電氣鐵道 이사 등을 지냈다.

84) 『東洋經濟新報』 제314호, 1904. 8. 25.

85) 東邦協會는 최혜주, 「일본 東邦協會의 조선사정 조사활동과 조선인식」, 『한국독립운 동사연구』 43, 2012가 참고된다.

한국에서 유리한 직업을 분야별로 추천했다. 산업분야에서 일본인에게 적당한 것은 농업과 광산업이고, 상업과 공업은 거의 희망이 없으며 광산업도 자본문제로 용이하지 않다고 보았다. 농업이 가장 적당한데 熟田을 매수하는 것이 가장 이익이 커 2할 이상 된다고 했다. 도한자는 일확천금의 공상을 버리고 정밀히 조사하고 신중히 생각하는 자세로 임할 것을 요구했다.[87]

가토 스에로(加藤末郞)는 농업전문가로 일본 농무성이 한국에 파견하여 한국농촌을 조사하고 일본농민의 한국이주를 추천했다. 그 선행조건으로 다음 사항을 제시했다. 일본의 권업은행과 같은 금융기관을 설립하여 자본제공 등의 편의를 제공할 것, 농민을 유치하기 위하여 토지를 개방할 것, 한해 50만 명 이상을 이주시킨다는 목표를 달성하기 위해서 이민장려 보조금을 지급할 것, 도한의 편의를 제공할 것 등이 그것이다. 이주의 장점으로 이주 농민이 회사의 소작인이라도 소작료가 낮아 지주가 될 가능성이 높다는 점, 물가가 저렴하고 조세부담이 낮은 점 등을 들었다. 단점으로는 향토를 버린다는 점, 언어가 다르고 기후풍토가 낯설다는 점 등을 들었다. 10명씩 조로 짜서 공동 거주하는 방식으로 이 문제를 해결하도록 제안했다.[88]

어업권이 3도에서 7도로 확장되는 등 한국연안이 일본인에게 개방되자, 수산강습소장 마쓰바라 신노스케(松原新之助)는[89] 어업분야를 유리한 사업으로 권장했다. 한국의 어류는 일본과 다름없지만, 러시아인과 경쟁관계에 있는 포경업을 유망업종으로 추천했다. 일본인 어업가들이 주로 일본에

---

86) 恒屋成服(1855~1909)는 福島縣 陸奧白河郡출신으로 메이지시기의 국가주의자였다. 청일전쟁이 발발하면서 망명 중인 박영효와 함께 조선에 건너와 내정개혁에 관여하였다. 東亞同文會 간사로 근무하다 頭山滿과 國民同盟會를 조직하였다. 러일전쟁을 주장했다. 1904년 일본 博文館에서 『朝鮮開化史』를 출간하였다.

87) 『東洋經濟新報』 제319호, 1904. 10. 15.

88) 『東洋經濟新報』 제331호, 1905. 2. 15. 加藤末朗은 1901년 「韓國出張復命書」를 농상무성 대신에게 제출했으며, 1904년에는 『朝鮮農業論』을 저술했다.

89) 松原新之助(1853~1916)는 도쿄해양대학 전신인 수산강습소의 초대 소장(1903~1911)을 지냈으며, 도쿄대학·농무국·내무성 등에서 많은 업적을 남겼다.

공급하는 어종만 취급한 것을 비판하고, 해외시장을 확대하도록 권유했다. 어획권 확장의 결과, 일본인의 출어가 증가하고 어획물이 많아진 것에 대한 대책으로 어획물 제조소를 설치하고 호주나 미국 등 해외로 판로를 확대하자고 제안하였다. 그리고 어류를 수송하기 위해 어항 축설도 제안했다.[90]

1905년 마지막 방문자는 경부철도회사 고문 가사이 아이지로(笠井愛次郎)였다.[91] 그는 경부철도의 운수수입은 현재로는 앞날을 예측할 수 없지만, 목적을 유감없이 달성하려면 만주방향 철도가 완성되어야 한다고 했다. 경의철도 낙성과 동시에 압록강을 건너 동청철도 지선으로 연락하는 일이 급무라는 것이다. 만주경영에서 중점을 둔 사업 중의 하나가 철도건설이며, 일·청·한 나아가 구주대륙이 철도로 연결되면 상공업 발달의 기초가 확립되어 경부철로가 크게 활용될 것이라고 했다.[92] 경부철도는 한반도가 목표가 아니라 일본제국이 만주까지 활동범위를 확장하는 기초작업이라는 것이다.

러일전쟁기 『신보』의 한국에 대한 인식은 제국주의 팽창정책 시각이 그대로 투영된 것이었다. 그들의 자유주의 원칙은 때로는 정부의 보호정책과 대립하기도 했지만, 방법론적 차이에 불과할 뿐 목표를 식민지 건설에 두었다는 점은 동일했다. 『신보』는 러일전쟁기 일본제국 정부에 무비판적이었으며, 한국과 淸에 대한 정책에서도 견해를 같이했다.

---

90) 『東洋經濟新報』 제331호, 1904. 7. 25.
91) 공학사인 笠井愛次郎은 경부철도 설계에 종사하면서 도량형법의 개정을 촉진했는데, 이때 일본 도량형을 기준으로 한 度量衡法制定案說明(1901년)을 제출하였다.
92) 『東洋經濟新報』 제375호, 1905. 11. 5.

5. 맺음말

『동양경제신보』는 마치다 츄지가 1895년 창간했다. 미쓰비시 재벌과 오쿠마 시게노부 등의 지원 아래 동경경제잡지와 더불어 양대 경제신문으로 성장했다. 『신보』의 대한정책의 기본논조는 안으로는 입헌주의, 밖으로는 제국주의라는 자유주의 일반적 모습을 보여주었다. 제국주의적 팽창정책이 극대화된 모습이었다. 당시 일본제국의 최종목표는 한국의 보호국화, 식민지화, 나아가 만주를 자기 손에 넣는 것이었다.

신보는 대외적으로 제국주의 열강의 일원으로 극동의 헌병을 자처하며 전쟁불사의 적극적 대륙진출을 주장하였다. 대한경영에서는 영국의 이집트 통치모델을 자유주의적 식민정책의 모범사례로 들었다. 한국은 일본제국의 보호국으로 일본의 권리범위에 속하고 있다는 점을 대전제로 적극 추진하되 세계열강이 한국에서 차별이 없게 하는 문호개방주의, '一視同人'의 평등주의적 입장에서 한국을 일본화하는 방식을 채택할 것을 주장하였다. 무역입국을 통한 부국강병책에서 일본정부는 독점과 보호무역주의, 신보는 자유무역주의라는 차이를 보였다. 그러나 신보의 식민지 대처자세는 일본정부에 협조하는 자세를 넘어 식민지민의 도전을 허용하지 않는 강력한 내정개혁의 입장을 취했다.

신보에 실린 한국관계기사의 분포는 418건이고, 대부분 정보전달 차원의 기사였다. 자본투자와 관련된 기사는 철도관계가 111건, 무역 59건, 그리고 재정 등 정부관련 기사였다. 한국관계 사설의 내용은 첫째, 제국주의적 전쟁관과 팽창주의였다. 『신보』는 일본제국주의 국가의 정책과 동반자적 입장이었으며, 반대는 제한적 부분에서만 이루어졌다. 러일전쟁기 만한교환론에 동의하면서도 러일전쟁 불가피론, 조선출병론의 입장이었다. 청일전쟁 이후 만연한 국가전능주의에서 벗어나야 한다고 주장하면서도 주전론적 입장을 보였다. 일본 최대의 문제를 인구 압력으로 보고 만주와 한반도를 배출처로 상정했다. 대륙진출론으로 대표되는 일본의 제국주의적 팽창정책이었다. 이 시기 『신보』는 조선의 보호국화와 식민지화가 제국의 국방과 동양평화론적 입장에서 달성해야 할 과제로 보고, 여기에 저항하는 한국인의 애국심을 동정하기도 했지만, 기본적으로는 탄압의 대상이라고 언급하였다.

둘째, 경부철도건설론에서 사립회사안의 폐기를 주장하고 국유철도안을 제기했다. 그 이유는 자원개발과 이민론적 관점에서, 그리고 경원선 경의선을 거쳐 중앙아시아와 유럽으로 연결되는 세계의 통로로 군사상, 평화적 산업상 반드시 필요하다는 것이다. 따라서 사립회사인 대만철도회사의 실패를 거울삼아 자금문제를 해결하기 위해 자유주의의 틀을 넘어 '철도관설론'을 주장하였다.

셋째, 보호국화론과 내정개혁론이다. 중국 러시아와 싸워 얻은 보호국화는 일본의 권리범위이며 열국이 인정하고 있으며, 이를 전제로 내정개혁, 즉 한국의 일본화를 한국민의 문명과 행복을 진척시키는 방향에서 추진해야 한다고 주장했다. 그리고 문호개방주의를 채택하고 자유무역주의·평등주의가 가장 공평한 정책이라고 주장했다. 일본정부의 보호주의적 정책을 비판하고, 영국과 같은 문호개방주의를 채택할 것을 주장했다. 그 실질적 내용은 대륙진출론과 맞물린 팽창주의적 관점에서 제시된 것이다. 내정개혁에서는 자문에 그치는 고문정치를 비판하고 관리의 임면출척권, 궁극적으로는 황제의 실권을 일본에 위탁해야 보호정책의 실효를 거둘 수 있을 것이라고 주장하였다. 영국을 모델로 자유개방정책·한민의 문명과 행복을 진척하는 것을 주안으로 하면 제국팽창의 진로가 평탄할 것으로 주장하였다.

황무지개척권 요구같이 개인이 특권을 독점하려는 보호주의적 태도를 비판하고 이를 철회할 것을 주장하였다. 화폐정리사업도 이 같은 관점에서 비판하고 있다. 원칙적으로 자유개방주의를 택해야하며 이것이 국민의 독립정신을 길러줄 것이라고 주장했다.

논설 방문록의 내용을 보면, 첫째, 국가재정권 장악은 채권자인 일본정부가 재정위원을 두고 완전히 장악할 것을 주장했다. 광산사업에서 구미인과 같이 광산채굴권을 획득하기 위한 적극적 실천을 주문하였다. 경부철도건설은 일본정부의 보조와 특전을 제공하여 완성하자는 사립회사부설론을 실기도 했지만, 『신보』의 입장은 정부부설론이었다. 이 밖에 1900년대에는 내지개방론을 주장했다 조선개방론은 자유도항과 완전한 토지소유권 획득을 전제로 한 자유개방정책을 주장했다. 한국의 농업이익이 매우 크기 때문에 토지투자가 매우 시급한 과제라는 것이다. 토지획득을 위한 법률제도를 마련하고 모범농장을 설치한 것을 주장하였다. 특히 조선은 일본인구의 배출처로 중요한 곳이니 경부철도나 각종 사업분야에 투자하는 한편, 러시아와의 전쟁을 각오하고 조선을 일본 영토로 만들어야 한다는 논설을 실었다. 이와 동시에 러일전쟁이 끝날 무렵부터는 만주경영론도 적극 실었으며, 문호개방주의적 입장이어야 한다는 점을 강조하고 있다. 그리고 한국정부 무용론적 입장에서 대한경영 방침을 논하였다. 지조개정을 토한 세입확충책 군대해산론 등 제국주의 팽창론적 논설을 주로 실었다.

일본 주요인사를 방문하여 게재한 대담록을 실었는데 방문자는 오쿠마 시게노부, 일본은행 총재 소에다 주이치, 金町製瓦會社 사장 가나에 미치조, 미쓰이은행 이사 하타노 쇼고로, 동방협회 간사 쓰네야 세이후쿠, 일본농무성 관리 가토 스에로, 수산강습소장 마쓰바라 신노스케, 경부철도회사 고문 가사이 아이지로 등이었다. 이들의 인식도 기본적으로 제국주의 팽창정책 입장이었다. 이들과 『신보』의 자유주의적 원칙은 일본정부의 보호정책과 대립하기도 했지만, 이것은 방법론적 차이일 뿐 식민지 건설이라는 목표는 모두 동일했다.

마지막으로 본 연구대상 시기는 아니지만 그 이후 『신보』가 편집방향에서 일대 전환점을 보인다고 기존 연구에서 검토한, 다이쇼 데모크라시기를 전후한 시기 『신보』의 편집 경향성을 약술하려 한다. 다이쇼 데모크라시기에

『신보』는 급진적 자유주의의 최고 수준에 도달하여 비제국주의와 피압박 민족해방론을 제기하기도 했으며, 그 직접 대상자가 식민지 조선이었다고 평가하기도 하였다.[93] 물론 이와 다르게 평가할 수도 있지만, 당시 일본여론의 하나의 경향과 전후 평가의 다양성의 한면을 보여준다고 생각되어 약술한다.

『신보』의 편집방침과 이념은 1910년을 전후하여 점차 변화되는 모습을 보였다. 제국주의적 색채가 점차 희석되어가는 모습을 보였다. 1911년 신해혁명이 발발하자 『신보』는 혁명은 국민의 자유라고 표방하고, 민족자결의 원리를 지지하면서 중국 민족주의를 긍정하는 모습을 보였다. 1920년대에는 "약소국과 공생하자." "대일본주의는 환상이다."라는 기조 아래, 급진적 자유주의 이념으로 무장하여 제국주의에서 벗어나는 모습을 보였다. 세계 모든 인민을 정치 경제적으로 완전한 자주권을 내포한 존재로 인식하기도 하였다.

滿洲放衰論과 朝鮮放衰論을 비롯하여, 군비 철폐, 자유무역주의를 철저히 하여 대륙침략이 필요하지 않다는 것, 민족자결의 대세에 따르고 조선민족의 자립 역량을 신뢰할 것, 다른 나라의 제국주의를 비판하기 전에 자국부터 극복할 것, 조선 및 동양 피압박 민족과의 연대를 기대할 것 등의 주장에서 보듯이, 『신보』는 제국주의를 비판적으로 바라보기도 했다. 이것은 단순한 감상주의에서 나온 것이 아니라 제국주의가 그동안 획득한 식민지 이득의 허구성을 증명하는 가운데 제시한 것이고, "안으로 입헌주의, 밖으로는 제국주의라는 기존 자유주의 진영의 기본이념을, 안으로 국민주권주의, 밖으로는 비제국주의로 이념적 전환을 해 갔다."고 적극적으로 평가하는 연구도 있다.

---

93) 다이쇼 시기 『東洋經濟新報』의 이념과 편집방향에 대해서는 井上淸·渡部徹編, 『大正期の急進的自由主義 −『東洋經濟新報』을として』, 東洋經濟新報社, 1972 ; 松尾尊兌, 『大正デモクラツー』, 岩波書店, 1974 참조.

일본인 식민지 지주제의 생애와 모습
-전북과 경남 지역 사례-

제1장 전북지역 일본인 지주의 농장경영과 농외투자

1. 머리말

식민지 지주제는 일본제국이 한국과 한국농촌을 지배하는 중심 기구였으며, 이에 대한 분석은 그간 한국근대사 연구에서 핵심 과제 중의 하나였다.[1] 한국학계에서는 한말 일제하 한국사회의 지배계층으로 한국자본주의의 성립 발전을 주도해 간 한국인 지주제에 연구의 중심을 두었으며, 해방과 더불어 사라져 버린 일본인 지주제는 크게 주목하지 않았다.

반면 일본인 학자들은 일본사적 입장에서 일본자본주의의 구조적 일환으로서 식민지 지주제, 특히 일본인 지주제의 위치를 설정하기 위한 연구에 주 관심을 두었다. 연구내용은 일본인 개별 지주자본을 성격별로 나누어 그의 지주화 과정과 소작제 농장경영의 내용을 다룬 연구,[2] 일제의 농정을 선도한 일본인 지주경영을 분석하여 이들을 구래의 경영과 다른 새로운 형태로 동태적 지주, 기업가형 지주, 비료대적 지주 등이라 성격을 부여한 연구 등이 있다.[3]

---

1) 지주제 연구동향에 대해서는 홍성찬,『한국 근대 농촌사회의 변동과 지주층』, 지식산업사, 1992, 2~13쪽 ; 宮嶋博史,「植民地下朝鮮人大地主の存在形態に關する試論」,『朝鮮史叢』5·6, 1982, 154~161쪽 등이 참고된다.
2) 淺田喬二,『增補 日本帝國主義と舊植民地地主制』, 御多の水書房, 1989.
3) 宮嶋博史, 앞 글,『朝鮮史叢』5·6, 1982, 154~158쪽. 宮嶋博史는 이러한 유형을 한국인

한국에서의 일본인 지주제 연구는 해방후 초기에는 한국 농촌의 수탈기구라는 관점에서 개략적으로 소개한 형식의 글이 대부분이었지만,[4] 1970년대 중반 이후에는 이를 외래적인 것이라고 치부하지 않고, 한국사회와의 연관구조아래 연구를 진척시켰다. 구래의 지주제가 식민지 지주제로 재편되는 과정과 이에 대한 농민들의 투쟁,[5] 금융자본의 일본인 농장에 대한 지배구조와 농장경영 시스템, 소작농민의 존재형태 등의 분석을 통해 일제시기 한국농촌사회의 성격을 규명하려 한 연구 등이 있다.[6] 이러한 연구는 주로 개별 사례연구 방식으로 이루어졌다.

그러나 일본인 지주제 연구는 그것이 한국사회에 미친 영향에 비해 여전히 미진한 감이 없지 않다. 우선 다양한 사례연구가 축적되어야 하며, 다음과 같은 점들에 대한 검토가 요구된다. 첫째, 연구가 대부분 대지주에 치우쳐 중소지주와 자소작농 등을 포함한 전체 지배구조를 알기 어렵다는 점이다. 둘째, 지주자본의 농외투자, 산업자본으로의 자본전환에 관한 연구가 상대적으로 소홀하였다는 점이다. 식민지 자본주의는 이식 자본주의이면서 국내 경제구조 그중에서도 지주제와의 구조적 연관성아래 진행되었다는 점에서 이들을 한 틀로 묶어 분석해야 식민지 경제구조의 성격이 더 분명해질 것이다.[7]

지주에 확장시켜 '전북형 지주', 홍성찬은 「일제하 기업가적 농장형 지주제의 역사적 성격」, 『동방학지』 63, 1989. 9.에서 '기업가적 지주'라 했다.

4) 대표적으로 조기준, 「일본인 농업이민과 동양척식주식회사」, 『한국경제사학논총(최호진박사 화갑기념논총)』 1, 1974 등이 있다.

5) 김용섭, 「재령 동척농장의 성립과 지주경영의 강화」, 『한국근현대농업사연구』, 일조각, 1992 ; 이규수, 『近代 朝鮮における植民地地主制と農民運動』, 山信出版社, 1996 등이 있다.

6) 홍성찬, 「일제 금융자본의 농기업 지배 : 불이흥업의 경영변동과 조선식산은행」, 『동방학지』 65, 1990 ; 홍성찬, 「일제 금융자본의 농기업 지배 : 조선식산은행의 성업사 설립과 그 운영」, 『동방학지』 68, 1990 ; 하지연, 『일제하 식민지 지주제 연구』, 혜안, 2010 등이 그것이다.

7) 한국 내 일본인 자본가에 대한 사례는 김동철, 「부산의 유력자본가 香椎源太郎의 자본축적과정과 사회활동」, 『역사학보』 186, 2005. 6과 김동철의 앞 글, 60쪽에

본장은 이러한 여러 문제를 해결하기 위해 지역사례 분석 방법을 택했다. 일본인 지주, 한국인 지주, 농민 등의 상호관계와 변화의 추이를 상호 유기적으로 분석하기 위해 개별사례에서 지역단위로 범위를 확대하여 다각도로 분석하는 것이 유용하다고 판단하였다. 분석대상 지역은 전북 옥구군 서수면을 선정했다. 이 지역은 일제초기부터 일본인 지주, 특히 가와사키 도타로(川崎藤太郎) 농장과 같은 일본인 대지주는 물론 다수의 일본인 중소지주가 리 단위로 지역을 나누어 전방위적으로 침투하였다는 점, 그리고 이들의 농외투자가 지주들의 특성에 따라 다양하게 나타났으며, 이는 조선은 물론 일본 내 경제동향과도 밀접하게 연관되어 있다는 점에서 특징적이었다. 따라서 이 지역은 일본인 지주자본의 다양한 행동양식을 분석하는 데 적당한 지역이라고 판단되었다.[8]

본장에서는 이러한 점에 유의하면서 다음의 점들에 초점을 두고 분석하려고 한다. 첫째, 일본인 지주들의 소유변동과 경영구조 분석을 통해 서수면 지주들의 상호관계와 특질을 규명하려 한다. 둘째, 일본인 지주들의 농외투자 분석이다. 투자유형을 크게 농업연관 분야에 투자한 지주형 투자와 이를 넘어 다양한 분야에 적극적으로 투자한 산업형 투자로 나누어 그들의 다양한 행동양식을 분석한다. 셋째, 조선인 토지소유자의 대응과 상호관계도 유념하

소개되어 있는 김경남, 차철욱의 글이 참고된다. 근래 '재조 일본인'이라는 개념아래 이들의 연구가 비교적 활발하게 연구되고 있다. 홍순권이 편찬한『일제시기 재부산 일본인사회 사회단체조사보고』, 선인, 2005와『일제시기 재부산 일본인사회 주요 인물 조사보고』, 선인, 2006 등이 있다. 이를 바탕으로 부산 지역의 일본인 자본가 연구가 활발히 진행되고 있다. 그리고 이와 다른 연구방법론으로 배석만,『한국 조선산업사 일제시기 편』, 선인, 2010과 김경남,『일제의 식민도시건설과 자본가』, 선인, 2015 등이 있다.

8) 여기서는 10정보 이상 계층을 지주라 보고 분석대상으로 삼았다. 지주조사에서는 20정보, 30정보, 50정보, 100정보 등 용도에 따라 기준이 다양하나 여기서는 황해도 군지주회에서 10정보 이상의 토지소유자를 회원으로 한다는 규정을 적용했다(이프스키생,「1918年 7月 黃海道大地主協議會の狀況に就て」,『朝鮮農會報』13-7, 1918. 7, 33쪽).

면서 분석하려고 한다. 이러한 분석을 통해 한국농촌사회를 지배한 일제 식민지 지주제의 내용과 성격, 지주와 산업자본의 상관성 등을 추출해 낼 것이다.

본 연구의 기본적 한계는 지주가 경영문서를 확보하지 못했다는 점이다. 따라서 본장은 운영시스템이나, 지주와 농민, 지주와 금융자본, 미곡유통, 그리고 자본의 실체, 기업의 경영내용 등은 제외하였다. 따라서 외연적 연관구조 분석에 그친다는 한계가 있으며, 해방후 식민지 지주제의 해체와 농민층 동향분석을 다루지 못했다는 아쉬움이 남는다.[9]

2. 일본인 지주의 소유규모 변동과 농장관리 체계

1) 일본인 지주의 소유규모 변동

전북의 일본인 대지주들은 러일전쟁을 전후하여 밀려들어오기 시작하였다. 대부분 1910년 이전에 이곳에 들어와 토지를 확보하고 농장경영을 시작했다.[10] 1905년 이전에는 대한제국의 외국인 토지소유금지 조치에도 불구하고 이를 무시하고 여러 방법으로 잠매를 해갔다. 한국인 명의를 빌리거나 매득자 명의를 기록하지 않고 매매문기를 작성하는 방식, 영대소작권 매매방식, 전당권을 이용한 방식, 철도부설·광산개발·온천개발 등의 인허가를 통한 강제 매입 등 다양하였다. 때로는 낮은 소작료를 조건으로 영세농민들을 유인하여 헐값에 매입하기도 하였다.[11]

---

9) 이 분석에서 이용한 주 자료는 군산시청에 소장된 서수면『토지대장』과 中村資良 편,『朝鮮銀行會社要錄』(東亞經濟時報社) 각년판을 주로 사용했다. 아울러 국사편찬 위원회의 한국사 데이터베이스도 활용했다.

10) 尾西要太郎,「主要內地人經營者」,『鮮南發展史』, 1913, 200~205쪽.

11) 최원규,「1900년대 일제의 토지권침탈과 그 관리기구」,『부대사학』19, 1995. 537~552

러일전쟁을 전후한 시기부터는 대한제국의 공권력을 무시하고 일본군의 비호아래 사적 폭력을 동원하여 강제로 집단적으로 토지를 매입하였다.[12] 외국인의 토지거래가 공식적으로 허용된 토지가옥증명규칙 제정이후에는 한일양국의 법과 관습의 차이를 적극 이용하여 광대한 토지를 확보하였다. 동리나 문중 등 공동체적 소유지, 노전이나 개간지 등에 성립된 농민의 물권적 경작권이나 개간권은 완전히 무시하였다. 왕실과 민이 개간문제로 소유권 분쟁이 제기된 전북의 균전지역, 전국 각지의 국·민유 분쟁이 벌어진 절수사여지 등은 토지를 헐값에 확보할 수 있는 좋은 투자처였다.

일본인 투자자들은 농민의 경작권 등 소유권이외의 관습물권을 완전히 무시하고 배타적 소유권을 전제로 토지를 확보하고 광대한 농장을 건설했다.[13] 이들은 일본 영사관의 지휘 아래 가능한 한 서로 중복되지 않게 거점을 정하여 일본인 사이의 불필요한 경쟁을 막고, 토지를 한 곳에 집중적으로 마련하였다. 일본에서의 농업경영의 경험을 살려 경영 합리화를 기하기 위한 것이었다.

전라북도 옥구군에는 회현면·개정면·미면·대야면·서수면 등 거의 모든 면에 대지주들이 침투해 들어왔다. 면내에서는 지주별로 리를 달리하며 농지를 구입하여 농장을 건설했다. 서수면의 경우, 가와사키 농장은 서수리, 모리야(森谷) 농장은 신기리, 시마타니(嶋谷) 농장은 그 틈새 지역의 토지를 집중 매집해 갔다.[14] 서수리에서는 가와사키 도타로(川崎藤太郞)와 이를

쪽. 그리고 537~545쪽에 전북지역의 잠매실태가 분석되어 있다. 1904년 일본인 41명이 한국인 1157명으로부터 전북 10개 군에서 15493.4두락을 잠매했다. 그중 옥구군이 3926.9두락, 임피군이 3687두락으로 1, 2위를 점하였다.

12) 황성신문은 곳곳에서 벌어진 일본인의 토지침탈 사례를 보도하고 있다. 특히 낙동강, 만경강 등 큰 강유역이 심했다.

13) 최원규, 『한말 일제초기 국유지조사와 토지조사사업』, 혜안, 2019에 자세히 분석되어 있다.

14) 최원규, 「일제시기 거주지별 소유변동과 특질」, 『부대사학』 28·29합집, 2005, 391~394 쪽.

승계한 후타바사(二葉社)가 전체 면적의 50% 가량을 소유했다. 다른 일본인의 소유지까지 포함하면 일본인의 소유비중이 65%를 넘었다. 이곳에는 이웃 임피면과 달리 유수한 한국인 지주는 거의 없었다.[15] 중소지주와 자작농 등이 일부 존재하지만 대부분은 영세소유자나 무토지 소유자였다. 영세농은 가와사키 농장의 완전한 소작농이 되거나 일부를 소작하며 살아가는 존재였다. 정도의 차이는 있지만 적어도 일본인이 토지를 집중 소유한 서수면 내 수리조합지구에서는 대체로 이와 비슷했을 것으로 판단된다.

서수면에서 일본인들이 소유한 면적은 〈표 1〉에서 보듯, 1914년에는 서수면 전체농지의 37%였다가 1945년에는 53%로 증가했다. 이 가운데 일본인 대지주, 즉 가와사키 농장과 이를 승계한 후타바사, 시마타니家에서 운영한 嶋谷농장, 嶋谷産業, 嶋谷農事, 그리고 모리야 농장, 가타키리 와조(片桐和三) 등이 1914년에는 82%로 압도적 비중을 점했다가 1945년에는 62% 정도로 비중이 크게 감소했다. 물론 이 감소는 다른 일본인 소유의 증가로 인한 상대적 비중의 감소이고 일본인 전체의 소유면적은 증가하였다.

대지주 이외의 일본인이 소유한 면적은 초기에는 전체의 6.5%였지만 1940년대에는 20%를 넘어섰다. 일본인 중소지주가 인원과 면적에서 괄목할 만한 증가를 보였다. 전체적으로 일본인 소유가 크게 증가했다. 수리조합지구만 계산하면 일본인 토지의 비중은 더 컸다. 지목 가운데 답의 증가폭이 컸다. 대지주보다 그 이하 층이 답을 더 집중 소유했다. 이들 가운데 대지주와, 전체 경영면적에서 자작보다 소작경영의 비중이 더 클 가능성이 있는 10정보 이상의 소유자를 뽑아 서수면 거주자와 비거주자로 나누어 정리하면 〈표

15) 전북 옥구군 임피면은 종전에는 임피현으로 관아 향교 등이 자리한 이곳의 중심지였지만, 일제시기 지방제도 개편할 때 옥구군의 한 면으로 편입되어 점차 주변화되어 갔다. 조선인 대지주들은 대부분 이곳에 거주하였으며, 토지도 다른 곳에 비해 비옥하였다. 일본인 지주는 거의 없었다. 이곳의 상황에 대하여는 이경란, 「일제하 임피지역의 주변화와 조선인 유지층의 동향」, 『일제하 만경강 유역의 사회사』, 혜안, 2006에 자세히 분석되어 있다.

<표 1> 서수면내 일본인 소유지의 면적변화

구분	일본인(%)								
	합(①+②)			대지주①			대지주 제외분②		
연도	전	답	합	전	답	합	전	답	합
1914	47	39	37	42	35	33	5	5	4
1920	50	44	41	43	36	34	7	8	7
1926	55	51	47	45	36	34	9	15	13
1932	57	58	53	47	39	37	10	19	16
1938	56	59	54	46	41	38	11	18	16
1945	50	59	53	39	43	39	11	16	14

	한국인(%)			국공유지(%)			면적(정보)			
연도	전	답	합	전	답	합	일본인	국공유지	한국인	합
1914	52	59	57	1	2	6	774	121	1,201	2,096
1920	49	55	54	1	2	5	858	113	1,134	2,105
1926	45	48	48	1	1	5	1,013	116	1,023	2,152
1932	42	41	42	1	1	5	1,143	111	913	2,167
1938	43	39	41	1	2	5	1,178	117	885	2,180
1945	47	38	40	3	3	7	1,171	161	890	2,222

비고: 합은 전답이외의 다른 지목가지 합한 것이다.
출전 : 서수면토지대장(옥구군청)

2)·〈표 3〉과 같다. 이들의 변동 내용을 살펴보기로 하자.

일본인 지주들이 서수면에 자리 잡은 시기를 보면, 대지주는 1910년 이전에 터를 잡았으며, 토지대장을 작성하기 시작한 1914년 이후에는 큰 변동을 보이지 않았다. 반면 일본인 중소지주들은 1914년 이후 토지소유를 확대하여 대지주로 성장해갔다. 양자가 토지소유규모에서 차이를 보인 것은 기본적으로 자금력과 진출 목적에서 차이가 있었기 때문이다. 자금력이 풍부한 대지주는 정치 경제적 힘을 바탕으로 적당한 지역을 선택하여 한꺼번에 대거 토지를 확보했지만, 중소지주는 대지주의 기술원이나 관리인으로 들어와 자금이 마련되는 대로 투자를 늘려가거나 일본에 거주하며 토지의 구입과 경영을 위탁한 경우였다. 이들이 소유한 토지의 지목별 동향을 보면, 답이 압도적으로 우세하였지만 토지소재지와 거주지의 거리에 따라 전이 차지하는 비중에는 차이가 있었다. 면내 지주는 전의 비중이 높은 편이었으며,

<표 2> 서수면 거주 일본인 지주의 면적 변동(단위 : 정보)

지주명	거주리명	지목	1914	1920	1926	1932	1938	1945
川崎농장	서수	전	53.9	54.3	56.9	0.0	0.0	0.0
		답	238.4	247.9	245.1	0.3	0.3	0.0
		합	316.5	327.0	325.0	0.7	0.7	0.1
森谷농장	신기	전	18.6	23.8	26.3	28.5	30.6	30.9
		답	155.7	154.5	155.7	167.0	170.2	212.5
		합	178.9	183.4	188.6	208.7	211.3	252.1
廣川己之作	서수	전	1.0	1.5	1.9	2.8	3.1	2.9
		답		1.2	6.1	9.2	13.3	9.6
		합	1.0	2.8	8.9	12.9	17.7	13.6
篠井末次郎	서수	전		1.2	2.2	2.2	2.1	2.9
		답	10.8	14.6	14.7	14.8	14.8	14.4
		합	11.4	18.0	18.1	18.1	18.1	17.8
齋藤繁正	서수	전				0.3	0.4	0.4
		답			1.0	4.1	5.6	10.5
		합		2.3	3.3	6.6	8.6	11.3
和田喜市	서수	전			1.8	2.3	2.7	2.9
		답			15.0	19.0	18.9	18.0
		합			17.5	22.3	24.1	22.1
槇瀧太郎	서수	전			0.3	1.3	2.8	4.0
		답	0.3	0.5	5.1	13.7	26.6	30.8
		합	0.3	0.5	7.3	17.3	33.0	35.7
深井淺五郎	화등	전			0.6	0.6	2.3	2.1
		답	0.3	0.3	1.6	6.6	8.0	8.5
		합	0.3	0.3	2.7	7.9	11.7	11.7
中對與十郎	금암	전		0.5	3.3	3.8	4.9	7.4
		답		0.6	2.2	3.2	3.3	3.3
		합		1.2	9.0	11.2	10.5	11.5
합계			987.4	1,036.4	1,120.2	585.4	645.6	737

출전 : 『서수면토지대장』(옥구군청)

면외 거주 지주와 일본거주 지주는 전을 매우 적게 소유하였다.[16] 예외적으로 수리조합지구가 아닌 금암리에 서주하며 중소지주로 보이는 나카쓰이 요주로(中對與十郎)만 전이 우세하였다.

---

16) 최원규, 앞 글, 『부대사학』 28·29, 2005. 8, 369~382쪽.

〈표 3〉 서수면 외 거주 일본인 지주의 면적 변동(단위 : 정보)

지주명	거주	지목	1914	1920	1926	1932	1938	1945
片桐和三	황등	전	2.9	2.9	1.6	1.6	1.6	1.5
		답	32.2	11.6	10.0	10.0	9.9	7.0
		합	35.1	14.5	11.6	11.6	11.6	8.5
高橋左五郎	황등	전						0.2
		답	13.4	13.4	13.4	13.4	13.4	14.5
		합	13.4	13.4	13.4	13.4	13.4	14.7
廣中友太郎	개정	전		0.8	2.7	2.7	2.2	2.2
		답	2.3	5.1	9.0	9.0	9.0	8.9
		합	2.3	6.1	12.2	12.2	11.4	11.2
嶋谷농장	개정	전	38.7	40.3	40.5	41.5	41.5	42.4
		답	63.7	68.7	77.4	78.6	81.3	81.0
		합	109.0	115.1	126.4	129.2	132.5	131.5
多木粂太郎	진봉	전				0.1	0.1	0.1
		답				9.6	14.2	13.9
		합				9.7	14.4	14.3
二葉社	新潟	전		0.9	0.9	60.0	58.9	53.5
		답		7.5	17.2	272.6	270.8	246.8
		합		8.3	20.0	357.6	355.6	311.8
梶原貞三郎	兵庫	전	0.4	0.4	0.4	0.4	0.2	0.2
		답	46.0	47.8	47.9	47.9	46.7	48.6
		합	46.4	48.8	48.6	48.6	47.2	48.9
望戸卓兒	廣島	답			11.4	11.4	10.9	
		합			11.4	11.4	10.9	
奥窪源左衛門	廣島	전	2.5	2.8	3.0	3.0	2.5	2.5
		답	11.0	13.8	21.2	21.0	21.5	27.9
		합	13.5	16.6	24.3	24.2	24.2	31.0
二階堂三郎	廣島	답			24.6	26.7	26.7	26.9
		합			24.6	26.7	26.7	26.9
佐上甚三郎	廣島	전						0.1
		답	2.7	22.0	22.0	22.0	21.7	22.4
		합	2.7	22.0	22.0	22.0	21.7	22.5
佐佐木幹三郎	廣島	답			0.6	23.0		
		합			0.6	23.4	0.3	0.3
槇久右衛門	山形	전			4.7	4.6	5.8	5.5
		답		37.7	40.1	45.6	44.4	39.8
		합		37.7	45.9	51.4	51.9	48.2
합계			438.2	558.2	709.6	1,446.1	1,405.1	1,315.7

출전 : 『서수면토지대장』(옥구군청)

다음에는 지주 개인의 연도별 소유면적의 증감을 보자. 서수면 최대의 지주인 가와사키 농장은 1920년경에 면적이 최고에 달했다. 그 후 약간 감소하다가 1926년 후타바사에 전부 처분했다. 가와사키가 농장을 처분한 것은 서수면 농장의 경영부실이 아니라 평북 서수농장에 대한 투자 부실이나 다른 요인에서 기인한 것으로 보인다. 가와사키 농장과 후타바사는 서수면에 300정보 이상 소유했다. 서수리 전체 면적의 50%, 서수면의 14%를 점하는 규모였다. 후타바사는 가와사키 농장을 인수한 이후 소유면적이 다소 증가하였지만, 1930년대 후반이후 40여 정보의 감소를 보였다.

모리야 농장은 200정보 내외로 서수면에서 제2위를 점했다. 처음부터 계속 소유규모가 증가했다. 재지지주로 지주경영 이외에 다른 곳에 눈을 돌리지 않고 농장경영에 매진하며 토지를 늘려갔다. 그리고 가와사키 농장에 비해 답의 비중이 압도적으로 높았다. 시마타니 농장은 100정보에서 130여 정보까지 계속 증가하다가 1940년 무렵부터 정체된 모습을 보였다. 이 밖에 다른 지역에서는 대지주였지만, 서수면 내 소유지만으로는 중소지주 정도의 토지를 소유한 가타키리 와조와 다키 구메타로(多木久米太郞)가 있다. 가타키리는 30정보에서 10정보대로 계속 감소하였으며, 다키는 1930년대 서수면에 들어왔으나 곧 정체된 모습을 보였다.

전체적으로 일본인 대지주들은 두 경향을 보였다. 하나는 후타바사처럼 1930년대 중반까지는 점증하는 모습을 보이다가 후반 이후 정체된 모습을 보인 경우였다. 농외투자와 소유규모의 상관성을 보여주는 자료는 없지만 후타바사는 대체로 조선보다는 일본내 투자에 집중했을 가능성은 짐작할 수 있다. 다른 하나는 모리야 농장이나 마사 다키타로(槇瀧太郞)같이 현지에 거주하며 농업경영에 전념하여 소유지를 계속 늘려간 경우였다. 비거주자들의 토지는 전반적으로 증가했지만, 1940년 무렵에는 증가·유지·감소라는 다양성을 보여주었다. 이 중 일본에 거주한 일부 지주는 토지소유를 완전히 포기하기도 했다. 이들은 한국진출 초기 토지를 집중 매득한 후 조선내 일본인 지주에 경영을 위탁했다. 1940년 무렵 수익률이 기대에 크게 미치지 못하자 이런 행태를 보였다고 생각된다.

전체적으로 보면, 1930년대 중반까지는 일본인 전체의 소유면적과 인원이 증가했으며, 후반 이후는 대지주는 정체된 모습을, 중소지주는 증가하는 모습을 보였다.[17] 일본거주 지주의 감소가 두드러졌다. 식민지 지주제 성장의 한계상황을 보여준 것이며, 이와 동시에 자본전환에 적극성을 띤 지주도 등장하였다.

2) 일본인 지주의 농장 관리체계

(1) 기업형 농장의 관리체계

서수면에 토지를 소유한 일본인 지주의 경영형태는 두 유형으로 나뉜다. 하나는 지주가 직접 경영권을 행사하며 농장을 경영하는 경우이고, 다른 하나는 소유규모가 적거나 현지사정에 어두운 일본에 거주하는 부재지주가 현지 일본인 지주에게 경영권을 맡긴 위탁경영이다.

일본인 지주의 농장경영은 지주가 직접 경영하기도 했지만, 거대지주는 주로 지배인을 고용하여 농장을 관리했다. 관리인 도입형 농장은 토지소유 규모가 컸으며, 농장주가 기업의 경영시스템을 도입하여 관리인이 운영을 담당하도록 하였다. 일본인 대지주들은 일본에서 지주경영을 경험한 자도 있지만, 자본가가 산업자본을 지주자본으로 환원시킨 경우도 많았다. 이럴 경우 자본가는 자연스레 기업가적 입장에서 농장 경영을 계획하게 될 것이다. 자본가는 농업회사를 설립하여 농장장이 경영을 책임지도록 하고, 농장실무는 직원을 고용하여 담당하도록 했다. 일본인 자본가적 대지주는 한국과 일본의 전통적 경영방식과 다른 경영방식, 즉 기업형 경영방식을 도입하여

---

17) 최원규, 「일제하 지주제의 확대와 토지소유의 변동」, 『동방학지』 130, 2005. 6, 158~166쪽.

농장경영을 꾀하였다.[18]

농장경영의 구체적 실태를 가와사키 도타로를 비롯한 이 지역 여러 일본인 지주들의 예를 통해 살펴보자. 가와사키는 니가타현 미시마군(三島郡)의 지주 출신으로서 三島農商銀行을 창립하고 나가오카에서 포목전을 경영하던 상인이다.[19] 그가 한국에 건너온 것은 1906년이지만, 동생 가와사키 신키치(川崎晋吉)가 1905년 건너와 공사관의 일등 서기관 하기와라 슈이치(萩原守一)와 군산 거류지의 이사관이었던 같은 지역 출신 아마노(天野)의 도움을 받아 가와사키 도타로 명의로 구입한 것이 농장의 시작이었다.[20] 가와사키家와 같은 일본인들은 일본정부 관리들의 지원을 받아 이 지역에 자리를 잡은 뒤, 고향 사람들이 '도한'하여 농장을 설립 경영하도록 적극 도왔다.[21] 이들은 대부분 매득방식으로 토지를 확보했지만, 국유미간지를 대부받아 개간하거나 공유수면을 매립 간척하여 농장을 확대하기도 했다. 가와사키가는 서수면 농장은 매득 방식으로, 평북의 瑞穗農場은 간척 방식으로 토지를 확보하여 농장을 설립했다.[22] 농장은 농장장이 경영전반에 대한 책임을 지고, 직원과 농업기술자를 채용하여 관리 운영하는 시스템이었다.[23]

시마타니 농장은 시마타니 야소하치(嶋谷八十八 : 1862~1944)가 책임지고

---

18) 홍성찬, 앞 글, 『동방학지』 63, 1989. 9.

19) 川崎藤太郎은 1890년대 상인이며 지주로 금융업에도 겸했다. 淺田喬二, 「舊植民地朝鮮における日本大地主階級の變遷過程(下)」, 『農業總合硏究』 19-5, 1965, 124~125쪽.

20) 大橋淸三郎, 『朝鮮産業指針』, 朝鮮開發社, 1915, 15쪽.

21) 片桐和三·澁谷善作·石黑忠篤·關谷五郞三郞 등 한국에서 농장설립을 원하는 자에게 알선을 해 주거나, 新潟縣 자산가 白勢春三·竹山屯과 함께 二葉社를 설립하여 전주, 삼례 등에 농장을 확보했다. 石川縣農業(주)도 이같이 지역의 지주 자본가들이 투자하여 농장을 개설한 경우이다. 淺田喬二, 「舊植民地(朝鮮)における日本人大地主の存在形態」, 『朝鮮歷史論集(下)』, 1979 참조.

22) 淺田喬二, 앞 글, 『農業總合硏究』 19-5, 1965, 125쪽. 앞으로 일본인 지주의 전신에 대한 특별한 언급이 없는 것은 淺田喬二의 이 글에 의존한 것이다.

23) 농장 관계자들 가운데 일부는 川崎농장이 二葉社로 넘어간 후에도 서수농장의 임원으로 남아있었다. 槇瀧太郎은 신기리에서 槇농장을 개설했다. 大橋淸三郎, 『朝鮮産業指針』, 朝鮮開發社, 1915, 18쪽.

경영을 하고, 시마타니 도쿠사부로(嶋谷德三郎)가 일정한 지분을 갖고 참여하였다. 이들은 야마구치현(山口縣 玖珂郡 由宇村) 출신이었다. 도쿠사부로는 시마타니 도쿠우에몬(嶋谷德右衛門)의 장남이고, 야소하치는 도쿠우에몬의 장녀의 양자였다. 도쿠우에몬은 선운업자였으며 도쿠사부로가 대를 이었다. 본거지는 고베(神戶)에 두었다.

시마타니가는 청일전쟁 후 여러 회사를 설립하는 등 사세가 크게 확대되고 재벌급 대자본가로 성장했다. 일본 내 투자기업은 嶋谷기선주식회사, 嶋谷상선주식회사, 日船광업주식회사, 北日本기선회사, 東洋제지회사 등이었다.[24] 야소하치는 養母의 뒤를 이어 藥種商과 양조업을 겸영했다. 연간 500석의 술을 생산했다. 1904년 주조업을 아들 다쓰(達)에게 맡기고,[25] 한국에 건너와 군산에서 농장경영을 하면서 금융업도 겸영했다.[26] 농장은 1906년 옥구군 개정면 구암리에서 시작했다. 1908년 발산리로 이사하여 정착했다. 농장의 토지는 개정면에 주로 소재하였으며, 서수면은 일부였다.[27]

효고현(兵庫縣) 출신인 다키 구메지로(多木久米次郎)는 일본에서 비료왕으로 불린 자본가였다.[28] 익산군 함나면 함열 역전에 다키 농장을 세웠다.[29] 다키家는 효고현(兵庫縣 別付町)에서 대대로 장유 제조업을 경영했다. 다키 구메지로가 분가하여 1885년부터 인산비료를 제조했다. 다키(多木)비료회사

<hr>

24) 嶋谷德三郎(1865~1928)은 帆船業을 경영하는 德右衛門의 장남이다. 아버지가 2척의 범선을 소유하고 미곡매매와 선운업에 종사하다 1889년 사망한 뒤 부의 가업을 계승 발전시켰다. 전 재산을 투입하여 철선을 구입하면서 장족의 발전을 했다고 한다. 井關九郎 撰, 『現代坊長人物史』, 發展社(東京), 1917, 1036~1037쪽.

25) 嶋谷達(1887~1956)은 嶋谷八十八의 차남으로 岩國中學校를 마치고 家業을 계승 銘酒 '公爵'을 만들었다. 方面委員, 民生委員, 調停委員, 村町會 委員, 由宇町 商工會議 初代會長 등을 지냈다. 井關九郎 撰, 앞 책, 發展社(東京), 1917, 1036~1037쪽.

26) 井關九郎 撰, 앞 책, 發展社(東京), 1917, 1028~1030쪽.

27) 鎌田白堂, 『朝鮮の人物と事業』, 1936, 137~138쪽.

28) 多木久米次郎(1859~1942). 1908년 중의원 의원, 1918년 多木製肥所 사장, 1939년 귀족원의원을 지냈다.

29) 일본에도 多木三郎(久米次郎의 양자) 명의로 일본의 兵庫縣과 石川縣에 72정보의 경지를 소유했다. 淺田喬二, 앞 글(하), 『農業總合硏究』 19-5, 1965, 142쪽.

의 출발점이다. 다키家는 비료제조업 외에 농공 조제, 경편철도, 은행 등을 경영하는 산업자본가이며 대농장을 소유한 '다키 왕국'을 건설했다. 다키 구메지로는 경제계뿐만 아니라 정치계에도 진출하여 중의원 의원을 역임했다. 다키 농장에는 양자인 다키 사부로가 거주하며 농장주로서 최종 결정권을 행사했다. 도쿄농업대학 출신인 도이 쵸스케(土井長助)를 지배인으로 초빙하여 농장경영을 맡겼다. 그는 영농은 물론 동진수리조합 설립에도 농장을 대표하여 참여하였다.[30]

모리야 겐이치(森谷元一)는 히로시마현(廣島縣 佐伯郡) 출신으로 아버지는 메이지유신 이후 촌장에 추대된 豪農이었다. 1906년 한국에 건너와 1907년 서수면 신기리에 자리를 잡았다. 주위 3개리에 한 사람의 일본인도 없었으며, 거의 독점적으로 토지를 구입했다고 한다. 모리야는 스스로 영농자로서 농장을 기업형으로 조직하고 법인화했다. 아들을 농업학교에 보내 전문성을 갖추게 한 다음, 자신의 대를 잇게 했다.[31] 모리야 농장주는 자신이 농업전문가로서 현지에서 직접 경영일체를 담당했다.

일본인 대지주들은 지주 출신도 있지만, 상인이나 산업자본가 출신이 주류였다. 농장의 조직형태는 지주책임 아래 본장에 지배인이나 주임을 두고 관리 책임을 지도록 하고, 영농은 농업전문가들을 고용하여 담당하도록 하는 방식이었다. 일반 기업과 같이 관리직과 기술직 등 전문직을 두고 경영하는 관리시스템이었다.

옥구군 서수면에 이웃한 익산군 오산면의 不二興業의 후지모토(藤本) 농장도 마찬가지였다. 불이흥업은 후지모토 합자회사를 모태로 탄생한 주식회사였다. 후지이 간타로(藤井寬太郎)는 주주총회에서 대표로 선임되어 회사의 경영전반을 맡았다. 농장은 사와무라 규헤이(澤村九平)를 지배인으로 임명하여 경영의 총괄책임을 지도록 했다. 각 지역에는 지장을 설치하고 주임을

---

30) 鎌田白堂, 『朝鮮の人物と事業』, 1936, 280~281쪽.

31) 宇津木初三郎, 『全羅北道發展史』, 1928, 259쪽.

두었다. 전북농장(후지모토 농장의 후신)의 주임은 사토 후쿠타로(佐藤福太郎)→ 야마자키 요스케(山崎要助)32)였다. 후타바사도 비슷한 형태였다. 총괄 지배인이 사이토 신이치(齋藤信一)이고, 서수 분장의 지배인은 사이토 한세이(齋藤藩正)였다.

일본내 자본가가 조선에 토지를 투자한 경우 이를 기반으로 토지경영에 집중한 경우와 산업자본가로서 주로 활동하고 부수적으로 지주경영을 하는 경우 두 유형이 있다. 불이흥업과 후타바사는 전자의 경우였다. 불이흥업은 전적으로 지주경영을 위주로 하고 다른 방면에는 거의 투자를 하지 않았다. 불이흥업은 지주경영에 필요한 물품을 조달하기 위해 1917년 군산에 不二商業(株)을 설립하였다. 이 회사는 물품매매, 위탁매매, 정미업, 조면업, 대행업을 목적으로 하였다. 불이흥업 관계인이 임직원을 맡았다.33) 구마모토 농장도 지주경영에만 전념한 비슷한 유형의 지주였다.

전북지역 주요 농장의 지주와 지배인은 〈표 4〉와 같다. 이들 농장은 지주의 현지 거주 여부나 직접 농장경영 여부에 관계없이34) 지주경영이 가능한 '기업형 농장' 형태를 취했다. 거대 지주는 자본가로서 농장을 개설한 다음 기업형태로 조직화하고, 기업과 같은 운영방식을 도입하여 경영하였다. 시마타니 농장, 가와사키 농장도 그랬지만, 일본의 재벌이며 산업자본가인 아베(阿部) 농장과 같은 경우는 기업형 농장 경영방식이 더 필요했다.

아베가는 시가현(滋賀縣) 출신으로 오사카에 거주하면서 일본 유수한 방직

---

32) 藤井寬太郎는 大阪藤本합자회사를 1914년 불이흥업으로 바꾸고, 농업개간 부동산관리 신탁업 미잡곡의 위탁매매 등을 주업으로 했다. 中村資良 편, 『朝鮮銀行會社要錄』, 1925년 판. 藤井寬太郎에 대해서는 홍성찬의 주 6의 글과 최원규, 본서의 제3부 제2장의 글 참조.

33) 『朝鮮銀行會社要錄』(1925년판), 東亞經濟時報社.

34) 佐藤政次郎는 군산에 거주하는 佐藤농장주이지만 지주경영보다 금융업이 주업이었다. 宇津木初三郎, 앞 책, 1928, 213쪽. 초기 한국인 상대 전문 고리대금업자로 '군산의 금융왕'이라는 칭호를 얻었다. 保高正記, 『群山開港史』, 1925, 121쪽. 이러한 경우도 기업형 농장경영이 유리했을 것이다.

35) 宇津木初三郎, 『全羅北道産業史』, 朝鮮之産業社, 1930, 179~180쪽.

농장명	지주 지배주주	지배인	지주 직업
細川농장	細川護立	永原邦彦[35]	華族
川崎농장	川崎藤太郎	吉川淸	상인 자본가
石川縣농업(주)	北梶榮太郎 등	北梶榮太郎→ 本谷愛次郎[36]	상인 자본가
桀富농장(주)	桀富安左衛門	伊藤→ 桀富太郎	자본가
阿部농장(주)	阿部市太郎 阿部房次郎	奧村竹三郎→ 川崎留次郎	자본가
大橋농장(주)	大橋與市 大橋四郎	山崎增平	자본가
宮崎농장	宮崎佳太郎	宮崎保一(子)	상인
大倉농장	大倉熹八郎	大倉米吉(子) 주임 推名	재벌
井上農事(합명)	井上工一(山口縣)	전문가 초빙	토목청부업
熊本농장(주)	熊本利平	柴山鼎	토지브로커
東山농사(주)	岩崎久彌 등	渡邊幸造(전북농장)	재벌
二葉社(합명.주)	白勢春三 등	齊藤信一	
華星농장(합명)	白仁基	靑田竹治	재벌
森谷농장	森谷유키오	森谷徹雄	지주

출전 : ① 宇津木初三郎, 앞 책, 1928. ② 宇津木初三郎, 앞 책, 1930. ③ 전라문화연구소, 「1936년의 도내의 지주일람」, 『전라문화논총』 1, 1987. 344~347쪽.

회사를 거느린 자본가였다. 日本生命保險이나 江商(주)의 이사와 감사 등으로 활동하였다. 한국에서는 〈표 5〉에서 보듯, 조선삼림철도의 주주였다. 동척과 시부사와도 이 회사에 주주로 동참했다. 1921년에는 상품유통업 회사인 又一(주)의 사장이며 감사로 활동했다. 이러한 기업경영을 하는 가운데 김제군 김제읍 요촌리에 아베 농장(819.9정보)을 설립하였다. 아베 농장주는 아베 후사지로(阿部房次郎)이고, 해군대좌 출신인 후쿠이 시게키(福井重記)를 지배인, 이가리 교스케(猪狩恭介)를 농사 지도부장으로 임명하였다.[37] 1925년에는 동진농업(주)를 설립했으며, 지배주주는 아베 이치타로(阿部市太郎)와 그의 양자 아베 후사지로(阿部房次郎)였다.[38] 본사는 오사카, 지점은 김제

---

36) 宇津木初三郎, 앞 책, 1930, 159~160쪽.

37) 右近商事주식회사도 비슷한 경우로 大阪에 본사를 두고 南鮮出張所를 이리에 설치했다. 森山治郎平을 소장으로 임명하고 농장경영을 했다. 宇津木初三郎, 앞 책, 1930, 223~224쪽, 300~301쪽.

38) 아베 이치타로(1840~1923). 滋賀縣출신. 가독상속 후,大阪에 지점을 내고, 가업인

<표 5> 阿部家의 조선내 사업체

설립일	회사명	목적	임원과 주주	본점
1889	日本生命保險(株) 3백만원	생명보험사업	山口合資會社, 弘世助太郎, 右近權左門衞, 阿部房次郎	大阪市
1917	江商(株) 1천8백만원	섬유 각종 공업원료품와, 공업용품, 농산물, 건축자 재, 비료 의약품. 보험 운송	野瀨七郎平 (대표전무이 사)中山秀一, (감사)阿部市 太郎, 대주주 東洋紡績	大阪市 경성부 남대문통
1920	朝鮮森林鐵道(株) 2천만원	경편철도 1.함흥에서 만포 진 2. 장진군 군내면 동문 거리에서 평북 후창군 후 주고읍 3.함흥군 상기천면 오로리에서 신흥군 동상 면 한대리	東洋拓殖會社, 九州製紙會 社, 中之島製紙會社, 合資會 社積善社, 阿部房次郎, 澁澤 同族會社	경성부 황금정
1921	又一(株) 3백3만원	물품의 매매 위탁 대리, 직 물의 제조가공	(사장)阿部市太郎 (감사)阿部保太郎	大阪市 경성부
1925	東津農業(株) 1백만원	1. 간척 2 농사 경영 3.부대 사업	(이사)河部房次郎, 田附孝 造, 阿部藤造, (감사)阿部市 太郎, 田附政次郎	大阪市 김제군
1935	北鮮製紙化學工業 (株) 2천만원	펄프 지류의 제조판매, 광 업, 목재판매, 조림, 운수	王子證券會社, 東拓, 朝鮮銀 行, 殖産銀行, 朴興植 (이사) 阿部房次郎,	경성부 황금정

군 진봉면 옥포리에 두었다. 규모는 1,624정보였다.[39] 1935년에는 조선의
유수한 자본가들과 함께 북선제지화학공업 주식회사를 설립했다. 아베 후사
지로는 東洋紡績과 又一의 사장과 임원이었다.[40] 아베 이치타로는 江商(주)의
사장이었다.[41] 아베가는 자본가로서 매우 활발하게 활동하였으며, 그 자금
을 투자하여 농장을 설립한 것으로 보인다. 이같이 산업자본을 지주자본으로

麻布판매와 국내 운송 판매업에 종사하다 형 市郎兵衞와 함께 1884년 滋賀縣 大津에
近江麻糸 방직회사, 1888년 金巾製織(주)을 형과 함께 설립하였다. 1898년 형에
이어 1904년까지 사장이 되었다. 섬유사업이 阿部家의 본업이 되었다.

39) 전라북도 농무과, 「일본인 조선인 지주명부」, 『전라북도대지주조』, 1939.
40) 『朝鮮銀行會社組合要錄(1939년판)』. 동양방적은 72,725,000원의 거대회사로 일본과
조선에 40여 곳에 공장이 있었다. 아베 후사지로(1868~1937)가 전무 사장을 지냈다.
그는 慶應義塾 출신으로 1894년 近江銀行, 1900년 近江精油 이사, 1901년 阿部製紙(王子
製紙의 전신) 전무, 1904년 金巾製織전무, 1914년 東洋紡績(전무 사장), 昭和레이온·裕
豊紡各 사장, 上毛電力·王子製紙·湖東紡各 이사, 大阪상공회의소 고문, 대일본방적연
합회 회장, 1931년 귀족원의원을 지냈다.
41) 宇津木初三郎, 앞 책, 1930, 165~166쪽.

새삼스럽게 자본 전환한 것은 식민지 지주제의 이윤이 산업자본보다 더 많은 수익을 확보하는 것이 가능하였기 때문이라고 생각한다.

일본인 농장 조직의 외양이 법인이든 아니든 지주들은 농장을 기업형태로 운영했다. 농장은 지배인을 두고 경영책임을 맡겼다. 지배인은 영농 전문가 일 경우도 있지만, 군인이나 법과대학 출신자 등 다양했다. 지배인 밑에는 각 구역에서 관리를 담당하는 주임(舍音)을 두고 농업생산의 전 과정을 감독하도록 했다. 영농기술 지도는 별도로 농업기술자가 담당했다. 농장주→ 지배인→ 주임→ 소작농민이 기업형 농장의 대표적 조직형태이다.42)

다음은 지주가 농업전문가로 직접 농민과 마주 대하며 농장경영을 하는 형태가 있다. 히로카와 기노사쿠(廣川己之作)43)나 마사 다키타로(槙瀧太郎)는 일찍이 가와사키 농장에서 농업기술원으로 근무하다 자기 농장을 설립한 지주였다. 농장주가 경영의 전권을 갖고 소작농민을 지휘 감독하며 농장을 관리했다.44) 농장주(전문경영인)→ (주임)→ 소작농민의 형태였다. 이들과 같은 중소지주는 1910년대 한국에 건너와 영농을 시작했다. 동척이주민 출신도 있었다.45) 이들은 대농장의 농감을 하면서 자기농장을 경영하기도 했다. 서수면 화등리의 후카이 아사고로(深井淺五郎)와 개정면의 히로나카 우타로(廣中右太郎)는 시마타니 농장의 관리인으로 보인다.46)

---

42) 신기리의 森谷농장, 대장촌의 今村농장, 황등의 片桐농장 등은 기업형이지만, 현지에 거주하면서 지주가 직접 농장을 관리했다.

43) 鎌田白堂, 『朝鮮の人物と事業』, 1936, 250쪽.

44) 宇津木初三郎, 앞 책, 1928, 144쪽. 池田一郎은 熊本농장과 동척에서 근무하다 1912년 池田농장을 설립하였다. 1911년 수원농사시험장 기사인 關宗一郎은 1911년 咸羅面의 關농장을 개설했다. 이들은 같은 유형의 농장이라 할 수 있을 것이다. 宇津木初三郎, 앞 책, 1930, 173~174쪽.

45) 宇津木初三郎, 『全羅北道産業史』, 朝鮮之産業社(裡里), 1930.

46) 김제군에는 동척 이민이 지주로 성장하여 유지가 된 경우가 있었다. 대표적으로 부량면의 松本又喜는 15정보의 중소지주이며 阿部농장의 농감이었다. 竹山의 藤川米一은 죽산권업의 감사역을 지냈다. 오산면의 星吉五郎은 北越農場의 농장원으로 건너왔다가 현지에서 동척이민으로 선발되었다. 宇津木初三郎, 앞 책, 1930, 225쪽, 244쪽, 255쪽.

일본인 지주들은 경영권을 완전히 장악하지 못한 지역에서는 전통적인 조직을 활용했다. 기존 舍音 조직을 통해 관리권을 행사한 것이다. 지주→지배인→ 舍音→ 농민의 형태이다. 시마타니 농장의 예에서 보듯, 일본인 대지주들도 부분적으로는 이 제도를 채용한 것으로 보인다. 아베 농장에서는 '舍音會'를 만들어 농장을 조직화하여 관리 통제하는 데 이용하기도 했다.[47] 이 경우 구래의 양반 지주제의 舍音조직과 성격이 동일한 성격으로 보이지는 않았다. 직할지처럼 지주가 경영권을 완전히 장악했다고 하기는 어렵지만, 구래의 舍音을 회사의 관리시스템에 조직적으로 편입시킨 형태로 보인다.[48]

이상에서 보듯 일본인 대농장은 농장주가 자본가인 경우가 많았으며, 농장을 회사 경영시스템 방식으로 운영했다. 운영목표는 경제적 이익의 실현과 함께 생산력 증진에 두었다. 이것은 일제가 강점초기 '조선의 일본화'를 목표로 독립 자영농을 영구 이주시킬 목표 아래 추진한 동척의 이민정책과 현격한 차이가 있었다. 기업형 농장의 관리시스템은 외계인인 일본인 지주가 토지에 생계를 전적으로 의지한 소작농민을 노동자처럼 지배하는 제도였다. 이러한 방식의 식민지 지주제는 식민권력의 지원이 있었기에 존립이 가능했으며, 이것이 무너지면 사라져버릴 수밖에 없는 그런 존재였다.

(2) 위탁경영과 관리시스템

위탁경영은 전형적인 자본가적 경영형태였다. 토지소유주가 타인에 경영권을 위탁하고 그 대가로 지대를, 경영자는 이윤을, 소작농민은 노동자적 존재로서 통상적 소작료를 임금의 형태로 받는 3분할제 경영형태였다. 일본에 거주하는 지주가 직접 경영하기 어려운 상황을 타개하기 위해 한국

---

47) 宇津木初三郎, 앞 책, 1930, 165쪽.
48) 〈표 11〉참조. 竹山의 羽場饗三郎은 동척직원으로 한국에 왔다. 농사개량에 정통하고 竹山勸業주식회사 감사, 동척의 土地世話係를 역임하는 한편, 石川縣農業(주)의 토지 관리인(舍音)을 지냈다고 한다. 여기서 舍音은 전통적 개념의 舍音이 아니라 관리인이었다. 宇津木初三郎, 앞 책, 1930, 204~205쪽.

내 일본인 지주에게 위탁하는 경우가 대부분이었다.

위탁경영은 일본인이 토지를 잠매할 때부터 발생했다. 일본인이 한국에서 잠매를 할 때 직접 매입하지 않고,[49] 다른 일본인에게 구입은 물론 경영까지 맡긴 데서 연유했다. 이들은 지가상승에 따른 투기적 이익을 목표로 토지를 확보하기도 했지만, 다시 매매가 용이하지 않을 경우나 직접 경영이 여의치 않을 경우 현지 일본인 지주에 경영 일체를 맡겼다. 시마타니 야소하치나 구마모토 리헤이는 자기 소유지 이외에 타인으로부터 토지의 구입과 경영을 수탁 받은 지주였다. 이들의 농장경영에서 수탁관리지가 적지 않은 비중을 차지했다.[50] 위탁경영은 일본과 한국이라는 거리 문제, 직접 경영의 어려운 상황에도 지주경영의 유리성 때문에 발생한 것이다. 일본인 현지 브로커들은 경영책임을 지는 조건으로 투자자들을 모집하였으며, 현지 지주는 농장 설립초기부터 위탁경영을 사업 분야의 하나로 정하기도 했다.

전북지역 일본인 지주의 수탁관리지의 실태를 보면, 不二興業이 도쿄의 쓰지 니사쿠(辻仁作) 외 46명으로부터 1,600정보를 수탁 받아 최고의 수탁고를 올렸다.[51] 시마타니 야소하치는 시마타니 도쿠사부로, 히로시마현의 구가타 사쿠마쓰(久賀田作松), 도쿄의 곤보 가쓰노스케(近保勝之助), 효고현의 미야기 이와지로(宮城岩次郎)로부터 680정보를 수탁 받았는데, 시마타니 도쿠사부로의 지분이 가장 많았을 것으로 보인다. 구마모토 농장은 오사카의 모토야마 히코이치(本山彦一)·히라가 사토시(平賀敏)·하야시 류타로(林龍太

---

49) 宮崎佳太郎처럼 지주가 직접 잠매와 경영을 하거나, 大倉喜八郎처럼 대리인인 中西讓 一을 파견하여 농장건설과 경영 일체를 완전히 맡긴 농장은 지주 직영체제이다. 『全羅北道 臨陂 全州 金堤 萬頃 沃溝 益山 咸悅 龍安 扶安 古阜 廬山 등 十一郡 公私田土 山麓外國人處 潛賣實數査檢成冊』(光武8년 음 6월).

50) 『全羅北道調査材料』〈군산농사조합개황〉의 조합원 10정보이상 매수자 표에 의 하면 熊本利平, 佐藤福太郎은 여러 사람의 대리인이었으며, 경영도 담당했다. 嶋谷농장에 서는 모두 嶋谷八十八 명의로 등록한 것 같다.

51) 辻仁作는 1866년생 東京府사람으로 川村仁兵衛의 長男이다. 1886년 家督을 상속받았 다. 米穀商이며, 不二商會(업)의 監査役을 지냈다.

郎), 효고현의 와타나베 기노지로(渡邊己之次郎) 등으로부터 380정보를, 가와사키 농장은 니가타현의 시부야 젠사쿠(澁谷善作)로부터 140정보를 수탁받아 관리했다. 특이하게 김제의 아베(阿部) 농장은 바로 이웃한 옥구군의 시마타니 야소하치 외 1명으로부터 90여 정보를 수탁 받은 경우도 있었다. 거리 등의 문제도 있지만, 농민과의 마찰을 피하기 위해서는 직영보다 위탁경영이 유리하다고 판단했던 것 같다.[52]

〈표 6〉 서수지역 일본인 농장의 수탁관리지 (단위 : 정보)

지주명	연도	소유지			수탁관리지			총합	관리지 %
		답	전	합	답	전	합		
槇농장	1926	112.00	6.90	151.60	6.60	0.20	6.80	158.4	4%
森谷농장	1926	179.00	57.00	239.00	13.00	0.00	13.00	252.0	5%
	1929	181.00	50.00	234.00	169.00	0.00	169.00	403.0	42%
川崎농장	1926	327.50	73.90	491.40	109.70	31.50	141.20	632.6	22%
嶋谷농장	1926	440.40	101.50	551.20	601.00	79.70	680.70	1231.9	55%
	1929	233.40	45.30	334.50	799.60	118.80	918.40	1252.9	73%

출전 : 한국농촌경제연구원, 『농지개혁시 피분배지주 및 일제하 대지주명부』, 1985.

〈표 6〉은 다른 지주의 토지를 수탁 받아 경영하는 서수지역의 대표적 지주들이다.[53] 전체 경작지에서 수탁지가 차지하는 비중을 1926년과 1929년 두 해를 비교하면, 시마타니 농장은 55%에서 73%로, 모리야 농장은 5%에서 42%로 늘었다. 가와사키 농장과 마사(槇) 농장은 1926년 수탁지가 각각 22%, 4% 정도였다. 가와사키는 고향사람들에게 농장을 설립할 수 있도록 도움도 주었지만, 수탁방식으로 경영을 대행해 주기도 했다. 위탁경영은 식민지 지주제에서는 하나의 구조였으며, 한국 사정을 잘 모르면서 일본에

---

52) 1940년 嶋谷産業의 본점이 김제로 이전하는 데, 嶋谷家의 토지가 이곳에 집중 소유하였기 때문이라고 생각된다. 전주지방법원 군산지청, 『주식회사登記簿』, 2책, 嶋谷産業주식회사.

53) 한국농촌경제연구원, 『농지개혁시 피분배지주 및 일제하 대지주명부』, 1985. 156~169쪽, 250~263쪽에 지주별로 受託管理地가 조사되어 있었다. 〈표 6〉도 여기에 의거하여 작성한 것이다.

거주하며 한국에 토지를 구입한 지주들이 주로 이용했다. 대표적으로 야키(八木) 농장과 가네코(金子) 농장을 들 수 있다. 야키 마사하루(八木正治)는 처음 5년간은 불이흥업에 위탁했다. 1922년 직영체제를 선언하고 주임을 두고 경영에 착수했다.[54] 가네코 게이스케(金子圭介)는 1906년 130정보의 토지를 구입한 다음, 기무라 도지로(木村東次郎 : 木村농장)와 불이흥업에 농장경영을 위탁했다. 1922년 마쓰오카 하루시치(松岡治七)를 주임으로 영입하여 직접 경영에 나섰다.[55]

위탁경영은 수탁자와 위탁자의 계약에 따라 지대·이윤 등을 정했기 때문에 일정 정도 이상의 수확이 보장되어야 했다. 단순히 소작료의 수취만을 목적으로 한 전통적 지주경영에서는 받아들이기 어려웠다. 예상만큼 수입이 확보되지 못할 경우 위탁지주는 농업경영을 아예 포기하거나 직영체제로 전환을 시도하였다. 따라서 수탁지주들은 시장경제, 즉 미가와 농사경영방식, 은행 금리 등에 민감하게 반응할 수 있는 기업형 운영방식을 도입하여 경영이익을 도모했다. 그리고 주식회사, 합명회사 등의 법인격의 농사회사를 설립할 때 위탁경영을 사업목적의 하나로 정관에 넣었다. 모리야 농장, 시마타니 농장, 후타바사 등 서수지역 농장을 비롯하여 불이흥업, 구마모토 농장, 이시카와현 농사(주), 하시모토 농장, 미에(三重) 농장, 가쿠난(岳南) 농장[56] 등이 그들이다.[57] 이들은 위탁자와 수탁자 사이에 이익창출이라는 공동목표 아래 자발적 의지로 계약을 맺고 추진한 것이었다.

1930년 전후 대공황과 농업공황을 겪으면서 일제는 위탁제도를 공식적으

---

54) 八木正治는 오사카 실업계의 중진으로 1917년 만경강 연안의 땅에서 농사를 개시할 때 불이흥업에 위탁했다. 1919년 八木농장을 창설했다. 1922년 위탁을 해제하고 藪村을 주임으로 임명하고 직영했다. 宇津木初三郞, 앞 책, 1930, 233~234쪽.

55) 宇津木初三郞, 앞 책, 1930, 188~189쪽. 金子圭介는 1911년에 설립된 朝鮮皮革(株)의 감사였다.

56) 岳南농사합명회사는 井深和一郞이 대표이고, 1934년 전북 정읍에 창설되었다.

57) 전라북도농무과, 『전라북도농사회사 정관 소작계약서』, 1938, 정관 참조.

로 법의 틀 안으로 끌어들였다. 당시 조선의 식민지 농업체제는 협상가격차에 의한 농업의 불리성, 지주경영 수익성의 악화, 농민들의 격렬한 저항 등으로 인해 크게 흔들렸다. 일제는 이러한 위기를 맞이하여 지주와 농민들을 체제 내로 흡수하여 통제하는 정책을 실시하는 한편,[58] 현실에 적응하지 못하는 지주들의 위기를 타개하기 위한 방안도 강구했다. 당시 위기에 처한 지주는 두 유형이 있었다.

재래적·정태적 경영을 하는 경우와 동태적 경영을 하면서 부동산 담보대부로 금융자본을 끌어들여 공격적 투자를 하였지만 수익률이 이자부담을 감당하기 어려워 경영위기에 처한 경우이다. 일제는 아직은 지주제가 식민지 지배에 유용하다고 판단하고 이들을 회생시켜 이용할 방안을 강구하였다. 후자로는 불이흥업이 대표적이었다.[59] 한국인 대지주인 백인기의 華星농장도 식산은행 관리에 들어갔다. 시오미 마사스케(鹽見政輔)가 파견되어 관리했다.[60] 불량지주를 퇴출하고 금융자본가인 은행이 직접 농장을 경영하는 방안이었다.

전자를 위해 일제는 1931년 조선신탁업령을 공포하고 1932년 전국의 신탁회사를 합병하는 등의 방법으로 조선신탁을 설립하여 전문적으로 신탁경영을 담당하도록 하는 방안을 강구했다.[61] 이것은 정태적 지주나 현실적으로 직접 지주경영을 하기가 어려운 지주로부터 조선신탁이 경영권을 위탁받아 기업형 경영방식으로 운영하여 생산성을 증대시켜 문제를 해결하는 '국가적' 차원의 대책이었다.

---

58) 1930년대 일제의 농정은 정연태, 「1930년대 '조선농지령'과 일제의 농촌통제」, 『역사와 현실』 4, 1990 ; 정태헌, 「1930년대 식민지 농업정책의 성격전환에 관한 연구」, 『일제말 조선사회와 민족해방운동』, 일송정, 1991이 참고된다.

59) 주 6)의 홍성찬의 글 참조.

60) 전라문화연구소, 『전라문화논총』 1, 1987, 347쪽.

61) 신탁경영은 홍성찬, 「일제하 기업가적 농장형 지주제의 역사적 성격」, 『동방학지』 63, 1989와 김용섭, 「조선신탁의 농업경영과 지주제변동」, 『한국근현대농업사연구』, 일조각, 1992가 참고된다.

서수면에서는 〈표 7〉에서 보듯, 일본인 지주보다는 한국인 지주가 더 적극적으로 신탁하는 모습을 보여주었다. 하지만 신탁지주는 이들 이외에 농민의 저항에 부딪힌 일본인 지주들이 이들과의 마찰을 피하기 위해 조선신탁에 경영을 맡기는 경우도 있었다. 구마모토 농장이 1937년 조선신탁에 경영을 맡긴 것이 그러한 경우일 것이다.[62]

〈표 7〉 개인별 신탁지 규모(단위 : 평)

구분	성명	거주지	지적	필지	비고
한국인	박영철	이리	27,778	22	
	이인직	서울	57,210	34	
	기타 3명	서수면	2,720	3	
일본인	佐佐木幹三郎	廣島	68,340	57	
합 (단위 : 평)			156,068	116	

출전 : 『瑞穗面 土地登記簿謄本』.

　조선신탁에 신탁하는 경우는 지주에 위탁한 경우와 형식에서 차이를 보였다. 후자는 개별 계약으로 다른 지주에 맡긴 경우로 당사자 간에 위탁과 수탁계약을 하는 것이 보통이었다.[63] 조선신탁의 경우는 이러한 방식 이외에 토지등기부에 명의신탁 등기를 하기도 하였다. 서수면 토지 중 조선신탁에 명의신탁한 경우는 약 52정보 가량 되었다(〈표 7〉).[64] 신탁지는 대부분 답이었다.

　한국인의 경우는 1930년대 후반 마룡리, 축동리, 관원리에 거주하는 6명이었지만 규모가 대단히 작아 크게 의미를 부여하기는 어려웠다. 그러나 서울에 사는 부재지주인 李仁稙과 朴榮喆은 각각 20정보와 8정보를, 히로시마현에

---

62) 中村資良 편, 『朝鮮銀行會社要錄』, 1937, 273쪽. 熊本농장의 항목에 조선신탁에 信託한 다고 비고에 표기되어 있다.

63) 『臨益水利組合 總代人名簿』에서도 그 일부를 확인할 수 있다.

64) 신탁에는 갑종 신탁과 을종 신탁 2종류가 있다. 갑종은 신탁회사가 직접 관리하고, 을종 신탁은 명의만 신탁하고 관리는 다른 자에 위탁하는 경우이다. 서수면의 신탁지는 명의신탁으로 보인다. 조선신탁주식회사, 『조선신탁주식회사 10년사』, 1943, 109~116쪽.

거주하는 일본인 사사키 미키사부로(佐佐木幹三郎)는 서수리에 소재한 23정보 가량을 신탁회사에 위탁하였다. 이 토지는 조선신탁이 직영하기도 했지만, 경영규모나 지리적 조건으로 보아 인근 대지주에 촉탁했을 가능성이 크다. 물론 위탁인 스스로가 다시 수탁자가 되어 경영하는 경우도 있었을 것이다. 이같이 지주경영이 어려웠던 지주들은 조선신탁 등에 경영을 맡기는 경우가 적지 않았다.

신탁제도가 도입되고 농장이 법인화되면서 경영방식에 이윤개념을 도입한 3분할제의 자본가적 경영방식이 지주경영의 한 형태로 자리 잡고 있었다. 수탁자는 소유권자인 부재지주로부터 경영권을 위탁 받아 소작농민을 노동자적 존재로 위치시켜 농장을 경영한 것이다. 신탁제도는 일제가 지주 위주의 농정에 한계를 느끼고 지주와 농민을 직접 장악하는 체제로 변화시키는 가운데 나온 것이었다.

전시체제기에는 전시 식량을 확보하기 위한 생산력 확충 차원에서 면적의 광협에 관계없이 부재지주의 토지를 전부 수탁조합에 강제로 관리시키는 방안을 추진했다. 농장, 수리조합, 농지관리조합 등의 기업이나 조합에 위탁하여 2할의 관리료를 지급하는 조건으로 경영하는 방안이었다.[65] 일제가 국가권력으로 이 제도를 강제 도입한 것은 전 한국농촌을 '국가'가 기업형 농장으로 체제화시키는 작업이었다. 전시체제기 물적 자원을 전쟁에 동원해내기 위해 일제가 생산·유통·분배의 전 과정을 장악하여 추진한 경영방식이라고 하겠다.

---

65) 식은조사부, 『殖銀調査月報』 70, 1944, 36쪽.

3. 기업형 농장의 자본구성과 농업경영

1) 자본구성과 사업내용

일본인 지주는 개인 또한 농장 소재지별 편차는 있지만, 처음부터 기업형 운영방식을 도입하여 농장을 경영했다. 농장의 설립주체는 동척이나 불이흥업 같은 법인격을 갖춘 회사와 개인으로 구분된다. 개인 지주의 경우 경영의 모든 책임은 지주가 책임을 졌지만, 농장경영은 회사 같은 관리조직을 구성하여 운영하였다. 주식회사나 합명회사의 형태를 띤 법인체는 지배주주가 대표나 임원이 되거나 아니면 별도의 경영자를 두고 경영전반에 대한 책임을 졌으며, 생산과정에 대한 책임은 지배인에 맡겼다. 따라서 일본인 지주나 대표가 현지에 거주하면서 농업현장에서 영농 작업을 직접 주관할 필요는 없었다. 일본인 대지주들은 농장 설립기에 현지에서 지휘감독을 하기도 했지만, 경영이 안정되면 일본의 도쿄나 오사카 등에서 머무르면서 자본가로서의 경영활동을 하는 것이 일반적이었다. 농장은 여러 회사 중의 하나였으며, 농장은 일년에 한두 번 방문하는 정도였다.

경영조직은 법인 농장과 개인 농장이 별반 다르지 않았다.[66] 기업형 농장의 자본구성과 사업내용을 구체적으로 살펴보기로 하자. 서수면에 토지를 소유한 법인 농장은 후타바사를 비롯하여 시마타니 농장과 모리야 농장 등이 있었다. 후타바사는 시로세 순조(白勢春三)가 니가타현 출신의 지주 자본가들과 함께[67] 농림업을 경영할 목적 아래 白勢合名會社의 자회사로

---

66) 개인 농장과 법인 농장은 세금납부자가 전자는 개인이고 후자는 법인이다. 농장의 법인화는 1927년 소득세법 개정과 밀접한 관련을 갖는다. 정태헌,『일제의 경제정책과 조선사회』, 역사비평사, 1996 참조.

67) 白勢春三(1863~1941)는 新潟縣 평민출신. 일본의 정치가, 중의원의원·귀족원의원·자산가·실업가. 제4은행·新潟貯蓄銀行 임원. 白勢合名 대표, 新潟수력전기·新潟信託·二葉社·新潟農園 사장, 台南農林·일본석유·新潟창고, 新潟상공회의소 고문을 지냈다. 답1천 정보, 전 2백 정보 연간 수확 1만 2천 석 정도의 지주였다. 1926년 川崎농장을

설립한 합명회사였다.[68] 1920년 주식회사로 조직을 변경했다.[69] 1926년 가와사키가의 토지를 그대로 인수하여 서수면 제일의 대지주가 되었다. 본점은 일본내 니가타시에, 지점은 전주 淸水町에 두고, 전주·삼례·서수·황등에 관리사무소를 두었다. 한국에서는 토지에만 투자한 순 농업회사였다. 총지배인은 니가타현(新潟縣 北浦原郡 黑川村)출신인 사이토 신이치(齋藤信一)이고, 1915년 한국에 건너와 후타바사에서 근무했다. 농장의 최고책임자로 이곳에 거주하며 여러 공직에도 참여했다.

한편 가와사키 도타로(川崎藤太郎)는 평북 정주군 남면 보산동에 瑞穗농장을 설립하였다.[70] 회사의 설립목적은 농업과 개간, 토지건물의 임대차, 권업자금의 대부 등이었다.[71] 서수농장의 주주와 임원은 〈표 8〉과 같이,[72] 가와사키가와 동향이거나 인척관계에 있는 니가타현 나가오카 주변의 지주 상인들로 산업자본가 또는 금융업 종사자였으며, 일부는 귀족이며 관료였다. 이들 가운데는 가와사키의 도움을 받아 옥구군에 농장을 건설하기도 했다. 후타바사도 이들과 지연 혈연으로 연결되어 있다.

서수농장은 1923년 해일로 많은 피해를 입는 등 우여곡절 끝에 1924년 예상면적 1,000정보 가운데 650정보의 규모를 완성했지만, 사업이 순조롭게 진척되지 않아 가와사키가는 자금압박에 몰린 것으로 보인다. 가와사키 도타로가 죽은 뒤 아들 가와사키 고타로(厚太郎)는 경영위기를 극복하기

인수하여 거대지주가 되었다. 그는 1903년 8월 자본금 20만 원의 愛隣社(주)를 설립하여 북선에서 400여 정보 가량의 식림사업을 했으며, 1935년 5,371정보로 증대했다.

68) 白勢合名會社는 1914년 6월 설립된 자본금 160만 원의 회사이다. 사업목적은 부동산 유가증권의 취득 이용 대리업이다. 長岡市役所, 『新潟縣史』下, 1931, 395쪽.

69) 1920년 7월 자본금 200만 원으로 新潟縣 新潟市에서 창립되었다. 長岡市役所, 『新潟縣史』 下, 1931, 395쪽.

70) 전남 장성군에 약 200정보가량의 국유임야를 대부받았다. 『조선총독부관보』 1917. 3. 27.

71) 中村資良 편, 『朝鮮銀行會社要錄』, 1937년판, 249~250쪽.

72) 中村資良 편, 『朝鮮銀行會社要錄』, 1937년판, 249~250쪽.

〈표 8〉 서수농장의 주주구성

주주	관계	직위	주수
川崎厚太郎 川崎晋吉 吉川淸	川崎藤太郎의 長男 吉川家에서 入婿 弟 義兄	감사 전무	6,950주 2,000주 2,000주
澁谷善作	澁谷鎌三郎(養嗣子)北越製紙會社지배인, 1936년 澁谷産業會社명의 242정보 소유.	사장	5,000주
久須美作之助 星野藤太郎	三島郡 和島村 小島谷 주조업. 長岡우편국장		각4,000주
石黑忠篤	石黑忠德의 장남, 자작, 육군 군의총감 樞密顧問官 忠德의 妻는 川崎藤太郎의 숙모의 시가인 小野塚喜平次 의 妹이다. 川崎家와 石黑家와는 인척사이이다.		1,050주
關谷綱 關谷紀衛 飯塚貞子	關谷孫一73)동족. 飯塚貞子는 關谷孫一의 妹, 飯塚知信의 妻. 飯塚知信은 栢崎은행장, 대지주(100정보 내외)		각1,000주
關谷五郎三郎		이사	2,000주

출전 : 中村資良 편, 『朝鮮銀行會社要錄』, 1925년판 ; 淺田喬二, 앞 글, 『農業總合硏究』 19-4, 1965.

위하여 1926년 후타바사에 가와사키 농장을 넘겼다. 서수농장의 임원은
지배주주가 참여하여 회사경영을 책임졌다. 지배인이 간척지 농장에 노동자
적 성격을 갖는 농민을 입주시켜 농장경영을 하는 전형적인 기업형 농장이었
다.74)

　서수면의 일본인 대지주들은 1927년 소득세법 개정을 계기로 이를 적극
활용하여 기존 농장을 법인 체제로 전환했다.75) 시마타니 농장주인 시마타니
야소하치는 1927년에 총 275정보, 자본금 30만 원으로 嶋谷農事(株)를 설립했
으며, 농장 사무는 아들 아쓰시(篤)에 맡겼다. 사업목적은 일반농사와 부동산
위탁관리였으며, 1931년 상호를 嶋谷農場으로 변경하면서 금전대부업을,
1944년에는 산림경영을 사업목적에 추가했다.76)

---

73) 北海道 척식사업을 목적으로 한 北越植民社 사장 關谷孫左衛門의 손자로, 중의원의원,
　　小出은행의 대표, 小平尾 製絲會社 사장이며 지주였다.
74) 서수농장은 간척지 농장으로 이곳 소작농민은 전형적인 노동자형 농민으로 경영권
　　은 지주가 장악했을 것으로 판단된다.
75) 전북 T.I生, 「소득세와 수리조합비」, 『朝鮮農會報』 3-9, 1929. 9, 45쪽. "소득세의
　　문제로 금후 조선에서 지주된 자들은 반드시 조선으로 거소를 옮기든지 조직을
　　법인으로 바꾸어 경감을 받든지 둘 중의 하나를 선택하지 않으면 안된다."

농장은 시마타니 야소하치와 시마타니 도쿠사부로 등 시마타니가의 두 사람이 투자했지만, 도쿠사부로는 가업인 선운업에 전념하고, 토지경영은 야소하치가 담당한 것으로 보인다. 시마타니家는 이 토지를 바탕으로 1929년 嶋谷産業(株)를 설립하고, 대표로는 도쿠사부로의 아들 다케지(武次)가 취임했다. 1930년대 아쓰시(篤)로 바뀌었으며, 1942년에는 후미오(文雄)가 담당했다. 嶋谷産業은 농장과 달리 유가증권은 물론, 다른 사업부분에도 투자를 확대할 수 있도록 정관을 마련했다. 일본에서 기업을 하던 도쿠사부로 집안의 의사를 반영한 것으로 보인다. 주식은 임원회의의 승인을 받아 양도하도록 정했다. 裏書도 금지했다.[77] 시마타니家 농업회사의 구체적인 내용은 〈표 9〉와 같다. 주주는 주로 그 집안사람들이었다.

〈표 9〉嶋谷家 농업회사와 그 내용

회사명	자본금	목적	임원
嶋谷農事(주) 1927.3.1. ㈜嶋谷農場 1932.상호변경	①30만원 ②30만원 1935.8.1.	①일반농사경영 부동산위탁관리 부대사업 ②금전대부 추가 ③일반농사경영 산림경영과 부동산의 위탁관리 금전대부 부대사업(44년 8월 19일)	嶋谷篤 대표 嶋谷武雄(東京), 嶋谷八十八(44년 사망) 嶋谷達(山口縣) 嶋谷武雄 嶋谷俊郎(감사 北海道) 嶋谷亮輔(靜岡) 감사
嶋谷産業(주) 1929.7.11.	①10만원 ②40만원 ③50만원 ④100만원	①일반농사경영 토지의 이용부대사업 ②부동산과 유가증권의 소유 각종 사업 투자 부대업무	嶋谷武次(兵庫 대표) 嶋谷篤(대표) 嶋谷勇(兵庫) 高本熹代助(감사) 嶋谷八十八(1930) 嶋谷健一(31년 개정에서 김제로 이사) 松本八郎(兵庫) 嶋谷重吉(함북 웅기)

출전 : 전주지원 군산지청, 『주식회사登記簿』 2.

모리야 농장은 서수면에 주소를 둔 유일한 일본인 법인농장이었다. 1930년 대 농장규모는 소유면적 800정보에, 소작인은 600호 가량 되었다. 1933년 8월 21일 농장조직을 자본금 35만 원의 주식회사로 변경했다.[78] 주주와

---

76) 中村資良 편, 『朝鮮銀行會社要錄』, 1941, 173쪽.
77) 中村資良 편, 『朝鮮銀行會社要錄』, 1942, 299쪽.

임원은 〈표 10〉과 같다. 모리야 농장은 존속기간 내내 자본금을 공모하지 않았으며, 주주도 거의 변동이 없었다. 주주와 임직원은 모리야가의 친인척이나 출신지인 히로시마현의 동향이나 학교동창 등의 인적 결합으로 이루어졌다. 법인으로 전환할 때 이들을 임원으로 등록했다. 사업내용은 처음에는 일반농사 경영과 위탁관리였지만, 1936년에 농사자금 대부와 유가증권 투자를 새로 추가했다. 단순 농업회사에서 금융부분으로 사업분야를 새로 확장하였다.[79]

〈표 10〉森谷농장의 주주와 임원

자본금	목적	임원
자본금 35만원(1933.) 증자5만원(1937.)	① 일반농사 ② 토지위탁관리 ③ 부대사업 ④ 농사자금대부 ⑤ 유가증권 放資(1936)	대표 : 森谷元一 신기리 1933.10.6사망⇒森谷유키오(廣島縣). 이사 : 森谷徹雄 신기奧窪 謹策(廣島縣) 小池士郎(廣島縣) 감사 : 小池得之(廣島縣) 森谷隆治(신기리)

출전 : 전주지방법원 군산지원, 『주식회사등기부』 2.

농업회사는 대부분 비상장회사였다. 주식은 모두 기명 방식이었으며, 주주는 회사나 임원 회의에서 승인을 받아 바꾸도록 했다. 주식의 이동을 정관에서 제한한 것이다. 자본금은 초기 불입금을 기본으로 정하고 필요에 따라 증자하도록 했으며, 수입의 5/100 이상은 적립하도록 했다.

사업내용은 농업뿐만 아니라 부동산, 금융 등도 할 수 있도록 정했다. 농업부분은 다시 일반농업, 식림, 개간 등이었다. 일반농업이 주업이고, 식림과 개간은 부업이었다. 부업은 회사마다 차이가 있었다. 서수농장과 불이흥업은 개간을 중시했지만, 후타바사, 시마타니 농장, 모리야 농장 등은 개간을 정관에 넣지 않았다. 개간사업의 불안성 때문으로 보인다. 반면 다키家는 농장개설과 동시에 산림부를 설치하고 경북 영덕, 충북 영동, 경기 영평 등지의 국유림을 불하받아 녹화작업을 실시했다.[80]

---

78) 전주지방법원 군산지원, 『주식회사 등기부등본』 2책. 森谷農場.

79) 中村資良 편, 『朝鮮銀行會社要錄』, 1942년판, 302~303쪽.

일본인 대농장은 갈수록 대지를 많이 구입하는 경향을 보였다. 주택임대업과 밀접한 관련이 있었다.[81] 한편 부동산을 임대·중개·위탁 관리를 전업으로 하는 회사도 있었다. 여기서 임대는 주로 택지경영을 의미하며, 內外土地, 全北商社 등은 이리에서 부동산업을 주업으로 하였다.[82]

금융부분에는 증권, 대금, 보험 등이 있다. 농업회사마다 중점 사업 부분에 차이가 있었지만, 대금업은 이들의 주요 사업 분야였다. 부동산 담보 대금업에는 사나타(眞田) 농장, 시마타니 농장, 미에 농장, 이시카와현 농사(주), 후지이 흥업 등이 적극 참여했으며, 농업자금 대부는 대부분 농업회사의 필수사업이었다.[83] 농업경영의 안정성과 생산물 수입을 극대화하기 위해 채택한 방안이며, 기업형 농장의 특징이기도 했다.

2) 농장 경영지의 구성과 경영

일본인 농장의 경영지 구성은 시마타니家의 농장에 잘 나타나 있다.[84] 〈표 11〉에서 시마타니 농장의 경영지는 소유지와 受託地(위탁경영지)로 구분되며, 전체 약 1,300정보 가운데 수탁지가 55% 정도 되었다. 농장 경영지는 소유지나 수탁지에 관계없이 세 유형으로 관리되었다. 크게는 직접 자영하는 직영지와 소작지로 구분되었고, 소작지는 다시 회사에서 책임자를 두고 직접 관리하는 직할지와 마름이 관리하는 舍音區로 구분되었다. 마름구는 전자에 비해 비교적 원거리에 소재한 경우가 많았고, 또 수리조합지구가

---

80) 阿部薫, 『朝鮮功勞者銘鑑』, 1939, 439~440쪽.
81) 최원규, 앞 글, 『동방학지』 130, 2005. 6, 161쪽의 〈표 24〉 참조.
82) 鎌田白堂, 앞 책, 1936, 268쪽 ; 中村資良 편, 『朝鮮銀行會社要錄』, 1937, 21쪽.
83) 전라북도농무과, 앞 책, 1938, 각 농사회의 定款참조. 嶋谷농장은 서수면에서 부동산 금전대부 활동에 매우 적극적이었다(『서수면 토지등기부』 참조).
84) 嶋谷農場, 『嶋谷農場 槪要』, 1930. 5. 후자 중 150정보는 동진수리조합 구역에 편입되고, 공사 중이었다.

<표 11> 嶋谷농장 소유지와 경영내용(단위 : 정보)

소유지	전체		수탁지	
	답	전	답	전
	1,106	183.5	633	78
경영	직영지	직할지		숨音區
	답	답	전	답	전
	43.2	482	60	580.5	123
관개	수리조합			기존 수리체계	
	임옥	임익	동진	제언, 보	천수답
	683.3	56.6	40.7	196	129.4
소작인수	1,369호(일본인 20호).				

출전 : 嶋谷農場, 『嶋谷農場 槪要』, 1930. 5.

아닌 곳이 많았던 것으로 판단된다.[85]

시마타니 농장은 마름구의 비중이 높았지만, 일본인 지주들은 가능한 한 식민지 지주제의 전형적 형태인 기업형 경영체제가 관철되는 직할지 경영체제의 도입을 꾀했다. 그러기 위해서는 먼저 숨音이나 농민의 경영권이 어느 정도 인정된 전통적인 마름형 관리체제를 극복해야 했다. 일본인 지주가 토지를 구입할 때 한국인 거간이나 농민들은 토지 관리권이나 소작권을 그대로 유지해줄 것을 전제로 소유권을 방매하는 경우도 적지 않았다.[86] 이러한 토지에서는 일정기간 숨音 관리체제를 유지할 수밖에 없었지만, 일본인 지주들은 토지조사사업·산미증식계획을 추진하면서 기업형 경영체제로의 개편을 꾸준히 시도했다.

만경강 유역에 소재한 일본인 농장은 다음과 같은 유리성 때문에 이곳을 택하여 토지를 구입하고 경영체제를 갖추었다. 만경강 유역은 농업경영 환경이 그다지 좋은 편이 아니었다. 한국인 지주들이 주로 거주하던 임피나 함열 등은 농업환경이 좋은 대신 토지가격이 비쌌으며 한국인 지주가 토지를

---

85) 白南信 농장의 숨音區도 마찬가지였다. 大橋淸三郞, 앞 책, 1915, 白南信 농장 참조.
86) 최원규, 「1900년대 일제의 토지권 침탈과 그 관리기구」, 『부대사학』 19, 1995, 537~545 쪽.

잘 팔지도 않았다. 일본인들이 대농장 경영을 목적으로 이곳에서 대량으로 토지를 구입하기에는 자본력에 한계가 있었다.

일본인 지주들은 이곳에 널려있는 개간 가능한 갈대밭이나 진전에 주목했다. 이곳은 "본래 천수답뿐이어서 하루아침에 한발을 만나면 수확이 하나도 없는 경우가 많았다"고 할 만큼 영농조건이 나쁜 대신, 쌀값에 대량 구입하여 개간하면 농장 설립하기에 용이한 곳이었다.[87] 더구나 이곳에는 왕실과 농민 사이에 분쟁이 발생한 균전이 많았다. 왕실이 한발 때문에 떠나간 농민의 토지인 有主陳田에 개간비를 투입하여 개간한 뒤 소유권을 주장한 것이다. 일본인 지주들은 이러한 내부 분쟁을 이용하여 균전농민으로부터 헐값에 대량으로 이곳 토지를 잠매해 갔다.

1907년 '임시제실유급국유재산조사국'은 균전을 민전으로 인정하고 환급하기로 결정하였다.[88] 토지를 확보한 일본인 지주들은 토지개량과 농사개량 사업에 본격적으로 나섰다. 이들은 토지를 구입하기 전부터 여기에 들어가는 사업비를 염두에 두고 예상 수확과 수익률을 산정하고, 토지를 확보했다. 만경강 유역에 자리잡은 일본인들은 개간이나 간척 등 토지개량을 전제로 본격적으로 농장건설 사업에 착수했다.[89]

토지개량사업과 농사개량사업은 서로 연관성을 갖지만, 작업의 우선순위는 토지의 영농조건에 따라 달랐다. 일본인 지주들은 각자 입장에 따라 작업의 우선순위를 달리했다. 오쿠라 재벌의 대리인인 나카니시 조이치(中西讓一)는 후자를 우선적으로 추진했다. 그는 일찍이 이곳에 들어와 상대적으로 조건이 유리한 토지를 확보하였기 때문이다. 반면 후지이 간타로(藤井寬太郎)

---

87) 이러한 사정은 藤井寬太郎, 『조선토지담』, 1911, 21~24쪽에 잘 기술되어 있다. 당시 이곳에 농장을 설립하던 지주들의 일반적 견해이기도 했다.

88) 均田에 대해서는 김용섭, 「고종조 왕실의 균전수도문제」, 『한국 근대 농업사연구 (증보판)』(하), 1988이 참고된다.

89) 대표적인 개간 간척지형 지주인 藤井寬太郎은 물론 大倉농장 宮崎농장 八木농장을 비롯한 만경강 일대에 자리 잡은 대지주들 대부분이 그러했다.

는 수리시설 마련을 전제로 영농조건이 열악한 토지를 싼값에 구입했기 때문에 전자의 입장이었다.[90) 그는 처음 후지모토 농장을 경영할 때는 농사개량을 주로 했지만, 식민지체제가 안정화되면서 先수리조합 건설, 後농사개량 방식으로 농장을 건설했다.[91) 수리왕으로 불리던 후지이 간타로를 비롯한 일본인 지주들은 대대적으로 수리조합 건설에 착수했다.[92) 대한제국의 재정고문인 메가타 다네타로(目賀田種太郎)에게 건의하여 수리조합조례를 공포하게 한 다음, 대한제국 정부의 보증을 받아 은행에서 기채하여 임익수리조합을 비롯한 여러 수리조합을 설립했다.[93)

수리조합은 단순히 물의 안정적 공급만을 염두에 둔 것은 아니었다. 이를 토대로 토지개량과 농사개량을 통해 농업 생산성의 증대를 목표로 한 것이었다. 이것은 기본적으로 지주의 수익 증대와 직결되는 것이지만, 이를 달성하려면 농민경제의 안정화가 선행되어야 했다. 이곳은 그동안 한해와 수해가 반복되어 안정적 수확을 기대하기 어려웠다. 그때마다 다른 곳으로 이주하는 자가 적지 않게 발생했다. 농장을 건설할 무렵에도 연속 한해가 발생하여 남아있는 인구가 매우 적었다. 일본인 지주들은 농장경영을 위해 수리조합 건설과 동시에, 농가를 모집 이주시키는 일도 동시에 시행했다. 이러한 농업환경 때문에 구래의 경영시스템이 강하게 작동하는 일반 매득지와 달리 이곳 개간지에서는 지주가 자기가 의도하는 새로운 경영시스템을 도입하기가 용이했다.

첫째, 노동력이나 투입비용을 타인에 의존한 기존의 궁방전과 달리,[94)

---

90) 藤井寬太郎, 『조선토지담』, 1911, 27~34쪽.

91) 保高定記, 『군산개항사』, 1925, 118~120쪽.

92) 三浦直次郎, 「전주평야수리조사」, 『韓國中央農會報』 2-1, 1907, 13쪽.

93) 만경강 유역 수리조합에 대해서는 ① 박명규, 「일제하 수리조합 설치과정과 그 사회경제적 결과에 관한 연구」, 『성곡논총』 20, 1989. ② 이경란, 「일제하 수리조합과 농장지주제」, 『학림』 12·13합집, 1992. ③ 우대형, 「일제하 만경강 유역 수리조합연구」, 『동방학지』 131, 2005 등이 참고된다.

94) 궁방전의 이 같은 사정은 김용섭, 「한말에 있어서의 중답주와 역둔토지주제」, 『한국

일본인 지주는 토지개량 비용을 거의 전적으로 부담하여 토지소유권을 완전히 장악할 수 있었다. 지주가 경영권까지 장악한 가운데 자기의 영농계획을 농민에게 위에서부터 강력하게 요구할 수 있도록 경영시스템을 마련한 것이다.

둘째, 일반 매득지에서도 지주가 경영권을 강력하게 시행할 수 있는 조치들을 단계적으로 도입 시행했다. 우선 일제는 일본민법에 따라 소유권에 절대권을 부여하고 지주와 소작농민의 관계를 임대차 관계로 규정했다. 소작농민에게 관습적으로 인정해 주던 물권적 권리를 전혀 인정하지 않는 법적 장치를 마련하여 지주를 지원하였다.[95] 1934년 일제는 조선농지령을 제정하여 3년 정도의 소작기간을 보장해 주기도 했지만 지주의 절대권에 영향을 미칠 정도는 아니었다.[96]

셋째, 일제는 구래의 경영시스템에서 벗어나 지주가 완전히 경영권을 장악할 수 있도록 농사개량사업 부분에서도 강제력을 발휘하여 추진하도록 하였다. 지주 주도아래 품종개량, 시비 등 농사개량사업이 시행되면서 생산과정 전체를 완전히 장악한 것이다.

넷째, 산미증식계획기에 수리조합 건설에 이어 실시한 경지정리사업이 소작농민의 경영권을 완전히 박탈하는 데 크게 기여했다. 이 사업은 농지를 바둑판식으로 재정리하여 물의 효율적 공급과 농업경영의 편리성을 도모하여 생산력을 증가시키는 것을 목표로 한 것이다. 사업의 결과 영농조건은 우월해졌지만, 농민은 경작권을 지주에 넘겨주게 되었다. 사업지구 내 필지별 구획이 완전히 바뀌고 지번이 완전히 재편되면서 소작농민들의 기존

근대농업사연구(증보판)』(하), 1988 ; 도진순, 「궁장토에 있어서 중답주와 실작인의 존재형태」, 『한국사론』 13, 1985 등이 참고된다.

95) 최원규, 「한말·일제초기 일제의 토지권 인식과 그 정리 방향」, 『한국 근현대의 민족문제와 신국가건설』, 지식산업사, 1997.

96) 정연태, 『일제의 한국 농지정책(1905~1945년)』, 서울대학교 박사학위논문, 1994, 206~217쪽.

경작지가 지도상에서 사라진 것이다. 경지정리로 경작지가 표준화되면서 생산과정 전반을 지주가 계획할 수 있었다. 반면 소작농민들은 개별 경작지에서 행사하던 경영권을 빼앗기고 완전히 노동자적 상태가 되었다. 지주들은 별 무리 없이 자기의 영농 계획대로 농업경영을 지휘할 수 있었다.[97]

지주들은 경작에 관한 사항을 소작계약서에 명확히 적시한 다음 소작농민과 계약을 체결하여 실행에 옮겨 갔다. 그 내용에는 수리조합구역에 편입되거나 토지개량 또는 농사개량으로 특별한 시설을 할 경우 계약기간 내라도 소작료의 租法이나 액, 조율 등을 변경할 수 있다는 조건,[98] 토지개량사업으로 소작지를 변경하거나 계약을 해제해도 이의를 제기할 수 없다는 조건,[99] 심지어 이 과정에서 발생한 손해도 배상할 책임이 없다는 조건 등이 실려 있었다.[100]

임익수리조합 관개구역 내의 경지정리사업은 조합 건설 초기부터 부분적으로 시작되어,[101] 1944년 완결되었다.[102] 일본인 지주 일반이 그러하듯, 가와사키 농장은 물론 시마타니 농장도 관개시설 개선에 적극적이었다. 시마타니 농장은 임옥, 임익, 동진 등의 수리조합을 설립하여 구래의 수리시설 지구와 천수답을 계속 편입시켜가는 한편,[103] 여건이 허락하는 대로 경지정리사업을 추진해갔다. 일본인 지주들은 이 사업을 활용하여 경영권을 장악하고 기업운영 방식으로 농장을 경영했다.

---

97) 경지정리에 대해서는 최원규, 앞 글,『동방학지』130, 2005. 6, 149~158쪽.

98) 전라북도농무과, 앞 책, 1938, 二葉社의 小作契約書.

99) 전라북도농무과, 앞 책, 1938, 嶋谷農場와 二葉社의 小作契約書.

100) 전라북도농무과, 앞 책, 1938, 嶋谷農場 小作契約書.

101) 大橋清三郎, 앞 책, 1915, 44~48쪽, 川崎농장에서는 1912년 용회리 전평에 대한 경지정리사업을 시행했다.

102) 최원규,「일제시기 일본인 지주의 토지확대와 소유변동의 추이」,『동방학지』130, 2005. 6.

103) 嶋谷家의 수리조합지구의 토지는 〈표 11〉에서 보듯, 대부분 임옥수리조합구역에 속했지만, 서수면은 임익수리조합지구에 속했다.

다음은 가와사키 농장의 경우를 통해 구체적 실태를 보기로 하자. 이 농장에서는 농업생산 전 과정에 대한 영농계획을 세우고 소작농민에게 이를 실천하도록 강제했다. 이때 영농법은 多勞多肥의 일본식 농법을 도입하여 농장에서 새로 마련한 것이었다. 이를 위해 고향 니가타현의 농업기술원을 고용하여 12정보의 試作전답에 각종 시험을 통해 모범 영농법을 만들었다. 시험의 유형에는 품종시험, 파종시험, 파종량시험, 이식기시험, 株數시험, 耕土深淺시험, 비료시험, 제초기시험 등이 있었다. 이외에 秋耕·深耕의 장려, 시비의 보급, 집합묘대의 마련, 개량농구의 보급 등도 실천에 옮겼다.

다음은 농장토지 가운데 매년 20~40정보 가량의 감독답을 선정하여 모범 영농법을 직접 지도 감독했다. 이 일은 하루빨리 모범영농법을 확산시켜 생산성을 급속히 향상시키기 위한 조치였다. 이와 관련하여 주목된 조치는 農曆배부제도였다. 가와사키 농장은 1913년 농력을 배부한 이래 매년 개정 배포하여 연중행사의 지침으로 삼도록 하였다.[104] 그리고 소작벼 대두 품평회규정과 우승기규정을 만들어 우수 소작인조합에 우승기를 수여하고, 우량 소작인을 표창하는 제도를 도입하여 생산성 증대효과가 배가하도록 했다. 농장측은 농사개량사업을 말로만 지도 장려하는 것이 아니라 영농과정 일체에 관한 사항을 지시에 따라 실천하도록 했다.

영농과정에서 주목되는 부분은 농업자금 대부와 비료 대부제도였다. 일본인 농장의 시비는 초기에는 자급의 퇴비의존형이 많았지만, 비료 다량투입을 전제로 한 일본식 개량 농법이 보편화되면서 점차 금비사용을 강하게 요구하게 되었다. 지주는 이를 실천하기 위한 대책으로 지주의 지시에 따라 시비할 것을 소작농민에게 요구하는 동시에 비료 대부제도를 마련하여 이를 강력히 추진했다. 이때 소작농민이 대부 비료를 전매하거나 지정답 이외에 사용하는 등의 행위가 발각되면 계약을 해제한다는 조건을 계약서에 명시했다.[105]

---

104) 大橋淸三郎, 앞 책, 1915, 31쪽.
105) 전라북도농무과, 앞 책, 1938, 熊本農場小作契約書.

이곳 지주, 특히 기업형 지주들을 '비료대적 지주'라고도 하듯, 농장경영에서 비료 대부제도는 필수조건이었다. 지주가 농외투자로 설립한 군산흥농을 비롯한 〈표 12〉의 대부분의 회사가 비료의 제조와 판매를 주 사업 분야로 한 것도 이러한 이유에서 말미암은 것이다.[106] 지주가 주주나 임원으로 이러한 기업을 설립하고 경영하여 수익을 창출해 갔다.

농자대부제도는 지주가 소작농민에게 농사개량에 필요한 자금을 제공하여 수확 증대를 이룬다는 공동목표 아래 실시된 것이었다. 그 혜택은 이를 주도한 지주에게 더 많이 돌아갔다. 지대수입의 안정화와 이자 수익을 확보할 수 있기 때문이다. 대부분의 법인 농장에서는 자금대부업을 회사 경영종목의 하나로 채택했다. 농장은 농업자금을 소작인에 대부하였으며, 소작료 지불기일에 소작료와 같이 납부하도록 했다. 이행하지 않을 경우 소작권을 박탈한다는 조건을 달았다.[107]

지주가 자기의 영농계획을 원활히 실천하기 위해서는 소작농민이 지휘에 잘 따르도록 관리체계를 확립하지 않으면 안 되었으며, 이를 위해 소작계약서에는 소작농민이 지켜야 할 수칙을 기록해 놓았다. 지주의 지시에 반발할 경우 마지막 수단은 소작권을 박탈하는 것이었지만, 이에 앞서 그들이 지주의 계획과 지시에 순응하도록 조직화하여 통제해 가는 일이었으며, 그 내용은 다음과 같다.

첫째, 소작 내용을 기업형에 맞게 정비하는 동시에 연대책임제를 도입했다. 주 내용은 소작인이 지주의 지시에 따라 영농작업을 하고 농사개량을 철저히 하여 소작료를 차질 없이 납부하도록 하는 조치였다. 이를 위배했을 때는 배상하도록 하는 한편, 계약도 해제한다는 내용의 소작계약서를 작성하

---

106) '전북축산'의 설립 목적을 한국농업의 특질과 관련하여 노력과 비료제공을 주안으로 한 것이라고 할 정도였다.
107) 전라북도농무과, 앞 책, 1938, 東津農事주식회사의 소작계약서에 농경 대부금은 수확시 벼의 시가로 환산하여 벼로 반제하도록 했다.

였다.[108]

둘째, 소작인을 농장의 구성원으로 조직화하여 동원과 통제를 원활히 할 수 있도록 조합을 결성했다. 가와사키 농장에서는 1910년 川崎농장 소작조합규약을 제정하고 규약에 따라 里 단위로 6개 조합을 구성했다. 조합 임원(이사와 독려원)은 호선으로 하되 농장의 승인을 받도록 했다. 이사에게는 소작조합연합회 임원회에 참가할 자격을 부여했다. 조합의 사업은 가와사키 농장의 지도 감독 아래 토지개량과 농사개량사업을 수행하는 일, 공과금과 소작료 납입, 주민생활 개선과 상호구조 등에 관한 일 등이었다.

셋째, 가와사키 농장에서는 서수식산조합, 용회리 繩제조 저금조합, 서수부인흥산조합 등 농업자금을 매개로 한 외곽조직을 만들었다. 여기서 서수식산조합규약이 주목된다. 조합은 면내 6개리에 거주하는 자로 조직하고 농장에서 지도 감독했다. 조합 임원은 요시카와 기요시(吉川淸 : 간사)·가와사키 도타로(감독) 등 농장 관계자들이었다. 조합의 지도이념은 유교적 충효와 일본 정신에 두었으며, 국가, 동리, 가정의 안정화에 목표를 두었다. 탈퇴할 경우 이미 납부한 조합금은 돌려주지 않았다.[109] 조합의 목적은 농가경제와 지대수입의 안정화를 위해 부업과 저축을 장려하기 위한 것이었다. 나아가 이는 금융을 매개로 소작농민 통제조직으로도 기능했다.

농장에서 소작농민을 장악할 수 있었던 또 하나의 고리는 소작농민에게 전답만이 아니라 거처도 제공했다는 점이다. 이것은 소작농민에게 생활 터전을 제공한 조치이지만, 반대로 거주 자체가 지주의 손에 달려 있다는 것을 의미하는 것이다. 일본인 지주들의 토지에서 갈수록 대지 면적이 증가한 것은 그 반영이었다.[110]

---

108) 전라북도의 농업회사들의 소작계약서는 이 점은 공통적이었다. 전라북도농무과, 앞 책, 1938.
109) 서수식산조합규약 제32조. 大橋淸三郎, 앞 책, 1915, 53쪽.
110) 최원규, 앞 글, 『동방학지』 130, 2005. 162~163쪽.

일본인 지주들은 이같이 여러 방법으로 경영권 또는 거주권까지 장악해 가는 가운데 자기의 영농 계획에 맞추어 소작농민을 동원하여 지주경영을 해 갈 수 있었다. 일본인 지주는 경영권을 장악하고 비료와 농사자금까지 대부를 해주고 용도까지 지정해주면서 생산력을 늘려가는 기업형 지주였다. 지주의 소작농민에 대한 통제강도는 개간 간척지의 소작농민은 물론 점차 기존 농지의 소작농민에까지 점점 강화되어 갔다.

일본인 농장의 일차적 경영목표는 지주의 이익 실현에 있었으며, 각 지역에서 경제와 정치의 핵심세력으로 자리 잡고 일제 식민지 지배의 중심적 역할도 동시에 수행해 갔다. 일본제국의 식민지 통치체제에서 지주가 차지하는 비중은 해가 갈수록 정체 내지 축소되어가는 모습을 보였다. 그렇지만, 일제는 통치기간 내내 이들의 존재가치를 인정하고 지원해 갔다. 물론 의존강도는 갈수록 낮아졌다.

4. 일본인 지주의 농외 투자

1) 지주형 농외 투자

전북 만경강 유역에 자리잡은 일본인 대지주의 출신기반은 다양했다. 일본인 학자 아사다(淺田喬二)는 이들을 다음과 같이 분류했다. 후타바사처럼 지주적 기반을 바탕으로 진출한 경우를 비롯하여, 재벌(오쿠라(大倉) 농장, 도잔(東山) 농장), 독점자본(다키家), 해운자본(시마타니家), 금융자본(오하시 요이치(大橋與市)), 상인자본(가와사키家, 아베家), 華族자본(호소카와 모리타테(細川護立)),[111] 기타(구마모토 리헤이) 등 다양했다.[112] 일본인 대지주들은

---

111) 대장촌에 소재한 細川농장의 설립자로 일본의 재벌가에 속한다. 『삼천리』 13-11, 1941. 11. 일본의 "二十四番인 최후의 백만장자는 舊熊本藩主의 가계인 細川護立侯로

한국에 자본을 투자할 때 자본의 수익률과 지주수익률, 전통적 지주경영 방식의 장단점, 농업생산성과 향후 전망 등을 종합적으로 판단하여 투자여부를 결정했다. 이중 가장 우선적으로 고려한 사항은 투자 자본에 대한 이윤율이었다.

일본인들은 지주이든 산업자본가이든 높은 이익이 예상되면 대상을 가리지 않고 투자했다. 이들은 미야자키 게이타로(宮崎佳太郎)처럼 한국에 들어와 행상 등 각종 상업활동을 통해 획득한 자본으로 농장을 설립한 경우도 있지만,[113] 대부분 지주들의 초기 투자자본은 일본 내에서 마련한 것이었다. 이들의 자본력은 한국인 지주보다 월등했지만, 자신의 투기성 야욕을 채우기에는 턱없이 부족했다. 이를 보완하기 위해 정치 군사적 압력과 한국의 국내법을 무시하는 등 한국인에게 불공정 게임을 강요하는 한편, 사적 폭력을 행사하며 대토지를 확보하였다.

서수면의 일본인 대지주들도 이러한 방식으로 투자하여 토지를 대량 확보하고 지주경영을 시작했다. 이들은 일본 내의 지주제에 대한 전망을 희망적으로 보지 않았다. 대신 조선 내 토지투자로 발길을 돌린 지주 자본가들이 적지 않았다. 조선에서 지주경영은 식민지 초과이윤이 보장된 매우 유리한 것이라고 판단하고 토지에 대규모로 투자하여 지주경영을 꾀하였다.

일본인 대지주들은 조선 구래의 지대 의존적 농장경영에서 벗어나 자본가적 경영자의 입장에서 수입 극대화를 목표로 영농계획을 세우고 실천하는 기업형 지주경영을 계획했다. 자본가 출신의 지주는 출신답게 농외 투자도 소홀하지 않았다. 물론 주로 농업경영에 전념하는 구마모토 리헤이,[114]

소득 백만 원, 세액이 56만 원이라고한다." 이 집안의 자본가로서의 성장 발전에 대하여는 千田稔, 「華族資本としての侯爵細川家の成立·展開」, 『土地制度史學』 29-4, 1987. 1919년 조선에는 전북농장과 전남농장 2곳인데, 경지 2,007정보 잡 24정보 택지 19,365평이었다.

112) 淺田喬二, 앞 책, 1968 참조.
113) 保高正記, 『群山開港史』, 1925, 115~116쪽.

후타바사, 가와사키 도타로,[115] 호소카와 농장, 불이흥업과 같은 대지주나 히로카와 기노사쿠(廣川巳之作)와 같은 유형의 농업전문가 출신의 지주들은 농외투자에 별로 관심을 두지 않거나 매우 소홀한 편이었다.[116]

지주경영에만 전념하는 일본인 대지주도 두 유형이 있다. 하나는 구마모토 리헤이, 가와사키 도타로, 불이흥업처럼 지주경영에만 전념하고 농업관련 분야나 광산 등 일부 한정된 분야에만 투자하는 경우이다. 또 한 유형은 일본의 유수한 재벌에 속하였지만 산업부문 기업이나 투자는 거의 일본에서 하고 조선에서는 지주경영을 주로 하는 경우이다. 일본의 산업자본을 조선내 지주자본에 투자한 경우이고, 지주자본은 다시 조선이 아니라 일본의 회사에 다시 투자되는 경우이다. 시로세 순조(白勢春三)처럼 니가타현 경제계의 실력자들이 합자하여 설립한 후타바사는 조선에서 농외투자는 거의 하지 않은 것으로 보인다. 호소카와 농장이나 도잔(東山) 농장 같은 일본의 재벌가들도 농외투자는 거의 없거나 소극적이었다.

일반적인 경우는 이들과 달리 조선과 일본을 구분하지 않고 산업자본을 지주자본에 투자하여 지주경영을 하고, 그 지주자본을 조선과 일본을 가리지 않고 다시 산업자본에 투자하는 경우이다. 이들은 대체로 농외투자 부분이 지주경영 부분보다 비중이 더 큰 자본가적 존재였다. 이들은 조선에서의 토지이윤율이 높아 농업경영을 계속 유지하면서 농외투자 부분도 계속 확대해갔다. 시마타니家, 가타키리 와조(片桐和三), 이마무라 이치지로(今村一

---

114) 熊本利平은 1923년 群山興農과 南朝鮮鐵道(마산)의 비중 낮은 주주였으며, 1942년 서울에 1939년 설립된 조선축산의 이사가 되기도 했다. 中村資良 편, 『朝鮮銀行會社要錄』, 1923년판, 1942년판.

115) 川崎藤太郎은 식산은행에 이 지역에서 유일하게 주주로 참여했지만, 60만 주 중 1620주에 불과했다. 전북축산에도 주주로 참여했지만, 곧 보이지 않았다. 中村資良 편, 『朝鮮銀行會社要錄』, 1925년판. 202~203쪽.

116) 부산 경남에서도 일본인 대지주가 농외투자에 열성이었다(최원규, 「19세기 후반 20세기초 경남지역 일본인 지주의 형성과정과 투자사례」, 『한국민족문화』 14, 1999). 서수면에서 중소지주로서 농외투자한 자는 中對與十郎이었으며, 규모가 작고 상업이 주업종인 임피상회에 참여했을 뿐이었다. 〈표 12〉, 〈표 13〉 참조.

次郎), 하시모토 히사시(橋本央), 오하시 요이치(大橋與市), 나카시바 만키치(中柴万吉) 등이 대표적인 예였다.[117] 이러한 농외투자도 크게 지주형 투자와 산업자본가형 투자로 나누어 볼 수 있다. 그 이유는 전자는 투자처가 농업연관 분야이고, 후자는 농업부분과 구별되는 산업부분에 투자한 경우로 산업자본으로의 자본전환이라는 용어가 적합한 경우이다. 그리고 이들 투자자는 지주별 지역별로 차별성을 보이기도 했다.

〈표 12〉의 기업은 서수면에 토지를 소유한 지주들이 설립한 농업관련 회사들이다. 설립 시기는 1920년 전후와 1930년 이후의 시기로 구분되었다. 전자의 시기는 제1차 세계대전 후 반동공황 직전의 호황기로서 한국이 좋은 투자처로 주목되고, 회사령이 철폐되면서 회사설립이 활발한 시기였다. 지주들도 1910년대 후반 고미가로 확보한 자금도 어느 정도 여유가 있는 편이었다. 지주들은 주로 토지에 투자했지만 농외투자도 소홀하지 않았다.

투자 업종은 다음과 같다. 첫째, 지주경영과 직접 연관된 분야이다. ① 정미, 미곡의 보관 위탁 매매업, ② 잠업부분, ③ 종묘, 비료, 농기구, 가마니 등의 제조판매, ④ 축산 관련 제품의 매매, ⑤ 담수어 양식과 가공 판매 등을 취급했다. 둘째, 각종 공업 용품의 판매, 화물의 보관과 운송, 위탁판매, 인쇄업 등이었다. 셋째, 농업자금 대부, 신탁업, 유가증권과 부동산 매매, 보험대리업 등 금융관련 분야였다.

〈표 12〉의 기업은 대부분 농업과 연관된 분야였다. 특히 지주경영에 필요한 물자와 자금조달 또는 생산물의 처분과 관련된 상업회사였다. 단순 제조업 분야에 속하는 호남농구도 예외는 아니었다. 지주경영의 합리화와 이익의 극대화를 위해 지방 유력자들, 농장관계인, 상인들이 함께 투자하여 설립한 것이다.[118] 대체로 물자 수급회사는 지주가, 생산물 처분은 미곡상이

---

117) 大倉農場, 東山農場, 동척과 같은 재벌급 지주들은 농외부분이 훨씬 비중이 크고, 농장이 소재한 현지에서 규모가 작은 농업연관기업에 대해서는 거의 관심이 없었던 것으로 보인다. 그리고 서수면에는 이들의 토지가 없기 때문에 대상에서 제외했다.

〈표 12〉 일본인 지주의 관계 회사와 목적

회사명	설립년도/지역	자본금	목적
臨陂商會	1918년/ 임피	2만円	제물품의 매매, 대여 및 위탁판매
群山興農	1919년/ 군산	10만円	1.비료 판매 및 제조. 미곡 위탁매매. 2.농잠구 판매. 종묘 종자 판매. 3.새끼, 가마니 판매. 연료 판매 대행업.
臨益養魚	1919년/ 황등	2만2천円	1.담수어의 양식, 2.魚撈 및 가공 판매.
全北畜産	1920년/ 황등	20만円	1.농업의 자금 대부와 부대사업. 2.축우 가축 축산물의 가공 매매·수출입.
朝鮮蠶業	1919년/	25만円	1.잠종 제조 판매. 농잠구. 2.繭의 위탁판매. 繭絲 제조 판매. 3.농림용 종묘 육성 판매. 비료.
黃登産業	1920년/ 황등	20만円	1.축우와 농업자금대부. 2.가금의 매매와 수출 3.농산물과 비료취급판매. 4.축산물의 이용공업. 5.가마니 석재 제조 가공.
萬頃畜産	1927년/ 김제	7만円	축산업경영(김제 청하).
裡里興農商會	1931년/ 이리	2만8천円	1.비료매매. 2.각종 농산물과 농구의 매매. 3.각종 공업 용품의 판매. 4.보험대리업.
湖南農具	1934년/ 군산	10만円	1.개량농구 제조 및 수입판매. 2.비료 새끼 가마니 유가증권의 매매. 3.미곡의 매매 및 위탁판매. 4.농사자금 대부, 신탁업 단 금전대차. 5.토지 가옥 유가증권 매매. * 목적 변경→ 농구 비료의 제조와 판매 제상품의 매매. 기계 공구류의 판매.
朝鮮米穀倉庫	1930년/ 서울	1백만円 5백만円	1. 조선 산미 이출 조절을 위한 창고업무. 2.일반 화물의 보관, 위탁, 판매, 운송. 3.화재 보험의 대리 및 부수 업무.
全羅北道糧穀	1942년/ 서울 전주 군산	2백만円	1.도내 생산 양곡매입. 2.양곡의 매입과 매도, 도내 양곡의 배급. 3.양곡의 가공, 부대사업.

출전 : 中村資良 편, 『朝鮮銀行會社要錄』 각년판.

지배주주였다.

---

118) 中村資良 편,『朝鮮銀行會社要錄』, 1929년판, 219쪽 ; 1937년판, 247쪽. 황등산업과 전북축산을 설립하며 "농사개량 농산물 증수를 위해 지방 유력자가 서로 상의하여 이 회사를 설립하여 … 국가적으로 공헌한 이래 착착 사업 수행 중이었다."라고 언급하고 있다.

농업연관 기업이나 유통관련 기업은 일본인이 주도했다. 지주경영과 직결된 전자 부문에서는 한국인 지주들의 참여도 높은 편이었지만, 후자 부분의 투자는 드물었다. 전반적으로 한국인 대지주층의 영향력이 크지는 않았다. 지역적으로 후자는 군산지역의 미곡상과 일본인 지주들이, 전자는 익산지역 일본인 지주들이 주도하는 모습을 보였다. 이 중 농업 연관 부문에는 신기리의 모리야 겐이치(森谷元一), 이리(현 익산)의 아오타 다케치(靑田竹治)와 이타이 신조(板井信藏), 황등리의 가다키리 와조(片桐和三) 등이, 미곡유통 부분에서는 지주이며 미곡상인 모리키쿠 고로(森菊五郞)가 주도했다.

주주나 임원은 대부분 지주들이었지만, 거대지주의 지배인이나 주임도 한몫했다. 일부 회사에서는 한국인을 지배인에 임명하기도 했다. 전북축산은 지역 자산가이며 공직을 지낸 지역 유지인 박지근을, 나카시바(中柴) 농장과 시마타니 농장이 주도한 만경축산에서는 한국인 최현묵을 지배인에 임명했다.119) 회사의 주 거래자가 한국인 영농자인 점을 고려하여 사업의 원활한 수행을 위해 임명한 것으로 보인다.

농업 관련 회사 가운데 규모가 가장 큰 회사는 조선잠업이었다. 경영진의 특징은 오하시(大橋) 농장의 지배주주인 오하시 요이치(大橋與市)와 지배인인 야마자키 쇼헤이(山崎曾平)가 동시에 참여하고, 잠업을 부업으로 장려하면서 배급에 열중한 대장촌의 다사카 사부로(田坂佐三郞)가 이사로 참여한 점이다.120) 익산군 이외의 지역에서는 모리야 겐이치(森谷元一), 미면의 미야자키 야스이치(宮崎保一)가 참여했다.

군산흥농은 군산·옥구·익산·김제의 한일 대지주들이 폭 넓게 참여하여 설립한 회사였다(〈표 13〉). 지배주주가 일본인이었으며, 임원 구성도 옥구의

---

119) 鎌田白堂, 『朝鮮の人物と事業』, 1936, 295~296쪽. 박지근은 퇴직 후 양조업과 광업으로 부를 축적했다. 도회의원, 소득세조사원, 소작조사위원, 면협의원, 군농회의원, 금융조합 감사 등을 지냈다.
120) 鎌田白堂, 앞 책, 1936, 237~238쪽 ; 宇津木初三郞, 앞 책, 1930, 181쪽.

<표 13> 서수면 관계회사의 임원과 주주

유형	회사명	임원명	주주명
A	임익양어	片桐和三 (이사)本田來作 眞田壽助 倉田光藏 扇米助 (감사)佐藤福太郎 森谷元一	
A	호남농구	(전무)中道季 (이사)佐藤政次郎 坂口禎藏 (감사)河野惣三郎 山崎藤治 (전무)岡季 (이사)坂口禎藏 久保犀 (감사)中柴萬吉 芥川淑三郎	佐藤政次郎(440) 中道季(150) 河野惣三郎(100) 山崎藤治(60) / 佐藤政次郎(470) 岡季(150) 中柴萬吉(100) 山崎藤治(90) 坂口禎藏(60)
A	이리흥농상회(합자)	久米護郎(무한) 群山興農(28000원유), 松本龜次郎(무한)	
A	군산미곡신탁, 군산신탁(주) 변경(1933)	(이사)森菊五郎 橫山與市 下田吉太郎 落合常助 半田瀧吉 日高千代吉 (감사)中柴萬吉 吉永吉三郎 金洪斗 嶋谷八十八(1929~39) 中柴万吉 吉永吉三郎 永田一郎	長田礒次 落合常助 下田吉太郎 吉永吉三郎 森菊五郎 日高千代吉 家房吉 花岡鶴松 田中龜次郎 川原平助 平春富藏 半田瀧吉
A	전라북도양곡	森菊五郎 塩見節 (이사)都茂 脇田春次 花岡鶴松 池眞澄 長田是善 嶋谷篤 三宅勝秀 樑富太郎 水野宅三郎, (감사)正木惠一 松場蜜三郎	
B	임피상회	萩原重三 李東錫 中對與十郎 李完植 後藤梅吉 감사역 康中鉉 今井珪次郎	李東錫 中對與十郎 李完植(각60) 康中鉉(40) 今井珪次郎(12)
B	조선잠업	大橋與市(이사)倉田光藏 片桐和三 今井一次郎 板井信藏 朴基順 扇米助 光岡正行 山崎增平 金丙熙 (감사)森谷元一 宮崎保一 趙重煥 田阪佐三郎	
B	전북축산	今村一次郎 (전무)片桐和三 (이사)山崎增平 靑田竹治 橋木央 朴基順 金炳順 (감사)永原邦彦 眞田壽助 倉田光藏	주주 앞에 기재한 중역 외 李培源 林秉喆 川崎藤太郎 森谷元一
B	황등산업	(사장)今村一次郎(이사) 片桐和三 橋本央 靑田竹治 高木道二郎 朴智根 金海均 (감사)扇米助 永原邦彦 板井信藏	片桐和三(645) 今村一次郎(275) 眞田壽助(265) 橋本央 高木道二郎 靑田竹治(각250)
B	군산흥농	(전무)松本市五郎 (이사)橋本央 嶋谷八十八 森谷元一 文鍾龜 (감사)今村一次郎 *大倉米吉 (지배인)崔昇朝	松本市五郎(600) 文鍾龜(150) 橋本央 嶋谷八十八 李完植 李東錫 (각100) 1919. 松本陸郎(100) 森谷元一(80) 1931
B	만경축산	사장 中野宗一 (이사)中野宗三郎 嶋谷篤 崔賢默 (감사)窪田角太郎 藤重嘉吉 松村政一	中柴산업(주) 中野宗一

비고 : A=일본인 회사, B=한일합작회사.
출전 : 中村資良 편, 『朝鮮銀行會社要錄』 각년판.

지주 문종구 이외에는 모두 일본인이었다. 군산 거주 상인인 마쓰모토 이치고로(松本市五郎)가 최대의 주주이자 전무로 경영을 책임졌으며,[121] 비료계에 명성을 날릴 정도로 경영실적이 좋았다. 이 회사도 영업대상이 한국인 영농자

임을 반영하듯 지배인은 한국인 최승조를 임명했다.[122)

군산신탁은 임원과 주주들이 주로 미곡상이면서 정미소를 겸영하는 자와
지주들이었다. 사장인 모리키쿠 고로(森菊五郎 : 효고현 출신)을 비롯, 다나카
가메지로(田中龜次郎 : 오쿠라 농장 인수자)·나카시바 만키치(中柴万吉)·시마
타니 야소하치(嶋谷八十八) 등이다. 나카시바 만키치는 미곡상으로 한국에
들어와 여러 기업에 적극적으로 투자한 기업가로,[123) 시마타니家와 같은
야마구치현 출신이었다. 모리키쿠 고로(森菊五郎)는 효고현 출신이고, 시마
타니家는 이곳에서 기업 활동을 한 바 있었다. 세 사람은 일본에서 같은
경제권·생활권에서 활동했으며, 그 인연이 한국에서 기업 활동으로 이어졌
다. 나카시바 만키치(中柴萬吉)는 김제에서 농장도 운영했다. 이 농장을
모태로 中柴産業(주)를 설립하여 같은 고향 출신인 나가노 무네사부로(中野宗
三郎)를 사장에 취임하도록 하고, 자신은 기업경영에 전념한 것으로 보인
다.[124) 군산미곡신탁회사는 1933년 군산신탁으로 변경했다가 조선신탁(주)
에 흡수 통합되었지만, 미곡유통 부분은 1942년 전라북도양곡(주)가 지역
전체의 주도권을 잡고 이 지역의 미곡 수급 기능을 전담했다.

---

121) 熊本利平과 下關商業學校 동기로 군산상업회의소 會頭, 곡물시장 감사, 군산흥농
　　전무를 지낸 군산상업계의 원로이다. 군산흥농은 군산상업회의소의 상무위원이었
　　다. 保高正記, 앞 책, 1925, 122쪽, 168쪽, 216쪽, 165쪽.
122) 宇津木初三郎, 앞 책, 1930, 218쪽.
123) 中柴萬吉은 山口縣 玖珂郡 由宇町(1876년생) 출신으로 1899년 神戶에서 미곡상으로
　　시작했다. 1901년 兵庫에 본점을 두고 군산에서 해륙운송업, 미곡비료반입, 和洋酒잡
　　화, 대리업 등을 경영했다. 조직을 中柴商事(株)로 하고 사장이 되었다. 해륙운송은
　　군산해운, 비료부는 군산비료로 합병하고 사장에 취임했다. 그리고 중시농장을
　　中柴産業(주)으로 조직을 바꾸고 이사가 되었다. 이 밖에 남조전기, 남조선수력전기,
　　평양전기, 충남전기, 천안전기, 조선요소비료, 호남농구 등에 참여했다. 阿部薰,
　　『朝鮮功勞者銘鑑明』, 민중시론사, 1935, 156~157쪽.
124) 中野宗三郎은 1872년 山口縣 玖珂郡 山宇町(원적) 출신으로 中柴농장의 조직을 변경한
　　中柴산업(주)의 사장이다. 아들 中野宗一이 상무로, 中柴萬吉은 이사로 참여했다.
　　소재지는 전라북도 김제군 청하면이다. 회사의 목적은 농업 식림 축산업 개간
　　농구비료에 필요한 금전의 대부 등이다. 宇津木初三郎, 앞 책, 1930, 151~152쪽 ; 中村
　　資良 편, 『조선은행회사요록』, 1929년판. 217쪽.

옥구지역에 설립된 회사 가운데 이색적인 회사는 임피상회였다. 1918년 10월 임피군에 거주하는 한국인과 일본인 지주들이 설립한 주식회사였다. 설립 목적은 물품대여나 위탁판매 등 상업부분이었다. 한국인 대지주들이 지배 지주이면서 임원으로 경영에 대거 참여했지만, 일본인 전무가 업무를 총괄했다.[125] 주주와 임원은 한국인이 압도적 다수를 점했다.

서수면 지역의 지주 가운데 시마타니, 가타키리 와조, 모리야 겐이치, 아오타 다케치 등이 자본전환에 적극적인 편이었다. 본점을 익산, 옥구, 군산 등 지역 내에 둔 기업은 모든 면에서 지주적 기반을 탈피하지 못했다. 1930년대 이후에는 〈표 12〉에서 보듯이, 지역 내에는 기업설립이 활발하지 못했다. 일본인이 주 구성원인 몇몇 기업이 설립되는 정도였으며, 사업 분야는 여전히 농업 연관구조에서 벗어나지 못했다. 다만 초기에는 주로 종합적 성격을 지닌 회사를 설립했다면, 점차 농구의 제조와 판매, 축산, 대금업 등의 분야로 전문화되는 모습을 보였다. 기업설립은 지주들보다 군산의 상인 대금업자들이 더 적극적이었다.

서수면 일본인 대지주들의 농외투자는 다음과 같은 특징이 있다. 첫째, 〈표 13〉에서 보듯, 지주경영과 연관된 분야로 제한된 경우와 후술하는 바와 같이 이 범위를 넘는 경우로 크게 구분되었다. 둘째, 전자는 대부분 지주경영과 연관된 농업연관 기업이라는 점에서 산업자본으로 부르기엔 미흡한 모습을 보여주었다. 반면 후자는 몇 안 되지만 다른 산업부분으로까지 투자대상을 확대해 갔음을 보여주었다. 일본인 지주는 대부분 전자의 경향을 보였다. 셋째, 후타바사·구마모토 리헤이 등 일본 거주자는 조선에서는 지주경영 외에는 별 관심이 없었다.[126] 중소지주들의 농외투자도 찾아보기

---

125) 특히 康씨가는 이러한 경험을 바탕으로 농외투자에 적극적으로 참여하는 모습을 보였다. 한국인은 30년대 약간 적극성을 보인다. 한국인의 농외투자는 다음에 다룰 예정이다.

126) 熊本利平, 二葉社, 桀富農場 등과 같이 일본에 거주하는 지배주주들의 한국 내 투자는 찾기 어려웠다. 하지만 右近의 경우는 군산전기, 조선전기 등 많은 기업에 투자활동이

어려웠다. 넷째, 이들 가운데 일부는 지주에서 자본가로 전환하는 경우도 있었지만 두 분야에 동시에 투자하는 경향을 보였다.[127] 다섯째, 지주제와 연관된 기업은 대부분 한일 대지주들의 합작형태였다.[128] 여섯째, 〈표 14〉에서 보듯 지주들의 농외투자 정도는 편차가 대단히 컸다. 특히 가타키리 와조, 모리야 겐이치, 이타이 신조(板井信藏) 등 황등·이리의 지주들이 활발하게 투자하는 편이었다.

〈표 14〉 서수면 지주와 참여 회사

구분	群山興農	전북축산	만경축산	조선잠업	황등산업	서수산업	임피상회	임익양어	군산수산	군산신탄	全北繩叺	경편철도	전북기업	미곡창고	군산신탁	호남농구	기업수
嶋谷家	O*		O*										O*		O*		4
川崎家		O															1
片桐和三	O*	O*		O*	O*				O*		O*						6
森谷元一	O*	O		O*					O*								4
靑田竹治		O*											O*				2
板井信藏		O*		O*	O*				O*								4
中對與十郎							O*										1
芥川淑三郎																O*	1
裡里興農	O*																1
宮崎保一	O*			O*													2
楠田義達	O*																1

비고 : 주주 : O, 임원 : *
출전 : 中村資良 편, 『朝鮮銀行會社要錄』 각년판.

마지막으로 1930년대 이후에는 식민지 지주제가 일본 금융자본에 종속적으로 편재되면서 농업연관 기업 역시 여기에 흡수되어 일제의 정책을 수행하

활발했다.

127) 楠田義達(아들 楠田精一)은 지주였지만, 1918년 熊本利平, 宮崎佳太郎에게 양도하고 재계에서 활동했다. 군산인쇄, 조선잠업(합자, 이리), 전북상사, 군산흥농 등에 주주와 임원으로 참여했다. 宇津木初三郎, 앞 책, 1930, 245쪽.

128) 산업자본에 투자한 경우 嶋谷家는 嶋谷德三郎이 주도했다는 점, 靑田竹治는 백인기에 종속적이었다는 점에서 한계가 있었다.

는 대행기관적 성격을 띠게 된다.

2) 산업자본가형 농외투자

서수면 지주 가운데 산업자본가형 투자에 가장 두드러진 활약을 보인 지주는 가타키리 와조, 아오타 다케치(靑田竹治), 시마타니家 등을 들 수 있다. 가타키리는 현지에 거주하면서 농업연관 분야에 활발히 투자하다가 투자범위와 지역을 더 넓혀간 경우이다. 전형적인 지주의 자본전환에 해당된 다. 시마타니家는 농업연관 기업뿐만 아니라 거의 전 산업부분에 투자했으며, 투자지역도 북한까지 미쳤다. 예외적인 경우로 아오타 다케치가 주목된다. 그는 일본인으로 한국인 대지주인 백인기가의 지배인이면서도, 여러 산업부 분에 투자하였으며, 투자범위도 서울까지 확대했다는 점이 주목된다.

먼저 가타키리 와조부터 살펴보자. 그는 지주이며 자본가로서 매우 활발한 활동을 했다. 대부분 농업경영과 관련된 기업이었지만, 1930년대 이후에는 투자범위와 지역이 전과 다른 모습을 보였다. 1931년에 설립한 전라산업은 새끼, 가마니 등 짚 제품을 매수 판매하고 생산을 장려하는 회사였다. 농업연 관 분야를 벗어난 것은 아니었지만, 전라북도의 지원을 받아 유통부문에서 독점적 지위를 획득한 회사였다. 일본제국이 공황이후 피폐화되어 가던 농촌사회의 모순을 완화시키기 위해 부업을 장려하고 이를 독려하기 위해 설립한 기업체였다. 생산과 판매의 전 과정에서 주도적 역할을 했다.

가타키리의 활동은 1940년 무렵 전환기를 맞이했다. 1936년 장항에 조선제 련주식회사가 설립되는 등 본격적으로 개발되면서 옥구군 미면의 지주 미야자키 야스이치(宮崎保一)와 더불어[129] 임익양어의 경험을 살려 어업

---

129) 宮崎保一은 옥구군 미면에 거주하며 면장을 지내는 등 현지 토착화를 기반으로 사업을 하고 있었다. 宮崎농장, 조선잠업, 군산청과, 장항수산 등이 그러한 성격을 갖는다. 宇津木初三郎, 앞 책, 1930, 260~261쪽.

상품을 취급하는 장항수산을 설립했다. 여기에는 한국인 지주 자본가들도 참여하고 있었다. 그런데 1940, 41년에 설립된 남선수력전기(서울)와 전북신보사(전북 군산)의 주주와 임원에는 일본인만 임명되었다. 가타키리는 전북신보사에 이사로 참여하였다. 일제는 조선일보·동아일보 등 조선인 계열의 조선어 신문은 폐간시켰지만, 내선일체 작업을 효율적으로 수행하기 위해 지역 내 유력 일본인에게 일본어 신문사를 설립하도록 하였다.

남선수력전기(주)는 전시총동원체제의 일환으로 동척과 조선전력이 자본을 반씩 투자하여 설립한 회사였다. 일본제국주의는 전력과 같은 기간산업에 금융자본을 집중 투자하는 한편, 같은 업종을 강제통합하여 국가의 독점적 지배권을 확보하고 전시경제체제를 운영해간 것이다. 이 회사도 그 일환이었

〈표 15〉 片桐和三의 참여기업

구분	회사/ 창립해	자본금/ 소재	목적	임원	주주
1	全羅産業 /1931	50만원 /이리	전북도의 지정을 받는 본도 내에서 생산되는 새끼 가마니 명석 기타 짚제품의 일체를 매수 판매, 생산장려 조장	(사장)片桐和三 (이사)笠松譽行 林昌治 松場密三郎 洪海鍾轍 金岡聖鍾 (감사)松本市五郎 赤木峯太郎 三宅勝秀	주식(10,000) 片桐和三(1,150) 笠松譽行(1,100) 齊藤勤(800) 赤木峯太郎(700)
2	長項水産 /1939	10만원 /장항	어업 염건어 해조수산물 가공품 일체 매매 기타 수산물의 가공 어로 제조 양식 수송 냉장 냉동 및 물품의 보관 자금융통	(사장)片桐和三 (이사)金田中道 金本光吉 宮崎保一 富田泰河 丘秉定 秋元敎永 金萬泰 富田兼素 (감사)國本漢鎔 豊城守	
3	全北新報社 /1941	20만원/ 전주 군산	일간 전북 신문 발행, 문서 도서의 인쇄 발행, 부대사업	(사장)松波千海 (회장)虎三 (이사)片桐和三 久永驕一 赤松繁夫 脇田春次 寺井政次郎 柳富太郎 朴潤昌 (감사)細野元助 德山昇烈	
4	南鮮水力電氣/1940	2천만원 /서울	전력 공급 사업,부대사업 및 투자	(사장)小倉武之助 (이사)西廣友次郎 中津川源吉 上內彦策 石津龍輔 片桐和三 右近末穗 瀨戶角馬 (감사)原俊一 張元稷相	주식(400,000) 東拓(200,000) 朝鮮電力 (200,000)

출전 : 中村資良 편, 『朝鮮銀行會社要錄』 각년판.

으며, 가타키리는 이 회사의 이사였다.

아오타 다케치와 시마타니家는 이 지역 대표적인 산업자본가형 투자자였다. 아오타 다케치는 백인기의 華星농장 지배인이었다.[130] 그는 일본인 지주들과 투자형태에서 차이를 보였다. 지역사회의 다른 일본인 지주들과 같이 여러 기업에 주주와 임원으로 참여했지만, 백인기가의 지주경영과 불가분하게 연결되어 있다. 아오타는 세 방향으로 투자를 했다. 첫째, 1920년 전후에는 전북지역 일본인 대지주 일반과 같이 농업관련 분야에 투자하였다. 〈표 14〉에서 보듯, 지주경영과 관련된 축산 부분의 회사 설립과 운영에 참여했다. 이는 華星농장의 지배인이라는 점과 밀접한 관련이 있었다.

둘째, 〈표 16〉에서 製莚회사와 시장 건설에 자본을 투자한 경우이다. 이들 기업은 성격으로 볼 때 백씨가와 관련성이 적거나 그가 독자적으로 투자한 회사로 보인다. 전자는 난초재배와 산림경영에 관련된 회사로, 임원들 가운데 유명 지주는 보이지 않았다. 이리魚采시장도 대부분 설립주체가 이곳 상인들로 보인다.

셋째, 아오타는 화성농장의 단순한 관리인이 아니었다. 백인기家의 기업활동에 주주 또는 임원으로 함께 활동하였다. 농장경영에서 백씨가와 맺은 관계가 기업 활동으로까지 확장되었다. 가장 먼저 참여한 회사는 고무공업제품 관련 기업으로 1919년에 설립된 서울호모공업(주)이었다. 백씨가의 중심 기업인 전북기업이 지배주주였으며, 여기에 감사로 참여했다. 전북기업은 비료·농기구 판매와 부동산매매 농업금융 등을 목적으로 설립된 회사로 지주경영과 밀접하게 관련이 있는 회사였다. 본점은 농장 소재지인 이리에 있었지만, 백인기가 서울로 이전했다. 1934년 광산업을 주 업무로 할 白友昌道鑛業(주) 등을 설립할 때 전북기업이 지배주주로 참여했다. 아오타는 백씨가의 기업활동에 늘 함께 하였다.

---

130) 백인기는 오미일, 『근대한국의 자본가들』, 푸른역사, 2014에서 자세히 다루고 있다.

<표 16> 靑田竹治의 참여기업

구분	회사명/창립해	자본금/소재	목적	임원	주주
1	朝鮮製莚/1919	20만円/전주	난초 재배와 산림 기타 농사 경영 및 산업 자금의 대부	(사장)田中光政 (이사)靑田竹治 苫米地造酒彌 (감사)伊藤笙次郎 佐騰好助	
2	서울護謨工社/1924	18만円/경기	고무제품제조 및 판매부대 사업	(사장)鄭完圭 (이사)白泓均 梁晶植 全昶 白棋淳 白命坤 (감사)靑田竹治(33년) 鄭錫好	충주식(3,600) 全北企業(2,732)
3	全北企業/1927	40만円/이리→서울	비료 및 농구류의 매매. 부동산 매매. 농업자금의 융통. 기타	(사장)白寅基 (이사)靑田竹治 白棋淳 鄭完圭 崔錫天 (감사)鄭璘祥 白道明	靑田竹治 白棋淳 鄭完圭 崔錫天 鄭錫好 白道明 朴在衡 蘇鎭文 三田原秋三郎
4	三和/1927	40만円/경성 전주	유가증권 매매 및 중개, 朝鮮取引所 증권거래원의 영업, 비료 및 농구류의 매매, 부동산의 매매, 농자금 융통, 식림, 광업	(사장)靑田竹治 (이사)白棋淳 鄭完圭 崔錫天 白道明 (감사)朴均鶴 蘇鎭文→(사장)鄭完圭 (이사)白道明 洪煉基 鄭殷圭 (감사)武城錫天 蘇鎭文	靑田竹治 白棋淳 鄭完圭 崔錫天 白道明 朴均鶴 蘇鎭文 鄭雲種
5	裡里魚菜市場/1930	2만5천円/이리	목적 수산물, 과채류, 기타 위탁판매 및 그에 부대사업	(사장)大木房男 (이사)田村龍助 山野安太郎 扇米助 靑田竹治 高橋文次 草ヶ谷英之助 (감사)石崎梅次郎 阿波榮一	武市知十郎(52) 田村龍助(39) 大木房男(35) 山野安太郎(30) 堀內三郎(29)
6	白友昌道鑛業/1934	40만円/고양군	광산업 및 부대업무사	(사장)鄭完圭 (이사)靑田竹治 白泓均 白棋淳 梁晶植 全昶 崔錫天	대주주全北企業會社

출전 : 中村資良 편, 『朝鮮銀行會社要錄』 각년판.

아오타는 농업관련 분야와 제조업뿐 아니라 유가증권 거래를 주업으로 하는 삼화(주) 등 여러 기업의 사장 혹은 이사로 참여했다. 그러나 삼화에서 보듯, 아오타는 이 회사의 사장을 역임했지만 40년대에는 흔적을 볼 수 없었다. 이때는 화성농장이 이미 식은 관리에 들어가고, 아오타도 지배인이 아니었다. 백씨가의 사업전체가 부실에 빠지면서 아오타 역시 여기서 벗어나지 못한 것으로 보인다. 이처럼 그는 일본인으로 백씨가의 지배인이면서 자기의 생활권인 익산지역에서 이와 관련한 투자활동을 했지만, 독립적인 자본가로 성장하는 데는 한계를 보였다.

아오타와 같은 지배인들이 농외투자에 참여한 예를 전북경편철도에서도 볼 수 있다. 이 철도는 전주평야에서 생산한 미곡을 일본으로 수출하기 위해 건설했다. 주주와 임원들 대부분이 이곳의 지주들과 대농장의 지배인이 었다. 백남신 농장의 시마타니 히데사부로(嶋谷秀三郎), 대장촌의 이마무라 이치지로(今村一次郎), 김제의 井上農事합명회사의 이노우에 고우이치(井上工一), 오하시 농장의 관리인 야마자키 쇼헤이(山崎增平), 호소카와家 조선농장의 주임인 나가하라 구니히코(永原邦彦), 도잔(東山) 농장(岩岐久彌)[131]의 주주인 나카야 교슌(中屋堯駿) 등이 그들이다. 그리고 오사와 도주로(大澤藤十郎)는 군산에서 조선 해운업에 종사하면서 사업상 직접 연관관계를 갖는 경편철도의 설립과 운영에 참여했다. 한국인 대지주인 박기순도 주주로 참여하였다. 회사의 주식은 도잔(東山) 농장과 호소카와 농장에서 절반 이상 소유했으며, 시마타니 히데사부로와 함께 감사로 참여했다. 이 회사는 주요 주주가 아닌 가와모토 구니사부로(河本國三郎)를 전무로 임명하여 운영을 맡겼다. 그는 도쿄 출신으로 海元간척지를 경영했지만, 마산역 이리역 서기와 익산면장을 지내는 등 철도와 지역행정에 밝아 전무로 영입한 것으로 보인다.

시마타니家는 지주형 투자는 물론, 산업자본가형 투자에도 매우 활발히 참여했다. 첫째, 지주로서 농장을 법인화하여 기업 형태로 조직을 정비했다. 嶋谷농사(개명 嶋谷농장), 嶋谷산업 등이 그것이다. 1929년에는 전북을 넘어 부산에도 함북토지(주)회사를 설립하기도 했다. 그리고 농업경영과 연관된 기업에 참여했다. 지역유지들과 자본을 결합하여 축산·잠업·일반농사 관련 회사들을 설립하여 지주경영의 편리성과 이익을 극대화시켰다.

둘째, 시마타니家는 한국 진출 전부터 일본의 산업자본가였으며, 이러한 연장 속에 처음부터 식민지 건설을 위한 기간산업, 특히 전기분야에 대한 투자에 적극적이었다. 〈표 17〉에서 보듯, 자본금 150만 원으로 전주에 설립한

---

131) 東山農事(株)는 東山농장(한국) 拓北農場본장(북해도) 三菱합자회사 新潟縣사무소 등으로 구성된 거대농업회사였다. 中村資良 편,『조선은행회사조합요록』1929년판, 401쪽.

<표 17> 嶋谷家의 참여기업(전북지역)

구분	회사명/설립해	자본금/소재	이사	주주
1	全北輕便鐵道/1914	60만円/전주	(전무이사)河本國三郎 (이사)大澤藤十郎 山崎增平 森田唯彦 朴基順 (감사)中屋堯駿 永原邦彦 嶋谷秀三郎	(주식수) 12000 中屋堯駿(4974) 永原邦彦(1134) 山崎增平(393) 朴基順(336) 大澤藤十郎(335) 趙命九(250) 森田唯彦 嶋谷秀三郎 藤吉靜男 宍倉恒 小野田信太郎 眞園悅次郎(각200)
2	全北鐵道/1914	60만円/전주	(전무이사)河本國三郎 (이사)山崎增平 大澤藤十郎 朴基順 (감사)中屋堯駿 永原邦彦	(주식수) 12000 中屋堯駿(5474) 永原邦彦(1134) 大熊善吉(500) 山崎增平(393) 大澤藤十郎(335) 朴基順(326) 萩田德太郎(157) 山本松太郎(150) 井上エ一(147) 今村一次郎(138) 河本國三郎(125) 吉原勇三(130) 嶋谷秀三郎(105)
1	中外電氣/1918	415만円/전주	(이사)上林亥八 吉木陽 武田俊熊 白銀市太郎 倉重理良 大田瀧熊 東巖 山田利平 國光五郎 (감사)島谷德三郎 松井八郎 岡源三 西村茂生 皿田千藏	山口縣 玖珂郡 岩國町 字岩國 第二地 전북 전주군 전주면 고사정 1-2, 山口縣 柳井町
2	全北電氣/1924	150만円/전주	上林玄八 (이사)吉木陽 白銀市太郎 倉重理良 (감사)嶋谷德三郎 國光五郎	전주군 전주면 고사정 1-2
3	南朝鮮電氣/1924	226만円/군산	(사장)上林亥八 (이사)樋口虎三 小瀬守次郎 白銀市太郎 倉重理良 安部榮太郎 吉木陽 右近福次郎 岩村隆 (감사)國光五郎 中柴萬吉 島谷武次	주식수 45200 朝鮮電氣會社(5482) 嶋谷武次(4722) 白銀市太郎(2956) 上林亥八(2926) 重宗たけ (2734) 倉重理良(2662) 吉川元光(2000) 武田國人(1600) 安部榮太郎(1506) 森菊五郎(1320) 樋口虎三(1129) 國光五郎 (1100)
4	南朝鮮水力電氣/1929	250만円/전주	(사장)米田甚太郎 (회장)上林亥八 중역 (전무이사)樋口虎三 (상무이사)小瀬守次郎 (이사)嶋谷武次 白銀市太郎 右近福次郎 岩村隆 吉木陽 (감사)倉重理良 國光五郎 中柴萬吉 (지배인)大杉音一	주식수 50000 南朝鮮電氣(18020) 朝鮮電氣(2769) 嶋谷武次(2550) 白銀市太郎(2500) 上林亥八(1639) 倉重理良(1450) 吉川元光(1079) 重宗たけ 米田甚太郎(각1000)
5	全羅北道糧穀/1942	2백만円/전주 군산	(사장)森菊五郎 塩見節 (이사)都茂 脇田春次 花岡鶴松 池眞澄 長田是善 嶋谷篤 三宅勝秀 樑富太郎 水野宅三郎 (감사)正木惠一 松場蜜三郎	

출전 : 中村資良 편, 『조선은행회사요록』 각년판.

全北電氣는 1918년 출신지인 야마구치현에 소재한 中外電氣의 지사 형식으로 전주에 설립했다. 1924년 中外電氣와 분리 독립시키고, 시마타니 도쿠사부로

<표 18> 嶋谷家의 참여기업(전북 이외 지역)

구분	회사명/ 설립년	자본금/ 소재	목적	이사	주주
1	咸北土地 /1929	50만円 /부산	토지소유와 이용 수익	澤山精八郎 (이사)澤山昇吉 澤山福彌太 島谷武次 (감사)島谷重吉	주식수 10000 島谷武次(3700) 澤山昇吉(1300) 澤山精八郎(950) 澤山兄弟商會(500)
2	雄基魚菜 /1933	50만円 /웅기	반찬 과실 잡화의 위탁 판매업 전항에 부대하는 일체의 사업	(사장)久江藤吉 (이사)杉浦辰次郎 朴俊鶴 岡田繁治 李志璇 鹽見峰治 村上貞祐 川村豊三 (감사)嶋谷四郎 島本熊一郎 金完燮	주식수 1000 久江藤吉(75) 杉浦辰次郎(55) 朴俊鶴 村上勝治 村上貞祐(각50)
3	北鮮煉瓦 /1933	20만円 /웅기	煉瓦土管 및 瓦의 제조 판매 및 부대 업무	사장/대표 중역 (전무이사)新富勇藏 (이사)島谷重吉 浦崎政吉 谷本茂三郎 (감사)伊秩政義 李志璇	島谷重吉(1900) 浦崎政吉 谷本茂三郎(각500) 新富勇藏(300)
4	日滿興業 /1933	20만円 /웅기	煉瓦 土管 및 기와의 제조 판매 및 부대 업무	(사장)浦崎政吉 (이사)新富勇藏 熊井彦一 (감사)伊秩政義 嶋谷健一	
5	親和木材 /1934	50만円 →200만円/ 웅기	삼림 벌채업 목재 담보 금융업 목재 매매와 중개 유가 증권 투자	(사장)中村直三郎 (이사)石原新造 前田宗兵衛 鷹田政一郎 平澤喜介 嶋谷重吉 (감사)中村五郎 山本高次	주식수40000 中村直三郎(1850) 石原新造(1650) 鳥島武次(1000) 平澤喜介(650) 井上隆一(550)→嶋谷重吉(2000)
6	日鮮鑛業 /1935	1백만円 /경성	석탄 등 광석의 채굴 매매 및 부대 업무	市川準一 (이사)萬俵喜藏 嶋谷武次 嶋谷勇 (감사)神宮朴 後藤進 森重喜作	
7	日鮮礦業 乾餾所 /1937	1백만円 /경성	석탄 乾溜공업 및 부대 업무	(이사)嶋谷勇 市川準一 嶋谷俊郎 久本佐太郎 (감사)森重喜作 石川保	
8	仁川沿岸 運輸 /1941	18만円 /인천	일반화물 해상운송업, 曳船業	菖蒲嘉市 (전무이사)櫻井保 (이사)長富良介 (감사)宮崎淸次	주식수3600 嶋谷汽船(1100) 嶋谷産業(370) 福島組(490) 澤山昇吉(400)
9	京畿海運 /1941	18만円 /인천	일반화물 해상운송업, 曳船業	浦崎政吉 (이사)西山榮一 伊秩恒吉 嶋谷茂雄 (감사)麻生保 羽村友雄	주식수 3600 嶋谷汽船(1050), 福島組(380), 嶋谷産業(650)

출전 : 中村資良 편, 『조선은행회사요록』 각년판.

가 감사로 참여했다. 군산에는 남조선전기를 세우고 시마타니 다케치(嶋谷武次)가 이사로 참여했으며, 1927년 군산전기를 합병했다. 1929년 운암저수지를 이용하는 남조선수력전기(주)를 세우고 이사로 참여했다. 사업내용은 전기의 생산부터 소비에 이르는 사업일체와 화학공업 부분이었다.[132]

셋째, 일제의 조선 '공업화' 정책에 편승하여 1930년대 함경도 지역에도 진출하였다. 〈표 18〉에서 보듯 煉瓦와 土管 제조, 산림벌채 등 여러 회사들을 설립하였다. 대재벌과 같은 거대회사는 아니지만 지역적 특성과 관련된 분야에 집중 투자했다.

시마타니家의 투자는 전시체제기에도 활발했다. 석탄채굴과 부대사업을 하는 日鮮礦業과 日鮮礦業乾餾所를 설립하였다. 지주경영 보다 산업부분에 더 집중하는 모습을 보였다. 이어서 가업인 해운업에도 투자를 했다. 1941년 인천에 경기해운회사를 설립하여 해상운송업 분야로 사업을 확장했다. 嶋谷해운이 대주주이며 경영은 전문경영인에게 맡긴 것으로 보인다. 전시체제기에는 시국산업 부분에 투자에 설립이 제한되었다는 점을 감안하면 전시물자의 수송과 관련하여 설립한 것으로 보인다.

다음은 시마타니家의 기업경영과 다른 자본가와의 연관성을 보기로 하자. 이 집안에서 기업에 투자하는 경우는 최대 주주인 경우가 많았다. 남조선전기와 남조선수력전기는 최대 주주가 조선전기, 남조선전기였으며, 개인으로는 이 집안이 주식을 가장 많이 소유했다. 해운업에서도 지배주주였지만 경영은 전문경영인에 맡겼다. 이들은 일제의 지배정책에 발맞추어 투자를 계속 확대해 갔다. 다른 일본인 지주들에 비하면 투자규모에서 괄목할 만한 모습을 보였다.

시마타니家는 투자지역을 북한으로 확대해 가는 한편, 상품시장을 만주까지 확대해 가고 있었다. 〈표 19〉는 이들이 주주와 임원으로 참여한 기업과 관련된 기업인이다. 1929년 이후 산업자본가형 투자에 본격적으로 나섰으며, 특히 1930년대 후반 이후 인천과 북한에서도 활발한 투자활동을 했다.

---

132) 鎌田白堂, 『朝鮮の人物と事業』, 1936, 258~260쪽, 264쪽 ; 宇津木初三郎, 앞 책, 1928, 247쪽. 군산전기는 1912년 군산의 樋口虎三·森菊五郎·下田吉太郎 등 상인과 中柴萬吉·藤井寬太郎·右近權左衛門 등의 지주가 전등을 공급하기 위해 세운 회사였다. 이 회사가 남조선전기에 흡수되고, 남조선수력전기는 이들이 투자한 회사였다.

일제의 공업화 정책이나 전시 총동원체제 등의 정책에 편승한 측면도 있지만, 가업인 해운업과 출신지인 야마구치현에서 맺은 인적 경제적 관계에 힘입은 바 컸다.

<표 19> 嶋谷家와 관련된 기업과 기업인

설립연도		1924	1925	1925	1928	1929	1933	1933	1933	1934	1935	1937	1941	1941	1941
본점 소재지		인천	군산	인천	군산	부산	웅기	웅기	인천	웅기	종성	종성	인천	인천	인천
관계인	기업명	浦崎合資	조선해운	일선해운	군산해운	함북토지	北鮮煉瓦	日滿興業	福島組	親和木材	日鮮礦業	日鮮礦業乾餾所	福洋海運	인천연안운수	경기해운
嶋谷	山口					0*	0*	*		*	*	*		0	0*
澤山商會	부산	0*	0*	0	0*									0	
浦崎政吉	인천	0*		0		0*			*						0*
菖蒲嘉市							*					*	*		
市川準一 (山一證券)						0	*			*	*				
宮崎淸次													*	*	
中柴萬吉	山口				0*										
中村直三郞	山口									0*					
谷本茂三郞	인천	0*				0*									
福島組														0	0

비고 : 임원 : *, 주주 : 0
출전 : 中村資良 편, 『조선은행회사요록』 각년판.

시마타니家에서 가장 근간이 되는 사업 분야는 해운업이었다. 다른 분야로의 진출도 이것으로부터 시작된 경우가 많았다. 시마타니家는 부산에서 사와야마(澤山)家와 함북토지(주)를 공동 설립하여 운영하고 있었다. 사와야마家는 부산 인천·군산에서 해운회사를 경영하는 유수한 해운업자였다. 시마타니家는 해운재벌이면서도 조선의 해운업계에는 진출하지 않았지만, 사와야마家는 조선 해운업계에서 그 비중이 컸다.

사와야마家는 부산에서 해운업을 하는 사와야마상회를 경영하는 한편, 나가사키현 출신인 우라사키 마사키치(浦崎政吉)와 인천과 군산에서 해운사업을 같이 하고 있었다. 우라사키는 인천에서 해운업을 주 종목으로 하는 우라사키상점을 설립 운영하면서 사와야마家와 日鮮海運을 설립 경영했다.

이들은 나카시바 만키치(中柴万吉)와 함께 군산에서 군산해운을 설립했다. 군산과 인천의 해운 및 창고업 분야에서 두드러진 활동을 하였다.

1932년에 인천요업을 설립했으며, 이 경험을 살려 시마타니家와 웅기에 진출하였다. 시마타니家가 우라사키家와 같이 회사경영을 한 경험은 없지만, 해운업이라는 동종업계 출신이라는 점과 사와야마家와의 자본결합으로 맺어진 인연이 작용하여 우라사키家와 함께 1933년 웅기에 北鮮煉瓦·日滿興業을 설립하기도 했다.[133]

시마타니家가 북선개척 정책을 발판으로 웅기에 진출할 수 있었던 또 하나의 인맥은 나카무라 나오사부로(中村直三郎)이었다. 그는 야마구치현 출신으로 일찍이 고향에서 전기사업을 했으며, 日本石炭 東京石炭(주)에서 사장, 전무를 역임했다. 시마타니家와는 고향에서 사업관계로 연결되었던 것으로 보인다. 그는 이러한 회사 경험을 바탕으로 일찍이 북선에 주목하였다. 1926년 웅기에 건너와 무역업에 종사하는 한편, 북선토지(주)를 설립하여 웅기읍 건설에 참여하여 많은 부를 쌓았다.[134] 지역적으로는 웅기를 발판으로 경흥군 나진읍, 서울, 봉천, 간도 등에 여러 기업을 설립 운영했다. 이들 회사의 명칭으로 보아 '親和재벌'이라 불러도 무방할 정도로 다각도로 사업규모를 확장했다.[135] 시마타니家는 親和목재에 투자하여 그와 연을 맺는 등 웅기에서 자못 활발한 활동을 했다.[136]

1940년대 전시체제기에 시마타니家는 우라사키家와 사와야마家를 이용하

---

133) 浦崎政吉은 仁川窯業의 대주주이며 이사이고 谷本茂三郎은 사장이었다. 회사의 목적은 煉瓦의 제조 판매였다. 中村資良 편, 『조선은행회사요록』 1937년판, 149쪽.
134) 그는 웅기에서 웅기읍회 의원, 웅기상공회장, 웅기항 확장 기성회장 등의 공직을 지냈다. 阿部薰, 『朝鮮功勞者銘鑑明』, 民衆時論社, 1935, 426~427쪽.
135) 中村直三郎의 계열사는 다음과 같다. 나진에는 親和시멘트工業(1935), 親和建材 (1935), 웅기에는 1933년 親和貿易 親和土地建物 北鮮炭業 나진웅기토지흥업(주) 豊仁採炭, 1934년 親和木材 北鮮水晶, 1936년에 동방상사를, 서울에는 1936년 親和鑛業 동화광업, 1938년 봉천에 親和企業(금융) 동만주철도 등을 설립했다.
136) 中村資良 편, 『조선은행회사요록』 1939년판.

여 인천의 해운업계에 진출하고 있다. 후자와는 인천연안운수, 전자와는 경기해운을 함께 경영하였다. 경기해운의 경영은 우라사키가 담당했다. 인천연안운수는 시마타니家가 지배주주이고 후쿠시마구미(福島組)와 사와야마家가 참여했지만, 경영은 해운업 전문가인 쇼우부 가이치(菖蒲嘉市)에 맡겼다. 일본 嶋谷海運의 자회사 정도에 해당한 것으로 보인다.

1941년 시마타니家가 전라북도양곡(주)에 이사로 참여한 점도 주목된다. 이 회사는 전라북도 내는 물론 다른 도의 양곡회사에서 양곡을 매입, 매도, 배급, 가공하여 다른 지역으로 이출입하는 회사로 설립되었다. 일제가 전시체제기 양곡유통을 전담할 회사를 각지에 설립했는데, 이 회사는 전북지역을 담당하였다. 전북지역 미곡상 등이 주도했으며, 시마타니家는 지주 대표로 참여한 것으로 보인다.

시마타니家는 일본에서 쌓은 자본력과 명성을 바탕으로 한국에서도 재벌로서의 지위를 이어갔다. 군산에서는 기간산업 부분에서, 웅기에서는 임업·광업·제조업 부문에서, 인천에서는 해운업 부분에서 활발히 활동을 하였다. 시마타니家의 투자와 기업활동은 일본에서의 인적·물적 기반을 활용하는 방식으로 전개했다. 일제의 한국개발정책과 궤를 같이 하며 순조롭게 기업을 확장하면서 이익을 극대화해 갔다.

5. 맺음말

만경강 유역 일본인 대지주는 러일전쟁 무렵부터 각자 거점을 확보하고 무차별적인 잠매로 토지를 헐값에 매득하고 농장을 건설했다. 서수면에는 일본인들이 37%, 서수리는 65% 가량을 소유했으며, 그중 가와사키 농장, 모리야 농장, 시마타니 농장이 80% 가량을 점했다. 대지주들은 지주, 상인, 산업자본가 등 출신이 다양했다. 이들은 구래의 지주제를 '식민지 지주제'로 재편하여 농장을 경영했다. 일제시기 경영에서 철수하는 지주나 망하는 지주도 있었지만, 이는 지주의 교체과정이고 전반적으로 일본인 지주의 소유면적은 갈수록 증가하였다. 특히 중소지주층이 불안정성을 보이면서도 30년대까지 증가경향을 보인 결과였다. 전시체제기에 일본인의 토지소유는 전체적으로 정체적 경향을 보이면서 개별적으로는 증가·유지·감소·포기 등 다양한 모습을 보였다.

일본인 지주는 자본가이자 경영자로 기업형 경영시스템으로 농장을 조직하여 생산력 증진에 최고의 가치를 두고 운영하였다. 농장조직은 농장주→지배인→ 주임→ 소작농(전문경영인→ 주임→ 소작농민)의 형태와 지주→지배인→ 숨흡→ 소작농민의 형태로 구분된다. 후자의 시스템은 아직 구래의 경영형태를 탈피하지 못한 과도적 형태였다. 기업형 경영시스템을 갖춘 농장은 일본거주 지주들의 위탁을 받아 농장을 경영해주기도 했다. 위탁경영은 지주의 자발성에 기초한 것이지만, 1930년대에는 농업공황과 농민운동의 여파로 위기에 처한 재래의 정태적 지주층과 경영위기에 닥친 일본인 지주층을 흡수 보호하기 위해 일제는 신탁경영제를 도입하여 조선신탁을 설립했다. 농업생산력의 극대화와 지주제의 유지가 목표였다. 전시체제기에 들어서면서 이를 한층 강화하여 부재지주들의 토지를 농기업이나 수리조합 등에 강제로 위탁하는 제도까지 도입했다. 이것은 한국 전농촌사회를 국가가 지주와 농민을 직접 통제할 수 있는, 전쟁을 치르기 위한 '국가'가 관리하는 기업형 농장 형태로 재편성하려고 한 것을 의미하였다.

만경강 일대의 일본인 농장은 일제 초기부터 기업형 경영방식을 농장경영에 보편적으로 도입했다. 식민권력이 이를 후원했다. 첫째, 지주의 개간비 투입과 농민 이주 작업으로 농장건설이 가능했으며, 소작농민에게 전답은 물론 집까지 대여해 주었다. 둘째, 일반 매득지에서도 일제의 소유권 절대화와 지주적 농정에 힘입어 경영권을 강화하는 직업을 추진했다. 지주주도적 개간사업이나 수리조합 건설과 함께 추진한 경지정리사업 등으로 소작농민을 무권리상태로 만들 수 있었다. 따라서 지주는 경영권은 물론 거주권까지 완전히 장악한 가운데 영농계획을 작성하여 모범영농법을 농민에게 '위로부터' 강력하게 요구하는 기업형 경영체제를 도입할 수 있었다.

농장은 농업생산 전과정에 대한 영농계획수립을 수립하고 연대책임제를 도입하여 소작농민을 강력하게 통제하여 이를 실천하도록 하였다. 농업기술원을 고용하고 시작전에서 모범영농법을 만들고 감독답을 선정하여 직접 지도 감독하였다. 비료대부제도와 농자대부제도를 도입하여 생산과정 전반을 지도 통제해갔다. 소작조합을 설치하고 규약을 제정하여 소작농민을 조직화하고 일상생활까지 규제하고 동원과 통제를 가하였다. 일본제국은 농업정책과 금융정책으로 지주의 이익을 통치기간 내내 일정 정도 보호해 주었지만, 지주 의존도는 갈수록 낮아졌다.

일본인 농장의 목표는 경제적 이익실현이었지만, 정치적으로는 지주와 농민을 상하관계로 하는 식민지 지배질서의 실현이었다. 일본제국은 식민지 지주제를 조선공업화정책, 나아가 전시체제와 궤를 같이하도록 재편성하였다. 식민지 지주제는 식민권력과 운명을 같이 할 수밖에 없는 체제였다. 식민지 권력이 붕괴되면 기업가형 식민지 지주제도 붕괴될 수밖에 없었다.

일본인 지주는 조선에서 자본축적을 하여 이를 투자한 경우도 있지만, 초기에는 일본자본 이입형 투자가 대부분이었다. 자본의 성격은 다양하였지만, 기업형 경영방식을 지향하였다. 서수면 일본인 지주, 가와사키 도타로·후타바사·모리야 겐이치와 중소지주 등은 지주경영에만 전념하는 지주였지만, 그 이외의 대부분 지주들은 농외투자를 소홀히 하지 않았다. 이들의 투자처는 크게 지주형과 산업형으로 구분할 수 있다. 전자는 지주경영과 관련한 농업연관 분야이고, 후자는 이를 넘어선 산업분야이다. 1920년 무렵 일본인 지주들은 지주경영의 합리화와 이익의 극대화를 목표로 전자의 분야로 진출하였다. 대부분 지주들의 지역 내 투자활동은 일제시기 내내 지주제와의 관련성을 벗어나지 못했다. 산업형 투자는 몇몇 지주에 한정되었다. 가타키리 와조(片

桐和三)는 현지거주 지주이면서 농업연관 분야에서 활발한 투자활동을 하다가 투자대상과 지역을 확대해갔다. 다만 자본의 영세성으로 산업형 투자와 변신에는 한계를 보였다. 아오타 다케치(靑田竹治)는 익산에서는 지주형 투자를, 서울에서는 산업형 투자를 했다. 전형적인 지주가·산업자본가로 변신해가는 모습을 보여주었지만, 아오타는 화성농장의 지배인이라는 한계 속에서 이루어진 투자였다. 끝내 백씨가의 그늘에서 벗어나지 못했다.

일본의 산업자본가가 조선에서 농장을 경영하면서도. 산업형 농외투자에 적극적인 가장 대표적인 예는 아베家와 시마타니家였다. 특히 시마타니家의 투자활동은 농장의 법인화 작업, 지주형 투자와 산업자본가형 투자로 확산되어 갔다. 지역은 일본에서 출발하여 전북일대, 북선, 인천 등으로, 사업분야는 전기, 철도, 원자재 채취 가공업, 해운업 등으로 확대되었다. 시마타니家의 투자는 가업인 해운업과 출신지인 야마구치현에서의 인적 경제적 관계, 일제의 각종 정책 등을 적극 활용하여 기업의 확장과 이익의 극대화를 이루어 갔다. 여기에는 일본 내의 자기자본과 한국에서의 지주자본이 동시에 투여되었겠지만, 한국인 자본과 함께 하지는 않았다. 일본 내 기업에 한국 내 기업을 종속시키는 방식으로 운영해 갔다. 우라사키家와 사와야마家와 함께 북선지역에 적극 진출하는 모습을 보였다. 그러나 일본제국이 목표로 하고 일본의 금융자본과 대재벌이 주도한 중화학공업 분야로의 진출에는 한계를 보였다.

결론적으로 기업형 경영시스템은 식민지 지주제의 전형적 운영형태였으며, 농외투자와도 밀접한 관련을 갖는 것이었다. 지주의 농외투자는 지주형 투자 이외에 산업형 투자로도 이어졌지만, 일제의 식민지 정책과 권력이 매개변수로 작용하여 일본에 종속된 형태로 진행되었다. 따라서 식민지 경제체제는 식민권력이 해체되면 붕괴될 수밖에 없는 형태로 구조화되었다. 이를 근거로 추진된 '조선의 일본화'작업 역시 해체될 수밖에 없었다.

제2장 경남지역 일본인 지주제의 형성과 특질

1. 머리말

일제시기 식민지 지주제는 일본제국주의가 한국농촌사회를 지배하는 중심 기둥이었다. 그 중에서도 핵심은 일본인 지주제였다. 일본인 지주들이 한국에 뿌리내릴 수 있었던 것은 일제가 을사조약을 강제로 체결하여 한국에 대한 정치 경제적 지배권을 확보하면서 제도 정비작업을 추진해 간 결과였다. 최초의 발단은 1876년 일본이 강제로 조선을 개항시키면서 맺은 조일수호조규였다. 조선정부는 이 조약에서 일본인에게 토지와 가옥을 '임차 租營'할 수 있는 이용권을 부여했다. 이 조약에 근거하여 각 항구마다 조계조약이 체결되고 거류지가 만들어졌다. 거류지 내의 토지는 일본인 상민에게 경매방식으로 불하하여 영대차지권을 부여했다.[1]

1883년 조영수호통상조약에서는 외국인의 토지 확대를 한 단계 진전시켜 주는 조문을 첨가했다.[2] 조계 밖 10리까지 외국인의 토지소유를 허용한

---

1) 거류지에 대하여는 다음 글이 참고된다. ① 四方博.「朝鮮における近代資本主義の成立過程」,『朝鮮社會經濟史』, 1933, ② 奧平武彦,「朝鮮の條約港と居留地」,『朝鮮社會法制史研究』, 1937, ③ 최원규,「한말 일제초기 토지조사와 토지법연구」, 연세대학교 박사학위논문, 1994, ④ 이영호,「제물포 개항도시의 탄생과 공간구조」,『개항도시 제물포』, 민속원, 2017.

2) 국회도서관 입법조사국,『舊韓末條約彙纂』(상)(중)(하), 1964에 실려 있다.

것이다. 최혜국대우 조항에 따라 일본인에게도 허용하여 향후 최대의 수혜자가 되었다. 일본제국은 청일전쟁 이후 '산업혁명' 단계를 거치면서 노동자를 위한 값싼 쌀을 안정적으로 공급해 줄 대책이 필요했다. 미곡무역을 확대함과 동시에, 한국농촌을 장악하여 직접 지주경영을 할 것을 계획했다. 일본인 지주 자본가들은 허용된 경계를 넘어 내륙까지 침투해 들어갔다. 이 같은 불법적인 잠매는 한국에 정치 사회적으로 커다란 문제로 대두되었다.[3]

대한제국 정부는 이에 대응하여 외국인의 토지소유·점유 금지법과 토지잠매자 처벌법을 잇달아 제정했다.[4] 이어서 근대국가로서의 기틀을 마련하기 위해 토지소유권을 비롯한 물권을 조사하고 국가가 토지소유권 증서를 발행하는 일, 토지거래의 법적 안정성을 보장하는 일, 외국인의 토지소유를 불허하는 제도적 장치를 마련하고 잠매토지를 색출하여 원상 회복을 기도하는 일 등을 내용으로 하는 토지조사를 전면 실시했다.[5] 반면 일제는 대한제국을 '보호국'화하여 외국인의 토지소유를 합법화하는 동시에, 소유권의 절대성을 기반으로 한 지주제로 한국사회를 지배하려고 했다. 서로 이해관계가 충돌했다.

그러나 당시 대한제국은 국가권력이 미약하고 재정이 부족하여 사업추진 동력이 떨어진 점도 있었지만 러일전쟁의 발발과 일제의 강압으로 양전·관계 발급사업을 더 이상 수행할 수 없었다. 일제는 이 틈을 타 토지를 잠매하는 한편, 한국의 개혁정책을 저지하고 지주제, 특히 일본인 지주제를 체제 유지 기반으로 삼는 방향으로 대한정책을 추진했다. 일제의 식민지 지주제는 구래의 지주제를 기반으로 이를 더 강화하는 방향으로 추진되었다.

한말 일제하 지주제는 구래의 한국사회와 일제의 지배체제를 지탱해간

---

3) 최원규, 「1900년대 일제의 토지권 침탈과 그 관리기구」, 『부대사학』 19, 1995, 537~545쪽.
4) 최원규, 앞 글, 연세대학교 박사학위논문, 1994, 34~43쪽.
5) 최원규, 「대한제국기 양전과 관계발급사업」, 『대한제국의 토지조사사업』, 민음사, 1995.

중심축이었기 때문에 비교적 활발하게 연구가 진척되었다. 그중에서도 중세에서 근대로 이행하는 과정에서 지배층이 한 역할, 그리고 한국 자본주의 발전의 기원과 토대를 밝히기 위한 연구의 일환으로 한국인 지주제의 성립→발전→ 해체구조를 주 분석대상으로 삼았다.6) 그런데 본장에서 다루려는 일제시기 한국사회를 지배한 중심축이었던 일본인 지주제에 관한 연구는 일본에서와 달리 한국에서는 상대적으로 소홀했다. 그러나 일본인 지주제는 한국인 지주제, 나아가 일본제국의 조선지배체제 연구와 구조적 연관관계를 갖는 중요한 문제였다. 다음과 같이 연구사를 정리할 수 있을 것이다.

먼저 일제가 한국을 식민지로 강점 지배하던 동시대의 연구를 들 수 있다. 일제가 통치적 차원에서 위기에 닥친 농촌문제·농민문제를 완화하기 위한 방안을 마련한다는 목적 아래 추진한 연구였다. 여기서 문제의 핵심인 식민지 지주제를 조선지배의 기축으로 삼고 일정하게 정책적 변용을 통해 농업문제를 완화해 보려는 정책을 시행했지만, 일제시기 내내 일본자본주의의 한 기구라는 정책적 기조는 변함없이 유지되었다.7) 또 하나는 이와 달리 해방 전에는 민족해방문제, 해방 후에는 신국가건설과 관련하여 식민지 지주제는 청산 해체해야할 대상이라는 것을 전제로, 농촌문제·농민문제의 해결방안 마련과 직결시켜 이해한 연구동향이다.8) 해방 이후 초기에는 이러한 점을 전제로 하면서도 일제가 행한 침략과 수탈의 중심체로서 일본인 지주제의 성립 실체를 밝히려는 데 초점을 두었다.9) 그 이후 연구는 한

---

6) 홍성찬, 『한국근대 농촌사회의 변동과 지주층』, 지식산업사, 1992, 1~13쪽.
7) 일제의 농업정책은 정연태, 『식민권력과 한국 농업 : 일제 식민농정의 동역학』, 서울대학교 출판문화원, 2014이 참고된다. 당시 연구로는 조선총독부 소작관을 지낸 久間健一이 정책적 차원에서 연구한 『朝鮮農政の課題』, 成美堂書店, 1943과 印貞植, 『朝鮮農村再編成の課題』, 人文社, 1943이 대표적이다.
8) 임영태 편, 『식민지시대 한국사회와 운동』, 사계절, 1985에 소개된 문헌 참조.
9) 李在茂, 「所謂'日韓倂合'='强占前 日本帝國主義にする朝鮮植民地化の基礎的諸指標」, 『社會科學硏究』 9-6, 1957과 조기준, 「일본인 농업이민과 동양척식주식회사」, 『한국근대사론』 1, 지식산업사, 1977 등이 대표적이다.

단계 더 진전되어 한국자본주의 발전과정 속에 구조화시키려는 방향으로 작업이 진행되었다. 그 중에서 주종을 이룬 것은 일제가 한국 농촌사회를 지배하기 위한 기초작업으로 추진한 식민정책에서 일본인 지주제가 차지한 역할에 관한 연구였다.[10] 그리고 이와 맞물려 동양척식주식회사, 不二興業주식회사, 不二農村 등 몇몇 개별 사례연구가 진행되었다.[11] 여기서는 구래의 지주제와 일제시기 전 지주제와의 연관관계, 금융자본의 지주와 농민지배방식과 변동, 이에 대한 농민의 대응, 해방 후 정치·경제개혁과의 연관관계 등이 중시되었다.

본장은 이러한 기존 연구를 기반으로 19세기 후반 20세기 초에 걸쳐 경남지역에서 일본인 지주제가 한국지배의 구조적 일환으로 자리 잡아가는 과정을 구체적으로 살펴보려는 것이다.[12] 종전에는 한국 전체를 대상으로 한 통계적 추상화 작업방식과 개별지주에 대한 사례 연구방식이 주 접근방식이었다. 전자는 지주의 유형화라는 점에서, 후자는 지주제의 발전과정을 이해하는 데 유리했지만, 두 방식 모두 지주제 발전의 한 조건인 지역적 특질을 반영하기 어려웠다는 점을 고려하여 이 연구방식을 택했다.

경남지역은 전통적으로 일본의 한국 관문이자 최초로 개항된 부산항이 속해있으며, 부산은 이후 경부선의 출발점이자 전형적인 일본인 중심 도시로

---

10) 김용섭, 「일제의 초기 농업식민책과 지주제」, 『한국근현대농업사연구』, 일조각, 1992와 본서 제1부 제1장 제2장에 의미와 사례가 분석되어 있다. 전후 일본에서는 일본사의 입장에서 일본제국주의의 구조를 밝히기 위한 작업을 추진했다. 이러한 작업의 일환으로 '제국'판도 내의 일본인 지주제를 분석했는데, 조선을 비롯한 식민지 지주제도 여기에 포함하여 분석을 시도했다(淺田喬二, 『日本帝國主義と舊植民地地主制(增補)』, 御茶の水書房, 1989).

11) 조기준, 앞 글, 『한국근대사론』 1, 1977 ; 김용섭, 「재령 동척 농장의 성립과 지주경영의 강화」, 『한국근현대농업사연구』, 일조각, 1992 ; 홍성찬, 「일제하 금융자본의 농기업 지배」, 『동방학지』 65, 1990 ; 최원규, 「1920.30년대 일제의 한국농업식민책과 일본인 자작농촌건설사업」, 『동방학지』 82, 1993 등이 여기에 속한다.

12) 경남지역 지주제 연구로는 배영순, 「1910~30년대 경상남도 지방의 지주제」, 『대구사학』 42, 1991이, 개항이후 부산 사정은 박용숙·김동철, 「개항기의 부산」, 『부산시사』 1, 1989 등이 참고된다.

발전했다는 점에서 주목된다. 또한 대하천인 낙동강을 끼고 대규모 미간지가 존재한다. 이를 개간하고 수리시설을 마련하여 지주제를 발전시켜갔다는 지역적 특질이 존재한다.

본장은 이러한 점에 유의하여 분석을 시도하고자 한다. 분석의 구체적인 초점은 다음과 같다. 첫째, 일본인 지주들이 경남 내륙의 토지를 잠매하고 농업환경을 이용 극복하면서 지주로 자리 잡아 간 시기와 방법, 둘째, 이들이 한국의 농민경제에 미친 영향, 셋째, 다른 지역 일본인 지주와의 차별성, 넷째, 경남지역의 대표적인 일본인 지주들의 유형별 특질과 지주자본의 산업자본으로의 전환문제, 다섯째, 경남지역 이주식민 농업의 형성과 특질 등이다. 마지막으로 일본인 지주제가 한국농촌·농민 지배의 중심적 담당자로 자리 잡는 과정과 성격에 대한 작업은 이와 구조적 연관관계를 갖는 구래의 한국인 지주제, 농민층의 동향 분석 등이 전제되어야 객관적 위치를 바로 설정할 수 있으나 이 문제는 다음 과제로 넘기려 한다.[13]

2. 일제의 토지확대와 농민경제

1) 일본인의 토지확대와 농업환경

(1) 일본인의 토지침탈과 소유권 분쟁

일본인이 한국에서 직접 농업경영을 시작한 것은 청일전쟁 이후이며 러일전쟁 무렵 본격화되었다.[14] 이때 일본제국은 일본인의 한국 진출을

---

13) 식민지 지주제 연구는 일본농업이 한국의 '근대농업'의 한 형태로 자리 잡게 되는 배경을 분석하는 작업이기도 하다. 여기에는 이와 아울러 경남지역의 전근대 농업기술, 품종, 시비, 수리시설 그리고 소유구조 등 전통적 농업구조에 대한 분석도 동시에 진행되어야 하나 이 점은 다음을 기약한다.

14) 千田稔, 「華族資本としての侯爵細川家の成立展開」, 『土地制度史學』 29-4, 1987, 47쪽.

적극 추진하였다. 일제가 청일전쟁에서 승리했으면서도 '삼국간섭'으로 한국을 '보호국'화하는 데 실패하자 후일을 기약하며 시도한 준비 작업이었다. 이 작업은 외부적으로는 영·미·일 체제를 구축하여 러시아와의 전쟁에 대비하는 일이었으며, 내부적으로는 군비강화와 식민지 지배체제 구축작업을 준비하는 일이었다.[15] 전쟁이 유리한 국면에 접어든 1904~5년부터 일본인이 대거 한국에 넘어오기 시작했다.

일본제국 정부는 우선 '대일본제국'을 건설할 목적으로, 일본인이 마음대로 한국에서 정치 경제적 활동을 할 수 있도록 自由渡韓 금지조치를 해제하고 장려하였다.[16] 이를 위해 각종 지원책을 강구하고 전면적인 농업조사를 시도했다. 일본 농상무성에서는 1902년부터 대대적인 조사작업에 착수했다. 처음에는 부분별로 실시하다 1904년에는 이를 바탕으로 「한국농업조사의 건」을 계획하고, 그해 12월부터 1905년까지 종합적이고 체계적인 조사를 실시했다.[17]

일제는 조사 작업을 근거로 한국농촌을 '거대한 이익을 주는 희망의 땅'이라고 선전하면서 자국민을 대거 한국으로 밀어내는 도한을 장려하기 시작했다. 한국에 건너온 일본인들은 여러 방면에서 활동을 전개했다. 농업투자에서는 지주경영을 제일 유리한 방법으로 추천했다. 규모는 대지주든 중소지주든 상관없었다. 차선책으로 중산적 자영농과 소빈농층을 이주 정착시켜 독립자영농으로 육성하는 방안도 계획했다. 한국농촌 현장에서 일본제국을 지탱하기 위한 담당자로서의 역할을 이들에게 기대한 것이다.[18]

---

15) 일제의 정책목표는 '대한시설강령'에 잘 표현되어 있다. 그 중 농업식민책은 다음의 글이 참고가 된다. 김용섭, 「일제의 초기 농업식민책과 지주제」, 앞 책, 1992 ; 최원규, 「일제의 초기 한국식민책과 일본인 농업이민」, 『동방학지』 77·78·79합집, 1993 ; 정연태, 「대한제국 후기 일제의 농업식민론과 이주식민책」, 『한국문화』 14, 1993.

16) 최원규, 앞 글, 『동방학지』 77·78·79합집, 1993, 698~701쪽.

17) 일본농상무성에서 조사결과를 1906년 『한국토지농산조사보고』라는 제목으로 간행한 바 있다.

18) 자영농 이주정착책은 '대일본제국주의' 건설을 위한 식민책으로 당시 사회여론의

일제가 일본인이 한국에서 직접 농업경영에 종사하도록 시도한 까닭은 농업경영의 유리성을 검토한 결과였다. 일본인 조사자들은 조선에는 수리시설, 지적제도의 불명확성, 비료·농기구의 구입과 수선의 불편, 교통의 불편 등 해결해야 할 점이 적지 않았지만, 기후조건, 가벼운 지세부담, 발전가능성이 많은 경작법, 축력의 이용, 이주민의 격증에 따른 과일·채소의 수요증가와 같은 유리한 이점을 거론하며 농업경영을 적극 권장했다.[19] 특히 토지투자의 유리성을 강조했다. 지가가 저렴할 뿐 아니라 농민경제가 피폐되어 경지 구입이 용이하다는 것이다. 한국의 지가는 일본에 비하여 대단히 저렴하다고 일반적으로 평가했다.[20] 미곡무역이 활성화되면서 쌀값이 등귀하고 토지가격이 상승하였다. 투자이익은 더 커져갔다. 토지투자의 이익은 15%이상을 예상했다. 연리 10여%로 돈을 빌려 지주경영을 하더라도 이익이 남는다는 전망 아래 토지투자를 투기적 상황으로 몰고 갔다.[21] 한국 역사상 최초의 토지투기 열풍이 각 지역에 몰아쳤다.

투자 대상지역은 개항장 인접지역부터 시작하여 점차 내륙으로 확대되어 갔다. 전 조선이 일본인들의 활동무대가 되었다. 일제가 추진한 철도 등 근대적 교통기관의 발달도 한몫 거들었다.[22] 이러한 경제환경의 변동에 따라 기존의 서울 중심적 한국 상권이 부산 등 개항장 중심의 일본 중심적 상권으로 재편되어 갔다.

그러나 한국에서 토지투자의 활성화를 위해서는 이를 제약하는 대한제국의 외국인 토지소유금지법을 해체시키는 일이 가장 시급한 과제로 대두되었

한 줄기였다. 한국과 관련하여 주목되는 글은 神戶正雄, 『朝鮮植民論』, 1910이다.
19) 朝鮮新聞社, 『鮮南發展史』, 1913, 153쪽.
20) 山本庫太郎, 『最新 朝鮮移住案內』, 1904, 77쪽. 吉倉凡農, 『企業案內 實利之朝鮮』, 1904, 68쪽. 조선의 지가는 일본 지가의 5분의 1 내지 10분 1이하였다.
21) 김용섭, 「일제의 초기 농업식민책과 지주제」, 『한국근현대농업사연구』, 일조각, 1992, 39~40쪽. 주 7)에 예시된 자료 참조.
22) 교통실태는 조선신문사, 「철도 도로의 발달」, 앞 책, 1913에 자세하다.

다. 현실적으로 한국정부는 법률 제도적 장치가 미비하고, 행정력도 미약하여 일본인의 공세를 저지하는데 일정한 한계를 보였다. 그러나 한국정부는 법에 근거하여 단속지침을 내려 보내고 관료들이 단속활동을 강화해감에 따라 일본인의 투자활동은 자유로울 수 없었다.[23] 제한된 범위 내에서 투자를 진척시킬 수밖에 없었다. 한국정부의 감시체계를 피하고 구래의 매매관행에 따라 소유주와 사적으로 몰래 거래하는 잠매방식이 일반적이었다. 상대적으로 단속이 미진한 전당이나 사용권을 영구 매수하는 방식도 애용했다. 일본의 식민주의자들이 권하고 투기적 자본가들이 즐겨 사용하는 방식이었다. 지주경영의 방법은 일제가 한국 농촌사회를 장악하지 못한 현실적 한계를 고려하여 우선 한국의 기존 경작관행과 농법을 따를 것을 권장했다. 수확물을 수확 전에 매입하는 靑田매매를 사용하기도 했다.[24]

일본인들은 직접적인 토지투자 이외에 간접 방식으로 토지를 확보하기도 했다. 한국인이나 한국정부와 합자하여 철도건설 등 공공사업이나 광산개발 ·온천개발 등의 사업을 명분으로 사업지구와 주변 땅을 사들이는 방법,[25] 군용지로서 가옥과 전답을 점유하는 행위,[26] 개항장에서 관이 가계와 지계를 분리 발급하자 가계를 전당잡고 대지를 장악하는 행위 등[27] 일본인들은 한국의 지역 사정을 잘 활용하여 다양한 방법으로 토지를 확보해 갔다.

1906년 일제가 통감부를 설치하고 토지가옥증명규칙을 마련하도록 한 것을 계기로 일본인들의 토지투기는 더욱 극성을 부렸다. 제도적으로 토지거래와 소유가 합법적으로 용인되어 안정성이 종전보다 더 보장되었기 때문이

---

23) 최원규, 앞 글, 연세대학교 박사학위논문, 1994, 34~43쪽.
24) 일본농상무성, 『한국토지농산조사보고』, 1906. 각 도편 해당 항목. 島根縣, 『韓國實業調查復命書』(1906) 등 당시 간행된 渡韓 안내서에 토지확보방식이 소개되어 있다.
25) 최원규, 앞 글, 『釜大史學』 19, 1995, 549~552쪽.
26) 『황성신문』, 1906. 5. 5. 웅천군 日本防衛隊의 사례.
27) 『황성신문』, 1906. 5. 4. 최원규, 「19세기 후반 지계제도와 가계제도」, 『대한제국의 토지제도와 근대』, 혜안, 2010.

었다. 더구나 대한제국의 관료체계가 통감부에 종속적으로 편입되어 실무관료들이 일본인에 협력하거나 불법을 묵인함으로써 토지확대가 더욱 용이해졌다.[28] 이 시기 토지거래는 거래 당사자끼리 경제원리에 근거한 정상적인 거래와 사회적 물의를 일으키며 힘으로 압박한 비정상적인 거래의 두 방식이 있었다.

일제가 취한 가장 강력한 조치는 외국인의 토지소유를 합법화했다는 점이었다. 외국인의 토지소유 문제를 국권 유지와 국가경제의 당위론적 차원이 아니라 거래라는 경제적 차원에서 다루게 된 것이다. 이제 토지거래에서 발생하는 이중매매나 도매·투매 등 사회적 불안성을 해소하기 위한 대책을 마련하여 시행하려고 하였다. 일본제국주의는 조선 구래의 거래질서를 활용하되 자기에게 유리한 방향으로 거래방식을 제도화하는 한편, 사유 이외의 모든 토지를 국유로 선언하여 소유권 문제를 해결하려 했다. 전자가 토지가옥증명규칙·토지가옥전당집행규칙·토지소유권증명규칙이며, 후자는 국유미간지이용법·삼림법 등이다. 이 법은 기본적으로 농민 나아가 한국인의 이해를 대변하기 보다는 일본제국과 일본자본의 입장을 반영하여 제정된 것이었다. 한국정부는 입법과정에서 크게 반발했지만, 일제는 이를 제압하며 자기의 이해를 반영한 토지법을 제정해 갔다.[29]

일제는 국가권력을 이용하여 일본인의 토지확보에 힘을 실어주기도 했다. 이러한 방식으로 경남지역에서 발생한 일본인의 토지확보의 구체적인 사례는 다음과 같다. 먼저 공공사업을 빌미로 토지를 확보하거나 일본인에게 불하하는 경우이다. 통감부가 일본인들의 거주지를 마련하기 위한 시가지 건설작업을 추진하는 과정에서 한국정부에 압력을 가하는 방법으로 토지를 확보한 일,[30] 동래부 사중면·절영도에서 도민들이 경작·매장·식목 등을

---

28) 『황성신문』, 1907. 10. 25. 김해전설.

29) 최원규, 「대한제국과 일제의 토지권법 제정과정과 그 지향」, 『동방학지』 94, 1996, 144~151쪽.

하던 삼림을 일본 민단에서 부분림 승인을 받아 역부 100여 명을 동원하여 삼림을 강제로 점령한 일 등을 들 수 있다.[31]

일제가 공공사업을 추진하면서 직접 국가권력을 동원하기보다 일본인 지주·자본가가 관권을 동원하여 강제로 토지를 빼앗아 가는 일이 더 보편적으로 발생했다. 대표적으로 기존의 토지이용방식을 재편하여 주변 땅을 헐값으로 차지하는 예를 들 수 있다. 수원을 장악하여 토지를 간접적으로 확보 장악하는 방식이 대표적인 경우였다. 여기에는 두 방식이 있었다. 하나는 기존 수리시설을 매득하여 이를 메워 가옥을 건축하고 성곽의 토성을 이용하여 가옥을 건축하는 일 등이었다. 이때 주변농지가 수원이 두절되어 쓸모없게 되면서 원성을 사는 일이 발생하기도 했다.[32]

또 하나는 기존 수리시설 대신 새로 수리시설을 마련하여 토지의 질적 이용수준을 변모시켜 토지를 확대하는 방식이다. 낙동강 일대에서 수리조합이나 제방공사를 시행하여 미간지 개간사업을 하는 경우에 주로 발생했다.[33] 대표적으로 진영의 무라이 농장에서 수리 개간사업의 일환으로 제방공사를 할 때 발생한 분쟁을 들 수 있다. 기존의 자기 경지에 피해를 줄 것을 우려한 농민 28명이 이 공사로 수해가 발생할 경우 책임질 것을 요구하는 사태가 발생한 것이다.[34] 개간을 둘러싸고 이해관계가 상반되어 발생한

---

30) 『황성신문』, 1906. 8. 2. 예를 들면, 부산의 경우 한국인의 共同地를 수원 함양을 목적으로 차지했다. 구체적인 실례는 부산광역시상수도사업본부, 『부산상수도발달사』, 1997이 참고된다.

31) 『경남일보』, 1910. 5. 16. 1910년 4월 26일에 발생.

32) 『경남일보』, 1910. 4. 12. 塞地廢畓. 일본인 石井高曉 외 수명이 성외 蓮池(鎭營池) 관유제언을 획득하여 이를 덮은 다음 가옥을 건축하고 성곽의 토석을 이용하여 가옥을 건축하려 했는데, 이 일은 종래 수만 두락의 수원을 두절하는 일이었다.

33) 큰 강 하류지대에는 거의 예외 없이 실시되었는데, 만경강 동진강 일대의 사정에 대해서는 이경란, 「일제하 수리조합과 농장지주제」, 『학림』 12·13합집, 1991 ; 이애숙, 「일제하 수리조합의 설립과 운영」, 『한국사연구』 50·51합집, 1985 ; 홍성찬 외, 『일제하 만경강 유역의 사회사』, 혜안, 2007 등이 참고된다.

34) 『경남일보』, 1910. 3. 10. 농민과 제방공사.

분쟁이다. 개간지는 이용가치가 높아져 지가가 상승하지만, 주변지역은 이용가치가 정체 내지 하락하여 상대적으로 지가 하락으로 이어지는 것이 일반적인 예였다. 대체로 일본인 토지는 지가가 상승하고, 한국인 토지는 지가가 하락하였다. 따라서 한국인은 이에 반대하고 저항하다가 끝내는 방매하고 떠나가는 사태가 곳곳에서 발생했다. 일본인의 토지는 계속 확대되어 갔다.

일본인들의 토지확보는 일본제국주의 입장에서는 '합법성'을 띤 경제적 거래라고 주장하였지만, 대한제국민의 입장에서는 일제가 국권을 탈취하여 일본제국과 지주·자본가 위주로 법과 제도를 만든 결과였다. 대한제국 정부는 이를 막을 힘이 없었다. 종전 민족경제 단위에서는 불법적인 거래였기 때문에 소유권 침탈 위기에 처한 주민들은 저항했지만, 일본인들은 새로운 법과 무력을 동원하여 이를 저지해 갔다. 더구나 대한제국 일부 관료들은 일본인의 행위에 방관적 자세를 보이거나 일제 권력과 결탁하여 오히려 소유권을 박탈하는 행위를 저지르기도 했다.35) 이러한 일은 주로 소토지 소유자층의 토지에서 발생했다. 이들은 몰락 위기에 직면하자 일제와 대한제국 정부에 격렬히 저항했다.36)

여기에 더하여 위조 문권으로 인한 도매·투매 등이 갈수록 빈번히 발생하여 사회적으로 커다란 물의를 일으키기도 하였다.37) 이 같은 일은 구래의 토지거래에서도 종종 발생하기도 했다. 하지만 이때 피해를 입은 일본인은 불법적인 무력을 동원하여 강제로 소유권을 행사하려고 했기 때문에 사회적 문제로 비화된 것이다.38) 이러한 토지분쟁은 농촌공동체라는 국지적 시장권

---

35) 『황성신문』, 1907. 5. 29.

36) 토지분쟁은 곳곳에서 발생했으며 의병전쟁 발발의 한 원인이 되기도 했다. 홍성찬, 「한말 일제하의 지주제 연구」, 『동방학지』 53, 1986 ; 홍순권, 「한말 호남지역 의병운동 연구」, 서울대학교 박사학위논문, 1991.

37) 배영순, 「한말 일제초기 토지조사와 지세개정에 관한 연구」, 서울대학교 박사학위논문, 1988, 42~56쪽.

에서 이루어지던 구래의 관행적 토지거래질서가 토지상품시장이 전국적으로 확대되면서 이를 감당할 수 없었기 때문에 발생한 것이다. 여기에 일본인을 비롯한 외국인까지 참여범위가 확대되면서 시장교란이 심화되어 분쟁이 더 빈번하게 발생한 것이다. 기본적으로 유통권 확대에 걸맞는 거래제도가 마련되지 못하여 안정적 거래가 이루어지기 어렵게 된 것이다.

대한제국은 시장경제의 변동에 맞추어 '근대적인 토지조사'를 실시하고 토지대장을 만들어 이 문제를 해결하기 위해 양전·관계발급사업을 시행했지만, 이를 완결하지 못하였다. 외국인의 토지소유를 금지하지 못하고 소유권을 안정적으로 거래하는 데 한계를 보였다. 일본인 투기적 자본가와 한국인 토지브로커가 시행한 토지거래는 법적 안정성을 담보할 수 없었다. 도매는 노전이나 산림 같은 유형의 토지에서 더 빈번히 발생했다. 분쟁의 빌미를 제공한 것은 국유미간지이용법이나[39] 삼림법[40]에 따른 인허가제도였다. 인허가는 농상공부 관료와 현지 관료가 공동으로 실지를 조사한 후 실시하도록 한 것이다. 그러나 현지의 실지조사 과정이 미흡하여 사실상의 민유지가 국유로 판정되는 경우가 종종 발생하였다. 이때 제3자가 대부신청을 하고 인허가를 해 줄 경우 소유주가 뒤바뀌는 사태가 발생한 것이다.[41]

---

38) 『황성신문』, 1906. 8. 2. 종족의 토지를 위조문권으로 일본인에게 방매하고 일본인은 병기를 사용하여 위협하는 행위를 자행했다. 이러한 예는 황성신문의 광고기사 곳곳에 보인다.

39) 『경남일보』, 1911. 2. 7. 광고. 양산군 하서면 범서동 내평원의 蘆草場이 여기에 해당된다. 이 토지는 4결 65부 4속의 전세를 납부하는 전답이었는데, 토질이 습하여 갈대밭으로 사용하며 매매되던 토지였다. 양산군 김해군 동래군의 14개 동 90여 명이 소유했으며, 농상공부가 1909년 11월 국유 민유를 조사할 때 증거서류와 납세액을 조사보고 했다. 그런데 경성의 黃雲이란 자가 미간지라 칭하여 농상공부에 대부를 청원하여 지령이 군까지 내려온 일이 발생한 것이다.

40) 『경남일보』, 1910. 3. 29. 이러한 일은 공동묘지에서도 발생했다. 경남 밀양군 부내면 사문동에 있는 지주 183명의 共同영장을 일본인 湯淺凡平이 농상공부의 인가를 얻어 분묘를 파괴하고 삼림지를 만들자 주민이 반대운동을 일으킨 것이다(종주 대표 김학규). 일제초기 삼림법의 의미에 대하여는 강정원, 「일제의 산림법과 임야조사연구-경남지역사례-」, 부산대학교. 사학과 박사학위논문, 2014. 2이 참고된다.

토지분쟁 가운데 가장 대표적인 예는 경남의 영산군과 김해군에서 발생하여 전국적으로 물의를 일으킨 다음의 경우이다. 1909년 경남 영산군 마곡면 대포평 부근 15동민이 소유한 浦田·稻田·蘆田 등 수백만 畝를 수서기 구종서가 각 동의 부랑자들과 음모를 꾸며 황무지 개간지라 칭하고, 일본인 나카지미노스케(中路民之助)에게 몰래 판 사기사건이 발생한 것이다.[42] 실 소유자인 동민들은 반발하였다. 나카지는 순검을 동원하여 도조 100여 석을 거두는 등 지주경영을 계속 해갔다. 황성신문사 사원은 영산 외에 밀양·양산·동래·김해·창원·칠원 등 낙동강 연안의 浦田·稻田·蘆田 등에서 똑같은 일이 발생하고 있다고 실상을 보도하였다.[43] 이러한 사태는 낙동강 이외에 영산강 유역, 만경강·동진강 유역, 금강 유역, 재령강 유역, 대동강 유역 등 전국적으로 큰 강 유역에서 일어나고 있다고 파악하고, 관리들이 해결에 만전을 기하도록 하라는 의견을 제출하기도 하였다.[44]

일본인들이 관증명을 근거로 제시하고 토지를 약탈하는 경우도 적지 않게 발생했다. 증거가 확실한 토지는 곤란하지만, 문서증거가 불확실한

---

41) 學位 소속 전답과 같이 소유권이 바뀌는 틈을 이용한 사기 행위도 있다. 이 토지를 처음에는 학교 설립을 권고했으나 반대운동이 일어나자 이것을 지방재산에 편입하여 조사할 때 협잡배가 이용하여 처분하려 한 경우이다(『경남일보』, 1909. 11. 24). 국유미간지이용법의 경우와 마찬가지로 국공유지의 소유권 귀속처를 명확히 하는 과정에서 발생한 문제이다.

42) 中路民之助는 靈山 開城社의 관리인이었다(부록의 〈표 1〉 참조).

43) 『황성신문』, 1907. 12. 11. 奸吏의 盜賣 민유토지. "부근 인민이 처연히 답하여 말하기를, 모동 모리에 부랑자 모모인이 탐학한 관리와 협잡군이 통역이 부동하야 약간 돈을 몰래 받고 많은 민유의 경작 전토를 황무지 개간이라 칭하고 외인에게 몰래 팔았음으로 일본인이 스스로 매득했다고 공연히 민유전토에 표시함으로 인민 등이 억울한 마음을 이기지 못하여 누차 외인 통역에게 변명코저하다가 오히려 그 구박 멍에만 입을 뿐이오. 또 郡 道의 관청에 고소하나 관장도 또한 그들 세력을 두려워하여 공명히 처리하지 않고 호도하니 관장의 처리도 바랄 것이 없다. 슬프다 우리 어리석은 백성이 호소할 곳도 없으니 전토산업을 뺏길 뿐이라 하더라니."

44) 『황성신문』, 1907. 12. 10. 奸吏의 민유토지 ; 『황성신문』, 1907. 12. 11. 민유전토 매매의 폐. 기자는 대응 방안으로 사건을 일으킨 부랑배는 용서하지 말고 법률에 따라 엄징하고, 토지소유자에게는 전토를 돌려주든지 아니면 대금을 돌려줄 것을 제안하기도 했다.

진전이나 개간지에서는 관 증명이 잘못 발행되는 경우가 빈번하게 발생하였다. 그간 소유권을 행사하던 실소유자가 근거가 미약할 경우 분쟁을 제기하더라도 관증명을 근거로 승리할 수 있다고 판단한 것이다. 김해군 활천·좌부·우부·진례 등 각 면 인민의 소유토지 수만 두락을 협잡배가 관 증명을 받아 일본인 미쓰타케 히사이치(滿武久一)·마사히사 마고이치로(正久孫一郎)에게 전집하고 많은 돈을 빌려 도피한 사건을 통해 일본인이 증명으로 한국인의 토지를 자기 소유로 확보해 가는 과정을 살펴보자.[45]

일본인은 증명을 구실로 소유권자라는 표시가 외부에 보이게 나무 팻말을 세우고, 본래 소유자가 반발하여 분쟁을 일으키면 관헌에 압력을 가해 이를 중지시켰다. 원 소유자가 법부·관찰도·법무원에 소송을 제기하며 계속 저항하여 지주경영이 어렵게 되자, 일본인은 지방관청으로부터 증명에 근거하여 流質 인증을 받아 소유권을 확보했다. 이를 근거로 다른 지역에서 노동자를 모아 직접 수확물의 절반을 베어 가는 한편, 종자와 결세를 소유자와 소작인에 부담시켰다. 봄이 되면서 소작권을 박탈하기도 했다.[46] 증명상의 토지소유자라는 명분으로 일반 지주지처럼 경영권을 행사한 것이다.

증명제도는 토지거래를 무리 없이 수행하기에는 제도자체의 결함과 행정체계의 불비 등으로 분쟁이 빈발했다. 증명은 증명관리가 현장을 실지조사한 뒤 발급하도록 했음에도 불구하고 이 절차를 밟지 않고 발급거나, 기존 사적인 거래증명서인 舊券(매매문기)을 보존하지 않거나 圖本에 사표를 표시하지 않고 발급하는 일이 종종 발생하였다. 일본인들은 소유권이 불완전한 토지를 거래할 때는 증명제도의 허점을 이용하여 증거를 확보해 갔다. 소유권이 확실한 경우에는 구태여 증명제도를 이용할 필요도 없었고 이용하지도 않았지만, 증거력이 부족하여 소유권이 불안정한 경우에는 종종 이 제도를 이용하여 강압적으로 소유권을 확보한 것이다.[47]

---

45) 『경남일보』, 1909. 11. 17.
46) 『경남일보』, 1910. 4. 30.

일본인이 위험부담을 무릅쓰면서 이러한 일을 자행한 것은 높은 이윤확보를 목적으로 한 투기적 자본이었기 때문이다. 자본가의 직접적인 투자보다 대리인(駔儈)이 투자를 대행할 때 그럴 가능성은 더 컸다. 이들은 위험부담이 높더라도 많은 이익을 확보할 수 있는 투자방식을 선호했다. 문제가 생길 경우 무력을 동원하거나 재판도 두려워하지 않았다. 이들은 스스로 "以枉爲直ᄒ며 以私蔽公ᄒ는 권리가 自在"하다고 인식하고 행동하였다. 반면 농민들은 인권보호는 고사하고 손해를 입어도 호소할 곳이 없는 절박한 상황에 내몰렸다.[48] 관의 힘을 빌려 농민의 토지소유권을 박탈하는 일은 일본인만이 아니라 서양인 선교사도 여기에 동참했다.[49] 이같이 증명제도는 제도적 허점을 안고 있었으며, 게다가 관권이 불법적으로 행사되어 많은 부작용이 발생했다. 거짓 사실에 기초하여 증명을 받거나 위조증명이 빈번히 발급되었다. 때로는 허위증명의 증거를 인멸하기 위해 군청에 불을 질러 증명장부를 없애는 일까지 발생했다.[50]

한국인과 일본인 사이에 토지소유권을 둘러싼 분쟁에서 늘 일본인이 승소하는 것은 아니었다. 일본인이 패배하는 경우도 있었다. 때로는 이중매매로 일본인 상호간에 분쟁이 벌어지는 경우도 있었다. 불안정한 소유권은 결국 투자자의 불안을 초래하여 매매가 일시적으로 중단되는 사태를 초래하기도 했다. 일제는 한국을 강점한 뒤 식민지 국가권력을 동원하여 엄히 단속에 나서는 한편, 토지조사사업을 실시하고 조선부동산증명령이나 조선부동산등기령 등 등기제도를 정비하면서 거래가 다시 증가하는 경향을

---

47) 『경남일보』, 1909. 11. 26 ; 『경남일보』, 1910. 3. 31. 동래부의 경우 외인과의 관계가 많아 조사상 충분한 심리가 필요하여 증명절차가 지체된다고 언급할 정도로 증명사무가 왕성했다.

48) 『경남일보』, 1909. 11. 21.

49) 『경남일보』, 1909. 11. 24. 김해의 선교사들은 민유지를 싼값으로 이중 전당 잡거나 공유지적 성격을 갖는 향교의 토지를 싼값에 전당잡아 차지하려는 기도를 자행했다.

50) 『경남일보』, 1910. 3. 29. 김해군아 화재상보.

보였다. 식민지 국가권력이 보증한 배타적 소유권에 기초한 토지투자가 증대하였다.[51]

(2) 경남지역의 농업환경과 일본인 농업자

일제는 농업회사나 농업조합, 개인 지주나 자영농 등 다양한 주체를 동원하여 한국농업을 지배하기 위한 정책을 펴갔다. 이들은 전국 각지에서 농사경영의 터를 잡았다.[52] 경남지역에서는 동래·양산·김해·밀양 등지에서 주목했으며, 특히 많은 관심을 둔 지역은 김해와 밀양이었다. 김해는 수출항이며 일본인 집단 거주지인 부산에 접한 지역이었으며, 밀양은 부산과 약간 거리가 있지만 경부선 밀양역·삼랑진역이 있어 부산항과 연결되며, 낙동강역을 거쳐 마산항과 직접 연결된 교통이 매우 편리한 지역이었기 때문이었다. 밀양은 이외에 전통적으로 영남의 중심도시인 대구에 인접하고 있다는 지역적 유리성도 있었다. 무엇보다 일본인 농업가들이 실질적으로 투자한 결정적 이유는 두 지역이 낙동강 유역 평야지대이면서 개발 가능성이 높아 투자에 매우 유리하다고 판단했기 때문이었다.

경남지역의 일본인 지주제는 낙동강 유역의 미간지 개발과 밀접한 관련을 맺으면서 전개되었다. 일본인이 본격적으로 개발하기 전 낙동강 연안의 토지는 삼랑진 위의 상류는 밭이 많고 논이 적은 반면, 하류인 김해 부근은 논이 많고 밭이 적게 분포되어 있었다. 밭의 이용실태를 보면, 매년 침수의 피해를 입기 때문에 겨울에 보리를 한번 경작하는 게 일반적이었다. 드물게 陸稻·대두 등 여름작물을 경작하는 정도였다. 침수 피해는 김해 부근의 수전도 예외는 아니었다. 10년에 한두 번 겨우 풍작을 경험하는 정도였다고 한다. 대체로 수확은 단보당 평균 7, 8두이고 가격은 밭이 15원, 논이 20원

---

51) 『경남일보』, 1911. 3. 7. 경남 김해수리조합 지구에서는 이 영향으로 지가가 2~3할 등귀하기도 했다.
52) 吉倉凡農, 「각 거류지와 일본인재주지」 「일본인 이주 예정지」, 앞 책, 1904, 10~15쪽.

정도에 불과하였다. 또 연안에는 미경지가 총 70여 개소에 면적 약 1만 4천여 정보에 달한다고 하였다. 가장 많은 곳은 하류는 김해 부근이고 상류는 진영 부근이라고 보고하고 있다.[53]

김해 부근 미경지에서는 적지 않은 갈대를 생산했지만, 상류에는 생육이 좋지 않아 잡초가 자라거나 저지대의 소택이었다.[54] 미경지는 갈대를 생산할 목적으로 그냥 방치한 것이 아니라 수리시설이 미비하여 경작력이 미치지 않았기 때문이다. 설사 개간된 지역이라 하더라도 한해 수해가 반복되어 개간되자마자 방치되는 상황이었다.[55] 이주초기 일본인들은 김해·밀양 지역은 낙동강과 밀양강의 충적지로 토질이 비옥하고 논은 적으나 관개 수량이 풍부하여 관개법을 강구하면 발전할 가능성이 크다고 진단하고, 수리조합을 건설하여 수전 중심으로 개간하겠다는 의지를 피력했다.[56] 이 점은 만경강·영산강 유역 등 큰 강 연안의 공통적 특성이지만, 수리시설을 마련하기 전에는 作田開畓을 해도 수확을 거의 거둘 수 없었다. 대개 초생지나 노전으로 방치된 상황이었다.[57]

---

53) 김해부근 낙동강의 삼각주에 있는 鳴湖島·出島·麥島·數奉島·柳島·죽도 등 6개 섬도 마찬가지였다. 당시 일본인들은 出島·柳島·죽도 등에 진출하여 농업경영을 꾀하였다. 이 중 출도는 면적이 3천여 정보에 달하고 1904년 戶川龜吉이 경영에 착수한 이래 이주자가 증가하여 1906년에는 섬 전체의 2/3를 매수할 정도였다. 이들은 가족과 함께 이주하여 미맥 대두를 비롯하여 … 고구마·땅콩·뽕나무 등을 자작을 하여 어느 정도 성과를 거두기도 했지만, 죽도를 제외한 대부분은 갈대 생산지이고 높은 지역만 겨우 개간한 정도에 불과했다는 것이다. 貴嶋一, 「洛東江沿岸視察槪況」, 『韓國中央農會報』 4, 1907, 29~30쪽.

54) 貴嶋一, 앞 글, 『韓國中央農會報』 3, 1907, 31~33쪽. 전북 일대의 개간사업에 착수했던 불이흥업의 사주 藤井寬太郎도 미간지에서 생산되는 갈대는 우산이나 가축사료 연료 지붕덮개 등으로 사용되어 수익이 있었지만 얼마 안되었으며, 지가도 매우 싸 이를 구입하여 개간하면 큰 이익이 있을 것이라 판단했다(藤井寬太郎, 『朝鮮土地談』, 1911, 8-9쪽). 실제 그는 전국 여러 곳에 미간지를 구입하여 개간사업을 대대적으로 추진해 초 거대지주로 성장해 갔다.

55) 貴嶋一, 앞 글, 『韓國中央農會報』 3, 1907, 33쪽.

56) 島根縣(菊池悍외), 『韓國實業調査復命書』, 1905, 209~212쪽.

57) 이 지역의 전반적 사정은 김용섭, 「고종조의 균전수도문제」, 『한국근대농업사연구(하)』, 1988 ; 최원규, 앞 글, 『동방학지』 82, 1993, 100~113쪽이 참고된다.

일본인들은 한국에 진출하면서 주로 기간지에 투자했지만, 미간지에 주목한 자도 적지 않았다. 투자는 두 방향으로 진행되었다. 일반적으로는 일본인들은 한국인의 기술수준으로 개간 가능한 미간지는 개간이 완료되어 적은 비용으로 개간할 수 있는 토지는 거의 없다고 판단했다. 그러나 다른 한편 한수해의 문제, 희박한 인구, 농민의 자력과 지식의 불비성, 개간자에 대한 소유권 보호의 미비 등으로 미간지가 곳곳에 산재할 뿐만 아니라 개발 가능한 곳도 상당수 존재한다고 판단한 자도 적지 않았다. 일제 당국자들도 미간지를 경영하려면, 지세·기타 방수시설·지력문제 등을 면밀히 조사하고, 자본·농민의 이주계획 등을 세워 서서히 소면적을 개간하도록 권유하기도 했다. 자본과 기술이 뒷받침되면 적은 비용으로 대단지를 확보할 수 있는 지역도 산재한다고 보았다. 한국인 소유자들은 미간지를 거의 무용물과 다를 바 없는 것으로 취급했으며, 일본인들은 이를 틈타 '상당한 가격' 이상으로 대단지를 대거 사들였다고 언급하였다. 그러나 이 가격은 무용물=無價라는 인식에서 평가한 것이고 실상은 몇 푼 안 되는 아주 헐값이었다. 때로는 토지 분쟁을 거쳐 약탈 수법으로 차지하는 경우도 있었다.

더욱이 당시는 조선의 형세가 나날이 기울어 나막신에 검은 옷을 입은 일본인이라면 농촌사람들이 마냥 두려워할 때여서 20~30마지기 땅값이 엽전 1냥을 넘지 못했다고 한다. 거저줍는 것과 다를 바 없는 헐값으로 수십 수백 정보를 쉽게 구입하는 일이 드물지 않았다고 하였다.[58] 비교적 경제적 여력이 있고 경제적 이해관계에 밝은 일본인들은 토지개량사업과 농사개량사업을 통해 충분히 수익성 있는 양전으로 만들 수 있는 곳에 다양한 방법을 동원해 침투해 들어갔다.[59] 토지가옥증명규칙 등 여러 토지법을 제정하여 법으로 뒷받침했다.[60] 일본인은 법과 관료를 적극 활용하여

---

58) 『동아일보』, 1927. 9. 3.
59) 大阪商業會議所, 『韓國産業視察報告書』, 1904, 47~55쪽.
60) 한말 일제의 토지법은 최원규, 앞 글, 『동방학지』 94, 1996에 분석되어 있다.

개간하기 용이한 질 좋은 미간지를 대거 확보할 수 있었다.

경남지역은 낙동강 유역을 중심으로 많은 미간지가 존재했으며, 이를 개간하여 대농장주가 되는 경우가 적지 않았다.[61] 부산이사청 관내 김해 진영의 무라이 기치베(村井吉兵衛), 밀양군내에는 밀양역의 마쓰시타 데이지로(松下定次郎)와 부내면의 유아사 본페이(湯淺凡平), 양산군 물금의 고하라 초지로(小原儔次郎), 영산군의 開城社 등을 비롯하여 마산 이사청 관내의 사이토 이사(齋藤伊三),[62] 진주지청 관내의 한국권업주식회사 등이 개간을 주요한 사업으로 한 대표적 지주들이었다.[63] 이 밖에 양산군 물금에서는 구마모토현 출신 마쓰무라 도키지(松村時次)가 약 100정보[64], 영산군 월령에 서는 1906년 5월 가와사키 요시타로(川崎芳太郎)가[65] 흥농협회로부터 매수한 초생지 51정보, 밀양군 수산진 지바(千葉 모씨=필자 : 千葉之胤)는 300정보의 미간지를 답으로 만들기 위한 계획을 세워 시행하였다.[66] 한말 일제초기 낙동강 유역의 김해군과 밀양군에서는 개간을 위한 투기 바람이 휩쓸고 지나가고 있었다. 이에 따라 낙동강 유역의 여러 곳에서 토지분쟁이 비일비재 하게 발생하였다.[67]

그러나 낙동강 연안의 개간성과는 성적이 좋은 자, 뜻밖에 곤란을 당한

---

61) 이 지역은 계속적인 관심지역으로 1913년에도 낙동강하류 구포에서 김해에 이르는 지역 4,000정보가 집중 거론되었다(朝鮮新聞社, 『鮮南發展史』, 1913, 153쪽).

62) 통감부, 「韓國における日本人農林業經營者調(2)」, 『韓國中央農會報』 3, 1907, 16쪽. 그는 부산에 거주하며 동래 윤상회의 대리인으로 함안군에 투자하고 있었다.

63) 통감부, 앞 글, 『韓國中央農會報』 3, 1907, 15~16쪽.

64) 松村時次(1855~1917). 熊本縣 玉名郡 출신이다. 熊本縣농회 玉名郡 대표자, 중의원의원. 귀족원의원, 玉名銀行 두취, 日韓殖産 임원, 玉名製糸사장을 역임했다.

65) 가고시마 출신이며 神戸 川崎재벌의 창설자인 川崎正藏의 양자이다. 1869년 생으로 兵庫縣의 평민출신이다. 직업은 합명회사 神戸 川崎銀行 업무집행 사원, 주식회사 川崎조선소 부소장·嵐山電車軌道주식회사 임원을 지냈다(人事興信錄 1919).

66) 貴嶋一, 「洛東江沿岸視察槪況」, 『韓國中央農會報』 4, 1907, 29~31쪽.

67) 이 지역의 분쟁사례는 최원규, 「창원군의 토지소유권 분쟁과 처리」, 『일제의 창원군 토지조사사업과 장부』, 선인, 2011이 참고된다.

자, 예정대로 일을 진행하지 못하고 주저하는 자 등 다양하게 나타났다. 일부는 일정한 성과를 거두기도 했지만, 성과는 미미하였다. 한국 진출을 진두지휘하던 일본인 농업기사들은 개간을 성공적으로 수행하기 위해서는 미간지의 유래를 깊이 연구할 것, 일본적 관념으로 사업을 시행하지 말 것, 많은 암초가 있으니 시세의 상태와 한국농민의 관습 등을 깊이 살필 것, 영구적 계획을 세울 것 등을 제안했다.[68]

일본인 지주들이 잡종지를 '良田玉畓'으로 만들어 대지주가 되기 위해 가장 근본적인 대책으로 강구한 것은 수리조합 건설사업이었다. 일본인이 최초로 시도한 것은 1904년 밀양수리조합 건설사업이었다.[69] 그 설립에 관심을 표명하고 실천에 옮긴 사람은 오카야마현의 마쓰시타 데이지로(松下定次郎)였다. 그는 1904년 이 땅을 처음 보고 "이 같은 옥토에 수리관개 시설을 더하면 좋은 양전이 될 것이다."라고 진단하고 수리조합 건설작업에 착수했다. 당시는 을사조약 체결 이전이고 외국인의 토지소유가 공식적으로는 허락되지 않았기 때문에 그는 '일한공동수리조합'이라는 명칭 아래 한국인과 공동사업으로 사업을 추진했다. 양측이 공동으로 5만 원씩 투자하고, 개인적으로도 9,000원을 투자하여 1906년 완성했다.

1909년에는 수리조합조례에 근거하여 인가를 받아 일제의 지원 아래 발전의 기틀을 마련했다. 조합은 새로운 전기를 맞이하였다. 1911년 대홍수를 만나 제방이 유실되어 확장공사를 계획하면서 이때 개인 수리조합을 벗어나 지역 일본인 지주들이 공동으로 운영하기로 결정하고, 대구 재무감독국장 가와카미 쓰네오(川上常郎)[70]의 알선으로 경상농공은행에서 기채를

---

68) 貴嶋一, 「洛東江沿岸視察槪況」, 『韓國中央農會報』 5, 1907, 36~38쪽.
69) 大橋淸三郎, 「밀양수리조합사업과 성적」, 『朝鮮産業指針』, 1915, 663~671쪽.
70) 川上常郎는 1872년 愛媛 출생. 도쿄전문학교 邦語 법률과를 졸업하고, 1897년 문관고 등시험에 합격하였다. 1898년 대장성 司稅官, 1899년 11월 臨時沖繩縣土地整理局 사무관, 1904년 金澤세무감독국장, 1906년 12월 통감부 서기관겸 대장성 서기관, 1907년 한국정부 용빙, 통감부 재정감사관, 통감부 서기관, 1910~1916년 조선총독부

얻어 1914년 사업을 완성했다.[71] 몽리구역은 밀양군 부내면 가곡동·상남면 예림동이다. 여기에는 한국인 2,000호, 일본인 120호가 거주했다. 일본인은 조합 설립 이전부터 이주했으며 그 후에도 계속되었다. 일본인의 이주와 한국인의 토지방매는 상관관계를 맺고 있었다.[72] 그 결과 1920년대 후반 일본인의 소유가 8할이고 조선인의 소유는 2할에 불과했다.

일제는 낙동강 연안의 각 지역에서 미간지 개간과 농사경영을 목표로 〈표 1〉과 같이, 수리조합을 활발히 건설하였다. 밀양군에는 밀양수리조합 이외에 하남·초동·삼랑진수리조합이 각각 건설되었다. 하남수리조합은 하남·상남·초동의 3개면에 걸쳐 있었다. 동척 등 일본인이 3할 정도에 불과하였으며, 한국인의 토지가 비교적 많은 경우에 속했다. 이는 예외적인 경우에 속하지만 기본적으로 일본인 대지주와 한국인 영세소토지 소유자라는 계층 구성은 다른 지구와 마찬가지였다. 반면 초동수리조합과 삼랑진 수리조합의 몽리구역은 대부분 일본인 지주의 소유였다.

〈표 1〉 1927년 경남지역 수리조합과 지주(단위 : 정보)

조합	군명	몽리구역	창립일	면적	민족별 소유비교	소유내용
密陽	밀양	상남면	1927	55-680	조선인 2천호 일본인 120호 조선인 2할 일본인 8할	
下南	밀양	하남 상남 초동	1923	2100여	조선인 7할 일본인 3할(동척 포함)	일본인 자작농이 토지를 사는 경우가 많아 조선인 소작농의 위협이 된다.
初同	밀양	초동면	1921	458	조선농업주식회사(송병준) →佐佐木志賀 조합원 364명	佐佐木80, 大機70, 上西33, 白石10 합계 193정보
三浪津	밀양	하동면	1925	111	조선인 7할 일본인 3할 252명	조선흥업8, 동척10, 大倉喜八郎5, 迫間 5
金海	김해	김해면	1912	1997	조선인 1024명 일본인 225명 면적비 조선인 6할 일본인 4할	동척200정보 土佐110정보 조선흥업60 楠田郁太郎70 天野23정 조선인대지주 무

평안북도 장관, 1916~1924년 동양척식주식회사 이사, 1927년 일본신탁은행 두취, 조선전기흥업주식회사 감사, 동양토목주식회사 사장을 역임하였다.

71) 『동아일보』, 1927. 8. 30.
72) 『동아일보』, 1927. 8. 30, 31.

264 제2부 일본인 식민지 지주제의 생애와 모습

					주76) 참조	주76) 참조
大渚	김해	대저면	1916	1970		
下東	김해	하동면	1920	699	조선인 363명 289정보 일본인 73명 287정보(동척 포함) 국유1 합437	국유지120 동척70 花園佐吉23 王子제지회사12, 林春執10 尹振鳳9
大山	창원	대산면	1920	1700	조선인 1/3 일본인2/3	동척100 조선흥업50 李圭直70 朴海克60
北面	창원	북면	1921	307.6	조합장 1인 7할 소유	廣賴長康265정보 78명(42정)
東面	창원	대산면	1922	833	村井농장 700정보가 중심	타인 소유 200정보
靈南	창녕	5면12동리	1925	1032	조선인 923 일본인 32(동척 포함) 총 955명	川崎농장500 關口80, 권인수50 동척30 中路30 八代谷30
鼓谷	창녕	남곡면 4개리	1926	123	일본인 5명 조선인 245명 합 250명	楠見40정보
都泉	창녕	영남수조 인접	1920	147	일본인 17명 조선인 162명 총179명	松下50 迫間5 關口5 권인수5 동척5
咸安	함안	가야대산 산인 법수	1921	1153	조선인 274명 일본인 39명 총313명	南海拓殖865 동척25, 20정보 지주5명(조선인3명)
第2咸安	함안		1925	490	750명	동척15 菊井25 안상수30 이우식20
梁山	양산	양산면 외2	1922	1170		弘益 동척
中南	울산	중남면	1926	248.8		
蟾津江	하동		1926	308	일본인 43 조선인 283 합326명	동척140 栗木7.9 李觀洪3.8 車性鎭8.6

자료 : 『동아일보』, 1927. 8. 1927년 전국수리조합조사 기사의 연재. 조선총독부토지개량부, 『조선토지개량사업요람』, 1927.

수리조합은 김해군에서도 활발하게 설립되었다. 김해수리조합이 제일 처음 설립되었다.[73] 이 조합의 몽리구역은 김해군 우부면·좌부면·가락면의 일부로 면적은 2,040정보였다. 이곳은 대체로 비옥한 지역이었지만, 낙동강 본류에 접한 부분에 약간의 제방 설비가 있을 뿐이고, 별도의 치수 설비는 없었다. 거의 방임된 상태였다. 홍수가 나면 범람하고 한해가 들면 염해까지 발생하는 상황이었다. 피해가 심할 때는 넓은 평원에 수확이 거의 없었다. 이러한 재해를 일소하고 토지를 완전히 이용하여 생산을 증식할 목적 아래 1914년 6월 수리조합 공사에 착수하였다. 설립 초기에는 한국인의 토지도

73) 大橋淸三郎, 앞 책, 1915, 672~683쪽.

적지 않았으나 갈수록 일본인들이 조선인의 토지를 매득하여 조선인을 압도하였다. 대지주는 모두 일본인이었다.

동면수리조합은 개간과 관련한 대표적인 조합이었다. 이 조합은 무라이 개인의 수리조합과 마찬가지였다. 그는 1905년부터 토지를 구입하기 시작하여 1906년에 완료했다. 거의 3천 정보에 달했다. 대부분 황무지이고 기간지는 겨우 주천 연안의 높은 곳에 있는 200정보의 밭에 불과했다. 수해를 입지 않는 곳이 드물었다. 치수 설비를 하여 경지로 만드는 작업이 필요했다. 1907년 치수설비에 착수하고 일본인을 이식시켜 조선인과 더불어 개간소작에 종사시켰다.74)

대저수리조합은 낙동강 삼각주 향도라는 섬에 설치한 조합이다. 동척 사유지가 상당히 존재했으며 일본인 180명이 평균 5정보를 소유하여 거의 절반가량 차지하였다. 여기에는 일본인이 지주경영 외에 자작경영도 상당 정도로 시행했다고 생각된다.

이상과 같이, 일본인 농업경영자들은 일찍이 낙동강 일대의 미간지 기간지에 주목하여 헐값으로 이를 확보한 다음, 토지개량과 농사개량사업을 통해 경작지로 안정화시켜 대지주로서 자기 위치를 확립해 갔다. 1927년 〈표 1〉과 같이, 경남지역에는 18개의 수리조합이 건설되었다. 2개 지역을 제외하고는 낙동강 유역에 건설되었다. 이 지역 지주의 최대 과제는 처음부터 수리시설을 마련하여 수전을 확보하는 데 있었다고 할 정도였으며, 조합건설은 일본인 대지주의 발달로 귀결되었다.75)

일본인 대지주들은 1905~1910년 사이에 토지확보와 수리조합 건설 등 비약적으로 성장할 수 있는 기초를 마련하였다. 이후 이를 바탕으로 본격적인 개발 사업을 추진해 질적·양적으로 성장해 갔다. 이것은 일본인이 자기

---

74) 大橋淸三郞, 앞 책, 1915, 727~735쪽.
75) 대저수리조합의 아래 표를 보면 수리조합 설립에 따른 변화를 쉽게 볼 수 있다. 일본인 대지주 중심의 발전상이 드러난다(『동아일보』, 1927. 11. 제2583호).

자본을 투자하여 확보해 간 것이지만, 정치·군사적 힘으로 한국을 장악하여 자기들 위주의 법과 금융지원 체계를 마련하고 한국농민들을 압박하지 않으면 가능한 일이 아니었다.

2) 부산지역 잠매사례와 농민경제

(1) 절영도의 잠매실태와 토지소유변동

일본인은 1900년대 들어오면서 전국을 대상으로 본격적으로 토지확보 작업을 추진했다. 전북과 경남 일대가 가장 심했지만, 초기에는 다른 어느 지역보다 부산 인근지역에서 극심하게 전개되었다. 대한제국 정부는 이를 저지하기 위해 전국적인 '양전·관계발급사업'을 실시하는 한편, 특히 심한 지역을 대상으로 잠매실태 조사에 착수했다. 『광무7년 6월 慶尙南道 東萊府 絕影島 山麓草場 家垈田畓人口區別成冊』은 절영도 지역을 조사한 결과물 중의 하나였다.[76] 이 자료로 이곳 잠매상황과 경제구성을 분석해 보자.[77]

구분	설립 1917년		1927년		10정보이상 지주		
	명수	소유면적 정보	명수	소유면적 정보	일본인		한국인
조선인	666	622	679	491	산업주식회사43	花園佐吉 151	
일본인	180	814	276	1,001	葛目猪之助 21	大崎與七郎 15	李鄕雨 23
국유지	1	297	1	86	北村藤七 24	梶本·北村 공유 19	金邦漢 13
동척	1	62	1	235			
기타社有地	2	175	2	46	梶本福太郞 12		
합	850	1,970	959	1861	합계 642정보		

76) 『光武7年 6月 慶尙南道 東萊府 絕影島 山麓草場 家垈田畓人口區別成冊』(규)은 동래부사 김종원이 조사 작성한 대장이다. 김용섭, 『한국근대농업사연구(하)』, 1988, 376쪽.
77) 여기서 조사한 내용과 원칙을 보면 다음과 같다. 첫째, 조사내용은 平野名·자호·지번 ·양전방향·지목·장광척·결부·두락·起(陳)主 등이었다. 둘째, 대지는 소유주와 거주 자 그리고 동거하는 口數를 남녀별로 기록했다. 셋째, 일본인이 불법적으로 잠매한 토지는 방매자와 경작자를 아울러 조사 기록했다. 넷째, 방매자를 조사하지 못한 경우는 일본인만을 기록했다. 따라서 이 자료로는 방매 이전의 실태를 정확히 파악하기는 어려웠지만, 방매자를 파악한 비율로 보아 그 추세를 파악하는 데 별 문제는 없다고 판단된다.

<table>
</table>

〈표 2〉 일본인이 잠매한 경작지 이외의 지목

지목	결부	두락	필지	일본인수
新築田	29.7	22.1	8	7
荒田	7.2		6	4
草場			6	2
於德			2	2
稗松田			3	1
제언			1	1
합계	36.9	22.1	26	17

〈표 3〉 관유지·공유지의 구성(단위 : 부)

구분	답	전	대	합	주인	필지
幕		11.6	0.1	11.7	24	25
舊鎭基			9.9	9.9	14	15
해관병원터			3.9	3.9	2	2
동계	3.5	17.8	0.1	21.4	6	16
비각			0.4	0.4	1	1
합계	3.5	29.4	14.4	47.3	47	59
필지	1	38	20	59	기타 63	122

조사 대상 지목은 전, 답, 대지 이외에 〈표 2〉에서 보듯, 新築田·荒田·草場·於德·稗松田·제언 등 다양했으며, 일본인은 지목을 가리지 않고 잠매했다. 이 가운데 경작지가 아닌 비경작지는 방매자가 표기되어 있지 않았다. 원소유자를 확실히 알 수 없으나, 토지의 성격상 공유지일 가능성이 컸다. 공유지의 소유주체는 매우 다양했다. 〈표 3〉의 舊鎭基·해관병원·幕·동계·비각,[78] 이외에 기타로 표기한 절영도의 각 동(청학동·하구룡동·상구룡동·영선동·영주동)과 각 동의 書齋가 있었다. 그리고 주인은 알 수 없지만 한국인 혹은 한일 공동의 회사로 보이는 양잠사, 즉 전에 없던 회사가 새로운 소유의 주체로 등장했다.

그리고 비경지의 실태를 보면, 전체 필수는 320필지이고, 소유자 구성은

---

78) 閔所 閔直山直 閔直學術 등은 공유지로 보이나 불명하여 소유주체에서 제외했다.

일본인 20필지, 한국인 68필지, 공유지 63필지, 무주지 169필지였다. '근대적'인 토지조사가 시행되지 않았기 때문인지 무주지가 상당수 존재했으며, 지목구성도 다양했다. 비경지 중 가장 많은 지목은 절영도가 목장이었다는 전신을 보여주듯 초장이었다. 이외에 石田·櫸松田·각종 嵯·황전 등이 있었다. 특히 절영도는 군사적인 측면에서 일본의 주목을 받았다. 일본은 절영도의 몇몇 곳을 조차하여 석탄고·화약고 등을 비롯하여 제언을 설치하기도 했다.79) 이곳은 합법적 조차지였기 때문에 대한제국에서는 양안에 이를 조사 기록했다. 일본인들의 구매 열기는 모든 토지에 미쳤지만, 다음 분석에서는 자료의 제한과 농민경제와 관련하여 경지만을 분석대상으로 삼았다.

〈표 4〉 잠매하기 전 절영도 한국인의 토지소유(단위 : 부)

구분	결부					필지						토지소유자 구분			
												①		②	
	답	전	대	합	비중	대	평균	전	평균	답	평균	수	%	수	%
10부미만	140	1138	236	1514	28	348	0.7	719	1.6	205	0.7	449	74.1	53	12
25부미만	395	1191	92	1678	31	91	1.0	439	2.7	189	2.1	112	18.5	10	9
50부미만	433	663	87	1183	22	35	2.5	180	3.7	118	3.7	35	5.8	1	3
75부미만	97	70	7	174	3	3	2.2	16	4.4	37	2.6	3	0.5	0	0
1결미만	47	120	7	174	3	5	1.4	14	8.6	10	4.7	2	0.3	0	0
2결미만	313	187	168	668	12	4	42.0	26	7.2	29	10.8	5	0.8	2	4
합계	1425	3369	596	5391	100	486	1.2	1394	2.4	588	2.4	606	100	66	11

비고 : 방매인을 조사하지 못한 토지는 통계에서 제외함.
　　　① 잠매전의 토지소유자. ② 자기 소유를 모두 잠매하여 무토지소유자가 된 수.

〈표 4〉는 한국인의 토지소유실태를 전·답·대의 지목별로 낸 통계이다.80) 절영도 토지의 지목별 결부 비중을 보면 전 : 답 : 대가 64 : 26 : 11로 답이

---

79) 金容旭, 「釜山의 租借地」, 『韓國開港史』, 서문당, 1976, 59~65쪽. 절영도 黑石巖의 조차는 1885년에 이루어졌으며, 堤堰은 이곳에 필요한 물을 공급하기 위해 만든 저수지로 추정된다.

80) 한국인 방매자를 조사하지 못하여 起陳主欄에 잠매한 일본인만 기록된 경우는 통계에서 제외했으며, 한국인 방매자를 조사한 경우는 일본인 대신 이를 한국인으로 원상대로 복원시켜 계산했다.

전체의 26%에 불과한 한전 지대였다. 소유자의 계층별 비중을 보면, 10부 미만의 소유자가 전체의 74%(면적 28%)이고, 10~25부 미만은 18.5%(면적 31%)로, 양자를 합한 25부 미만이 93%이었으며, 이들이 차지한 면적은 전체의 59%에 불과했다. 개인당 평균면적은 5.7부였다. 50부 이상의 소유자는 1.6%로 18%의 토지를 소유했다. 1결 이상 소유자는 5명으로 전체의 0.8%이나 면적은 전체의 12%를 차지하였으며, 평균 1결 33부 6속이었다.[81] 절영도에는 당시 일반 농촌사회 보다 토지소유에서 더 극심한 빈부의 편차를 보였다. 부농층은 극히 일부에 불과했으며, 주민 대부분은 극영세농이었다.[82]

토지소유의 양극화 현상은 잠매가 진전되면서 더욱 극심하게 나타났다. 한국인 606명 가운데 방매인을 기록해 놓은 토지만 계산하면, 124명의 한국인이 일본인에게 토지를 팔았다. 방매인 표시가 없는 토지의 필지수는 방매인 표시가 있는 필지의 50%정도였다. 이것으로 추산하면 전체 토지소유자의 1/5~1/3가량이 일본인에게 토지를 팔았다고 추산된다. 모든 계층이 일본인의 잠매로부터 자유로울 수 없는 상황이었다.

토지를 방매하여 토지소유로부터 완전히 탈락한 자는 대체로 소토지소유계층이었다. 총 66명 중 10부 미만이 53명으로 가장 많고, 25부 미만이 10명을 차지했다. 여기에 자기 토지 일부를 방매한 경우까지 포함하면, 〈표 4〉와 〈표 5〉에서 보는 바와 같이, 절영도민은 토지소유에서 전층적으로 하락되어 가는 모습을 보였다. 토지소유에서 하위계층의 탈락과 상위계층의

---

81) 필지별 면적은 田畓垈, 공히 상층집단의 필지당 면적이 넓고 하층집단의 필지당 면적이 좁았다는 점이 주목되지만 이 점은 추후 점검이 필요하다.

82) 김용섭, 「광무년간의 양전·지계사업」, 『한국근대농업사연구(하)』, 1988. 350쪽. 1결 이상은 부농, 1결 미만 50부 이상은 중농, 50부미만 25부이상은 소농, 25부 미만은 빈농으로 가정했다. 이세영·최윤오, 「대한제국기 토지소유구조와 농민층 분화」, 『대한제국의 토지조사사업』, 1995, 435쪽에서는 0.5정보이하 빈농, 1.5정보이상은 부농, 0.5~1.5정보는 소농 혹은 중농으로 분류했다. 419쪽에서 제시한 1정보=9168척으로 結과 정보를 환산하면, 대체로 1결×2.162=1정보이다. 부농은 70부 가량이다.

<표 5> 절영도 한국인의 토지소유규모(단위 : 부)

구분	결부						필지						인원	
	답	전	대	합	평균	비중	대	면적	전	면적	답	면적	수	%
10부 미만	125.3	1005.9	227.1	1358.3	3.2	35	341	0.67	685	1.47	199	0.63	425	78.7
25부 미만	353.3	840.5	71.1	1264.9	15.2	32	72	0.99	356	2.36	174	2.03	83	15.4
50부 미만	421.5	471.6	27.2	920.3	32.9	24	29	0.94	157	3.00	116	3.63	28	5.2
75부 미만	69.0	44.5	5.7	119.2	59.6	3	2	2.85	14	3.18	31	2.23	2	0.4
1결 미만	88.7	5.3		94.0	94.0	2			3	1.77	9	9.86	1	0.2
1결 이상	130.0	22.7		152.7	152.7	4			7	3.24	16	8.13	1	0.2
합	1187.8	2390.5	331.1	3909.4	7.2	100	444	0.75	1222	1.96	545	2.18	540	100

하향화 경향이 진전되어 갔다. 여기에 토지소유에서 완전히 탈락한 무소유자를 포함하면 10부 미만의 계층은 더욱 증가할 것이다. 절대적 빈곤 상태일 수밖에 없는 10부 미만 층은 540명 중 425명으로 약 79%를 점하고 전체면적의 35%가량을 차지했다. 10~25부 미만은 인원 15%, 면적 32%로 그 다음 비중을 차지하고, 50부 이상은 4명 0.8%이며, 9%의 면적을 소유했다. 일본인이 잠매한 토지는 주로 빈농층의 토지였다. 하층민은 경제상태가 매우 나빴기 때문에 일본인이 올려 제시한 지가의 유혹을 떨치지 못하고 생존 차원에서 토지를 방매할 수밖에 없었을 것이다. 물론 상층계층의 토지도 잠매대상에 포함되어 있었다.

일본인의 잠매토지 실태를 분석해보면 <표 6>과 같다. 일본인은 총 58명이 절영도 전체경지의 31%(답 22% 전 38% 대 39%)가량을 차지했다. 일본인의 토지소유 실태를 계층별로 보면, 10부 미만 43%가 5.5%를 소유하고 10~25부 14%가 26%를 소유했다. 0~25부 미만을 잠매한 자는 40명 69%였는데, 면적은 19.6%에 불과했다. 반면 1결 이상 잠매자는 4명 6.8%이고 면적은 7결 41.9%가량을 점하고 있다. 소토지를 잠매한 일본인들의 비중이 매우 높았고, 1결 이상을 잠매한 4명이 많은 토지를 차지하여 심한 소유의 양극화 현상을 보였다.

<표 6> 일본인 잠매 토지현황

구분	결부				인원	필지			%		평균 면적
	답	전	대	합		대	전	답	면적	인원	
10부미만	1.1	69.3	21.8	92.2	25	16	28	2	5.5	43.1	3.7
25부미만	47.2	177.8	10.2	235.2	15	10	51	11	14.1	25.9	15.7
50부미만	69.8	168.1	41.7	279.6	8	9	37	15	16.7	13.8	35.0
75부미만	78	254.4	32	364.4	6	7	64	34	21.8	10.3	60.7
1결이상	89.1	176.3	12.2	277.6	2	8	29	7	16.6	3.4	138.8
2결이상	37.8	271.6	113.5	422.9	2	9	35	5	25.3	3.4	211.5
합계(A+B)	323	1117.5	231.4	1671.9	58	59	244	74	100.0	100.0	28.8
A	87.4	198.6	25.5	311.5	27	매도인 표기가 없는 경우					
B	235.6	918.9	205.9	1360	56	매도인 표기가 있는 경우(한국인 124·128명)					

절영도는 개항장 부산과 인접한 요충지라는 점에서 외국인이 일찍부터
주목한 특수성도 작용했다. 다른 지역보다 일본인의 토지 침탈이 광범위하게
빠르게 이루어졌다. 그 결과 한국인들은 물론 일본인들까지 포함하여 대부분
이 영세토지소유자로 존재했다. 그러나 하층계층의 구성비에서 상대적으로
일본인이 한국인보다 비율이 낮았고, 상층계층의 구성비에서 한국인보다
높았다. 일본인은 2결 이상의 소유자가 2명이나 등장하였다. 일본인들은
한국인 보다 불평등도가 낮았으며, 평균 소유면적도 28.8 : 7.2의 비율로
한국인보다 4배 정도로 넓었다. 일본인의 잠매는 한국인의 토지소유를
전층적으로 극심하게 하향화시키면서 양극화 현상을 유지시키는 방향으로
전개되었다. 전체적으로 보면, 잠매 전보다 소유의 양극분해가 더 크게
진전되었다.

<표 7> 일본인의 대지와 경작지 이용

국적	구분	필지수	표시없는 필지	이용자	매도인과 이용자 같은 경우	매도인과 이용자 다른 경우
일본인	경작지	318	127	191	165	26
	대지	59	19	38	18	20

<표 8> 한국인의 거주지 실태

한국인	거주자수	1	2	3	합	매도인 표시 무	합	소유자
	필지수	395	14	3	412	12	424	420
	거주인수	395	28	9	432	12	444	

비고 : 명목 대지이며 실재는 경작지인 토지 2필지

<표 9> 절영도 대지의 국적별 소유규모

소유호수	1	2	3	4	5	6	7	소유자	필지
일본인	24	5	3	1	1		1	35	59
한국인	399	18	3					420	444
양인	1	1						2	3
공유지	2							2	2
무주	19	2						21	23
계	445	26	6	1	1		1	480	531

<표 10> 절영도 한국 일본인 상층 토지소유자 현황(단위 : 結-負-束)

주인	답	전	대	합	비고	주인	답	전	대	합	잠매상황
迫間	37.8	175.8	8.8	222.4	*	하원식	94.5	95.2	0	189.7	전체잠매
大池	0	95.8	104.7	200.5	*	김태진	130	22.7	0	152.7	
河內山	75.8	81.6	4.3	161.7	*	김성윤	0	57.3	64.9	122.2	4
齋藤	13.3	94.7	7.9	115.9		박원일	0	0	103	103	전체잠매
中村	0	49.7	23.5	73.2	*	하원약	88.7	11.7	0	100.4	6.4
下條	27	33.1	1.9	62		장여익	21.9	67	3.1	92	44.1
竹下	3.3	58.4	0	61.7	*	박영팔	24.6	53.4	3.7	81.7	57.6

*표는 부산이사청,『韓國中央農會報』2-4, 1907, 18~22쪽에 보이는 지주.

절영도 주민의 주거실태를 대지를 통해 분석해 보자. 일본인들이 잠매한 대지는 전체 대지의 11%(필지)정도였다. 주택시장이 활성화되지 못한 시절에 대지를 판다는 것은 자기 근거지를 떠난다는 것을 의미하기 때문에 경지에 비해 방매한 필지의 비중은 비교적 낮았지만 면적은 39%를 차지하여 비중이 적지 않았다. 〈표 8〉에서 한국인의 거주 실태를 보면 대지의 소유자가 거주하는 경우가 대부분이었다. 절영도의 한국인 토지소유자는 총 540명이고, 이 가운데 420명이 대지를 소유했으며, 120명이 절영도 내에 대지를 소유하지 못한 자였다. 이들은 집을 빌려 거주할 수밖에 없었을 것이다.

이 가운데서 10여 호 가량은 절영도 내에 거주할 곳을 마련할 수 없었다. 이들은 다른 집에 더부살이하는 경우도 있겠지만, 섬밖에 거주하기도 하였을 것이다. 〈표 10〉의 하원식·김태진·하원약 등과 같은 한국인은 대지는 없지만, 절영도에 땅을 많이 소유하였다. 이들은 섬밖에 거주하면서 절영도내에 소유한 토지에서 지대를 수취해 간 것으로 보인다.

일본인의 경우는 거주 표시로만 보면, 倉成 1호만 거주인으로 나타났다. 대부분 섬밖에 거주한 것으로 보인다. 일본인 지주도 거주 목적보다는 대지수입을 목표로 구입하거나 전당 잡은 것으로 보인다. 일본인들은 대지를 1필지 이상 2~7필지까지 잠매했으며, 구입한 뒤에는 방매인에게 이용하도록 한 경우가 많았다. 〈표 7〉에서 보듯 경지도 특별한 사유가 없으면 방매자에게 경작을 맡기는 것이 일반적이었다. 여기에는 그럴만한 이유가 있었다. 경작을 허락하지 않으면 생계 문제로 한국인이 토지를 쉽게 방매하지 않기 때문일 것이다. 그리고 일본인이 한국사정에 어둡기 때문에 기존 경작자에 그대로 맡기는 편이 유리하다고 판단했기 때문일 것이다. 대지도 마찬가지였을 것이다. 특히 오이케(大池)의 비중이 컸다.

이상에서 절영도에서는 일본인의 잠매가 진행되면서 한국인은 전층이 하락하는 현상을 보였다. 주로 하층계층이었지만, 〈표 10〉에서 보듯, 하원식·김태진·김성윤·박원일 등은 1결 이상을 방매했다. 박원일은 대지만 소유했는데 이를 모두 방매했다. 일본인은 대부분 소토지를 매득했지만, 하자마나 오이케 등 일본인 상층은 상대적으로 많은 토지를 잠매하여 절영도에서 지배적 지주가 되었다. 지배층이 한국인에서 일본인으로 교체된 것을 의미했다. 그리고 이들 가운데는 부록의 〈표 1〉에서 보듯, 단지 절영도에만 영향력을 행사하는 자들이 아니라 부산 이사청 관내에 대지주로 등장하는 자들도 있었다. 절영도는 독립된 경제단위가 아니라 부산에 종속된 경제체제로 자기 모습을 드러내기 시작한 것이다. 다른 외국인도 3명이 잠매에 참여했지만, 영향을 줄 만한 정도의 규모는 아니었다.[83]

(2) 사중면의 잠매실태와 토지소유변동

다음은 사중면의 토지소유 실태를 분석하여 농촌경제의 형편을 살펴보자.[84] 사중면은 대부분 개인 소유지였지만, 관유지와 공유지도 다수 존재했다. 그 내용을 보면 사중면이 개항장 부산의 핵심지이고 일본에서 한국으로 들어오는 관문이라는 특성을 잘 보여주었다. 조일수호조규 후속으로 맺어진 부산항 조계조약에서 규모가 40결에 달하는 기존 왜관지역을 일본 전관거류지로 설정했는데, 이곳이 사중면에 존재했다. 그 이후 설정된 러시아·영국·청의 조계와는 규모에서 비교가 안 되었다. 이 밖에 영국이 관장하는 해관, 일본해군의 석탄고, 일본인 철도소 등이 조차지로 표기되었으며, 종교활동의 장인 야소교·성교당 부지도 양안에 등록되었다(〈표 11〉).

〈표 11〉 사중면 소재 외국 관계 토지

구분	러시아 조계	영국 조계	영국 해관서	청관	청인 영사소	합	양인 야소교	양인 성교당	합
결부	40.5	37.5	15	844	29	951	29	224	253
필지	1	1	1	2	2	6	2	7	9

구분	일본인 남관	일본인 동관	일본인 서관	일본인 동관 古守門地界		합	일본인 철도소	일본인 석탄고	합
결부	1,454	938	1,374	209		3,975	120	84	204
필지	4	4	4	1		13	1	1	2

---

83) 절영도에서 서양인 또는 중국인의 잠매실태.

소유자	결부				필지			
	답	전	대	합	대	전	답	합
姜大人	1.4	8.3	0.3	10	1	4	1	6
淡孫	0	49.8	61.7	111.5	2	1	0	3
梁大人	0.5	4.4	0	4.9	0	3	1	4
합	1.9	62.5	62	126.4	3	8	2	13

84) 동래군 사중면의 각 표는 1904년 지계아문에서 작성한 사중면 양안을 토대로 분석한 것이다. 사중면 양안은 동래군 양안 총 13책 중 6책에 해당한다(규18111). 이 양안에는 字號·地番·量田 방향·토지등급·地形·地目·圖座·長廣尺·田畓積·結負·斗落·日耕·四表·時主가 기록되어 있다. 이 양안이 다른 지계아문 양안과 다른 특징을 보여주고 있다. 시주와 사표의 표기란에 처음에는 한국인 일본인 구별 없이 조사했다가 일본인으로 시주가 표기된 곳은 다시 한국인 시주를 조사하여 일본인시주 표기 위에 한지를 붙여 기록했다. 일본인은 원본을 빛에 비추어 보면, 이름을 확인할 수 있었다. 여기에 나타난 일본인 시주를 잠매한 자라 파악하고 분석했다.

<표 12> 국공유지의 유형

官	감리서	해관기지	절영도鎭基	철도	사중면소	개성학교소	회사(중)	산막계
결부	236.4	42.3	66	231.1	3.5	22.1	7.8	2
洞	청학동	구관동	부민동	암남동	영주동	초량동	초량삼패(답)	
결부	6.3	5	0.4	9.9	4.5	63	13.2	

<표 13> 사중면 한국인의 토지소유(단위 : 結-負-束)

소유규모	인원	%	면적								① 면적	면적차	② 인원	③ %
			합	%	전	%	답	%	대	%				
10부미만	647	71.7	1,987	18	1,484	21	166	6	338	31	254	1,734	601	75
25부미만	159	17.6	2,505	23	1,776	25	522	19	207	19	662	1,843	132	16
50부미만	60	6.7	2,112	19	1,301	19	631	23	180	16	921	1,191	44	5
75부미만	14	1.6	833	8	470	7	344	12	19	2	614	219	6	0.7
1결미만	6	0.7	519	5	276	4	233	8	7	0.7	227	292	5	0.6
2결미만	12	1.3	1,828	17	1178	17	424	15	227	20	1,028	800	12	1.5
2결이상	4	0.4	1,136	10	561	8	445	16	130	12	953	183	2	0.2
합	902	100	10,921	100	7,048	100	2,764	100	1108	100	4,658	6,262	802	100

비고 : ① ② ③은 방매후의 실태이다.

그리고 <표 12>와 같이 국공유지는 다양하게 존재했다. 개항장을 관리하던 감리서·절영도 진기·사중면소·경부철도·학교·회사 등 소유주의 색깔도 다양했다. 그리고 청학동, 구관동, 부민동, 암남동, 영주동, 초량동 등 각 동도 토지소유주로 등장했다. 개별 각동이 토지를 소유한 것이다. 반면 면은 면소 외에 다른 토지를 소유한 흔적은 없었다. 이것은 동이 향촌운영의 주체로 존재했으며, 면은 단지 행정을 담당한 연락기관에 불과했던 점을 토지소유의 측면에서 보여준 것이라 생각된다.[85) 동유지는 규모가 크지 않았다. 규모가 큰 초량동이 80부 정도였다. 동유지는 동민의 공유였음에도 불구하고, 일본인의 잠매대상에서 벗어날 수 없었다.[86) 이 밖에 契畓이

---

85) 한말·일제하 동과 면의 변동은 염인호, 「일제하 지방통치에 관한 연구」, 연세대 석사학위논문, 1983과 이상찬, 「1906~1910년의 지방행정제도의 변화와 지방자치 논의」, 『한국학보』 42, 1986이 참고된다.
86) 영주동에서는 동유지 4부 5속을 일본인에게 방매했다.

일부 존재했다.[87)

사중면내 계층별 토지소유상황은 다음과 같다. 0~10부 계층은 면 전체 인원의 72%이고 토지는 전체의 18%를 소유했다. 10~25부 계층은 18%로 23%의 토지를 차지했다. 두 계층을 합하면, 인원은 전체의 90%, 면적은 전체의 41% 비중을 점했다. 1인당 평균면적은 5.6부로 극히 영세했다. 25부~1 결미만의 인원수는 9%, 면적은 32%를 차지했다. 평균면적은 32부 정도였다. 1결 이상 소유자는 16명으로 1.7%에 불과했지만, 면적은 25%가량을 차지했다. 평균면적은 1결 85부 3속이었다. 절영도보다 심하지는 않지만 일부 상층과 극 영세소유층으로 분화가 극도로 진전된 모습을 보였다.

사중면은 지목 구성에서 몇 가지 특징을 보였다. 첫째, 이 지역은 전이 압도적으로 많은 지역인데, 특히 25부 미만 층이 전의 비중이 높았다. 그 이상 계층은 일률적이지는 않지만 상대적으로 답의 비중이 높았다. 둘째, 대지는 독특한 모습을 보였다. 10부 미만 계층은 전답보다 구성비중이 높았으며, 1~2결 계층도 비교적 많이 소유하고 있다는 점이다. 중간층의 경우는 다른 지목보다 대지의 소유비중이 비교적 낮았다. 대지는 거주를 위해 반드시 필요한 지목이기 때문에 하층민도 다른 지목보다 점유율이 높았다고 생각된다. 그리고 1결 이상 계층은 자기가 거주하는데 필요한 면적보다 훨씬 넓다는 점이 눈에 띈다. 이것은 혈족 또는 직영지 경영이나 집안일을 돌보는 이른바 호저집 등 예속적 존재들이 같은 공간에 거주한 때문으로 보인다.[88) 사중면이 도시화가 진전되면 향후 대지가 부의 축적 수단으로 등장할 것으로 예상된다.

개항장으로서의 역할과 비중이 커져가던 부산 지역은 1900년대에 접어들

---

87) 『光武7年 6月 慶尙南道 東萊府 絶影島 山麓草場 家垈田畓人口區別成冊』과 달리 사중면 양안에는 문중의 토지가 거의 보이지 않는다는 점이 특이하다.

88) 김용섭, 「나주 이씨가의 지주경영의 성장과 변동」, 『한국근현대 농업사연구』, 일조각, 1992와 최원규, 「한말·일제하의 농업경영에 관한 연구 ; 해남 윤씨가의 사례」, 『한국사연구』 50.51, 1985 등이 참고된다.

면서 더 크게 변모했다. 한국을 식민지화하려는 일본제국의 정책, 그리고 러일전쟁에 직면하여 일본인들이 전에 없이 한국에 대거 진출하기 시작하였다. 이들은 단순한 상업적 목적을 떠나 한국을 영구히 지배하기 위한 토대로 한국 땅을 차지하였으며, 시가지화도 급격히 진전되어 갔다. 일본인이 한국에 들어와 활동하면 할수록 한국인은 토지소유에서 더 배제되어 간다는 것을 의미했다. 그 실태를 살펴보기로 하자.

〈표 14〉 사중면민 자기토지 전체 방매자

토지규모	인원			면적합		전		답	
	방매	전체	%	결부	%	결부	%	결부	%
10부미만	46	647	7.1	21.5	9.5	209.6	12.2	5.4	1.0
25부미만	27	159	17.0	447.5	19.8	387.1	22.6	60.4	11.0
50부미만	16	60	26.6	574.9	25.4	462.1	26.9	112.8	20.5
75부미만	8	14	57.1	461.5	20.4	246.2	14.3	215.3	39.2
1결미만	1	6	16.6	93.9	4.1	93.9	5.5	0	0
1결이상	2	16	0.3	471.8	20.8	316.7	18.5	155.1	28.3
합	100	902	11.1	2265	100	1,716	100	549	100

〈표 15〉 사중면 자기 토지 일부 방매자

토지규모	인원	%	기존면적	개인평균	방매면적	개인평균	방매%	소유면적	평균
10부미만	11	22	121	11	58.6	5.3	2.5	62.4	5.7
25부미만	16	32	478.3	29.9	264	16.5	11.2	214.3	13.4
50부미만	11	22	532.9	48.4	365	33.2	15.5	167.9	15.3
75부미만	4	8	323.9	81	237.2	59.3	10.1	86.9	21.7
1~2결미만	6	12	1023	170.5	952.8	158.8	40.4	70.2	11.7
2결이상	2	4	664.5	332.3	481.5	240.8	20.4	183	91.5
합	50	100	3,143.6	62.9	2,359.1	47.2	100	784.5	15.7

〈표 14〉와 〈표 15〉는 토지방매 실태를 나타낸 것이다. 〈표 14〉는 자기 토지를 모두 방매한 자를, 〈표 15〉는 일부를 방매한 자를 계층별로 작성한 것이다. 기존 토지소유자 가운데 11%에 해당하는 100명이 자기 토지를 모두 방매하여 사중면에 토지를 전혀 갖지 않은 무토지소유자로 전락했다. 토지소유에서 탈락하는 자는 토지소유규모에 관계없이 전 계층에서 전개되

〈표 16〉 사중면 일본인의 잠매규모

토지규모	인원		면적(결부)					필지		
	수	%	합	합%	전	전%	답	전	답	합
10부미만	23	34.3	77.9	1.6	75.9	2.1	2	24	2	26
25부미만	11	16.4	172.4	3.6	160.3	4.4	12	19	2	21
50부미만	15	22.4	528.4	11.2	416.3	11.4	112	28	3	31
75부미만	8	11.9	495.7	10.5	449.3	12.3	46	21	5	26
1결미만	2	3	196.2	4.1	187.1	5.1	9.1	10	1	11
2결미만	4	6	581.3	12.3	581.3	16	0	12	0	12
3결미만	2	3	527.9	11.1	333.7	9.2	194	23	6	29
3결이상	2	3	2,154.9	45.5	1,439.2	39.5	716	77	22	99
합	67	100	4,734.7	100	3,643.1	100	1092	214	41	255

었다. 계층별로 보면 〈표 16〉과 같다. 양적인 측면에서는 25부 미만 계층이 전체의 73%를 차지하여 압도적이지만, 계층별 탈락 비중은 50~75부 계층이 전체 14명 중 8명으로 57%를 차지하여 탈락률이 제일 높았다. 다음은 25~50부 미만 계층으로 26.6%가 탈락했다. 방매 면적의 절대량을 보면, 25~50부 계층이 25.4%로 제일 많았고, 다음은 1결 이상 계층, 50~75부 계층 순이었다.

면적에서는 상층이 많았다. 1결 이상 층의 방매면적이 절대량과 비중에서 적지 않았다. 상층을 필두로 하층계층에 이르는 전 계층이 토지소유에서 탈락해 가는 모습을 보였다. 그 중에서도 특징적인 현상은 부농계층이라고 추정되는 자들이 일본인들의 진출에 따라 전면적으로 몰락의 길을 걸어갔으며, 앞으로도 계속 더 진전될 것이라는 예측을 가능하게 한다.

이번에는 〈표 15〉에서 토지 일부를 방매한 계층을 대상으로 그 경향성을 검토해 보자. 자기 토지를 일부만 방매한 자는 모두 50명이고 전 계층에서 발생했다. 이를 계층별로 분석하면, 50부미만 계층을 보면 0~25부 미만이 54%, 25~50부 미만이 22%가량 점하여 총 76%로 인원에서는 압도적이었지만, 면적에서는 30%에 미치지 못했다. 반면 1결 이상 소유자 집단은 8명 16%에 불과하지만, 방매면적은 4결 가량으로 60%의 비중을 점했다. 한국인들은 토지방매로 전 계층이 토지소유규모가 하락 현상을 보이는 가운데, 특히 상층집단이 대거 방매하면서 영세소유층으로 전락하는 모습도 보였다. 2결 이상의 계층은 영세소유자로 전락하지는 않았으나 1결미만 집단으로 크게 규모가 축소되는 현상을 보였다.

한마디로 일본인의 진출은 부농층을 포함한 한국인 토지소유자 전반을 영세소유자나 무소유자로 전락시킨 결과를 초래했다. 일본인들이 대거 사중 면의 토지를 잠매한 때문이다.[89] 일본인은 당시 67명이 진출하여 47결 34부 7속, 즉 전체 면적 99결 16부 1속의 43.4%(전 51.7%, 답 39.5%)의 토지를 잠매했다. 일본인의 토지소유 면적이 한국인과 같은 수준이었다. 이 토지는 개인적으로 토지를 구매한 경우이고 이 밖에 위에서 본바와 같이 거류지와 조차지까지 포함하면 50%를 넘는 토지 확보율을 보이고 있다. 일본인은 대단히 빠른 속도로 이 지역을 장악해 갔다.

다음으로 잠매 상황을 보면, 25부 미만의 잠매자가 50%에 달하는 등 영세규모 잠매자가 상당한 비중을 점했다. 이 점은 한국인들의 토지소유의 특징과 크게 다르지 않았다. 일본인은 규모 면에서 한국인 보다 훨씬 많은 토지를 소유하고 있었다. 내부구성을 보면, 하층 집단에 비해 상층집단의 비중이 훨씬 높았다. 또 한국인만이 토지를 소유했을 때보다 더 많은 토지를 소유한 일본인이 등장했다. 하자마 후사타로(迫間房太郎)와 오이케 츄스케(大池忠助) 등 이 지역의 대표적인 일본인 대지주들이 많은 토지를 확보하였다. 이들 외에도 상층집단의 일본인 농업자들이 대거 등장하였다. 일본인 대지주 가 제도적으로 자리잡을 토양이 이 시기에 마련되었다고 할 수 있다.

대한제국의 양전·관계발급사업이 중단된 뒤 5년이 지난 1909년 사중면의 토지구성을 『隆熙3年度沙中面結數統計冊』을 통해서 검토해 보기로 하자.[90]

---

89) 지주일 가능성이 높은 1結 이상 계층이 전락한 것은 사중면의 특수한 경우일 가능성도 없지 않다. 다른 지역의 예를 더 검토해 보아야 할 것 같다. 일제하에도 지주는 여전히 오히려 더욱 강세를 보였다는 것이 통설이고, 여기서도 다른 지역으로 토지소유를 옮겨갔을 수도 있기 때문이다.

90) 이 표는 1909년 10월 21일 沙中面長 朴泳吉이 東萊 財務署長 兪相範에게 보고한

구분		結總	%	田두락	田結	%	畓두락	畓結	%	垈두락	垈結	%
草梁洞	합	28.823	29	1215.7	10.123	20	439.3	12.201	39	573.8	6.499	39
	한국인	8.08	8	234.7	2.085	4	66.9	1.685	5	417.6	4.31	26
	외국인	20.743	21	981	8.038	16	372.41	0.516	34	156.2	2.189	13
瀛洲洞	합	8.758	9	500.9	3.171	6	98.1	1.907	6	382.5	3.68	22
	한국인	3.311	3	167.2	1.044	2	11.6	0.127	0	215.1	2.14	13
	외국인	5.447	5	333.7	2.127	4	86.5	1.78	6	167.4	1.54	9
瀛仙洞	합	21.609	22	1409.56	14.089	27	139.42	4.407	14	239.09	3.113	19
	한국인	3.244	3	212.86	1.663	3	34.34	0.783	3	65.34	0.798	5
	외국인	18.365	19	1196.7	12.426	24	105.08	3.624	12	173.75	2.315	14
瀛溪洞	합	19.755	20	1463.9	12.84	25	147.9	4.582	15	196.6	2.333	14
	한국인	6.214	6	540.2	4.54	9	31.2	0.731	2	91.8	0.943	6
	외국인	13.541	14	923.7	8.3	16	116.7	3.851	12	104.8	1.39	8
青鶴洞	합	7.107	7	761.95	4.553	9	131.55	2.14	7	43.4	0.414	3
	한국인	5.183	5	588.55	3.223	6	108.9	1.632	5	36.4	0.328	2
	외국인	1.924	2	173.4	1.33	3	22.65	0.508	2	7	0.086	1
東三洞	합	13.109	13	1097	6.554	13	429.5	6.043	19	62.1	0.512	3
	한국인	12.332	12	993.7	6.124	12	389.4	5.712	18	60	0.496	6
	외국인	0.777	1	103.3	0.43	1	40.1	0.331	1	2.1	0.016	0
총계	합	99.161	100	6,449.01	51.33	100	1,385.77	31.28	100	1,497.49	16.551	100
	한국인	38.364	39	2,737.21	18.679	36	642.34	10.67	34	886.24	9.015	54
	외국인	60.797	61	3,711.8	32.651	64	743.43	20.61	66	611.25	7.536	46

사중면의 동별 구성은 초량동이 가장 큰 동이고, 다음이 영선동, 영계동의 순이다. 지목별 구성은 전·답·대의 비율이 52 : 32 : 17로 전이 답보다 압도적 으로 많았다. 전의 비중은 영선동, 영계동, 초량동의 순이고, 답은 초량동이 압도적이고 다음은 동삼동이 높았다. 대지는 초량동, 영주동, 영선동의 순이었다. 국적별로 소유실태를 비교해 보면, 일본인이 61%를, 한국인이 39%를 소유하여 5년 전과는 소유비율이 역전된 현상을 보였다.[91] 일본인이

『隆熙3年度 沙中面 結數統計冊』(國立 朝-38-51)에 의거 작성한 것이다.

91) 1904년 경상남도 동래군 사중면 양안과 1909년의 납세결 보고표를 비교한 다음의 사중면의 결수 변동(단위 결-부-속)표를 보면, 약 20결정도의 차이를 보인다. 이 차이는 후자가 사중면장이 동래재무서장에게 보고한 문서로 稅 납부의 實結만 조사한 데서 발생한 것이라 생각된다. 따라서 만일 免稅結을 일본인이 관할했다는 점을 감안하면 일본인이 차지한 비중이 더욱 늘어날 것이다. 이 지역에서 일본인의 토지소유가 매우 급격히 늘어나면서 한국인의 소유규모는 빠른 속도로 축소되어

급격히 진출한 모습을 보였다. 그만큼 한국인들이 토지소유에서 대거 탈락해 갔다는 것을 반영한 것이다.

지목별로 한국인과 일본인의 소유비중을 보면 전은 36 : 64, 답은 34 : 66, 대지는 54 : 46으로, 답·전·대의 차례로 일본인이 차지하는 비중이 상대적으로 높았다. 사중면 전체 면적에서 지목별 면적의 크기는 전·답·대의 순이었다. 1904년과 비교하면 전은 52%에서 64%, 답은 40%에서 66%로 일본인의 소유지가 가파르게 증가하고 있다. 대지도 46%를 소유하고 있다. 대지는 다른 지목에 비해 주거생활과 관련된 것이기 때문에 일본인 보다 조선인이 더 많이 소유하였다. 인구비중으로 견주어 보면 일본인은 거주보다 임대업을 통한 소득확대를 목적으로 대지를 확대해갔다고 할 수 있을 것이다.

부산의 시가지화 작업이 진전될수록 일본인의 소유비중이 더 급격히 증대되어 갔다.[92] 특히 초량동, 영선동에 소유한 일본인의 대지 면적이 다른 동에 비해 절대적으로 많았다. 영선동과 영계동에서는 일본인이 소유한 대지 면적이 한국인이 소유한 것보다 더 많았다. 이곳이 일본인의 주 활동무대였다고 판단된다. 반면 동삼동과 청학동은 외국인의 대지가 절대량이나 구성비에서 극히 낮았다. 이것은 일본인의 거주지가 이때부터 부산항 방향에 집중되고, 한국인은 여기서 배제되어 다른 지역으로 옮겨갔다는 것을 의미한다.[93]

갔다(단위 결-부-속).

구분	합결	응탈	진전	실결
전답결총(1904)	172-21-3	58-77-8	1-80-5	111-13-0
전	143-69-9		1-77-7	
답	28-51-4		0- 2-8	
사중면결총(1909)	92-47-3	5-32-5(신기결)	1-36-3(환기결)	99-16-1

92) 일제시기 시가지화 작업과 관련하여 일본인 대지주 중심으로 토지소유가 더욱 편중되어 가는 모습을 보이고 있는데, 이에 대해서는 하명화, 「일제하(1920~30년대 초) 도시주거문제와 주거권 확보운동」, 부산대 석사학위논문, 2000을 참조.

93) 草梁은 일본인 거주인도 많았겠지만, 한국인 면적이 2배 이상이라는 점에서 민족별 혼합구성을 잘 보여준다. 이는 일본인이 한국인을 배제시키면서 차지한 것이라는

3. 경남지역 일본인 지주제의 형성과정

1) 일제초기 경남지역 일본인 지주의 동향

일본인은 1910년 강점할 때까지 2,254명이 86,952정보를 확보했으며, 평균면적은 38.6정보였다. 상당수의 일본인이 많은 토지를 확보하여 지주로서의 위치를 확고히 다진 셈이었다. 다른 지역과의 비교 검토를 통해 경남지역 일본인 지주제의 위치를 확인해 보자. 〈표 18〉과 같이 일본인들은 전국 각지에 진출했으며, 도별 면적 비중은 전남·전북·경남·황해·충남·경기의 순이었음을 확인할 수 있다. 지목별로는 지주 경영의 핵심인 논이 절반가량이며, 도별 비중은 전북·전남·경남·황해·충남의 순이었다. 구입 토지 가운데 논의 비중은 전북이 80%로 압도적인 비중을 점했다. 반면 경남은 31%로 전체 평균 49%에도 미치지 못하였다. 경남의 일본인 지주는 다른 지역에

〈표 18〉 도별 일본인 토지소유면적과 인원(단위 : 정보, 명)

구분		경기	충북	충남	전북		전남	경북	경남		황해	합계	%
논		1,997	112	3,484	16,219	80	10,748	889	4,566	31	3,852	42,585	49
		5	0	8	38		25	2	11		9	100%	
밭		1,511	62	1,759	2,109	10	7,538	1,466	3,281	22	7,974	26,726	31
		6	0	7	8		28	5	12		30	100%	
임야원야		1,869	129	1,255	1,288	6	3,732	536	4,542	31	417	13,867	16
		13	1	9	9		27	4	33		3	100%	
기타		70	2	161	634	3	84	66	2,333	16	292	3,771	4
		2	0	4	17		2	2	62		8	100%	
계		5,450	308	6,661	20,251	100%	22,105	2,960	14,726	100%	12,537	86,952	100
		6	0	8	23		25	3	17		14	100%	
인원		182	84	370	284		381	427	353		46	2,254	
		8	4	16	13		17	19	16		2	100%	
1913 년	면적	10,758	914	9,251	22,990		33,517	3,314	19,046		22,156	130,800	
	인원	598	70	578	1,039		562	522	1,269		129	4,938	

비고 : 강원 함남 함북 평남 평북은 제외함.
자료 : 조선총독부, 『조선총독부통계연보 1910』, 1912, 183~184쪽 ; 부록 25~39쪽.
조선총독부, 『조선총독부관보』 제456호, 1914. 2. 7.

측면에서 향후 일본인이 더욱 압도적이 될 것이라는 예상을 가능하게 하는 것이다.

비해 상대적으로 수전농업의 비중이 낮았다.

일본인 대지주(〈표 21〉의 1만원 이상자)의 분포를 보면, 주로 전북·전남·경남·경기 등에 많이 분포했다. 〈표 18〉에서 지역별 인원과 면적의 상관관계를 보면, 전남·북은 대지주가 많고, 경북·경기 등은 상대적으로 규모가 적은 지주가 다수 존재한 것으로 보인다. 일본인 대지주들은 전북 군산부근과 만경강·동진강 유역, 전남 영산강 유역, 경남 낙동강 유역의 김해평야, 경기도 수원과 진위 등에 집중 분포되었다. 이곳은 대지주가 농업경영하는 데 유리한 자연환경과 경제적 입지 조건을 갖추고 있었기 때문이다. 이곳은 평야가 넓고 철로나 항구가 인접한 교통이 편리한 곳으로 쌀을 상품화하기에 유리한 지역이었다. 지가 대비 개발 가능성도 높은 지역이었다. 일본인은 강 하류지역의 경우 토질이 비옥함에도 불구하고 한국인의 개발여력이 미치지 못하여 지가가 낮고 개발의 여지가 풍부하다고 진단하였다. 일본인 투자가들은 이곳에 대규모로 토지를 확보한 다음 수리시설을 마련하는 등 거대 규모의 개발사업으로 대농장을 집중적으로 건설해 갔다.[94]

경남의 일본인 농업자는 대부분 경부선과 낙동강을 활용할 수 있는 지역에 정착했다. 울산은 다른 지역과 차이는 있지만, 태화강을 끼고 배편으로 부산항과 연결된다는 점에서 지주경영의 조건이 다른 지역과 다를 바 없었다. 그리고 이곳은 부산항을 통해 일본과 곧바로 연결되는 유리한 조건을 갖추고 있어 수전 이외의 한전, 그리고 미간지에도 활발히 투자활동을 전개하고 있었다.[95]

다음은 일본인 지주의 소유규모별 창업 연도별 변동추이를 보기로 하자.

---

94) 일본인 지주의 초기 한국 진출사정은 ① 淺田喬二, 『舊植民地 朝鮮における日本人大地主 階級の變貌過程(上)(下)』, 『農業總合硏究』 19-4, 19-6, 1965 ; 『日本帝國主義と舊植民地 地主制(增補)』, 1989, ② 조기준, 『한국자본주의성립사론』, 대왕사, 1973, ③ 이애숙, 앞 글, 『韓國史硏究』 50·51합집, 1985, ④ 이경란, 앞 글, 『學林』 12·13합집, 1991, ⑤ 최원규, 앞 글, 『동방학지』 82, 1993 등이 참고된다.

95) 경상도 지역은 루田의 비중이 높고 여기서 생산된 콩 등이 대일무역에서 높은 비중을 점했다. 宮島博史, 「朝鮮甲午改革以後の商業的農業」, 『史林』 57-6, 1974.

<표 19> 연도별 소유 면적별 경남지역 일본인 지주수

면적 (정보)	0~ 20	20~ 30	30~ 50	50~ 100	100~ 200	200~ 500	500~ 1000	1000~	합	A	B
인원합	19	11	6	9	11	7	5		68	30	38
10만원					2	2	3		7	0	7
5만원				1	3	4	1		9	0	9
1만원	5	1	4	6	5	1	1		23	6	17
5천원~	14	10	2	2	1				29	24	5
~1900년			1		2			1	4	0	4
1903	5	1	1			1			8	6	2
1904	3		1	2	1	2			9	3	6
1905	5	1	1	2	1				10	6	4
1906	1	5		1	3	4	1	2	17	6	11
1907	4	2		4		2			12	6	6
1908	1	2	2		2		1		8	3	5
합	19	11	6	9	11	7	2	3	68	30	38

비고 : A는 30정보미만, B는 30정보 이상 지주
자료 : 통감부, 『제3차 통감부통계연보(1910)』, 1911, 245~247쪽.

일본인 지주들의 시기별 진출 추이를 보면, 초기에는 경상도, 전라도, 충청도 등 삼남 지방이 중심이었으며, 1907년경에는 경기도와 황해도를 포괄한 넓은 지역으로 확대해 갔다. 특히 1908년에 설립된 동척이 한국정부가 출자한 역둔토를 관리 경영하면서 일본인이 안정적으로 전국을 활동무대로 삼을 수 있었던 것으로 보인다.[96]

일본인 지주의 연도별 변동추이를 보면 다음과 같다. <표 20>에서 1909년 현재 30정보이상 일본인 지주는 135명이었다. 이들이 지주로서 출발한 시기를 보면, 1903년 이전에 13명이 들어왔으며, 러일전쟁부터 일제가 실권을 장악한 1907년 사이에 가장 적극성을 띠며 109명이 들어왔다. 1906년에 가장 많은 34명이 진출했다. 500정보 이상을 확보한 대지주는 21명이었는데, 이때 그중 17명이 들어왔다. 상당히 짧은 기간에 대규모의 토지를 집적하였

---

96) 동양척식주식회사, 『東拓10年史』, 1918, 토지경영에서 도별 소유면적 참조.

〈표 20〉 30정보 이상 일본인 지주의 소유규모와 창업년도(단위 : 정보)

구분	1903	1904	1905	1906	1907	1908	1909	계
30~50	1	4	3	2	3	7		20
50~100	3	6	7	4	7	3		30
100~200	2	5	5	12	6		1	31
200~300	3	5	2	2				12
300~500	2	2	5	10	2			21
500~1,000	1	3	1	3	3	1		12
1,000~2,000		1	1	1	2			5
2,000~5,000	1		1					2
5,000정보 이상		1				1		2
계	13	27	25	34	23	12	1	135

다. 한국에 일찍 진출한 지주가 거대지주로 쉽게 상승해 갔음을 보여준다.[97]

다음은 전국과 경남지역을 비교하여 이 지역 일본인 지주의 특질을 살펴보자. 〈표 19〉는 1908년 경남지역의 지주 상황인데, 30정보 이상이 38명이었다. 이를 계층별로 보면, 1,000정보 이상이 3명, 500~1,000정보가 2명, 100~500정보 18명, 50~100정보 9명, 30~50정보가 6명이었다. 연도별로는 1906년 11명으로 제일 많이 진출했으며, 1904년과 1907년, 이어서 1908년의 순이었다. 〈표 20〉의 전국 동향과 별 차이가 없어 보이지만, 몇 가지 점에서 특이점을 볼 수 있다. 1903년까지 창설한 지주가 경남이 6명을 차지하여 전국의 13명과 비교하면 거의 절반에 해당하는 수준이었다. 지역적으로 가깝고, 가장 일찍 개항되어 다른 지역보다 일본인이 빨리 들어와 상공업은 물론 토지투자를 통한 농업분야에도 빨리 진출했던 것으로 보인다. 그런데 500정보 이상의 지주가 전자는 21명, 후자는 5명이라는 점에서 보면, 진출시기가 빠른 만큼 거대 지주의 수가 많은 편이 아니라는 점을 또 하나의 특질로 들 수 있을 것이다. 30정보 미만 지주는 1903년 이전에는 보이지 않다가 그 이후 해마다 평균 6명 정도가 진출했다. 일제의 이주·식민정책과 통감부

---

97) 〈표 20〉은 淺田喬二, 앞 책, 御茶の水書房, 1968, 68쪽에서 인용.

설치 등 정치적 안정성 등과 관련된 것으로 보인다.

〈표 21〉 일본인 도별 농사경영표(단위 : 圓 정보)

구분	지역	수	투자액	%	답	전	%	산림원야	기타	계	%	평균면적
1만원이상	경기	17	929,742	7	1,541	1,176	3	894	57	3668	4	216
	경남	46	2,357,115	17	3,542	2,255	7	3,888	2,330	12,014	14	261
		*15			2,196	1,703	67	1,578	2,674	7,434	62	496
	경북	7	417,910	3	651	417	1	22	1	1,091	1	156
	전남	28	1,364,145	10	4,885	3,397	10	1,582	29	9,892	11	353
	전북	31	2,198,937	16	13,611	1,257	17	1,132	19	16,019	18	517
	충남	16	621,894	5	2,002	692	3	402	95	3,191	4	199
	충북	1	70,000	1	16	26			1	42		42
	합	146	7,959,743	58	26,246	9,219	41	7,919	2,532	45,917	53	314
	전국	172	9,564,787	70	30,333	17,402	55	8,393	2,815	58,944	68	242
1만원이하	경기	165	196,594	1	457	327	1	976	14	1,784	2	10,8
	경남	307	594,384	4	1,026	1,027	2	656	4	2,712	3	8,8
	경북	420	566,484	4	240	1,051	1	542	65	1,871	2	4,5
	전남	353	1,688,894	12	5,865	4,143	12	2,151	56	12,214	14	34,6
	전북	253	403,365	3	2,609	853	4	157	615	4,234	5	17
	충남	354	388,552	3	1,484	1,068	3	853	66	3,471	4	9,8
	충북	83	36,340		97	37		130	3	267		3,2
	합	1,225	3,874,613	28	11,777	8,506	23	5,465	823	26,553	31	21,6
	전국	2,082	4,171,780	30	12,252	9,325	25	5,474	958	28,009	32	13
총계		2,254	13,736,567	100	42,585	26,727	80	13,867	3,773	86,952	100	38,6

비고 : *은 부록 〈표 3〉의 지주 중에서 동척(주) 한국흥업(주)를 제외한 통계이다.
자료 : 조선총독부, 『조선총독부관보』 제384호, 1911. 12. 7.

다음에는 경남지역 농업경영의 특질을 〈표 21〉에서 다른 도와 비교 검토하여 보자. 첫째, 투자액에서는 전남이 22%로 경남보다 1%가량 많으나, 1만 원 이상의 경우는 경남이 17%로, 전남의 10% 보다 압도적으로 높다. 또한 전체면적과 경지면적에서 전남과 경남은 25 : 17과 22 : 9로 경남은 전남보다 투자액에 비해 대단히 적었다. 단위당 토지가격·경지가격이 대단히 비싼 지역이었다.

둘째, 지목별 특징을 보면 호남의 토지 면적이 가장 넓고, 답의 비중도 대단히 높았다. 특히 전북이 높았으며, 1만 원 이상 투자 집단이 대부분을 소유했음을 알 수 있다. 전북의 대지주는 미곡수출과 관련하여 쌀농사 중심으

로 답에 집중 투자하였다. 반면 경남에서는 경지 이외의 산림·원야·기타
등의 토지가 차지하는 비중이 매우 높고, 경지에서는 田의 비중이 높은
편이었다. 다른 지역에 비해 쌀농사에는 한계가 있었다. 밭작물을 경작하는
비중이 높았다. 논 농사를 위해 수리시설 등의 투자가 더 요구된다고 할
수 있다(〈표 18〉 참조).

〈표 22〉 일본인 경영지의 자소작 비율 (투자액 1만원 이상, 단위 : 정보)

지역	자작지			소작지			소작율%
	답	전	계	답	전	계	
경기	8.6	85.3	93.9	1533.7	1,090.6	2,623.3	97
경남	143	191	333.6	3,399	2,063.6	5,462.6	94
경북	1	21.5	22.5	649.7	395.3	1,045	98
전남	29.2	106.5	135.7	4,855.3	3,290.3	8,145.6	98
전북	69.6	30.4	100	13,541	1,227	14,768	99
충남	13.3	35.3	48.6	1,988.4	656.6	2,644.9	98
충북				15.8	26.1	41.9	100
남부	264	470	734.3	25,983	8,749.5	34,731	98
전국	299	542.6	841.8	30,034	16,860	46,894	98

자료 :『조선총독부관보』제384호, 1911. 12. 7.

셋째, 대지주라고 볼 수 있는 1만 원 이상 투자집단의 비중을 보면 경남은
다른 도에 비해 수적으로나 투자액에서 많은 편이었다. 그리고 소유면적은
전북이 경남보다 4%나 더 많았다. 이것은 경남의 1만 원 이상 투자 집단의
평균 투자액이 전북에 비해 떨어진다는 것이고, 지가 수준 당 면적은 훨씬
더 적다는 것을 보여주는 것이다. 대지주는 숫자상으로는 많지만, 거대지주
는 경남보다 전북이 우세했음을 보여주었다. 경남은 경지면적에서 특히
답의 면적에서 호남보다 훨씬 적은 편이었다. 답의 비중은 전남 전북 경남의
순이었다.

넷째, 투자액과 경영종별로 살펴보면 다음과 같다. 1만 원 이상은 대지주
경영을 목표로 한 토지구입이라고 할 수 있으며, 자작지는 1.8%에 불과했
다.[98] 1만 원이하의 경우도 상층은 적지 않은 규모이기 때문에 지주경영을

주로 했을 것으로 판단된다.[99] 자작비율을 도별로 보면 경남은 〈표 22〉에서 1만 원 이상의 경우 다른 지역에 비해 비교적 자작지가 많아 6%가량 차지하였다. 〈표 21〉의 1만 원 이하에서 도별 평균이 10정보 이하인 경우를 보면, 경북 4.5정보이고 경남이 8.8정보, 충남이 9.8정보였다. 자작 경영 가능면적을 3정보로 보면, 경북이 자작 비중이 더 높다고 추정할 수 있지만, 전국적 차원에서 보면 경남도 다른 도에 비해 자작 비율이 높았을 것으로 예상된다.

부산으로 대표되는 경남지역의 농업 특질을 이곳과 비슷한 경영조건을 가진, 대표적인 쌀 수출항이면서 일본인 집단거주지이고 대지주 농업경영이 존재한 군산과 비교 검토해 보기로 하자. 먼저 〈표 23〉의 총합에서 ①과 ②시기를 비교하여 투자집단의 증감을 살펴보자. 부산지역은 1년 사이에 커다란 변동은 보이지 않지만, 10만 원 이상 투자자와 5만 원 이상 투자자 등 상층집단이 증가하는 모습을 보였다. 투자액에서는 전체적으로 증가하는 가운데 부산에는 전체 투자액의 32%로, 군산의 23%에 비해 거의 10% 가량 많은 투자가 이루어졌다. 부산지역이 투자가 가장 많이 집중된 지역이었다. 투자액에서는 부산지역이 군산지역보다 많지만 면적은 군산지역이 압도적으로 많았다. 토지 종목을 보면, 미간지에서는 부산지역이, 기간지 면적과 두 토지를 합친 면적에서는 군산이 압도적으로 넓었다. 군산지역이 농업지대로 우월한 모습을 보여주었다. 생산가액에서도 군산이 우세하였다.

---

98) 조선총독부, 「내지인 농사경영상황」, 『조선총독부관보』 제384호, 1911. 12. 7. 1910년 12월말 조사.

99) 〈표 21〉에서 전국적 상황을 보면 지역별로 차이는 있지만, 일본인 농업투자자는 대부분 지주였으며, 매년 증가해 갔다는 것을 알 수 있다. 1만 원 이상의 경우 남쪽지방의 평균소유규모는 314정보이고 경작지는 243정보이다. 전국 평균은 343정보이고 경지는 178정보이다. 모든 토지를 포함한 평균은 북쪽 지방이, 경지에 한정하면 남쪽이 우월하였다. 그리고 1만 원이하의 경우는 남쪽지방의 개인당 평균은 전체토지는 22정보이고 경지는 17정보, 전국평균은 전체 토지는 14정보이고 경지는 10정보이다. 전국 투자자 구별 없는 전체토지의 평균은 39정보이고 경지평균은 31정보였다.

〈표 23〉 부산과 군산이사청 관내 일본인 농사경영자(단위 : 圓 정보)

지역	투자액	경영자	%	기간지	%	미간지	%	계	%	생산가액	%	투자액	%
부산①	10만원이상	6	1	2,915	7	1,652	17	4,567	9	66,451	7	1,198,990	15
	5만원이상	7	1	1,149	3	785	8	1,935	4	23,386	3	392,270	5
	1만원이상	23	3	1,647	4	1,304	14	2,951	6	68,635	7	572,500	7
	5천원이상	31	4	774	2	147	2	920.6	2	29,759	3	213,434	3
	5천원이하	169	24	815	2	304	3	1,119	2	67,537	7	2,32,258	3
	합계	236	34	7,301	17	4,191	44	11,492	22	255,768	27	2,609,452	33
총합①	10만원이상	18	3	18,240	43	2,684	28	20,925	40	387,165	41	3,573,067	45
	5만원이상	22	3	6,833	16	1,861	19	8,694	17	90,343	10	1,389,386	18
	1만원이상	84	12	12,797	30	3,869	40	16,666	32	198,562	21	1,904,555	24
	5천원이상	72	10	2,437	6	393	4	2,830	5	57,146	6	496,196	6
	5천원이하	496	72	2,573	6	748	8	3,321	6	200,663	21	542,606	7
	합계	692	100	42,880	100	9,556	100	52,436	100	933,879	100	7,905,810	100
부산②	10만원이상	7	1	3,055	6	2,039	17	5,094	8	68,621	7	1,647,777	17
	5만원이상	9	1	1,681	3	648	5	2,328	4	28,988	3	518,030	5
	1만원이상	23	3	1,208	2	1,326	11	2,533	4	38,159	4	505,895	5
	5천원이상	29	4	579	1	145	1	723.5	1	22,216	2	201,139	2
	5천원이하	170	23	872	2	997	8	1,869	3	70,324	7	240,753	2
	합계	238	32	7,394	15	5,154	42	12,547	20	228,308	23	3,113,594	32
군산②	10만원이상	7	1	12,026	24	528	4	12,554	20	116,606	12	1,292,000	13
	5만원이상	6	1	2,369	5	240	2	2,609	4	35,733	4	442,749	5
	1만원이상	19	3	2,670	5	344	3	3,014	5	43,631	4	408,369	4
	5천원이상	9	1	408	1	78	1	485.6	1	9,454	1	62,800	1
	5천원이하	25	3	927	2	108	1	1,035	2	7,706	1	43,471	0
	합계	66	9	18,399	37	1,298	11	19,697	32	213,130	22	2,249,389	23
총합②	10만원이상	21	3	25,234	50	3,734	30	28,967	47	416,252	42	4,881,415	50
	5만원이상	27	4	11,011	22	3,023	25	14,034	23	131,733	13	1,810,935	19
	1만원이상	90	12	8,294	17	3,460	28	11,755	19	169,081	17	1,874,240	19
	5천원이상	67	9	1,993	4	443	4	2,436	4	48,121	5	473,143	5
	5천원이하	545	73	3,443	7	1,634	13	5,076	8	215,960	22	630,177	7
	합계	750	100	49,975	100	12,294	100	62,268	100	981,147	100	9,669,910	100

자료 : ① 통감부, 『제3차 통감부통계연보(1909)』, 1910, 245~247쪽.
　　　② 조선총독부, 『제4차 조선총독부통계연보(1910)』, 1911, 508~509쪽.
비고 : 부산은 마산을 포함한 것이다.

순수 투자이익에서 군산의 입지조건이 우월했다고 할 수 있다. 이같이 투자액이 군산보다 부산이 월등히 많음에도 불구하고 생산 총액에서는 군산과 차이가 거의 없었던 것은 다음의 점들이 작용한 것으로 판단된다. 먼저 이 지역의 지가수준이 높은 편이고, 투자지의 종류를 볼 때 부산지역에서는 미간지의 비중이 다른 지역에 비해 비중이 압도적으로 높다는 점이다. 전체면적 가운데 미간지 면적이 40여%를 차지한 반면, 군산은 11% 정도였다. 물론 경남지역도 기간지 면적이 더 넓었지만 미간지의 비중이 매우 높은 편이었다. 미간지 투자를 주도한 계층은 5만 원 이상의 대투자가들이었다. 일제초기 이 지역은 투자 이윤율이 높은 지역이 아니었음에도 불구하고, 투자의 안정성과 개발 가능성이 고려되어 집중적 투자로 대규모 농지개발 사업이 시행되었다.

경남지역 지주는 주로 부산·동래·김해·진영·양산·삼랑진·밀양·영산·언양 그 중에서도 특히 부산·김해·밀양에 몰려 거주했다(부록의 〈표 1〉 참조). 부산을 출발하여 낙동강 연변 평야지역을 주 투자대상으로 삼았다. 다른 지역과 마찬가지로 미곡무역과 관련하여 수전 위주의 쌀농사를 주로 했다. 이곳은 미곡수출항 부산의 배후지역이라는 점에서도 쌀농사가 더 유리했지만, 다른 지역과 농업 종별에서 약간 차이가 있었다.

경남지역의 농업환경은 다음과 같은 특질이 있다. 부산은 일본 거류지에서 출발하여 일본인이 집단적으로 많이 거주한다는 점, 기후조건이 온화하다는 점, 전의 비중이 높다는 점 등의 요인이 작용하여, 보통농사 이외에 이들을 겨냥한 도시근교농업으로 채소 과일농사 등이 발달했다. 도시근교농업은 일본인 지주보다는 일본인 자작농이 주도했으리라 판단된다. 일본인 자작농은 잡화상을 겸하거나 전업으로 과수 등 특용작물을 재배하는 경우도 적지 않았다. 지역적으로는 삼랑진 일대가 대표적이었다. 1908년경 삼랑진에는 150호가 거주했으며 이중 60여 호가 영농인구였다. 〈표 24〉와 같이 특용작물을 재배하여 마산·진해·부산 등에 고가로 내다 팔았다. 특히 이 지역 연초는 유명했다.[100] 김해지역에서는 사가현(佐賀縣)인으로 草場 瑞穗園主가 과수,

---

100) 삼랑진지회, 「三浪津の農業」, 『韓國中央農會報』 2-3, 1908, 48~49쪽. 농민들은 연초경 작조합을 결성하여 株金을 모집하고 은행에서 자금을 빌려 경작자에 편의를 제공했 다(大橋淸三郞, 앞 책, 1915, 863쪽).

〈표 24〉 삼랑진 지역 일본인들의 농업경영

종류	연초	땅콩	과수	午蒡 胡瓜	무우	순무 감자	가지	繭精 묘목
경작자	土屋	庄野	林田	龜田	大崎	岩坂	高木	韓國興業
종류	파	양파	인삼	山芋	수박	양배추	麻杞柳	종류합
경작자	野中	久保田	朝香	伊藤	岡本	八杉	太田	18종

자료 : 삼랑진지회, 「삼랑진의 농업」, 『韓國中央農會報』2~3, 1908.

특히 사과를 재배하기에 좋은 지역이라 판단하고 시험 재배를 하기도 하였
다.[101]

　부산이사청 관내에는 상업적 농업과 관련한 기구가 다른 개항장 지역
보다 먼저 조직되고 활성화되었다. 부산은 한국 제일의 쌀 무역항이었으며,
이를 주도적으로 담당할 곡물상과 시장이 준비되어 있었다. 부산의 곡물상은
대체로 일본인이었다. 개인 곡물상의 실상은 잘 알 수 없지만, 수출 미곡상들
은 주식회사나 조합을 결성하는 경우가 일반적이었다.[102] 부산곡물수출조합
·부산항곡물상조합(조장 : 大池)·곡물수출조합·곡물조합·부산곡물상조합
·부산곡물수출상조합(조장 : 迫間)·부산우피수출상조합(조장 : 迫間)·부산
곡물시장 등의 조합과 부산 식료품을 거래하는 부산식량품(주)과 부산식료
품시장(주) 등이 그들이다.[103] 이것은 거래의 활성화를 목표로 하는 동시에,
시장에서 자본의 독점적 이익을 도모하는 자본운동의 표현이기도 했다.
이 결과 한국농촌→ 한국상인→ 일본상인→ 부산항내 조합이나 회사→ 일본

---

101) 諸富牛三, 「金海農況」, 『韓國中央農會』2-5, 1908, 21~22쪽. 이 지역에서 과수재배는
　　林田藤吉이 최초로 시작했으며, 점차 성행하여 조합을 조직했다. 삼랑진 묘목업조합
　　은 처음에는 과수업자와 함께 삼랑진 묘목업과수재배조합을 조직했다가 1913년
　　해산하고 새로 조직했다. 한·일본인 40명이 묘포면적 30정보로 조직했다(大橋淸三
　　郞, 앞 책, 1915, 405~412쪽). 낙동과수원동업조합은 구포 부근에 있다. 일본인
　　이주는 1904년에 시작되었으며 1912년에 이 조합을 조직했다. 조합구역은 대저
　　가락 2개 면이다(636~644쪽).
102) 부산에는 미곡취인소가 설립되어 선물거래가 이루어졌다. 김민화, 「1930년대 부산
　　미곡취인소의 설립과 활동」, 『지역과 역사』42, 2018 참조.
103) 통감부, 『제3차 통감부통계연보(1909)』, 1910, 297~301쪽 ; 통감부 농상공무부 농림
　　과, 『조선에서 농업의 경영』, 1907, 90쪽.

항이라는 미곡유통구조가 형성되었다. 이는 서울중심의 단일 미곡유통권이 었던 전과 달리 일본 수출을 목표로 한 부산항 중심의 시장권이 형성되면서 국내 유통권이 이분화, 나아가 군산·목포 등 수출항 중심으로 상권이 다양화 되어 갔다는 것을 의미하였다.[104]

미곡 유통구조가 활성화되면서 금융기관도 이를 배경으로 속속 설립되었 다. 부산 개항 직후 1878년에는 제일은행 부산지점과 58은행, 1897년에는 18은행 부산지점, 1909년에는 130은행 부산지점, 그리고 야마구치현 소재의 지방은행인 周防은행 부산지점이 1908년에 설립되었다. 현지에 설립된 금융 기관으로 밀양에는 밀양은행, 김해에는 일한공동주식회사와 積小社, 부산에 는 구포은행, 유한회사인 부산신용조합이 각각 설립되었다. 이들은 대부분 상품유통과 관련된 금융활동에 종사했다.[105] 부동산 담보금융은 거류지에서 는 부동산등기제도가 시행되어 별 문제가 없었지만, 그 밖의 지역에서는 부동산 거래의 안정성이 확보되지 않아 활성화되지는 않았다. 당시 부동산거 래는 투기적 성격을 갖기 때문에 부동산 대부는 공 금융기관보다는 사 금융기구에서 담당한 것으로 보인다. 부산 배후지역인 경남지방은 금융부분 의 측면에서 농업경영에 매우 유리한 조건을 갖춘 셈이었다.[106]

---

104) 개항 후 무역은 다음 글이 참고된다. ① 姜德相,「李氏朝鮮開港直後朝日貿易の展開」, 『歷史學研究』 265, 1962, ② 한우근, 『한국개항기의 상업연구』, 일조각, 1970, ③ 吉野誠,「朝鮮開國後の穀物輸出について」, 『朝鮮史研究會論文集』 12, 1975, ④ 이영호, 「제물포 개항장에서의 상권경쟁」, 『개항도시 제물포』, 민속원, 2017, 312~343쪽.
105) 대구 경상농공은행 지점이 진주 초량, 마산, 통영에 설립되고, 각 지방에 지방금융조 합이 설립되어 농업금융을 담당했다. 이 시기 일본 금융기관은 高嶋雅明, 『朝鮮におけ る植民地金融史の研究』, 1978이 참고된다.
106) 統監府, 『統監府統計年報(제1차, 제2차, 제3차)』(1907. 1908. 1909.)의 회사조합 항목. 조선총독부 경상남도, 「은행과 금융」, 『경남도세요람』, 1914.

2) 부산이사청 관내 일본인 지주의 동향

〈표 25〉 부산이사청 관내 일본인 지주의 연도별 투자상황(단위 : 圓, 정보)

창업년	기간지	미간지	총면적	평균면적	총투자액	평균액	인원
1893	6.3	39.3	45.6	45.6	15,250	15,250	1
1894	123.2	204.6	327.8	163.9	390,100	195,050	2
1899	40.2	681.3	721.5	721.5	44,550	44,550	1
1900	13.8	0	13.8	13.8	8,257	8,257	1
1901	1.4	3.3	4.7	4.7	7,000	7,000	1
1902	337.4	32.6	370	123.3	219,410	73,137	3
1903	35.1	34.8	69.9	23.3	23,618	7,873	3
1904	604.3	248.5	852.8	94.8	274,237	30,471	9
1905	387.6	39	426.6	42.7	92,688	9,269	10
1906	3,812.6	2,449.7	6,262.3	368.4	1,250,778	73,575	17
1907	457.4	145.5	602.9	50.2	314,911	26,243	12
1908	702.7	278	980.7	122.6	232,040	29,005	8

자료 : 統監府,『제3차 統監府 統計年報1909』, 1910. 510~521쪽. 〈표 26〉도 동일

〈표 26〉 부산이사청 관내 일본인 투자자의 연도별 투자규모별 수

구분	1893	1894	1899	1900	1901	1902	1903	1904	1905	1906	1907	1908	계
10만원이상		2				1		1		2		1	7
5만원이상								1		5	3		9
1만원이상	1		1			1	1	7	2	3	4	3	23
5천이상				1	1	1	2		8	7	5	4	29
계	1	2	1	1	1	3	3	9	10	17	12	8	68

경남지역은 순수 농업환경에서는 호남지역에 뒤지지만, 교통 등 주변 여건이 우월하여 대일 무역에서 중심적 역할을 했다. 이 지역 일본인 지주제도 쌀 무역의 성장에 호응하여 크게 발전해 갔다. 일본인 농사경영자도 다른 곳보다 일찍 진출하는 모습을 보였다.[107] 부산이사청 관내 지주들의 연도별 동향을 보면, 청일전쟁 직전 1893년부터 한국에 진출하여 농업경영을

---

107) 〈표 25〉과 〈표 26〉은 통감부,『제3차 통감부 통계연보』, 1909, 510~521쪽. 〈표 27〉은 조선총독부 경상남도,『경남도세요람』, 1913에서 작성한 것이다. 양자가 차이가 나는 것은 조사주체와 기준에서 차이가 있기 때문이라고 생각된다. 정확한 실태를 알기 어렵지만, 추이를 보는 데는 무리가 없을 것이다.

시작하였다. 후쿠다 소베(福田增兵衛), 다케시타(竹下) 농장 등이 그들로 보인다.[108] 곧이어 하자마 농장이 1894년에 개설되고, 1890년대 후반 부산의 일부 지주들이 농장을 개설했다. 〈표 27〉에서 보듯, 1902~03년에 7명이 각각 농장을 창립했다. 오이케 농장도 1902년에 개설되었다.

〈표 27〉 1913년도 경남지역 농업자 통계(단위 : 圓, 정보)

창립년도	명수	1인당		총		1년 생산액	자작면적		소작면적		합	자작%		소작%	
		면적	투자액	투자액	면적		답	전	답	전	면적	답	전	답	전
1893~99	7	160	37,478	262,346	1,120	15,747	1.3	2.2	201	236	440	0.3	0.5	46	53
1902~03	7	213	48,781	341,464	1,490	45,350	0	2	231	198	431	0.0	0.5	54	46
1904~05	8	499	106,876	855,008	3,995	97,368	5	14	720	873	1612	0.3	0.9	45	54
1906	13	267	27,777	361,098	3,473	114,329	6	48	837	967	1858	0.3	2.6	45	52
1907	4	130	39,750	159,000	520	40,802	0	2	336	158	496	0.0	0.4	68	32
1908	4	50.2	25,000	100,000	201	36,000	0	7	70	53	130	0.0	5.4	54	41
1909	4	83.2	50,050	200,200	333	24,050	0.1	1.4	159	24	184				
1910	6	125	46,166	276,998	750	69,032	5	13	630	71	719	0.7	1.8	88	10

자료 : 부록의 〈표 3〉과 같은데, 투자액 5,000원 이상의 경우이다.
비고 : 동척은 투자액이 1,909원이고 면적은 7,032정보 자작 답4,329정보 전1,820정보 소작면적 답6,149정보였다(검토).

일본인의 '도한'은 한국을 직접적인 농업경영의 대상으로 결정하고 이민법을 개정하면서 본격화되었으며, 러일전쟁이 더욱 부추겼다. 당시 대표적인 지주는 무라시타(村下) 농장, 오이케 츄스케, 한국흥업(주) 등이다.[109] 〈표 30〉에 예시한 회사·조합 지주는 한국흥업(주)과 무라이 농장의 창립을 기점으로 농장을 개설하고 확대 발전시켜 간 것으로 보인다.

또 한 차례의 기점은 일제가 1905년 을사조약을 강제로 체결하여 독점적 지배권을 확립한 일이었다. 정치정세가 안정화되면서 투자의 안정성이 확보되자 일본인 지주들이 대거 들어온 것이다. 총 투자액과 지주의 수에서

---

108) 부록의 〈표 3〉의 33번 福田增兵衛와, 이름을 알 수 없는 동래부 김해군내에 45.6정보를 소유한 지주가 1893년 6월에 이곳에 진출한 바 있었다(조선총독부,『제4차 조선총독부통계연보(1910)』, 1911, 513쪽).

109) 부록 〈표 3〉 참조.

1906년 최고의 정점을 맞이했다. 1904년과 1907년도에 그 다음으로 집중적으로 '도한'하였다(〈표 25〉). 10만 원 이상 투자한 대지주는 〈표 26〉에서 1894년에 2명, 1906년에 2명이 창업한 것이 확인되었다. 그런데 이들은 투자 동향에서 차이가 있었다. 청일전쟁 무렵 창업한 지주는 지속적으로 투자를 확대한 결과인데 반해, 러일전쟁 무렵 창업한 지주는 일제가 한국의 국가권력을 장악한 안정기에 진출하여 일시에 집중적인 투자로 토지를 대량 확보한 것으로 보인다.(〈표 26〉·〈표 27〉) 1904년 이후 수적으로 가장 많은 증가율을 보인 층은 5천~1만 원 계층이고, 다음은 1~5만 원 계층이었다. 도한정책의 효과가 나타나 중소지주가 대거 한국에 진출한 것으로 볼 수 있다. 이 시기는 토지를 매수하는 데 전력을 다하며 추후 경영을 준비하는 단계라 할 수 있다.110)

일본인 농사경영자들의 지역별 분포와 진출시기를 비교해 보면, 부산지역에 거주하는 자들이 제일 먼저 한국에 들어와 투자를 주도했다. 투자는 1910년까지 지속적으로 이루어졌으며, 수적으로도 다수를 점했다. 다음으로 많이 진출한 지역은 부산에 인접한 밀양과 김해지역이었다. 1905년 이후 마산은 물론 진주·사천·하동·함안, 나아가 경남 전지역으로 확산되는 모습을 보였다.111) 그러나 초기에 진출한 부산과 인접지역의 일본인 지주들이 다른 지역에 비해 계속 우월적 지위를 유지하였다.

---

110) 경영자 조사에서 "1906년 부산이사청관내 농업자는 총 112명이었다. 자본금 5천원 이하의 보통 영농자가 다수였으며, 5천원 이상의 대지주적 영농자가 그 다음인데 투자자는 15명이다. 그리고 자작 겸 소작농은 대단히 적었다"고 하듯 이 시기는 투자의 시기였다. 통감부, 「韓國における日本人農林業經營者調(1)(2)」, 『韓國中央農會報』 4, 1907, 21~25쪽.

111) 지역별 일본인농사경영자의 창립년도(자료 : 부록의 〈표 3〉)

지역	지주	창립년도	지역	지주	창립년도	지역	지주	창립년도	지역	지주	창립년도
부산	23	1893~1910	밀양	10	1903~1910	사천	1	1910	하동	4	1906~8
김해	8	1904~1909	마산	6	1906~1910	진주	1	1907	함안	1	미상

부산지역 일본인 지주들의 출신지는 일본 내 21곳으로 다양한 분포를 보였다. 그중 개인지주들은 규슈 등 부산에 가까운 지역 출신이 주류를 이루었다. 지리적 근접성과 농업경영의 유사성에서 기인한 것으로 생각된다. 반면 자본이 우월한 회사형태의 지주들은 인접지역이라는 한계를 벗어나 도쿄·교토 등에 본사를 둔 경우가 많았다. 한국내 투자는 일본에서의 자본형태가 그대로 한국에 이전되는 방식으로 진행되었다. 투기적 자본인 전자가 이를 선도했으며, 후자가 뒷받침해주는 구조였다.[112)

〈표 28〉과 〈표 29〉는 1907년 부산이사청 관내 일본인 농업자중 자본금 500원 이상 면적 1정보이상을 가진 자 87명을 조사한 것이다. 이들은 지주 44+13+14=71%, 자작 24+6=30%로 구성되었다. 자작의 비중이 매우 높은 편이다. 면적별 비중을 보면 사정이 달랐다. 일본인의 총소유면적이 8898.6 정보이고 이중 자작면적은 총4166.7정보로 전체의 46.8%를 차지하였다. 자작면적의 비중이 매우 높은 것으로 보이지만 그중 3,611.5정보(86.7%)가 개간지이다. 이를 뺀 순수 자작지는 13.3% 정도이다. 자작지의 비중이 과대 평가되었지만, 경남지역은 자작농과 자작면적이 다른 지역에 보다 많은 편이었다. 자본금으로 보면 순수 지주가 72.5%를 차지하고 개간지주가 14.9%인데, 면적비로 보면 전자가 35.3%이고 개간지주가 56.3%를 차지하여

112) 일본인 농사경영자 출신지와 투자액 규모(단위 : 圓)

순서	원적	자본금	인원	1인당투자액	순서	원적	자본금	인원	1인당투자액
1	京都	155,000	1	155,000	12	熊本	67,300	4	16,825
2	大分	1300	1	1,300	13	奈良	48,320	4	12,080
3	新潟	570	1	570	14	大阪	8,400	4	2,100
4	愛媛	15,000	1	15,000	15	長崎	480,150	5	96,030
5	佐賀	8,500	1	8,500	16	和歌山	434,000	5	86,800
6	千葉	700	1	700	17	岡山	90,060	8	11,258
7	香川	900	1	900	18	山口	71,000	10	7,100
8	高知	6,700	2	3,350	19	東京	133,800	11	12,164
9	廣島	55,900	2	27,950	20	福岡	33,580	11	3,053
10	島根	8,000	2	4,000	21	兵庫	118,250	12	9,854
11	福島	7,300	3	2,433	합계		1,744,730	90	19,386

〈표 28〉 부산이사청 관내 일본인의 농업경영 유형별 비교(단위 : 圓 정보)

경영형태	인원	%	자본금	%	자작면적	%	소작면적				합		%	
							일본인	%	한국인	%	자소작	소작	소작	자소작
지주	38	44	1265050	72.5	73.5	1.8	123	88.9	2949.1	64.2	3145.6	3072.1	64.9	35.3
①지주급개간	4	5	77000	4.4	567	13.6	9.3	6.7	187.3	4.1	763.6	196.6	4.2	8.6
②개간급지주	7	8	183000	10.5	3044.5	73.1	1	0.7	310.5	6.8	3356	311.5	6.6	37.7
①+②	11	13	260000	14.9	3611.5	86.7	10.3	7.4	497.8	10.8	4119.6	508.1	10.7	46.3
③자작급지주	6	7	14300	0.8	13.5	0.3	5	3.6	89	1.9	107.5	94	2.0	1.2
④지주급자작	6	7	155500	8.9	79.5	1.9			1057.7	23.0	1137.2	1057.7	22.4	12.8
③+④	12	14	169800	9.7	93	2.2	5	3.6	1146.7	25.0	1244.7	1151.7	24.3	14.0
자작	21	24	34180	2.0	213.7	5.1					213.7			2.4
과수재배	5	6	15700	0.9	175	4.2					175			2.0
종합	87	100	1744730	100	4166.7	100	138.3	100	4593.6	100	8898.6	4731.9	100	100

전체의 71%를 이들이 차지하였다. 경남지역의 특징은 개간지의 비중이 높다는 점이다. 그중 무라이가 압도적 비중을 차지하는 가운데 개간에 종사하는 자가 11명이나 되었다. 그리고 과수재배자나 삼림경영자도 적지 않았다.

1907년은 하자마 후사타로, 오이케 츄스케, 무라이 기치베, 한국흥업, 도요타 후쿠타로, 유아사 본페이 순이었다. 1910년은 투자액으로 보면, 동척이 제1위이고 다음이 무라이, 김해와 마산에 투자한 구스다 이쿠타로, 하자마, 오이케, 후쿠다 등의 순이었다. 다른 지역은 마쓰시타 데이지로, 김해의 조선기업의 순이다. 부산지역의 지주들이 압도적 다수이고 김해, 밀양의 순이다. 보통농사가 일반적이지만, 대지주는 산림과 과수 등의 비중도 높았다. 밀양지역의 지주는 대부분 연초와 묘목, 과수 등을 동시에 재배하고 있었다.(부록의 〈표 3〉) 소작농은 일본인과 한국인으로 구성되어 있었다. 전체 소작면적 4731.9정보 가운데 한국인이 4593.6정보 97%를 경작하고 일본인은 3%인 138.3정보를 경작하였다. 일본인 소작농은 일본인 지주들이 일본식 농법의 모범을 보이고 전수할 목적아래 이주시킨 것이다.

전술한 바와 같이, 경남의 일본인 지주들은 미간지를 대거 확보하여 개간하는 토지경영 방식이 다른 지역에 비해 비중이 높았다(〈표 25〉).[113] 개간은 지주가 주도했기 때문에 외형은 지주자작으로 보이는 것이 일반적이지만,

자기 자본만으로 개간하는 것이 아니라 소작농민들의 노동력이나 자금을 동원하는 일도 종종 있었다. 이러한 개간방식으로 이루어진 경지에서는 일반적으로 지대가 낮은 편이었다.[114] 부록의 〈표 1〉에 보이는 이 지역 일본인 농업자 총 54명의 경영 종별을 보면, 순지주 49명, 지주 겸 자작 12명, 순자작 26명이었다.[115]

〈표 28〉에서는 일본인의 자작 비중이 낮게 통계 처리되었지만, 경남지역은 자작의 비중이 높은 편이었다. 지역별로 보면 부산은 순 지주가, 김해와 밀양은 지주겸 자작을 하는 지주가 비중이 높았던 것으로 보인다. 반면 밀양군 상남면과 김해군 대상면은 자작농이 많이 분포했다. 이들은 농업경영 에서 차이를 보였다. 순 지주는 보통 농사를 주로 했지만, 밭을 활용하여 과수·채소 등을 경작하기도 했다(부록의 〈표 1〉,〈표 3〉). 또한 50정보 미만을 소유한 지주 또는 자작 겸 지주 가운데 밀양군 하동면과 부내면의 5명은 답이 없이 전만 소유했으며, 이들은 보통농사 보다는 과수·묘목이나 연초 등을 재배하는 것을 목적으로 했다(부록 〈표 3〉). 당시 경남은 전의 비중이 높았으며, 일본인 지주들도 전을 적지 않게 소유하였다. 1900년을 전후한 초기 투자자들은 전에 투자를 많이 한 반면, 1906년 이후 투자자는 그 비중이 적었다(〈표 27〉).

다음은 일본인 농업자들의 투자양식과 경영 내용을 보기로 하자. 일본인들

---

113) 〈표 28〉에서도 90명 지주 가운데 13명이 당시 개간사업을 진행하고 있었다.

114) 조선에서는 개간할 때 농민의 노력이 투입되었을 경우 농민에게 경작권을 인정해 주는 게 일반적인 관습이었다. 일본제국은 이를 인정해 주지 않고 점진적으로 소멸시켜갔다(최원규, 「한말 일제초기 일제의 토지권 인식과 그 정리방향」, 『한국 근현대의 민족문제와 신국가건설』, 지식산업사, 1997). 이 문제로 진영의 迫間농장에 서 소작쟁의가 발생하는 한 원인이 됐다. 淺田喬二, 「迫間農場爭議の展開過程」, 『日本帝 國主義下の民族解放運動』, 1973과 본서 제2장 3부 글 참조.

115) 지주이면서도 경작하지 않는 경우도 있었는데, 村井의 함안농장과 부산거류민단의 경우가 그것이다(부록의 〈표 3〉). 사사노 진시로(笹野甚四郞, 1853~1928)는 시즈오카 현 출신의 일본인 자산가로 통조림 정미사업을 하는 육해군의 어용상인으로 사세보 진해만 등에 지점과 제조소를 설치하고, 농업은 부업으로 한 것으로 보인다.

의 토지투자는 거점 지역을 정한 다음 그 지역을 중심으로 집중 매입하는 것이 일반적이었다. 대지주는 소지주 보다 더 넓은 지역을 투자범위로 삼았다. 동척이나 한국흥업이 대표적이지만, 하자마나 오이케 같은 대지주도 道를 넘을 정도로 상당히 넓은 지역에 투자하였다. 1910년경 오이케는 호남을 포함한 4개도, 하자마는 3개도에 걸쳐 토지를 확보했다(부록 〈표 2〉).

토지투자는 기본적으로 지주가 자본 규모와 경영능력을 고려하여 결정한 일이었지만, 투자의 안정성과 관련이 있다고 생각된다. 한국진출 초기에는 토지거래의 불안성 때문에 자신의 힘이 미치는 범위 내로 투자지역을 제한했지만, 토지가옥증명규칙 등으로 이 문제가 점차 해소되면서 일본인 지주들은 군은 물론 도를 넘어 투자를 확대해 갔다.[116] 투자방식도 대지주는 단기적 투자가 아니라 계획을 세워 몇 년을 두고 계속 투자를 늘려간 반면, 그 이하 계층은 자금 사정 때문에 진출 당시의 투자지역에 제한된 채 농업경영을 하는 경우가 많았다. 100정보 이상의 대지주는 주로 부산과 김해에 거주했다. 밀양지역에도 대지주가 있었지만, 대부분 100정보 이하의 지주였다. 부산·김해·밀양 이외의 지역에 거주하는 지주는 진주의 한국권업(주), 영산의 개성사 등 극소수였다. 타도 지주로는 金川의 야마이 간고로(山井勘五郞)가 김해에 집중적으로 토지를 소유하고 있었다.

6년의 시차가 나는 부록의 〈표 1〉과 〈표 3〉을 비교해 보면, 한국기업과 하야시다 모리카쓰(林田守勝) 등과 같은 지주는 〈표 1〉에는 존재하다가 〈표 3〉에서는 나타나지 않은 반면, 구스다(楠田) 농장과 같은 지주는 1910년 이후 새로 등장한 지주였다. 그리고 부록 〈표 2〉의 김해의 다케시타(竹下)농장은 투자를 계속한 결과 100정보 지주로 성장하여 자료에 나타난 것으로 판단된다. 짧은 시기에 성장과 정체, 몰락 등의 변화가 보인다는 점에서 판단해보면, 1910년 이전에는 높은 이익이 있다고 선전되었지만 경남지역은

---

116) 부록 〈표 2〉의 대지주에서 그 예를 볼 수 있는데, 이 사정에 대해서는 최원규, 앞 글, 『동방학지』 94, 1996 참조.

투자의 안정성이 체제적으로 보장되지는 않았던 것으로 보인다. 투자 아닌 투기가 갖는 불안성이 해소되지 않은 것으로 판단된다. 그 중에서도 회사형태의 지주는 비교적 안정된 투자경향을 보여주었다. 주식회사의 경우 동척만 새로 등장하였고 이미 진출한 회사는 탈락하거나 새로 진출한 경우는 거의 없는 것으로 보인다(〈표 30〉).

〈표 29〉에서 부산의 농업자와 다른 지역의 농업자는 여러 점에서 차이가 있었다. 여기서 확인된 지역별 농업투자가들의 특징은 다음과 같다. 첫째, 부산지역 지주는 김해의 무라이 농장과 같은 특수한 경우를 제외하고는 투자액과 규모에서 다른 지역 지주에 비해 더 컸다. 이들은 주로 김해와 동래 지역에 토지를 확보하고 크기에 관계없이 대체로 지주경영을 하고

〈표 29〉 부산이사청 관내 일본인 농사자의 지역별 상황(단위 : 圓, 정보)

군명	면명	자본금	%	자작면적	일본인 소작	한국인 소작	인원	%
부산	부산	997,450	57	247	113	1,598	20	23
구포	구포	46,800	3	8	0	253	4	5
김해	김해	100,500	6	0	0	391	3	3
	대상	30,350	2	47	3	166	19	22
	덕도	10,000	1	0	0	130	2	2
	진영	158,000	9	2,502	0	207	3	3
	합	298,850	17	2,549	3	893	27	31
밀양	밀양	114,030	7	27	7	153	10	11
	삼랑진	129,900	7	233	5	998	16	18
	상남	500	0	3	0	0	1	1
	수산	3,000	0.2	20	0	0	1	1
	합	247,430	14	283	12	1,151	28	32
양산	물금	17,000	1	50	9	137	2	2
	양산	50,000	3	0	0	400	1	1
	원동	5,000	0.3	15	0	0	1	1
	합	72,000	4	65	9	537	4	5
언양	합	20,000	1	500	0	100	1	1
영산	합	55,000	3	516	0	41	2	2
김천	합	7,200	0.4	0	0	22	1	1
총계		1,744,730	100	4,167	137	4,594	87	100

비고 : 공동경영은 1명으로 계산함.

<표 30> 일본인 회사 조합

	회사명	소재지	일본	창업일	조직		회사명	소재지	일본	창업일	조직
1	山陰道産業(주)	부산		1907	주식	11	上山商行	부산진		1908	합명
2	韓國拓植(주)	삼랑진	東京	1908	주식	12	村井農場	진영		1905	합자
3	韓國企業(주)출장소	김해	岡山	1907	주식	13	興農會	김해		1907	합자
4	金山農産(주)	부산		1905	주식	14	佐倉田農場	언양		1906	합자
5	한국흥업(주)출장소	양산	和歌山	1908	주식	15	金海殖産合資會社	김해		1908	합자
6	한국흥업(주)출장소	삼랑진	東京	1905	주식	16	興農會土佐農場	김해	德島	1907	조합
7	한국산업(주)	부산		1907	주식	17	韓國水田買受組合	김해	東京	1905	조합
8	한국흥업(주)	물금		1906	주식	18	栗竹農事組合	김해		1905	조합
9	한국농사(주)	구포		1907	주식	19	日韓農事組合	구포		1906	조합
10	日韓林業(주)출장소	부산	神戸	1907	주식	20	韓國農業獎勵組合	밀양	岡山	1908	조합

자료 : 통감부, 『제3차 통감부통계연보(1909)』, 1910, 297~300쪽.

있었다. 이 점은 이들이 전업 농가라기보다 상업이나 공업 혹은 대금업 등을 하고 있다는 것을 일면 짐작하게 해 준다. 둘째, 김해·밀양은 전북과 달리 개간형 지주가 적지 않게 존재했으며, 부산거주 지주는 주로 기간지에 투자했다. 이들은 주로 다른 직종을 겸업하는 지주였기 때문에 개간을 목적으로 토지를 확보하는 경우는 드물었을 것으로 판단된다. 지주경영은 투자의 다각화라는 측면에서 시도한 것이라 생각된다. 셋째, 자작농의 비중이 다른 지역보다 높았다. 이들 자작농은 과수와 채소·연초 같은 상업적 작물을 재배하는 자가 상당수였다. 지주들도 배후도시인 부산과 대구를 겨냥하여 이러한 경영을 겸하기도 했다.117) 넷째, 자작을 주로 하는 농업자는 김해와 밀양 지역에 거주하는 투자액 2000원 이하의 농업자였다(부록의 <표 1>). 부산이사청 관내 지주들의 거주지와 투자지역을 보면, 부산·구포·김해 밀양· 양산·영산 등 낙동강 유역과, 언양·금산에 분포했다. 그 중에서도 낙동강

---

117) <표 28>에서도 4명의 일본인이 과수재배를 하고 있었다. 지주외에 "自作 또는 小作農 業者는 밀양군 상남면과 김해군 大上面 大下面의 2개소에 7, 8호 각자 5, 6백 원 내외의 자본으로 토지를 매수하고, 또는 소작하고 보통작 혹은 연초작을 했다. 가장 다수를 점하는 것은 대개 20~30정보 내외의 起耕地를 매수하여 한국인 소작제도 를 하고 중산 농사경영자였다"고 보고하고 있다. 통감부, 「韓國における日本人農林業經 營者調(1)」, 『韓國中央農會報』 4, 1907, 21~22쪽.

하류지대인 부산·김해 지역에 약 80%가량 집중되었다. 부산과 구포에 거주한 지주들이 주로 투자한 지역은 김해지역이었다. 특히 김해군 김해·대상·덕도에 집중 투자를 했다. 진영은 무라이 농장 1개뿐이지만 소유면적이 대단히 넓어 전체 면적에서 차지하는 비중이 매우 높았다. 모두 낙동강연안 지역이며, 개간지의 비중이 높은 특징을 보이고 있다.

다음 밀집지역은 밀양군·양산군이었다. 밀양군에서는 밀양읍과 삼랑진이 집중률이 높았다. 양산군에서는 물금·양산·원동이 주 투자지역이었다. 이곳은 낙동강 유역의 평야지대이며 교통의 중심지로 농업환경이 적당하여 일본인이 집중 투자한 것으로 판단되나, 부산과 진영에 비해 상대적으로 개인당 투자액과 투자면적은 적었다. 영산·금산은 이들 지역과 입지조건은 비슷한 편이나 투자자의 수는 적은 편이었다.

일본인 농업자의 자본구성은 진출 초기부터 다양했다. 개인 혼자만이 아니라 자본결합을 통한 진출도 시도했다. 경남지역 농업자의 자본형태는 개인 58, 조합 1, 회사 9의 구성을 보였다. 개인지주가 압도적이었지만, 주식회사·합명회사·합자회사 등 법인적 성격의 기업도 적지 않았다. 〈표 30〉에서 보듯, 회사·조합도 1905년 무렵부터 투자를 개시한 것으로 보인다. 이들은 한국법이 아니라 일본법에 근거하여 설립된 법인체였다.

회사는 일본 내에 본사를 두고 한국 각지에 출장소를 두고 농업경영을 하는 회사, 그리고 한국 내에 본사를 두고 경영을 하는 회사 등 두 형태가 있었다. 이들은 한국흥업처럼 시부사와(澁澤)재벌이라는 대자본가가 설립한 경우도 있으나 일본 내 각 지역의 자본가 지주들이 자본결합을 통해 진출한 경우도 있었다. 이들 회사는 농업경영만이 아니라 식림·금융대부 등 농업관계 전반에 투자했다.

또 하나는 조합 형태이다. 조합도 자본주의의 산물이기 때문에 최종적으로는 자본력이 우세한 측의 의견에 따라 방침이 결정되는 것이 일반적이었지만, 회사 조직보다는 원칙적으로 일정한 목적아래 조합원간의 평등을 전제로 조직된 인적 결합체이다. 조합은 행정관청의 정책적 판단과 지원아래 일본 각 지역 내 중소자본가들의 자본결합으로 설립된 경우가 많았다. 이 밖에 경남지역에는 특수하게 종교교단이 지주경영을 하는 경우118)와 과수원을 경영하는 경우가 있었다.119)

일본인 지주들은 일본에서의 형태 그대로 자본을 한국으로 이전하였지만, 투자규모는 달랐다. 투자액과 인원에서 개인지주가 압도적이고 회사자본이 투자에서 오히려 소극적이었다. 개인지주는 10만 원 이상의 투자액이 그 이하 투자액을 모두 합한 것보다 많았다. 회사의 경우는 5만 원 이상의 비중이 제일 컸다. 자본구성에서 회사자본보다 개별 자본이 투기적 성격이 더 강하여 활발하게 지주제를 준비해 간 것으로 보인다. 한국 내 일본인 지주경영의 불안성을 보여주는 것이라 할 수 있다. 회사자본은 경남지역에 대하여 지주경영에 적극적으로 투자할 정도로 매력적인 것으로 보지는 않았던 것으로 판단된다.

또 하나 지적할 점은 부산이사청 관내 농업경영자 90명 가운데 19명이 관리자를 별도로 두고 농장을 경영하고 있다는 점이다. 기업형 지주·조합형 지주는 물론,120) 일부 개인지주도 농사경영자를 별도로 두고 위탁경영을 한 것으로 보인다.121) 위탁자는 농업을 목적으로 한 순수한 지주가 아니라

---

118) 일본인 지주경영에는 종교계도 예외는 아니었다. 土佐農場(김해군 대하면 덕도면 칠산면 대야면)은 천리교 撫養分敎會 주임 土佐卯之助(西村德三郎의 代人)가 교회의 기본재산으로서 교회를 위하여 경영한 것이 대표적인 예였다. 1906년 3월 착수 1907년 2월까지 약 90정보의 수전을 매수 토지매수액은 1만 2천여 원에 상당했다. 자작을 주로 하고 농부는 다 천리교 신도로서 각기 신봉하는 종교에 대한 의무로서 노력에 복종했는데, 농장이 지급한 것은 왕복여비와 연초대 뿐이고 무급을 원칙으로 했다고 한다(貴嶋一,「洛東江沿岸 視察槪況」,『韓國中央農會報』4, 1907, 29~31쪽).
119) 대표적으로 김해군 가락면에 植田義夫가 1906년 설립 경영하는 15정보의 植田과수원과 밀양군 삼랑진에 1905년 2월 林田藤吉이 설립한 林田 과수원이 있다(慶尙南道協贊會, 앞 책, 1915, 48~49쪽).
120) 한국기업(주)은 谷幸次郎을, 한국흥업(삼랑진)은 鹿沼十郎, 長瀧直哉을, 한국흥업(양산)은 並木弘을 각각 농업담당자로 두고 있다(부록의 〈표 1〉 참조).
121) 부록 〈표 1〉에서 보는 것처럼 87명중 13명으로 적지 않은 비중을 차지했다. 군산이사

상공업자인 경우도 있지만, 일제 지배의 초기적 산물로 한국 내 사정에 익숙하지 못한 자본가들이 별도로 담당자를 선정하여 경영을 맡기기도 한 것으로 판단된다.[122]

마지막으로 일본인 지주 밑에서 농업경영을 담당하던 소작농민은 대부분 한국인이었다.[123] 일본인 농민들을 직접 소작시켜 농장을 경영하는 경우도 있지만, 일본인 소작농은 소작경영보다 농사개량이나 한국인 소작농민을 지도 감독하기 위한 보조수단으로 채용한 것으로 보인다.[124] 일본인 지주들은 한국인을 소작인으로 경영하는 것이 여러 면에서 유리하다는 것을 알고 그렇게 시행해 갔다. 이는 한국농촌사회를 지주제로 지배하기 위한 체제구축 작업의 일환이기도 했다.

청 관내에도 위탁경영이 적지 않았다. 김제의 유명한 지주 熊本二平도 이 지역에 진출할 때 총 10명의 일본인으로부터 위탁을 받아 토지에 투자한 바 있었다(『전라북도조사재료』 : 규22188). 그리고 위탁경영은 동태적 지주의 한 경영방식으로 자리잡게 된다.

122) 경영형태별 투자규모(단위 : 圓, 정보)

투자액규모	기간지(정보)	미간지	계1	계2	경영자	명수
10만원이상	2148	1,871.5	4,019.5	1,497,776	개인	6
5만원이상	1,101.3	619.8	1,721.1	307,960	개인	5
1만원이상	943.6	1,305.7	2,249.3	386,663	개인	19
5천원이상	556.6	144.7	701.3	196,139	개인	28
1만원이상	100	20	120	40,000	조합	1
10만원이상	907	167	1,074	150,000	회사	1
5만원이상	579.3	27.9	607.2	210,070	회사	4
1만원이상	164	0	164	79,231	회사	3
5천원이상	22.2	0	22.2	5,000	회사	1
합계	6,522	4,156.6	10,679.6	21,358.2		68

자료 : 조선총독부, 『제4차 조선총독부 통계연보』, 1911, 508~509쪽.

123) 한국인·일본인간 소작 면적규모에서 일본인 소작면적이 137정보, 한국인 소작면적이 4594정보인 점으로 보아 대부분 한국인이었다고 판단할 수 있을 것이다(〈표 28〉, 〈표 29〉).

124) 이 방식은 당시 '모범적' 지주들의 일반적 경영방식이었다. 大橋淸三郎, 「제1편 농업 제1장 일반농업」, 앞 책, 1915에 소개된 각 농장경영 참조.

4. 일본인 지주의 유형과 경영형태[125]

1) 상인·고리대형 지주 - 하자마 후사타로(迫間房太郎)와 오이케 츄스케(大池忠助)

일본인 지주는 개인투자형 지주와 기업투자형 지주로 나눌 수 있다. 개인투자형 지주는 투자자본을 한국과의 관련성으로 구분하면, 일본으로부터의 자본이입형과 한국에서 상인·고리대 활동을 통해 축적한 자본을 투자한 상인·고리대형으로 구분할 수 있다.[126] 후자는 부산의 대표적인 개인지주라 할 수 있는 하자마 후사타로와 오이케 츄스케이고, 전자는 대부분의 지주들이다. 기업투자형 지주는 개인기업과 회사(재벌)기업으로 구분할 수 있는데, 무라이 기치베(村井吉兵衛)와 한국흥업(주)을 들 수 있다.[127]

그리고 지주경영은 이윤 획득을 목적으로 토지에 투자하고 농업경영을 하는 것이지만, 이와 달리 일본농민을 한국에 이주 식민하는 것을 목적으로 하는 농업경영 형태가 있다. 동화정책과 식민통치의 안정성을 한국농촌에 실현시키기 위해 일본농민을 집단 이주시킨 '신일본촌'이 그것이다. 지주경영과 마찬가지로 그 시행주체는 개인·회사·조합 등 다양했다. 경남지역에서

---

125) 본 글의 일본인 이력 가운데 출전을 표기하지 않은 것은 https://www.yahoo.co.jp에서 해당 인물을 추적하여 기록한 것이다. 대부분 wikipedia에서 인용하였다.

126) 낙동강 유역의 지주는 투자한 토지의 종별에 따라 기간지형 지주와 개간형 지주로 구분할 수도 있을 것이다.

127) 淺田喬二는 국가지주·半국가지주·本國地主·華族地主·기타 지주·부르조아지주로 구분했다. 부르조아지주로는 상업자본지주·금융자본지주·地場자본지주·독점자본지주·재벌지주 등을 들고 있다. 그의 구분방식은 한국사를 일본사의 한 부분으로 위치시켜 한국의 일본인 지주를 분석하였다. 이를 잘 보여주는 지주가 地場자본지주인데, 사업경영의 기축이 조선에 있는 자를 지칭한다. 그 성격은 상인고리대자본인데, 그중 일급 地場자본지주는 산업자본으로 전화한 자를 말한다. 여기서는 지주자본으로의 전화할 초기의 성격을 강조하는 의미에서 상인 고리대형으로 분류했다. 淺田喬二, 「舊植民地 朝鮮における日本大地主階級の變遷過程(上)」, 『農業總合研究』 19-4, 1965, 134쪽과 淺田喬二, 『日本帝國主義と舊植民地地主制』, 御茶の水書房, 1968.

는 조합이 이주농업을 실천한 밀양의 오카야마현 농사장려조합과, 개인이 이주농업을 실천한 '湯淺村', 그리고 지주경영을 위해 지주가 이주농업을 실천한 경우를 들 수 있다.[128]

다음은 일본인 지주의 자본성립 과정과 관련하여 성격별로 구분하여 그 특징을 살펴보기로 하자. 부록의 〈표 3〉에서 부산의 대표적 지주를 보면, 투자액에서는 하자마 후사타로와 후쿠다(福田), 토지면적에서는 하자마와 오이케 츄스케가 가장 많은 편이었다. 부산의 개인투자형 지주들의 특징은 개항과 관련하여 왜관 또는 거류지에서 상업·고리대활동을 통해 축적한 부를 토지에 투자한 상인·고리대형 지주라는 점이다. 이들은 부산 현지에 거주하며 경제활동을 하고 있다는 특징도 있다.

하자마 후사타로(1860~1942)는 와카야마현(和歌山縣 那賀郡 池田村) 출신으로 대표적인 상인·고리대형 지주였다. 그는 1878년 오사카에 소재한 이오이 초헤이(五百井長平) 상점에 들어가 점원이 되었다. 21세가 되던 1880년 부산에 들어와 무역업에 종사하다 부산지점의 지배인이 되었다.[129] 당시 무역업은 소가죽과 미곡을 수출하고, 잡화와 옷감을 수입 판매하는 일이었다. 불평등 조약 체제에 기반한 전형적인 '미면교환형' 무역에 종사하면서 최대이윤을 확보해 갔다. 하자마는 1905년 독립해 수산업·창고업·곡물무역업(부산곡물조합장)·토지매매 중개업 등에 종사했으며, 이를 기반으로 부산지역 유수한 자본가로 성장했다. 부산수산(주)·부산공동창고·조선와사전기(주)·부산잔교·조선제련 등 여러 회사의 창립위원·발기인·사장·중역 등을 지냈다. 그는 자기자본의 확대 재생산 구조를 안정적으로 확보하기 위해 부산의 자본가들과 더불어 구포은행·부산상업은행·조선저축은행 등 여러 금융기관의 주주

---

128) 최원규, 앞 글,『동방학지』77·78·79합집, 1993 참조. 경남지역에는 이외에 마산·창원·김해·동래·울산·밀양·고성·통영·사천·하동·진주를 비롯하여 창녕·합천·산청·거창 등 각곳에 동척 이주민이 존재했다. 이는 별도 분석이 필요하다(동양척식주식회사,『移住民名簿』, 1921).

129) 高橋三七,『事業과 郷人』, 1937.

와 임원으로 활약했다. 특히 부산상업은행은 총 5만4천주 가운데 3만주를 소유했다. 상인과 지주의 한계를 넘어 산업자본가·금융자본가로 자기 영역을 확대해가는 한편, 부산상공회의소 특별의원·부산번영회장 등으로 부산지역사회의 유지로도 많은 영향력을 발휘했다. 1930년대 중반 자산 5천만 원이 넘는 재계의 중진으로 자리 잡았다.[130]

점원 출신인 하자마가 엄청난 부를 축적하게 된 것은 토지매수가 가장 큰 요인이었다. 하자마는 사무실을 부산부 本町에 두고 활동했다. 1892년부터 토지에 집중 투자하여 매수한 토지가 부산 거류지의 1/3에 달할 정도였다고 한다. 부산이 거류지에서 府로 발전하면서 지가도 날로 등귀한 때문이다. 하자마의 재산 대부분은 정치적 모험을 동반한 토지 투기로 얻어진 것이라고 말해질 정도였다.[131]

청일전쟁 이후 일본자본 총체가 토지 투자를 본격화하면서 그도 여기에 편승하여 토지를 확대해 갔다. 자기 자본의 안정성과 경쟁력을 확보하기 위해 토지부문으로 진출한 것이다. 토지확보는 주로 두 가지 방법을 이용했다. 하나는 상인활동으로 축적한 자본을 바탕으로 한국인의 토지를 잠매나 전당으로 불법적으로 토지를 대거 확보해갔다, 또 하나는 일본제국 정부와 유착관계를 맺고 활약한 덕분에 부산의 시가지는 물론 절영도나 마산 등지에서 대토지를 확보하여 대지주로 발돋움할 수 있었다. 특히 후자가 주목된다.

하자마는 러시아의 한국진출 문제를 둘러싸고 일본제국의 지원아래 대러 방어전략의 선봉에 선 덕분에 대토지를 확보할 수 있었다. 러시아는 1896년 아관파천을 계기로 한반도에 군항을 만들려는 계획을 세우고 실천에 옮기려 했다. 먼저 절영도를 조차하여 해결하고자 했으나 열강의 반대로 여의치 못하자 1898년 군함을 대고 토지구입을 시도했다. 이곳에 토지를 잠매한

---

130) 有馬純吉編, 『朝鮮紳士錄』, 1931, 334쪽 ; 田中麗水, 『中央より見たる新興朝鮮開發事情』, 朝鮮民報社, 1939, 303~304쪽 ; 樋口弘, 『日本財閥論』(下), 1942, 260쪽.

131) 高橋刀川, 『在韓成功之九州人』, 虎與號書店, 1908.

하자마가 참모본부에 급보하고 좌절시킨 것이다. 일본은 이곳에 석탄저장소를 설치하였다.

또 하나의 사건은 마산포에서 일어났다.[132] 1899년 창원군 내서면 일대의 해안인 월영동과 신월동에 한국정부가 각국 거류지를 설치할 것을 결정하면서 러일의 토지갈등이 격화되었다. 일본정부는 이때 러시아의 군항 설치계획을 막고자 하자마에게 주변지역 토지를 구입하도록 하여 이를 저지시켰다.[133] 일본정부는 러시아에 비해 군사력이 미약하자 토지를 매수하는 방식으로 러시아의 진출을 저지할 것을 결정한 것이다. 육군대신 가쓰라 다로(桂太郎)가 마산포에 약 5만평을 매입하지는 의견을 각의에 제출한 바 있었다. 하야시 겐스케(林權助) 공사가 총책임을[134], 부산의 이주인 히코키치(伊集院彦吉) 영사와 마산 분관장 가와카미 다쓰이치로(川上辰一郎)가 현지에서 총지휘를 했다.[135] 현장 실무는 기슈(紀州)상인으로 여기에 진출하여 활발히 활약하던 하자마에게 맡겼다.[136]

---

132) 하자마의 이력은 http://busan.chu.jp/korea/hito/jp/hazama-f.html를 참고함.

133) 馬山名勝古蹟保存會, 『躍進 馬山의 全貌』, 1941, 25~35쪽. 마산포 사건에 대하여는 김경남, 「한말 진해만 요새지대 형성과 도시개발의 변형」, 『항도부산』 28, 2012이 참고된다.

134) 林權助(1860~1939). 일본의 외교관, 會津藩출신, 도쿄제국대학을 거쳐 1887년 외무성에 들어갔다. 인천·상해 영사를 지낸 후 영국과 청의 수석 서기관으로 부임하였다. 1900년 주한공사에 임명되었으며, 한국과 러시아에 대해 강경 외교를 추진하고 일제의 한국 강점에 크게 기여하였다. 러일전쟁 중 한국정부를 압박하여 한일의정서를 조인하고, 제1차 일한협약·제2차 일한협약을 주도하였다. 일본의 한국 '보호화에 대한 공적으로 1907년 남작이 되었다. 그는 桂太郎, 小村壽太郎과 함께 강점한 '三人男'으로 평가되었다. 1916년 중국공사, 1919년 관동장관, 1920년 주영대사를 거쳐 1934년 추밀원 고문에 임명되었다.

135) 伊集院彦吉(1864~1924). 薩摩藩 鹿兒島 출신, 1890년 도쿄제국대학 법과대학 정치과 졸업. 외무성에 들어가 1894년 영국 런던의 일본공사관 서기관, 1896년 9월 부산 일등 영사와 인천 영사로 근무했다. 1901년 天津 영사를 거쳐 1908년 6월 북경 주재 특명 전권공사에 임명되었다. 15년간 중국에 근무하다 1916년 미국특명전권대사로 중국을 떠났다. 1923년 외무대신이 되었다.

136) 高須馬公 長田純 편, 『馬山現勢錄』에는 어업가인 弘淸三을 들고 있는데, 이는 하자마의 대리인이다.

하자마는 일본 영사와 군부의 지원을 받으면서 불법적으로 러시아 매수예정지의 한가운데 3천평의 토지를 매수했다. 참모본부로부터 특파된 호우도쿠조(方德造) 중좌도 매수를 독려했다. 당시 하자마는 조선인의 토지를 매점하는 일이 불법이었음에도 불구하고 토지를 방매한 한국인을 일본영사가 보호해 준다는 조건을 내걸고 일제의 한국침략 선두에 서서 이에 앞서 군항 가까운 곳인 栗九味의 토지를 사들였다. 그는 "책임이 중대함을 통감하고 밤낮으로 힘써 토지구입에 힘썼다."고 술회했다. 그는 매입한 토지를 하루하루 참모본부에 보고했다. 이렇게 사들인 토지 덕분에 일본은 러시아와의 토지확보 경쟁에서 승리하여 러시아의 군항계획을 좌절시킬 수 있었다. 이에 힘입어 일본제국은 한반도에서 유리한 입지를 계속 유지해 갈 수 있었다.[137] 이 지역은 신마산 지역으로 러일전쟁때 삼랑진과 연결한 마산선이 부설되고 마산항도 정비되었다. 러일전쟁 후 러시아의 전관거류지를 매입하면서 급속히 발전하였다.[138] 하자마는 정치력을 배경으로 부산과 한성, 한성과 신의주 사이에 장래 철도가 부설될 곳의 토지도 매점하여 큰 부를 축적했다고 한다.

일본제국과 일본인 상인자본은 상호 동맹관계를 맺고 한국 공략에 나서 성공적으로 임무를 완수해 갔다. 후자는 전자의 지원을 받아 일종의 '사기적' 수법을 동반한 고리대적 방법으로 부를 축적했으며, 전자는 후자의 도움을 받아 러시아의 공세를 차단하고 한국침략의 기틀을 확보해 갈 수 있었다. 이 공으로 하자마는 일본정부로부터 勳六等에 서임되고 瑞寶章을 받았다.[139] 일본군부가 하자마의 자본축적에 결정적 기반이 된 셈이다.

---

137) 절영도 사태는 『釜山府史原稿』 6, 586~600쪽. 제16장 露國의 부산과 마산점거음모. 부록 迫間房太郎옹의 露國에 저항한 부산포의 토지매수사건의 회고담과 李在茂, 앞 글, 『社會科學研究』 9-6, 1957, 19~20쪽이 참고된다.
138) 러일전쟁에 기여한 공헌으로 勳六等 瑞宝章을 받고, 大正大禮記念章, 한국병합기념장, 대한제국 서남순행 기념장, 적십자유공장, 적십자특별사원장등을 받았다.
139) 부산명사록 간행회, 『부산명사록』(1935년판), 16~17쪽.

<표 31> 迫間家의 토지소유변동

조사일	소재지	답	전	기타	합	창립일	지주명
1910	경남 경북 충북	153	65.1	2	220.1	1894.5	迫間房太郎
1929	해주	63.8	3.2		67	1918	
1929	김해	163.7	517	575	1256	1928	
1930	남원	131	4	1	136	1912	
	해남	95	48		143	1918	
	동래 김해	196	73	36	305		
	마산 동래 김해	1719	298	1387	3404		迫間一男
	합계	2,141	423	1,424	3,988		
1938	사천김해	106.5	6.4		112.9		迫間正次郎
	부산 밀양 울산	65.7	22.6		88.3		迫間房太郎
	김해 부산 함안	894.9	35.2		930.1		迫間一夫
	합계	1,067	64		1,131		

출전 : 경상남도, 『50정보 이상 지주調』(1938년말)

하자마는 1894년부터 5만 원을 투자하여 1907년 경남 7군에 토지를 확보했으며,[140] 1910년에는 투자지역을 경남의 마산·부산·밀양·울산, 경북의 경주·대구, 충북의 청주 등지까지 확대하여 220정보를 소유하였다. 그는 상업자본가로 부산에서 활동하였으며, 토지 투자처에는 지배인을 두고 지주경영을 하였다. 투자한 토지는 대부분 기간지였다. 보통농사 위주로 경영하고 한국인에 소작시켰다. 1898년 규슈에서 벼 우량품종을 들여와 마산지방에 보급하고 조선미의 상품화에도 노력하였다. 경남지역의 일반적인 일본인 지주처럼 과수와 상묘도 겸영하였다.[141]

부산지역 지주들은 일찍이 한국에 진출하여 상인·고리대 활동으로 자본을 축적하여 토지에 투자하여 지주가 된 경우가 많았다. 반대로 지주적 기반이 상인·고리대자본의 자본축적을 촉진하는 역할을 하기도 했다. 각지에서 상업활동을 하며 범위하게 토지를 확보한 결과 하자마의 소유지는 자연히

---

140) 1907년 일본인소작 100정보, 한국인소작 243정보를 경영하는 것으로 조사되었다(부산이사청,『韓國中央農會報』2-4, 1907, 18~22쪽).

141) 朝鮮新聞社,『鮮南發展史』, 1913, 203쪽.

분산적 형태를 띠게 되었다. 그의 투자처는 경남지역에 한정한 것이 아니라 여러 도에 걸쳐 있었다. 1912년에는 전북 남원, 1918년에는 황해도 해주에도 투자하였다. 투자 규모는 80~150정보로 해당 지역에서 대지주라 할 정도였다. 1913년 통계에는 경지가 190정보, 산림이 470정보 가량 되는 대지주로 나타나 있다.[142]

하자마는 1920년대 중엽 2,300정보를 소유한 대지주였지만, 전국단위의 거대지주로서 명성을 날릴 정도는 아니었다. 그가 전국적으로 유수한 거대지주의 반열에 오른 것은 진영의 무라이 농장을 인수하면서였다. 일본 도쿄의 무라이 재벌이 금융공황으로 해체되자 1927년 하자마가 무라이 재벌의 청산을 담당한 쇼와은행으로부터 진영농장을 매입한 것이다. 그는 여기에서 멈추지 않고 계속하여 전남 해남에 투자하고, 낙동강의 갈대밭 일천여 정보를 30여만 원에 매수하기도 하였다.[143] 단숨에 4천 정보를 소유한 초거대지주가 되었다. 1930년경 하자마의 토지는 경상남도만 2,600정보이고 도내 소작지의 3.5%에 달하였다고 한다. 세계대공황이 현금 부자인 하자마에게는 토지확대의 좋은 기회로 작용한 것이다. 그리고 이와 아울러 1929년 창원의 하자마 농장은 1255.7정보를 소유하고 272.9정보의 관리지를 경영하였다는 점이 주목된다. 하자마는 오래전부터 신탁경영에 관심을 두었으며, 전북처럼 신탁경영이 도입된 모습을 엿볼 수 있다.[144]

하자마는 진영농장의 토지를 장남 하자마 가즈오(迫間一男)에게 경영을 맡겼으며, 이와 동시에 동면수리조합의 조합장에 올랐다. 그는 농장을 인수

---

142) 1913년도 迫間房太郎의 투자액과 소유면적(단위 : 정보, 圓)

구분	투자액	소유지면적						
		답	전	산림	원야	기타	계	생산가액
1	79,500	24.7	36.6	469.5			530.8	3,680
2	50,640	126.6					126.6	7,600

　　　자료 : 경상남도, 『경상남도도세요람』, 1914, 278~279쪽

143) 『釜山日報』, 1927. 10. 3.

144) 본서 제2부 제1장 참조.

한 후 무라이 농장 시절의 소작조건을 무시하고 이를 강화시키는 방식으로 수익증대를 꾀하였다. 소작료를 정액제에서 타작제로 하고 비료대와 수리조합비를 강요하는 방식으로 소작료를 6할 이상 인상하였다. 일본인소작농과 조선인 소작농이 모두 반발하여 소작쟁의를 일으켰다. 1930년대 전반은 소작쟁의의 시대였다. 소작쟁의는 소작료를 어느 정도 인상하는 방향에서 종결되었지만 지주경영에서 이익을 창출하기가 쉽지는 않았다. 지주 수익의 증대는 곧 소작인 부담증가로 연결되어 양자의 대립갈등은 필연적이었다.

하자마는 계속된 재해와 농민들의 반발로 예상만큼 수익을 거두지 못하자 1938년 11월 18일 부산천일고무회사 사장 金永準에 약 270만 원에 넘겼다.[145] 이후 하자마 가즈오(迫間一男)의 소유지는 진영농장 매각으로 보이지 않았으며, 하자마 후사타로(迫間房太郞)의 소유지도 88정보로 급격히 감소하였다. 그러나 1938년에도 하자마 집안은 여전히 3인 명의로 1천여 정보가량 소유한 거대지주였다. 하자마 마사지로(迫間正次郞)는 113정보, 하자마 가즈오(迫間一夫)는 930정보를 여전히 소유하고 있었다. 부산 동래 김해 밀양 울산 사천 마산 등지에서 대지주로 존재하고 있었다.

하자마 일가는 토지소유면적이 1930년대 중반 최고도에 달했지만, 이후 지주제를 점차 정리해가는 모습을 보였다. 하자마는 농업보다 공업부분으로 투자의 방향을 집중하는 모습을 보였다.[146] 하자마 집안의 자본 활동영역은 상업자본→ 지주자본→ 금융자본·산업자본으로 확장되어 갔으며, 부산번영회회장, 부산상공회의소특별의원, 경상남도회의원, 부산부회의원과 부의장 등의 사회활동도 활발하였다. 그의 사회 경제적 활동범위는 1930년대 이후에

---

145) 『조선일보』, 1938. 11. 20. 迫間 진영농장은 전답 3천 정보를 265만 원에 김영준이 매입하였다. 소작인 1천여 명이고 인구는 1만여 명이다. 1938년 약 10년간 가진 문제를 남기고 11월 16일 농장사무를 인계하였는데, 최모 김모 등 삼사인의 공동출자 하였다고 한다. 가격 중에 비료 기타 현품 약 15만 원, 기계 건물 등 약 20만 원, 금년 소작료 약 70만 원을 제하면 토지대금은 약 160만 원가량 된다고 한다.

146) 본서 제2부 제3장 참조.

는 부산을 넘어 전국단위로 확대되었다. 하자마는 일본제국과 운명공동체였으며, 일본제국의 패망과 함께 하자마 집안의 영광도 막을 내렸다.[147)

오이케 츄스케도 하자마와 같은 방식으로 상인·고리대 활동으로 토지를 확보하고 지주경영을 한 부산의 유수한 대지주이며 자본가였다.[148) 오이케는 1856년 쓰시마에서 출생하였다. 그는 개항하기 1년전 1875년 그의 형 고리 긴자부로(君金三郎)가 釜山監理官 야마시로(山城)라는 자가 報天社라는 어학교를 설립하자 동생 츄스케를 입학시켜 조선어를 공부하게 했다. 고리는 1879년에 도항하여 무역과 화물운송을 주업으로 하는 郡商店을 열었다. 1880년 3월 개항되기 전 인천으로 활동의 장을 옮기면서 상점을 동생 오이케에게 넘겨주었다. 오이케는 이를 大池商店이라 개칭하고,[149) 사업확장에 나섰다. 부산과 다대포의 사이에 있는 어업기지 97개중 12기를 구입하고 1888년에는 제염업에 손을 뻗쳤다. 당시 츄스케의 주 업종은 大池旅館部, 大池御用達部, 大池回漕部 등 3개 분야였다. 오이케는 무역에 종사하면서 육군 납품을 담당했으며, 청일전쟁 때 군납으로 많은 부를 축적했다. 1906년 러일전쟁의 공적으로 훈6등 瑞寶章을 받았다.[150) 그는 하자마와 마찬가지로 정경유착을 부 축적의 발판으로 삼았으며, 이에 힘입어 각종 공공기구나 민간단체의 임원으로도 적극 활동했다.[151)

---

147) 釜山名士錄刊行會, 『釜山名士錄(1935년판)』, 16~17쪽.

148) 전성현, 「식민자와 조선-일제시기 大池忠助의 지역성과 식민자로서의 위상」, 『한국민족문화』 49, 2013. 11.

149) 君金三郎은 1880년 10월 다시 부산에 와서 協同助長 高須穰一 住友支店長 久保盛明의 권유에 의하여 지배인이 되었다. 그는 개항이전에 부산에 온 드문 경우인데 釜山回漕會社의 지배인으로 한국 鑄錢의 원료인 地銅 수송에 종사하고 1883년 울릉도의 探檢船 鎭西丸을 부산항으로 회항시켜 協同社의 인천항으로 항해하도록 하였다. 이것이 인천항내 선박출입의 효시이다.

150) 1906년 러일 전쟁 후 전역의 훈공으로 훈6등 瑞寶章을 받았고, 1919년 2월 공공사업에 진력한 공을 인정받아 藍綏寶章을 받았다.

151) 오이케 츄스케는 1881년부터 부산거류지회(민단)와 부산상업회의소의 의원으로 선출되었으며, 1914년 민단장, 1916년 부산상업회의소가 설립될 때 회두로 활약하였다. 1881년 2월 대구에서 사망할 때까지 1914년 부산부 협의회의 의원, 1920년에는

〈표 32〉 大池精米所 搗精규모(단위 : 石)

년도	부산항 수출정미고	大池정미소 수출정미고	大池정미소 도정고		
			제1정미소	제2정미소	합
1909	172,932	32,562	25,823	43,517	69,340
1910	73,148	28,796	21,387	41,723	63,110
1911	46,104	17,519	19,734	36,802	56,536
1912	75,905	24,486	20,375	40,706	61,081
1913	206,186	65,674	37,978	78,797	116,775
1914	194,205	61,960	45,981	97,436	143,417

자료 : 大橋淸三郎, 『朝鮮産業指針』, 1915, 1345쪽.

오이케의 사업에서 가장 주목할 만한 것 가운데 하나는 미곡수출과 관련하여 시작한 정미업이었다. 그는 부산 부평정에 1906년 3월 자본금 10만 원의 大池 제1정미소를 세운 것을 시발로, 1908년 9월에는 절영도에 자본금 15만 원 부지 1,500평 건물 800평인 광대한 규모의 大池 제2정미소를 세웠다. 직공은 전자는 일본인 4명 한국인 12명, 후자는 일본인 46명 한국인 30명이었다. 원료는 주로 김해·마산·진해·하동의 벼와 현미였으며, 경부철도가 개설되면서 경북과 충남에서도 공급했다.[152] 大池정미소는 미곡 수출항 부산의 지위를 최대한 활용할 수 있도록 규모가 컸으며, 원료의 품질 개선에도 노력하여 〈표 32〉와 같은 성과를 거두었다. 大池정미소에서 도정한 미는 40~50%가량을 수출했으며, 부산항에서 수출하는 미의 30%가량을 점했다.

오이케는 1920년대 후반 3개 회사의 사장이며, 관계회사가 20여 개에 달했다(후술). 그는 해운업을 또 하나의 축으로 富를 축적해갔다. 당시 2대 해운회사인 大池回漕部를 병합한 조선우선과 조선기선회사의 대주주이고

경상남도 평의회 회원을 역임하였다. 1907년 부산번영회 회장, 1914년 제1회 경상남도물산공진회 부산협찬회 회장, 1923년 조선수산공진회협찬회 고문을 맡았다. 1925년에는 경상남도 도청 이전을 위한 협찬회를 조직 회장을 맡고 관사부지를 기부하는 등 도청 이전에도 적극 노력하였다. 일본내 활동으로는 1923년 9월 일본 관동대지진의 이재자를 구호하기 위해 백미 100석(가격 4,000엔)을 내놓았으며, 1915년 長崎縣의 代議士로 선출되기도 했다.

152) 통감부, 『통감부통계연보』, 1910 ; 大橋淸三郎, 앞 책, 1914, 1343~1345쪽.

임원이었으며, 미곡 수집과 수출을 담당하던 부산미곡증권의 사장을 역임했다. 미곡생산에서 수집·도정·운송·판매에 이르는 일관 시스템을 구축해 부를 쌓아 간 것이다.[153] 오이케는 쌀 무역과 관련한 동업 조합인 곡물수출상조합, 부산곡물상조합, 부산해산물조합 등에서 조합장을 역임하기도 했다. 그리고 부산 이외에 인천과 서울에서도 투자활동을 전개했다. 경성주식현물시장, 인천미두취인소 등이 그것이다. 이러한 상업활동과 함께 오이케가 지주경영에 나선 것은 1902년 5월 부산부 辨天町에 사무소를 두고 농장을 설립하면서부터이다.

1907년 오이케의 토지 투자 상황을 보면, 투자지역은 부산이사청 관내의 동래·김해·창원·밀양 외 8군에 걸쳤으며, 33만 원을 투자하여 266정보를 확보하고 한국인에 소작시켰다.[154] 1910년 조사에서는 토지 투자지역이 3남 전역으로 확대된 것으로 나타났다. 경남은 부산·김해·거제·창원·밀양, 경북은 대구·금산·인동, 전북은 익산·김제·군산, 충남은 서천 등에 투자했다.[155] 이때 투자액은 101,120원이고 소유면적은 답 256정보, 전 100정보, 산림 2정보, 합 358정보였다.[156]

오이케의 토지투기에서 주목되는 사건은 창원·김해 일대에 걸친 창둔민과의 소유권분쟁을 들 수 있다. 창둔민이 역둔토조사와 토지조사사업에서 국가와 창둔을 둘러싸고 치열한 소유권 분쟁을 벌일 때, 오이케도 창둔민에게 대여한 자금이 빌려준 것이 아니라 토지매득 자금이라고 주장하며 이들과

153) 帝國農會, 『滿鮮農業視察要錄』, 1926, 3쪽.
154) 부산이사청, 『韓國中央農會報』 2-4, 1907, 18쪽.
155) 1910년 군산농사조합의 장부에는 大池忠助의 토지가 100.7정보에 등재되어 있었다 (『전라북도조사재료』).
156) 朝鮮新聞社, 『鮮南發展史』, 1913, 201쪽. 그리고 1913년에는 투자액이 46,790원이고, 답 25정보, 전 19정보, 산림 11정보, 계 55정보의 곳과, 투자액 26,714원 답 76정보, 전 65정보, 기타 36정보, 합 177정보로 나누어 통계에 잡히고 있다. 이 경우는 1913년 현재 경남지역에 소유한 것만 통계를 잡은 것으로 추정된다(경상남도, 『慶尙南道道勢要覽』, 1914, 278~279쪽).

소유권 분쟁을 벌인 것이다. 오이케는 매매자금이라고 주장하고 창둔민은 전당이라고 주장한 것이다. 창둔민과 국가, 오이케 3자간에 소유권 분쟁이었다. 재판 결과 오이케의 소유로 확정되어 단번에 이 지역 유수한 지주로 등장한 것이다.[157]

오이케는 계속된 토지투자의 결과 1920년대 중반 총면적 약 3천 정보, 경남 등 4도 80개면에 걸쳐 토지를 확보한 거대지주가 되었다. 오이케는 상업·고리대자본가로 출발하여 여기서 확보한 이윤을 산업 금융부문에 투자하고 이를 다시 토지에 투자한 문어발식 기업가였다. 그가 통감부 시절 부를 축적하게 된 요인을 "여관업을 개시한 것이 遠因이며, 토지가옥의 매수가 한 近因이다."라고 지적하기도 하였다.[158] 오이케는 1930년 사망할 때까지 여러 방면에 적극 투자활동을 전개했다. 그는 조선에서 추적한 상인자본·토지자본을 기반으로 산업자본으로의 자본전환에 매우 적극적이었다. 일본인 자본가가 그렇듯이 오이케도 무역과 토지투자에서 확보한 자금을 산업부문으로 자본전환에도 적극적이었다.

2) 기업가형 지주 조선흥업의 농장경영

(1) 조선흥업의 설립과정과 삼랑진 농장

기업가형 지주는 한국에 자본을 들여와 토지에 투자를 하고 일반 기업과 같은 형태로 농장경영을 하는 일본 자본가들로부터 비롯되었다. 이들은 소유와 경영을 한 몸에 체현한 다음 투자부터 생산·분배·유통에 이르는 전 과정을 기업과 같은 형태로 농장을 경영하였다. 이들은 투자자본의 성격에 따라 개인이 투자하여 설립한 개인기업형 지주와 재벌이 투자하여 설립한

---

157) 이곳의 토지소유권 분쟁은 최원규, 앞 글, 『일제의 창원군 토지조사와 장부』, 선인, 2011에 자세히 다루고 있다.

158) 高橋刀川, 『在韓成功之九州人』, 虎與號書店, 1908.

재벌기업형 지주로 구분할 수 있다.[159] 경남지역 지주 가운데 전자는 무라이 기치베(村井吉兵衛),[160] 후자는 조선흥업에서 찾아 볼 수 있다.[161] 재벌기업형 지주는 개인기업형 지주와 달리 일본에서 재벌이 주도하여 자본가를 모집하여 회사형태의 법인체를 조직하고 한국의 토지에 투자하는 형태이다. 한국흥업(주)은 일본의 대표적 재벌인 시부사와 에이치(澁澤英一)와 그의 영향권에 속한 제일은행 계열의 인물들이 자본을 투자하여 창립한 회사형 지주의 전형적인 형태였다.[162] 시부사와는 일본의 거대재벌로 개항과 더불어 부산에 제일은행 부산지점을 설립하여 한국진출의 선도적 역할을 했다. 조선정부로부터 관세은행의 임무를 부여받고 관세를 담보로 제일은행권을 발행하여 조선에 차관으로 제공하기도 했다. 제일은행은 조선의 관세권을 장악하여 '자본 없는 자본수출'로 일본제국의 조선침략의 선봉에서 활약하였다.[163]

시부사와는 금융자본가로서 자기 위치를 확립한 뒤 일제의 한국 지배 전략에 호응하여 토지부분에 진출하기 위해 한국흥업(주)을 설립했다. 이 회사는 제일은행의 별동대라 불렸으며,[164] 임원들은 대부분 동양생명보

---

159) 일본재벌이 설립한 농장은 淺田喬二,『日本帝國主義と舊植民地地主制』東京, 御茶の水書房, 1968에 소개가 되어 있다.

160) 村井吉兵衛의 활동과 농장경영에 대하여는 이영학,『한국근대 연초산업 연구』, 신서원, 2013과 본서 제2부 제3장이 참고된다.

161) 조선흥업 연구는 당시 久間健一,『朝鮮農政の課題』, 成美堂, 1943이 있다. 그 後 淺田喬二, 앞 책, 御茶の水書房, 1968, 146~168쪽 ; 윤수종, 「일제하 일본인 지주회사의 농장경영분석－조선흥업주식회사의 사례」,『한국사회사연구회논문집』12, 문학과 지성사, 1988 ; 하지연,『일제하 식민지지주제 연구－일본인 회사지주 조선흥업주식회사 사례를 중심으로』, 혜안, 2010 등의 연구가 제출되었다. 하지연의 저술은 조선흥업의 종합적 연구로 많은 참고가 된다.

162) 淺田喬二, 앞 책, 御茶の水書房, 1968, 149쪽 ; 김현숙·오일주 편,『일본경제의 선구자들』, 혜안, 1994 ; 하지연, 앞 책, 혜안, 2010, 45~107쪽이 참고된다.

163) 第一銀行,『韓國ニ於ケル第一銀行』, 1908 ; 高嶋雅明,『朝鮮における植民地金融史の研究』, 1978 참조.

164) 대주주로는 시부사와를 비롯한 제일은행 관계자들과 시부사와와 인척관계를 맺고 있는 尾高次郎, 제일대 대주주로 회장에 취임한 大橋新太郎, 조선에서 지주경영을 하고 있는 大倉喜八郎을 비롯하여 迫間房太郎·大池忠助·川崎騰太郎 등이 주목된다.

험165)과 제일은행 계열의 인사들이었다. 재벌기업이 식민지 지배체제 구축 작업에 참여하여 독점자본의 최대이윤을 창출하기 위해 농장을 설립한 것이다. 일본자본주의를 선도하는 재벌이 새삼스럽게 일본에서 퇴조경향을 보이기 시작한 지주경영에 나선 것은 한국지배의 안정성을 제고하는 동시에, 한국에서는 아직 지주경영을 통한 이윤율이 산업부문에 투자하는 것보다 높았기 때문이었다. 재벌기업이 그칠 줄 모르는 이윤확보를 위해 특유의 선단식·문어발식 기업경영의 일환으로 농장에 투자한 것이다. 따라서 농장 경영방식은 단순한 봉건적 소작료 착취를 통해 이익을 확보하기보다 기업경영 방식을 도입하여 농장을 경영할 것으로 예상된다.

재벌이 한국흥업을 창립한 동기는 한국농촌지배를 목표로 한 정책적 차원에서 이루어졌다. 첫째, 금융문제의 해결이었다. 당시 한국에는 일본 금융자본인 제일은행을 비롯하여 18은행, 58은행 등의 지점이 설립되었지만, 이들은 주로 무역금융을 담당했다. 대체로 이용자는 일본인이었다는 한계를 극복해야 했다. 둘째, 한국을 영구히 지배하기 위해서는 토지를 확보할 필요가 있었다. 이 일은 한국농촌을 지배하고 일본화시키기 위한 작업이었다. 제일은행 인천지점장 오타카 지로(尾高次郎)와 하야시 곤스케(林權助) 공사는 토지를 담보로 하는 장기 금융의 길을 열고, 농사개발과 지도를 담당하는 특수회사를 설립할 것을 논의하고 설립 작업에 착수했다. 이 작업은 1903년 8월 제일은행 인천지점장의 조사 연구를 기초로 진행되었다. 1904년 일본농상무성에 농산조사를 요구하였다. 기사 가토 스에로(加藤末郎)를 파견하여 각종 조사를 했다. 이 결과에 기초하여 1904년 9월 6일 한국흥업(주)을

迫間房太郎은 1940년에는 7번째 주주였으며, 아들 迫間一男도 주주로 등장하였다.
165) 동양생명보험은 오타카(尾高)집안의 회사인 尾高合名會社, 尾高豊作·尾高幸五郎 등이 지배주주였다. 오타카 지로는 東洋生命保險株式會社 사장, 조선흥업주식회사 전무. 萬石洞埋築株式會社 이사, 제일은행 감사를 지냈다. 오타카 호사쿠(尾高豊作)는 시부사와의 3녀와 결혼한 오타카 지로의 장남이고, 오타카 고고로(尾高幸五郎)의 장남이 오타카 지로다. 시부사와가 동양생명보험이 위기에 처했을 때 회사 회복의 기반을 닦았다. 1927년 제일은행이 지배주주로 등장하고 있다.

창립하였으며, 회사의 자본금은 100만 엔이고 주식은 1만주였다.[166)

한국흥업 정관에는 조선에서 이원을 개발하기 위하여 다음 사업에 종사하는 것을 목적으로 설립하였다고 하였다. 첫째, 조선에서 토지를 매입하고 농업·식림·목축을 할 것, 둘째, 조선 농사개량에 관한 각종 사업과 농산물의 매매를 하고, 다른 곳에서 의뢰한 토지를 관리하는 일, 셋째, 조선에서 창고운영 운송업과 대부금의 업무 등에 종사하는 것이었다.[167) 회사에서 제일 먼저 추진한 작업은 농장경영을 위한 토지를 확보하는 일이었다. 여기에는 두 가지 문제가 있었다. 하나는 당시 한국에서는 법으로 외국인의 토지소유와 점유를 인정하지 않았다는 점이고, 다른 하나는 대한제국에는 부동산등기제도가 마련되지 않았으며, 토지소유권 증명은 거래당사자끼리 사적으로 주고받는 토지매매 문기가 유일하였다는 점이다. 이 과정에서 토지분쟁이 빈발하였다. 면적과 토지의 등급을 정확히 알 수 없었으며, 2중 3중 등 중복 매매, 타인의 토지를 몰래 파는 도매 등 투자 위험성이 상존하여 한국흥업에서는 이를 방지하기 위해 고심했다고 했지만,[168) 이러한 점들이 오히려 한국흥업의 투자에 유리한 조건으로 작용하였다.

러일전쟁기 한국에 주둔한 일본군의 지원 아래 한국흥업은 한국의 공권력을 무시하고 지방의 최말단 행정조직인 坊의 坊首와 頭民들을 동원하여 동리 전체를 집단적으로 매수하는 일에 착수하였다. 거부하는 자에게는 폭력을 행사하였다.[169) 한국흥업은 현지사정을 알지 못하는 한계를 돌파하기 위해 지주총대를 매개로 한 간접적인 방식으로 토지소유자와 거래계약을 체결했다. 공포 분위기를 조성하는 가운데 후일 분쟁에 대비하여 매매문서를 작성할 때 권리 확보를 위해 특별한 방법을 고안했다. 구래의 방법대로 매매증서에

---

166) 조선흥업주식회사, 『朝鮮興業株式會社 30周年 記念誌』, 1936, 연혁.
167) 조선흥업주식회사, 『朝鮮興業株式會社 25年誌』, 1929, 67~68쪽.
168) 조선흥업주식회사, 앞 책, 1936, 61쪽.
169) 『중외일보』, 1928. 3. 25.

보증인이 연서하도록 한 다음, 文券과 草役民冊·量案 등 관련 관문서를 첨부하고 坊長·里長 등의 인증을 받도록 하였다. 1906년 마련한 토지가옥증명규칙과 유사한 거래방식이다.[170)

조선흥업은 불법매득이라는 법망을 피하기 위해 50년간 경작권을 매득하는 방식을 사용하는 한편, 다음과 같은 여러 방안을 강구했다. 첫째, 기존 소유자나 경작자를 그대로 소작인으로 삼는다. 둘째, 구래의 물권적 경작권을 전제로 성립한 1/3지대 수취방식을 그대로 인정한다. 셋째, 지대는 땅값에 비례하여 정하다는 것 등을 제안하였다. 조선흥업은 이같이 영세 토지소유자를 유혹하고 공포분위기를 조성하면서 헐값에 광대한 집단지를 매득하였다.[171) 1905년 4월 3천 정보의 집단지를 매수하여 황주농장을 개설하였다.

조선흥업의 농장설립 과정은 다음과 같다. 첫 선택지는 수원이었다. 황실 御料地 300정보를 빌려 일본식 모범농장의 설립을 계획하였으나 교섭에 실패했다. 이어서 일본인 대지주처럼 전북에 농장설립을 예정했으나 韓錢시세와 수전 가격이 폭등하자 이곳을 포기하고 황주로 향하였다. 1905년 4월 황주농장을 설립하였다. 일차로 전답 3천 정보의 집단지를 매수하였으며, 주 재배작물은 대두였다. 다음은 투자 방향을 남으로 돌려 경부선을 따라 각지에 농장을 개설했다. 그 해 7월 경기도 평택에 수전 480정보의 八基농장을 개설하였다. 1906년 1월에는 전남 목포에 전 70정보를 매수하고 면작을, 3월에는 삼랑진에 전 70정보를 매수하여 양잠을 시도하였다. 1907년 6월에는 충남 대전에서 수전을 매입하였다. 1909년 전 6,700정보, 수전 1,400정보, 기타 합계 8,500정보에 달하는 토지를 확보하였다. 전국 각지에 농장경영의 기초를 확립한 것이다. 1909년에는 부산지점을 개설하고 제일은행 계열이었던 한국창고주식회사를 통합하여 창고업을 개시하고, 移出牛 관리업도 개시하였다.[172) 1910년에는 가마다 가쓰타로(鎌田勝太郎 : 이사)가

---

170) 大橋淸三郎 編, 『朝鮮産業指針』, 開發社, 1915, 285~286쪽.
171) 『동아일보』, 1928. 3. 28.

경영하는 한국척식주식회사를 합병하여 경북 경산농장을 개설하였다. 한국
흥업은 이들 지역을 바탕으로 부산지점, 황주지점, 목포관리소, 삼랑진관리
소, 대전관리소, 경산관리소 체제를 마련하였다.

토지소유 규모는 1905년 2,857정보에서 7년 후인 1912년에는 1만 정보(수
전 2,548정보)를 돌파하는 등 급격히 증대하였다. 일본제국이 국가적 차원에
서 투자하고 한국정부가 역둔토를 제공하여 설립한 동척을 제외하면 한국에
서 제일 큰 대지주였다. 이 해 명칭을 조선흥업으로 변경하였다. 1910년대
전반의 전답의 비는 밭이 논의 2.7배가 넘었다. 조선흥업은 전 위주의 농장이
라 할 수 있을 것이다. 물론 지가로 보면 1912년부터는 답이 전을 넘어섰으며,
수익도 이에 비례하여 답의 수입이 압도적이었다.[173] 재벌자본을 기반으로
설립된 한국흥업은 전형적인 기업형 농장경영 시스템을 구축하면서 토지확
대와 경영을 계속해 갔다. 1932년 토지소유규모는 1만 7천57정보로 최대
규모에 달하였다.[174]

〈표 33〉 조선흥업 소유 전답(단위 : 정보. 1936년)

농장명	소작인	밭	논	잡지	합계
황주	4,869	7,375	670	322	8,367
목포	4,865	2,149	1,268	63	3,480
삼랑진	2,347	534	755	374	1,663
대전	1,467	276	922	83	1,281
경산	2,098	564	902	30	1,496
해주	681	448	466	90	1,004
합	16,327	11,346	4,983	962	17,291

출전 : 조선흥업주식회사, 앞 책, 1936. 62쪽.

전국 각지의 농장별 토지소유규모는 1928년은 〈표 34〉, 1936년은 〈표
33〉과 같다. 그중 삼랑진농장은 1906년 3월 개설되었다. 관리소는 밀양군

---

172) 조선흥업주식회사, 앞 책, 1929, 50~53쪽 ; 동, 앞 책, 1936, 연혁 참고.
173) 조선흥업주식회사, 앞 책, 1936, 69쪽.
174) 조선흥업주식회사, 앞 책, 1936, 68쪽.

〈표 34〉 조선흥업의 농장별 면적과 투자액 비교(단위 : 정보, 1928년)

구성	합계			황주			목포		
	면적	투자액	단보당	면적	투자액	단보당	면적	투자액	단보당
전	11,166	1,125,697	10.08	7,458	560,008	7.51	2,048	198,273	9.68
답	4,097	1,799,103	43.91	642	215,469	33.56	1,070	535,451	50.04
잡	850	95,819	11.27	334	17,115	5.12	43	4,392	10.21
계	16,113	3,020,619	18.75	8,434	792,592	9.4	3,161	738,116	23.35
백분비	100	100	0.1	52.3	26.2	0.05	19.6	24.5	0.13
구성	삼랑진			대전			경산		
	면적	투자액	단보당	면적	투자액	단보당	면적	투자액	단보당
전	738	230,145	31.18	323	41,505	12.85	599	95,766	15.99
답	583	350,206	60.07	978	356,979	36.5	824	340,998	41.38
잡	351	54,885	15.64	109	18,408	16.89	13	1,019	7.84
계	1,672	635,236	37.99	1,410	416,892	29.57	14.36	437,783	30.49
백분비	10.4	21	0.2	8.8	13.8	0.16	8.9	14.5	0.16

출전 : 조선흥업주식회사, 앞 책, 1929. 통계도표, 8. 전답관할점별.

삼랑진면 송지리에 소재한 삼랑진역 인근에 두었으며, 종업원은 14명이었다. 삼랑진농장 관리소는 〈표 35〉와 같이 경남 각 지역에 분포한 농장을 관장했다. 토지 전체면적은 1,700정보였으며, 소재 지역은 〈지도 1〉에서 보는 바와 같이 밀양군, 김해군, 창원군, 그리고 경북 청도군 일원이었다. 밀양군에는 밀양·상남·낙동강·수산 등 4개 농장, 창원군에는 대산·이북 등 2개 농장, 김해군에는 진영·김해 등 2개 농장, 청도군에는 청도·풍각 등 2개 농장

〈표 35〉 조선흥업 삼랑진 농장(단위 : 정보 1936년)

농장	밀양	상남	낙동강	수산	대산	이북	진영	김해	청도	풍각
수납창고	밀양	밀양	낙동강 삼랑진	낙동강	진영	진영	진영	낙동강	청도	청도
면적	80	180	550	160	100	110	260	110	100	50
관계군면	밀양	밀양	밀양 김해	밀양	창원	김해	김해 창원	김해	청도	청도
	무안 상동 부북 밀양 단장 산외 산내	상남	삼랑진 상남 생림 상동	하동 초동 무안	대산	이북	진영 김해 이북 동	장유 주촌 김해	대성 화매전 이서	풍각 각남 각북
면적	합 1,700정보, 답 760, 전 570, 기타 370, 소작인 2400									

출전 : 조선흥업주식회사, 앞 책, 1936, 152쪽, 삼랑진 농장요람

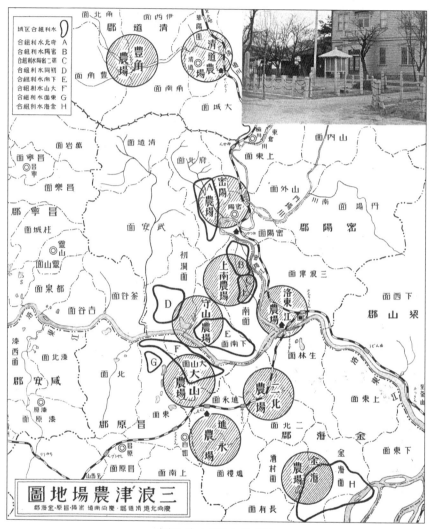

〈지도 1〉 삼랑진 농장 지도

　등이 설치되었다. 경부선과 마산선을 따라 배치되었다.

　삼랑진 농장의 전답 구성은 답이 760정보로 우세했지만 전도 570정보나
되었다. 전의 비중이 컸으며, 출발부터 양잠이 중시되었다. 소작료 구성에서
도 대맥의 비중이 적지 않았다. 잡종지는 374정보로 6개 농장 가운데 삼랑진

농장이 가장 많았다. 소작인 2,347명이 1,663정보를 경영하여 1호당 0.5(잡종지 제외)~0.7정보를 경작하였다. 조선흥업 농장가운데 1호당 경작규모가 가장 적었다. 투자비용은 이와 반대로 〈표 34〉에서 보듯 전은 31.18엔, 답은 60.07엔으로 단보당 투자액이 가장 높았다. 비용이 많이 든 농장이었다.

〈표 36〉 삼랑진 농장 관련 수리조합과 몽리면적(단위 : 정보)

수리조합명	밀양	제2밀양	하남	부북	초동	대산	동면	김해	
〈지도1〉 위치	A	B	C	D	E	F	G	H	합계 정보
소재지	밀양군					창원군		김해군	
	밀양읍	상남면	상남면	부북면	초동면	대산면	동면	김해읍	
몽리면적	778	450	1878	1010	431	1350	833	1997	8,727
사유지면적	71	107	93	22	14	87	1	61	456

〈지도1〉과 〈표 36〉의 출전 : 조선흥업주식회사, 앞 책 1936, 152쪽. 삼랑진 농장요람.

(2) 조선흥업의 농장경영과 특징

조선흥업은 금융자본 계열의 회사라는 점을 반영하듯, 농장 관리시스템을 조선 구래의 지주제를 벗어나 기업형 경영시스템으로 전면 개편하는 작업부터 시작하였다. 조선흥업은 매매계약과 달리 자기 소유권에 스스로 사적 폭력을 이용하여 절대적 권력을 부여하고 이를 근거로 경영권을 전면 장악하는 시도를 했다. 일본제국은 토지조사사업을 통해 이들의 소유권에 일본민법의 배타적 소유권이라는 '합법'이라는 옷을 입혔다. 조선흥업은 이에 걸맞게 지주와 소작인의 관계를 임대차관계로 전환하였다. 구래의 마름과 작인이 가지고 있던 관리권과 경작권을 전면 회수하는 조치를 취한 것이다.

첫째 과제는 구래의 지주들의 관리조직인 마름제를 폐지하고 회사가 농장경영의 전권을 확보하는 일이었다. 종래의 마름은 부재지주 대신 소유지의 관리, 소작권의 이동 등을 담당하는 소작료 징수청부업자로 각종 폐해를 낳는 근원이었다고 판단하고 취한 조치였다. 조선흥업은 농장경영의 전권을 장악하기 위해 마름제도를 폐지할 것을 결정하고, 관리원제도를 도입하였다. 관리원의 임무는 회사와 소작인의 연락을 담당하고 회사가 명한 농사개량과 사회적 시설을 수행하도록 소작인을 유도하고, 소작인의 의사를 회사에 통지하고 처리하는 것으로 한정하였다. 소작인의 임면, 소작료의 결정과 납입 등 소작권 관리에 관한 전권을 회사가 장악하고 중간개입은 허용하지 않았다. 마름제도는 이때 완전히 소멸시킨 것이 아니라 회사조직에 편입시켜 소작료 등을 거둘 때 적극 활용하였다.175)

다음은 소작인이 갖고 있던 소작권=경영권을 회수하는 일이었다. 첫 대상은 종래 농촌사회에서 통용되던 물권적 경작권인 중답주권이나 도지권을 해체시켜 지주가 배타적 권리를 행사할 수 있도록 소작권을 임차권으로 정리하는 일이었다. 조선흥업은 중간소작(=중답주)을 소작인의 부담을 가중시키고 소작관계를 복잡하게 하여 소작쟁의 발생의 원인으로 파악하고 이를 엄금하였다.176) 회사가 경작권(=소작권)을 장악하여 소작인을 관리하고 통제하기 위한 방안이었다. 조선흥업은 소작권을 임차권으로 소작인을 임차인으로 규정하면서 소작인은 소작규정에 위배되지 않는 한 그 지위를 영구히 보장하고, 소작권 이동은 전거 등 어쩔 수 없는 경우로 한정하였다고 하였다. 소작인이 구래에 독자적으로 시행하던 농사경영권도 회수하였다. 소작인은 농장과 흥농회의 지시에 따라 생산 분배 유통에 종사하도록 토지임차증을 작성하고 농장조직을 개편하였다.177)

한국흥업이 토지소유권을 확보하자마자 첫 번째 한 일은 매매계약을 무시하고 무력으로 소작료를 대폭 인상한 일이다. 1/3소작제를 절반으로 했다가 다시 6~7할로 증액하였다.178) 소작료는 지주 주도형 정조법과 간평법

---

175)『중외일보』, 1928. 3. 29.

176) 조선흥업주식회사, 앞 책, 1929, 20쪽.

177) 조선농회 편,『朝鮮に於ける現行小作及管理契約證書實例集』, 1931, 497~499쪽에 실린 토지임차증과 久間健一,「巨大地主の農民支配」, 앞 책, 成美堂, 1943, 282~329쪽이 참고된다. 조선흥업주식회사, 앞 책, 1929, 20쪽. 그리고 흥농회 규정에 구체적 내용을 규정하고 있다(위 책, 22~50쪽).

178)『중외일보』, 1928. 6. 19.

을 전면적으로 시행했다. 타작할 때 단순히 반분하는 타조법은 시행하지 않았다. 광대한 농장에서 정선된 벼만을 계약에 따라 소작료로 받아들이기 위한 조치였다. 조 1석=10두=170근의 量衡을 만족시키는 조건아래 소작료를 수납하였다. 벼 상품화를 위한 노동력을 농민에 전가한 것이다.[179)

둘째, 기간지 위주로 토지를 구입하여 수리조합 건설 등 개간비용을 최소화 했다. 기존의 제언과 보를 복원하고 계곡 등의 소규모 수리시설 건설로 기간지의 완성도를 높여갔다.[180) 조선흥업은 산미증식계획기에 전국적으로 설립된 수리조합과는 연관성이 적은 편이었다. 〈표 36〉에서 보듯, 삼랑진 농장의 일부토지가 낙동강 유역에 건설된 여러 수리조합의 몽리구역에 편입된 정도였다. 5% 수준이었다. 이 지역 수리조합은 낙동강의 범람과 관련하여 건설비용 재해복구비용이 많이 소요되어 조합비가 높은 편이었다. 그러나 조선흥업의 토지는 그 비중이 적어 그다지 문제가 되지는 않았다.[181)

셋째, 조선흥업은 자본금이 비교적 풍부하고 기간지 위주의 토지를 구입했 다. 토지개량에 필요한 자금을 금융기관으로부터 차입할 필요성이 적었다. 대부분의 토지도 지가가 낮은 초기에 매득하여 일제시기 내내 수입의 진폭은 있었지만, 이익이 적지 않아 주주에 대한 배당률도 10%~45%이상 보장하였 다.[182)

넷째, 조선흥업의 토지소유규모는 1932년에 최대 규모이고 그 후 정체적 감소현상을 보였지만 토지구성은 질적 전환을 보였다. 1930년대 조선흥업은 개간 간척 등 토지개량사업으로 전을 답으로 개답하는 사업을 추진하였다. 전의 감소와 답의 증가하는 모습을 보였다. 삼랑진 농장도 수리조합구역에 편입됨에 따라 상당규모의 전이 답으로 전화되었다. 식민지 지주제가 1930년

179) 久間健一, 앞 책, 成美堂, 1943, 298~308쪽.
180) 조선흥업주식회사, 앞 책, 1929, 20쪽.
181) 조선흥업주식회사, 앞 책, 1936, 43, 112쪽.
182) 조선흥업주식회사, 앞 책, 1936, 64쪽. 사업성적 누년비교.

대 이래 소유규모면에서는 정체적 감소의 모습을 보였지만 재산가치는 계속 증가하는 모습을 보였다.[183]

다섯째, 조선흥업은 다른 일본인 지주와 달리 수전 중심이기는 하지만 전의 수입이 30%가 넘고 토지규모는 전이 답의 2배가 넘는 특징을 보였다. 양자는 생산량과 가격에서 대체로 등락을 같이하면서도 때로는 서로 보완적 역할을 하기도 하였다. 특히 전시체제기에는 벼의 소작료가 대폭 감소하였으나 전의 소작료에는 별 변동이 없었다.[184]

마지막으로 조선흥업은 생산 분배 유통의 측면에서 소작농민의 경영권을 완전히 흡수 장악하고 노동자처럼 취급하였다. 이것을 가능하게 한 것이 興農會조직이었다. 일본인 지주들은 창립초기 대부분 지주 주도로 소작인조합을 조직하여 소작인을 지도 관리했다. 조선흥업에서도 소작인조합을 조직하여 품종개량·경작법·시비법 등 농사개량은 물론, 지대수납·생산물 판매·부업 등 모든 부분에 걸쳐 지시 관리하였다. 조선흥업에서는 소작인의 일상생활을 관리하기 위해 戶別방문제도를 도입했지만, 더 밀도있고 조직적으로 관리하기 위해 흥농회를 조직하였다.[185] 흥농회는 표면적으로는 勞資의 협조를 통해 공존공영하는 것을 목표로 회사와 소작인의 공동기관으로 설립한다고 하였다. 유교적 가족주의적 이념아래 전속소작인제도를 도입하였다. 이것은 일본의 농본주의 이념, 즉 자급자족과 근로제일주의를 원칙으로 농민의 노동력을 최대한으로 끌어내기 위한 방안이었다.

조선흥업이 소작농민을 조직적으로 관리하고 농장을 경영하기 위해 도입한 장치가 농장관리망과 흥농회 조직이었다. 회사의 점장은 흥농회의 회장이고, 사원은 간사, 관리원은 지부장과 이사, 소작인총대는 평의원, 리동소작인총대는 리동회원 총대, 소작인 5人組는 회원 5戶契로 군대처럼 조직화하여

183) 조선흥업주식회사, 앞 책, 1936, 68쪽.
184) 하지연, 앞 책, 2010, 237~238쪽.
185) 조선흥업주식회사, 앞 책, 1929, 25~26쪽. 흥농회 회칙 제3조.

관리 통제하였다. 최하단위인 5인조=5호계 조직은 서로 공동으로 연대책임을 지는 기본단위였다.[186] 5호는 상호 보험관계를 갖는 경제공동체이며 공동운명체였다. 한사람이라도 이탈하면 5인의 계약 해제로 이어졌다. 소작인이 조선흥업의 수탈구조를 감내할 수밖에 없도록 조직화되었으며, 여기서 영속 또는 전속소작인제가 가능하였다.[187] 삼랑진농장은 1917년에 소작인조합을 설립하였으며, 1921년 흥농회로 조직을 변경했다.[188]

조선흥업의 농장경영의 특징은 사업결산서를 볼 때 제일은행 계열의 농장이라는 점을 반영하듯 타인 자본에 거의 의지하지 않았다. 초기 토지구입 당시는 1908년에는 76만 엔에 달하는 적지 않은 돈을 차입했지만 1919년 고미가의 호황기를 맞이하여 1922년 차입금을 모두 상환하였다. 두 번째 차입은 해주농장을 구입하고 대공황기를 맞이하면서 95~125만 엔을 차입하였다. 그러나 조선흥업의 경영에 영향을 줄 정도는 아니었다. 1934년에 모두 상환하고 그 이후에는 차입금이 없었다. 적립금도 상당한 규모였다.[189]

조선흥업은 설립이래 농장경영에서 이익률에서 10%이하를 보인 적은 1915년까지이고 그 후로는 10%대는 1918년 24%를 달성한 이래 1920년과 1930년 대공황기뿐이었다. 늘 20% 중반대를 오르내렸다. 배당률은 1917년 이후에는 15~40%정도로 매우 높았으며 전시체제기도 13%대였다.[190] 배당률이 높은 것은 조선흥업의 경영방침이 사내보유보다 배당률 우선으로

---

186) 조선흥업주식회사, 앞 책, 1929, 통계도표, 21. 농장관리망과 그 사업해설 ; 동, 앞 책, 1936, 80쪽.

187) 조선농회 편, 『朝鮮に於ける現行小作及管理契約證書實例集』, 1931, 497~499쪽. 토지임차증에 임차인은 조선흥업과 흥농회의 지도사항을 반드시 준수 실행하도록 하고, 5인의 연대보증인은 계약주와 동등한 책임을 지도록 하였다. 이들 가운데 자격 신용을 잃은 자가 있을 경우는 즉시 상당한 보증인을 대립하도록 했으며. 소작료를 미납할 경우는 흥농회 저금으로 충당하도록 하였다.

188) 조선흥업주식회사, 앞 책, 1929, 23쪽.

189) 조선흥업주식회사, 앞 책, 1936, 43, 64쪽. 사업성적 누년비교.

190) 조선흥업주식회사, 앞 책, 1936, 43, 64쪽. 사업성적 누년비교.

이익금을 운영한 덕분이었다. 그리고 주목할 점은 조선흥업은 농업부분에서도 개간 간척비용을 최소화하고 농외부분도 투자를 최소화했다. 1912년, 1940년에는 국고채나 주식회사 등의 유가증권에 투자하는 모습이 보일 정도였다.[191] 조선흥업은 농업이외의 국내투자는 거의 없었다. 다만 주주 개인차원에서 보면 오하시 신타로,[192] 하자마 후사타로, 오쿠라 구미 등은 조선내에서 비교적 활발하게 투자활동을 한 편이었지만, 대부분의 주주들은 일본 내 거주하면서 투자도 주로 일본 내에서 한 것으로 보인다. 식민지에서의 투자이익이 식민본국에서 투자되었다는 점에서 식민지 지주제의 본래 모습을 잘 보여준 기업가형 지주라 할 수 있을 것이다.

5. 부산지역 대지주의 자본전환

1) 오이케 츄스케(大池忠助)의 자본전환

부산지역 대지주이면서 대자본가인 오이케 츄스케(大池忠助)·하자마 후사

---

191) 제8기(1912년) 영업보고서. 만석동 매축주식회사 주식 2250주로 38000엔이었다. 제37기(1941년)영업보고서에는 유가증권 34만4천엔이었다. 지나사변 국고채권 천 엔권 300장, 조선임업개발주식회사 주식 5천주 등이었다.

192) 오하시 신타로는 1863년 新潟縣 長岡市 출생이다. 大橋본점의 대주주이며 일본 출판계의 거물로 당대 최대의 출판사인 博文館을 설립하고 최고 부수를 자랑하던 잡지 太陽을 출간하였다. 조선흥업의 주주 가운데 가장 활발하게 조선에서 투자활동과 회사의 임원을 지냈다. 경성전기와 조선맥주의 사장을 지냈다. 대일본맥주가 조선맥주의 지배주주이고 오하시가 사장을 지냈다. 조선내 본점이 있는 조선제지, 북선제지화학, 조선무연탄과 조선에 지점을 둔 남만주철도, 동경화재보험, 동경건물, 왕자제지 등의 임원을 지냈다. 그리고 日本郵船, 日本石油, 電氣化學工業, 東京製鐵, 帝國製紙, 北海水力電氣, 三井信託, 日本鋼管, 三共, 近海郵船, 足利紡織, 復興建築造成, 日本航空輸送, 日本染料製造, 白木屋, 理化學興業, 第一相互保險, 奉天製麻, 南滿州鑛業, 勸業銀行, 三井銀行, 東亞興業, 明治製糖, 新興織物 등 각종회사 은행의 사장, 이사, 감사를 지냈다.

타로(迫間房太郎)·가시이 겐타로(香椎源太郎)는 서로 협조와 경쟁관계 아래 부산의 대표적인 '3거부'로 불릴 정도의 대자본가로 성장해 갔다. 이들은 여러 기업에 공동투자는 물론 경영도 같이 하였지만, 각자 독자적인 분야를 선택하여 집중적으로 투자하고 독자적으로 경영하기도 하였다. 이들이 공동 투자한 대표적 회사는 부산수산, 朝鮮瓦斯電氣, 부산공동창고, 부산상업은행, 부산일보, 부산미곡증권신탁 등을 들 수 있다. 이를 가운데 3인의 협력관계를 가장 전형적으로 보여주는 회사는 〈표 37〉에서 보듯, 1907년 설립한 부산수산(주)이었다.

부산수산은 초기 자본금이 70만 원이었다가 1923년 무렵 200만 원으로 증자했다. 주식은 하자마 후사타로가 제일 대주주였다. 하자마 일가는 1930년대 후반 그의 일가 3·4명이 집중 투자하여 압도적 대주주였지만, 회사 대표는 맡지 않았다. 사장은 오이케 츄스케가 1889년 설립 이래 이사로 있다가 1912년에 취임하였다. 1930년 대구에서 사망할 때까지 계속 역임하였다. 그의 사후 아들 오이케 겐지(大池源二)가 감사를 맡기도 했지만, 오이케 집안은 존재감이 없어진 것으로 보인다.[193] 하자마와 가시이는 이사로 재직하였으며, 오이케 사후에 가시이가 사장에 취임하였다.

오이케 츄스케는 부산에 자리 잡으면서 수산업과 운송업을 자본축적의 기본 축으로 삼았다. 그는 부산수산의 대표로 있으면서 여러 수산회사를 설립하고 대표로 재직하였다. 〈표 37〉·〈표 38〉에서 보듯, 그는 선박제조와 수산업 관계회사에 폭넓게 활동하고 있다. 지역적으로 부산을 넘어 통영과 삼천포에 수산회사를 설립하였다. 1922년에는 함남 원산에 원산수산을 설립

---

193) 오이케 겐지는 1892년에 태어났다. 본적은 長崎縣 巖原町이고, 부산상업학교 3기생이지만 중퇴하고 慶応義塾 理財部에 진학하였다. 1930년 大池忠助가 사망한 후 사업을 인계받았다. 부산에서 무역업에 종사하고 많은 토지가옥을 소유하였다. 大池 총본점, 大池回漕店, 남조선자동차, 경진운수회사, 朝鮮亞比酸광업(주) 등의 사장, 삼천포수산(합) 대표사원, 통영회조 사장, 부산수산회사 감사, 조선기선 이사, 元山水産 사장, 부산무진 이사로 재직하였다.

하였다. 원산수산은 개인이 지배적인 주주인 회사로는 자본금이 38만 원이라는 비교적 규모가 큰 회사였다. 수산회사는 아들이 주로 경영을 담당하였다. 오이케는 상점을 물려준 친형을 따라 인천에도 진출하였다. 인천수산과 인천미두취인소의 대주주로 참여하였으며, 京城株式現物取引市場의 이사로 참여하기도 했다.

〈표 37〉 부산수산주식회사의 주주와 주주수

구분	1921	1923	1925	1927	1929	1933	1935	1937	1939	1941	1942
迫間房太郎	3158	5927	5927	5927	5927	5752	5752	5752	5752	5752	5752
迫間保太郎		860	860	860	860						
迫間一男								976	1076	1176	1176
迫間正次郎									880	880	880
迫間良二										875	875
香椎源太郎	1039	2304	2304	2304	2304	2304	2304	2304	2304	2304	2304
大池忠助	1349	2692	2692	2692	2495	1252	1252				
竹下佳隆	400		1207	1207	1207	1207	1207	1207	1295	1335	1335
부산미곡증권신탁		1200	1200	1200	1200	↓					
조선신탁						1000	1000	1000	1000		
사장	大池忠助					香椎源太郎					
이사	迫間房太郎, 香椎源太郎					迫間房太郎, 山本利吉					

비고 : 조선신탁의 1933년분은 남조선신탁을 계승한 것이다. 大池忠助 사후 아들 大池源二가 뒤를 이어 1933~37년 감사를 지냈다.

오이케는 부산 진출 초기부터 운수·창고업에도 손을 뻗쳐 여러 회사를 설립하였다. 회사형태는 합자회사·합명회사·주식회사 등 다양하였다. 오이케는 운송회사인 大池回漕·統營回漕·釜山回漕 등을 각지에 설립한 대주주로 회사의 대표 또는 이사로 경영에 참여하였다. 이러한 사업의 연장에서 1925년 자본금 100만 원인 전국을 단위로 영업망을 갖춘 조선기선에도 대주주로 참여하였다.[194] 그는 이사와 상담역으로 회사경영에 참여하였다. 回漕회사는 아들 오이케 겐지가 맡아 운영하였다. 이들 부자는 1912년 朝鮮郵船(株)이

---

194) 조선기선은 해륙 운송업, 艀業, 창고업, 보험업무 대행업, 운송업에 관련된 업무 및 투자가 목적이었다. 朝鮮郵船會社, 須之內常太郎, 統營海運會社, 福島彌市良, 大池源二, 釜山回漕, 統營回漕, 中村松三郎, 堀田松二郎, 服部源次郎 등이 대주주였다.

설립될 때 공동발기인이며 대주주로 참여하였으며, 이사와 상담역을 맡았
다.195) 이 회사는 설립 당시 목포항운, 원산 吉田상선, 부산기선, 日本郵船,
大阪商船 등 해운업자가 출자하여 설립한 것이지만, 1921년 자료에는 조선소
재 해운회사들은 대주주에 보이지 않고, 日本郵船, 大阪商船, 日本共立生命保險會
社 등 일본계 회사들이 지배적 대주주로 등장하였다. 여기에 이왕가의 李王職
長官, 李堈公, 李埈公과 오이케 츄스케, 오이케 겐지, 하자마 후사타로, 오쿠라
기하치로(大倉喜八郎), 우콘 곤자에몬(右近權左衛門)196), 곤도 렌페이(近藤廉
平)197) 등 한국황실과 일본의 유수한 자본가들이 새로 대주주로 등장하였다.
오이케는 상담역으로 참여하다 1923년 이후 이사로 재직하였다. 오이케
츄스케는 1910년대 전국 단위의 자본가로 성장하고 있었다.

오이케는 1920년대에는 伊藤창고와 부산신탁, 그리고 釜山米穀證券信託(株)
에 대주주와 이사로 참여하였다. 부산지역을 둘러싼 운수와 창고관계 회사는
오이케 집안의 영향력이 압도적이었다. 오이케는 부산미곡증권신탁의 대표였
으며, 하자마와 가시이는 이사로 참여하였다. 회사의 목적은 금융업·창고업
및 운송업·미곡과 일반상품의 매매와 중개·곡물 담보대부·釜山穀物商組合穀物
市場의 곡물매매 위탁·자금운용의 위탁중개·유가증권의 소유 교환·담보대
부, 동산 부동산의 소유 매매 중개, 관리 담보대부, 일반신탁 업무 등이다.
오이케 츄스케가 6만 주중 11,730주, 가시이 겐타로가 2,000주를 소유하였다.
1930년 조선신탁업령 공포이후에 남조선신탁에 합병되어 해체되었다. 남조
선신탁은 조선신탁업령에 따른 업무를 수행하기 위해 설립되었다.

오이케는 하자마나 가시이와 달리 농업관계 회사도 설립 운영하였다.

195) 조선우선은 자본금 300만 원이고 해운업과 부대업무를 위해 설립되었다.
196) 右近權左衛門(1853~1916)은 일본 후쿠이현 출신으로 효고현에 거주하였다. 해운업
    大阪화재해상운송보험, 일본화재해상보험 회장을 지낸 자산가이다.
197) 近藤廉平(1848~1921)는 귀족원 의원이며 남작이다. 德島縣 출신으로 慶應義塾에서
    공부하고 三菱商會에 들어가 岩崎弥太郎의 사촌누이와 결혼했다. 일청기선 사장,
    일본우선 사장을 역임했다.

大池정미소를 비롯하여 慶南繩叺(株), 동양축산흥업, 조선비료 등에 참여하였다. 특히 후자의 두 회사는 부산의 자본가들이 아니라 동척·오쿠라 재벌·이왕직과 같은 중앙의 자산가들과 함께 투자하였다. 오이케는 이외에 유흥업은 물론 각종 곡물 수산 수출상 조합의 조합장을 맡기도 하였다.(〈표 39〉) 그는 부산의 대표적인 자본가로 일본에서 자본을 도입하여 성장한 것이 아니라 조선에서 무역 상업 등으로 자본을 축적하여 토지에 투자하고 여기서 축적된 자본을 산업자본과 서비스산업에 투자한 대표적인 부산의 일본인 자본가였다.

오이케의 유산은 1930년 사망과 함께 그의 아들 겐지로 대물림되었다. 겐지는 자신이 주도하던 수산회사나 운수업 계통에서 여전히 지배적 위치에

〈표 38〉 오이케가 참여한 수산·운수·창고·농업회사

구분	회사명	설립일	자본금	대표	이사	주주
선박 제조. 수산	朝鮮船渠工業	1922	40만원	大友賴幸	大池忠助	小野信次郎, 大友賴幸, 大池忠助
	삼천포수산(합자)	1907	5만원	大池源二	사원	大池忠助
	원산수산㈜	1922	38만원	大池忠助	岩中半六	大池忠助(3000/7600)
	인천수산	1907	7.5만원	平山松太郎	加來榮太郎	平山松太郎, 大池忠助(50/1500)
창고 운수 업	伊藤倉庫	1920	50만원	부산창고선 박과 부산신 탁으로 변경	山村正夫, 國司道太郎	山村正夫(1680), 大池忠助(1921)
	부산신탁	1920	50만원	山村正夫	國司道太郎, 福島源次郎	山村正夫(2320), 國司道太郎 (1950), 大池忠助(230)
	부산미곡증권신탁	1923	300만원 6만주	大池忠助	迫間房太郎, 香椎源太郎	大池忠助(11730), 祖文江新三 (2238), 信友會(2050), 香椎源太 郎(2000)
	통영회조(합자)	1914	2만원	上原龜太郎	사원	大池忠助, 大池源二
	대지회조점(주)	1923	50만원	大池源二	大池源二	大池忠助, 大池源二
	부산회조(주)	1925	10만원	植村久三郎	中村松三郎	大池忠助, 大池源二
	조선기선(주)	1925	100만원	石垣孝治	大池源二, 大池忠助 (상담)	朝鮮郵船會社, 統營海運會社, 大 池源二, 釜山回漕 統營回漕
농업 부문	조선비료	1919	40만원	門野重九郎	大池忠助, 香椎源太郎	東拓(23800), 日清製油會社, 大倉喜八郎
	대지정미소(합명)	1924	25만원	井野英助	사원	大池忠助, 大池源二
	慶南繩叺(株)	1927	20만원	大池忠助	井谷義三郎	迫間一男, 大池忠助, 井谷義三郎
	동양축산흥업	1918	2백만원	賀田直治	大池忠助	東拓(10000), 賀田直治, 大池忠助, 李王職長官, 李柄學, 富田儀作

있었다. 그리고 조선기선, 朝鮮電氣鑄鋼, 小宮黑鉛鑛業所(合資), 대동석유, 조선법랑, 朝鮮亞砒酸鑛業 등 오이케와 다른 분야로 진출하였다.[198] 겐지는 선대의 3거부가 공동 투자한 회사에서는 자취를 찾기 어려웠다.

<표 39> 오이케가 설립한 거래소와 유흥업소

회사	설립일	자본금	대표	이사	대주주c
仁川米豆取引所	1899	1백만원	若松兎三郎	古城菅堂, 荒井初太郎	內海淑郎, 若松兎三郎, 大池忠助, 香椎源太郎
京城株式現物取引市場	1921	3백만원	釘本藤次郎	富田儀作, 大池忠助	京城信託會社(4271), 川崎良太郎(3987)
釜山興産(극장 연극)	1921	15만원	大池忠助	加藤奧治	大池忠助(1280), 岡村正雄(195)
松島遊園(株)	1922	20만원	小宮萬次郎		大友賴幸(3000), 大池忠助(2000)

2) 하자마 후사타로(迫間房太郎)의 자본전환

하자마 후사타로는 부산수산의 제일 대주주였지만, 대표가 아니라 이사로만 재직하였다.(<표 37>) 다른 회사에서도 대체로 투자를 하고 이사로는 참여했지만 직접 대표로 취임한 경우는 드물었다. 예외적으로 대부분의 자본을 투자한 부산공동창고(주)와 같은 직계회사에서는 대표를 맡기도 했다. 이 회사에 오이케와 가시이도 투자하고 이사를 맡았지만, 하자마와 동생·아들도 1920년대 후반 여기에 대거 투자하여 하자마 집안의 회사라고 부르기도 하였다.

하자마는 초기부터 일본제국 정부와 유착관계를 맺고 활발하게 투기라 부를 정도로 토지에 투자하였다. 이러한 전력에 힘입어 일찍이 한국(조선)흥업에 주주로 참여하였으며, 1927년에는 진영의 村井농장을 인수하여 대지주로서 위치를 확고히 하였다. 하자마는 토지투기를 통해 자본을 축적하고 전국 단위의 회사에 폭넓게 이사와 주주로 참여하고 있었다. 그는 정경유착적인 토지투자로 부산의 유수한 자본가로 성장했지만, 산업자본가로서 여러

198) 동아경제시보사, 『朝鮮銀行會社要錄』 각년판.

<표 40> 迫間房太郎 계열의 회사

구분	회사명	자본금	대표	이사	주주
화장품 제조	부산상공사 (합자) 1927년	4만1천원 유한	桑島長次		(사원)平野きゑ(7140유), 迫間房太郎 (1800유)
무역	조선電球 무역 1940년	25만원	杉村逸樓	香椎源太郎, 迫間 房太郎	
	부산미곡증권 신탁 1922년	3백만원 6만주	杉村逸樓	迫間房太郎, 香椎 源太郎	杉村逸樓(10700), 信友會(3340), 迫間 房太郎(2980), 香椎源太郎(1930), 迫間 一男(1122)
금융	남조선신탁 1933년	1백만원 2만주	杉村逸樓	이사 迫間房太 郎, 香椎源太郎	迫間房太郎(1855), 香椎源太郎(965), 迫間一男(739)
	부산상업은행 1913년	150만원 5만주	전무泉末治	迫間房太郎, 大池 忠助, 香椎源太郎	迫間房太郎(5449), 大池忠助(3100), 香 椎原太郎(3020
	경남은행 1912년	100만원	尹相殷	大池忠助, 迫間房 太郎, 吳泰煥, 文 尙宇	宋台觀(3396), 孫永暾(1190), 崔演國 (1190), 池昌奎(902), 白山貿易會社 (800), 迫間房太郎(750), 大池忠助(560), 尹相殷, 東萊銀行
	부산증권 1920년		文尙宇	大池忠助, 迫間房 太郎, 香椎源太郎	迫間房太郎(2790), 釜山米穀證券信託 (2500), 文尙宇(1220), 大池忠助(250), 香椎源太郎
	조선화재해상 1922년	5백만원 10만주	河內山樂三	이사 迫間房太郎 香椎源太郎	朝鮮殖産銀行(31245),朝鮮銀行(15000), 滿鐵京城鐵道局(5000),香椎源太郎 (4000),商業銀行(2000),大池忠助 (1500),漢城銀行,白寅基
	조선저축 1929년	5백만원		이사 迫間房太郎	식은 제일생명 조선화재해상 동양생 명 등
	호남은행 1920년	2백만원 4만주	玄俊鎬	전무 金信錫 감사 金炳魯, 車 南鎭	鶴坡農場(합명)(11385),高光表(2480),高 在賢(2460),玄俊鎬(2115),迫間房太郎 (1610),玄在喆(1350)朴興植(1040)
토지	부산토지 1931년	7만6천원	迫間房太郎	杉村逸樓 芥川浩	迫間房太郎
	조선부동산 1935년	1백만원	迫間一男	迫間房太郎	迫間房太郎, 迫間秀雄, 迫間武雄 등 迫 間一族
공업	조선제련 1935년	1천만원 20만주	松本誠	迫間房太郎, 金秊洙(감사)	殖産銀行(50000), 有賀光豊, 愛國生命, 장항제련소
교통	경춘철도 1936년	1천만원		迫間房太郎 (감사)	식은 신탁저축 迫間房太郎 김연수

회사에 적극 투자활동을 전개했다. 투자분야는 <표 40>에서 보듯, 금융부문 뿐만 아니라 다방면에 걸쳐있었으며, 투자지역도 부산지역에 한정된 것이 아니라 중앙에도 적극 진출하고 있었다.

먼저 금융부분에서 하자마는 은행·신탁회사·보험회사 등 다양한 분야에

<표 41> 朝鮮瓦斯電氣의 주주와 그 변화(단위 : 주식수)

구분	1921	1923	1925	1927	1929	1931	1933	1935
川北電氣企業① 岡山電氣軌道② 東山土地(주)③	12340①	12890	3000②	6830③	5265③	4365③	3465	3495
香椎源太郎	2610	2610	2610	6360	6360	6360	6360	6360
迫間房太郎	1590	1590	2290	6170	6170	6170	6000	5500
大池忠助 大池源二④	1400	1540	1260	기록무	2520	2220④		
菊谷茂吉							6250	6700

비고 : 부산전등(주)은 1899년에 설립되었으며 1910년 조선와사에 매각하였다. 大池忠助는 1899~1900년 이사, 1901~1910년에 사정으로 재임했다. 부산궤도(주)는 1909년에 설립되었다가 조선와사에 1910년 매각했다.

투자했다. 은행에는 부산상업은행·경남은행·조선저축은행·호남은행 등이 있고, 신탁·보험부분에서는 부산미곡증권신탁·남조선신탁·조선생명보험 회사 등이 있다. 첫째, 경남은행과 부산상업은행, 부산미곡증권신탁·남조선 신탁 등은 부산지역의 자본가들과 공동으로 투자한 경우로 대주주이면서 이사로 참여하였다. 조선신탁과 조선화재해상보험은 중앙의 금융자본인 식산은행을 비롯하여 조선생명화재보험회사나 상업은행·한성은행 등과 함 께 대주주로 참여하였다. 지방과 중앙을 넘나들며 금융부문에 참여하고 있었다.

둘째, 대체로 일본인계 금융기관에 투자했지만, 한국인이 주도하는 금융회 사에도 대주주로 참여하였다. 초기에는 경남은행(구포은행 전신)의 주주로 참여하였다. 당시 경남은행은 부산의 자본가인 金弘祚·윤상은·최준·백산상 회 등 한국인이 주도하여 설립 경영한 은행이었다. 여기에 하자마는 오이케와 함께 대주주로 참여하고 이사도 맡았다. 宋台觀이 대표이며 대주주였다. 그리고 1930년대에는 현준호가 대표로 있는 호남은행에도 대주주로 참여하 였다. 하자마는 일찍부터 한국에 들어와 활동한 때문인지 다른 일본인 자본가 와 달리 한국인 계열의 은행에도 적극 참여하는 편이었다.

일본인 자본가로 일본인들과 주로 사업을 같이 했지만, 조선인 자본가들과도 끊임없이 교류하며 사업을 같이하고 있었다. 그리고 오이케처럼 하자마도 부산이라는 지역단위를 넘어 전국단위로 활동범위를 확대하고 있었다. 그리고 그의 특징은 대표가 아니라 대부분 대주주로 참여하였으며, 간혹 이사를 역임하기도 했다.

하자마는 다른 산업자본 분야에서도 부산지역의 다른 자본가와 달리 중앙이나 다른 지역의 자본가들과 1910년대부터 적극적으로 투자관계를 맺고 있었다. 대표적인 회사로는 조선흥업을 필두로 조선전기, 鮮滿製函木材(신의주), 조선우선, 그리고 1920년 마산-전주간 경편철도를 건설하고 운영한 남조선철도(마산) 등 다양한 분야에 대주주로 참여하였다. 1930년대 일제의 '조선공업화' 정책이 본격적으로 추진되면서 더 적극적으로 중앙의 일본인 자산가들과 함께 조선제련, 경춘철도, 조선전구무역 등의 여러 기업에 대주주로 참여하였다.

하자마가 단순 대주주의 위치를 벗어나 경영에까지 적극 참여한 부분은 부동산 회사였다. 토지로 성장한 자산가답게 토지회사를 설립 운용한 것이다. 부산토지(주)는 1931년에 설립되었으며, 부동산매매와 경영이 주 설립 목적이었다. 그는 이 회사에서 압도적 대주주는 아니었지만 1933년 대주주이면서 사장으로 등록되었다. 조선부동산(주)은 자본금 1백만 원의 적지 않은 규모의 회사로 하자마 집안에서 설립하고 운영한 회사였다. 하자마 가즈오(迫間一男)가 대표, 하자마 후사타로(迫間房太郎)가 이사, 하자마 히데오(迫間秀雄), 하자마 다케오(迫間武雄)가 감사로 등록되었다. 주식 수는 2만주였으며 하자마 집안이 지배 주주였다. 그의 집안은 산업부분에도 계속 투자하였지만, 금융과 토지투자에 더 집중하는 모습을 보였다. 전시체제기에도 투자와 경영을 계속하였다. 하자마는 3인이 공동 투자했으면서도 때로는 제1 대주주였음에도 불구하고 대표를 맡지 않은 경우도 적지 않았다. 부산수산은 물론이고 부산상업은행도 3인이 함께 대주주로 참여하였는데, 지분은 하자마가 가장 많았다. 사장은 오이케였다. 오이케 사후, 하자마 집안의 지분은 더 높아졌지만, 사장은 가시이가 맡았다.

3) 가시이 겐타로(香椎源太郎)의 투자동향

가시이 겐타로(香椎源太郎 : 1867~1946)는 하자마나 오이케와 달리 토지 부분보다 수산업과 산업 부분에 투자를 더 집중한 경우이다. 가시이는 후쿠오 카현의 무사집안 출신으로 일본군부와 밀접한 관계를 맺고 있었다. 이러한 배경 덕분에 통감부와 조선총독부의 후원아래 기업가로 크게 성장할 수 있었다.[199] 물론 초기에는 상속받은 토지를 배경으로 실업계에 진출한 것으로 보이며, 한국에 들어온 직후에는 토지 자본을 토대로 수산업 분야에서 활동을 시작했다.

수산업 분야에서는 두 방향으로 투자를 진행했다. 하나는 수산회사를 설립하여 유통업에 종사한 일이며, 또 하나는 어장을 확보하여 어획량 확보하는 일이었다. 1905년 러일전쟁 직후 부산에 건너온 그는 이토 히로부미의 지원을 받아 조선황실의 의친왕 이강이 소유한 거제도 대구어장을 임대받은 다음, 거제도와 다대포 어장을 일으켜 한국 연안어업의 '진가'를 널리 알렸다고 세간에서 평가하고 있다. 이토는 한국의 어업을 진전시키기 위하여 가시이의 제안을 받아들였다. "국가백년 대계로 어장의 권리를 영구 양도"하기로 이토는 가시이와 계약을 체결했다는 것이다.[200]

가시이는 그후 동해안 방면으로 어장을 넓혀갔다. 1916년에는 강원도 통천군 3개 어장을 비롯하여 조선 제1의 어업권인 함경남도 홍원군 무계리의 어장을 확보하였다. 1940년에는 경상북도·강원도·함경남북도의 어장 80개 소를 획득하여 1년 어획고가 150~160만 원에 달하였다고 하였다. 그는

---

199) 예비역중장 香椎秀一의 동생 純一郎이 香椎源太郎의 양자가 되었다. 名古屋大學大學院 法學研究科, 『人事與信錄』 데이터베이스(제8판 1928년).
200) 『부산일보』, 1940. 2. 25.

1922년에는 조선수산협회 회장, 1923년에는 조선수산공진회의 후원회장을 맡았다.[201] 경남수산회 회장이면서 대일본수산대회 조선대표로 파견되는 등 조선어업을 대표하기도 하였다. 그 덕분에 '반도의 수산왕'이라 불렸다.[202]

가시이는 1940년대에는 어장 이외에 부산수산주식회사 사장, 남선합동운송주식회사 사장, 서선합동전기 취체역 회장, 서조선수출수산주식회사 사장, 조선화재해상보험 중역, 조선서적인쇄주식회사 이사, 남선합동전기 회장, 일본경질도기주식회사 사장 등에 재임한 조선 굴지의 사업가였다.

수산업 분야에서 가시이가 이름을 날리기 시작한 계기는 당시 가장 규모가 큰 부산수산(주)에 투자하면서 비롯되었다. 그는 처음에는 대주주이며 이사로 경영에 참여하였으며, 사장인 오이케가 죽은 다음 대표이사를 맡으면서 비약적으로 성장하였다. 1940년대 부산수산은 한반도 근해를 중심으로 규슈의 나가사키, 남으로는 대만·오키나와로부터 동해 연안의 해안지역에 걸친 풍부한 어장에서 수산물을 확보하는 한편, 부산을 중심으로 한 全鮮·만주·북중국·남중국에 이르는 판로도 개척하였다. 1931년에서 1939년 사이의 어획고는 144.8만 원에서 731.6만 원으로 5배 이상의 비약적 성적을 거두었다고 부산일보는 보도하였다.[203]

그가 부를 축적한 출발점은 수산업이었으며, 수산업 분야에서 그의 영향력은 〈표 42〉에서 보듯 일제시기 내내 유지되었다. 가시이는 부산수산 이외에 독자적인 수산회사도 설립했다. 1918년에는 자본금 1백만 원의 조선수산수출(주)을 설립하였다. 설립 목적은 수출할 수산물의 제조와 매매 위탁매매

---

201) 가시이 겐타로에 대한 연구로는 김경남, 「일제하 조선에서의 도시 건설과 자본가 집단망」, 부산대학교 박사학위논문, 2003 ; 김동철, 「부산의 유력 자본가 향추원태랑 (香椎源太郎)의 자본 축적 과정과 사회 활동」, 『역사 학보』 186, 2005 ; 배석만, 「일제 시기 부산의 대자본가 향추원태랑의 자본 축적 활동 : 일본경질도기의 인수와 경영 을 중심으로」, 『지역과 역사』 25, 2009 ; 藤永壯, 「植民地下日本人漁業資本家の存在形態 李堈家漁場をめぐる朝鮮人漁民との葛藤」, 『朝鮮史研究會論文集』 24, 1987.

202) 『부산일보』, 1940. 2. 25.

203) 『부산일보』, 1940. 2. 25.

<표 42> 가시이가 참여한 수산업관계회사

구분	회사명	자본금	대표	이사	주주
제조	조선제빙 1936년	1백만원	志岐信太郎	香椎源太郎	香椎源太郎, 경성수산회사
수산업	함북합동수산 1939년	18만5천원	七條元次郎	香椎源太郎	청진부
	경성수산 1927년	75만원	香椎源太郎	守永眞平(전무)	守永喜三郎, 香椎源太郎, 京城日丸水産會社 15000주
	朝鮮水産輸出, 부산 1918년	1백만원	香椎源太郎	富田儀作	香椎源太郎,中村俊松, 迫間房太郎, 富田儀作
	京城日丸水産(주) 1913년	10만원	山口太兵衛	和田常市	香椎源太郎, 785/2000
	慶尙南道定置漁業水産組合 1940년		香椎源太郎	向畑泰藏	
신문	동양수산신문사 1927년	2만원	林駒生		林駒生(260), 香椎源太郎
	朝鮮水産新聞社(株)1937년	2만원	安田勝實		林不二男 香椎源太郎

자금대부 사업 등이었다. 가시이가 대표였으며, 주식수도 가장 많았다. 대주주로는 하자마 이외에 평양의 도미타 기사쿠(富田儀作),[204] 그리고 군산 등의 수산업자들이 다수 참여하였다. 서울에도 京城日丸水産과 경성수산 등 수산회사를 설립했다. 그는 경성일환의 지배주주였으며, 경성수산의 최대 주주이며 대표였다. 그의 활동범위는 1939년에는 함북 청진까지 확대되었다. 함북합동수산의 설립에 참여하고 이사로 재직하였다. 수산회사 이외에 수산업 종사자답게 1936년에는 조선제빙의 이사였다. 어류의 유통과 보관에 필수적인 얼음제조업에 참여한 것이다. 그리고 수산업의 동향을 알려주는 수산신문도 창간하였다. 1927년 동양수산신문사를 설립했다가 1937년 사명을 조선수산신문으로 변경한 것으로 보인다. 오이케는 수산업 분야에서 경남 지역에서 주로 활동했지만, 가시이의 활동범위는 전국적이었다.

가시이의 투자활동은 수산업 분야보다 전기 분야의 활동이 더 주목된다. 이 분야에서 부산의 지역단위를 벗어나 전국적 규모의 자본가로서의 입지를

---

204) 中島司,『富田儀作伝』, 富田精一, 1936. 富田儀作(1858~1930)은 1899년 조선에 건너와 황해도·진남포에서 철광사업에 종사하는 한편, 사회사업에 공헌하였다. 조선광업회·조선잠사회·조선산림회·조선수산협회 등을 창립하고, 회장·평의원 등을 역임하였다. 三和銀行·東洋畜産興業·朝鮮水産輸出·朝鮮書籍印刷 등을 경영하고 여러 기업의 이사를 지냈다.

확보하였다. 그가 처음 참여한 전기회사는 부산 굴지의 대표적인 회사인
朝鮮瓦斯電氣(주)였다. 이 회사는 오이케, 하자마 등 3인이 모두 지배주주였으
며, 가시이가 줄곧 대표로 재직하였다. 조선와사의 전신인 부산전등회사는
1900년 京都電燈 사장인 오자와 젠스케(大澤善助)가 반을 출자하고, 반은
오이케와 하자마 등이 출자한 자본금 50,000원으로 설립되었다.[205] 1910년
5월 교토전등이 주식을 매각하여 주주를 새롭게 구성하고 한국와사전기(주)
로 법인명을 변경하였다. 본사는 도쿄에, 지점은 부산에 두었다가 1913년
3월 조선와사(가스)전기(주)로 사명을 변경하였다.

사업분야는 전기궤도 부설과 일반 교통운수·전력 전등 사업·가스 제조와
공급·가스와 전기에 관한 기계기구의 제조 판매·경편철도 부설·부동산 소유
·자동차 운수업 등이었다.[206] 부산의 3거두가 임원과 대주주로 참여하였다.
1915년 가시이가 대표, 오이케와 하자마는 이사로 참여하였다. 설립 초기에
는 川北전기와 같은 일본의 전기회사가 제일 대주주였다. 1929년 가시이가
제일 대주주의 위치에 올랐다. 하자마도 1927년부터 지분을 늘려갔지만
가시이 보다는 적었다. 오이케는 주주 수가 이들보다 매우 적었다. 그의
사후 아들 겐지가 그대로 대주주를 이었다. 1933년 이후에는 보이지 않았다.
1935년 일제가 전기회사를 본격적으로 통합 조정하면서 대주주들이 크게
변동되었다. 조선신탁·조선저축은행·野村生命·朝鮮商業銀行·帝國生命 등 금
융자본이 지배력을 확장시킨 것이다. 가시이의 영향력에도 변화를 맞이하였
다. 종전에는 대주주이면서 대표였지만 주주 지분이 크게 하락하였다.

조선와사전기는 1927년부터 사세가 크게 확장되었다. 처음에는 자력으로
부산 인근 경남지역의 전력회사인 삼천포전기·사천전기·밀양전기·진주전

---

[205] 1901년 9월 12일 부산전등주식회사를 설립하였다. 이 회사는 시설이 빈약하여
일본인 전관거류지 내에만 송전할 수 있었다.
[206] 전기와 가스 관련분야 이외에 1909년 개설된 경편철도 운영을 승계받고, 1915년부터
전차를, 1917년부터는 시내버스를 운영하였다. 그리고 동래온천장 개발에도 참여하
였다.

기·함안전기·경성전기 마산지점과 진해지점 등을 흡수했다. 1932년2월 조선총독부가 조선전기사업령을 공포하여 지역별로 소규모의 전력회사들을 경영합리화와 전력수급을 통제를 목적으로 4개 배전회사로 통합을 골자로 하는 전력통제계획을 발표하고 각 전기회사를 통합하기 시작하면서 서서히 변화의 전기를 맞이하였다.207)

구조조정 초기에는 가시이가 통합된 두 회사의 대주주이면서 대표로 재임하였다. 1935년에는 서북합동전기주식회사, 1937년에는 경성 이남의 목포·군산·대구·부산·천안·대전에 있던 6개 전력회사를 대구의 대흥전기(주)가 주축이 되어 통합한 남선합동전기주식회사가 설립될 때 대표이사로 취임하였다. 이때 조선와사전기도 여기에 흡수 통합되었다.

먼저 서선합동전기회사의 성립과정을 통해 가시이의 회사내 위치 변동을 살펴보자. 가시이는 1928년 평남 대동군 대동면 선교리에 자본금 50만 원의 조선송전이 설립될 때 대표로 취임하였다. 평양 선교리에 1919년 설립된 조선전기흥업은 자본금 천만 원으로 동척이 지배주주였다. 가시이는 이 회사가 형편상 1931년 5백만 원으로 감자할 때 주주로 참여했다. 감자 덕분인지 가시이는 동척 다음 순위의 주주였다. 1935년 이 회사가 조선송전과 함께 자본금 1천만 원의 서선합동전기로 통합될 때 대표로 선임되었다. 이때 지배주주는 동척·일본전흥·호남은행 등 금융기관이었다. 1937년 증자하면서 평양부가 7만주로 제일 대주주로 참여한 반면, 가시이는 개인으로는 5대 주주 정도의 위치로 떨어졌다. 그는 조선와사전기의 사장이면서 1931년 조선전기사업조사회의 위원을 역임한 덕분에 서선합동전기 초기에 조선총독부의 지원을 받아 대표로 취임한 것으로 보인다. 사장은 야마모토 사이조(山本犀藏)였다.208) 1941년에는 대주주나 임원명단에 이름이 보이지 않았다.

---

207) 1935년 서선합동(평양부선교리), 1937년에는 조선송전(경성부남대문동)과 남선합동(경성부 종로), 함남합동(원산부 녹정)이, 1939년에는 북선합동(청진부 미생정)이 설립되었다.

회사명	대표이사	자본구성	주주구성
조선와사전기 1910, 동경(부산)	대표:香椎源太郎 이사:大池忠助, 迫 間房太郎	3백만원 6% 600만원 10% (27년 12%)	川北電氣企業社(12340), 香椎源太郎(2610), 立花小一 郎(1600), 迫間房太郎(1590), 大池忠助(1400), 高瀨政 太郎(1300), 西川武十郎(1150), 福永政治郎(1080), 日 之出商會(830), 長谷川商會(820), 愛國生命保險會社 (800), 佐久間權次郎(610), 鍋島直映(500), 矢代安兵衛 (500), 野口朝子(480), 高瀨平治郎(475)(주식수)60000
조선전기흥업 1919	賀田金三郎	1천만원	1931년 향추 주주로 등장. 동척 향추 하전조 화태공업회사 등 *1933년 500만원으로 감자하였다.
조선송전 1928, 평양	香椎源太郎	50만원 1만주 1928-34	香椎源太郎 (부사장)島田房太郎, (상무이사)石隈信 乃雄(각 2000), 橫田虎之助(1000)
조선송전 1934, 경성	野口遵	1천5백만원 30 만주	1935-野口遵 : 전력의 독점공급 장진강 수전, 동척, 금강산전철, 조선질소비료, 조선 중앙전기기업합동 19500 1942년 3천만원, 1935년 향추 사라짐
서선합동전기 평양부 선교리	香椎源太郎, (사장)山本犀藏	1천만원, 8% (회장) 20만주 974명	東拓(47167), 日本電興會社(21790), 松谷安太郎(5544), 湖南銀行(5000), 難波彌一(4108), 松井邑次郎(3956), 橫田虎之助(3713), 島田房太郎(3500), 香椎源太郎 (3500), 元孝燮(3600), 王子證券(3360), 加藤平太郎 (3145), 朝鮮貯蓄銀行(2920), 樋口虎三(2812), 近藤範 治(2672), 香椎宗太郎(2000)
남선합동전기 경성부(회장)	香椎源太郎, 사장:小倉武之助, 이사:張稷相, 迫間 房太郎	21,683,000원 (주식수) 433660	大光興業(53125), 大邱證券(52556), 菊谷茂吉(9758), 古谷脩一(8467), 朝鮮信託(8740), 松井邑次郎(6500), 香椎源太郎(6360), 古谷鍊二(7510), 迫間房太郎(4900), 貯蓄銀行(5431), 松田與三郎(4500), 英友次郎(4059) (주주수) 1913

일제시기 전기회사의 특징은 설립 초에는 지방별로 당해 지방의 자본가나 지주 등의 주도아래 소규모의 전기회사로 창립되었다. 1930년대 구조조정으로 통폐합하였다. 이때 동척이나 일본전흥 등 대자본가나 금융자본이 여기에 대거 투자하여 개인 주주의 비중은 현저히 낮아졌다. 남선합동전기는 서선합동전기 보다 개인이나 지방회사의 비중이 컸다. 남쪽지방은 지방 자본가가 주도적이었다면 북쪽지방은 상대적으로 재벌급 자본가의 참여도가 높았다. 가시이는 초기에는 부산의 재력가였지만, 수산업에 이어 전기회사를 발판으

---

208) 가시이는 이외에도 1922년 산업조사위원회 촉탁, 1939년에는 시국대책조사회 위원
    을 역임하는 등 조선총독부와 긴밀한 관계에 있었다.

로 전국적 수준의 자산가이며 경영자로 성장하였다. 이들 전기회의 대주주이
며 경영자로 참여하였다. 그러나 회사 내에서 가시이의 위치는 점차 약화되었
다. 1941년부터 서선합동전기에 이름이 보이지 않았으며, 남선합동전기에서
는 1942년 회장의 지위는 유지하나 사장은 조선전력의 대표인 오쿠라 다케노
스케(小倉武之助)였다.[209] 1935년 설립된 조선전력에서도 가시이는 1937년까
지는 이사였으나 그 후에는 보이지 않았다.

  일본제국은 동척 등 금융자본이나 일본계 재벌 등을 동원하여 기업을
통합하는 구조조정을 단행하였다. 그 결과 개인 대주주는 일반적으로 소주주
로 전락하였지만, 재벌규모의 자본가는 통합을 계기로 규모를 더 키워가는
모습을 보였다.[210] 전시체제기 일본제국은 통제경제를 구축할 때 전기회사
를 국가의 완전 통제아래 흡수하면서 지배주주는 힘을 더 키워가는 모습을
보였다. 이를 토대로 해방 후 전기회사는 귀속재산이 되면서 한국정부 관할아
래 들어가게 되었다.

---

209) 小倉武之助 : 대구의 대자본가로 千葉縣 출신으로 도쿄제국대학 졸업 후 日本郵船에
   입사하고 후에 정부철도에 입사하였다. 1904년 조선에 와서 급료 전부로 토지를
   샀다. 지가 상승으로 큰 이득을 얻은 대구의 자산가이다. 전기사업에 진출 준비를
   위해 1905년 정부철도를 퇴사하였다. 1909년 토착 자산가와 함께 대구부 전기회사를
   설립하고 사장에 취임하였다. 1918년 회령전기·함흥전기를 합병하고 1920년에
   광주전기를 합병하여 사업규모를 확대하였다. 1935년 남선합동전기의 사장에 취임
   하고, 후에 조선전력 사장, 대구상공은행 두취, 북선합동전기의 사장을 역임했다.
   조선전력은 남조선수력전기와 남선합동전기가 지배 주주였다. 남선합동전기의
   지배주주는 대광흥업과 대구증권(小倉가 소유)이었다. 그리고 대광흥업과 대창흥업
   의 대주주는 小倉安之, 小倉武雄, 小倉武之助였다. 대표적인 문어발식 기업가이며,
   전국단위의 재벌이었다.
210) 가시이가 대표로 지낸 또 하나의 대표적인 회사는 日本硬質陶器(株)였다. 이 회사는
   1920년 자본금 375만 원으로 설립된 도자기 제품생산업체였다. 주주는 香椎源太郎
   (785)를 비롯한 일본인들이었다. 일본경질도기는 배석만, 「일제시기 부산의 대자본
   가 香椎源太郎의 자본축적 활동-日本硬質陶器의 인수와 경영을 중심으로」, 『지역과
   역사』 25, 2009가 참고된다.

6. 맺음말

경남 낙동강 일대에서 일본인 대지주를 비롯한 자본가·조합들이 한국농촌 사회를 지배·장악해 가는 전 과정을 여러 측면에서 살펴보았다. 이를 정리하면 다음과 같다. 일본인이 경남지역에서 직접 농업경영에 참여한 것은 청일전쟁 무렵부터 시작되었지만, '自由渡韓'을 결정하고 러일전쟁이 유리한 국면에 접어든 1904~1905년부터 대거 진출하기 시작했다. 식량문제·인구문제의 해결, 궁극적으로는 '대일본제국'을 건설할 목적이었다. 일본인들은 한국이 토지 투자전망이 높다고 인식하고 지주경영 위주로 투자활동을 전개했다. 토지 투자방식은 한국에서는 외국인의 토지소유를 금지했기 때문에 잠매나 사용권을 매수하는 방식이었다.

1906년 토지가옥증명규칙이 공포되어 외국인의 토지소유가 합법화된 이후 일본인 자본가들은 경제력과 법적 강력력을 무기로 더 많은 토지를 확보할 수 있었다. 일제 권력이 한국농민의 이해에 반한 토지법을 제정하여 일본인의 투자활동에 법적 근거를 마련해 주었으며, 무력과 강권으로 이를 뒷받침해준 덕분이었다. 특히 낙동강 유역에서는 국유미간지이용법과 증명규칙을 빌미로 주인이 있는 노전을 국유미간지로 판정하거나 거짓 증명을 발행하여 주인 몰래 거래하는 도매가 흔히 일어났다. 소유권 분쟁이 빈발한 것이다. 일본인 투기적 자본가들은 공사 권력을 동원하여 이를 저지하며 소유권을 확보하는 동시에, 지주경영을 통해 투기적 이익을 확보하기 위해 노력했다.

경남 낙동강 유역은 충적지로 토질이 비옥하여 농업경영지로 매우 적절함에도 불구하고 미간지 상태로 방치된 곳이 많았다. 일본인들은 기간지에 주로 투자했지만, 토지개량과 농사개량사업으로 良田으로 만들어 충분히 수익성이 있다고 판단되는 미간지를 약탈과 다름없는 헐값으로 대거 사들여 대지주로 변신하기 위한 작업에 착수했다. 그 기초작업이 수리조합 건설사업이었다. 일제 초기 낙동강 유역의 김해군과 밀양군에는 이 같은 개간 바람이 휩쓸고 지나갔다. 이 사업으로 일본인 투자자들은 대지주로의 입지를 마련해 갔으며, 반대로 한국인 농민은 토지소유에서 배제되어갔다.

절영도와 사중면의 사례를 통해 일본인의 토지잠매로 나타난 일본인과 농민경제의 변동을 살펴보자. 절영도에서 잠매하기 전 한국인의 계층별 토지소유실태는 전체의 93%나 되는 25부 미만의 소유자가 전체 면적의 면적 59%를 차지한 반면, 1결 이상 소유자는 0.8%에 불과하고 12.4%의 면적을 차지했다. 극히 일부의 부농과 대부분의 극 영세농으로 구성되었다. 토지소유는 잠매가 진전되면서 더욱 영세화되었다. 전 계층의 토지가 잠매 대상이 되어 하위계층의 탈락과 상위계층의 하향화라는 방식으로 전 계층의 몰락현상이 두드러지게 진행되었다. 잠매한 일본인의 토지소유실태는 25부 미만 계층 69%, 1결 이상 계층 6.8%가 전체 면적에서 각각 20%와 42%를 차지했다. 전체적으로 한국인은 물론 일본인들까지 포함하여 대부분이 영세 소토지 소유자였지만, 상대적으로 일본인은 불평등도가 낮았다. 일본인은 한국인에 비해 하층계층의 비율이 낮았고, 상층계층은 높았다. 일본인의 잠매는 한국인의 토지소유를 극심하게 하향 평준화시키면서도 양극화를 더욱 심화시켰다. 잠매 토지에는 대지도 적지 않은 비중을 차지했다. 전답은 소작경영, 대지는 대여수입을 목적으로 잠매했지만, 도시화의 진전에 따른 지가상승에 대한 기대가 더 컸을 것이다. 여기서 우리는 잠매가 지배층을 한국인에서 일본인으로 교체시키고, 절영도를 부산경제에 종속적으로 편입 시켰다는 것을 확인할 수 있었다.

사중면은 일본 전관거류지·외국기관·감리서·동유지 등 관공유지가 다수 존재한 지역이었다. 이곳에서도 잠매가 절영도와 마찬가지로 진행되었다. 잠매하기 전 한국인의 계층별 토지소유는 일부 상농층과 극영세농으로 양극화되어 절영도와 유사한 모습을 보여주었다. 지목에서는 일률적인 것은 아니지만 하층은 田의 비중이, 상층은 畓의 비중이 높았다. 그리고 대지는 거주의 필요성 때문인지 최하층민도 다른 지목에 비해 소유비중이 높았다. 그리고 1결 이상의 계층은 개인당 평균 대지면적이 넓었는데, 도시화가 진전되면서 부의 축적수단으로 등장한 때문이라 생각된다.

방매실태를 보면, 한국인 전체의 11%가 방매결과 토지를 전혀 갖지 못한 무토지소유자로 전락했다. 이들은 하층이 압도적이지만 부농층도 적지 않았다. 일본인 58명이 전체 경지의 31%를 잠매했다. 1909년에는 가파르게 상승하여 69%를 차지하였다. 부농층을 포함한 한국인 전계층이 하강 몰락해 갔다는 점이 특징적이었다. 일본인들의 잠매면적은 이미 50%를 넘고 있으며, 한국인보다 평균면적이 더 넓었다. 계층별로는 일본인은 한국인에 비해 하층의 비중은 낮은 반면 상층의 비중은 더 높았다. 그리고 하자마 후사타로·오이케 츄스케 등 부산의 저명한 지주가 이미 많은 토지를 잠매했다는 점이 확인되었다. 이것은 부산에 일본인 대지주가 확고히 자리 잡은 동시에, 부산이 일본인 중심도시로 성장해 갈 토대가 구축되었다는 것을 의미한다. 일본인의 대지 확보율이 높은 점도 이를 잘 말해준다.

일본인 지주제는 부산지역을 넘어 경남지역, 특히 낙동강 유역에서 활발히 전개되었다. 경남은 호남지역을 제외하면, 일본인 지주제가 가장 발달한 지역이었다. 일본인이 다른 지역보다 일찍 진출했으며, 투자액도 제1위인 전남에 육박하는 수준이었다. 그렇지만 단위면적 당 토지가격, 경지가격이 비싼 편이기 때문에 호남보다 거대지주가 많은 것은 아니었다. 경남지역 일본인들은 지주경영을 목표로 토지를 구입했지만, 다른 지역의 일본인 지주에 비해 한전과 미간지의 확보비율이 높았으며, 자작률도 높은 편이었다. 이 점과 관련하여 이 지역에는 특용작물을 상업적으로 재배하는 지주나 전업 자작농이 많았으며, 삼랑진이 대표적인 지역이었다.

청일전쟁 직전 진출하기 시작한 일본인 농업자들은 1906년을 전후한 시기에 집중적인 침투 모습을 보이고 있다. 이들은 부산지역에서 밀양과 김해로, 1905년 이후에는 마산·진주·사천·하동·함안으로 진출해 들어갔다.

투자의 불안성이 해소되면서 투자지역이 확산되어 간 것이다. 이들은 낙동강 유역을 따라 주로 분포했으며, 그 중에서도 낙동강 하류인 부산·김해 지역에 약 80%가량 집중되었다. 부산거주 농업자와 다른 지역의 농업자는 여러 점에서 차이가 있었다. 첫째 투자액과 규모에서 부산지역의 지주가 컸다. 둘째 부산지역에는 상공업이나 고리대를 겸하는 지주가 많았다. 이들은 주로 기간지에 투자했지만, 다른 지역 지주는 미간지에 투자한 개간형 지주가 상당수 있었다. 셋째 김해와 밀양 지역에는 자작농의 비중이 높았다.

일본인 지주의 자본형태는 개인지주가 압도적으로 우세했지만, 주식회사·합명회사·합자회사 등 법인으로 기업형태를 갖춘 지주도 적지 않았다. 기업가형 지주들은 한국흥업처럼 재벌계열 회사로부터 개별 자본가가 주체가 되어 설립한 소규모 회사까지 다양했다. 그리고 지역 내 중소자본가들의 자본결합이나 행정관청의 정책적 판단에서 설립된 조합 형태의 지주도 적지 않았다. 일본의 자본총체가 총동원되어 한국농촌사회에 침투한 것이다.

일본인 지주들을 자본축적 형태로 유형화하면, 일본으로부터의 자본이입형 지주와 한국에서 상인·고리대 활동을 통해 자본을 축적하여 토지에 투자한 상인·고리대형 지주로 구분할 수 있다. 상인·고리대형 지주는 하자마 후사타로와 오이케 츄스케가 대표적이었다. 이들은 개항 초부터 부산에 진출하여 '미면교환형' 불평등 무역구조에 적극 참여하여 상인·고리대 활동을 통해 축적한 자본을 토지에 투자했으며, 동시에 산업자본에도 진출했다. 특히 일제의 군사·정치적 지원, 전형적인 정경유착구조에 힘입어 자본축적을 했으며, 이러한 구조에 안주하면서 일제시기 내내 계속적인 성장을 구가해 갔다.

일본자본 이입형 지주는 무라이 기치베·한국흥업(주) 등을 들 수 있다. 전자는 개인자본, 후자는 재벌자본이라는 차이는 있지만, 일본 내에서 산업·금융자본가로서 쌓은 기반을 배경으로 한국의 토지에 투자하고 한국인 소작농민을 주로 고용하여 지주경영을 해 간 기업가형 지주라는 공통점이 있다. 이들은 기존의 봉건적 방식에서 탈피하고 기업경영 방식을 도입하여 지주경영을 했다. 토지투자에서부터 생산·운송·판매의 전과정, 즉 소유는 물론 경영권 전반을 모두 장악한 가운데, 소작농민을 노동자적 지위로 지배하며 농장을 경영했다. 일제시기 일제가 한국농촌사회를 지배하기 위해 육성해 간 전형적인 동태적 지주였으며, 그만큼 일본금융자본의 운동방향과 구조적 유착관계를 맺을 때 성장이 가능한 지주이기도 했다.

한편 토지소유의 이윤 획득을 목적으로 하는 지주경영의 측면도 없지 않지만, 일본농민을 한국에 이주 척식하는데 주안점을 둔 농업경영도 주목된다. 이것은 대일본제국을 건설할 목적으로 제기된 만한이민집중론에 기초한 방안이며, 일본농민을 한국에 영구 이주시켜 '신일본촌'을 건설하여 한국을 일본 땅으로 만들기 위한 작업이었다. 현실적으로는 일본자본주의가 당면한 식량문제·인구문제를 해결하기 위해 제안한 것이고, 여기에 개인·회사·조합 등 일본자본주의 총체가 동원되었다.

경남지역에서 조합이 주체가 된 이주농업으로는 밀양의 오카야마현 한국농업장려조합을, 개인이 주체가 된 이주농업으로는 탕천촌을 대표적인 예로 들 수 있다. 조합은 농민을 이주시키기 위한 사업에 목적을 두었지만, 자금부족 때문에 자본력이 있는 계층을 주 대상으로 삼아 이들이 한국농촌에 정착할 수 있도록 각종 편의를 제공해 주는 것을 주 사업으로 했다. 경남 밀양군 상남면 예림리에 있던 탕천촌은 밀양지역 지주인 유아사 본페이·노세 히로키지·마쓰시타 데이지로 등이 각각 개인적 차원에서 농업시설을 마련하고 일본농민을 이주시켜 건설한 '신일본촌'이었다. 이주농민은 주로 자소작농으로, 도작과 수익성이 높은 연초 등을 경작하여 경제생활을 유지했다. 그러나 이주농업은 한국인의 소유권과 경영권을 박탈하는 결과를 초래하여 오히려 이들의 저항을 불러일으키는 역작용을 일으키기도 했다. 일제는 식민지 지배체제가 안정되면서 조선농민을 동화시키는 방향으로 정책 전환을 하고, 이 사업을 중단시켰다.

결국 경남지역 낙동강 유역의 일본인 지주제는 이 지역의 농업조건 환경과 관련하여 다른 지역과 여러 점에서 차별성을 보여주었지만, 개인 회사 조합 등 일본자본총체가 총동원되어 형성되었으며, 특히 기업가형 지주와 상인·고리대적 지주가 중심이 되고 이주농민이 뒷받침해주는 한국농촌 지배체제를 형성했다는 점에서는 공통적이었다고 말할 수 있을 것이다.

부산지역 지주 자본가들의 특징은 일본에서 부산으로 건너와 상인으로 무역을 통해 자본을 축적하고 이를 기반으로 토지에 투자하여 거대한 부를 축적하였다. 투기로 획득한 토지의 가격이 등귀하여 부를 창출하는 기반이 된 것이다. 그리고 농경지에 투자하여 대지주로서 획득한 지대수입을 통한 자본축적도 동시에 이루고 있었다. 이렇게 획득한 토지자본을 산업자본으로 전환하는 전형적인 상인·지주 자본가의 모습을 보였다. 반면 가시이의 경우는 일본에서의 상속받은 토지자본을 기반으로 한국에서 어업분야에 진출하여 자본을 더욱 축적하고 산업자본으로 적극 전화해 간 경우였다.

이들은 활동무대인 부산에서 개항 당시부터 굳게 토대를 다져 다른 외래자본의 진출을 거의 허용하지 않은 것으로 보인다. 이들의 자본축적은 식민지 확보경쟁에 나선 일본제국의 정치권력이 힘을 실어준 결과이기도 했다. 일본제국의 영사 등 외교관은 물론 이토·데라우치·사이토·우가키 등 통감과 총독의 지원을 받은 전형적인 정경유착을 고리로 대자본을 확보하고 이를 기반으로 부산에 머물며 전국단위로 진출을 꾀한 것이다. 오이케와 하자마는 부산에 거주하며 부산을 주요 자본축적의 기반으로 삼았으며, 초기부터 끊임없이 대주주로 중앙의 대기업에 투자하였다.

수산업 분야에서 활동한 가시이는 수산업부문에서도 서울을 비롯한 전국 각지에서 주도적으로 활동하였으며, 초기부터 조선와사전기회사·일본경질도기 등 전국 단위의 산업자본에 대주주로 참여하고 대표로 활동하였다. 이들 회사에는 조선 굴지의 자본가뿐만 아니라 일본내 기업의 참여도가 높은 편이었다. 이들 회사에 경영자로서 입지를 다지고 이를 토대로 서선과 남선합동전기의 대주주이며 대표로 활동범위를 높이고 있었다. 부산지역 자본가가 전국 단위의 자본가로 성장한 대표적인 경우였다. 물론 전시체제기 기업의 구조조정과정에서 일본제국의 금융자본과 재벌자본이 각 산업부문에 적극 개입하면서 주도적 위치에서 밀려나는 모습을 보였다.

개항 초기 부산의 3대 거부는 후쿠다 소베(福田增兵衛)·오이케·하자마 등 3명을 들고 있다. 이들의 특징은 부동산으로 부를 축적했다는 점이다. 일본정부가 개항하기 5년 전에 상인들에게 조선과 무역을 시작할 것을 명하고 지원을 하자, 쓰시마와 나가사키 사이에서 무역에 종사하던 후쿠다 소베가 여기에 참여한 것이다. 당시 무역의 주품종은 해산물과 우피였다. 조선과의 무역에 종사하던 자에는 쓰시마 출신의 상인이 많아 '崎韓무역'으로 칭하기도 하였다. 후쿠다는 범선을 이용하여 布海苔 등을 시모노세키를 거쳐 오사카에 판매하여 수익을 얻었다. 청일전쟁 때는 제3사단에 식량을 운반하는 일을 맡아 많은 이익을 획득하였다고 하였다. 이외에 농업·酒醬油 大屋 토지매입·의원·회사 중역·水道의 포설·학교건축·신사와 절의 건립 등 다양한 사업 분야에 종사하면서 초기 부산건설에 크게 '공헌'했다고 전해진다. 그가 성공한 최대의 원인은 이 과정에서 토지를 매수한 것이라고 진단하고 있다.

후쿠다 다음으로 3대 거부로 등장한 인물이 한국의 어업계를 석권한 가시이였다. 그는 기업경영과 관련하여 당연히 부동산에서 자본축적을 한 부분도 적지 않았으리라 추정되지만 지주명부에는 등장하지 않았다. 한국내에서 지주자본의 산업자본으로의 전화라기보다 수산자본의 산업자본으로의 전화한 대표적인 예라 하겠다. 이들을 가리켜 흔히 부산의 三巨頭라고 불렀다. 이들은 각자 부를 축적한 기반이 달랐지만, 상호출자를 통해 자본의 공동전선을 결성하여 외래자본에 대항하면서 부산지역에서 주도권을 잃지 않았다. 이들은 서울 지역의 자본가와는 달리, 관과 외래자본에 대해 자율성을 갖고 있었다고 스스로 평가하기도 했다.[211] 그러나 이는 상대적인 것일 뿐이었다. 이들은 다른 지역 자본가와 달리 성장과정에서부터 일찍이 조선에 진출하여 정경유착의 밀도나 부산에서의 기반이 상대적으로 강고히 자리 잡았기 때문에 가능했다고 보인다.

경남 식민지 지주제의 특징은 기업가형인 전북의 일본인 지주와 달리 품종개량, 비료대, 토지개량 등의 측면에서는 지주적 강제를 보여주기도 했지만, 출발 당시부터 구래의 관행에 의존하는 경향이 컸다. 소작농에 대한 경영의 독립성, 지주경영에서 마름에 대한 의존성이 높았다. 일본인 지주들은 소유권은 법적으로 배타성을 인정받았지만, 지주경영에서 전북의 일본인 지주처럼 주도성을 확보하는 데는 한계를 보였다.

경남의 대지주들은 1930년대 조선공업화, 잇단 전시체제기에 비교적 적극적으로 산업자본으로 자본전환하면서 전국단위의 자본가로 성장해가는 모습을 보였다. 그러나 일본제국 전체 차원에서는 한계를 드러냈다. 일본제국의 금융자본과 재벌자본의 한 구성요소로서 종속적으로 편입되어가는 모습을 보였을 뿐이다.

---

211) 柄澤四郎, 「釜山의 人物과 三巨頭」, 『朝鮮人間記』, 1928, 96~115쪽. 조선와사전기주식회사는 부산의 電燈 瓦斯 電車의 3사업을 독점한 회사이다. 일본내의 일본인 자본가를 망라하고 있으나 사장은 香椎였고, 임원에 大池, 迫間과 香椎직계의 水野嚴 등 지방자본가의 세력이 견고했다.

제3장 무라이 기치베(村井吉兵衛)와 하자마 후사타로(迫間房太郎)의 진영농장 설립과 경영

1. 머리말

일제시기 일본인 지주는 대부분 기업가적 성격을 지닌 지주이다. 이들은 크게 일본자본 투자형 지주와 상인·고리대자본 투자형 지주로 투자 자본의 성격을 구분할 수 있을 것이다. 일본자본 투자형 지주는 자본을 일본에서 들여와 토지를 구입하여 일반 기업과 같은 형태로 농장을 조직하고 경영하는 지주이다. 지주가 소유는 물론 경영까지 장악한 가운데 산업자본가의 회사와 유사하게 운영하는 형태이다. 이때 지주는 소작농민을 관리하고 생산과 판매에 이르는 전 과정을 장악하여 투자이윤을 확보하는 것을 경영의 목표로 삼았다. 투자자본의 외형은 개인이나 집안이 투자한 경우와 주식회사나 합명회사 등 회사형태로 투자한 경우로 구분되지만, 경영방식은 투자시점과 투자대상 토지의 성격에 따라 차이가 났다.

잠매투자 시절의 지주경영은 조선 구래의 지주경영 방식을 유지하고 경영을 작인에게 맡기는 경우가 많았다. 상인·고리대자본 투자형 지주가 비교적 이러한 경향성이 더 짙었다. 그러나 을사늑약 이후 일본제국이 한국의 통치권을 장악하고 일본인의 토지소유를 합법화하는 한편, 토지조사사업을 시행하여 배타적 소유권을 법적으로 확립하면서는 상황이 달라졌다. 모든 일본인 지주들은 산미증식을 최대의 목표로 삼고 국가적 지원 아래 생산관리

체제를 회사형태로 전면적으로 전환시켜 갔다.[1]

일본인 지주는 목적은 동일하지만 투자대상 토지의 성격에 따라 기간지 투자형 지주와 미간지 투자형 지주로 구분할 수 있다. 이들은 회사형태로 조직과 운영을 갖추어간 점에서 외형은 비슷했지만, 창립 단계에는 농장운영 방식에서 차이를 보였다. 전자는 기존 소작농민과 구래의 소작관행이 존재한 상태에서 농장경영을 시작했다는 점이다. 반면 후자는 소작농민이 존재하지 않아 지주가 독자적으로 농장을 성립하고 경영을 시작하였다는 점에서 전자와 구별되었다. 이들은 토지투자는 물론 농장을 창립한 이후, 개간부터 생산과 유통에 이르는 전 과정을 스스로 계획하고 전권을 갖고 책임지고 농장을 경영하였다. 이들은 목적에 맞는 소작농민을 스스로 심사하여 선발하고 자기 계획에 따라 영농과정과 수확 판매 등을 전담 운영해 간 것이다. 지주가 소유와 경영을 완전히 장악하여 소작농민을 노동자처럼 대우하며 농장을 운영하는 형태라 할 수 있을 것이다.[2]

그러나 때로는 농장 설립시점이나 환경 등 설립 당시의 조건에 따라 조직이나 경영형태, 특히 지주와 작인의 관계에서 차이를 보였다. 지주가 미간지를 구입하여 농장의 틀을 갖춘 다음, 모집한 소작농민에게 일정한 구획을 떼어주고 기간지로 완성해 가는 과정을 맡긴 경우이다. 이때 지주는

---

1) 淺田喬二는 일본인 지주들을 그 자본의 성격에 따라 재벌, 독점자본, 해운자본, 금융자본, 상인자본, 華族자본 등으로 구분하였지만, 경영형태는 지주소작관계에 기초한 소작제형 농업경영으로 보았다(淺田喬二, 『日本帝國主義と舊植民地主制(增補)』, 御茶の水書房, 1989). 한편 일본인 지주를 비롯하여 일부 조선인 지주를 생산과 유통을 모두 장악하여 관리 경영하는 기업가적 지주로 분류하기도 하였다. 이러한 연구로는 홍성찬, 「일제 금융자본의 농기업 지배 ; 불이흥업(주)의 경영변동과 조선식산은행」, 『동방학지』 65, 1990의 일련의 연구와 최원규, 「19세기후반 20세기초 경남지역 일본인 지주의 형성과 투자사례」, 『한국민족문화』 14, 1999과 홍성찬 외, 『일제하 만경강 유역의 사회사』, 혜안, 2006 등을 들 수 있다.
2) 이러한 경영형태의 지주는 주) 1 외에 홍성찬, 「일제하 기업가적 농장형 지주제의 역사적 성격」, 『동방학지』 63, 1989와 최원규, 「1920·30년대 일제의 한국농업식민책과 일본인 자작농촌 건설사업-불이농촌 사례」, 『동방학지』 82, 1993에 언급한 불이농장이 여기에 속한다.

소작농민이 개간과정에 투자한 勞資를 인정하여 소작료를 낮게 책정하고 경작권을 인정해주면서 농업경영을 하는 것이 일반적이었다. 이 과정에서 경작권이 물권으로 관행화되기도 한다. 물론 기간지 경영에서도 일본인이 토지를 잠매한 초기단계에는 원래 지주에게 그대로 경영을 맡기거나 도지권이나 중답주 등의 관습물권을 인정하며 농업경영을 하는 경우가 있다. 동척의 초기 모습에서도 그 예를 볼 수 있다.[3]

본고에서 다루는 경상남도 김해군과 창원군에 소재한 일본인 무라이 기치베(村井吉兵衛)가 창립한 진영농장에서도 그러한 예를 볼 수 있다. 이는 조선후기 궁방전이나 양반이 입안으로 개간권을 허가받은 다음, 개간할 때 농민들에게 勞資를 투자하여 기간지로 조성하도록 하고 그 대가로 경작권에 물권적 권리를 인정한 경우와 유사하였다. 도지권이나 중답주권이 물권으로 성립되어 사회적으로 관습으로 인정된 경우이다.[4] 이러한 관행은 19세기 조선사회 전국 각지에 보편적으로 성립하고 있었다.

그러나 양자는 성립시기가 다른 만큼 내용에서도 차이가 있었다. 무라이 농장 시절은 배타적 소유권이 법적으로 성립한 가운데 사적으로 농장이나 인접 지역사회라는 경제권 안에서 경작권을 물권으로 인정한 경우이다. 반면 후자는 토지소유권이 법으로 배타적 소유권으로 정립되지 않은 시대적 배경 아래 경작권을 물권으로 일반적 관습으로 인정한 경우이다.[5] 물론

3) 동척 사례는 김용섭, 「한말 일제하의 지주제-사례 2 : 재령 동척농장에서의 지주경영의 변동」, 『한국사연구』 8, 1972 ; 최원규, 「동양척식주식회사의 이민사업과 동척이민 반대운동」, 『한국민족문화』 16, 2000과 전라남도 나주의 궁삼면 사례(나주시문화원, 『항일의 역사 궁삼면 토지회수투쟁자료집』, 내일미디어, 2000에서 볼 수 있다.

4) 최원규, 『한말 일제의 국유지조사와 토지조사사업』, 혜안, 2019에 물권적 경작권의 존재형태와 일제시기 소멸되어가는 모습이 분석되어 있다.

5) 김용섭, 「한말에 있어서의 중답주와 역둔토지주제」, 『한국근대농업사연구』, 일조각, 1988 ; 도진순, 「궁장토에 있어서 중답주와 실작인의 존재형태」, 『한국사론』 13, 1985 ; 최원규, 「일제의 토지권 관습조사와 그 정리방향」, 앞 책, 혜안, 2019 등이 참고된다.

농업경영에서 조선후기에는 농민의 독립성이 인정되었으나 무라이 농장에서는 농장의 지시에 따랐다는 점에서 차이가 있었다.

본고는 경남지역 지주 가운데 대표적인 일본자본 투자형 지주이면서도 간척지 농장의 두 번째 방식을 택하여 지주경영을 한 무라이의 진영농장 경영 사례를 검토하려는 것이다.[6] 이 사례에서 주목한 점은 다음과 같다. 첫째, 진영농장이 황무지를 개척해 가는 과정과 이때 농장이 소작농민을 선발하여 이들이 투자한 노자를 인정하여 농장이 그 대가로 소작농민에게 부여한 권리의 내용이다. 둘째, 지주가 농장을 건설해 가는 과정과 지역사회의 변화상, 그리고 경영 과정에 농장이 개입한 정도-품종개량·시비·부업 등이 소작농민에게 미친 영향이다. 셋째, 무라이 농장의 소유권이 무라이 재벌에서 하자마 후사타로(迫間房太郎)로 넘어가고, 하자마가 다시 이를 조선인 산업자본가에 넘기는 과정과 그 의미이다. 넷째, 무라이 농장 시절 사적으로 형성된 물권적 경작권을 새 지주인 하자마가 인정하지 않고 지주경영을 강화하면서 제기된 경영내용의 변화를 볼 것이다. 새 지주 하자마가 배타적 소유권이라는 법의 후원아래 기존 관행을 전면 개편하려 하자 한·일 소작농민이 이에 반발하여 소작쟁의를 일으킨 것이다. 끝내 뜻을 이루지 못했지만 소작쟁의가 지속적으로 발발할 수밖에 없었던 식민지 농업구조와 운동과정을 살펴보려는 것이다. 마지막으로 진영농장의 구조적 일환으로 등장한 동면수리조합을 다룰 것이다. 여기서는 동면수리조합이 지주와 농민에게 끼친 영향과 일본자본주의의 농업체제와의 연관성을 다룰 것이다. 특히 조합비·기채·금비대금·증수익의 분배 문제, 그리고 진영농장과 소작쟁의의

---

6) 무라이의 진영농장의 설립과 운영에 관한 연구는 다음과 같다. ① 최원규, 「19세기후반 20세기초 경남지역 일본인 지주의 형성과 투자사례」, 『한국민족문화』 14, 1999, ② 이영학, 「한말 일제하 창원군 식민지주의 형성과 그 특질」, 『일제의 창원군 토지조사와 장부』, 선인, 2011, ③ 민족문제연구소가 2019년 10월 25일 주최한 한일학술회의 『누구를 위한 식민지 '개발'인가』에서 발표한 허수열의 「창원군 대산면 대산평야개발과정과 일본인 농장」과 우쓰미 아이코의 「진영 무라이 농장」 등이다.

상관관계를 주 검토대상으로 삼았다.

2. 진영농장의 설립과 소유주 변동

1) 무라이 기치베의 진영농장 창립과 무라이 재벌의 해체

무라이 기치베(1864~1926)는 교토에서 연초상의 차남으로 태어나 일본에서 처음 미국산 엽연초를 원료로 紙卷연초를 제조 판매하여 부를 축적하여 메이지시기 '담배왕'으로 불렸다. 그는 연초 행상으로 번 돈을 기반으로 미국인 기사의 도움을 받아 양절연초를 제조하여 1891년 '선라이즈'라는 이름으로 발매하였다. 그 후 미국에 건너가 미국엽을 수입하는 한편, 담배잎을 싸서 종이로 말아 올리는 공정을 완전히 자동화한 권련제조기(*Bonsack's cigarette rolling machine*)를 도입하여 1894년에 발매한 '히이로'(HERO)는 일본에서 빅히트를 쳤다. 1900년에 개최된 만국박람회에서 금상을 수상하였다. 1894년 5월 형 무라이 야사부로(村井弥三郞)와 함께 합명회사 村井兄弟商會를 설립하였다.[7]

무라이는 1894년 8월 인천에 村井형제상회의 대리점을 설치하여 권연초를 판매하고 연초엽을 수입하는 사업을 했다.[8] 상품의 판매와 원료 공급시장으로서의 역할을 조선에 기대한 것이다. 무라이 상회는 독립협회나 정부 요로에 담배를 선물로 제공하여 호평을 끌어내는 한편, 독립신문·황성신문·제국신문 등의 신문에 '히이로'나 '호옴' 등의 담배광고를 자주 실었다.[9] 특히 히이로

---

7) 村井吉兵衛의 이력은 이영학, 『한국 근대 연초산업 연구』, 신서원, 2013과 wikipedia에서 인용하였다.
8) 무라이의 담배사업과 관련된 사정은 이영학, 『한국 근대 연초산업연구』, 신서원, 2013이 참고된다.
9) 村井兄弟商會는 제품을 수입할 때마다 『독립신문』『황성신문』 등 각 신문에 광고를

는 반응이 좋았다. 村井의 담배가 크게 인기를 끌면서 수익도 크게 증가하자 한국사회에 크게 영향을 주었다.

황성신문은 '勸烟草興業'이라는 논설에서 담배가 큰 이익을 내는 사업이라는 것을 村井상회를 예로 들며 연초산업을 일으키자고 제안하고 있다. 즉 "일본의 村井회사의 권연은 일년 이익이 70만 원을 내려가지 않는다 한다. 이 물품은 소비물자인데 남녀노소 귀천과 빈부를 가리지 않고 피우지 않는 자가 없고, 세계의 하루 소비량은 그 수를 헤아릴 수가 없다. … 우리도 수원 紅草, 평양 日草, 海郡 羅敷草, 전주 上官草, 충주 開天草, 광주 金光草라 칭하는 것이 있고, 산지는 홍천 금성 영월 청주 곡산 성천 등이 지극히 광대한 곳이며, 우리나라도 연초 생산국이라 칭할 수 있다."고 서술한 다음, 우리 연초의 품질도 좋다는 평가도 있으니 이를 세계에 수출하여 거액을 벌어 세계에 대한이 부자라는 명예를 취하자고 논설을 마무리 하고 있다.[10]

이어서 황성신문에서는 '村井商會卷煙'이라는 제목으로 村井兄弟상회를 취재하여 "일본에 村井兄弟상회는 연초 조제의 영업이 동양에서 제일 큰 회사이다. 이 회사 사장 무라이 기치베가 본년(1900년) 1월에 미국의 한 연초회사와 합동하여 합자로 영업을 확장하기 위해 무라이상회에서 투자한 자본이 1천만 원이라고 한다. 작년 인천항에 파출소를 잠시 설치하여 한국 각지에 권연을 판매한 수입액이 13만여 원이다. 기업이 날로 흥성하여 금번 지점을 인천항에 신설하였다. 일본외무성 전 통상국 관원인 무라카미 다타요시(村上唯吉)를 지점장으로 정하고 판매한 권연은 히로와 여러 종류가 있다. 근일 새로 들어온 상등 권연인 호옴(烟草의 名)은 그 장치가 아름답고 品昧가 佳良하여 귀하신 신사들에게 매우 적당하고 한성과 각 항구에서 판매하고 있다."[11]라고 판매이익과 향후 전망을 보도하고 있다. 즉 村井상회의 규모는

하며 특판에 나섰다.

10) 『황성신문』, 1899. 12. 16.
11) 『황성신문』, 1900. 3. 23.

1천만 원이고 한국에 담배를 수출하여 각지에서 13만여 원에 달하는 거액의 판매수익을 거두고 있다는 것, 지금도 기업이 융성하고 서울을 비롯한 전국 각 항구로 판로를 확대하고 있다는 것이다.

무라이 일가는 매력적인 한국의 담배시장에서 막대한 수익을 올리고 있었지만, 러일전쟁과 더불어 상황이 크게 변하였다. 일본정부가 러일전쟁의 전비를 조달하기 위해 1904년 7월 연초전매법을 제정한 것이다. 무라이는 일본정부에 사업일체를 넘겨주고 1,170만 원이라는 거액의 보상금을 받았다. 무라이는 이 자금을 기반으로 새로운 투자처를 모색했다. 일본과 한국 두 지역에서 사업을 벌였다. 일본에서는 금융업에 진출하여 村井銀行(자본금 100만 원), 주식회사 村井저축은행 등을 설립하여 사장에 취임하는 한편, 日本石鹼, 村井카튼糸(개명 후 帝國製糸) 등 여러 방면에 투자하여 신흥 '무라이 재벌'이라 불렸다.

한국에서의 투자는 일반 재벌과 비슷한 형태로 진행되었다. 하나는 시부사와(澁澤) 재벌, 오쿠라(大倉) 재벌 등과 같이 1907년 창립한 한국창고주식회사에 주주로 자금을 투자한 일이었다. 무라이는 한국에 무역업 진출과 관련하여 일본의 유수한 재벌과 이해관계를 같이 할 수 있었다. 더 중요한 투자는 1904년 한국 농촌에 주목하여 지주로서 자기변신을 시도한 일이었다. 그가 한국에서 토지에 투자할 것을 결정한 시점은 러일전쟁 중이었지만, 한국에 대한 일본의 지배력이 강화되고 식민지화 작업이 마무리되어 가는 시점이었기 때문에 별 거리낌 없이 투자를 결정할 수 있었다.

무라이는 1904년 시부사와의 한국흥업, 오쿠라의 大倉농장 등 일본의 유수한 재벌의 한국투자 시점에 발맞추어 한국에 농장을 건설할 것을 계획하고 실천에 옮겼다. 무라이의 투자방향은 다른 재벌과 달랐다. 대부분 지주자본가가 기간지에 투자하여 대규모 농장을 건설을 계획했다면, 무라이는 낙동강가의 대규모 황무지를 개척하여 미국식 대농장을 건설하기로 계획하였다. 미국의 기계를 도입하여 한 곳에 대규모의 단지를 조성하고 농장이 토지개량과 농사개량을 모두 지도 감독하는 경영방식이다.

무라이 합명회사는 교토 출신 다무라 다케지(田村武治)를 책임자로 1904년 사무소를 설치하고 토지매득을 시작하였다. 1905년 무라이 상회의 출장원이 었던 구니에타 진자부로(國枝仁三郞)로 교체하였다. 그는 전부터 인연이 있었던 金晟允을 지배인으로 임명하고 그를 앞세워 토지 매수에 착수했다.[12] 김성윤은 현지의 동장과 통수 등을 매개로 이 지역 토지 전체를 매수하기 시작했다. 토지는 자발적 매도자도 있었지만, 토지소유자의 의사와 관계없이 몰래 다른 사람 명의로 매입한 다음 사후에 강제로 돈을 지불하는 방식을 택하기도 하였다.

무라이 농장은 잠매와 불법적인 방법으로 토지를 구입하면서 다양한 방법을 동원하여 소유권 증빙서를 마련했다. 보통은 매매문기나 관의 증명을 받아 문서증거력을 확보했다. 심지어 무력을 동원하여 현지를 점령한 다음 지배권을 행사했다. 소작료 징수, 벌채 금지, 연안어업금지 등의 방법으로 점유권을 행사한 것이다. 이러한 불법적 방식 때문에 무라이는 주민들의 강한 저항에 부딪혔지만, 무력 또는 관권이나 소송을 동원하여 분쟁을 처리했다.[13] 창원군수나 마산이사청 등도 뒤에서 합의를 종용하였다. 한일 양국의 최고 권력자인 이토 히로부미와 이완용의 지원도 있었다고 한다.

소송 토지는 洞有地와 개간지적 성격을 갖는 토지였다. 법원에서는 소송을 제기한 주민들이 아니라 무라이에 방매한 자의 권리를 인정하여 합법적 거래로 판정하였다. 분쟁지 가운데 특히 문제가 된 토지는 김상정이라는 자가 부산지방법원 마산지청에 소송을 제기한 개간지적 성격을 갖는 토지였

---

12) 국사편찬위원회 한국사 데이터베이스(『통감부문서』 1권, 12. 농공상무부 사무공채1 ·2, (8) 한국정부와의 교섭사항. 1. 商工에 관한 한국정부와의 교섭사항). 부산항 절영도에 있는 통칭 薩摩堀의 사용권에 대하여 농상공부대신이 한국인 金晟允에게 부여한 인허가가 확실한 것인지 村井商會 출장원 國枝仁三郞가 경성이사청에 문의하고 있다. 전부터 두 사람은 상당한 거래가 있었던 것으로 보인다.

13) 무라이 농장의 토지분쟁은 이영학, 「한말 일제하 창원군 식민지주의 형성과 그 특질」, 『일제의 창원군 토지조사와 장부』, 선인, 2011에 잘 분석되어 있다.

다. 김상정은 마산지청에서는 이겼으나 대구복심법원에서는 무라이 농장의 점유권을 인정하여 농장 소유로 판결하였다. 그는 고등토지조사위원회에 불복 신청을 하였지만, 여기서도 무라이의 개간권을 인정하여 농장소유로 최종 재결하였다.

무라이는 비정상적인 방법으로 토지를 매득 점령한 만큼 소유권은 불안정할 수밖에 없었다. 일제는 토지조사사업으로 조선 구래의 관습법적 권리를 부정하고 일본민법에 근거하여 무라이의 토지에 배타적 소유권을 부여하였다. 무라이는 토지소유권의 법적 정당성을 확보하고 안정적으로 지주경영을 해 갈 수 있었다.[14]

무라이의 투자처는 김해군 하계면과 창원군 대산면(김해군이었으나 1914년 창원군에 분합)·동면의 일대를 포함한 대평원이었다. 농장 지역은 진영역에 연하여 북쪽에 위치한 평지이고, 동·서·남의 3면은 산지이고 북은 낙동강 본류에 임한 충적층토로 면적은 약 5,000정보 가량 된다. 무라이는 마산선 진영역이 설립된다는 것을 계산하고 이 부근 대규모 미간지에 주목하였다. 이를 구입하여 대규모 개간사업을 통해 농장 설립을 계획한 것이다. 무라이가 확보한 토지는 대부분 미간지였지만 기간지도 포함되어 있었다. 농장의 토지는 대부분 창원군에 속하고 일부가 김해군 진영면(하계면)에 속했다. 그러나 대부분의 사람들은 진영역이라는 역의 상징성을 중시하여 村井농장을 진영농장이라 불렀다.[15]

진영농장 부지는 낙동강 유역의 상습 수해지구였기 때문에 蘆田·草田·柴田·牟田 등의 모습을 띤 미간지가 대부분이었다. 지가가 매우 싼 편이었다. 1932년 하자마 농장의 지배인인 김경진은 "(무라이는) 약 30년 전에 그때

---

14) 최원규, 『한말 일제초기 국유지조사와 토지조사사업』, 혜안, 2019가 참고된다.
15) 〈그림 1〉의 지형도(조선총독부, 『近世韓國五萬分之一地形圖(1914~1918)』, 경인문화사, 1982)에 '村井農場'으로 표기되어 있지만, 村井 迫間 시절 모두 진영농장이라고 일반적으로 통칭하였다.

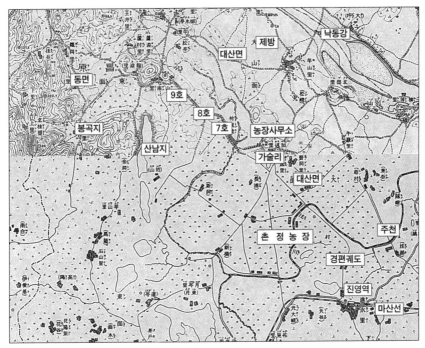

〈지도 1〉 村井農場 지형도(1916년)

구한국시대의 상평통보의 엽전을 주고 잠자고 있는 너즐펀한 황무지인 이 땅을 사기 시작한 것이란다. 당시 조선의 정세는 나날이 기울어져 나무신에 검은 옷 입은 일본사람이라면 그들이 덤비는 것도 함부로 하게 되었으려니와 세상이 무엇이고 나라가 어찌되는 영문조차 모르는 농촌사람들은 부질없이 두려워하던 때라 호랑이 담배 먹는 시절의 이야기이라 하야도 이우에 더 할 자이랴 스무 마지기 서른 마지기 땅값이 엽전으로 한량을 넘지 못하는 거저줍기와 비슷한 헐값으로 주서 모은 것이 이 땅인 것이라 한다. 그리하여 모조리 주서 모으는 판에 누구든지 만일 불응하는 사람이 있다면 총을 내대기까지 하였다."라고 동아일보 특파원에게 당시 상황을 증언하고 있었다.16) 당시 분쟁자료로 분석한 결과 이 말이 과장되기는 했지만, 무라이는 157명으로부터 62,000여 두락을 구입하는 데 81,000량을 지출하였다. 두락

〈표 1〉무라이 농장의 연도별 토지소유(단위 : 정보)

연도	답	전	산림 원야	기타	합	창립일
1908	446	916	2,850		4,212	
1910	408	941	1,138	2,205	4,692	1905
1915	740	847	1,264	2,851	5,702	1908
1922	1,190	857	64		2,111	1907
1925	2,625	357	592		3,574	1907

비고 : 소수점이하 반올림
출전 : 澁谷隆一, 『都道府縣別 資産家地主總覽(舊植民地 他編2), 1991.

당 1.3량에 불과했다.[17)

1907년 무라이는 황무지 2만 5천 정보를 매수하여 앞으로 10개 연간 개간을 완성할 예정이라고 했다.[18) 개척사업은 제방을 쌓은 다음 단계적으로 개간을 추진하였다. 이때 투자액은 총 47만여 원이고, 1914년까지 투자액은 70만 원이었다.[19)

무라이가 진영 지역에 토지를 구입하기 시작한 것은 1904년부터이고 1905년부터 경작과 동시에 개간을 시작하였다. 1907년 토지매득을 완료하고 진영농장의 외연적 틀을 완비하였다. 1908년부터 10년 계획을 세워 본격적으로 개척에 나선 것으로 보인다. 농장의 기본 모습이 체제적으로 정비된 것은 1915년 무렵이고, 1922년 동면수리조합이 건설되면서 관개 배수체제가 완비되었다.

〈표 2〉에서 토지소유와 개간 등의 정도를 짐작할 수 있다.[20) 투자액을 보면 토지매득 비용은 고정적이었지만, 개간비용은 개간을 완료할 때까지 계속 지출되어 투자액은 자료마다 달랐다. 1910년의 투자액은 461,395원으

---

16) 『동아일보』, 1932. 2. 9.
17) 이영학, 앞 글, 『일제의 창원군 토지조사와 장부』, 선인, 2011, 321~322쪽.
18) 『韓國中央農會報』4, 1907. 11, 15쪽. 「韓國に於ける日本人農林業經營者調(2)(통감부).
19) 『釜山日報』, 1914. 12. 8. 進永 村井農場 見物(1).
20) 창립일은 매득시점 경작개시일 개간완성시점 등에 따라 그때그때 달리 표기한 것으로 보인다. 1905년 1907년 1908년 등 자료마다 달랐다.

사무소	투자액	소유지면적				영농종별	자작	
		답	전	기타	계		답	전
김해군 하계면	679,036	544	874	1,340	2,757	보통농사	5	7
함안군 내산면	47,000		120	338.2	458	과수채소상원		

비고 : 김해군 하계면에 72,000원을 투자하고 2,920정보를 소유하고 있다는 또 하나의 기록이 있지만
이는 위 부분을 중복 기재한 것으로 보인다.
자료 : 慶尙南道, 『慶尙南道 道勢要覽』, 1914, 277쪽.

로 한국흥업과 동산농장 등에 버금갈 정도로 많은 금액이었다. 무라이 농장은
그 이후에도 개간 비용이 계속 늘어나 1914~5년에는 70만 원정도 지출한
것으로 보도되었다.[21]

무라이의 토지는 1908년과 1910년 통계에는 마산 함안 창원 김해 양산
등 경남 일원의 여러 곳에 4천정보가 넘는 토지를 소유한 것으로 나타났다.
답 400여 정보, 전 900여 정보로 대략 1500정보이고, 2, 3천 정보의 산림
원야(황무지) 등이 기록되어 있다. 무라이는 1915년에 진영농장 이외에
함안군과 김해군 녹산면·대저면에 대규모로 소유하고 있었지만,[22] 진영농
장이외의 토지는 점차 정리하고 진영농장에 집중한 것으로 보인다.[23]

무라이는 농장건설계획에 따라 개간을 추진하여 〈표 1〉과 같은 성과를
순차적으로 거두었다. 개간은 開畓작업에 집중되었다. 1925년에는 수전이
2,624정보이고 밭이 357정보로 3천 정보가 넘었다. 개척이 완료되면서 답이
크게 증가하였다. 초기에는 전답보다 미간지, 답보다는 전이 많았으나 개척
이 진전되면서 1910년대 중반이후는 답이 압도적이었다. 1910년 통계자료에

---

21) 『釜山日報』, 1914. 12. 8. 進永 村井農場 見物(1).
22) 진영농장 답 100정보 전 600정보 함안에 60정보 김해녹산 40정보 대전에 30정보를
소유하고 있다(大橋淸三郞, 『朝鮮産業指針』, 개발사, 1915, 730쪽.).
23) 1925년 자료에는 1914년 김해에서 창립한 것으로 기록된 답 70정보, 전 20정보,
기타 2정보를 소유하고 있다고 기록하고 있다. 함안군의 것은 1925년 이전에 처리한
것으로 보이고 1914년에 창립한 김해 지역 토지도 1928년 이전에 처분한 것으로
보인다.

서 村井은 자작과 소작을 겸하였는데, 자작 면적이 훨씬 많았다. 그 이유는 개간중인 토지를 자작으로 계산했기 때문이었다.

무라이 농장은 설립 당시부터 간척농장의 모범사례로 세인의 관심을 끌었다. 무라이는 개인적으로 미국을 모델로 한 자본주의를 이상적으로 생각한 것으로 보였다. 담배의 경우처럼 농장도 미국식 대농장 건설을 꿈꾸며 개척을 시작하였다. 여기서 미국식은 대농장의 시설경영을 말하였다. "대제방, 대갑문, 대경운, 대관개 등 인력이 미치지 않으면 기계를 사용하는데 기계는 金을 투자한 것이다. 大農主義 즉 金貨主義, 이것이 미국 풍이고 현대적인 것이다."라는 것이다. 인력으로 자연력을 굴복시키는 意氣라고 부산일보 특파원은 보고하고 있다.[24]

무라이 농장은 1915년 10월 경복궁에서 열린 시정 5년 기념 조선물산공진회에서 명예금패를 수상하였다. 수장자는 명예금패 20명, 금패 173명, 은패 699명, 동패 1703명, 포상 4370명이었다. 무라이 농장의 지원 분야는 제2부 척식분야이고, 주제는 미간지 개간의 방법과 성적이었다.[25] 무라이 농장은 방문객들이 적지 않았다. 1914년 부산일보 기자는 무라이 농장의 초청을 받아 세관장·조선시보 사장·조선은행 지점장 등과 함께 농장을 방문했다.[26] 1923년 4월 9일에는 조선총독 사이토가 부부 동반으로 삼랑진에서 마선선을 갈아타고 진영역에 내려 이곳을 방문하기도 하였다. 농장장 히노니시 나가테로(日野西長輝)가 시행중인 제방공사 농장경영에 대하여 설명하였다.[27] 당시 비서관으로 수행했던 마쓰무라는 진영농장을 일본인 지주의 모범사례로

24) 『釜山日報』, 1914. 12. 12. 進永 村井農場 見物(5).
25) 『매일신보』, 1915. 10. 17. 성적은 大橋淸三郞 외, 『朝鮮産業指針』, 開發社, 1915에 수록되었다. 무라이 농장은 1914년 7월 10일 일본의 다이쇼박람회에서 금패를 받기도 했다(『釜山日報』, 1914. 7. 11).
26) 『釜山日報』, 1914. 12. 9. 進永 村井農場 見物(2).
27) 日野西長輝(1875년생)은 日野西光善의 3남으로 北海道와 조선에서 농장을 경영했다. 아들 村井資長은 早稻田大學 제10대 총장을 지냈다. 旧姓은 日野西이다.

들며, '조선은 지가와 노동력이 싸고 2, 3배의 증수효과를 볼 수 있는 유리한 사업인데 왜 일본인 지주가 조선농업에 착목하지 않을까' 라는 의문을 표시하였다. 그리고 진영농장은 소작인을 자기편으로 끌어들이는데도 주의를 기울였다고 평가하였다.[28]

세인의 주목을 끌던 무라이 농장은 1926년 1월 2일 무라이가 심장마비로 63세로 사망하면서 커다란 변화를 맞이했다. 주력 사업체인 무라이 은행은 大平생명보험회사 사장인 義동생 무라이 데이노스케(村井貞之助)가 두취로 취임했지만[29] 1927년 쇼와금융공황이 불어 닥치면서 위기에 처하였다.[30] 무라이 은행이 공황의 파고를 견디지 못하고 구조조정의 대상이 된 것이다. 초기에는 일본은행이 원조도 했지만 몇 차례 휴업사태를 거쳐 최종 정리대상이 되었다.[31]

무라이 은행은 1927년 9월까지 휴업을 계속하다 결국 정리되었다.[32] 예금자들에게 예금을 내주기 위한 무라이 은행의 예금삭감안이 8월부터 논의과정을 거쳐 100원을 기준으로 정리해 주기로 하고,[33] 쇼와 은행에 합병되었다가 야스다(安田)은행에 인계되었다. 무라이 은행이 정리되었다는 것은 무라이 재벌의 붕괴를 의미하였다. 은행 이외의 재산도 모두 처분대상이 되었다. 무라이 합명회사는 주식 일체를 쇼와 은행에 넘겼으며, 대만의

---

28) 松村松盛, 『明けく朝鮮』, 제국지방행정학회, 1925, 27~28쪽. 저자는 동성현 출신으로 도쿄제대 법과 졸업후 고등문관시험을 거쳐 1919년 조선에 와서 조선총독부의 토지개량과장 식산국장 등을 역임하였다. 무라이 농장을 방문할 때 총독의 비서관이었다.
29) 『朝鮮新聞』, 1926. 1. 4 ; 『매일신보』, 1926. 1. 5. 村井 형제상회에 들어가 인연을 맺고 무라이 기치베의 養妹와 결혼했다. 무라이 재벌의 회사경영에 깊숙이 참여했다.
30) 윤석범 외, 『한국근대금융사연구』, 세경사, 1996.
31) 『중외일보』, 1927. 3. 23. 中澤은행, 八十四은행, 무라이은행, 左右田은행이 대상이다. 조선은행 이사는 조선의 금융계는 유치하고 둔감한 수준이어서 이러한 사태에 영향을 받지 못했다고 평하였다.
32) 『朝鮮新聞』, 1927. 4. 5 ; 『朝鮮新聞』, 1927. 7. 21 ; 1927. 7. 31 ; 『朝鮮新聞』, 1927. 8. 25.
33) 『朝鮮新聞』, 1927. 8. 4 ; 9. 24.

조림사업, 홋카이도(北海道)의 석유사업도 처분하고 해산하였다.

무라이는 한국에서 지주경영 이외의 부분에 투자한 것은 거의 없었다. 농장경영에 필요한 물품의 구입과 판매, 생산물의 판매와 담보대부를 위한 村井農場 東部信用(주)을 1922년에 설립했을 뿐이다. 사장 오자와 사카타로(小澤作太郎)를 비롯하여 이사 감사 등 회사 관계자들이 모두 농장과 관련된 일본인들이었다.[34]

무라이의 공적은 화려했다. 1915년 11월 10일 훈3등 瑞宝章을 받았으며, 1920年에 귀족원 의원 오쿠보 도시타케(大久保利武), 동척 총재(후에 대만총독을 역임) 이시즈카 에이조(石塚英藏), 일본의 시계왕 핫토리 긴타로(服部金太郎)와 함께 일본적십자사의 상의원에 선출되었다. 1916년에는 교토 출신으로 宮司이며 귀족원의원을 지낸 자작 히노니시 미즈요시(日野西光善)의 딸로 메이지 천황의 女官으로 지내던 가오루코(薫子)를 후처로 맞이했다.[35] 그는 죽을 때까지 화려한 생을 보냈지만, 사후 곧바로 무라이 재벌은 몰락하고 말았다. 도쿄의 5천평이나 되는 자택도 1929년 130만 원에 府立一中의 부지로 매도되었다.[36] 세계 대공황이라는 물결에서 헤어나지 못하고 결국 몰락의 길로 접어들었다.

기존 농장 관계자들은 무라이의 덕을 기리는 기념비 건설을 발의하고 추진하였다. 발의자는 초기부터 무라이가 농장을 건설할 때 무라이의 대리인으로 토지구입 등에 공헌한 진영의 유지 김성윤이었다.[37] 제막식은 1928년

---

34) 『조선은행회사요록(1923년판)』, 동아경제시보사. 회사의 자본금은 50,000원이고, 이사진은 전무이사 飯塚太三郎, 이사 川野吉民, 村上兼太郎, 掛野與四郎, 감사 長尾滋太郎, 竹永慶太郎, 上岡繁一, 村本秀一 등이다.

35) http://jahis.law.nagoya-u.ac.jp/who/docs/who4-12900(名古屋大學大學院法學研究科,『人事興信錄』데이타베이스)

36) 『朝鮮新聞』, 1927. 5. 30. 村井의 부인은 남편 사후 村井왕국의 비운을 맞이한 후 千葉縣 中山의 別莊에 머물다가 중산의 법화경사에서 불문에 귀의하였다.

37) 『釜山日報』, 1928. 5. 19. 기념비는 진영리 서쪽 끝 일등 도로 왼쪽에 세웠다고 한다. 토지구입과정에서 김성윤이 한 역할은 이영학, 앞 글,『일제의 창원군 토지조사와 장부』, 선인, 2011이 참고된다.

5월 20일이었으며, 신구 농장관계자들과 김해군수 등 진영·대산 양면의
관공리 등 200여 명이 참석하였다.[38]

2) 하자마 농장의 탄생과 자본전환

무라이가 한국에 진출한 것은 일본 산업자본의 한계를 한국농촌을 지주제
로 지배함으로써 일부 해결하려는 의도였으며, 이것은 당시 일본자본주의의
한계를 의미하는 것이기도 했다. 지주경영은 금융자본과 산업자본의 쌍생아
로 탄생했지만, 무라이 은행의 파산으로 인한 금융자본의 좌절은 무라이가
지주경영을 비롯한 재벌경영의 모든 것에서 후퇴하지 않으면 안 된다는
것을 의미했다. 그러나 무라이가의 퇴장이 식민지 지주제의 후퇴를 의미하는
것은 아니었다. 아직은 지주자본의 순환적 교체과정에 불과했다.

무라이 재벌이 몰락하면서 농장의 관리권이 쇼와 은행으로 넘어가고
일본은행의 감독을 받고 있었다. 1927년 12월에는 납부해야할 수리조합비
11만 원을 태납할 정도의 경영상태였다.[39] 조합원 243명 가운데 190여명이
납부하였지만, 조합에서 무라이 농장이 차지하는 재정적 위치와 무라이
농장의 매각을 우려한 경남도와 창원군에서는 조합비 납부를 계속 독려하였
다. 조합비 문제는 도쿄에 거주하던 조합장(지배인)이 일본은행과 협의하여
전송하는 것으로 해결하였다. 이때 일본은행은 무라이 농장을 매각하기로
결정하였다.[40]

무라이 농장은 쇼와 은행의 중개로 154만 원에 부산의 하자마 후사타로에

---

38) 『釜山日報』, 1928. 5. 22. 식장은 일장기와 만국기로 장식하고 김성윤의 인사말이
    있고 김해군수, 日野西 전 무라이 농장장, 迫間 대리인인 加藤지배인, 마산의 전
    농장주임 水野淸 등이 식사를 하였다. 진영 대산 양면의 관공리와 유지, 농장관계자가
    참석하였다. 소작농민들의 의사는 기사에서는 확인할 수 없었다.

39) 『朝鮮時報』, 1928. 1. 20.

40) 『朝鮮時報』, 1928. 1. 23.

게 매각했다. 1928년 3월 3일 계약조인을 마쳤다.[41] 농장은 무라이 집안과
관계없이 팔렸지만, 판매대금은 투자대비 2~3배가 넘을 정도로 이윤을 남길
수 있었다. 계약의 실무는 농장장 히노니시 나가테로(日野西長輝),[42] 부장장
히노니시 데루키미(日野西照公)가 담당했다.

계약 당시 양자는 사무소의 사무원부터 소작인은 물론, 양잠조합 수리조합
보험 등의 부대사업의 관리권 등 농장의 모든 것을 그대로 인계인수하기로
합의하였다. 인계작업은 4월 14일부터 17일까지 실시하고 19일 정식 종료하
였다. 이때 소작인들은 주인이 바뀌면서 소작인은 다소 이동하겠지만, 新지주
라도 종래의 소작권을 무시하고 일시에 소작권을 철수하는 등의 일은 하지
않을 것으로 예측하였다.[43]

그러나 농장을 인수한 하자마는 무라이 농장 때와 달리 투자이윤을 최대한
확보하기 위해 소작조건과 소작료를 강화하였다. 소작농민은 소작쟁의를
일으켜 이에 맞섰다. 농민의 저항으로 농장 수익은 그리 많지 않았다. 더구나
무라이가 소작농민과의 협조체제아래 건설한 농장이기에 이들을 강압하는
방식으로는 경영이 쉽지 않았다. 그만큼 저항이 컸다. 소작농민들이 농장사
무소와 부산의 迫間 본점까지 계속 시위하는 상황 속에서 진영농장은 조선
굴지의 자산가인 하자마 집안에는 사회적 명성을 손상시키는 한편, 수익도
크지 않은 두통거리였을 것으로 짐작된다. 계속되는 소작농민들의 아우성,
계속된 수재 등을 10년 동안 버티다 1938년 진영농장에서 손을 떼게 되었다.

1930년대 중반부터 하자마 집안은 지주경영에서 점차 산업부분으로 자본
전환을 적극적으로 추진한 것으로 보인다. 하자마는 여러 회사에 자본을

---

41) 『釜山日報』, 1928. 5. 8.
42) 日野西長輝는 北海道 茅部郡 石倉村 濁川의 광대한 日野西牧場에서 농장을 경영하였다.
   그는 日野西光善의 3남으로 태어났다. 그의 집안은 교토의 堂上華族이다. 1916년
   경상남도 村井진영농장의 농장장으로 부임하였다. 제10대 와세다 대학 총장 村井資長
   의 아버지이다.
43) 『釜山日報』, 1928. 5. 19.

투자하여 이사 감사 등으로 활약하는 한편, 부산부 의회 등 지역사회의 정치활동에 적극 참여하였다. 지주경영이나 부동산업은 자식들에게 맡긴 것으로 보인다. 큰 아들 하자마 가즈오(迫間一男)는 진영농장의 소유주였지만, 농장경영은 농장 지배인과 迫間본점 지배인에 맡기고 직접 운영에 관여하지는 않았던 것으로 보인다.

가즈오의 활동에서 주목되는 것은 1929년에 쇼와토지건물(주)의 대주주로 참여하고, 1935년에는 자본금 100만 원의 조선부동산(주)을 설립하고 사장에 취임한 일이다. 하자마 집안은 부산 시내 공지의 중요한 곳을 대부분 소유하였으며, 이를 분양하고 담보대부하는 회사를 설립하였다. 부산부립병원터를 부산부에 매매하고 부근의 일만여 평을 점포나 주택 부지로 분양할 계획을 세우고 실천에 옮겼다. 그리고 자금을 필요로 하는 회사에 부동산을 담보로 저리대부하기도 하였다.[44]

하자마 집안은 일찍이 수산업이나 전기 교통 등의 서비스업에 종사하였으며, 점차 광산·중화학 공업 분야나 시가지의 부동산업에 진출하는 모습을 보였다.[45] 지주경영은 진영농장을 매입할 때까지는 적극적이었지만, 1938년 진영농장을 방매하면서 정리해 가는 모습을 보였다. 수익률에 비해 소작쟁의나 수재 등으로 지주경영이 쉽지 않았던 것으로 추측된다. 1938년 11월 농장을 부산천일고무회사 김영준에게 270만 원에 팔았다.[46]

---

44) 『釜山日報』, 1935. 6. 30.
45) 迫間房太郎은 부산상공회의소 특별의원, 도의회 부의장 등을 지내는 한편, 부산수산 주식회사, 조선저축은행 등의 이사와 조선제련회사와 조선경춘철도(주)의 감사를 지냈다.
46) 『매일신보』, 1938. 11. 18. 1938년 수납벼가와 농장시설비는 판매액에서 제외하기로 하였다. 본서 313쪽.

3. 무라이 농장의 구조와 농업경영

1) 농장의 지역 환경과 개간

무라이 농장은 낙동강가의 지형이 낮은 곳에 위치하여 걸핏하면 강물이 밀려들어 둑을 만들어 이를 막지 않으면 경작을 할 수가 없었다. 상습수해지구라는 결정적 한계를 안고 있었지만, 개간이 완료되고 마산선이 건설되면서 이곳에 진영역이 들어서면서 농장으로서의 입지조건은 좋게 바뀔 여지가 컸다. 진영역은 경부선 삼랑진역에서 서남쪽으로 100여 리 떨어진 곳으로 초기에는 한국인 농가가 얼마간 점재한 적막한 촌락이었다. 진영역은 1908년 초까지도 무라이 농장에 속한 농부 약 40호와 기타 운송업자(철도)와 철도역원 주재소 순사 등의 주택에 불과했다. 공사용 인부와 소작인 등은 주로 한인이었다. 무라이 이외의 일본인 지주는 매우 적었다.[47]

그러나 농장이 간척되고 농민이 이주하면서 진영역 주변도 '장족의 발전'을 하였다. 상품과 사람이 철도로 마산이나 부산에 편리하게 오가게 되자 상품화폐 유통권이 크게 확대된 것이다. 일본인도 몰려들어 서비스업이나 곡물상으로 자리 잡았다. 진영역은 백호 정도의 번영한 촌락으로 변모하여 이 일대의 중심지역으로 떠올랐다.

무라이가 주목한 곳은 낙동강 유역의 넓은 황무지였지만, 이곳은 단순한 무주지는 아니었다. 이 중에는 종전부터 농민들이 개간하여 농업경영을 했던 곳도 적지 않았다. 그러나 제방 등 수리시설이 자연조건을 극복하지 못하여 쉽게 진전화되어 소유권이 불안정한 상태에 있었다. 토질은 비옥하였지만, 경영의 불안성이 소유권 분쟁을 초래한 것이다. 일본제국 정부도

---

47) 『韓國中央農會報』 2-11호, 1908, 26쪽. 篠原才吉(부산상업회의소 서기), 「慶尙南北道農商況 調查(1)」. 한인들은 좋은 직업을 주어 일본인에 대한 감정은 좋은 편이었다고 한다.

한국농업을 조사할 때 낙동강 유역의 미간지에 주목한 바 있었다. 이들이 조사한 낙동강 유역의 미경지는 총 70여 곳으로 면적은 약 1만4천여 정보로 추산했다. 미간지가 가장 많은 곳은 하류에서는 김해지역, 상류에서는 진영 부근을 선정하였다.[48]

1907년 통감부는 일본인의 농림업 경영자를 조사하면서 그 특징을 다음과 같이 분류하고 있다.[49] 농림업 경영자의 대부분은 농업과 상업을 겸업하고 농업 전업자는 소수였다. 이들은 대부분 보통농업에 종사하고 특종 농업자는 소수였다.[50] 특종 농업은 관개 개간사업과 황무지매수 개간사업으로, 밀양의 마쓰시타 데이지로(松下定次郎)의 일한협동수리조합, 진영의 무라이 농장, 영산군 월령의 가와사키 후사타로(川崎房太郎)의 開城社를 들고 있다. 이들은 수만 원에서 수십만 원의 자본을 투자하여 개간을 주로 하면서 농업경영을 하였다.[51]

무라이 농장은 행정구역상으로는 김해군 진영면과 창원군 대산면·동면 등 3개면 20여 개 동리에 가까운 촌락으로 이루어졌다. 1930년대 농장의 면적은 약 2,800정보이고 소작농민이 약 2천호(약 90호는 일본인 소작인)에 달하는 집단적 대농장이었다.[52] 무라이 농장은 황무지와 기간지를 합하여 대단지를 형성하였지만, 초기에는 대부분 황무지였다. 〈지도 1〉에서 보듯, 낙동강 안쪽에 마을을 연결하며 6호 7호 8호 9호 등의 제방을 축조하였다. 배수구에는 갑문을 설치하였다. 수해를 방지하고 황무지를 개간하여 경지를 얻을 목적이었다.[53] 개간은 다음과 같은 방법으로 추진하였다. 먼저 농장이

---

48) 貴島一, 「洛東江沿岸視察槪況」, 『韓國中央農會報』 3, 1907. 9.

49) 『韓國中央農會報』 4, 1907. 10, 21쪽. 「韓國に於ける日本人農林業 經營調(1)」.

50) 자본의 규모로 보면, 자본금 5천원 이하의 보통 영농자가 다수이고, 5천원 이상의 대지주적 영농자가 그 다음이고, 소자본으로 자작겸 소작농은 매우 적다. 대지주적 토지영유를 목적으로 하는 자는 수인의 일한인을 사역하고 항상 토지의 매수에 종사한다고 하였다.

51) 『韓國中央農會報』 4, 1907. 10, 21쪽. 「韓國に於ける日本人農林業經營者調(1)」.

52) 『동아일보』, 1932. 2. 9.

미국식 기계나 농구를 이용하여 대규모로 경지를 조성한 다음, 일본에서 이주한 일본인 소작농[54]과 현지에서 모집한 한국인 소작농에게 각각 농구를 할당하여 경작지로 완성하도록 하였다.[55]

농장의 구조는 〈지도 1〉에서 보듯, 먼저 지역의 종단에 직선을 긋고 沼澤 저지대 등을 매립하여 도로를 건설한 다음, 선로 내의 경지를 정리하고 교량을 놓아 교통체계를 완비하는 방식으로 건설하였다.[56] 토지를 매수하고 제방과 갑문을 축조하는 데 총 13만여 원을 투자하였으며, 도로와 수로를 개척하고 황무지를 개간하여 농민의 이주를 꾀하였다. 완성할 때까지 약 40만 원의 경비를 투자할 것을 계획하였다. 무라이 농장은 대부분 미경지이고 지구의 면적이 너무 커서, 제방을 쌓아 낙동강의 침수를 막고 개척하여 양호한 성과를 보기에는 지난한 과정이 필요하다고 일반인도 바라보았다.[57] 농장에서는 10년 계획을 세워 개간을 완료할 예정이었다.[58] 1915년까지 70만 원정도의 비용이 소요되었다

진영농장은 1907년 10월 부산이사청 조사에서 무라이 기치베는 개간지주이며, 한국인 소작면적 200정보, 자작면적이 2500정보로 조사되었다.[59] 1910년 말 조사에는 투자액이 461,395원이었으며, 전 941정보 답 408정보 산림원야 1,138정보 기타 2,205정보 합계 4,692정보였다. 투자지역은 마산·함안·김해·양산 등이었다.[60] 〈표 1〉에서 1914년도는 총 5천여 정보였으며,

---

53) 『韓國中央農會報』 4, 1907. 10, 23쪽. 「韓國に於ける日本人農林業經營者調(1)」.
54) 村井진영농장은 한국인과 일본인을 소작인으로 정할 때 선정 기준을 달리했다. 후자는 일본 또는 조선에서 농사 경험이 있고, 가족과 함께 농장안에 이주하여 전심으로 농장소작에 종사할 자로, 전자는 농사 경험이 있고 장래 전심으로 농장소작에 종사할 자로 정했다(조선총독부, 『朝鮮ノ小作慣習』, 1929, 166~169쪽).
55) 大橋清三郎, 앞 책, 1915, 728쪽.
56) 무라이 농장과 인근 낙동강의 개척과정은 허수열, 「창원군 대산면 대산평야 개발과정과 일본인 농장」, 앞의 발표문, 2019에 자세히 분석되어 있다.
57) 貴嶋一, 「洛東江沿岸視察槪況(續)」, 『韓國中央農會報』 4, 1907. 10, 30쪽.
58) 「韓國に於ける日本人農林業經營者調(2)(통감부). 『韓國中央農會報』 4, 1907. 11, 15쪽.
59) 『韓國中央農會報』 2-4, 1908. 4, 20쪽. 「釜山理事廳管內日本人農事經營者調」.

경지는 거의 3천 정보 가량이고 그중 답이 천여 정보에 달했다. 1920년대 중반에는 수전 2,600정보에 달하는 규모로 경남 곡창지대에서 제일의 수전 중심의 유수한 대농장을 건설한 것이다.

1907년 부산이사청 관내의 일본인 농장은 특이하게 상당수가 자작을 겸영하고 있었다. 적은 규모의 토지를 소유한 자는 실제 자작했지만, 자작면적이 넓은 경우는 대체로 개간지주였다. 이때 이사청에서 농업자들을 조사하면서 지주, 지주겸 자작, 지주겸 식림, 자작, 자작 개간겸 지주, 개간과 지주, 과수 자작 등으로 분류하였다. 이 중 개간을 별도로 표기한 농업자가 상당수 존재하였다. 국유지미간지이용법이 발효되면서 개간이 토지획득의 주요 합법적 수단으로 등장한 결과로 보인다. 무라이 농장의 경우 2,500정보가 자작으로 표기되었다. 개간 중인 토지를 자작으로 표기한 것이다.[61]

1914년 무라이 농장의 기간지는 논 1천 정보, 밭 7백 정보로 개간이 상당정도 진척되었다. 당시 작인은 일본인 76호, 조선인은 1,800호였다. 소작 수납미는 일본인이 벼 5천석, 조선인이 1만4천석, 합 1만9천석이었다. 호당 수납액은 조선인보다 일본인이 1호당 66석이고 조선인은 7.8석으로 일본인이 8.5배 많았다.[62] 이 같은 농장의 경작지 규모의 변화는 무라이 농장의 개간 진척도를 보여주는 것이다.[63] 1925년 전·답 약 3천 정보 가량 소유하고 있었다.

60) 朝鮮新聞社, 앞 책, 1913, 200쪽.
61) 『韓國中央農會報』 3, 1908. 4, 18~22쪽. 「釜山理事廳管內日本人農事經營者調」.
62) 『釜山日報』, 1914. 12. 10. 進永村井農場 見物(3).
63) 朝鮮總督府殖産局, 『朝鮮の農業』, 1927, 1929, 189쪽. 무라이 농장의 규모는 답이 2,624.5정보, 전 357정보, 기타 592정보, 총 3,574정보였다.

2) 농장의 조직과 소작인 구성

(1) 농장의 관리조직과 구조

농장의 조직은 관리책임자로 지배인(또는 농장장)을 두었으며, 시설로는 사무소·집회소·사택 등을 설치하였다. 사무소의 업무는 농무·공무·서무·회계의 4과로 나누었다. 사무원은 15~20명 정도이고, 일본인 18명·조선인 1명·보조원 10명가량 두었다.[64] 이들은 무라이 농장만 담당한 것이 아니라 농장과 관련된 양잠조합, 수리조합, 보험 등의 사무도 처리했다. 농장이 설립과정에서 가장 세심하게 신경을 쓴 것은 소작농민들을 모집하는 일이었다. 이를 위해 각종 시설을 마련하고, 소작규모나 수납에 유리한 조건을 제공하였다.

농장은 소작농민 유인책으로 편의시설을 마련하였다. 농장 중앙에 병원을 설립하여 소작인을 진료해주고, 위생강화회를 개최하였다.[65] 피곤한 심신을 쉬는 공간으로 목욕탕과 구락부도 마련하였다. 구락부에는 동본원사 포교소를 설치하였다. 봄·가을 농한기에 2회에 걸쳐 교토에서 포교사를 초빙하여 '충군애국'의 관념을 고취시켰다. 이 밖에 창고·급수장·갑문·전화기 등을 설치하여 시설을 완비했다. 1915년 무라이가 일본에서 농장에 와서 돌아본 뒤 시설을 더 확장할 것을 지시하기도 하였다.[66]

농장에서는 교육에도 신경을 썼다. 학교가 없는 마을에는 아동교육에 경험이 있는 조선인 교사를 소작인으로 배치하여 보조를 해주고 야학교를 열어 조선인 소작농 자제를 교육하도록 했다.[67] 일본인은 진영학교조합을 조직하고 공립심상소학교를 설립하여 교육을 시켰다.[68] 하자마 농장 시절인

---

64) 『朝鮮時報』, 1918. 4. 16. 1915년에는 宇都 출신 水野淸이 농장장이었다.
65) 大橋淸三郎 외, 앞 책, 開發社, 1915, 731~732쪽.
66) 『釜山日報』, 1915. 2. 14.
67) 大橋淸三郎 외, 앞 책, 開發社, 1915, 731~732쪽.
68) 『朝鮮時報』, 1915. 9. 30.

1930년 진영면민들은 진영공립보통학교 부설로 농업보습학교 설립인가를 받았다. 농사기술을 교육시켜 생산량 확대를 꾀한 것이다.[69] 설치비용은 7천원이 소요되었다. 총독부에서 2천원을 보조하고, 농장에서 2천원과 실습지 7, 8정보를 영소작을 조건으로 대여해 주었다. 진영리의 김성윤이 2천원, 면민 일동이 나머지 비용을 부담하였다.[70]

무라이 농장은 진영역에 접한 농장 구역에 창고를 건설하였다. 제1창고는 수납벼 5천 가마니를 보관할 수 있는 규모였다. 제2창고는 판매를 위해 협잡물을 골라낸 選米·벼를 보관하였다. 두 창고 사이의 공간 평지에 筵을 깔고 작업을 했다. 수납벼는 부산항이나 京阪지방 등 시세를 보고 유리한 곳에 기차로 운반하였다.[71] 농장 사무소에서 창고에 이르는 4㎞정도의 길에는 경편궤도를 부설하여 곡물과 화물, 일반인과 사무소원 등을 '토로'라 부르는 광차로 실어 날랐다. 농장시설은 전통적인 한국농촌의 모습이 아니라 '근대적' 공장과 같은 시설을 갖춘 대농장이었다.

농장의 소작인은 일본인과 조선인으로 구성되었다. 농지가 개간되고 각종 시설이 마련되면서 소작농들도 증가하였다. 1915년 진영농장의 소작인은 조선인 500여 호, 일본인 90여 호였다.[72] 일본인 소작농은 1914년 76호였으며, 가장 많을 때는 100호에 달하였다.[73] 이들은 조선의 농업 현실을 반영하듯 100호를 정점으로 이후에는 감소하여 1929년에는 90여 호였다.[74] 일본인의 출신지는 불이농촌이나 동척촌이 일본 전역에서 모집한 것처럼[75] 이곳도

<hr/>

69) 『동아일보』, 1929. 10. 12. 설립청원 당시 일본인은 소학교에 설립해 줄 것을 제기하기도 하였다.
70) 『동아일보』, 1930. 3. 17. 이외에 송성학 5백원, 진영면 좌곤리 강흥조 200원, 진영면 우동리 어윤경 50원, 진영면 신룡리 이두석 50원, 지방유지 동 100원 등이다.
71) 『釜山日報』, 1914. 12. 10. 進永村井農場 見物(3).
72) 大橋淸三郎, 앞 책, 開發社, 1915, 731~732쪽.
73) 『釜山日報』, 1914. 12. 11 ; 『朝鮮時報』, 1918. 4. 16.
74) 『동아일보』, 1932. 2. 9.
75) 최원규 주 2와 주 3의 논문 참조.

2부 16현에 걸쳐 모집하였다.[76] 무라이 농장은 일본인을 이주 식민시켜 조선을 영구히 일본화시켜 '이상적'인 한일농장의 모습을 건설하려고 하였다. 농장 측에서는 조선인의 영농능력이 유치하여 그 능력이 일본인 농업자의 반에도 미치지 못한다고 평가하였다. 일본인 농민만으로 소작시키는 것이 유리하다고 했다. 그러나 식민지 경영이라는 측면에서 일본인 이주는 제한하고, 일본 각지에서 일본인 농민을 선발하여 조선인 소작농 사이에 배치하였다. 조선농민이 일본인 농민들의 농업경영 성적을 목격하여 조선 계발의 밑천이 되도록 한 것이다.[77]

(2) 소작농의 구성과 배치

무라이 농장이 한적한 이곳에서 미간지를 개간하고 경작하기 위해서는 소작농민을 모집하는 일이 무엇보다 중요했다. 영농조건이 열악한 개간지의 특성상 기간지보다 좋은 조건을 제공하지 않으면 안 되었다. 농장은 개간과 관련하여 농지경영을 계획했다. 기간지는 전 주인인 한국인에 소작시키고 미간지는 한국인과 일본인에게 소작시켰다. 양자는 대우에서 차이가 있었다. 한국인에게는 초년 소작료를 면제해준 반면, 일본인 이주자들에게는 가옥은 물론 농구 우마를 지급하는 한편, 한달에 8원을 지급하였다. 첫해 수확물은 전부 농장에 납부하고, 2년째부터 소작료를 납부하도록 계획하였다.[78] 일본 정부도 '만한이민론' 차원에서 일본농민들의 도한을 장려하기 위해 특별지원을 해 주었다.

소작인의 소작지 규모는 평균 1호당 3정보였으며, 오래된 자는 7, 8정보에서 10정보에 달하였다고 한다.[79] 일반 소작농에 비해 경작지의 규모가

---

76) 『釜山日報』, 1914. 12. 11. 進永 村井農場 見物(4).
77) 大橋淸三郞 외, 앞 책, 1915.
78) 『韓國中央農會報』 4, 1907. 11, 15쪽. 「韓國に於ける日本人農林業經營者調(2)」.
79) 『釜山日報』, 1914. 12. 10. 進永 村井農場 見物(3).

대단히 넓다. 조선인 소작농은 농장의 소작인 모집정책에 힘입어 증가 속도가 매우 빨라 몇 해 안되어 대집단이 되었다. 농장 내부에 가옥 부지를 지정하면 열흘도 지나지 않아 여지가 거의 남아 있지 않았으며, 지정한 부지가 아닌 곳에 무단으로 가옥을 건축한 일도 빈번했다고 하였다. 농장 설립 전 이곳에는 가옥이 20~30채에 불과했는데 1915년 무렵에는 5백~6백 호를 헤아린다고 하였다.[80] 1918년에는 1,600여 호,[81] 1920년대 후반에는 2천 호에 달할 정도로 급증하였다.[82]

농장이 개척되면서 인근 타인 소유지에도 영향을 주었다. 수리혜택을 받은 면적이 1천여 정보가량 되었다. 농상공부에서 이들에게 부과금을 징수할 수 있는 특권을 주었지만, 농장에서는 받지 않았다고 한다. 농장시설이 매년 확대되면서 이웃 지주와 주민도 이익을 향유하게 되자 농장 부근은 인구가 놀라울 정도로 증가하였다. 농장은 경지 증가뿐만 아니라 매년 10여만 원의 자금이 투자되면서 주민 생활이 윤택하게 되고 농사개량도 농장에 동화되어 갔다고 진단하였다.[83]

농장은 농장장(또는 지배인)이 총괄하였으며, 대체로 마을(리) 단위로 구획하여 재동구 가술구 또는 '○○農舍'로 명명하였으며, 14~15개의 마을이 있었다.[84] 리별로 간사를 두고 관리하였다.[85] 간사는 구래의 마름과 달리 지역별로 농장의 지시사항을 전달하고 소작벼를 수납하는 일을 담당했다. 보수는 소작료 한 섬당 12~15전으로 책정하였다. 보수액은 소작료의 수입에

80) 大橋淸三郞, 앞 책, 開發社, 1915, 734쪽.
81) 『朝鮮時報』, 1918. 4. 16 ; 『釜山日報』, 1914. 12. 11. 조선인 호가 1800호였다고 보도한 것처럼 소작인 파악은 정확하지는 않았던 것으로 보인다.
82) 『매일신보』, 1919. 6. 1. 무라이 농장과 잠업 장려. 일본인 90호 조선인 1500호.
83) 大橋淸三郞, 앞 책, 開發社, 1915, 734쪽.
84) 『釜山日報』, 1914. 12. 10. 進永 村井農場 見物(3).
85) 『동아일보』, 1931. 7. 5. 지배인은 간사를 돈 받고 팔았는데 제동리 같은 큰 지역과 우암신촌 같은 작은 지역은 가격이 달랐다. 간사는 투자액을 뽑기 위해 농장의 지시사항을 소작농민에게 강행하거나 소작료를 엄격하게 받는 역할을 담당하였다.

따라 결정되었다. 1932년에는 24명이 있었다.[86]

농장은 소작조합을 조직하여 소작인을 관리했다. 조합은 조선인과 일본인이 따로따로 조직하였다. 설립목적은 소작인의 자주적 활동과 복지를 증진시키는 데 있다고 하였다. 구체적으로 농사지도, 악습교정, 부업장려, 조합원의 공제비료나 기타 수용품의 공동구입, 생산물의 공동판매 등의 활동을 했다. 소작인을 조직화하여 통일적으로 관리하여 생산력을 증대시키는 한편, 소작인들의 수입을 증대시키는 것이 주 목표였다. 소작조합이 가장 주목한 사업은 1913년 미가가 폭락할 때 실시한 製俵심사제도이다. 일본의 제표검사법을 도입하였다. 벼와 현미를 심사한 뒤 가마니 겉에 품질을 표시한 심사표를 붙이는 제도이다. 농장이 需用者에게 품질을 책임진다는 표시를 하여 신용거래에 편리하도록 하게 한 조치였다. 벼와 미곡의 품질을 표준화하여 상품가격을 정하여 신용도를 높였다. 이때 발생한 수익은 공동으로 적립하도록 하였다. 그리고 농장 사무소에서는 이를 보증하여 저리자금을 융통하여 주고 고가가 되었을 때 방매할 수 있도록 하였다. 소작인이 미가조절의 혜택을 받도록 하여 농가의 피해를 상당히 줄였다.[87]

3) 농사개량과 부업장려[88]

(1) 품종개량과 농법개선

무라이 농장은 농사개량에서 품종개량과 시비법에 주안점을 두었다. 농장은 전임 농업기술사부와 試作場을 두고, 농업기사가 試作田에서 시작물을 시험 재배한 다음, 소작농에게 모범을 보이도록 했다. 모범장이나 관청의

86) 『동아일보』, 1932. 2. 11.
87) 大橋淸三郞 외, 앞 책, 開發社, 1915, 733쪽.
88) 이영학, 앞 글, 『일제의 창원군 토지조사와 장부』, 선인, 2011, 337~340쪽에 무라이 농장의 농사개량을 다룬 바 있다.

지원을 받아 적극적으로 농사지도와 개량을 계획하였다. 특히 미작에서 개량 품종을 보급하고 품종의 통일을 기하는데 주력하였다. 시작장과 채종전을 경영하여 가장 좋은 품종을 수집 배포하였다. 농장이 보급을 장려한 벼품종은 早生神力·都·穀良都·芳賀錦 등이었다. 조생신력이 과반을 점하였다.

초기에는 일본인 소작농에게만 개량종을 재배하도록 하였다. 점차 조선인에게도 보급하였다. 성적이 현저하여 1915년에는 재래종을 재배하는 자가 없어졌다고 할 정도였다고 평가하였다.[89] 무라이 농장에서는 미·맥·대두 이외에 특용작물도 재배하였다. 대두·대맥·소맥은 일본의 각종 품종과 재래종을 함께 재배했다. 특용작물로는 박고지·연초·마·뽕나무·과수 등이었다. 특히 양잠은 농장에서 가장 힘써 장려하였다.[90]

다음은 시비법이다. 설립초기에는 토질이 비옥하여 시비를 하지 않아도 일정한 성과를 거둔 것으로 보였다. 시비 과정에서 금비를 제한하고 퇴비 제조나 靑刈大豆 재배를 장려하였다. 1914년도 청예대두의 재배면적은 100정보에 달하였다. 농장의 토질은 기름진 땅이라 개간 후 10년 동안 거름을 하지 않고도 잘 자랐다. 시비는 퇴비나 녹비 등 자급비료를 사용하는 정도였고, 금비는 전혀 사용하지 않았다. 무라이 농장시대는 자급비료의 시대였다.

금비는 1917~1918년에 들어서면서 사용하기 시작했다. 이때 조선인 소작인에게는 비료를 대부해 주지 않았으며, 일본인 소작농이나 간사 중 원하는 자에게 대부를 해 주는 정도였다.[91] 농장은 1920년대 후반부터 금비를 본격 도입하기 시작했다. 1927년 농장에서는 이에 대비하여 비료시험을 하였는데, 특허비료구가 성적이 가장 양호하였다.[92] 특허비료구는 비교적 이앙시기가 늦었음에도 불구하고 수확은 단보당 4석 8두로 가장 우수한

89) 大橋淸三郎 외, 앞 책, 開發社, 1915, 730쪽.
90) 大橋淸三郎 외, 앞 책, 開發社, 1915, 730쪽.
91) 조선인 소작에게 대부를 해 주지 않은 이유는 조선인은 떼어 먹을 염려가 있기 때문이었다 한다(『동아일보』, 1932. 2. 12).
92) 『釜山日報』, 1927. 12. 6.

성적을 보였다. 비료과학계의 태두 스즈키 지요키치(鈴木千代吉)가 적은 비용
으로 다수확이라는 농업경제학의 원칙에 기초하여 현대 인조비료의 단점을
개선하여 경이적 효력을 보인 비료이며, 조선에서도 좋은 성적을 거두었다고
했다.[93]

　비료시험을 근거로 이후 금비 사용을 본격화한 것으로 보인다. 하자마는
농장 경영을 시작하면서 생산량을 극대화하기 위해 금비사용을 적극 장려하
였다. 하자마 농장은 금비 사용을 전면화하면서 비료대 부담문제로 소작농민
과 격렬하게 대립하기 시작하였다. 1934년부터 동면수리조합에서는 조합비
를 산출할 때 비료대를 전제로 지주수입을 계산하고 조합비를 산정하는
모습을 보였다.

　일본인 지주들이 조선농업 경영에서 목표로 했던 것은 미곡 상품화를
통한 수익의 극대화였다. 농작업에서 주안점을 둔 것은 미곡의 품질향상과
생산량의 증대였다. 미의 품질은 품종개량이 첫 번째 과제였으며, 다음은
시비와 농법의 개선이었다. 농법 개선의 목표는 생산량의 확대와 미품질의
향상과 표준화에 있었다. 이를 위해 다음과 같은 농법을 도입하였다. 첫째,
일본에서 벼의 상품화를 겨냥하여 달성한 일본식 농법을 조선인 소작농에게
강제로 지도하였다. 구체적으로 鹽水選種, 대두의 입선, 공동묘대의 시설,
正條植 등을 장려했다. 둘째, 수확과정에서 筵을 사용한 공동 탈곡장을 설치하
고 唐箕와 籾通을 배치하여 벼에 돌·흙 등 협잡물이 혼입되는 것을 방지하도록
하였다.[94] 조선미를 상품화할 때 가장 큰 장애물이었던 혼잡물을 제거하기
위한 방안이었다. 무라이 농장은 이러한 과정을 거쳐 생산된 농장의 벼가
일본 제일의 품종에 뒤지지 않을 정도라고 스스로 평가하기도 했다.[95]

---

93)『釜山日報』, 1928. 5. 4.
94) 大橋淸三郎외, 앞 책, 개발사, 1915, 733쪽.
95) 大橋淸三郎외, 앞 책, 개발사, 1915, 734~735쪽.

(2) 부업장려-볏짚 가공과 양잠

무라이 농장에서 소작인들의 소득과 농장의 수입증대를 위해 장려한 부업은 볏짚 가공과 양잠이었다. 볏짚 가공은 농장이 소작농의 소득증대와 생산단가를 낮추기 위해 부업으로 채택한 것이었다. 각종 藁세공기계를 배부하여 가마니와 새끼 등의 제조를 장려하였다. 종래 농장에서는 일본에서 농장용가마니를 수입하여 벼를 수납할 때 소작농에게 공급하였으며, 비용은 약 6천원 정도였다고 한다. 적지 않은 비용이었다. 농장은 소작농이 생산한 제품으로 수입품을 대체하여 자급하는 한편, 외부로 판매처를 모색하기도 했다. 무라이는 소작벼를 수납하는 가마니 비용을 농장에서 부담했지만, 하자마는 소작인에게 부담시켜 소작쟁의의 한 요인으로 작용하였다.[96]

무라이 농장에서 설립 초부터 가장 큰 관심을 갖고 장려했던 부업은 양잠이었다. 나가노현(長野縣)과 도치키현(栃木縣)에서 양잠가를 소작인으로 채용하였다. 농장에서는 특별히 이들을 보호하고 양잠을 장려하여 좋은 성적을 거두었다고 자평하였다.[97] 가술리에는 농장이 직영하는 2정보의 桑園을 설치하고 양잠 경험이 있는 소작인에게 경영하도록 하였다. 그리고 야마구치현(山口縣)과 군마현(群馬縣) 등에서도 잠업 지식을 가진 소작농을 채용하고 조선인 소작농민을 견습자로 채용하였다.

농장이 양잠에 더욱 매진하게 된 계기는 1910년대 후반에 닥친 수재였다. 농장은 수재로 살림살이가 어렵게 된 농민을 구제하기 위한 일환으로 양잠을 확대 장려하였다.[98] 1918년도의 견생산고는 74석 2두이고, 판매고는 5,500원으로 농장 수입이 적지 않았다. 이러한 성과 덕분에 가술리를 '桑水農區'라 칭하기도 하였다. 농장 내부에서 잠종도 제조하자는 논의도 있었으나 농장 사정상 실시하지 않았다. 桑園은 농장을 설립할 때부터 마련하였다. 1919년에

---

96) 大橋淸三郎 외, 앞 책, 개발사, 1915, 733~734쪽.
97) 大橋淸三郎 외, 앞 책, 개발사, 1915, 730쪽.
98) 『매일신보』, 1919. 6. 1.

는 상원을 더 확장하여 10만 그루 이상을 심었다. 일본산 10만 2천 그루, 조선산 묘목은 3만 그루를 들여왔다. 농장은 양잠가에 120원을 보조하고, 苗代는 3년 연부상환 조건으로 대부해 주었다. 1인당 평균 식목면적은 2단보에서 5단보였다. 1정보 이상도 있었다. 상원 면적이 10정보에서 30정보로 확장되었다.

양잠 사업은 삿포로 농과대학 출신으로 1916년 농장장으로 부임한 히노니시가 주도하였다. 그는 농장이 설립한 東昌잠업조합의 조합장이었다. 조합원은 농장 소작인과 일반 잠업자들로 구성되었다. 생산견은 농장사무소에서 공동판매하였다. 1919년 1년 산견은 총 86석으로 석당 80원으로 합계 6천 8백여 원의 수입을 올렸다. 농장에서는 잠업 장려사업의 성과에 따라 소작인도 적지 않은 부업수입을 올렸다고 선전하면서 소작인에게 한층 더 노력할 것을 주문하였다. 잠업사업은 직영도 하였지만, 농장의 자금지원과 기술지도 아래 소작제로 운영했던 것으로 보인다.[99) 하자마 농장 시절에도 양잠을 부업으로 장려하였다. 조합원은 해마다 증가해 갔고, 생산견도 증가하였다. 견은 농장의 창고에서 공판을 했다.[100]

무라이는 식림사업도 부업으로 장려하였다. 농장이 장마철에 하천 범람이 잦아 피해가 막심하자 이를 산림의 황폐에서 기인한 것으로 진단하고 농장경영 착수 당시부터 수원 함양을 급무로 삼았다. 부근 산림을 보안림으로 편입해 줄 것을 군에 청원하는 한편, 조림사업에 나섰다. 농장에서 苗圃를 만들어 속성의 식림용 묘목을 길러 소작인에게 배부하여 조림을 장려하였다. 그리고 간벌이나 下세작업으로 연료를 제공하여 산림남벌의 폐해를 고치도록 하였다.[101]

---

99) 양잠의 생산관계는 김혜수, 「日帝下 養蠶農民의 社會的 存在形態 : 日本 獨占資本의 朝鮮農村 支配와 관련하여」, 이화여자대학교 석사학위논문, 1989이 참고된다.

100) 『釜山日報』, 1928. 10. 27.

101) 大橋淸三郎 외, 앞 책, 개발사, 1915, 734쪽.

4. 진영농장의 소작제도와 소작쟁의

1) 무라이 농장의 소작제도

무라이 농장은 소작농민들에게 미간지를 경작지로 조성하는 임부를 부여하고 특별한 소작조건을 제시하였다. 농장에서는 개간지를 1등지부터 8등지(또는 12등급)까지 구분하고 등외품은 무등지로 구분하였다. 소작지 규모는 초기에는 소작농민의 능력을 감안하여 요구하는 대로 떼어 주었다고 한다. 양자 사이에는 일반적인 일본인 지주경영과 달리 구체적인 소작계약은 하지 않고, 지주가 소작을 허가한다는 허가증만 주었다고 한다. 작인은 자기 돈으로 거주할 집을 짓고 역량에 맞는 면적의 토지를 배정받아 농장의 지시를 받아 개간 경작하는 방식이었다.[102] 작인이 자기 능력에 따른 勞資를 투자하여 경작지를 조성하였다. 이러한 조성과정과 관련하여 소작농민은 자연스럽게 소작권을 일종의 물권으로 인식하였다. 물론 지주와 법적으로 계약한 물권적 경작권은 아니지만 소작권이 물권으로 거래되는 것을 묵시적으로 허용하였다.

소작농민은 다른 곳으로 이사 갈 때 자기 소작지를 일정한 개간비를 받고 넘겨주었다. 이것이 관례가 되어 권리금까지 받았다고 했다. 개간비는 1정보당 최고 700원에서 300원정도였다. 개간비를 받을 때 지주가 한 번도 간섭한 적이 없었다는 것이다. 지주가 땅의 임자라면 소작인은 개간의 주인이었다. 개간비는 농장 안에서만 인정된 것이 아니라 부근에서도 공인하였다. 개간비를 담보로 금전대차까지 해주기도 하였다. 개간권은 소작인의 자본, 즉 물권으로 농장 소재지의 지역사회에서는 일반적으로 인정되는 관행이 되었다. 금전대차 관행은 무라이 농장을 인수한 하자마 농장의 지배인인

---

102) 『동아일보』, 1932. 2. 10.

김경진도 인정하고 있었다.[103]

그리고 이곳은 기본적으로 낙동강 가에 소재한 저지대의 개밭을 개간한 것으로 보통 전답보다 안정성이 떨어지고 개간비도 많이 들었다. 농장에서는 열악한 경작조건을 감안하여 소작료를 낮게 책정하였다. 처음 몇 해 동안은 지주 3할·소작인 7할의 비율로 소작료를 거두었으며, 개간이 완료된 1918년 경부터는 지주 4할·소작인 6할로 정했다고 한다. 밭작물도 이 정도 수준이었으며, 부작물과 2모작 답의 보리는 소작료에 포함하지 않았다. 무라이 농장 시절 20여 년 동안 지주와 소작인은 화기애애하고 불평도 없이 지나왔다고 소작쟁의 당시 동아일보 특파원은 보고하고 있다.[104]

무라이 농장은 직영하는 試作場을 제외하고 3가지 방식으로 소작료를 수취하였다.[105] 일반 기간지 농장과 달리 개간지의 특성상 토지마다 개간의 질적 수준이 달라 소작료 수취방식을 달리하였다.[106] 첫째, 調定租로 종래의 관습에 따른 檢見法, 간평에 해당하는데, 수확 전 지주가 소작인과 수확량을 협정한 다음 절반을 현물로 징수하는 방식이다. 이때 농장에서는 지력의 체감을 막기 위하여 소작인이 노력하여 효과를 거둔 만큼 소작인의 몫을 배려해 주는 방식을 채택하였다. 소작료를 분배할 때 생산량을 기준으로 분배몫을 정하는 것이 아니라 무비료로 수확한 량을 계산하여 그 절반을 수납하는 것으로 정하였다. 농장의 수납액은 수확고의 1/2보다 적은 40%수준에서 결정되었다.

둘째, 定租로 일정량을 정하여 현물이나 화폐로 부과하는 방식이다. 경지는

---

103) 『동아일보』, 1932. 2. 10.
104) 『동아일보』, 1932. 2. 10. 동아일보 특판원은 무라이가 작인이나 이웃 주민들로부터 존경을 받았다고 기술하고 있다.
105) 大橋淸三郎 외, 앞 책, 개발사, 1915, 731~732쪽.
106) 무라이 농장은 수도 육도벼 대두 대맥 소맥 등의 생산량을 조사한 뒤 전수확량의 40%를 소작료로 거두었다고 기록하고 있다. 大橋淸三郎 외, 앞 책, 개발사, 1915, 730~731쪽.

12등급으로 구분하여 시행하였다. 1912년 이래 일본인 소작인에게는 정조 방식으로 소작료를 부과했으며, 성적은 양호했다. 조선인 소작인도 점차 정조를 희망하는 자가 많아졌다. 1915년부터 영농능력이 우수한 자를 선발 실시하였다. 조선인에게는 처음에는 일본인과 같은 등급지라도 1, 2등 낮추 어 정조를 부과하다가 점차 일본인과 같은 수준으로 향상시켜갔다. 이때도 비료를 주지 않은 상태에서 수확한 양의 절반을 표준으로 정했다. 비료를 주고 수확할 경우 소작인의 소득이 절반보다 더 많았다.

셋째, 免租地는 개간지의 특성을 가장 잘 보여준 방식이다. 소작인이 스스로 개간한 것은 1년 내지 2년간 소작료를 경감하거나 전면해 주는 방식이다. 이 결과 1914년 징수한 소작료는 수확량의 4/10정도였다고 농장측은 언급하 였다. 급수비와 공과는 모두 지주가 부담했다. 수납량은 다른 지주보다 낮은 수준에서 결정되었다고 확인할 수 있다.[107] 경남지역에서 일반적으로 정조 방식을 채택하였다는 것에서 추론해 보면, 무라이 농장도 기존 경작지나 일본인 소작농에게 부여된 일등지는 정조를 채택하였다. 정조는 갈수록 비중이 늘어났다고 할 수 있을 것이다.

2) 하자마 농장의 소작조건 강화와 소작쟁의[108]

(1) 일본인 소작농의 소작쟁의와 타협안

하자마 후사타로는 1928년 무라이 농장을 인수한 후 농장을 순시하는 등의 확인절차를 거쳐 농장경영의 방침을 세웠다.[109] 주안점은 소작료 인상

---

107) 大橋淸三郞 외, 앞 책, 개발사, 1915, 731쪽.
108) 하자마 농장의 소작쟁의는 淺田喬二의 「迫間農場爭議の展開過程」(『日本帝國主義下の 民族運動』, 未來社, 1973)라는 선구적 연구가 있다. 본 논문은 淺田喬二의 연구에 힘입은 바 크다. 여기서는 주로 진영농장의 경영과 관련하여 서술하였다.
109) 『釜山日報』, 1928. 5. 25. 5월 23일 迫間房太郞은 김해군청원과 김해서원 등 관리들을 대동 농장을 순시하고 부산으로 돌아갔다고 한다.

문제였다. 하자마가 임명한 지배인 김경진은 소작료는 인상하지 않을 것이라고 표명한 것과 달리 "지주가 바뀌면 경영방침을 변경하는 것은 당연하다."고 하며 소작료 수익증대를 꾀하였다. 이 일은 농장을 인수한 다음 해부터 본격 추진되었다. 1929년 6만 원을 투자하여 密浦·牛岩·民乃浦·松龍山 등 4곳의 저지대에 배수기관을 설치한 다음, 소작료 2할 증가안을 소작농에게 통지하였다. 소작농은 소작료 인상이라 주장했지만, 농장측은 소작료 인상이 아니라 등급인상에 따른 것이라고 해명하였다.110)

하자마는 농장을 매수할 때 기존 관행은 변경하지 않을 것이라고 표방하였지만, 농장을 구입하자마자 소작관행을 전면 변경하기로 계획을 세웠다. 농장을 구입할 때 이미 소작관행 변경을 통한 수익증대 방안을 고려하여 결정한 것으로 추론된다. 이 일은 하자마가 농장을 구입할 때 중간에서 많은 노력을 한 대가로 지배인 자리를 차지한 김경진이 주도했다.111)

농장을 매입한 1928년에는 농사가 이미 진행되어 종전 방식에 따랐지만 1929년 봄 소작관행 개편을 일방적으로 강행했다. 그해 4월 20일 김경진은 소작계약을 체결하면서 소작인에게 두 가지 조건을 통고했다. 하나는 정조지를 전부 조정지로 변경할 것, 또 하나는 종래 1정보에 대하여 3백원 내지 5백원의 가액을 칭하는 소작권 매매는 향후 절대로 인정치 않는다는 것이다. 경작권의 물권화는 인정하지 않겠다는 것을 기본원칙으로 세웠다. 무라이 농장 시절에 관행적으로 존재하던 중간소작도 금지하였다. 몰래 존재하기도 했지만, 이를 발견하면 소작권을 박탈했다.112) 구래의 농촌사회에서 물권적

---

110) 『釜山日報』, 1929. 4. 6. 이 일로 소작료 인상이라는 소문이 떠돌자 등급인상이라는 말과 함께 村井으로부터 인수한 소작인 채무 3만 원(일본인 소작인 채무로 보임)도 전혀 언급하지 않았다고 덧붙이고 있다.

111) 김경진은 사무소는 진영농장에 소재하며 거주지는 창원군 대산면이었다. 그는 1938년에는 258.1정보를 소유한 대지주였다. 경상남도, 『1938년도 현재 50정보이상 지주조』(국가기록원 소장 문서).

112) 김경진은 자기가 몰래 타인에게 중간소작을 주고 수익을 중간에서 가로채 비난을 사기도 하였다. 『동아일보』, 1931. 6. 30.

경작권이나 중간소작이 농촌관행으로 존재했듯이, 무라이 농장은 이를 묵인했지만, 하자마 농장은 일본민법의 배타적 소유권을 근거로 지주권을 발동하여 이를 철저히 소멸시켜 갔다.

하자마 농장이 갑작스럽게 작인에게 소작조건을 통고하자 일본인 소작인이 먼저 강하게 반발했다. 이들은 5월 15일 소작조합 간부회를 열고 대책을 강구하였다. 소작조합에서 협의하여 세 가지 결정사항을 마련하였다.[113]

1. 定租地를 調定制로 변경한다는 것은 절대로 반대할 일.
1. 2등이하 각 등급은 평균 약 2할의 소작료율 인상의 내용교섭에는 응치 말 일
1. 소작료 결정의 방법은 평균 인상액을 종래의 소작료의 1할 6분 최고 평당 8합 5작 단당 2석 5두 5승으로 4등지 이하는 그 실 4할 내지 5할의 인상률에 상당하니 이러한 부당 인상에는 인내할 수 없다.

일본인 소작농민들은 5월 16일 70여 명이 부산의 하자마 본점을 방문하여 이를 철회해줄 것을 탄원하였다.[114] 소작쟁의가 확대될 것을 우려한 창원군수·김해군수·김해서장·지방유력자들이 조정에 나섰다. 조정내용은 1등부터 8등까지의 정조지는 등급을 폐지하고 실지를 답사한 다음 소작료를 정한다는 내용이었다.[115] 소작인들은 1925년 을축년 대홍수로 인한 수재를 스스로 복구하여 수확을 증가시켜오는 마당에 지주가 이를 무시하고 소작료까지 상향 조정하려 한다고 분개하면서 쟁의를 일으킨 것이다.[116] 농장에서 교섭에 응하지 않자 소작조합은 일본에 위원을 파견하여 9월 15일 일본농민

113) 『매일신보』, 1929. 9. 16.
114) 『매일신보』, 1929. 5. 19.
115) 수리조합에서는 5등급으로 분류하고 있다.
116) 『매일신보』, 1929. 9. 16.

조합 오사카지부에 가맹하고 조직적 저항을 꾀하였다.[117] 농장측이 불응하자 소작인조합 대표 가와노(川野)조합장 외 6명은 스도(須藤)지사와 스기(杉)농무과장을 방문하고 진정서를 제출하는 한편,[118] 김해군과 창원군 농회에 조정을 요청하였다.

농장측은 전 수확고의 5할 5분은 지주, 4할 5분은 소작인에게 분배하자고 주장하였다. 농회에서는 금년은 반분하고 내년 이앙 전에 해결하자는 선에서 합의하자고 제안하였지만,[119] 지주측이 자기 안을 계속 고집하여 교섭은 결렬되었다.[120] 논의는 정조지를 폐기하고 조정제를 채택하는 방향에서 이루어졌지만, 매일신보에서는 소작쟁의가 해결될 가망이 전혀 없다는 보도를 내기도 하였다. 벼베기 철이 다가왔음에도 불구하고 양측은 물러나지 않고 서로 강경한 태도로 맞섰다.[121]

한편 경남지역 지주들은 흉작 정도에 따라 감면하기로 하고 검견을 실시하기로 결정하였다. 경남지역 일반적 관행인 정조제에 따르면, 작인이 흉년이라 돈을 빌려 대납하지 않으면 안 될 정도라고 현실을 진단하고 검견제를 도입하였다.[122] 하지만 하자마 농장에는 작황이 1할 증수되었다고 한 반면, 소작인은 1할 감수했다고 엇갈린 주장을 하였다. 이에 근거하여 농장측은

---

117) 『매일신보』, 1929. 9. 22.

118) 『매일신보』, 1929. 9. 16.

119) 『매일신보』, 1929. 10. 5.

120) 『매일신보』, 1929. 10. 12.

121) 『매일신보』, 1929. 10. 16. "지주측은 차라리 稻實이 凋落하여 전부 손해를 볼지언정 소작인의 요구에 응할 수 없다. 소작인측에서는 지금 생계가 극도로 곤궁한 현상에 있는 그만큼 소작계약을 무시하고 법외의 자유 刈稻란 극단의 행동을 취할 지경에 이르렀다."고 대치상황을 보도하였다.

122) 『매일신보』, 1929. 10. 17. "소작농 20만호 노작 결과가 품삯에도 불과하고 또 소작계약은 거개가 정조로 되어 있어 흉풍을 불문하고 일정한 소작료는 납입해야할 만한 처지임으로 금년 같은 해는 우 계약을 이행하려면 차금이라도 해서 대납하지 않을 수 없다 하여 8분작은 1할 감액 7분작은 2할 감액 6분작은 4할감액 5분작은 6할 감액 4분작은 8할 감액 3분작은 전부 면제라는 표준으로 감면하기로 하고 실지검견을 행하는 중이다."라고 하였다.

料率조정을, 소작인측은 조정같은 料率제도는 절대로 불가하다고 주장하였다. 양측은 절반소작제도로 점차 접근하여 해결하려는 모양새를 보였다. 비료대 보조문제는 서로 생각이 엇갈렸다.[123] 양자는 막바지 추수철이라는 급박한 사정을 고려하여 10월 16일 다음과 같이 합의 각서를 조인하였다. 하자마 농장 지배인 金慶鎭과 소작인 조합장 가와노 요시민(川野吉民)이 협정 각서를 교환하였다. 그 내용은 다음과 같다.[124]

1. 정조지는 총히 일등지로부터 8등지까지 條分束(단갈림, 줄갈님)으로 하여 지주 작인 절반으로 할 일. 단 비료보조는 다음과 같다.
   ▲ 1, 2, 3등지는 소작료 벼 석당 2원 4등지는 소작료벼 석당 2원 25전
   ▲ 위험지는 소작인 석당 2원 50전
   ▲ 5등지 이하는 소작인 석당 3원
   ▲ 천재로 수확이 전혀 없을 때는 시비료 반액씩 지주 소작인 간에 부담할 일
1. 束分 실시 기간은 3개년으로 함
1. 소작계약 기간은 보통 6개년으로 함
1. 소작지의 양도는 소작인의 사정에 의하여 인정할 일
1. 소작계약에 관한 것은 필요에 응하여 소작조합과 협의할 수 있음
1. 수확할 때는 소작인의 희망일로부터 2일전에 농장에 통지한 후 예도하고 동일 束分예정일을 협의하여 정하고 쌍방 입회하에 條分을 開始하여 각條마다 束하는 동시에 지주 소작인 마다 분배하기로 함. 단 條分의 전후는 추첨에 의할 일
1. 작업에 대하여는 農作책임자와 소작인이 협의한 후 편의를 취할 일
1. 통지에 제하여는 각 農舍마다 책임자를 정하고 그 책임자에 통지할 일

---

123) 『매일신보』, 1929. 10. 18.
124) 『매일신보』, 1929. 10. 20. 입회인으로 巡査部長 安德達次이 참여하였다.

1. 째取의 人夫質은 쌍방의 부담으로 함

(2) 조선인 소작농의 소작쟁의와 결과

하자마 농장은 일본인 소작농과 합의사항을 조선인 소작농에게는 적용하지 않는다고 선언하였다. 조선인 소작농은 이에 항의하여 소작쟁의를 일으켰다. 농장과 일본인 소작조합은 협의과정에서 소작농의 대부분을 차지하는 조선인 소작농이 궐기하면 문제가 확대될 것을 염려하였다. 그러나 농장측과 일본인 소작농은 조선인 소작농을 배제한 채 협상에 나섰다. 여기서 논의하여 결정되면 그에 따라 조선인도 결정하면 된다는 인식아래 조선인 소작농을 달래며 협의를 진행하였다. 농장측은 협의가 끝나자 협상안과 달리 조선인 소작농에게는 당초 인상안대로 소작료를 납입하라고 통고하였다.

조선인 소작농은 차별대우가 너무 심하다고 항의하며 1,300여 명이 일제히 궐기하였다.[125] 일본인 소작농은 모두 일등지를 정조에서 반분제로 하기로 합의했지만, 조선인 소작농은 상황이 다르다고 하였다. 농장이 조정지를 정조지로 바꾸려 하자 소작농이 스스로 2, 3할 인상할 것을 자청했기 때문에 그대로 시행한다고 발표한 것이다. 그러나 조선인 소작농은 그 인상안은 농장이 신청하도록 강제한 것이지 자기들이 자발적으로 신청한 것이 아니라고 항변하면서 소작쟁의를 일으켰다.[126] 김해농민연맹에서는 조사원을 파견하여 조사하고 쟁의에 참여하기도 하였다.[127]

농장이 조선인 소작농에게 강요한 절차와 내용은 다음과 같다. 농장은 계약서의 소작료란을 빈칸으로 둔 채 조선인 소작농에게 날인하도록 강요하면서 소작농을 달래고 위협하였다. 농장의 실무 담당자인 지구별 간사 24명은

---

125) 『매일신보』, 1929. 11. 11 ; 『동아일보』, 1929. 11. 6 ; 11. 14.
126) 『동아일보』, 1929. 11. 6.
127) 『동아일보』, 1929. 11. 14. 하자마 농장에 대한 조선인 소작농민의 소작쟁의의 전개과정과 의미는 淺田喬二, 「迫間農場爭議の展開過程」, 앞 책, 未來社, 1973에 잘 분석되어 있다.

날인을 해 주어도 무라이 농장시절과 같이 아무런 일이 없을 것이라고 소작농민들을 달래는 한편, 응하지 않으면 소작권을 이동하겠다고 소작농민을 위협하며 강요하였다.[128] 조선인 소작농들은 1928년과 1929년은 전례 없는 풍년이라 지주의 요구대로 응해도 크게 고통을 느끼지 않았으며, 더 이상의 말썽이 싫어 그냥 넘어갔다고 1932년에 당시를 회고하였다. 1929년 소작쟁의 당시 소작농민들은 만기가 닥쳐 지주가 추수를 재촉하자 불만을 간직한 채 추수를 하고 납부하였다는 것이다. 외견상 양측의 갈등은 해결된 것처럼 보였지만, 언론에서는 쟁의가 재연될 것으로 전망하였다.[129]

하자마 농장은 조선인 소작농을 계속 압박하였다. 농장은 가마니 값을 받아가는 한편 비료대 문제도 제기했다. 농장은 당시 전에 없이 1정보당 6원씩 비료대를 소작농민에게 지급했지만, 이것은 지주의 선심이 아니라 비료대 부담을 둘러싸고 새로운 문제를 야기하였다. 비료대는 농장이 금비사용을 강제하면서 새로 제기된 사항이었다. 농장은 증수를 목표로 저리로 비료대를 지급하였지만, 부담방식은 정조지와 조정지가 달랐다.

조정지에서는 매년 작황에 따라 소작료를 정하듯 비료대도 지주와 소작인이 반씩 부담하였다. 정조지(=등급지)에서는 비료대를 전부 소작인이 부담하였다. 당시 1정보에 최고 60원에서 최하 30원의 금비사용을 강제하였음에도 불구하고 농장은 6원의 보조비만 지급하였다. 게다가 소작료도 1할 올려달라고 통지하였다. 농장은 조선인 소작농에게 2등은 22석에서 23석, 3등은 20석에서 22석, 4등은 18석에서 21석으로 각각 소작료를 올려달라고 청원하도록 또 다시 강요한 것이다. 청원서도 소작계약서처럼 도장을 강제로 받아갔다. 그럼에도 불구하고 농장측은 소작인이 자진 청원한 것이라는 이유를

128) 『동아일보』, 1929. 11. 17. 농장은 간사인을 시켜 조선인소작농에게 1할4보 인상한 신청서를 받았다고 하였다. 이를 분석한 동아일보 기자는 간사의 보수는 소작료 한 섬에 13전내지 15전의 비례로 먹는 것이기 때문에 이들은 소작인이 능한 한 많은 석수를 받기를 바랄 수밖에 없는 입장이라고 하였다.

129) 『동아일보』, 1929. 11. 17.

들어 협상안을 적용하지 않는다고 통고하였다.

소작쟁의는 1931년 농장 측이 다시 조정지를 정조지로 변경하는 청원서를 제출하도록 소작인에 강요하면서 발발한 것이다.[130] 무등급지를 등급지로 고치고 소작료는 3년간 소작료를 평균한 것에다 한평에 1勺이나 2勺을 기산하는 방식이었다. 원래 진영농장의 소작료는 800정보는 정조지이고, 나머지는 조정지였다. 정조지는 비옥하고 소작료는 비싼 편이었다. 조정지는 흉작의 불안성이 높은 지역인데, 농장에서는 이를 등급지로 승격시키고 비교적 풍작인 3년 동안의 소작료를 평균하여 정하려 하였다. 정조지가 되면 소작인이 비료대도 모두 부담해야 했다. 하자마 농장은 심지어 밭작물 중 부작물에 대한 소작료도 받아 갔다.[131]

농장이 온갖 이유를 들며 소작료 상승을 기도하자 더 이상 참을 수 없었던 농민들은 1931년 음력 4월 청원서를 해제해달라고 농장에 신청하였다. 그해 가을 농장은 오히려 정조지는 등급을 최대한 상향조정하고, 무등급지는 등급지로 격상시키겠다고 통지한 것이다. 더구나 그 해는 작황도 매우 좋지 않은 흉작이었다. 모심기가 한 달 가량 늦어지고, 기후가 음냉하고 도열병도 발생하였다. 소출이 매우 낮았다. 조선인 소작농민은 추수를 거부하고 요구조건을 내걸며 투쟁에 나섰다. 요구조건의 주요내용은 첫째 등급지 조정지를 물론하고 산출고에 따라 분속하는 단갈림으로 해 줄 것, 둘째 소작권은 절대 보장할 것, 셋째 3분작 이하는 소작료를 전면 면제해 줄 것, 넷째 비료대금은 반 부담할 것 등이었다.

---

130) 청원서는 『동아일보』, 1932. 2. 12에 실려 있다.
131) "밭작물 중 부작물의 소작료를 받기는 개인 지주지에도 악덕지주 외에는 받지 아니하는 것 일 뿐만 아니라 이 농장 부근에도 동척 흥업회사 식산은행 등의 토지는 물론 개인지주까지도 이들 논에 대한 2모작의 보리와 같이 소작료중에 계산하지 아니함에도 불구하고 하자마 농장은 또박또박 받아들이는 것이 듣는 바에 의하면 1년 약 1천석에 달한다고 한다."(『동아일보』, 1932. 2. 12)

농장측은 단갈림(분속제)은 절대불가하고 재해나 불공평한 것은 이의를 제기하면 조사하여 조정해주겠다는 안을 제시하였다. 농장은 소작인에게 부담을 더 요구할 때는 늘 소작권 해제를 무기로 삼았다. 해결이 어렵게 되자 작인은 1931년 11월 2일 대산면 우암리 송세인 정미소에서 회합하여 다음과 같은 요구조건을 마련하였다.

1. 등급지 조정지를 물론하고 산출고에 따라 분속하되 방법은 다음 3항에 의함
   갑. 평예와 반예의 비례의 차에 따라 소작료를 정함은 제3자인 김해 창원 군청으로 할 사
   을. 갑조의 조정률이 부정당하다고 인정하는 구역에 한하여 지주 소작인간 피차 분속을 요함을 득함
   병. 지주측 3인 이하 소작인측 3인 이하가 조정할 때에 참가하야 쌍방은 발언권을 무하나 건조율을 조정할 시는 상의함을 득함
2. 금비대는 지주 소작인이 반분할 것
3. 소작권을 절대 보장할 것
4. 3분작이하는 소작료를 전면할 것
5. 가마니대는 소작인에게 징수치 말 것
6. 당기는 제2구에 실립이 유출히 안케할 것
7. 두량은 棒과으로 할 것

농장과 조선인 소작농민은 이 안을 둘러싸고 대립하였다. 김해군과 창원군 에서 해결 방안을 모색했으나 결렬되었다. 추수기가 닥쳐왔음에도 불구하고 양자의 갈등은 더욱 격앙되었다. 지주측과 관이 모여 조정안을 마련하였다. 참여자는 김해·창원군수, 경상남도 산업부장, 소작관, 迫間본점 지배인과 농장지배인이었다. 조정안은 소작관례에 비준하여 평년에 비하여 수확이

8할이 되는 것은 1할, 7할은 2할, 6할은 4할, 5할은 6할, 4할은 8할, 3할은 면제하기로 정하였다. 불응하는 소작인은 타조로 반분하기로 결정하였다.[132] 11월 28일 김해·창원의 두 군수가 조정에 나섰다. 총 400필지 가운데 160필지 29정보 소작인 60명이 이에 응하지 않아 타조반분 방식으로 조정하였다.[133] 처음에는 군이 농장주장안과 타조 반분액의 중간선으로 소작료를 조정하였으나, 농민의 반발로 12월 4일 반타작제로 일단 합의하였다.[134] 소작쟁의는 해결된 듯 보였다.

그러나 농장이 곧바로 비료대 문제와 소작권 이동문제를 제기하면서 갈등은 재연되었다. 비료대는 총액 800원으로 얼마 안 되었지만, 농장은 소작쟁의로 떨어진 위신을 회복할 계기로 삼았다. 소작인과 입장차는 컸다.[135] 소작농은 속반제 비료대금 반분의 원칙이었다. 조정지에서는 비료대금을 반분하였지만, 정조지에서 양측은 해석에서 차이를 보였다. 소작인은 조정안에서 반분하자고 결정한 이상 기존 정조계약은 소멸된 것이니 반분하는 것이 당연하다고 해석한 반면, 농장 측에서는 정조계약을 파기한 것이 아니니 원래 정조지의 예대로 소작인이 모두 지불해야 된다고 전액지불을 요구한 것이다.

정조지의 소작농이 비료대금 지불을 거부하자 농장 측에서는 더 이상 조정에 응하지 않고, 법원에 소송을 제기하였다. 간부급 11명에게는 차압통지서, 일반작인 165명에게는 독촉장을 내용증명으로 통지하였다. 정조지 소작인은 군에서 조정한 대로 대금을 지불하고 그렇지 않으면 지불하지 못하겠다고 하였다. 束반분 관행에 따라 비료대금을 반분하자고 요구한 것이다.[136] 소작인 200여 명은 다시 진정하였다.[137] 1월 13일 소작인 대표

132) 『동아일보』, 1931. 11. 13.
133) 『동아일보』, 1931. 11. 15.
134) 『동아일보』, 1931. 12. 4.
135) 『동아일보』, 1931. 12. 26.
136) 『동아일보』, 1931. 12. 27.

유흥룡 외 10명이 지배인과 담판하였지만 결렬되었다. 이들은 도 산업부장을 방문하여 곡가가 폭락하는 상황에서 농장의 요구는 소작인의 생활까지 위협하는 가혹한 착취행위라고 하며 진정한 것이다. 소작인측은 소작권 해제 취소, 소작권의 절대보증, 금비구입대금 절반 부담 등의 3개항을 농장에 요구하고, 산업부장에 제출한 것이다.[138]

이어 농장은 소작쟁의에서 간부급으로 활동한 11명을 '괘씸죄'를 적용하여 소작권 계약만료를 계기로 계약해제를 통지하였다. 소작인은 농장사무소와 迫間 본점에 몰려가 집단적으로 항의하는 한편, 소작 재계약 협정 신청서를 273명이 연명으로 집단 제출하는 방식으로 지주에 대응하였다. 농장측은 간사를 동원하여 취소 신청서를 작성하지 않으면 소작권을 박탈하겠다는 위협을 가하며 농민 조직을 와해시켜 갔다.[139] 무라이 농장이 인정했던 물권적 경작권이지만, 배타적 소유권적 법 체제에서는 현실적으로 법적 보호를 받을 수 없었다.

1932년 1월 조선인 소작농민이 두 가지 요구조건을 내걸고 소작쟁의를 다시 일으켰다.[140] 농장주는 소작인 130명의 요구를 거절하고 경찰은 강제로 진영으로 귀향하는 조치를 취했다.[141] 농장측의 제소로 소작쟁의는 이제 조정이 아니라 법정문제로 비화되었다.[142] 하자마는 소작료는 束分과 타조반분으로 합의했으나 금비대금은 반분요구를 거절하고 전액을 청구했다. 쟁의를 주도한 소작인에게는 지불명령과 가차압을 단행하고 소작계약은 해제하였다. 나아가 이모작 수확도 반분하자는 청구소송을 제기하였다.[143] 소작인

---

137) 『동아일보』, 1932. 1. 15.
138) 『매일신보』, 1932. 1. 16.
139) 『동아일보』, 1932. 1. 17. 대산면 재등구에서는 간사가 소작인을 일일이 방문하여 취소 신청서 도장을 받아갔다.
140) 『중앙일보』, 1932. 1. 28.
141) 『중앙일보』, 1932. 1. 29.
142) 『중앙일보』, 1932. 2. 3.
143) 『중앙일보』, 1932. 2. 7.

측은 변호사를 동원하여 법정에서 적극 반론했다.[144] 농장의 처사에 대해 중앙일보는 "조선각지를 통하여서도 지독하다는 평을 받는 지주라야 이모작은 토지를 버린다는 구실로 금하는 수는 혹 볼 수 있는 일이지만 이모작 수확에 작료를 내라는 지주는 없다."고 하며, 하자마의 청구소송은 소작관행도 무시하는 지독한 일로 일반도 주목한다고 보도하였다.

하자마 농장은 낙동강 유역의 상습수해지구라는 점이 특징적이었다. 수리시설의 불안성을 완전히 극복하는 데 한계를 보였다. 개척 후에도 피해를 벗어나기 어려웠다. 작인들은 늘 재난의 공포에 시달렸다. 수해를 벗어나기 위해서는 자발적 노력이 우선 요구되었다. 무라이는 이러한 점을 감안하여 작인의 경작권을 어느 정도 보장하는 방식으로 소작료를 정했다. 그러나 하자마는 자기소유의 다른 기간지 농장처럼 진영농장을 관리했다. 하자마는 자기 농장이 재난에 처했음에도 불구하고 위문하기는커녕 얼굴조차 보이지 않아 총독부 관리조차 비난하는 실정이었다.[145] 김해군 한동면 예안리에 소재한 하자마 농장의 경우 수재로 식량이 핍절되어 먹을 양식도 없는 기근상태에 빠졌을 뿐만 아니라 추수할 것도 보리씨앗도 전혀 없는 실정이었음에도 불구하고 하자마 농장은 아무런 대책도 마련해 주지 않았다. 농민들은 군청에 구제해 달라고 호소할 뿐이었다.[146]

하자마 농장은 소작인의 요구에 적극 대응하면서 소작료 취득분을 최대한 확보하려고 노력했다. 그 결과가 속분제를 타작제로 동의하고 비료대, 고초 등을 반부담하는 방식이었다. 김해와 마산경찰서도 이때는 소작쟁의를 노동청년 동맹단체나 주의자 선동으로 보고 지도자를 검거하고 취조하는 등 강력히 대응하였다.[147] 결국 소작쟁의는 관의 지원을 받은 농장의 공세에

---

144) 『중앙일보』, 1932. 2. 20.

145) 『조선중앙일보』, 1933. 7. 8.

146) 『매일신보』, 1933. 9. 16. 김해군 하동면 예안리의 하자마 농장 소작인 2백호 천여 명이 거처할 곳조차 없어 동리민 대표 정익도 외 12명이 경남도에 구제 진정을 했다.

밀려 소작인측이 급격히 화해한 것으로 보인다.[148]

하자마 농장에서 소작쟁의가 발발한 시점은 농업공황이 닥친 시기였다. 소작쟁의가 전국적으로 활발히 전개되었다. 그 여파로 일제는 농촌진흥운동이나 자작농 창정유지정책을 실시하는 한편, 소작조정령이나 조선농지령 등을 제정하여 지주와 소작인의 대립을 완화시키려고 노력하였다.[149] 이러한 일련의 조치는 소작조건을 완화하고 지주와 작인간의 대립을 조정 약화시키려 실시한 정책이지만, 오히려 소작조건은 날로 악화되고 있었다.

하자마 농장은 1934년 12월 말일 소작계약을 갱신하면서 더 심한 소작조건을 작인들에게 강요하였다. 첫째, 종래 수리조합 구역 내를 제한 외에는 전 수확의 5할 5분이었는데 갱신계약에서는 설비에 따라 6할까지 받겠다는 것, 둘째, 종래 두량으로 변경하는 동시에 품질은 검사원이 검사하여 합격된 것에 한한다고 하였다. 작인들은 계약조문이 일반 법률정신에 배치되는 것이라고 계약을 거부하였다.[150] 그러나 당시 경남지역의 수리조합 지구 내 소작료는 통상 6할이었던 것으로 보인다. 이때 소작쟁의는 반타작제를 쟁취하기 위해 일으켰지만, 총독부에서 작성한 수리조합의 수지개산에는 조합 설립이후의 증수분이기는 하지만 지주가 50%에서 67%로 상향하는 것을 전제로 조합비를 책정하고 있었다.[151]

하자마 후사타로는 진영을 비롯하여 경남 도내 2곳, 타도 3곳 등 총 6곳에 농장을 소유하였음에도 불구하고 이곳에서만 소작쟁의가 발생하였다

---

147) 『동아일보』, 1932. 2. 24. 이면에 주의자가 선동사실이 명백.
148) 『釜山日報』, 1932. 3. 30.
149) 정연태, 『식민권력과 한국농업』, 서울대학교 출판문화원, 2017 참조.
150) 『조선중앙일보』, 1935. 7. 30.
151) 『조선중앙일보』, 1936. 4. 24. 1936년 4월 20일 300여 명 김해 가락 해포도에 있는 농장사무소를 포위하고 소작료 감하를 요구하며 일대 시위를 하였다. 그 이유는 소작료가 재래로 46제이었는바 지금으로부터 3년전 작료 6할을 바치고는 빈한한 우리들은 도저히 살아갈 수 없다하여 지주측에 교섭 절반제로 하겠다는 승인은 하였으나 지금까지 실현을 보지 못하고 그대로 계속되어 왔다.

는 점이 주목된다. 소작쟁의가 발생한 가장 큰 원인은 이곳이 다른 곳과 달리 기간지가 아니라 대규모 간척지 농장이라 소작관행이 기간지와 달랐는 데, 하자마가 이를 기간지와 동일한 수준으로 바꾸려 했기 때문이라고 생각된 다. 무라이는 초기 토지구입과정에서 지역주민과 마찰을 빚어 소유권분쟁을 일으켰지만, 개간과정에서 소작료 징수는 구래의 전통적 방식을 채택했기 때문에 온정주의라는 인상을 주기도 했다. 무라이는 소작농민과 주변 지주들 로부터 비교적 평판이 좋았던 것으로 보인다. 송덕비를 세울 때도 일부 소작인이 참여한 것으로 보인다. 무라이와 하자마의 경영방식은 극명하게 대비되었다.

5. 동면수리조합 건설과 경제적 이해관계

1) 수리조합 건설과 조합비·계층분석

(1) 수리조합 건설과 조합비

동면수리조합은 1922년 10월 6일에 설립되었다. 이 조합은 수전의 수리를 개선하고 전과 잡종지를 開畓하는 한편, 총면적 833정보의 관개 배수를 완전히 하는 것을 목표로 설립되었다.[152] 수원은 〈지도 1〉에 표기된 산남지 와 봉곡지 등 두 저수지였으며, 양수기는 250마력 3대를 마련하였다. 몽리면 적은 전자가 770정보, 후자가 103정보 합 833정보였다. 서남쪽 산기슭의 산남지는 면적이 75정보였다. 산남지 사방의 산록에 600마력의 양수기를 설치하였다. 용수는 저수지 도수로에서 배수간선을 통해 양수장에 이르게

---

152) 동면수리조합의 설립과 시설상황은『동아일보』, 1927. 10. 15 기사를 참조하였다(이 때 동아일보사는 전조선수리조합을 답사하여 그 실태를 조사 보도하는 대기획을 하여 순차적으로 보도하였다).

하고, 즐통 1대를 운반하여 양수 관개하였다. 무라이 농장은 북쪽 일대에 제방을 쌓았으며, 대산수리조합이 낙동강 쪽에 방수 제방을 축조하여 낙동강의 범람에는 매우 안전한 편이라고 언급하였다. 서남쪽 산에서 내려오는 빗물은 注南·原口·春山 등에 제방을 쌓아 외수의 진입을 방지했다.

무라이 농장의 최대문제는 배수로인 주천이 배수 능력이 빈약하여 물이 증가하면 배수구인 주천 갑문을 즉시 닿아 배수 불능상태에 빠진다는 점이었다. 지구내의 배수는 注南 新橋의 배수구로부터 주천에 자연 배수를 하는 설비가 있지만, 주천의 배수 능력 때문에 목적을 달성하지 못할 경우 湛水가 300여 정보나 된다고 하였다. 하루아침에 비가 내려 주천의 수위가 상승하면 지구 내의 惡水를 배출할 길이 없게 되어 농장 일대가 저수지처럼 보인다는 것이다.

서남쪽 봉강과 호연리의 산에서 내려오는 빗물은 2개의 承水路를 설치하여 낙동강에 방류하였다. 지구내의 惡水는 주천으로 자연 배수하고, 이것이 불능한 경우는 산남저수지에 방류하고 만수 후에는 낙동 방수로로 낙동강에 방수하였다. 봉강·봉곡의 산야로부터 내려오는 빗물은 봉곡 저수지에 모았다가 취입수로로 산남지에 저수하였다. 넘치는 물은 溢流堰으로 承水路를 거쳐 낙동 방수로로 유입하여 낙동강 본류에 방류하였다.

동면수리조합의 총공사비는 89만 6,333원 96전으로 단보당 107원 60전이 들었다. 이 가운데 20만 6,888원은 국고보조금, 3만 1,447원 96전은 조합비 수입으로 충당하고, 나머지 65만 8천원은 기채하였다. 단보당 79원을 기채하였다.[153] 기채는 조선식산은행으로부터 2년 거치 23년 매년 2회 균등상환하되 57만 6천원은 연 9분 3리, 8만 2천원은 연 9분 5리로 지불하기로 하였다.

---

153) 이곳에 작성한 통계는 조선총독부 토지개량부에서 매년 발행한 조선토지개량사업
요람을 활용했다. 1928년부터 1938년까지 발행된 11년치를 사용하였다. 여기에는
공사비는 단보당 109.65원 총합 913,457원이었으며, 기채액은 676,700원이고 사업에
의한 증가된 수익은 단보당 15.91원 총합 132,550원으로 예상하였다. 조합비는
단보당 12.76원 총106,372원으로 책정했다.

매년 상환액은 69,957원 35전이다.[154] 동아일보 특별 답사단이 조사한 특별 취재 기사의 내용인데, 조선토지개량사업요람과는 차이가 있었다. 다음은 요람에 근거하여 분석한 것이다.

동면수리조합의 인적구성은 조합장 1명과 이사 1명, 서기 2명, 기사 1명, 사무고 1명, 기술고 1명 등 6명이고, 평의원은 7명이었다. 조합사무소는 창원군 대산면 재동리에 소재한 농장사무소를 같이 사용하였다. 조합장은 동면수리조합 몽리구역내에서 진영농장이 압도적으로 많은 토지를 소유하고 설립을 주도하여 농장의 지배인이나 소유주가 맡았다. 무라이 농장 시절에는 진영농장의 지배인이나 농장장이 맡았으며, 하자마 농장 시절에는 하자마 가즈오(迫間一男)가 맡았다.

수리조합 공사 전의 생산고는 정조 1석 9원, 대맥 1석 6원으로 추산하면 총생산고 8만 4,378원이고, 공사 준공 후 예상은 정조 29,988석 대맥 7,358석 금액 34만 4690원으로 차액 26만 312원이 증가할 것으로 예상하였다. 하지만 실제는 그렇게 낙관적이지 않았다. 조합원은 251명이 조합비를 부담하였다. 조합비는 〈표 3〉에서 보듯, 등급별로 1등에서 5등으로 구분하고 나머지는 등외지로 분류하여 차등적으로 조합비를 부과하였다. 등급별 조합비 수준은 1등지가 제일 많이 부담하고, 등외지가 가장 적게 부담하였다. 평균 조합비는 2등지와 3등지 사이의 수준이었다.

조합비 부과에서 주목되는 것은 1930년부터는 전 시기보다 약 반으로 감소하였다는 점이다. 1930년 이후에는 농업공황 등으로 인한 곡가의 하락과 농촌경제의 어려운 실정 등을 고려하여 조합비 부과원칙을 전과 달리 증수익의 절반을 지주이익으로 하고 그 안에서 지주가 부담하는 것으로 계산했기 때문이라고 생각된다. 평균 조합비가 절반으로 줄면서 조합비 감소에 따른 손실분이 발생하였다. 이는 기채를 증가하는 방식으로 해결하였다.

154) 『동아일보』, 1927. 10. 15.

<표 3> 동면수리조합의 등급별 조합비(단위 : 원)

년도	1등지	2등지	3등지	4등지	5등지	등외지	평균
1927	16.5	14.26	11.68	8.8	6.47	2.63	12.68
1928	19.29	16.66	13.65	10.2	7.56	3.07	15.93
1929	19.29	16.66	13.65	10.29	7.56	3.07	15.86
1930	4.2	6.52	13.3	9.05	5.92		8.06
1931	7.66	6.62	5.42	4.09	3.01		5.96
1932	7.35	6.35	5.2	3.92	2.88	1.77	5.76
1933	11.23	8.47	6.22			2.53	9.45
1934	수해						
1935	9.47	8.18	6.7	5.05	3.17	1.5	6.72
1936	1.68	1.45	1.19	0.9	0.66	0.27 (저지대)	2.64
			5.95	4.49	3.3	1.34 (고지대)	
1937	12.24	10.57	8.66	6.53	4.8	1.95	5.57

* 1932년에는 등외지가 없고 6등지에 1.22원을 부과하고 있다.

<표 4> 동면수리조합의 등급별 생산성(단위 : 석)

년도	1등지	2등지	3등지	4등지	5등지	6등지	등외지	평균
1927	2.11	1.86	3.89	2.51	2.51		2	2.28
1928	2.11	2	4.16	3	2.52		2.16	
1929	2.38	2.35	4.08	3	2.52		2.18	3.52
1930	1.87	2.17	3.86	2.97	2.26		1.96	2.68
1931	2.79	2.94	2.92	3.2	3.46		2.8	2.95

동면수리조합의 조합비 부담은 김해수리조합이나 대저수리조합 보다 높았으며, 부과원칙도 다른 수리조합과 달랐다. 일반적으로 조합비는 부담액과 수확량에 비례하여 정했지만, 동면수리조합은 조합비 등급과 단위 면적당 수확량이 일치하지 않았다. 수확은 3등급이 제일 많았다(<표 4>). 그리고 4등급〉5등급〉1등급〉2등급 순이었다. 조합비는 물의 혜택수준에 따라 등급을 결정하였기 때문에 단위당 수확량과는 거리가 있었던 것으로 보인다. 동면수리조합에서 소수 지주가 조합비에서 불만이 많았다는 보도를 감안하면,155) 소수 지주의 토지는 1등급과 2등급으로 분류되고, 농장의 토지는 3, 4등급으로 분류된 것으로 추론된다. 3, 4등급의 토지가 1, 2등급보다

토지생산성이 높은 것은 농장이 농법 도입에서 농장 이외의 토지보다 적극적이었기 때문이라고 판단된다.[156] 무라이 이외의 소지주의 토지가 조합의 동북쪽 산기슭에 산재하여 농장 토지에 비하여 관개시설이 불충분하면서도 등급이 높아 조합비 부담이 커 불공평하다는 불만을 제기했으리라 생각된다.[157]

조선총독부 토지개량부에서 작성한 『조선토지개량사업요람』은 1932년부터 수리조합 구역 내 작부성적표를 작성하는 원칙이 변경되었다. 조합비 등급별 성적이 아니라 1932년부터 단보당 수확량을 무수확 부터 시작하여 5두를 기준으로 구간을 나누어 5석 이상 구간까지 구분하고 구간별로 평균수확량만 기록하였다. 조합비 등급과 수확량이 일치하지 않아 발생하는 불평불만을 통계에서는 보이지 않게 한 조치로도 보인다. 결과적으로 동면수리조합은 갈수록 조합비가 감소하여 조합비 부담자에게 유리하게 보였지만, 이는 조합의 부채가 증가하는 것으로 귀결되었다.

(2) 수리조합 몽리지구의 계층분석

수리조합 몽리구역 내 조합원들의 토지소유규모를 〈표 5〉에서 보기로 하자. 동면수리조합의 몽리면적은 833정보인데, 이 가운데 진영농장이 667 정보로 전체의 80%를 차지하였다. 흔히 동면수리조합을 진영농장의 수리조합이라고 부르는 이유는 여기에 있다. 진영농장 이외에는 지주다운 지주는 전무하였다. 다만 11.5정보를 소유한 조선인 중소지주가 1명이 있을 뿐이었다. 다음으로 1~10정보에 속한 계층을 보면, 일본인은 12명으로 평균 3정보이고, 조선인은 22명이 평균 2정보가량 소유하고 있다. 이들 가운데 일부는

---

155) 『동아일보』, 1927. 10. 15.
156) 농장에서 소작미 수납과 관련하여 1등에서 8등 그리고 등외지로 구분한 것과 조합의 등급과는 상관성이 없는 것으로 보인다.
157) 『동아일보』, 1927. 10. 15.

<표 5> 동면수리조합 민족별·계층별 현황(단위 : 정보)

구분	일본인		조선인		기타		합계		비중		전년도	
	인원	면적	인원	면적	인원	면적	인원	면적	인원	면적	인원	면적
-0.5정보	12	2.63	153	28.5	1	0.66	166	31.8	67.8	3.8	168	33.5
-1정보	3	2.66	37	26.6			40	29.3	16.3	3.5	40	30
-10정보	12	37.5	22	46.7	3	9.21	37	93.4	15.1	11.2	34	91
-50정보			1	11.3			1	11.3	0.4	1.4	1	11.3
-100정보												
100정보-	1	667					1	667	0.4	80.1	1	668
계	28	710	213	113.1	4	9.87	245	833	100	100	244	833
-0.5정보	13	2.64	157	28.7	2	0.49	172	31.8	69.1	3.8		
-1정보	4	3.47	38	25.5			42	28.9	16.9	3.5		
-10정보	13	48.4	17	32.9	3	9.24	33	90.5	13.3	10.9		
-50정보			1	11.1			1	11.1	0.4	1.3		
-100정보												
100정보-	1	671					1	671	0.4	80.5		
계	31	725	213	98.14			249	833	100	100		

소지주이거나 지주겸 자작농일 수도 있지만, 자작 상층 또는 자소작 상층의 부농이 주류였을 것이다. 0.5정보 이하 계층은 인구로는 일본인 12명과 조선인 153명으로 전체의 67.8%를 점하였지만 토지는 전체의 3.8%를 소유한 극영세농이었다. 1정보이하로 확대하면 이 계층은 206명으로 전체의 84%를 점하고 소유면적은 7.3%에 불과하였다.

동면수리조합은 진영농장이 절대적 지위를 차지하고 그 이외의 계층은 대부분 영세 토지소유자였다. 이러한 토지소유분포는 해방후 귀속농지불하 시기까지 계속되었을 것으로 예상된다. 진영농장을 제외하고 민족별 구성을 보면, 일본인 소유자는 각 계층별로 소폭 증가하는 경향을 보인 반면, 조선인 은 상층이 감소하면서, 최하계층은 그만큼 증가되는 모습을 보였다.

동면수리조합 건설과 관련하여 특별히 주목되는 점은 이 지역은 수리조합 이 설치되었음에도 불구하고 몽리지구의 답 가격이 정체 내지 하락하였으며, 전은 큰 폭으로 상승하였다는 점이다. 아마 상습수해지구라는 점이 반영된 것으로 보인다. 그리고 무라이나 하자마가 대부분을 차지하여 거래가 별로 없었을 뿐만 아니라 조합비의 수준이 높고 소작쟁의가 빈발하여 이곳이 매력적인 투자처는 아니었던 것으로 보인다. 상승요인이 없었으며, 지가는 거의 변동이 없었다.

2) 수리조합의 수지와 경제적 이해관계

다음은 수리조합의 수지와 경제적 이해관계를 살펴보기로 하자. 이 통계는 『조선토지개량사업요람』에서 뽑은 1927년에서 1937년의 11년간의 자료이다. 통계의 작성기준이 1934년부터 크게 바뀌었다. 이 변동에 따라 분석의 편리를 도모하기 위해 1927~1933년을 제1기, 1934~1937년을 제2기로 구분하였다. 두 시기는 통계작성 기준에서 여러 면에서 차이를 보였다. 첫째, 조합의 면적계산에서 제1기는 몽리면적 833정보이고, 제2기는 관개면적 620정보를 기준으로 잡았다. 둘째, 시공 전후의 생산기준을 보면, 시공전 단보당 수확량에서 제1기는 단보당 1석, 제2기는 1.28석이었다. 시공후 단보당 수확량은 제1기는 4.19석, 제2기는 3.1석이었다. 시공 전후의 증수액의 차이가 3.19에서 1.82로 크게 줄었다. 셋째, 조합비 계산방식을 보면 제2기는 제1기의 증수액 대비 50%선에서 결정했다. 넷째, 증수액에서 지주수익률을 제1기는 50%, 제2기는 67%선에서 결정하고 조합비를 조정했다. 다섯째, 제2기는 제1기와 달리 금비 기타 지주지출을 별도로 설정하여 이를 지주 몫에서 제외하고 지주수익률을 계산했다. 따라서 제1기는 지주수익이 16%였는데 제2기는 지주 순수익과 조합비가 같았다. 지주의 순수 증수익을 제로로 잡아 계산한 것이다. 전체적으로 제1기는 증수익을 제2기에 비해 너무 높게 잡았다. 따라서 제2기에는 증수익이 크게 감소하여 지주수익을 종전에는 증수액의 50%로 했다가 67%로 상향 조정하였다. 그리고 지주 순수익을 조합비로 책정, 지주수입은 하나도 없음으로 계산했다.

조합의 수지 계산에서 가장 큰 문제는 제2기는 제1기와 달리 시공 전후의 증수량이 대폭 줄었으며, 이를 전제로 조합비 등 모든 지출을 계산했다는 점에서 두 시기는 근본적인 차이가 있다. 제2기는 조합비를 충당하기 위해 지주 수익률을 67%로 잡았으며, 이에 비례하여 소작농민의 수익률이 기존 50%에서 17% 더 감소하였다. 그런데 지주는 여기서 금비·기타 지주의 지출을 40%, 조합비를 나머지 60%로 계산하였다. 증수량에서 지주수익은 전무하였다. 지주의 수익증가가 전혀 없는 수리조합이라 할 수 있을 것이다. 결국 지주와 소작농민의 이익은 조합비와 금비대금 등의 지출분을 어떻게 분담하는가에 달려 있었다. 수리조합에서는 지주가 모두 부담하는 것으로 계산하였지만, 사실상 실질 분배율을 어떻게 정하는가에 따라 지주수익률은 결정될 것이다. 지주와 소작농민은 지출비용을 둘러싸고 치열하게 갈등할 수밖에 없는 구조였다.

기본적으로 제1기의 계산에서 문제점은 제2기에 비해 증수익을 과도하게 산정하였다는 점이다. 지주 증수익에서 조합비가 84%, 지주수익을 16%로 잡고 있는데, 조합비는 기채 등의 비용을 고정적으로 지출해야하기 때문에 실제로 줄이기는 어려웠다. 증수익에서 고정비용인 기채상환액을 뺀 부분에서 지주의 수익과 작인의 수익이 정해지는 구조였다.

〈표 6〉 수리조합 계획에 의한 수지 개산표 1(단위 : 정보·석 圓)

연도	몽리 면적	시공전 수확량		시공후 수확량		증수액		증수량 곡가 환산액		조합비	
		단보	총량	단보	총량	단보	총액	단보	총량	단보	총액
1928	833	1	8330	4.19	34903	3.19	26573	14.3	119286	12.04	100213
1929	833	1	8330	4.19	34903	3.19	26573	14.3	119286	12.04	100213
1930	833	1	8330	4.19	34903	3.19	26573	15.9	132550	12.76	106372
1931	833	1	8330	4.19	34903	3.19	26573	28.7	239157	12.04	100293
1932	833	1	8330	4.19	34903	3.19	26573	28.7	239157	12.04	100293
1933	833	1	8330	4.19	34903	3.19	26573	28.7	239157	12.04	100293
1934	620	1.28	7936	3.1	19220	1.82	11284	17.3	107424	6.92	42904
1935	620	1.28	7936	3.1	19220	1.82	11284	17.3	107424	6.92	42904
1936	620	1.28	7936	3.1	19220	1.82	11284	17.3	107424	6.92	42904
1937	620	1.28	7936	3.1	19220	1.82	11284	17.3	107424	6.92	42904

비고 : 증수량 환산에서 곡가는 1933년까지 벼 1석당 9원, 그 이후는 9.52원으로 사정함

<표 7> 수리조합 계획에 의한 수지 개산표 2(단위 : 정보·석 圓)

연도	지주의 수익①		금비 기타 지주의 지출②		지주의 수익2 ②-①		조합비③		지주 순수익 ②-①-③=④		비율 ③/④
	단보	총액	단보	총액	단보	총액	단보	총액	단보	총액	
1928							12.04	100213			84
1929							12.04	100213			84
1930							12.76	106372			80
1931	14.35	119579			14.35	119579	12.04	100293			
1932	14.35	119579			14.35	119579	12.04	100293	2.31	19286	
1933	14.35	119579			14.35	119579	12.04	100293	2.31	19286	
1934	11.61	71982	4.69	29078	6.92	42904	6.92	42904			
1935	11.61	71982	4.69	29078	6.92	42904	6.92	42904			
1936	11.61	71982	4.69	29078	6.92	42904	6.92	42904			
1937	11.61	71982	4.69	29078	6.92	42904	6.92	42904			

다음 제2기의 槪算은 금비와 지주지출분, 조합비 등의 지출비용은 지주가 전담하면서 지출이 증가하자 작인의 증수익률을 50%에서 33%로 감소하여 지주수입을 증가시켜 개산하는 방식이었다. 이때 지주의 증수익은 전혀 없게 산출하였다. 그런데 개산할 때 보다 실적을 결산할 때 수익성이 훨씬 좋지 않게 나타났다. 관개면적이 620정보보다 많은 해도 있었지만 수해로 수익이 전혀 없거나 절반도 안 되는 해도 두 해나 되었다. 그리고 시공 후의 수익도 개산에서는 3~4석을 잡았으나 실적은 대체로 2.5석 정도였다. 증가된 수익이 예상보다 훨씬 낮았다. 다만 곡가가 예상보다 높아 어느 정도 증수가 이루어진 것처럼 보이지만 실질 증수량은 제1기보다 더 낮았다.

더구나 조합비를 책정할 때 기준이 되는 증수량 대비 조합비를 보면, 1920년대 후반에는 그 수준이 비슷했지만, 제2기는 증수량의 절반정도로 조합비를 책정하였다. 조합비가 제1기 보다 대폭 낮은 수준에서 결정하고 실제는 더욱 감소하였다. 지주 수익은 전술한 바와 같이 지주몫에서 금비와 기타 지출을 제외하고 남은 지주 수익을 그대로 조합비로 책정하여 증수에 따른 지주 수익은 하나도 없었다. 현실적으로 지주의 수익은 조합비 등 고정지출을 고려하면 소작인과의 소작료율을 어떻게 결정하느냐에 달렸다

〈표 8〉수리조합 실적에 의한 수지개산표(단위 : 町步 石 圓)

연도	몽리면적	시공전		시공후		증수액②-①		벼가	증수량 곡가환산액		조합비	
		단보	총량	단	총량	단보	총액	석당	단보	총량	단보	총액
1927	816	1	8,239	2.28	18,594	1.27	10,355	10	12.7	103,550	14.8	123,498
1928	789	1	7,965	2.46	19,373	1.45	11,408	10	14.5	114,080	15.9	121,034
1929	789	1	7,880	3.52	27,774	2.52	19,885	10	25.2	198,850	15.9	119,610
1930	688	1	6,880	2.68	18,448	1.68	11,568		11.1	76,349	8.01	55,361
1931	791	1	7,914	2.95	23,311	1.95	15,397	6.7	13.1	103,160	5.96	47,359
1932	723	1	7,306	2.53	18,270	1.52	10,964	7.5	11.4	82,230	5.76	41,846
1933	294	1	2,937	3.3	9,691	2.3	6,754	9.4	21.5	63,150	9.45	27,781
1934		1				1		11.4	11.4			
1935	776	1.28	9,932	2.27	17,598	0.99	7,666	13.6	13.5	104,258	6.72	49,058
1936	252	1.28	3,226	1.67	4,201	0.39	975	13.6	5.3	13,260	2.64	4,125
1937	807	1.28	10,333	2.28	18,400	1	8,057	11.1	11.1	89,140	5.57	36,118

비고 : 1927 1928 1930년은 수해와 한해 때문에 감수하고 1934년은 수확이 거의 없었다.

〈표 9〉수리조합비와 세입세출 결산표(단위 : 町步 圓)

연도	수리조합비표			세입세출 결산표				
	부과면적	조합비총액	단보당평균	조합비	조합채	국고보조금	조합채비	합
1927	833	105,665	12.68	120,957	13,000	8,329	90,994	177,571
1928	760	121,034	15.93	120,710			90,326	119,021
1929	754	119,610	15.86	120,907			88,642	117,998
1930	684	55,142	8.06	46,739	6,400	2,400	63,693	100,803
1931	794	47,359	5.96	47,360	30,990		58,065	85,214
1932	727	41,846	5.76	41,846	36,800		63,426	90,869
1933	294	27,781	9.45	27,781	77,100		60,578	132,274
1934					98,300	39,857	50,762	163,074
1935	730	49,058	6.72	49,058	29,500	94,563	56,280	173,763
1936	156	4,125	2.64	4,126		54,247	50,049	103,642
1937	649	36,118	5.57	47,466	8,317	61,662	50,049	121,846

고 보인다. 조합비는 원칙적으로 지주가 납부하는 것으로 계산했으며, 조합비 총액은 제1기에 비해 제2기에는 절반 정도로 줄었다.

〈표 9〉의 세입세출을 보면 조합에서는 조합비 감소분을 조합채와 국고보조비로 해결해 갔다. 게다가 잦은 재해로 인한 재해복구비까지 기채하면서 조합채는 계속 늘어났다. 〈표 10〉의 수리조합채 총괄표를 보면 조합채는 재해복구사업비와 세입결함 보전비를 기채하여 기채총액은 해마다 증가하

〈표 10〉 수리조합채 총괄표(단위 : 町步 圓)

	설치사업비	재해복구사업비	세입결함보전	합계	상환액	미상환액	평균이율
1927	658,000	52,900	91,000	801,900	58,851	743,049	8.8
1928	658,000	52,900	91,000	801,900	117,796	684,104	7.8
1930	658,000	55,400	94,900	808,300	131,866	676,434	5.8
1931	658,000	55,400	125,890	839,290	153,676	685,614	5.8
1932	658,000	55,400	125,890	839,290	163,892	675,398	5.2
1933	658,000	28,600	226,590	953,190	199,593	753,597	5.2
1934	658,000	68,600	268,990	995,590	222,490	773,100	4.1
1935	658,000	98,100	324,890	1,080,990	237,416	843,574	4.1
1936	658,000	98,100	324,890	1,080,990	252,962	828,028	4.1
1937	658,000	98,100	324,890	1,080,990	269,154	811,836	4.1

였다. 처음 설치사업비를 제외하고 그 이후 순수하게 증가한 기채비만 계산하면 1937년에는 1927년에 비해 거의 3배가량 증가한 것으로 나타났다. 조합에서 기채액을 매년 상환하고 있었으며 상환액도 거의 4배가량 증가하였다. 동면수리조합은 빚을 내어 빚을 갚는 형국이었다. 그럼에도 불구하고 미상환액은 감소하지 않고 계속 증가하였다. 더구나 조합채의 이자율이 9%대에서 4%대로 대폭 감소했음에도 불구하고 부채는 더 증가했다. 수리조합 지구내의 조합원 즉 지주와 작인이 모두 조합비와 금비비용에 시달리게 된 것이다.

수리조합 건설로 전체 쌀 생산량은 증대하였지만, 지주와 농민에게 수리조합은 수익률에서 보탬이 되지 않았다. 더구나 수리조합 시설도 아직 자연재해를 완벽히 감당할 수준이 아니었다. 수리의 불안성은 여전히 계속되었다. 세비에서 조합채와 재해복구비로 기채가 증가하였으며, 여기에 더하여 국가보조도 계속되었다. 기채로 인한 이윤은 식산은행 등 금융자본의 이익으로 환원될 뿐이었다.

제2기부터 경남지구 수리조합지구에서는 금비 비용을 증산액에서 제외하고 조합비를 계산하고 있다는 점이 특징적이다. 경남지역 수리조합 몽리구역 내에서 금비사용은 거의 강제처럼 보였다. 조합비와 금비·기타 비용으로 지주의 전체 증수익은 제로였다. 물론 금비사용으로 인한 수확 증대분은 통계표에서는 별도로 계산하지 않았다는 점을 감안하면 예상 이상의 수익은 지주분이 되겠지만, 지주와 소작농민의 수익은 조합비와 금비 지출을 양자가 어떻게 분배하는가에 따라 수익이 결정될 것이다.

통계상으로 전체 증수익을 보면 조합은 지주와 농민의 소득증대에 기여한 것보다 금융자본이나 비료자본의 수익증대에 기여한 것으로 보인다. 흥남조선질소비료(주)의 설립, 미곡의 국가통제 체제와 거의 맞물려 금비사용이 강제로 추진되었으며, 금비사용은 산업자본의 수익증대로 연결될 것으로 추정된다.

지주의 수익은 비료를 소작인에게 대부해줌으로써 수익을 창출하거나 비료대의 절반을 소작농민에게 부담시키면 지주수익은 그만큼 늘어나게 된다. 지주 수익의 증대는 곧 소작농민의 수입감소로 나타나기 때문에 양자의 갈등은 필연적이었다. 1934년 이후 조합의 계산에서 지주 수익률은 제로 또는 마이너스였다. 수리조합 건설이나 금비사용 이후 수익률이 수리조합이 전보다 좋아진 것은 아니었다. 벼가의 증가에도 불구하고 적자 폭은 만회할 수 없었다. 조합채만 증가하고, 지주는 소작농민에게 조합비나 금비사용 비용을 강제할 때 비로소 수익률을 확보할 수 있었다. 다만 농사개량이나 시비 등 경영합리화를 통해 수익률을 증가시킬 때 최소한의 수익은 낼 수 있었을 것으로 생각된다. 따라서 수익 증대분은 금융자본의 이익을 보장해주고 나아가 쌀 생산량의 증가는 노동자의 임금구조를 낮게 유지할 수 있는 기반이 되어 산업자본의 수익성을 높일 수 있을 것이다.

제2기의 수익구조는 농업부분에서 더 이상 이익을 보기 어려운 상황이었다. 결국 1930년대 후반에 이르면 식민지 지주제의 성장은 일본자본주의 체제에서 성장을 기대하기는 어려웠다. 이들은 산업 금융자본에 종속적으로 편재되어 그들의 이익창출에 보조적 역할을 하는 존재일 뿐이었다.

6. 맺음말

무라이의 진영농장은 식민지 지주제의 한 유형인 일본자본 투자형 지주로 지주주도형이면서 소작농민을 동원한 개척농장에서, 하자마 이후 점차 소작제농장으로 변모해 가는 모습을 보여주었다. 농장에는 일본인 소작농과 조선인 소작농이 같이 존재했다. 농장은 이들을 별도로 소작조합을 조직하여 차별적으로 대우하며 관리하는 모습을 보여주었다. 일본인 소작농은 식민지 지배와 농장경영의 안전판, 조선 소작농에 대한 농법개량의 전도자로 선발한 존재였다. 농장은 이들에게 우월한 대접을 했다. 소작쟁의가 발생했을 때 이들은 각각 별도로 농장 측과 대립하고 해결해 가는 모습을 보였다. 일본인 소작농과 조선인 소작농은 소작쟁의 과정에서 함께 힘을 합하여 지주에 대항하지 않았다. 계급적 대립이 민족적 모순아래 가려진 모습이었다.

진영농장의 창업자인 무라이 기치베는 한국에 담배를 수출하여 이익을 추구하기도 했지만, 기본적으로 담배로 자본을 축적한 일본의 신흥재벌이었다. 무라이는 러일전쟁 진행 와중에 마산선 진영역 앞뜰의 기간지와 황무지에 거액을 투자하여 한 구획의 대단지를 미국식 농장으로 건설할 것을 꾀하였다. 이곳은 대부분 낙동강가의 황무지로 행정구역으로는 창원군 대산면과 동면, 김해군의 진영면 일대를 관통하는 대단지였다. 무라이는 이곳에 일본인과 조선인 소작농을 이주시켜 대농장을 10년에 걸친 장기 개척과정을 거쳐 대농장을 완수할 것을 계획하였다. 무라이는 농장을 건설하기 위해 두 방법을 채택했다. 하나는 농장에서 자본과 기술을 투자하여 황무지를 기간지로 조성하는 일이었다. 이곳 개척에는 관개 배수 방수가 절대적 조건이었으며, 여기에는 많은 비용과 노력이 요구되었다. 특히 수재로 재난이 잦아 공사가 여러 차례 난관에 봉착하기도 하였다.

또 하나는 소작농민을 모집하여 기간지로 가꾸어가는 일이었다. 무라이 농장은 기존 기간지는 기존 지주들에게 소작시켰으며, 개간지에는 일본

이주민과 조선 농민들을 모집하여 배치하였다. 이들은 분배받은 토지를 스스로 勞資를 투자하여 기간지로 완성시켜야 했다. 그 대신 농장은 소작조건과 소작규모에서 특전을 제공했다. 소작규모는 능력이 허용하는 정도로 분배했다. 대체로 3정보였으며 10정보에 달하기도 하였다. 소작료는 농지의 등급에 따라 조정지와 정조지, 면조지로 구분하여 시행하였다. 개간지는 처음에는 무료 경작하도록 하였으며, 그 후에는 30, 40%정도를 농장에 납부하였다. 수납과정에서 발생한 비용은 농장에서 부담하였다. 농장은 소작농민의 경작권을 보장해주었으며, 사적으로 물권이 성립되어 소작권의 매매, 소작권의 저당 등이 농장을 넘어 지역사회에서 하나의 관행으로 인정되었다. 이곳에는 중간소작도 성립되어 있었다. 무라이 농장은 미곡 상품화를 위해 농사개량을 실시하였다. 시작전을 마련하여 품종개량에 진력하고, 퇴비와 자운영 등 자급비료를 동원한 시비법에 근거한 일본식 농법을 보급하여 생산성 증대에 노력하였다. 일본이주민이 모범이 되어 일본식 농법을 조선인 소작농에게 확산시켰다. 볏짚 가공업이나 양잠 등 각종 부업도 장려하였다.

진영농장의 소작제도는 하자마가 농장을 매득하면서 일대 전환기를 맞이하였다. 하자마는 무라이 시절의 소작조건을 변경하여 강화시켜갔다. 하등지를 상등지로 등급을 조절하여 소작료를 상향 조정하거나 물권적 소작권을 전면 혁파하였다. 이에 대응하여 1929년 일본인 소작조합이 소작쟁의를 일으켰다. 이들은 일본농민조합의 지원아래 속분제와 소작권 보장을 확보하는 수준에서 타협하였다.

그러나 농장은 이 타협안을 조선인 소작농에게는 적용하지 않고 소작료를 강화하고 비료대 지불을 강압하였다. 1931년 조선인 소작조합은 일본인과의 타협안 수준을 요구하며 소작쟁의를 일으켰다. 농장측이 타협을 거부하자 대립은 극한 상황으로 전개되었다. 김해농민조합이 개입하기도 하였다. 양측의 분쟁은 관의 조정과정을 거쳐 소작료는 속분제 반타작제로 타협했지만, 비료대 배분문제가 또 다른 쟁점으로 대두되었다. 소작농민들은 속분제의 관행에 따라 반부담을 요구했지만 농장측은 정액제의 관행에 따라 소작인이 모두 부담할 것을 요구했다. 결국 농장측은 이번에는 타협을 거부하고 법원에 소송을 제기하는 한편, 소작권 박탈, 비료대 지불요청, 차압 등의 수단을 동원하였다. 결국 비료대 문제는 소작인 부담으로 귀착된 것으로 보인다. 소작료는 반부담제로 합의하였지만, 지주경영이 어려워지면서 농장측은 소작인에 6할 부담을 요구하고 달성해간 것으로 보인다.

무라이 농장은 1922년 농장의 관개와 배수문제를 해결하기 위해 동면수리조합을 설립했다. 수리조합 공사비는 총독부의 지원과 기채로 충당하고 상환비용은 조합비로 충당했다. 조합비는 수리조합 건설에서 얻어진 증수한 수확량을 기준으로 조정하였다. 수지계산으로 제1기에는 증수액의 16%정도를 지주수익으로 계산하였지만, 제2기에는 증수익의 감소와 미가 하락 등으로 조합비를 축소 조정하였다. 여기에 금비대와 지주 지출분을 증수익에서 차감할 경우 지주수익이 마이너스로 되게 되자, 조합에서는 지주수익을 기존 증수익의 50%에서 67%로 상향조정하고 지주의 순이익 전체를 조합비로 충당하여 수지를 맞추었다. 이때 지주수익은 제로였다.

조합은 증수익과 지주수익이 감소하면서 조합비도 축소하지 않으면 안되는 상황에 처하였다. 조합의 수익 감소에 따른 필요 자금은 기채로 충당하지 않으면 안 되었다. 기채총액은 재해복구와 세입결함보전비로 계속 늘어났다. 이에 비례하여 상환액도 증액하였지만, 미상환액은 더 늘어나는 형국이었다. 조합은 빚을 내서 빚을 갚아갔으며, 자체적으로 이를 해결할 능력이 없었다. 난국에 처하였다. 결국 수리조합의 건설로 생산량은 증가하였지만, 수익률에서 볼 때 지주와 농민 어느 쪽에도 득이 되지는 않았다. 그러나 생산량의 증대는 미가를 정체 또는 하락시켜 산업자본에게 유리하게 작용했다. 그리고 기채 증가와 금비사용 강제는 금융자본과 비료자본에 유리하게 작용하였다. 이러한 농장의 수익구조 속에서 지주와 농민의 수익률은 증수익의 분배율,

그리고 금비대금과 조합비의 부담비율에 따라 결정될 수밖에 없었다. 지주와 농민은 서로 대결할 수밖에 없었다. 양자의 대립은 해방 후 식민지 지주제의 청산과 더불어 종결되었지만, 국가와 농민의 대립이라는 새로운 대립구도가 전면화되었다.

마지막으로 진영농장은 기본적으로 무라이 재벌의 구조적 일환으로 편성되어 존립하였다. 농장의 생존은 재벌의 생존과 밀접하게 연관되어 있었다. 진영농장은 일본제국의 담배전매제에 따른 보상금을 무라이 재벌이 투자한 결과 성립된 것처럼, 무라이 재벌이 쇼와금융공황으로 구조조정대상이 되면서 하자마에 넘어갔다. 매매액수는 투자비용의 배 정도였지만, 그 수익은 쇼와 은행의 수중에 들어갔다. 하자마는 상업자본을 토지에 투자하여 대자본가로 성장하였다. 금융자본과 산업자본을 겸한 자본가이면서 여러 도에 토지를 소유한 대지주였다. 그는 지주경영의 경험을 살려 진영농장을 구입하고 적극적으로 지주경영에 나섰다. 그는 무라이 농장의 '온정주의'적 경영방식을 탈피하고, 배타적 소유권에 기초하여 소작농민을 무권리한 존재로 인식하고 무조건적으로 수탈을 강요하는 방식으로 농장관리체제를 강화하여 수익을 창출하려고 시도했다. 그 결과는 소작쟁의로 나타났다. 소작률과 비료대부담문제 등으로 발발된 소작쟁의로 하자마는 소작농민에게 계속 시달리고 사회적 명성에도 손상이 갔다. 지주경영이 손상을 보장할 만큼 수익이 보장된 것도 아니었다. 하자마는 결국 1938년 조선인 자본가에 진영농장을 넘기고, 지주경영도 점차 축소해 갔다. 산업자본과 금융자본으로 투자처를 전환해 갔다.

제3부

일본제국의 일본인 농촌 건설사업

-동척 이민과 불이농촌 사례-

제1장 동척의 이민사업과 이민 반대운동

1. 머리말

일본제국주의는 일본자본주의의 성장과 제국의 사활을 걸고 식민지를 확보하고 유지 강화하는 정책을 추진했다. 이 정책은 시기와 필요에 따라 다양하게 전개되었다. 이민사업도 여기에 맞추어 추진되었다. 한국을 대상으로 한 이주사업은 처음부터 한국을 일본제국주의 속에 구조적으로 편입시킬 목적, 즉 식민지 지배체제를 구축할 목적 아래 추진한 것이었다. 일제는 조선의 '보호국화'를 겨냥하며 일으킨 청일전쟁 이후 본격적으로 일본인을 한국에 침투시키기 시작했다.[1] 한국정부와 각계각층의 반대와 저항에도 불구하고 일제는 이 일을 적극 추진했다. 초기 이민은 지주 이민이 주 형태였으며, 대지주도 적지 않은 비중을 점했다.[2]

그러나 러일전쟁 직후 일본 내에는 이민정책의 일대 전환을 목표로 한 '만한이민집중론'이 대두되었다. 일본자본주의 발전에서 자본축적의 한 축을 담당했던 미국이민이 배일여론에 밀려 제한되는 현실을 돌파하고, 이들과

---

1) 1901년 일본은 「이민보호법 중 개정법률안」을 통과시켜 '自由渡韓'과 부동산 점유의 법적 장치를 마련했다. 김용섭, 「광무년간의 양전·지계사업」, 『한국 근대농업사연구』, 일조각, 1975, 549~550쪽.

2) 淺田喬二, 『日本帝國主義と舊植民地地主制』, 御茶の水書房, 1968 ; 최원규, 「19세기후반 20세기초 경남지역 일본인 지주의 형성과 투자사례」, 『한국민족문화』 14, 1999.

대결할 수 있는 대제국을 건설하기 위한 방안으로 제안되었다. 이것은 형식적으로는 미주로의 '돈벌이 형' 이민과는 달리 일본인 소농민층을 한국과 만주에 대량 이주시켜 자작농으로 육성하는 일이었다. 물론 일본 내의 인구문제·식량문제를 비롯한 사회문제를 완화하기 위한 일이기도 했지만,3) 한국을 항구적으로 지배하기 위한 체제구축에 기본 목적이 있었다. 이들에게는 한국통치의 목표인 '한국의 일본화'를 겨냥한 동화정책과 개발을 동시에 수행할 임무를 부여하였다. 한국 땅을 완전한 일본영토로, 한국인을 완전한 일본인으로 만들어 한국을 일본제국주의의 일원으로 구조화시키기 위한 것이었다.4)

1909년에 국책회사로 설립된 동양척식주식회사(이하 '동척')는 이 임무를 수행할 목적으로 설립되어 이민사업을 추진했다. 따라서 동척의 이민사업을 살펴보는 일은 일제 식민지 지배정책의 본질인 동화정책의 구체적 실현의 한 과정과 이로 인해 새롭게 전개된 지배체제 내의 모순·갈등구조의 한 측면을 밝히는 일이 될 것이다. 구체적으로 동척이민의 정착과정은 조선농민의 구축과정이었다. 여기서 이들은 동척의 농장경영에서 한 축을 이루며 조선농민과 대립했으며, 때로는 이들을 지배하면서 지주로 성장해 가기도 했다. 동척이민은 여러 모습으로 조선농촌을 장악하기 위한 시도를 했지만, 조선농민은 이들의 공세를 주체적으로 극복하면서 동화정책을 형해화 시키기도 했다. 이 글에서는 특히 이 과정에 주목하고자 한다.

동척에 관한 연구는 동척이 담당했던 역할과 규모에 비해 일본과 달리 한국에서는 그렇게 많은 편은 아니었다. 다만 분야에 따라서는 적지 않은 성과가 제출되기도 했다. 주제별로 살펴보면, 첫째, 동척 사업의 전개과정

---

3) 정연태, 「대한제국 후기 일제의 농업식민론과 이주식민정책」, 『한국문화』 14, 1993에 자세히 다루고 있다.

4) 김용섭, 「일제의 초기 농업식민책과 지주제」, 『한국근현대농업사연구』, 일조각, 1992 ; 본서 제1부 제2장이 참고된다.

전체를 포괄적으로 다룬 연구,5) 둘째, 입안과 설립과정, 이를 둘러싸고 한국과 일본에서 전개된 여론의 동향에 관한 연구,6) 셋째, 동척의 토지침탈과정과 농민의 반발, 그리고 직영농장의 경영내용과 여기에 저항한 농민운동을 분석한 연구,7) 넷째, 동척이 이민정책을 수행할 기구로 설립되는 과정과 이민사업을 추진하는 전과정을 정책적 측면에서 점검한 연구 등으로 분류할 수 있다.8) 이 중에서도 가장 관심을 보인 연구분야는 설립과정과 토지침탈과정, 그리고 이민사업 분야였다. 일제 식민지 지배의 기본속성인 수탈성을 규명하기 위한 주제로 주목을 받아온 것이다.

이상의 연구에서 동척사업의 개략적 실상, 이민사업의 전개과정 등의 전모가 대체로 밝혀졌다. 그러나 일본제국주의와 이민의 구조적 연관관계, 농장경영의 다양한 모습과 농민운동, 금융과 상공업 분야 등은 상대적으로 연구가 미진하여 동척의 전 역사상을 그리기 쉽지 않았다. 이민사업도 일본제국주의의 정책차원에서 분석한 것이 대부분이었다. 이민의 농업경영과 생활상, 이민을 둘러싼 각계각층의 연관구조, 특히 동척·동척이민·조선농민과의

5) 김석준, 「동양척식주식회사의 사업 전개과정」, 『한국근대농촌사회와 일본제국주의』 2, 문학과 지성사, 1987 ; 강태경, 「동양척식회사의 조선경제 수탈사」, 계명대학교 출판부, 1995 참조.

6) 大鎌邦雄, 「東洋拓殖會社 創立期 實態」, 『農經論叢(北海道大學)』 28, 1972 ; 君島和彦, 「東洋拓殖株式會社の設立過程(上)(下)」, 『歷史評論』 282·283, 1973·1974 ; 黑瀨郁二, 「日露戰後 '朝鮮經營'と東洋拓殖株式會社」, 『朝鮮史硏究會論文集』 12, 1975 등이 그것이다.

7) 李在茂, 「いわゆる'日韓併合'='强占'前における日本帝國主義による朝鮮植民地化の基礎的 諸指標」, 『社會科學硏究』 9-6, 1958 ; 權寧旭, 「日本統治下の朝鮮における所謂'驛屯土'問題の實態」, 『朝鮮近代史料硏究集』 3, 1960 ; 김용섭, 「한말 일제하의 지주제 —사례 2 : 재령 동척농장에서의 지주경영의 변동」, 『한국사연구』 8, 1972 ; 安秉珆, 「東洋拓植株式會社の土地經營方式と在來朝鮮人地主の經營方式について」, 『經營史學』 11-1, 1976 ; 「東洋拓殖株式會社の土地收奪について」, 『社會科學年報』 7, 1976 ; 김석준, 「동양척식주식회사의 농장확장과 그 경영형태」, 『한국의 사회와 문화』 9, 한국정신문화연구원, 1988.

8) 君島和彦, 「조선에 있어서 동척이민의 전개과정」, 『일제하 한국사회구성체론 서설』, 청아출판사, 1986 ; 黑瀨郁二, 앞 글, 『朝鮮史硏究會論文集』 12, 1975 ; 주봉규, 「동척의 이민사업 추진에 관한 연구」, 『東亞文化』 29, 1991.

상호관계를 구조적으로 분석할 것이 요청되었다.

본장은 이러한 연구 성과를 바탕으로 이민사업의 내용과 본질, 여기에 저항하는 조선농민의 이민반대운동에 주목하여 분석하려고 한다. 구체적으로 첫째, 동척이민론의 대두와 내용, 둘째, 이주사업의 실태, 셋째, 일제의 '보호장려'시설과 경제환경, 그리고 이를 둘러싼 동척이민과 동척의 대응, 넷째, 이민사업을 둘러싼 동척·동척이민·조선농민 등 세 당사자의 상호연관성과 갈등구조를 분석하여 이것이 갖는 의미를 추출해 보고자 한다.

2. 동척이민론과 이주실태

1) 동척이민론의 대두와 내용

일제의 농업 식민책은 크게 지주·자본가적 식민책과 자작농 이주책으로 구분되지만, 양자는 식민지 통치체제를 구축하는 데 목적이 있다는 점에서 공통적이었다. 한 사람이라도 더 많이 이주시키는 일이 궁극적으로 '제국'을 부국강병하게 할 것이라는 인식 아래 강구한 방안이었다.[9] 그러나 초기에는 의병운동 등 국내 반일세력을 제압하지 못했을 뿐만 아니라,[10] 소요경비를 감당할 만큼 경제력이 성장하지 못하여 국가적 차원의 대규모 자작이민사업은 유보하였다. 이때는 주로 지주·농업회사·농업조합 등 개별 차원에서 추진되었다. 개별자본이 자본과 무력을 앞세워 토지를 대규모로 확보하여 농장을 설립하고 한국인 소작농을 고용하여 일본의 자본과 기술에 종속시키는 방안이었다.[11]

---

9) 統監府 農商工務府農林課 纂, 「韓國ニ於ケル農業經營」, 1907, 16쪽.
10) 의병 연구에 대해서는 한국역사연구회, 「계몽운동과 의병항쟁」, 『한국역사입문』 3, 풀빛, 1995를 참조.

자작농 이주사업은 구호에 그칠 정도로 빈약했지만, 직접지배 작업이 구체화되면서 국책차원에서 본격적으로 진행되었다.[12] 강점 전야 일제는 한국을 제국의 이익에 일체화시켜야 한다는 한국경영론의 측면에서 물적·인적 기초를 확보할 필요성을 인식했다. 지금까지 일본인들이 자본 부족이라는 한계를 돌파하기 위해 사용했던 '투기적'·'사기적' 속성의 약탈 방식이 아니라 한국을 영구히 지배하기 위한 '정의로운' 방식이 요구되었다.[13] 그것은 법적 제도적 장치를 갖추고, 조직적으로 자작농을 대량 이주시켜 동화정책을 실현하여 항구적인 지배체제를 구축하는 일이었다.[14] 수가 적을 경우 조선인의 일본화가 아니라 일본인의 조선화를 가져올 우려가 있으니, 한국 내에 일본인을 절대적으로 증대시켜야 한다는 것이다.[15] 이것은 일본 내 척식 여론의 한 흐름인 만한이민집중론이 목표한 것이기도 한데, 농촌경제와 국방을 담당할 계층으로 소농민층이 제시되었다.[16]

만한이민집중론에는 일본자본주의 발전과정에서 배태된 농업문제를 해결하기 위해 제안된 농본주의 이념이 깔려 있었다. 풍부한 경험이 있고 존경을 받는 노농과 근대적인 농업기술을 익힌 농업기사들이 주체가 되어

---

11) 조선농회, 『朝鮮農業發達史(政策編)』, 1940, 23쪽.
12) 姜東鎭, 「日本言論界と朝鮮」, 法政大學出版局, 1984. 다음에 인용 참고한 일본의 신문 잡지는 이 책에서 재인용한 것임.
13) 최원규, 「1900년대 일제의 토지권 침탈과 그 관리기구」, 『釜大史學』 19, 1995 참조.
14) 『萬韓報』, 1911. 6. 18, 「今後の朝鮮移民」; 『萬朝報』, 1910. 9. 5 ; 橫井時敬, 「朝鮮の農業經營に就きて(1)~(6)」, 『萬朝報』, 1910. 9. 29~10. 5. 이민과 동화정책을 하나로 묶어 해결하려는 방안이다.
15) 中野正剛, 「同化政策論(下)」, 『日本及日本人』, 1913. 4. 15. 그 예로 일본인 관리의 조선화를 들고 있다. 혹자는 조선인구의 반수이상을 이주시켜야한다는 안을 제시하기도 했다(『萬朝報』, 1910. 9. 5. 「今後の朝鮮移民」). 그리고 여기에 한국인과 혼인시켜 혈연적 일체화를 통한 동화정책 방안이 제시되기도 했다(『萬朝報』, 1910. 9. 11 ; 松田正久, 「倂合後の朝鮮統治問題」, 『太陽』, 1910. 9.).
16) 神戸正雄, 앞 책, 49~51, 137쪽. 이것은 일본자본주의의 발전에서 야기된 사회문제를 완화시켜 사회주의의 발흥을 막고 치안을 확보하기 위한 대책으로 요구된 것이기도 했다.

생산력을 확충하고, 지주제의 모순을 사상적으로 통제 교화해 가려는 것이었다. 이는 소농을 일정하게 보호하면서 지주제의 안정화를 도모하는 지주적 농본주의였다.[17] 그리고 만한이민론은 '건전한' 일본정신으로 무장한 소독립 농민을 한국에 대량 이주시켜 한국 농업체제를 일본화시키는 개조작업을 시도하기 위한 것이다.[18]

일제는 국가적 차원에서 한일 두 '국민간의 융화'를 담당할 소농민층을 이주시키기 위한 작업에 착수했다.[19] 이는 일제가 한국정부에 강요한 것이지만, 합의 형식으로 동양척식주식회사법(1908년)을 공포하면서 표면화되었다.[20] 동척 설립에 대한 여론은 반대론과 참여론의 두 부류로 갈렸다. 전자가 주류적 견해였다. 친일계몽운동 단체인 대한협회도 동척 정관에 규정된 척식사업에 대해 비판적 공개질의를 하고 있었다. 일본인 이주가 한국의 산업발전을 해치지 않고 한일 양국의 발전을 도모할 수 있는지, 일본인 이주자의 수에 제한이 있는지, 토지를 매입할 때 강제성은 없는지, 주식 모집방법은 무엇인지 등의 사항이었다.[21]

반면, 참여론은 대세론적 차원에서 현실에 순응하자는 입장이었다. 일제가 동척을 통해 한국 경제를 장악할 것이라고 우려만 하지 말고, 척식 경영하는 현실을 인정하고 가능한 한 동척에 많이 출자하여 최소한의 이익이라도 획득하자는 것이다. 지주와 부호들은 동척 주식을 많이 확보해야 한다고

---

17) 日本農本主義는 櫻井武雄, 「日本農本主義」, 1936을, 그 조선 적용에는 李秀日, 「日帝 强占·解放期 印貞植의 經濟思想硏究」, 연세대학교 석사학위논문, 1992, 76~78쪽 참조.
18) 日本 政友會에서는 美國이민이 단절된 상태에서, 滿洲는 농업이주는 부적당하기 때문에 철도연변에 商工移民을 주력하고, 한국에는 農業移民에 전력을 다한다는 것이었다. 『황성신문』, 1909. 6. 8. ; 6. 12.
19) 동양척식주식회사, 『東洋拓殖株式會社三十年誌』, 1939, 2~9쪽. 宇佐川 동척 初代總裁 는 "新協約이후 한국인 중 일부가 일본에 대한 오해에서 폭동을 야기하고 … 아직도 소수의 폭도가 출몰하는 …" 실태를 지적하면서 동척의 설립취지는 "양국민간의 融化"에 있다고 창립총회에서 발언하고 있다(『東洋時報』 124, 1909, 72쪽).
20) 『舊韓國官報』, 호외, 융희 2. 8. 27. 법률 제22호 동양척식주식회사법.
21) 『황성신문』, 1909. 9. 16.

주장한 것이었다.[22]

1908년 10월 도쿄에서 열린 창립위원회에서 일본측은 한국위원들이 동척 사업의 강제성을 문제점으로 제기하자 다음과 같이 동척의 방침을 설명하였다.[23]

"일본인의 이주는 한국 농업개발과 기술전수에 있으며, 토지소유자의 승인과 보상 없이 강제로 토지를 매수하지 않을 것이다. 이주민의 모집과 분배는 한국인과 일본인의 구별이 없으며, 희망하지 않는 한국인을 강제로 이주시키는 일은 모두 허가하지 않을 것이다."

그 내용은 침략성과 강제성이 없는 식산흥업으로 한일 양국의 상호발전을 꾀하기 위해 동척을 설립한다는 것이었다.[24] 일제는 이러한 여론환기 작업으로 한국 내 반대여론을 무마하면서[25] 동척설립안을 관철시켰다.[26] 일본정부와 통감부는 동척사업의 유용성을 널리 유포하면서 한국정부에 동척사업에 적극 동참할 것을 강요하였다.[27] 일제는 현역 중장인 남작 우사카와 가즈마사(宇佐川一正)를 총재로 임명하고[28] 1909년 2월 6일 운영을 개시했다. 동척은

---

22) "척식회사의 문제는 … 오직 우리동포는 … 一心 同力으로 의무를 각각 담당하야 50원 이상으로 각기 출자하야 척식의 권리를 오로지 타인에 양여치 말고 토지소산의 절반이익을 취득 보유함이 가할 줄로 사량하고 권고하나니"(『황성신문』, 1908. 8. 25) 이 때문에 황성신문이 통감부의 기관지가 아니냐고 항변하기도 했다.

23) 『황성신문』, 1908. 10. 10.

24) 『황성신문』, 1909. 5. 2.

25) 한국인들의 반대여론에 대해서는 朴賢緒, 앞 글, 『李海南博士華甲紀念史學論叢』, 1970 ; 君島和彦, 앞 글(하), 『歷史評論』 283, 1974 참조.

26) 嶺八郎, 『韓國拓殖參考資料』, 1908 ; 嶺八郎, 「國民經濟から觀た朝鮮經營の根本議」, 『朝鮮及滿洲之硏究』, 1914, 141~117쪽. 이것은 일본과 각국의 식민지 경영자료를 수집하여 제기한 것이다.

27) 『황성신문』, 1908. 11. 8.

28) 宇佐川一正(1849~1927). 야마구치현 출신, 서남전쟁, 청일전쟁에 참전했다. 그후 경성공사관에 근무했다. 러일전쟁 때 군무국장으로 근무하고 1906년 중장이 되고

일본 국가자본과 한국 정부출자지를 바탕으로 한 지주경영이 주 사업이었지만, 또 하나는 사회적으로 물의를 크게 일으키면서 일본농민 이주사업도 강행하였다. 일제가 한국에서 논란이 일어날 것이 뻔했음에도 불구하고 이중국적 회사체제를 견지한 이유도 사업수행의 편리성과 관련이 있었다. '척지식민'의 구호 아래 매년 1인당 1정보씩 1만 명을 이주시켜 10년간 24만 정보에 24만 명을 한국에 이식시킬 계획을 세웠으며, 이를 수행하는 데는 대한제국의 협조가 반드시 필요했기 때문이었다.[29]

일제는 종래 개별 분산적으로 추진하던 이민사업을 통괄하여 조직적으로 대량 이주시키되, 금융 등 각종 지원아래 보호이민 방식으로 추진할 것을 계획했다. 동척은 이민사업을 목적으로 각종 조사를 하는 한편,[30] 한국 사정을 담은 안내서를 배부하며 이민을 권장하였다.[31] 그리고 한일 양국 정부는 이민을 유도하기 위한 구체적인 작업에 착수했다. 일본에서는 농무성의 지원을 받아 농촌 지도계층인 노농 중심의 관농단을,[32] 각 부현에서 대표자를 뽑아 한국농사시찰단을 조직하여 농업상황을 시찰하도록 했다.[33] 한국에서는 통감부의 지원을 받아 각도 관찰사가 추천한 농업관계자들과 동척농장의 소작농을 선발하여 일본농업 현황을 돌아보고, 일본의 '우수'한 농법에 감화를 받도록 했다.[34]

1908년 예비역에 편입되었다. 동척의 초대 총재를 지냈다. 정치가로 귀족원 남작의원으로 선출되었다.

29) 동척의 설립과정은 黑瀬郁二, 앞 글, 『朝鮮史硏究會論文集』 12, 1975. 와 君島和彦, 「앞 글(上)(下)」, 『歷史評論』 282·283, 1973.11·1974.1 등이 참고된다.

30) 동척 조사부에서는 한상룡 이하 8명의 조사원에게 척식에 관한 제반조사를 맡겼다. 『황성신문』, 1909. 5. 14.

31) 『황성신문』, 1909. 6. 15. 서울에서 발간된 일본인 신문인 「朝鮮日日新聞」도 '韓國內의 小日本' 제목 아래 일본인 이민상황을 소개하면서 척식사업을 유도해 갔다. 『황성신문』, 1909. 9. 8.

32) 『황성신문』, 1910. 6. 17.

33) 『황성신문』, 1910. 9. 6. 「동양척식회사 내지 시찰단 귀선」, 『朝鮮農會報』 7-11, 1912, 23쪽.

동척은 이러한 여론화 작업과 함께 토지 확보에도 심혈을 기울였다. 한국정부출자지와 매수지로 구성된 동척 토지는 1914년 논 46,642정보, 밭 18,753정보, 산림 2,265정보, 잡종지 2,482정보 합계 70,143정보나 되었다.[35] 세계사상 유례가 없는 토지집적으로 동척은 단시일 내에 한국황실을 대체하여 한국 최대의 지주로 부상했다. 가능한 한 넓은 토지를 확보하여 하루빨리 일본 농민을 대량 이주 정착시키는 것이 지배체제를 구축하는 최선의 방법으로 인식한 것이다. 일제는 미간지 이민을 적합한 방법으로 고려하기도 했지만 빠른 이주정착과 개간비용 등을 감안하여 기간지 이민을 택했다. 일본인들은 초기부터 미간지에 주목하였다. 1904년의 황무지개척권 요구는 한국민들의 반대로 좌절되었지만,[36] 그 노력은 1907년 국유미간지이용법으로 결실을 보고 미간지 침탈을 본격화했다.[37] 그러나 미간지 개간은 기간지 이상의 투자비용, 긴 공사기간 등이 필요하여 미간지 이민은 아직 적절하지 못하다고 판단하였다.

일제는 식민지 경영과 대륙침략을 준비하는 예비 병력의 확보라는 국방문제도 함께 고려하여 둔전식 이민론과[38] '일본촌' 건설론을 제기했다. 기간지

---

34) 『황성신문』, 1909. 4. 2.
35) 동양척식주식회사, 『東拓10年史』, 1918, 34~37쪽. 답은 1921년 51,800정보, 총계는 산림 관계로 1926년 93,390정보로 최고도에 달했다. 답은 7년동안 5,000정보 가량 증가했지만, 그 후에는 더 이상 증가되지 않았다. 大河內一雄, 앞 책, 1982, 47쪽.
36) 윤병석, 「일본인 황무지개척권 요구에 대하여」, 『역사학보』 22, 1964 참조.
37) 藤井寬太郎 같은 일부 개척자적 지주는 헐값이나 총독부로부터 무상으로 대여받아 개간을 통해 지주지를 확대해 가기도 했다. 그의 토지확보 방식은 藤井寬太郎, 『朝鮮土地談』, 1911 ; 홍성찬, 「일제하 금융자본의 농기업지배」, 『동방학지』 65, 1990을 참고하고, 일제의 미간지 정책 전반에 대해서는 이영호, 「일제의 식민지 정책과 미간지 문제」, 『역사와 현실』 37, 2000이 참고된다.
38) 이러한 방식에서 동척 총재는 러일전쟁의 영웅 宇佐川을 임명하는 것이 합당하다고 주장했다. 이외에 구주제국의 식민지 개척, 일본의 대만 식민지 개척에 사용된 방법으로, 원주민을 강제 노역 동원하여 개척하는 강제 척식론도 제기되었다(『황성신문』, 1908. 4. 26). 1920년대 중반에는 만주에서 집단부락·안전부락의 형태로 실현되었다. 淺田喬二, 『日本帝國主義下の民族運動』, 未來社, 1973 ; 淺田喬二·小林英夫編, 『日本帝國主義の滿洲支配』, 時潮社, 1986 등이 참조된다.

에 건설하려고 한 '동척촌'은 그 실현의 한 형태였다.[39] 단체이민도 이 때문에
채택했다.[40] 이주민의 선발원칙도 치안확보와 자위체제의 구축이라는 점을
고려하여 러일전쟁을 경험한 제대병이나 기타 예비병들을 중요시했다.[41]
전가족 이주, 농사경험, 상당한 자력, 신체 건장한 자 등과 함께 병역필을
조건으로 했다.[42] 이들을 조선농촌의 중견인물로 육성하여 지배체제의 안정
을 꾀한다는 목표를 세운 것이다.[43] 이를 달성하기 위해서는 이주민이
자립적인 농업생산자로 영구 정착할 수 있는 기반을 조성하지 않으면 안
되었다. 물적 지원과 정신적 교화는 물론,[44] 농업생산력적 기초로 일본의
多勞多肥的 집약농법을 제안했다. 이주민을 그 담당자로 설정한 것이다.[45]
이것이 만한이민집중론·자작농이민론이 목표한 바였다. 일본제국주의는
지주적 농정을 폈지만, 체제의 안정적 기반으로 자작농을 유지해야 했으며,
이를 위해 일정하게 보호장려 정책을 취했다.[46]

---

39) 志賀重昻는 한국여행기인 『大役小誌』(東京堂, 1909)에서 일본 부락의 건설의 필요성
   에 대하여 언급한 바 있다(1203쪽). 한국 각지의 일본인 촌락에 대하여는 조선총독부,
   『朝鮮の聚落』(中), 1933 참조.
40) 동척은 종래 한국 농업경영에서 개인은 대다수 실패한 반면, 일본 부현청의
   보호지도아래 단체로 도한한 자의 성적은 양호하다고 판단하고 단체 이민책을
   강구하기로 했다(『황성신문』, 1909. 6. 17.). 초기 이민의 경우 향촌별 단체이민이
   많은 수를 차지하며, 단체이민이 증가하고 있다는 보도를 하기도 했다(『每日申報』,
   1913. 7. 2).
41) 1905년 러일전쟁 후 도한 붐에 따라 설립된 농사조합, 농사주식회사가 정한 이민자
   선발규칙에서도 마찬가지였다(본서 제1부 제2장). 神戶正雄, 『朝鮮移民論』, 1910,
   168쪽). 실제 고성군의 경우는 대부분 재향군인이었다. 『每日申報』, 1911. 9. 5.
42) 이를 담보하기 위해 이민희망자에게 관공서에서 발급한 신원증명, 보증인 보증금
   등을 제출하도록 요구했다. 『朝鮮農會報』 5-1, 1910, 49~50쪽. 동양척식주식회사
   이주규칙 제5장 잡칙 참조.
43) 『每日申報』, 1911. 6. 15 ; 1912. 1. 6 ; 1913. 3. 7.
44) 『황성신문』, 1909. 6. 17.
45) 농상무성 농무국장 酒匂常明은 1904년 단계부터 "한국에는 자본가 기업가 기술가가
   결핍할 뿐더러 적당한 농업상 노동자가 결핍하다"는 견해를 피력하며 일본인 기업가
   가 일본인 농업가를 혼입하여 경작하면 한국인보다 3배 이상의 수확을 볼 것이라고
   하는 농업이민론적 견해를 보인 바 있다(『황성신문』, 1904. 9. 2). 동척이민은 이
   연장선에서 취해진 것이다(友邦協會, 『資料選集 東洋拓殖會社』, 1976, 179쪽).

조선총독부는 강점 직후 농업이민이 부진하고[47] 지주이민이 크게 부각되는 농촌사회의 실상을 우려하며 여기에 부합한 정책을 폈다.[48] 1912년 3월 '미작의 개량장려에 관한 건'과 1912년 11월 '자작농민의 보호 증식에 관한 훈령'을 각각 발표하였다.[49] 지주제가 발전함에 따라 사회의 중견이 결여되어 발생할 수 있는 통치문제와 농사개량 문제를 자작농과 이주농민을 보호 장려하는 방식으로 해결할 것을 지시한 것이다.

조선농업의 일본화를 위한 동척의 이민사업은 일본자본주의의 모순, 농촌사회의 모순을 조선에 전가시키는 일이었지만, 연부상환 방법으로 농지를 불하하여 자작농을 육성하는 정책이기도 했다. 이 사업은 일제가 금융자본 지배아래 일본 내 지주적 농정의 모순을 완화하기 위해 추진한 전형적인 유상분배의 자작농 창정유지정책의 시원적 의미를 갖는 것이었다.[50] 일제시기 지주제가 확대되는 가운데 자작농 육성정책은 선전효과 정도에 불과하였지만, 일본제국주의는 끊임없이 이 문제를 제기하며 때로는 실천 강도를 높여가기도 했다.

---

46) 大鎌邦雄, 앞 글, 『農經論叢(北海道大學)』, 1972, 80쪽.
47) 일본인 농업이민이 부진한 원인에 대해서는 神戸正雄, 앞 책, 138~159쪽 참조.
48) 1915년 일본인 농업경영자수는 6,969명 소유면적은 합계 20.5만여 정보이고, 경영자 1인당 소유면적은 29.4정보였다. 1911년에는 100정보이상 大地主는 전체 일본인 농업자의 2할이며 소유면적은 40%정도이고, 투자액은 70%정도였다. 일본인 농업자들은 지주경영을 위주로 했다(朝鮮農會, 「朝鮮農業發達史(發達編)」, 1944, 591~593쪽).
49) 조선총독부, 「朝鮮法令集覽 (下 1)」, 1940, 1쪽.
50) 최원규, 앞 글, 『동방학지』 77·78·79. 주) 147 참조. 총독부는 역둔토 특별처분령 (1912. 10. 29)을 공포하면서 동척이 이민사업을 하기 위해 필요한 토지를 매각 또는 대부할 때, 그리고 역둔토의 소작에 종사하는 바에 從하야 자작을 위하여 그 소작지를 매각할 때 등을 처분 대상으로 삼았다(「朝鮮農會報」 7-11, 1912, 22쪽). 이것은 배영순, 「일제하 역둔토 불하와 그 귀결」, 『社會科學研究』 2-2, 1982을 참조.

2) 이민사업의 전개와 실태

동척은 1910년 이주규칙을 제정하고, 1911년 제1회 이민을 시작으로 1927년까지 17차례 이민을 실시했다. 처음 제정된 이주규칙에서는 이민형태를 갑종이민과 을종이민으로 나누었다. 전자는 동척 사유지를 2정보 규모로 할당하여 시가에 따라 연리 6분, 5년 거치 25년 연부 상환으로 토지소유권을 양도해주는 방식이었다.[51] 을종이민은 정부 소유주의 불입에 충당할 예정지로서 정부와 임대차 계약을 맺은 토지에 이주민을 수용하여 한시적인 계약을 맺은 경우로 숫자는 얼마 안 되었다.[52] 제1차 이주규칙은 제5회까지 적용되었으며, 갑종이민이 총 4,446호이고, 을종이민은 39호로 1.9%에 불과했다. 동척 이민사업의 기본의도에 충실한 2정보 자작이민이 중심이었다.[53] 단호이민이 많았지만, 단체이민도 적지 않았다.[54]

이주규칙은 동척이민론의 이념적 기조인 '이민=동화'의 원칙을 지키면서 세 차례(1915년, 1917년, 1921년) 개정되었다.[55] 개정의 기본 방향은 첫째, 자작이민에 지주적 요소를 추가한 지주형 이민이었다.[56] 동척이 사업 내용을 변경한 원인은 일제의 농정과 경제변동에 따른 것이었다. 초기이민은 평균 2정보가 안 되어 농가경제를 안정적으로 유지하기가 어려웠다. 지주적 농정 아래 자작이민은 탈락하거나 하강해 갈 수밖에 없었다. 이에 더하여 미가가 연부금을 상환할 수 없을 정도로 하락할 때는 경제생활을 유지할 수가 없었다.[57] 이때는 자작보다 소작농민에게 부담을 전가할 수 있는 지주경영이

---

51) 『每日申報』, 1915. 5. 26.
52) 友邦協會, 앞 책, 1976. 181쪽, 195쪽.
53) 友邦協會, 앞 책, 1976, 299쪽. 동척이민에 할당해 준 토지면적은 총 5,862호에 면적 13,231정보로 평균 2.7정보였다(友邦協會, 앞 책, 1976, 212쪽).
54) 友邦協會, 앞 책, 1976, 325쪽.
55) 友邦協會, 앞 책, 1976, 325쪽.
56) 黑瀨郁二, 앞 글, 『朝鮮史硏究會論文集』 12, 1975에서 동척이민을 자작형 이민과 지주형 이민으로 분류하고 있다.

유리했다.

둘째, 조선농민의 반발이었다. 이민사업은 기존 소작농민의 경작권을 박탈하고 실시했기 때문에 이들은 생존권 유지를 위해 저항했다. 동척은 저항 강도가 갈수록 심해지자 이주정책을 수정하지 않으면 안 되었다. 그 해결 방안으로 제안된 것이 지주형 이민이었다. 소작농민의 생존요건인 경작권을 유지시켜 저항을 완화시키는 한편, 이들이 소작농민을 지도 감독하여 수익을 증대시킬 수 있다는 점을 고려한 것이었다.

동척은 1915년 이념적인 측면에서 자작이민의 요소를 유지하면서도 경제적 측면에서 지주적 요소를 도입한 지주형 이민방식을 이주규칙에 반영했다. 그리고 영구 정착성이 희박하고 지대문제를 둘러싸고 동척과 마찰하던 소작이민(을종이민)은 없애기로 했다. 자작이민을 제1종 이민으로 하고, 10정보 이내의 경지를 할당한 제2종 이민을 새로 추가하였다.[58] 기존 이주민들에게도 이주지를 증대시켜 지주로 성장할 수 있도록 물적 기반을 제공해 주는 방안도 포함하였다.[59]

1917년 개정한 이주규칙은 동척법 개정과 연계된 것이었다. 동척은 토지조사사업이 종결되고 등기제도가 실시되면서 토지투자의 안정성이 보장되자, 부동산금융은행으로 변신을 시도했다. 통치적 관점보다 금융자본을 통한 경제적 실익을 확대하는 방향으로 사업의 운영방향을 수정하였다.[60] 이민사업은 최소한으로 국한하였으며, 그 내용은 다음과 같다.

첫째, 제1종 이민 중 단체이민을 폐지했다. 단체이민은 통치체제가 불안정

---

57) 본장의 〈표 6〉 참조.
58) 제2종 이민의 자격은 조선인의 교사가 될 모범농업자, 학력과 자산을 가진 자, 대규모 사업을 할 수 있는 자, 조선인을 유도하여 '국가적' 사업에 협동할 임무를 담당할 수 있는 자 등으로 제한했다. 『每日申報』, 1915. 7. 21.
59) 조건에 맞을 경우 제1종 이민자를 제2종 이민으로 변경시켜 주기도 했다. 1930년까지 종별 변경호수는 144호이고 면적은 331정보였다. 友邦協會, 앞 책, 1976, 4쪽.
60) 동양척식주식회사, 「법률과 정관」, 『東拓10年史』, 1918, 123~148쪽.

할 때는 유효했지만 경제성에서 문제점을 드러냈다. 이들은 대출자금 상환에
서 연대의무를 졌기 때문에 단원 중에 의지가 박약하거나 자력이나 경험이
불충분한 자가 있을 경우에는 다른 사람에게 부담을 가중시켜 단체의 존립이
위태로웠다.[61] 둘째, 제2종 이민이 종전에 토지대금의 처음 일시불입금을
절반씩 납부하던 것을 4분의 1이상으로 하고, 연이율은 7분 5리에서 7분으로
내렸다. 그리고 우량이민은 표창하고, 불량이민은 정리하는 구조조정을
단행하고, 농업경영에 힘쓰도록 유도했다.[62] 이 결과 제2종 이민이 증가하고
평균면적도 2정보 이상으로 증가하였다.

동척 내부사정과 점점 어려워져가는 이민경제를 타개하기 위해 고안한
방안이지만, 사업성적은 계속 부진했다.[63] 1921년에는 응모호수가 모집호수
정도였다. 그중 승인호수는 1/6 정도이고, 이주는 승인호수의 1/3 에 불과했
다. 외형적으로는 토지부족이 문제였다. 이에 일제와 동척은 미간지 이민과
지주형 이민으로 해결의 실마리를 찾았다.[64] 전자는 불이흥업과 같은 일반
회사에 맡기고, 동척은 1921년 이주규칙을 개정하여 후자로 방향을 수정했
다.

제1종 이민은 할당 토지 부족과 2정보로는 경영유지가 곤란하다고 판단하
고, 우량주의의 방침에 따라 폐지했다. 제2종 이민은 할당지를 5정보로
한정하는 조치를 취했다. 지주형 이민을 전면화한 것이다.[65] 이리하여 모집
방법에서 낮은 토지가격과[66] 소작료보다 싼 토지매입 자금의 연부금, 양질의

---

61) 단체이민의 실태와 폐지 이유에 대해서는 友邦協會, 앞 책, 1976, 195~196쪽 ; 君島和
   彦, 앞 글, 『일제하 한국사회구성체론 서설』, 1986 참조.
62) 모범적인 우량한 이주자의 선발기준은 友邦協會, 앞 책, 1976, 247~248쪽.
63) 『동아일보』, 1920. 6. 11.
64) 『동아일보』, 1921. 11. 30.
65) 「東拓移民保護新制」, 『朝鮮農會報』 7, 1921, 50쪽. 이민종별 변경은 본인의 희망과
   회사의 인정으로 제1종 2정보 이민을 제2종 5정보 이민으로 변경하고, 제2종 자격이
   없는 것은 土地移住의 기초를 확립을 위하여 3정보까지 증가할 수 있다고 했다.
66) 일본의 지가와 割當地의 지가를 비교하면 답은 9~20%, 전은 7~23%로 일본의 지가에

토지할당 등의 조건을 제시하고, 동척이민이 '지주로 되는 첩경'이라고 선전
활동을 개시했다.[67]

일본농민들은 지주가 되기를 희망했으며, 이주농민도 지주가 될 가능성이
보이지 않으면 계약을 해제하고 떠나는 경우가 발생했다. 이에 동척은 자작이
민을 폐지하고 지주이민에 주력했다. 하지만, 제2종 이민 역시 자작을 겸했기
때문에 조선농민은 여전히 소작권을 박탈당할 우려가 있었다. 조선농민의
반발은 여전했다. 이러한 공세를 견디지 못하고 동척은 1927년 마침내
사업을 중단했다.

〈표 1〉 지역별 이주민 모집 실태(단위 : 戶)

구분		1	2	3	4	5	6	7	8	9	10	11	12	13	14	15	16	17	합계
신청	일본	1083	1491	1666	2662	1489	1112	731	849	925	1445	1003	209	237	143	159	241	377	15822
	조선	144	208	419	809	475	172	370	703	605	666	439	159	120	109	159	189	245	5989
	기타	15	1	3										4					31
	계	1235	1714	2086	3472	1964	1284	1101	1552	1530	2111	1442	368	361	252	318	430	622	21842
승인	일본	137	632	973	1242	988	673	436	508	472	810	421	84	87	68	67	67	32	7697
	조선	23	86	193	88	120	101	106	142	127	157	79	36	35	25	34	30	22	1404
	기타			2	1														3
	계	160	720	1167	1330	1108	774	542	650	599	967	500	120	122	93	101	97	54	9104
승인확정	일본	137	357	662	740	507	330	223	341	360	542	248	69	58	57	54	57	29	4771
	조선	23	63	152	56	79	56	72	134	121	146	72	31	27	23	32	29	22	1138
	기타		1																
	계	160	921	814	796	586	386	295	475	481	688	320	100	85	80	86	86	51	5910

자료 : 友邦協會, 앞 책, 1976, 332쪽.

다음은 이주민의 구체적인 실태를 살펴보자. 먼저 이주 신청자의 지역별
실태를 보면, 이민 신청자 총 21,842호 가운데 일본 15,822호, 조선 5,989호,
기타 31호였다. 조선지역이 27%를 차지했다. 승인호수는 총호수 9,104호
중 조선이 15%, 승인확정 호수는 총호수 5,910호 중 조선이 11%를 차지했다.
조선 거주자 중에서 이주희망자가 비교적 많았던 것은 자기의 생활기반을
처분해야 하는 일본 내의 농민보다 이미 조선에 익숙할 뿐 아니라, 그간

비하여 5배내지 10배가량 낮았다(友邦協會, 앞 책, 1976, 370~371쪽).
67) 友邦協會, 앞 책, 1976. 189쪽. 제11기 宣傳삐라.

조선에서 경험한 본인의 열악한 처지를 극복하는 데는 동척의 특혜적 지원을 받는 편이 유리하다고 판단했기 때문일 것이다. 그러나 승인비율은 동화정책을 고려하여 가능한 한 일본지역 신청자를 우선한다는 방침을 채택했기 때문에 조선거주자의 승인율이 더 낮았다. 그럼에도 불구하고 조선 내 신청자의 승인율은 갈수록 높아져갔다. 일본내 지원자수의 감소와 자작이민정책의 약화에 따라 이민에 기대한 동화정책의 실현도 점점 약화되어 간 것으로 보인다.

동척이민의 출신 지역을 보면, 1933년 당시 남쪽의 규슈에서 북쪽의 홋카이도에 이르는 1도 3부 42현에서 선발되었다. 거의 일본 전역에서 선발한 셈이다. 일본 각지에서 선발한 이유는 이주농민이 일본에서 농사짓던 지역의 자연조건과 비슷한 지역을 선택하여 빨리 정착할 수 있도록 배려한 것이었다. 그 중에서 사가현을 비롯한 규슈 지역 출신이 많은 것은 多勞多肥적인 일본식 농법의 보급과 관련이 있었다.[68] 이 점은 이민의 지역 배치에도 그대로 반영되었다.

동척은 정착과정에서 예상되는 마찰에 효과적으로 대처하기 위해 이들을 출신지별로 집단적으로 배치했다. 전체 13도 중 함북과 평남 2도를 제외한 총 218군 중 82개 군(38%), 총 2,464개 읍·면 중 349개 읍·면(14%)에 배치하였다.[69] 동척은 이같이 소수 분산주의적 배치방침을 채택하여 전국 각지에 '동척촌'을 건설했다. 물론 지역별로 약간의 차이는 있었다. 사업 초기에는 주로 남부(경남, 전남·북, 경북)에 집중되었지만, 점차 충남·경기·황해 등 북부로 확산되어 갔다.[70]

자작이민은 제1회에는 경남·전북에 주로 배치했으며, 경북·전남·경기지

---

68) 友邦協會, 앞 책, 1976, 199~201쪽, 205쪽 ; 黑瀨郁二, 앞 글, 『朝鮮史硏究會論文集』 12, 1975. 121~122쪽.

69) 友邦協會, 앞 책, 1976, 208쪽, 340~344쪽.

70) 『每日申報』, 1911. 4. 12 ; 1913. 9. 2.

역이 뒤를 이었다. 다음 해에는 황해도를 추가했다. 지주형 이민도 비슷한 양상을 보였다. 초기에는 경남·전남북이 대부분을 차지했지만, 후기에는 황해·경기가 이를 능가했다. 일반적으로 일본인 지주제가 발달한 곳에 동척 이민이 배치되었으며, 제2종 이민이 그러한 경향이 더 심했다.[71]

〈표 2〉 지역별 종별 이주민수 (1933년도)

종별		1	2	3	4	5	6	7	8	9	10	11	12	13	14	15	16	17	계
경남	1	59	126	104	59	46	43	32	66	35	50	21	0	0	0	0	0	0	651
	2	4	4	1	1	-	1	2	4	7	5	3	5	5	10	13	14	4	83
경북	1		63	87	50	59	21	14	38	24	34	11						1	402
	2		3		1	2	1		4	3	1	3	1	2	3	3			27
전남	1	9	30	112	109	63	40	32	29	70	86	30							610
	2	1	3	5	7	3	2		5	9	3	6	11	8	8	7	6		84
전북	1	28	29	59	66	76	30	11	36	47	82	21							485
	2	1	1	2	1	4	1	1	8	6	6	2	11	12	8	9	10	2	85
충남	1	3	21	35	48	28	15	13	30	21	27	10	1						252
	2			1		1	1	6	3	1	4	3	5	4	3	1			33
충북	1				2	5		1	6										14
	2									1									1
경기	1	6	41	108	65	58	55	27	42	38	47	27	1						515
	2		3	10	4	5		2	4	2	3	3	10	9	13	19	12	8	107
강원	1																		0
	2															1			1
함남	1					5					1	1							7
	2									1						2			3
황해	1		1	55	82	33	32	51	37	32	39	24							386
	2			7	18	2	8	6	3	5	4	7	9	17	11	17	18	12	144
평북	1					5													5
	2																		0
합계	1	105	321	560	479	368	243	185	278	268	272	145	2					1	3327
	2	6	14	26	32	16	14	12	30	36	27	26	52	57	56	71	67	26	568
	계	111	335	586	511	384	257	197	308	304	399	171	54	57	56	71	67	27	3895

자료 : 友邦協會, 앞 책, 1976, 330~331쪽.

북부지역은 농업경영 여건이 좋은 편이 아니었기 때문에 별도로 여비와 설비비를 보조했다.[72] 이러한 지원에도 불구하고 평남은 1호도 없고 함남,

---

71) 淺田喬二, 앞 책, 1968 ; 최원규, 앞 글, 『韓國民族文化』 14, 1999 참조.
72) 『每日申報』, 1913. 9. 2.

강원, 평북 등도 성적이 양호한 편이 아니었다. 동척에서 추구한 국방=치안이민으로서의 역할도 북부지방보다는 남부지방에 주로 배치한 것으로 보인다.[73] 이주민들이 안정적으로 농업경영을 할 때 영주의 가능성도 높아진다는 점을 우선적으로 고려하여 배치했다는 점을 확인할 수 있다. 동척 사유지 중 여건이 좋은 토지를 우선적으로 할당한 것도 이점이 크게 작용한 것으로 보인다.[74]

〈표 3〉 동척의 소유지와 이주민 거주실태(단위 : 정보)

도명	이민종별(호)			군수	토지종별(전답)		
	제1종	제2종	계		매수지	출자지	합
경남	651	83	734	15	2,856	3,848	6,704
경북	402	27	429	15	3,523	1,505	5,028
전남	610	84	694	13	8,977	207	9,184
전북	485	85	570	8	6,167	1,005	7,172
충남	252	33	285	6	4,342	326	4,668
충북	14	1	15	4	1,036		1,036
경기	515	107	622	11	1,851	5,869	7,720
강원		1	1	1	1,092		1,092
함남	7	3	10	3	1,999		1,999
황해	386	144	530	5	8,383	4,333	12,716
평북	5		5	1	1,089		1,089
평남					1,772	244	2,016
합	3,327	568	3,895	82	43,087	17,337	60,424

비고 : 1934년. 이 통계는 전답만을 합산한 것이다.
자료 : 동양척식주식회사, 『동양척식주식회사 30년지』, 1939, 127~129쪽 ; 友邦協會, 앞 책, 1976, 204, 208쪽.

동척 소유지의 지역별 면적도 이민사업의 목적과 밀접한 관련이 있었다.[75] 지역별 토지면적과 이민 수가 서로 상관관계를 가졌으며, 특히 제2종 이민의 비중이 그러한 경향을 보였다. 정부출자지가 여러 도에 걸쳐있었으나, 동척

---

73) 북쪽지방의 경우 동척 농민이 아닌 일본인 농민이 더 많은 비중을 차지했다. 君島和彦, 앞 글, 『일제하 한국사회구성체론 서설』, 1986, 122쪽, 〈표 7〉 참조.
74) 조선농회, 「조선농업발달사(정책편)」, 1944, 314쪽.
75) 『每日申報』, 1911. 5. 25 ; 6. 15.

은 충북, 강원, 평북, 함남 등 4도를 더 추가하는 등 전국(함북 제외)을 포괄할 수 있도록 토지를 사들였다.[76] 통치체제의 확보라는 측면을 고려하여 토지를 매수한 것이다. 그러면서도 전라, 경기, 경남, 황해 등에 집중되었던 점을 보아 동척이 지주경영의 수익성과 편리성을 일차적으로 고려했다는 점을 엿볼 수 있다.

〈표 4〉 회기별 연도별 동척 호수의 증감 실태

구분	총호수	회기별내역																
		1	2	3	4	5	6	7	8	9	10	11	12	13	14	15	16	17
승인확정호수	5,908	160	421	814	796	586	386	295	475	481	688	320	100	85	80	84	86	51
연도 12	8	8																
13	41	9	32															
14	54		12	42														
15	137	19	2	10	106													
16	123		7	19	19	78												
17	109	3	5	15	20	16	50											
18	176	1	15	43	35	34	22	26										
19	308	2	11	45	48	24	24	19	135									
20	203	1	11	8	9	18	15	19	1	121								
21	197	*1	*11	3	6	*1	*1	7	14	10	171							
호수감소 *인은增 22	215	2	5	5	10	9	3	6	4	9	35	127						
23	108			5	11	4	5	3	2	2	27	9	40					
24	69	1	3	6		4	4	5	3	7	12	2	1	21				
25	67	*1	3	9	5	14	4	1		3	4	*2	1	3	23			
26	14	*2	*8	*14	*12	*4	*1		*2	6	8	2	2		*1	12		
27	70	6	6	15	16	*1	3	1	5	2	7			*1		11		
28	33		*1	5	1	3	*1	2		2	5	4					13	
29	33		*5	8	5	*2	5	4	2	3	2	2		2			3	4
30	27			3		6	*4	2	2	4	8	1	1				1	3
31	23			3		2	4	1	6	3				1	2		1	
32	16			1	2		*1	*1		3	4	1	2	2				3
33	10	1	*1		1				2	4			1		2			
계	2,013	49	86	228	285	202	129	98	167	177	289	149	46	28	24	13	19	24
현재호	3,895	111	335	586	511	384	257	197	308	304	399	171	54	57	56	71	67	27

자료 : 友邦協會, 앞 책, 1976, 359쪽.

---

76) 『每日申報』, 1911. 10. 6 ; 1913. 6. 24 ; 1913. 9. 18. 설립초기부터 토지매수 방침을 정하고, 각 지역에 토지 매수원을 주둔시키거나 직할 파출소를 설치하여 토지를 구입했던 것이다.

마지막으로 동척이민의 시기별 존재추이를 보자. 총 17회 이민에서 모집계획 총 호수는 13,095호로 설립 초기 계획과 달리 대폭 축소되었다. 신청호수는 모집계획에 미달할 때도 있었지만, 총 지원호는 21,842호로 166%에 달하였다. 그러나 승인호수는 9,104호로 계획호수의 70%정도(신청 호수의 41%)였다. 그 중 승인 후 취소했거나 계약을 해제한 호수를 뺀 실제 이주호수는 승인호수의 65%(5,908호)에 불과했다. 신청자의 불량성 때문이었다고 판단된다.

이주가 확정되었음에도 불구하고 이주하지 않은 호수가 적지 않았으며, 탈락률도 높았다. 물론 1921·26년에서 보듯 다시 돌아오는 경우도 있었지만, 조사 시점인 1933년까지 해마다 감소하는 모습을 보였다. 특히 1918·19년 급격한 탈락 현상을 보였다. 1920·22·23년에도 계속 적지 않은 탈락자가 있었다. 실 거주 이민의 수는 동척이민이 금지된 후에도 계속 감소해 갔다. 매년 감소한 호수를 제외한 1933년 말 호수는 3,895호로 계획의 30%였으며, 승인확정호의 66%에 불과했다. 대체로 자작이민보다 지주형 이민이 정착의 안정성을 보였지만, 1922년 이후에는 이들도 적지 않은 탈락률을 보였다. 동척이민은 소기의 목적을 달성하지 못하고 1927년 중단되었을 뿐 아니라 지속적으로 탈락되는 현상이 계속되었다.

3. 동척의 보호장려 시설과 동척이민의 진정운동

1) 동척의 보호장려 시설과 이민경제

일본인들은 조선의 농업환경이 대체로 "지가가 싸고 매입이 용이할 뿐 아니라 공과부담이 가볍다. 노임이 싸고 증수의 여지가 많다. 금리가 높아 고리대 활동의 공간이 많다는 점에서 일반적으로 이익이 많다."고 지적하고 있다.[77] 동척이민은 이러한 유리한 조건에 더하여 토지를 할당받고 저리의 금융지원을 받으면서 농업경영에 종사했다. 그럼에도 불구하고 동척민의 현실적 경제생활은 기본적으로 미곡의 생산량과 가격수준이 어느 정보 보장되어야 유지가 가능했다. 이들이 지원받은 연부금을 상환하기 위해서는 더욱 그러하였다. 미가 수준은 일본경제 전체동향과 관련된 일이지만, 생산력 확충사업은 이민의 주체적 역량에 달려있다고 보았다. 특히 자작이민은 경영규모로 보아 경제적 자립성이 불안정하여 이민대열에서 탈락할 위험성이 높아 대책이 필요했다.

동척은 설립목적과 관련하여 초기부터 이민에 많은 관심을 갖고 각종 지원 사업을 벌였다. 첫째, 농업생산력을 확충하기 위한 농사지원사업을 강력히 추진했다. 초기 농업 이주민들은 낙후된 한국농업을 개량하면 이윤을 축적할 수 있다는 한국안내서의 주장에 따라 사업을 펼쳤다. 한국의 농업환경이 일본과 유사하다는 일반적 인식을 근거로, 조선의 특성을 고려하지 않은 채 기계적으로 일본식 농법을 채용한 것이다. 참담한 실패가 뒤따랐다. 이러한 사태에 직면하여 동척은 정착지역의 환경에 맞도록 일본식 농법을 이식하기 위해 필요한 자금과 기술 지원체계를 마련했다.[78]

동척의 농사지원사업은 토지개량과 농사개량 두 부문에서 추진되었다. 전자는 多勞多肥적 집약농법의 기반을 조성하기 위해 수리사업에 증자된 자본금을 투여하는 일이었지만, 이민과 직접 관계가 있는 것은 아니었다.[79] 총독부 차원의 사업이었다. 후자가 동척이민과 직접 관련이 있었다. 동척은 이주민들의 정착지에 사원을 파견하여 농사강화회, 품평회, 농사시찰 등을 시행했다. 일본과 한국의 농법 등을 비교하여 유리성을 확인시켜 생산량을 극대화할 수 있도록 지도 감독했으며, 필요한 경우 보조금도 지급했다.[80]

---

77) 김용섭, 「일제의 초기 농업 식민책과 지주제」, 앞 책, 일조각, 1992.
78) 『每日申報』, 1911. 3. 16 ; 5. 9. 宇佐川의 발언 참조.
79) 『每日申報』, 1911. 6. 15. 동척은 산미증식계획 때 본격 참여했다.

둘째, 농업기술의 보급과 노동력 공급을 원활하게 시행하기 위해 각종 조합을 조직했다. 먼저 이주민들은 기간조직으로 縣人會를 구성하고, 내부에 청년회, 부인회, 강, 계, 신사 등 세포조직을 만들었다. 이를 통해 내적 결속력을 강화하고, 일본식 농법을 지도 감독하는 역할을 했다.[81] 그리고 농업기술을 직접 보급하는 조합도 조직했다. 우량품종 보급을 목적으로 한 산미개량조합을 설치했다. 이민들은 지역 풍토에 적합한 농작물을 확보하기 위해 정착과 동시에, 권업모범장의 지원 아래 우량품종을 개량 선정하여 재배했다. 동척은 한국 전역에 이를 보급시켜 갔다.[82] 아울러 각종 부업을 위한 특별조합으로 양잠조합, 양계조합, 양돈조합 등을 조직하여 효율성과 이익률을 높여갔다. 그리고 과수원 경영과 채소재배 등 경영의 다각화로 현금수입을 극대화하기도 했다.[83]

일본식 집약농법을 확산시키기 위해서는 노동력 문제를 해결해야 했다. 호당 평균 2인 정도에 불과한 이주민의 노동력으로는 이를 감당하기 어려웠다. 이주민들은 이주민조합을 조직하여 공동으로 문제해결을 꾀했다. 그래도 부족한 노동력은 주변의 조선농민을 고용하여 해결했다. 동척뿐만 아니라 일제는 이러한 방법으로 한일 농민간의 교화를 지향했으며, 이것은 구래의 조선농법을 일본식 농법으로 변모시켜 가는 과정이기도 했다.[84]

셋째, 동척은 이주민들이 영주 정착할 수 있도록 출발부터 정착에 이르기까지 이주비 대부는 물론 여러 지원책을 강구했다.[85] 구체적으로 이주민들이 하루빨리 조선에 적응하여 농사경영을 할 수 있도록 지도하는 일, 일상생활에

---

80) 『每日申報』, 1911. 3. 16. 동척은 농사 지도 감독에 대해 자금을 지원했는데, 농사강습 또는 강화회 1개소 50원 이내, 농사시찰단(1단체) 50원 이내를 보조했다. 友邦協會, 앞 책, 1976, 245~246쪽.
81) 友邦協會, 앞 책, 1976, 245, 309쪽.
82) 友邦協會, 앞 책, 1976, 307쪽.
83) 友邦協會, 앞 책, 1976, 40~41쪽.
84) 友邦協會, 앞 책, 1976, 309쪽.
85) 友邦協會, 앞 책, 1976, 87~89쪽.

불편함을 느끼지 못하도록 일본적 주거환경과 시설을 갖출 수 있도록 지원하는 일 등이었다. 전자로는 토지개량과 농사개량을 위해 필요한 자금으로 1호당 200円 이내의 보조나 저리자금을 대부했다. 그리고 과수재배·양잠·양돈 등 부업장려, 이를 위한 토지와 자금 및 생산도구 등의 대부, 천재지변이나 질병·사망 등에 직면할 경우 식량대부나 구제금의 보조 등을 지원하고 감독했다.[86] 그리고 후자로는 각종 사회복지 시설을 지원하였다. 이주민은 대부분 교통이 편리하고 사회적 시설이 비교적 나은 지방에 우선적으로 배치하였다. 이미 구비된 일본인 사회시설을 이용할 수 있도록 한 것이다.

〈표 5〉 1932년도 도별 토지구매 호수(단위 : 정보)

도명	호수	토지매득		매득한 전체호		5정보 이상 매득호	
		총면적	1호당 면적	호수	비중 %	호수	비중 %
경남	747	764	1	237	31.7	32	4.3
경북	430	865	2.02	246	57.2	40	9.3
전남	694	1,567	2.26	519	74.8	87	12.5
전북	571	2,727	4.78	36	63.2	119	20.8
충남·북	307	680	2.21	136	44.3	23	7.5
경기	623	991	1.59	226	36.3	44	7.1
강원·함남	11	27	2.45	7	63.6	1	9.1
황해	530	388	0.73	161	30.4	14	2.6
평북	5	2	0.4	4	80.0		0.0
전체	3,914	8011	2.04	1,897	48.5	360	9.2

자료 : 友邦協會, 앞 책, 1976, 369쪽.

이 밖에 학교설립과 탁아소 설치 지원,[87] 자혜병원·지방공의·촉탁의 등 의료혜택, 위생시설 지원과 관리 등 각종 지원체계를 마련했다.[88] 나아가 일본정신을 함양하여 공동체적인 유대감·일체감을 조성하기 위해 법화회를 개최하고 社寺를 건립하는 등 종교시설도 마련했다.[89]

---

86) 友邦協會, 앞 책, 1976, 229~230쪽, 246~247쪽.
87) 友邦協會, 앞 책, 1976, 246쪽.
88) 友邦協會, 앞 책, 1976, 246~247쪽.

동척이민은 일제의 지원책에도 불구하고 하강 몰락하는 호수가 적지
않았다.[90] 〈표 5〉의 각도별 토지구매 실적을 통해 확인해 보자. 약 48.5%가량
의 호수가 할당지 외에 별도로 토지를 매득했는데, 그 중 18%(전체의 9.2%)의
호수가 5정보 이상 매득한 것을 볼 수 있다. 이렇게 지주로 상승한 이민은
제2종 이민이 중심이고 일부 자작이민이 여기에 포함되었으리라 판단된다.
도별로도 차이를 보이는데, 전남·북, 경북이 매득 호수가 많으며, 5정보
이상 매득한 호수도 많았다. 이와 반대로 전체의 51.5%가 전혀 토지를
매득하지 못하고, 정체 또는 하향화의 길을 걸었다고 판단된다. 탈락호수를
고려하면 극심한 양극 분해현상을 짐작할 수 있다.

동척이민의 경제생활을 악화시킨 요인은 다음과 같다. 첫째, 조선의 농업
환경이 일본에 비해 좋다고 했지만, 미가 하락으로 인한 경영조건의 악화가
가장 심각한 영향을 미쳤다. 〈표 6〉에서 미가 변동을 보면, 1914·15년과
1921·22년에 하락하고, 1931·32년에 크게 폭락하였다. 1919년의 폭등, 1924

〈표 6〉 각년별 米價 地價 시세 비교(단위 : 정보, 円)

연도	玄米시세	호수	면적	1호당 면적	이주당시 割當地價	각년 현재 割當地價	日本地價	%
1911	14.21	125	219	1.75	26	27.32	247	11
1912	14.96	417	708	1.70	31	28.71	286	11
1913	12.59	811	1,449	1.79	51	42.96	303	17
1914	9.21	792	1,393	1.76	57	46.47	285	20
1915	10.98	586	1,047	1.79	50	44.46	262	19
1916	14.85	386	764	1.98	51	46.25	278	18
1917	24.06	295	529	1.79	53	45.11	330	15
1918	36.18	475	1,101	2.32	51	44.59	441	12
1919	40.48	481	1,160	2.41	65	49.54	725	9
1920	20.12	688	1,663	2.42	93	58.82	617	15
1921	30.76	320	815	2.55	69	57.76	599	12
1922	25.70	100	500	5.00	97	63.92	624	16

89) 友邦協會, 앞 책, 1976, 247쪽.
90) 黑瀨郁二, 앞 글, 『朝鮮史硏究會論文集』 12, 1975, 117~124쪽.

1923	31.51	85	412	4.85	97	62.16	585	17
1924	37.17	80	394	4.93	98	69.41	573	17
1925	33.48	84	367	4.37	107	72.20	563	19
1926	30.73	86	443	5.15	93	72.05	576	17
1927	30.73	51	267	5.24	98	74.06	548	18
1928	26.26					73.13	541	
1929	26.52					73.34	525	
1930	24.26					72.93	492	
1931	15.83					73.82	414	
1932	19.40					75.39	388	
1933	20.64					75.70		

비고 : 지가는 답의 경우이고, %는 일본지가대 할당지가의 비교이다.
자료 : 友邦協會, 앞 책, 1976, 349~350쪽, 370~371쪽, 376쪽.

년의 등귀를 제외하면, 1919년 이후에는 점진적 하락 현상을 보였다. 이럴 경우 이주민은 대부금·조세·비료대 등 여러 부담을 금납해야 했기 때문에 곡가 하락분 만큼 부담이 커질 수밖에 없었다. 소작농민에게 부담을 전가할 수 있었던 지주와 달리 자작이민은 모든 부담을 스스로 감내해야 했다. 특히 상환 초기인 1920년대 초반, 1930년 전후의 잇단 미가하락은 이들에게 결정타를 가했다.

둘째, 할당지의 가격책정 문제였다. 조선의 지가는 일본의 10~20%에 불과하여 토지투자에 유리하다고 했다. 동척이민의 지원율이 비교적 높은 것은 이 점이 일정하게 작용했으리라 판단되지만, 할당지 가격을 시가에 준한다는 원칙에 문제가 발생했다. 1921년에는 낮게 책정하기도 했지만, 전체적으로 계속 상승하는 경향을 보였다. 연도별로 토지가격이 계속 상승하는 추세에서 볼 때 당연한 듯 보이지만, 할당지 가격이 시세보다 상대적으로 높게 책정되어 이민의 불만이 가중되어 간 것으로 보인다.

셋째, 일본과 생활환경이 달라 생기는 불편을 해소하기 위해 동척은 여러 편의를 제공하면서 이민을 유도했다. 그러나 이 점이 오히려 일부 이주민들의 경제생활을 어렵게 하는데 일정하게 작용했다고 일본인 스스로 책망하기도 했다. 지배민족이라는 민족적 우월감과 노동 경시사상에 영향을 받아 노동을 비하하고 고용인을 사용하는 경향이 많다는 점, 쌀농사 편중적이고 금비를 과다하게 사용하는 농법이라는 점을 지적했다.

그리고 금융대부 혜택을 무리하게 활용하여 토지를 매수한 것이 악재로 작용하기도 했다. 곡가가 하락하면서 금융 부담이 증대한 것이다.[91] 일부 이주민은 연체금이 밀려 토지 상환대금은 말할 것도 없고 심한 경우는 생계조차 어려운 실정이었다. 적지 않은 호수가 임노동으로 생계를 유지하거나 계약을 해제 당하고 떠나갔다.[92]

결과적으로 동척은 이주사업이 경제적 수익성이 거의 없으며, 사업여건도 악화되었다고 판단하고, 실효성에 의문을 제기했다. 첫째, 동척은 사업의 결과 갈수록 좋은 땅이 감소하여 이주지로 제공할 땅도 부족했다. 더구나 이주민을 수용하는 만큼 조선 농민의 경작지가 감소한 것도 폐지의 주요한 원인이 되었다. 이주는 곧 조선인의 소작권 박탈로 귀결되어 소작문제가 심각한 사회문제로 제기되었다.[93] 둘째, 이주사업을 계속하기 위해서는 토지매수가 선결과제였지만, 지가가 계속 등귀하고 토지겸병을 혐오하는 사조가 농후하여 매수가 어렵게 되었다. 조선총독부도 3·1운동 이래 통치상의 문제로 동척에 역둔토 불하를 금지하는 등 이민정책에 소극적이었다.[94] 셋째, 일제는 이민에게 농사개량사업의 지도요원의 역할을 부여한 바 있었다. 일본식 농법으로의 개량 정도는 이주민의 분포 정도에 비례한다고 동척 스스로 과찬하기도 했다.[95] 그러나 조선총독부가 스스로 담당자를 양성함에

---

91) 대지주들도 이 때문에 위기에 처했다. 이에 대하여는 홍성찬, 앞 글,『동방학지』65, 1990 참조.

92) 1933년 현재 계약을 해제한 이유를 보면, 조사호수 1,446호 중 37.5%(542호)가 무단으로 이주지를 퇴거했으며 자산결핍 등 가사가 22.2%(328호) 성행불량이 12%(148호)였다(友邦協會, 앞 책, 1976, 237~238쪽).

93)『동아일보』, 1925. 2. 9. 후술한 이민반대운동에 그 실태가 자세하지만, 경북 선산의 동척이민 실태를 전하는 "일 이민에 10여만 평 일등전답은 모조리 이민에게"라는 제하의 기사에서도 그 모습을 볼 수 있다.

94) 역둔토도 초기방침과 달리 동척에 불하하지 않고 기존 경작자에 유상불하하는 방식을 택했다(友邦協會, 앞 책, 1976, 39쪽).

따라 이민의 역할은 감소되었다. 때로는 이들이 군·면 직원의 지도에 따르지 않는 등 갈등하기도 했다.[96]

동척은 이민사업이 내선융화와 조선개발에 일정한 효과를 거두었다고 자평하기도 했다. 이들을 선망의 대상으로 여기고 여기에 편입되기를 희망하는 일본인도 계속 존재했다. 그러나 동척은 이민을 통한 동화정책은 비용이 과다하고 오히려 장애가 된다고 인식하고 사업을 중단했다. 이제 조선인을 정신적으로 교화시켜 일본인화 시키는 방법을 택한 것이다. 하지만 기존 이민들을 유지 존속시켜 조선 지배에 일익을 담당하도록 하는 과제는 여전히 남아 있었다.

2) 동척이민의 진정운동

동척이민은 경제수지의 악화, 이민사업의 중단 등 전반적으로 사정이 어려워져 갔다. 동척을 상대로 자기의 생존을 위한 진정운동을 벌였다. 운동의 전체규모와 빈도 등의 정확한 실태는 알 수 없지만, 거의 모든 '동척촌'에서 제기된 것 같다. 개인적 차원의 진정도 있었지만, 동척에서 문제로 삼은 것은 집단으로 진정한 경우였다. 그 규모는 마을이나 면 단위가 가장 많고, 군이나 도를 단위로 한 경우도 있었다. 여기에는 전 이주민을 대상으로 운동을 일으키는 시도도 있었지만, 이들을 조직적으로 결속시켜 전면적으로 제기하는 수준에는 도달하지 못했다.[97]

진정서의 내용은 주로 할당지 대부금·연체금 불입방법·할당지 대금 조기 상환 후의 소유권 이전문제 등이었다. 동척은 통치 차원에서 이주민을 보호

---

95) 동양척식주식회사, 『第54回 帝國議會說明資料』, 1927. 9, 139쪽(君島和彦, 앞 글, 1986. 주) 53에서 재인용).

96) 동양척식주식회사, 『東洋拓殖株式會社三十年誌』, 1939, 78쪽 ; 友邦協會, 앞 책, 1976, 310~311쪽.

97) 友邦協會, 앞 책, 1976, 310쪽.

유지할 필요가 있었기 때문에 이들의 진정에 일정하게 응답하지 않으면 안 되었다. 대응 수준은 동척의 이익범위를 벗어나는 것은 아니고, 자작농의 유지와 구제라는 한계 내에서 일정하게 들어주는 정도였다.

동척의 일반적 대응 방식은 대부분 설득이나 시간 끌기였다. 동척은 요구사항이 타당하지 않다는 점을 제시하면서 이주민을 개인별로 설득하고 반성을 촉구하는 방식을 주로 사용했다. 일부 불량이주민이 이주계약이 해제되는 것을 방지하기 위해 일으킨 책동이고, 이주민 전체의 본의는 아니라는 것이다. 가계 곤란은 태만 때문이며, 고의로 의무금을 연체하다가 이주계약을 해제 당할 지경에 이르면 다른 이주민을 끌어들여 여러 사람의 힘을 빌려 과다한 요구를 한다는 식으로 응하였다.[98] 모든 책임을 이주민의 불량성 때문이라고 떠넘기는 방식으로 대응했다.

동척이민의 진정은 개인적 차원의 문제를 해결하기 위해 제기한 경우도 있었지만, 대부분 일제의 지주적 농정에서 기인한 농촌경제·농민경제의 파탄과 관련된 구조적 문제였다. 1920년대에는 그 여파로 소작쟁의가 활성화되었다. 특히 1930년 전후는 세계 대공황과 농업공황이 겹치면서 농촌경제가 회생이 불가능할 정도였다. 동척이민도 여기서 예외일 수는 없었다. 일제 당국은 이를 타개하기 위한 농촌구제책을 논의하기도 했다. 기본적으로 지주적 농정을 유지하고, 농촌 '희생적' 공업화를 지향하는 한 근본적 해결은 기대할 수 없었다. 진정운동은 계속되었다. 대표적인 예가 봉산군 이주민조합의 진정운동이었다. 이들은 1920년대 후반 이래 연중행사처럼 운동을 일으켰다.[99]

이주민조합이 제기한 문제 가운데 할당지 증가와 가격인하 요구가 가장

<hr>

98) 友邦協會, 앞 책, 1976. 310쪽, 317쪽.
99) 황해도 봉산군 이주민조합이 탄원서(1932년 8월 작성)에 제기한 구체적 내용은 ① 이주지가격을 단보당 금액을 인하해 줄 것, ② 체납금은 무이자로 거치할 것, ③ 할당지 담보금은 미가가 상당히 오를 때까지 원리금을 거치할 것 등이었다(友邦協會, 앞 책, 1976, 317~318쪽).

큰 관심과 공감을 얻었다. 첫째, 할당지 증가 청원운동은 제1종 이민이 제기했다. 조선의 농업환경을 고려할 때 2정보 정도의 규모로는 생계를 영위하기가 어려웠다. 1921년 2정보 이민을 중지하고 5정보 지주형 이민만 모집하는 방향으로 방침을 변경했을 때, 황해도 봉산군 이주민들은 할당지를 5정보까지 증가해 주도록 전조선에 격문을 돌리며 운동을 전개했다. 동척은 좋은 성적을 낸 우량이주민에 한하여 종별을 변경해 준다고 입장을 밝혔지만, 이주민들은 선별방식을 배제하고 모두 변경해 달라고 요구하였다. 동척은 이들을 일시에 변경한다는 것은 토지 부족으로 불가능하다고 거부하고, 자격자에 한하여 선별한다는 방침을 확정했다.[100]

둘째, 가장 광범위하게 호응을 받은 것은 할당지 가격 인하운동이었다. 할당지 가격은 시가에 준하여 정했기 때문에 지가 상승이 그대로 반영되어 해가 갈수록 더 높게 책정되었다. 제1, 2회 이주민의 경우 수전 단보당 30엔 이하였고, 제4, 5회는 50, 60엔 내외 제10회 이후는 대체로 90엔대로 상승해 갔다. 반면 경영조건은 곡가 하락 등의 요인으로 더욱 악화되어 갔다. 이러한 경영조건을 타개하기 위해 제10회 이주민은 제1, 2회 이주민과 비교한 뒤 본래 토지 취득가격이 20엔 내외라고 주장하면서 가격 인하운동을 벌였다. 그리고 나중에 더 할당받았거나 변경한 토지도 동척이 취득한 가격이 아니라 이전 당시의 시가로 정했기 때문에 비쌌다. 게다가 곡가 하락으로 부담이 더 가중되자 이주민들은 가격인하를 강력하게 요구했다. 그러나 동척은 할당지 가격은 조선총독부의 인가를 받아 결정한 것이며, 미가가 하락했다 하더라도 농사개량비 등 각종 투자를 감안하면 비싼 편이 아니라고 주장했다. 그리고 미가의 고저나 시세의 추이에 따라 변경할 성질도 아닌, 절대로 있을 수 없는 일이라 했다.[101]

셋째, 각종 자금대부 이자를 인하해 달라는 진정의 건이다. 가장 중요한

---

100) 友邦協會, 앞 책, 1976, 312쪽.
101) 友邦協會, 앞 책, 1976, 312~313쪽.

건은 할당지에 대한 대부이자였다. 이 문제는 조선총독부가 세계 대공황의 여파로 일어난 '昭和공황' '농업공황'으로 농촌경제가 파탄되면서 농민운동이 활성화되자 무자비한 탄압과 아울러 농민운동 세력을 체제 내로 끌어들이기 위한 정책의 하나로 1932년 자작농 창정유지계획'을 세우면서 본격적으로 제기되었다. 할당지 이자가 제1종 이민은 연 6분이고, 제2종 이민은 7분인데 반해, 이 계획의 대부이자는 3분 5리로 아주 저율이었다.102) 이 계획은 농민에게 환상을 심어주기 위한, 그리고 허구적이며 시험적 의미밖에 없었다. 실제 시행과정에서는 8~9분가량 되었다.103) 동척 이민은 이러한 '기만적' 이율에 대하여 금리 인하를 요청했지만, 동척은 거부했다.

다음은 동척이 실시한 구제자금 대부와 이자 면제에 관한 건이다. 동척은 이주민이 한해·수해나 미가하락 등으로 부채를 지고 의무금 납입과 영농비 등을 지급하기 위해 구제자금을 요청할 경우, 실태를 조사한 후 규정에 따라 이를 지급했다. 그 이자는 더욱 곤궁에 빠질 것이 우려될 경우, 실태를 조사한 뒤 면제해 주기도 했다.104)

그리고 영농자금 대부이자에 대한 인하 요구, 그리고 할당지 대금 연체금에 대한 각종 특혜요구 등이 있다. 전자는 연 9분~1할의 이자를 이주 대부금과 같이 7분으로 인하해 줄 것을 요청한 경우였다. 동척에서는 이주민이 요구하여 대부한 것이고 이율도 조선의 사정에 비추어 볼 때 고율이 아니라고 받아들이지 않았다. 다만 어쩔 수 없는 경우에는 구제자금으로 대체해 주기도 하였다.105) 후자는 연체금의 무이자, 일시거치 등을 요구한 것이다. 동척은 1931년 특별정리안을 수립하여 양도지 대금 잔액과 의무금 연체액을 합하여

---

102) 조선총독부 농촌진흥과, 『조선농촌진흥관계예규』, 1939, 557~587쪽.
103) 정연태, 「1930년대 자작농지창정계획에 관한 연구」, 『한국사론』 26, 1991. ; 정태헌, 「1930년대 식민지농업정책의 성격전환에 관한 연구」, 『일제말 조선사회와 민족해방운동』, 한국근현대사연구회, 1991 참조.
104) 友邦協會, 앞 책, 1976, 313~314쪽.
105) 友邦協會, 앞 책, 1976, 314쪽.

앞으로 20년간 연장하여 연부로 상환하기로 결정했다.[106] 아울러 이주민의 생활환경 개선작업과 농업경영 개선작업도 병행해갔다.

동척이민의 진정운동은 구제 조치가 아닌 반대의 경우도 있었다. 성적이 우량하여 할당지 대금을 기한 전에 일시 상환하여 소유권을 이전해 줄 것을 요구하는 등과 같은 경우였다.[107] 동척에서는 기본적으로 동화정책의 입장에서 이주민이 영주할 것이 확실하다고 인정될 경우에 한하여 조건을 달아 해제해 주었다. 승인해 주지 않으면, 이주민이 토지를 담보로 자금을 융통받으려 할 때 지장이 적지 않을 것이 예상되었기 때문이었다. 영구정착을 전제로 문제를 풀어간 것이다.[108]

동척이 봉산군 이주민조합의 진정운동과 같은 생존권 확보운동에 일정하게 응하지 않으면 안 되었던 것은 통치 측면에서 이민의 비중이 적지 않았던 때문이었다. 동척이민이 전체 일본인 농민 중에서 40%를 차지할 정도로 농촌지배의 근간이었다.[109] 동척도 사업은 중단했지만 이 점을 고려하지 않을 수 없었다. 이주민이 농촌에서 이탈하는 것을 방지하기 위해 지원책을 마련해야 했다.[110]

그 결과 동척의 금융지원 아래 파탄의 위기를 벗어난 일부 이민들은 자작 겸 지주로 성장하였다. 그리고 농촌사회의 중견이 되어 지배체제의 지렛대 역할을 일정하게 수행하기도 했다. 그렇지만 자작이든 지주이든 그 지위가 금융자본가인 동척에 종속되어 있다는 것은 변함이 없었다.

---

106) 友邦協會, 앞 책, 1976, 314쪽.
107) 1933년 현재 동척 이주민의 할당지에 대한 상환금액은 34%, 37%의 농가가 상환을 완료했다(友邦協會, 앞 책, 1976, 228쪽).
108) 友邦協會, 앞 책, 1976, 314~315쪽.
109) 友邦協會, 앞 책, 1976, 179~180쪽, 236~237쪽.
110) 동양척식주식회사, 『植民事業各地方別 成績』, 1916, 57~61쪽.

4. 조선농민의 동척이민 반대운동

동척은 존립기간 내내 이민사업이 '일선동화'에 기여했다고 스스로 평가했다. 이주민과 조선인의 관계가 극히 원만하여 3·1운동 때는 오히려 보호를 받은 적도 있다고 언급하기도 했다.[111] 이러한 예는 개인적 차원에서는 있을 수 있는 일이지만, 민족적 차원에서 조선인은 거의 대부분 이민사업을 가장 비인도적인 사업이라 여겼다. 이민시작 10여 년 만에 일본과 만주로 수만 명의 조선농민이 쫓겨났다. 원성의 대상이었다. 3·1운동이 농촌사회에서 활발히 전개되었던 원인을 여기서도 찾을 수 있을 것이다.[112]

동척이 이민사업을 추진하면 할수록 민족모순은 더욱 증폭되어 갔다. 때로는 폭발하여 외부로 표출되기도 했다. 일제가 조선을 안정적으로 지배하기 위해 실시한 사업이었지만, 오히려 역효과를 가져온 것이다. 동척은 일본인 이민을 보내 땅을 빼앗고 고리대로 집과 세간을 빼앗아 간 '조선잠식회사'로 기능한 결과였다.[113] 이리하여 조선 내 각계각층에서는 조선인의 생존권 문제가 거론될 때마다 동척이민 금지가 현안중의 하나로 제기되었다.

이민 반대여론은 보통 동척이 농민경제에 직접 해를 끼칠 때 공론화되었지만, 관동대지진과 같은 재난이 발생했을 때도 문제가 제기되었다. 당시 "일본자본주의 발전에 동원되어 국부증진을 위해 노력하던 2만 5천명"이나 되는 조선인이 대가는 고사하고 오히려 학살과 탄압을 피해 대거 귀국하였다. 당분간 일본으로 돌아가는 게 어렵게 된 사태가 벌어졌다.[114] 이때 각계각층

---

111) 友邦協會, 앞 책, 1976, 298쪽. "소요사건 때에도 일부 무지한 농민은 불령의 도배에 선동하는 자도 있었으나, 그 중에는 이주민과 협력하여 폭도의 습격에 대비하거나 관헌에 조력하는 자, 혹은 이주민과 선인과의 양해에 의하여 폭동에 가입하지 않는 자 … 등 융화친선의 실례 각지에 결핍되지 않음을 본다."
112) 靑木香代子, 앞 글, 『朝鮮近代史料硏究集成』3, 1960.
113) 『동아일보』, 1923. 12. 10.
114) 『동아일보』, 1923. 10. 17.

에서는 생존권 차원의 대책으로 동척이민을 반대하는 한편, 동척에 선취득권 차원에서 토지를 제공할 것을 요구했다. 때마침 경제공황이 불어 닥치자 더 강력하게 요구했다.[115]

동척 이민사업은 본질적으로 민족 갈등을 배태할 수밖에 없었다. 더구나 동척은 기간지에 이민하는 방침을 채택하였기 때문에 조선농민이 격렬하게 저항하리라는 것은 당연히 예상했던 바였다. 초대 총재 우사카와도 이 점을 인식하고 대책을 강구했다. 그는 이주 초기에는 조선인이 농업경영의 교사가 되는 게 현실적인데, 조선인으로부터 수전을 사서 일본농민을 이주시키는 것은 어리석은 일이라고 했다. 이럴 경우 조선인의 의구심을 불러일으키고 양국 농민사이에 물의와 분쟁을 일으키게 될 것이니 자연스런 이주책을 실시할 것이라고 방침을 전했다.[116]

그리고 숙전을 매수 이용할 때의 주의점도 지적했다. 숙전을 매수하여 일본이민에게 대여하는 것은 조선인의 토지와 직업을 탈취하는 일이다. 지가의 폭등을 가져와 이민에게도 고통을 주게 되니 무리하게 추진하지 말라고 지시했다. 따라서 회사 소유의 숙전을 조선농민에게 소작시켜 이들을 안정시키고 일본이민은 조선농부의 사표가 될 모범 농가를 엄중히 선발하여 초치해야 한다고 했다.[117] 일본농민 지도 아래 동척농장에서 조선농민의 소작경영을 계획한 것이다.

그러나 이것은 원론적 표현일 뿐 동척의 이민사업은 기본적으로 만한이민 집중론에 근거했으며, 따라서 비난과 저항이 거셀 수밖에 없었다. 자작이민 을 실시하기에 대단히 곤란한 사정이었음에도 불구하고, 일본인을 각 지방에 심어 농촌지배의 근간세력으로 육성하여 동화목적을 달성하기 위한 정책적 판단 아래 무리하게 추진한 데서 연유한 사태였다. 따라서 이민사업은 추진하

---

115) 『동아일보』, 1923. 10. 23.
116) 『每日申報』, 1911. 5. 9.
117) 『每日申報』, 1911. 6. 15.

면 할수록 조선농민의 반발은 증폭되었다.

이러한 모순 아래 동척은 세 방향에서 농업경영의 방침을 정했다. 동척사업의 근간이며 이익의 원천인 직영농장의 지주경영, 그리고 일본이주농민의 자작경영과 지주경영으로 구분된다. 여기서 공통적으로 대두된 문제가 소작권 박탈로 인한 조선농민들의 저항운동이었다. 이 운동은 동척과 지주이민이 지주경영을 강화하는 과정에서, 그리고 일본 자작농을 이주시키는 과정에서 기존 농민의 소작권을 박탈함으로써 발생했다. 저항운동의 핵심내용은 이민폐지였다.

이민폐지운동은 농민들이 자기 삶을 유지하기 위해 생존권 차원에서 직접 제기한 것이지만, 일부 언론인을 비롯한 지식인들도 여기에 호응하여 이를 지원하는 차원에서 언론매체를 통한 여론 확산운동을 전개했다. 이 운동은 일제가 1920년대에 들어서면서 '문화정치'를 표방하고 일정하게 비판적 언론활동을 허용하면서 본격화되었다. 직접적 계기를 부여한 것은 1922년 재령농민들의 이민폐지운동이었다. 1910년대 거의 유일한 신문매체였던 조선총독부 기관지인 매일신보에서는 이민문제에 대해 동척 담당자의 주의사항을 전달하는 정도로 다루었다. 하지만 동아일보는 일제 '문화정치'의 언론정책이 허용하는 수준에서 이민정책의 이론적 취약성과 불합리성을 논증하고 이민폐지까지 주장했다.[118] 그 논지는 다음과 같다.

첫째, 조선과 일본의 관계는 영국과 인도의 경우와는 다르기 때문에 동인도회사에서 취한 식민지 정책을 채택한 것은 잘못되었다는 것이다. 그리고 지금은 전과 달리 약육강식의 논리는 통하지 않을 뿐만 아니라 오히려 사회적 불안요소가 된다는 것이다. 따라서 인구문제는 조선으로의 식민방식이 아니라 산업입국을 달성하여 중국대륙으로 판로를 확장하고, 남양과 미주로 농업이주를 장려하는 방식으로 해결해야 한다고 주장했다.

---

118) 『동아일보』, 1922. 11. 4.

둘째, 조선은 임금이 저렴하여 노동식민에, 황무지가 취약하여 농업식민에, 구매력이 박약하여 상업식민에 부적합하다는 점을 지적했다. 그럼에도 불구하고 이민을 장려하는 것은 우리민족을 근본적으로 구축하는 방책으로 반란 심리를 격발하는 행위이며, 생존권을 빼앗는 행위로 민중을 적화시키게 된다는 것이다.

동척의 이민사업 시행과 더불어 조선농민은 소작권을 빼앗기고 가족을 이끌고 서·북간도나 시베리아 등으로 매년 수천 명씩 쫓겨 가는 게 현실로 나타났다. 동척이민은 전 인구의 8할을 점거한 조선 농작인의 생존권을 박탈하는 폭주이며, 이를 폐지해야 농민의 생존을 유지 부활할 수 있다는 여론을 불러일으켰다. 일제의 사업 의도와 달리 동화정책에 반할 뿐만 아니라 조선민족을 반체제적으로 몰아간다는 점을 들어 그 폐지를 주장했다. 식민당국자도 이 점을 인지했다. 1920년대 초 경제불황 속에서 농민경제의 안정화가 '문화정치'의 현안과제의 하나로 대두된 것이다.[119] 이에 대해 언론에서는 이를 경제 제일주의의 관점에서 시행해야 하며, 해결방안의 하나로 동척이민 폐지를 총독에게 촉구했다.[120]

언론은 동척이민 문제를 단순히 자본가 대 무산자, 지주 대 소작인의 단순한 관계가 아니라 전 민족의 사활이 걸린 문제로 파악했다. 그리고 이를 시행하는 총독 통치는 조선인의 생활과 산업을 보호하는 것이 아니라 생존권을 소멸시키는 것이기 때문에 전 민족이 일치단결하여 동척이민폐지에 적극적 수단을 취해야 한다는 주장까지 했다.[121]

농민들의 저항운동은 동척이민 이주지 전 지역에서 발생했지만, 사회적 반향과 관련하여 집단지에서 일어났을 때 특히 문제가 되었다. 이민 지역에 거주하는 농민들의 삶은 불안과 공포의 연속이었다.[122] 이민으로 경작권을

---

119)『동아일보』, 1922. 10. 23.
120)『동아일보』, 1922. 11. 4.
121)『동아일보』, 1922. 11. 4.

박탈당한 농민은 말할 것도 없고, 그렇지 않은 농민도 생활기반이 소작경영에 있는 한 앞날을 기약할 수 없었다. 이 문제는 이민사업이 계속되는 한 확대 재생산되어 지역농민의 소작권 재편으로 이어졌다.

소작권 박탈에는 세 유형이 있었다. 첫째, 기존 농민의 경작권을 박탈하고 동척이민이 경작하는 경우이다. 주로 자작이민을 시행할 때 발생하나 지주형 이민도 자작을 겸하였기 때문에 예외는 아니었다. 둘째, 이 경우 해당 농민의 경작권만을 박탈하는 것이 아니라 '평균분배'한다는 명분아래 지역 일대의 소작권을 모두 박탈하여 전면 재편하기도 했다.[123] 셋째, 지주형 이민의 할당지에서는 기존 소작인의 지위가 계속 유지되기도 했지만 지주경영 강화를 위해 재편하는 경우가 상례였다.

첫째 유형이 일본이민에게 경작권을 완전히 빼앗겨 생존을 가장 심각하게 위협을 당한 경우였다. 둘째 셋째는 경작권을 박탈당하더라도 그 토지를 조선농민이 계속 경작할 수 있는 경우였다. 경우마다 차이는 있지만, 특히 주목되는 점은 경영권을 행사하던 역둔토 농민이 전과 달리 무권리 상태로 전락한 반면, 동척이 지주로서 배타적 소유권을 보장받고 경작권에 대한 일체의 권리도 확보했다는 점이다. 이것이 문제의 발단이었다. 동척은 지주로서 절대적 권리를 갖고 소작농민에게 일방적으로 소작계약을 강요하고 통제하였다. 동척은 이를 근거로 소작권 박탈을 무기로 전형적인 고율지대와 각종 고리대적 수탈을 전개하였다.

1920년대 동척의 거의 모든 직영농장에서 소작료 감하를 주 내용으로 하는 소작쟁의가 빈발했던 원인이 여기에 있었다. 동척 소작쟁의에는 조선농민 이외에 일본인 소작농민도 같은 이해관계 속에서 동참하기도 했다. 특히

---

122) 『동아일보』, 1926. 9. 4. 이리 지역은 '얼마안가 조선인은 형체도 찾기 어려우리라'고 할 정도였음에도 불구하고, 호남지역은 기후 물 등 여건이 좋아 이민예정수의 4배나 신청하는 현상을 보였으며, 이를 본 농민들은 작권 박탈로 이어질 것을 예상하여 공포와 불안에 싸이기도 했다.

123) 『동아일보』, 1920. 5. 22 ; 1922. 5. 21.

소작료와 豆粕 문제가 주 대상이었으며, 동척이 소작이민을 폐지한 것도 일본이민이 소작쟁의에 동참하는 사태를 방지하기 위한 점도 있었을 것이라 판단된다.[124]

반동척 분위기가 조직적 운동으로 비화되었다. 사회적으로 가장 주목받은 지역은 황해도재령군 북율면과 남율면이었다. 이곳은 모두 동척토지였다. 동척은 이곳에 1914년 52호를 시작으로 1923년까지 239호 1,062명의 이민을 이주시켰다. 경작규모는 조선농민은 호당 평균 1.7정보인데 비해 일본인은 2정 2반보로 1천 정보 가량이 이들에게 할당되었다. 그 여파로 300여 호가 유리걸식하게 되었다고 했다. 이민 호수보다 배도 더 되는 조선농민이 경작하는 땅은 1,100정보밖에 되지 않았다. 토지 없는 농민들은 처자를 데리고 서·북간도로 떠나갔으며, 남아있는 소작농민도 마음 놓고 농사지을 수 없는 상황이 벌어졌다.[125] 같은 지역에서 동척이민과 조선농민은 서로 이웃하며 동척의 농업경영에 참여하였지만, 양자의 처지와 이해관계는 대립적 관계에 있었다. 일본이민은 조선농민의 경작권을 박탈하여 삶의 터전을 마련해 갔으며, 동척의 지주경영에도 지지 세력으로 참여했다. 지속적으로 조선농민들의 생존에 위협을 가해 양자 사이의 갈등은 심화되어 갔다.

갈등이 더욱 악화되어 사회 문제화된 계기는 1922년의 수해였다. 생존에 위협을 느낀 1,300여 주민들이 농민경제를 안정시키기 위한 하나의 방안으로 이민을 반대하는 진정서를 조선총독부에 제출하였다.[126] 그 내용은 수확이 없는 땅에 대한 소작료 면제, 주택보수와 영농자금을 위한 자금 융통, 이민폐지, 방수공사의 실시 등이었다. 당면 구제책과 항구적인 대책 두 방면에서

---

124) 『동아일보』, 1920. 6. 24 ; 1921. 7. 17.
125) 『동아일보』, 1924. 4. 23. 이 시기보다 뒤에 발생했지만, 황해도 봉산군 서종면 예로리 동척 농장의 관리자인 농감들은 동척이민의 이주를 면하게 해주었다는 것을 구실로 소작농민들을 수탈하기도 했다. 만일 이를 거부할 경우에는 소작계약을 해제한다는 위협을 가하며 목적을 달성했다. 『동아일보』, 1926. 2. 18.
126) 『동아일보』, 1922. 10. 23.

해결을 요구한 것이다.

조선농민들이 이러한 요구를 표출할 수 있었던 힘은 이곳 경지의 형성과정과 관련이 있었다. 이들은 300여 년 전 자기 조상이 황무지였던 이곳을 개간 경작하여 왔다고 주장하며 일종의 '권리의식'을 강하게 표출하였다. 궁장토에서 역둔토로 변화된 이 지역 토지는 이러한 이유로 일반 지주지와 달리 지대가 낮고, 경작권의 물권적 성격이 인정되어 매매·상속·양여 등 권리의 이전이 소유권처럼 사회적으로 통용되던 곳이었다. 이들 권리는 도지권 또는 중답주권으로 불리웠다. 하지만 대한제국 정부와 일제는 국유지 조사과정에서 구래의 물권적 경작권을 박탈하여 소작권화하고 이곳을 국유지로 조사하고 거기에 배타적 소유권을 부여했다. 이에 경작권을 박탈당한 농민들은 강렬하게 항조운동을 벌이다가 소유권을 박탁당한 뒤에는 소유권 회복운동을 일으키기도 했다.[127]

경작권에 대한 물권적 권리의식은 일제의 지배정책과는 배치되었다. 일제는 지주제에 기초하여 농촌사회를 지배하기로 방침을 정하고 경작권의 물권적 성격을 부정하고 지주권을 배타적 소유권으로 확정하고 경작권을 채권으로 정리하였다.[128] 이렇게 국유지로 확정한 역둔토를 한국정부는 동척에 출자한 것이다. 동척은 이를 두 방면으로 활용했다. 하나는 기존 농민을 축출하고 일본인 농민을 이주시켰으며, 다른 하나는 직영농장으로 소작경영을 하였다. 양자의 공통점은 동척이 기존 농민의 물권적 권리를 모두 박탈하고 이 사업을 추진했다는 점과, 경작농민들이 자기의 권리의식을 바탕으로 다른 지역보다 더 강하게 일제와 동척에 저항했다는 점이다. 이때도 이 점을 주지시키는 한편, 소작농민으로서의 의무도 게을리 한 적이 없으니

---

127) 김용섭, 앞 글, 『한국근현대농업사연구』, 일조각, 1992 ; 박찬승, 「한말 역토 둔토에서의 지주경영의 강화와 항조」, 『한국사론』 9, 1983.

128) 이 문제는 허종호, 「조선봉건말기 소작제연구」, 1965 ; 김용섭, 『한국근대농업사연구』(하), 일조각, 1988 ; 최원규, 「한말 일제초기 일제의 토지권 인식과 그 정리방향」, 『한국 근현대의 민족문제와 신국가건설』, 지식산업사, 1997 등이 참고된다.

이민을 폐지하여 달라고 주장했다.[129]

조선총독부에서는 동척이민과 조선농민 양자를 고려하면서도 기본적으로는 통치 차원에서 대책을 강구했다. 총독부 관리는 싼 목재공급·구휼금 지급·주택공사 및 방죽공사 지원·농업자금 알선 등 총독부 차원에서 당장 실시할 수 있는 구휼책만 제시했다. 정작 가장 중요하고도 근본적인 문제인 소작료 감하문제와 동척이민 문제에는 소극적 자세를 취했다. 전자는 지주와 소작인 사이의 문제이고, 후자는 일본제국주의 전체 차원의 문제이기 때문에 지금 거론할 문제는 아니라고 하며 추후 검토사항으로 넘겼다.[130]

이 문제에 접한 조선총독은 지주제에 대해서는 해결책을 언급하지 않았지만, 이민문제에 대해 우려를 표시하며 나름대로 해결책을 제시했다. 동척의 설립취지와 관련하여 이민의 완전 폐지에는 반대했지만, 종전의 할당제적 강제 이민방침을 철회하고 미간지를 활용하는 방향에서 이민을 계속하겠다는 뜻을 표명했다. 기간지 이민을 금지하는 문제, 각종 편리제공과 연대책임 대부 주선, 농감 폐지 등은 긍정적으로 검토해 보겠다는 답변을 했다.[131]

동척과 동척이민 대 조선농민 간의 갈등은 1924년 영구정착이라는 통치 차원, 그리고 지주 경영 차원에서 동척이 이민들의 거주지를 이상농촌으로 건설하는 시도를 하면서 더욱 증폭되었다. 조선농민이 고율소작료와 수해 때문에 생명을 위협받고 있는 상황임에도 불구하고 이민의 생활환경을 개선하기 위해 농민을 더욱 희생시키는 조치를 취한 것이다.[132]

구체적인 내용을 보면 다음과 같다. 첫째, 한해·수해가 들기 쉬운 下坪에 거주하던 일본인과 좋은 입지조건을 갖춘 上坪에 거주하는 조선인의 거주지

---

129) 『동아일보』, 1922. 10. 23.

130) 『동아일보』, 1922. 10. 23.

131) 『동아일보』, 1922. 11. 4.

132) 전남 함평의 동척은 제일 좋은 토지는 일본이민에게 주고 조선인에게는 박토를 주었다. 일본이민 중 10의 9가 이도 없는 조선인에게 간작을 주었다. 『동아일보』, 1924. 2. 23.

를 교환하려고 시도하였다. 조선농민에게는 이사 비용과 집터를 대부해 준다고 했지만, 집을 팔 시간과 농사 준비기간이 부족했을 뿐만 아니라 그것도 신용이 있는 사람으로 한정했다. 둘째, 새로 건설할 일본농촌에 수도·도로 등의 건설 작업을 추진했다. 셋째, 사리원 지점장이 직접 북율면에 출장하여 일본인 이주민 300여 명을 모아놓고 '順良한' 이민에게는 앞으로 1.5정보의 농지를 더 불하하겠다는 희망의 약속도 했다.133) 동척은 조선농민의 희생을 기반으로 일본이민이 영구 정착할 수 있도록 지원해 주면서 조선농촌의 일본화를 추진하였다.

반면 조선농민들은 동척농장이나 일본인 이민 밑에서 소작농민이나 노동자로서 겨우 생계를 연명해 가는 실정이었다. 회사의 부채나 개인 사채를 지거나 그도 여의치 않아 농사자금은 물론 먹을 것도 없는 농민이 적지 않았다. 여기에 수해와 해일까지 입어 최악의 상태에 빠졌다.134) 조선농민들은 동척을 조선인을 쫓아내는 적대적 존재로 상정했다.135)

동척 이민이 사회문제로 더욱 비화된 것은 동척이 1924년 재령농장에서 소작쟁의가 발생하면서 취한 대책 때문이었다.136) 소작농민들은 1922년 이래 수재·한재·충재·해일 등이 겹치면서 제대로 수확할 수가 없었다. 동척은 천재로 소작료를 감면한다는 원칙을 세웠지만, 1924년 가을 적지 않은 소작농민에게 수확을 전부 납입해도 부족할 정도로 이를 부과하였다. 나아가 동척으로부터 얻은 사채도 적지 않았다. 동척은 각종 방법을 동원하여 소작료 수납을 시도했다. 농민들은 소작료 감하운동, 불납동맹 등을 체결하며 저항

---

133) 『동아일보』, 1924. 12. 21.
134) 『동아일보』, 1924. 4. 23 ; 4. 27.
135) 『동아일보』, 1924. 4. 28. "화려한 이상촌을 만들어 놋코 기뻐 뛰놀며 사는 사람이 잇는 한편에 피 흘리고 이갈며 섯는 흰 옷 입은 사람의 앙상한 뼈를 보라". "잔학무도하고 窮凶 극악한 동척사도 이 무서운 꼴을 보고는 양심의 ××을 금치 못하려든 양심이라는 것이 통채로 마비된 동척사원은 편리하게 정리한다고 하얏다 한다."
136) 김용섭, 앞 글, 「한국근현대농업사연구」, 1992.

했으며, 갈등은 1925년까지 계속되었다.

이민문제가 불거진 것은 동척이 이민을 앞세워 농민 통제에 나섰기 때문이었다. 조선농민들이 이민의 전면적 폐지를 주장하면서 연좌시위를 하자 동척 주재소에서는 이민을 동원하여 막았다. 소작료 징수를 위해 법적 차원에서 집달리를 동원하기도 했지만, 이민을 앞세워 이를 독촉하거나 강제집행에 나서기도 했다.[137] 이때 사리원 지점에서는 이민 40여 명을 엽총으로 무장하여 동원하다 방총사태를 초래하기도 했다.[138] 동척 주재소에 집단적으로 들어와 항의하는 일을 막을 때도 이민을 동원했다.[139] 그럼에도 불구하고 소작농민들이 동척의 지시에 따르지 않자 소작지 전체를 일본이민에게 주겠다는 협박도 했다.[140] 때로는 동척이민이 자기 경영지를 확대하기 위해 동척을 주체적으로 이용하는 경우도 있었다.[141]

동척이 북율면 농장을 지주경영하면서 동척이민 동원은 필수 조건이었다. 동척은 소작농민의 희생을 바탕으로 이민에게 혜택을 주고 농장에 종속적으로 편입시켜 필요시 동원하는 동원체제를 구축한 것이다. 결국 조선농민은 동척과 일본이민을 모두 투쟁대상으로 삼을 수밖에 없었다. 주민들은 타협안으로 동척이 이민에게 제시한, 이민에게 1.5정보 이작하는 특혜를 5년 후에 실시하도록 제시하는 한편, 최종적으로는 이곳에 이민을 실시하지 않을 것을 요구했다.

동척은 이민지 폐지는 불가능하나 이를 농민에게 소작하게 한다는 선언을 하면서 소작쟁의는 일단 종결되었다. 지주형 이민으로의 방향전환을 의미했지만, 이들이 자작을 포기하지 않는 한 소작권 박탈 문제는 그칠 수 없었다.[142]

---

137) 『동아일보』, 1924. 11. 2 ; 11. 7 ; 12. 9 ; 12. 23.
138) 『동아일보』, 1925. 2. 7~9.
139) 『동아일보』, 1924. 11. 2.
140) 『동아일보』, 1924. 12. 21.
141) 『동아일보』, 1924. 10. 16.
142) 『동아일보』, 1925. 3. 27.

이후에도 조선농민들의 이촌은 끊이지 않았다. 이 틈을 타고 동척은 자기의도 대로 농장을 개편해갔다. 이렇게 보면, 조선농민들의 저항은 실패로 끝났다고 할 수 있지만, 일제가 당초에 의도한 '이민=동화정책'의 실현은 고사하고 오히려 민족간의 모순과 갈등을 완화시킨다는 당초의 목표도 좌절시켰다는 점에서는 일정한 의의를 부여할 수 있을 것이다.

황해도 봉산군 사인면 농장에서도 같은 문제가 발생했다. 1924년 가을 흉년임에도 불구하고 고율 소작료를 책정하자 동척에 저항하며 농민운동을 일으킨 것이다.[143] 이들은 사리원 지점과 도청에 소작료의 반감과 동척이민 폐지를 요구하는 진정운동에 나섰다. 그러나 이때 동척이 일본인 이민을 日雇로 고용하여 소작료를 독촉하는 데 동원하면서 이민문제는 더욱 증폭되었다. 도지사도 이 문제는 지주와 소작인 사이의 문제라 확답할 수 없고 봉산군수에게 실태를 조사하라고 지시하는 정도로 대처하였다.[144] 소작농민들은 문제가 해결될 기미를 보이지 않자 이러한 사태를 야기한 농감을 고소하는 한편,[145] 조선총독부에 진정하기 위해 서울에 가서 투쟁을 전개했다. 이때도 요구사항에 소작료 문제와 아울러, 소작지의 보전과 이민의 절대폐지를 포함했다. 다만 종래 이민은 그 대상에서 제외시켰다.[146]

동척은 이에 대해 오히려 더 냉담하고 강하게 대응하였다. 작인 50호의 생활도구 일체를 차압 집행하는 조치를 취하였다.[147] 소작농민들은 '作隊求乞' 할 수밖에 없는 형편이었다.[148] 동척은 차압품에 대한 경매를 준비하는 등 상황을 더욱 악화시켰다. 이를 조선통치 차원문제로 인식한 조선총독부는

---

143) 『동아일보』, 1924. 11. 15.
144) 『동아일보』, 1924. 11. 18, 21.
145) 『동아일보』, 1924. 12. 14.
146) 『동아일보』, 1924. 12. 2. 노농총동맹도 여기에 위원을 파견하여 사태의 추이를 주시하며 해결을 위해 노력했다고 한다.
147) 『동아일보』, 1925. 2. 3~4. 이러한 사태에 대하여 사리원의 新友會와 재령 무산청년회 등이 발기하여 의류 침구 식료를 동정하라는 조치를 취했다.
148) 『동아일보』, 1925. 2. 5.

황해도 내무부장이 중재에 나섰다.[149] 동척 당국자도 시찰을 나와 해결을 시도하면서 사태가 일단락된 것으로 보인다.

사인면 농민이 동척에 제시한 요구조건은 다음과 같다. ① 이민폐지, ② 미납소작료는 5년간 년부로 할 것, ③ 차압해제, ④ 소작권 이작 폐지, ⑤ 조선인 이민도 금지할 것, ⑥ 농감 절대폐지, ⑦ 소작료는 종전과 같이 永租로 할 것 등이었다.[150] 주로 소작료 처리문제와 소작권 이동문제였지만, 특히 주목되는 바는 이민폐지를 거론했다는 점이다. 동척의 지주경영에서 소작농민들은 일본인 이민이 자기의 삶을 위협한다고 판단하고 이 문제를 들고 나온 것이다. 그리고 조선인의 이민도 금지할 것을 요청했다. 소작농민들은 일차적으로 경작권의 안정화를 겨냥했으며, 소작료 문제는 다음 과제였다. 동척의 지주경영에서 소작료가 7~8할에 달할 경우도 적지 않았다. 소작료 감하운동이 빈번하게 일어났지만, 이것을 가능하게 한 중심 고리가 바로 이민이었다.

다음은 동척의 지주형 이민과 조선농민이 서로 대립 갈등한 예이다. 지주형 이민이 조선농민을 대상으로 지주경영과 대금업을 가혹하게 운영하자 이들의 저항을 불러일으켰다. 이때도 집단적 저항운동으로 발전할 가능성은 있었지만, 대부분 개별 수준의 갈등에 머물렀다. 이들의 규모가 기본적으로 작았기 때문이었을 것이다. 그 예를 1922년 4월 전남 강진군 군동면 삼신리 동척이민이 조선농민을 폭행한 사건에서 볼 수 있다. 이 사건은 지주이민이 소작권을 박탈하자 작인이 비료대 등 그 동안 투자비용을 요구하자 지주이민이 이중 일부 비용만 반환하면서 갈등이 시작되었다. 소작농민이 관청에 교섭을 청구하고 지주이민은 여기에 불만을 품고 이들에 폭행을 가하자 경찰서에 고소하는 사태가 연출된 것이다.[151] 지주소작인의 계급갈

---

149) 『동아일보』, 1925. 2. 17~18.
150) 『동아일보』, 1925. 2. 24.
151) 『동아일보』, 1922. 4. 23.

등이 개인적 차원에서 표출된 경우였으며, 이러한 경우 주로 화해하는 방향으로 유도하고 대체로 그렇게 처리했다.

극단적인 예는 경기도 안성군 보개면 가사리에서 볼 수 있다. 지주형이민은 규모는 작지만 지주경영과 대금업을 했으며, 여기에 종속된 조선농민과의 갈등은 피할 수 없었다. 이 지역은 종전 驛마을로 역둔토가 많았고 주민들은 그 소작농민이었다. 그런데 1924년 4호의 일본이민이 오면서 농업환경에서 커다란 변동을 가져왔다. 이민은 1호당 100두락(5정보)씩 총 400두락을 차지했다. 대개 1호당 40두락을 자작했으며, 나머지는 조선농민에게 소작을 주었다.[152] 이 중 좋은 토지는 자작지로 삼았다. 소작지 분배원칙은 자기가 거주하는 가사리 주민 가운데 소작권을 빼앗긴 자에게 우선적으로 분배해 주는 방식이었기 때문에 소작농민의 전면적 재배치를 가져왔다. 3년이 지난 1927년에는 동척 토지 약 80정보 가운데 33정보가 일본인 이민에 넘어갔다. 그 결과 이 지역 농민 59호 중 49호가 동척의 소작농인 동시에 동척이민의 소작농으로 농업경영을 하고, 이들의 채금을 쓰며 삶을 지탱해 가는 처지가 되었다. 가사리는 이들이 좌우했으며, 조선농민들은 동척이민의 수탈을 감내하며 살아가거나 아니면 유리할 수밖에 없는 상황이었다.[153]

가사리 마을의 김희영 사례를 통해 동척이민의 농민 수탈 실태를 보기로 하자. 이 집은 7명의 가족이 약간의 토지를 소작하여 살아갔지만, 이것만으로는 생존과 유지가 불가능하여 사채를 얻어 가계를 유지해 가는 형편이었다. 수확을 해도 지주와 대금업자에게 빼앗기고 나면 다시 고리의 빚을 얻어 살 수밖에 없는 빈곤의 악순환에 허덕였다. 더구나 곡가가 폭락하자 소득을 전부 지주와 대금업자에게 빼앗기고도 적지 않게 빚을 지는 상황이 벌어졌다.

그러자 동척이민들은 자기 몫을 챙기기 위해 대거 이 집에 난입하여 불법행위를 저질렀다. 어떤 자는 사채 또는 영농자금 등을 갚지 않는다는

---

152) 『동아일보』, 1924. 5. 10.
153) 『동아일보』, 1927. 12. 13.

이유로 가재도구 일체를 재판소의 집달리처럼 사사로이 차압했으며, 어떤 자는 동척농장의 소작료를 빼앗아갔다. 심지어는 집과 부속건물에도 차압한 다는 목패를 세워 농민을 아사지경으로 몰아넣기도 했다. 이것은 스스로의 도덕과 법률마저 무시한 범죄행위로, 지배민족이라는 타락적 자긍심의 발로 일 것이다. 이 사태는 신간회 안성지회에서 조사에 나설 정도로 파장이 컸다.[154]

동척이민은 처음부터 조선농민의 적이었다. 조선 원주농민을 압박하지 않고 공존하기 위해 지주형 이민을 제안했다고 했지만, 이들은 우월감 속에 지주경영을 하면서 조선농민의 생존을 위협했다. 자작경영을 하든 지주경영 을 겸하든 이 점에서는 동질적이었다. 이리하여 신간회 각 지회에서는 동척을 비롯한 불이흥업과 같은 대지주의 이민사업 반대를 논의했으며, 1927년 12월 8일 도쿄지회 제2회 대회 정책안에는 일본이민 반대·동척폐지는 물론 이와 관련한 경작권의 확립·최고 소작료의 공정·소작인의 노예적 부역폐지 등을 내걸기도 했다.[155]

동척의 이민사업은 많은 체력과 금력을 소모하면서도 성과는 빈약하였다. 그 결과 1927년 막을 내렸다.[156] 일제는 미간지나 만주로 이민을 계속 추진했 지만, 내용과 형태를 달리한 것이었다.[157] 조선농민들은 지속적인 항쟁 끝에 동척이민을 폐지시키고, '동화정책'의 한 시도를 좌절시킨 것이다.

---

154) 『동아일보』, 1927. 12. 13.
155) 이균영, 『신간회연구』, 역사비평사, 1993, 291쪽, 294~295쪽.
156) 동양척식주식회사, 앞 책, 1939, 170쪽.
157) 『동아일보』, 1929. 2. 27.

5. 맺음말

동척의 이민사업은 일본인 소농민을 한국에 대량 이주시켜 동화정책='한국의 일본화'를 실현하여 한국을 영구히 지배하기 위한 인적 기반을 확보하려는 것이었다. 그 방법은 연부상환 방법으로 기간지를 불하하여 자작농으로 육성하기 위해 일제가 시도한 자작농 창정사업의 한 형태였다. 자작이민사업은 농민들의 경작권을 박탈하여 이들의 격렬한 반발을 초래했다. 더욱이 일제가 지주적 농정을 실시함에 따라 '탈락이민' '불량이민'이 속출했다. 동척은 정착과정에서 소작이민·단체이민·자작이민의 문제점이 드러나자 순차적으로 폐지하고, 지주형 이민을 주방향으로 정책을 전환했다. 우량주의 방침을 선택하여 농촌사회의 '중견인물'을 육성해 간 것이다.

이민은 일본과 조선에서 두루 선발했지만 일본 거주자 중심이었다. 이들의 출신지는 규슈 등 남부지역이 다수였지만 일본 전역을 대체로 포괄하였다. 동척은 출신지별로 집단화하여 소수 분산주의방침아래 전국 각지에 '이상적'인 신일본촌=동척촌을 건설했다. 일반적으로 일본인 지주제가 발달한 지역에 더 많이 배치했다. 북부지역의 성적은 형식적 수준에 불과했다. 이민사업은 갈수록 계획이 축소되었으며, 이주자의 탈락률도 증가하여 1933년 3,895호에 지나지 않았다. 그나마 계층내부 구성에서 극히 일부의 성장과 대체적 몰락이라는 극심한 분해 현상을 볼 수 있었다. 절반정도가 정체 혹은 몰락을, 그리고 40% 정도가 현상유지를, 10% 정도가 지주경영을 위주로 할 정도로 상승하는 모습을 보였다.

이것도 실상은 동척이 여러 편의시설·농업시설을 지원하고 이주민이 진정운동을 벌인 결과물이었다. 동척은 이들에게 토지를 할당하고 저리의 금융지원을 했지만, 경제적 자립도의 불안정성을 극복하기 위해 이외에 각종 보호장려 조치를 했다. 농사개량 자금과 기술, 노동력 확보책, 각종 저리자금의 알선 대부, 사회복지시설의 지원 등이 그것이다.

동척의 이민사업은 갈수록 어려워져 갔다. 양질의 토지부족, 조선총독부의 역둔토불하 거부, 지가상승 등이 기본적으로 문제가 되었다. 무엇보다 이민으로 인한 소작권 박탈과 고율지대 등의 심화로 농민운동이 활성화되고, 동화정책에서 이민의 역할이 감소됨에 따라 존재의의가 상실되어 갔다. 동척이민의 수익성, 경제형편도 갈수록 악화되었다. 미가하락과 할당지 가격의 상승이 경영조건 악화의 기본요인이었다.

동척이민은 동척과 일제를 대상으로 수지개선을 위한 진정운동을 전개했다. 동척은 주로 설득이나 시간 끌기로 대응했지만, 자작농 유지 차원에서 일정하게 호응도 했다. 당시 일제는 파탄에 빠진 농촌경제를 구제하기 위한 대책을 마련하고 있었지만, 농정의 기본방향이 농촌경제의 희생을 강요하는 일본자본주의의 요구아래 이민경제의 안정화를 달성할 수는 없었다. 이에 진정운동이 발생했으며, 봉산군 이주민조합의 진정운동이 대표적인 예였다. 동척은 금융지원 차원에서 구제조치를 취하기도 했지만, 이 일은 이민을 동척에 그만큼 강하게 종속시키는 결과로 나타났다.

동척은 이민사업이 '일선동화'정책에 어느 정도 기여했다고 평가했지만, 소작권 박탈, 조선농민의 국외추방, 경영조건의 악화를 가져온 장본인으로 원성을 살 뿐이었다. 지배정책에 역효과를 가져온 것이다. 일제는 문제가 생길 때마다 방향을 수정해 왔지만, 본질상 민족갈등과 계급갈등을 안고 있기 때문에 추진하면 할수록 더욱 악화되어갔다. 동척이민 반대운동은 조선농민들의 직접운동은 물론이고, 지식인들의 여론확산운동을 불러일으켜 신간회를 비롯한 각 사회단체가 참여하는 전 조선의 사회운동으로 발전했다.

조선농민들의 이민반대운동은 동척의 직영농장이나 이민들의 경영지 모두에서 일어났다. 이들의 궁극적 목표는 지주제 폐지에 있었지만 당면 목표는 지대인하와 이민폐지에 두었다. 농민들이 직접 운동을 활발히 전개하는 한편, 지식인들도 여기에 호응하여 여론을 확산시켜 갔다. 지식인들은 동척이민정책의 이론적 불합리성과 현실적 부적합성을 논증하며 이민폐지를 주장했다. 조선은 이민에 적합한 지역이 아니며 이민장려는 조선민족을 근본적으로 구축하는 것으로 동화정책에도 반한다는 논리였다. 나아가 이것은 단순한 계급문제가 아니라 전민족의 사활이 걸린 문제이니 폐지에 적극적인 수단을 취해야 한다고 주장했다.

농민의 이민반대운동은 1920년대 전반 황해도 재령군 북율면·남율면과 봉산군 사인면 동척농장에서 일어난 운동이 대표적이었다. 구래의 항조운동을 일으켰던 전통을 바탕으로 농민들은 일제가 물권적 경작권을 전면 부정하고 일본인을 이주시키는 한편, 지주경영을 강화하면서 생존을 위협하자 소작료 인하와 이민 폐지를 적극 주장하였다.

이민반대운동은 동척이 동척촌을 '이상농촌'으로 만들기 위해 조선농민들의 생활터전마저 빼앗으면서 더욱 악화되었다. 남아있던 양질의 토지와 거주지를 빼앗아 이민에 넘겨준 것이며, 농민의 절대적 희생을 강요한 것이다. 나아가 동척은 이민을 동원하여 소작료 수납의 강제 집행, 연좌시위 방지, 동척주재소 보호 등을 위한 전위부대 역할을 수행하도록 했다. 양측이 직접 마찰했으며, 문제는 더욱 불거졌다. 소작농민들이 동척뿐 아니라 이민까지 투쟁대상에 포함한 것은 당연한 일이었다. '동척 ↔ 이민'·'동척＋이민 ↔ 소작농민'의 갈등 구조였다. 이러한 갈등은 지주형 이민의 토지에서도 발생했다. 이들이 조선농민을 대상으로 지주경영과 대금업을 하면서 자기의 도덕과 법률을 무시하고 사권력을 동원 강압적으로 철저히 수탈해 갔다.

이러한 갈등은 기본적으로 일제와 동척이 제공한 것이지만, 조선농민은 동척이민을 일차 제거대상으로 삼았다. 현실적으로 동척이민은 조선농민과 현장에서 마주 대하면서 민족모순과 계급모순을 동시에 지닌 적대적 관계의 최악의 발현이었기 때문이었다. 농민운동에도 불구하고 지주경영은 더 강화되는 모습을 보였지만, 두 측면에서 의의를 부여할 수 있을 것이다.

첫째, 일본인 이민사업의 중단이라는 성과를 거두어 대단히 한정적이고 제한적 수준인 조선농지령 정도의 소작권 안정화를 달성하는데 영향을 주었을 것이라 생각된다. 둘째, 일본제국의 일본인 중심적 동화정책이 좌절되었다는 점이다. 이리하여 '내선융화' '내선일체'의 담당자를 조선인을 육성하여 맡기는 방향으로 정책 전환을 했지만, 끝내 이를 좌절시킨 내적 동력을 여기서 찾을 수 있을 것이다.[158]

동척은 거대기업으로 성장하면서 사업의 중심을 금융이나 광공업부문으로 전환해 갔지만,[159] 지주경영은 그대로 유지하면서 이민사업 부문에서 일정한 변화를 보였다. 기존 이민사업은 포기하고 새로운 이민책을 모색한 것이다. 미간지를 개간하는 민간인 회사를 지원하여 이주시키는 방식이었다. 대표적인 예가 不二興業의 不二農村 이주사업이었다.[160] 그리고 선만척식회사를 설립하여 평강농촌의 과잉 농업인구를 만주에 분산시키는 이민사업도 추진했다. 하지만 이 역시 일제가 지주적 농정을 펼치는 한, 그리고 일본 이주농민에게 수많은 혜택을 부여한 결과라는 점에서, 그것도 조선농민의 처지와는 동떨어진 조치였다는 점에서 실패가 예견되는 것이었다.

---

158) 최원규 엮음, 「일제말기 파시즘과 한국사회」, 청아출판사, 1988에 수록한 宮田節子의 「'내선일체'의 구조」가 참고된다.
159) 동척은 이후 만주 남양 동부시베리아 등으로 사업구역을 확장하고 경영을 다각화하면서 다국적 기업으로 성장해 갔다. 大河內一雄, 『幻想の國策會社 東洋拓殖』, 日本經濟新聞社, 1982 ; 大河內一雄, 『國策會社 東洋拓殖の終焉』, 1991 등이 참고된다.
160) 불이농촌에 대해서는 본서 제3부 제2장에 자세히 다루고 있다.

제2장 불이흥업의 옥구간척지 조성과
불이농촌 건설사업

1. 머리말

일제는 조선의 토지와 일본인 농업자를 결합시키는 이주·식민사업을 통해 조선 농촌사회를 일본인촌으로 전환시키는 사업을 추진해갔다. 1905년 러일전쟁을 기점으로 조직적으로 전개된 일제의 농업이민은 당시 급격한 자본주의 발전으로 인해 야기된 내적 모순(=식량·인구문제)을 해소하는 동시에, 동화정책의 관점에서 조선강점의 물적·인적 기초를 확립한다는 제국의 사활이 걸린 국책사업이었다. 이것은 '만한이민집중론'으로 표현되었으며, 산업개발·농업개발이라는 정책아래, 일본농촌에서 배제된 일본농민들을 대량으로 조선에 이주시켜 자작농으로 육성하는 사업이었다. 나아가 일제는 이들을 농업생산력 증대의 담당자로 삼아 밑에서부터 조선농촌을 장악하는 첨병으로 삼고자 하였다.[1] 일제의 이주·식민사업은 조선 전역에 일본인 농업자를 침투·정착시켜 조선농촌을 일본화함으로써 자연스럽게 식민지 지배체제를 완수한다는 의도를 가지고 있었다.

---

[1] 일제 초기 이민정책은 ① 田中喜男, 「明治以後'朝鮮拓殖'への地方的關心」, 『朝鮮史研究會論文集』 4, 1969, ② 木村健二, 『在朝日本人の生活史』, 1989, ③ 김용섭, 「일제의 초기 농업식민책과 지주제」, 『한국근현대농업사연구』, 1992, ④ 최원규, 「일제의 초기 한국식민책과 일본인 농업이민」, 『동방학지』 77·78·78 합집 등이 참고된다.

그러나 이주·식민사업은 현실적으로 지주·자본가의 자력에 기초한 토지 매입과 지주경영을 통해서 이루어졌으며, 농업생산력 증대 작업도 지주제를 근간으로 추진되었다. 자작이민사업은 지주제에 기초한 농업정책의 흐름 속에서 일본의 자작농 창정·유지의 형태로 이루어졌다. 1910년대부터 추진 되기 시작한 동척의 대규모 자작이민사업은 대표적인 사례라 할 수 있다. 그러나 기간지 이민을 주종으로 하는 동척이민은 경작지에서 배제된 조선농 민들의 저항과 자작농민의 생산력문제로 인해 일제 당국의 지원에도 불구하 고 중단하지 않을 수 없었다.

동척이민사업은 1927년 결국 막을 내렸다. 그러나 대제국을 건설하려는 일본제국주의 입장에서 농업식민정책은 당시 중단할 수도, 중단해서도 안 되는 사업이었다. 일제의 이주·식민사업은 새로운 차원에서 강구되기 시작 했다. 만주에 대한 자본투자를 강화하는 한편, 산미증식계획과 결합된 간척 지 등 미간지를 개간하여 이곳을 대상으로 이주시키는 형태로 추진되었다. 대규모 미간지 개발을 통한 이민론은 1900년대부터 조선농업개발이라는 이름아래 지속적으로 제기되어 왔다. 1920년대에는 토지개량사업을 통해 농업생산력을 확충하려는 산미증식계획의 일환으로 재검토되기 시작하였 다. 간척지 이민사업은 조선인의 저항을 유발했던 기간지 중심의 동척 이주사 업과 달리, 간척지에 '건전한' 일본인 농민을 대량 이주시켜 일제의 이주·식민 론의 본래 목적인 '조선농촌의 일본화'라는 '이상적인' 농업조선을 건설하려 는 것이었다. 1920년대 상황에 맞추어 변용된 만한이민집중론의 구체적 실현이었다.

불이흥업주식회사는 전라북도 옥구군 익옥수리조합 구역 내에 일제 금융 자본의 지원을 받아 간척지를 조성하고,[2] 여기에 일본인 자작농촌인 불이농

---

2) 불이흥업주식회사는 淺田喬二, 『舊植民地地主制と日本帝國主義』, 御茶の水書房, 1968 와 홍성찬, 「일제하 금융자본의 농기업지배」, 『동방학지』 65, 1990 등의 연구가 참고된다.

不二農村

不二興業會社
干拓地

不二農場

옥구저수지

船堤

〈지도 1〉 불이농촌과 불이농장의 지도

촌을 건설하였다(〈지도 1〉).[3] 이 사업은 일본의 각 부현에서 '우량농민'을 1현당 10호씩 선발하여 총 300호의 이상농촌을 건설하려는 것이었다. 이들은 연부상환의 금융지원을 받아 1호당 3정보의 토지와 가옥을 분배하여 새로 창설될 일본인 자작농이었다.

불이농촌은 두 가지 목적아래 탄생하였다. 하나는 일본인을 대상으로 한 자작농 창정사업의 일환이면서 1930년대 농정의 하나로 시행된 자작농 창정사업의 전사였다. 또 하나는 일제가 국책 이민사업의 일환으로 이상적인 일본인 농촌을 건설하여 이를 토대로 조선을 지배한다는 정책적 목표아래 추진한 것이다. 이리하여 불이농촌은 건설과정에서 몰락과 갱생을 거듭하였지만, 일제의 엄청난 자금지원을 받아 기사회생하여 조선의 '농업개발'과 '농업근대화'의 상징으로

---

3) 〈지도 1〉은 익옥수리조합을 설치할 때 군산 남서쪽 해안과 만경강 유역 사이에 건설한 옥구간척지와 옥구저수지 지도이다. 남쪽의 선은 익옥수리조합 간선 수로이고, 위쪽의 선은 군산과 옥구간척지를 연결하는 도로이다. 불이흥업은 옥구간척지에 위쪽은 일본인 농촌인 불이농촌, 아래쪽은 조선인을 소작인으로 한 불이농장을 설치 운영하였다.

선전되었다. 따라서 여기서는 이 사업을 통해 일제의 이민척식론과 금융자본이 주도하는 자작농 창정유지라는 농정책의 실체를 파악하려는 것이다.

일제초기 익산 옥구지역에 들어온 일본인 농업자본가 후지이 간타로(藤井寬太郞)는 지주경영을 위해 수리조합을 건설하여 간척지를 개간하는 한편 이 과정에서 불이농촌이라는 일본인 자작 이민촌을 준비하고 건설해 갔다. 본장에서는 이 사례분석을 통해 1920~1930년대 일제의 이민정책과 조선 농업지배의 특질을 구체적으로 살펴보고자 한다. 특히 동일한 목적아래 추진되었다가 중단된 동척 이민사업과의 동질성과 차별성을 검토하려 한다.

2. 익옥수리조합 건설과 옥구간척지 조성사업

1) 익옥수리조합 건설과 사업비

옥구·익산지역은 일제가 근대적 농업경영을 통해 풍부한 부원을 창출할 수 있는 평야지대로 일찍부터 알려졌다.[4] 러일전쟁을 전후하여 자력을 겸비한 일본인 지주·자본가들이 대거 몰려들어 고리대·저당유질·잠매·가명 매매 등 다양한 방법을 동원하여 땅 투기에 열을 올려 대농장을 건설하기 시작하였다. 이들은 조선지배의 물적 토대를 확보하고 급격한 자본주의 발전으로 야기된 일본의 식량·인구문제를 해결한다는 국책=만한이민집중론을 등에 업고 지주제를 바탕으로 이윤을 최대한 확보하려 하였다.

일본인 지주들은 조선개발이라는 사명감 아래 多勞多肥的인 일본식 농법을 도입하여 미곡상품화를 목적으로 농업경영에 착수했으나 곧 벽에 부딪혔다.

---

4) 익산 옥구군의 지역 사정에 대하여는 ① 保高正記·松村祐之, 『群山開港史』, 1925, ② 전라북도 익산군청, 『익산군사정』, 1928. ③ 竹中康雄, 『群山開港前史』, 1935, ④ 군산부, 『群山府史』, 1935. ⑤ 군산시사편찬위원회, 『군산시사』, 1975, ⑥ 홍성찬 외, 『일제하 만경강 유역의 사회사』, 혜안, 2007 등이 참고된다.

조선의 지리적 조건과 성립기반이 다른 일본식 농법을 기계적으로 이식하는 것만으로는 예상된 성적을 거둘 수 없었다. 식민지 농업경영의 성패는 그들이 영구 정착할 수 있는 일본적 생활환경·농업환경의 조성에 달려 있었다. 조선의 농업환경을 일본식으로 개조시키는 것이야말로 일본인 이민 정착의 결정적 관건이었다. 일본인 농업자들은 일본품종의 보급·경종법 개량·비료의 증시 등 일본식 농법의 이식에 주력하였다.[5]

그러나 농사개량만으로는 이주 목적을 달성할 수는 없었다. 일본인 농업자들은 근본적인 대책으로 수리시설의 완비를 목표로 하는 토지개량사업에 착수하지 않을 수 없었다. 1900년대 후반 이곳에 불어 닥친 한해는 농업경영을 힘들게 했다. 이 문제를 해결하지 않으면 농장경영은 허사로 돌아갈 전망이었다.[6] 그나마 이곳 물줄기는 이미 上田을 차지한 조선인 지주들이 농업경영에 이용하고 있었기 때문에 수원확보도 쉽지 않았다.[7]

일본인이 조선 정착초기에 직면한 당면 과제는 수리문제의 해결이었다. 실제로 多水가 전제되지 않은 多勞多肥的인 일본식 집약농법으로는 생산력 증대의 성과를 거둘 수 없었다. 일제 당국도 이 점을 깊이 인식하고,[8]

---

5) 1910년대 일본인 농업경영자들의 농사개량에 대해서는 정연태, 「1910년대 일제 농업정책과 식민지 지주제」, 『한국사론』20, 1988. 11이 참고된다.

6) 1906년부터 한해가 매우 심각했는데, 20만 원을 투자한 농장도 사무원의 봉급조차 줄 수 없을 정도였다고 한다(藤井寬太郎, 『朝鮮土地談』, 1911, 22쪽).

7) 당시 일본인들은 해안가 가까운 평야지대를 매입한 반면, 조선인은 下田부터 파는 관습상 양자의 이해가 일치하여, 지역별로 국적에 따라 토지소유의 양분화 현상이 일어났다(藤井寬太郎, 앞 책, 1911, 21쪽). 이리하여 조선인 지주들이 소유한 토지는 물줄기가 좋은 비옥한 토지였기 때문에 일본인 지주만큼 수리조합 설립은 긴박한 과제는 아니었다. 오히려 수리조합이 설립되면 비옥한 토지를 잃거나 피해를 당하는 경우도 많아 수리조합 설치를 반대하기도 하였다. 임익수리조합 설립시에도 요교제 안에 토지를 소유한 조선인 지주들은 격렬히 반대하였다. 1920년대까지도 완전히 해결되지 않았다(「臨益水利組合貯水池用地買收證書」(전북농지개량조합소장자료, 이하에서 특별한 언급이 없는 한 모두 전북농지개량조합 소장자료임), 『동아일보』, 1927. 8. 21).

8) 「全州平野の水利事業」, 『朝鮮農會報』, 1910. 3, 24쪽.

수리시설을 마련하려고 하였다. 이것이 그들이 말하는 '농업근대화'(=조선농업의 일본화)였으며, 식량문제 해결의 요체였다.[9]

일본인 지주들은 토지구입을 위해 답사할 때부터 수리문제에 대한 대비책을 어느 정도 마련하고 있었다. 기존 수리시설을 폭력적으로 이용하면 수리문제를 해결할 수 있으리라 판단하였다. 당시 군산에서 수리왕이라 불리던 후지이 간타로는 1904년 한국에 건너올 당시부터 이 점에 착안하였다.[10] 그는 폐제화된 요교제를 발견하고, 이 시설을 복구하여 수리문제를 해결한다는 전망아래 토지를 구입하여 후지모토(藤本) 농장을 설립하였다.[11] 전주평야 일대에 토지를 확보한 일본인 지주들은 토지확보 방식에는 차이가 있었지만, 공통적으로 조선 구래의 수리시설을 개수하여 일본식 집약농법을 이식시키려 하였다.

일본인 지주들의 희망을 대변해 준 법적 조치가 대한제국 재정고문 메가타 다네타로(目賀田種太郎)의 주도아래 한국정부가 1906년 공포한 수리조합조례였다.[12] 일본인 대지주들은 이를 근거로 각종 지원을 받아 합법적으로

---

9) 1900년대 일본인들의 각종 한국 「안내서」와 「조사서」에서는 종래의 수리시설은 일본식 농법을 이식하는 데 어려움이 있음을 지적하고, 이른바 농업개발의 출발점으로서 수리시설을 개수 보완 확충할 것을 주장하였다.

10) 藤井寬太郎는 1876년 德島縣에서 태어나 1891년부터 오사카의 藤本합자회사에서 무역업에 종사하였다. 1900년 藤本合資會社 대표사원으로서 군산지역에 들어와 활발한 활동을 하다가, 1904년 5월 군산과 인천에 支店을 설치하고 무역업과 농장경영에 나섰다. 전자의 주 종목은 미곡·우피 등이었으며, 전라·충청 18개 지역에 출장원을 파견하여 매입, 판매하였다. 그리고 한국정부 재정고문으로 와 있던 目賀田種太郎가 실시한 화폐정리사업에 자기의 판매망을 이용하고 참여하여 많은 부를 축적할 수 있었다. 한편 농장경영에도 착수하여 전북 익산군 오산면에 藤本농장을 설립하였으며, 임익수리조합을 설립하여 조합장에 취임하였다. 藤井寬太郎의 약력은 홍성찬, 「일제하 금융자본의 농기업지배」, 『동방학지』 65, 1990 참고.

11) 1907년 봄 한국재정고문 目賀田種太郎는 藤本합자회사의 요교제 복구사업 건의에 따라, 4만 원의 예산을 배정, 기사를 파견하여 저수지를 조사할 계획을 수립하였다. 이 계획은 目賀田의 퇴직으로 실현되지 못하였다(藤井寬太郎, 앞 책, 1911, 19쪽).

12) 『舊韓國官報』 제3418호, 1906. 4. 4. 또한 수리조합 설립을 촉진하기 위하여 수리조합 설립 요령과 모범규약도 제정하였다(「全益水利組合重要書類綴」).

수리권을 장악하고 일본식 농법을 이식시켜 지주경영을 해 나갈 것을 계획했다. 이 과정은 조선농촌의 일본화를 위한 제1차적 조치로서 구래의 수리체계를 파괴하는 것을 의미하였다. 이 법은 일본인 지주들이 수리조합을 설치할 때, 조선인 토지소유자들의 의사를 무시하고 자기들 의도대로 설치할 수 있도록 마련한 법제였다. 그리고 대한제국 정부의 지불보증 아래 금융기관으로부터 자금지원을 받을 수 있었을 뿐만 아니라 기존 국·공유 수리시설을 우선적으로 이용할 수 있게 하는 등 각종 편의도 제공받았다. 일본인 지주들은 수리조합조례가 마련되자 곧 조합 설립작업에 착수하였다. 특히 1909년의 큰 한해로 말미암아 이리(현 익산시)에서 군산에 이르는 1만여 정보의 토지가 白田化하자,13) 서둘러 이 작업에 착수하였다.14)

1910년 전반기 익산 옥구지역 일대에 옥구서부 수리조합을 시작으로 5개 수리조합을 설립하였다. 전체 몽리면적은 9,990정보에 달하였다. 〈표 1〉의 수리조합은 새로 수리시설을 만들거나 특별한 기술을 도입하여 설립한 것이 아니라는 점에 기술적 한계를 갖고 있었다.15) 이들은 국·공유 수리시설에 대한 이용권을 획득하거나 사유 수리시설을 매득하는 등 기존 수리시설을 확보하여 이용수준을 극대화하는 한편, 조선인 토지소유자들의 반발을 폭력적으로 저지하며 자기들 위주로 수리시설을 개편한 것에 불과하였다. 구래의 수원과 수리시설을 활용하는 것만으로 일본식 농법을 도입하는 데는 한계가 있었다.16)

---

13) 藤井寬太郎,「益沃水利組合之事業」, 1923, 1쪽.
14) 이 지역 수리조합 연구는 ① 박명규,「일제하 수리조합 설치과정과 그 사회경제적 결과에 관한 연구」,『성곡논총』20, 1989, ② 이경란,「일제하 수리조합과 농장지주제 ─옥구 익산지역의 사례」,『학림』12·13합집, 1991, ③ 우대형,「일제하 만경강 유역 수리조합 연구」,『일제하 만경강 유역의 사회사』, 혜안, 2007 등이 있다.
15) 조선후기 수리시설의 기술 수준은 최원규,「조선후기 수리시설과 경영문제」,『국사관논총』39, 1992을 참조.
16) "현재의 농법은 관개에 다대한 노력을 요하는 외에 일반농민은 전혀 潤雨의 여하를 憂慮하고 농법의 개선 이모작의 보급을 기하는 데는 이르지 못하여 수익도 근소하다"(「大雅貯水池設立計劃」).

<표 1> 1910년대 옥구 익산지역의 수리조합(단위 : 정보)

조합명	인가년도	몽리면적		수원지	조합장 및 대표적 지주
		창립	1940년		
옥구서부	1908	270	490	米堤, 船堤	金相熙
임익	1909	3,440	4,844	腰橋堤, 독주항	불이흥업 川崎농장
전익	1910	1,100	1,532	독주항	細川농장
임익남부	1910	2,400	11,360	기존 水路와 뚝	大倉농장 熊本농장
임옥	1911	2,780	(익옥)	〃	宮崎농장
합계		9,990	18,026		

비고 : 독주항은 민영익 소유의 거대한 보 시설이었다.
자료 : 전북농지개량조합, 『全北農地改良組合70年史』, 1978.

임익남부수리조합과 임옥수리조합 지구에서는 정도가 더 심하였다.[17] 특히 전자는 특별한 수원이 없고 물 저장시설도 불비하였다. 주 수원인 고산천과 전주천의 洑시설이 점차 복구되고 주변의 미간지 개간이 진척됨에 따라 수량이 대폭 감소하였다. 더구나 겨울에 사용하지 않을 때 물을 끌어다 저장했다가 사용했기 때문에 물 부족 현상은 심각하였다.[18] 이대로는 일본식 집약농법과 이를 기반으로 하는 일본의 벼 품종을 확대 보급시킬 수 있기는커녕 현상 유지조차 어려웠다. 농업경영은 강우에 의존하는 수준이었다. 1918년 쌀소동으로 인한 높은 쌀값과 때마침 비가 내려 일시적인 혜택을 보기도 하였으나 1919년 한발로 큰 피해를 당하자 조합구역 내 일본인 지주들은 항구적인 수리시설을 확보할 필요성을 절감하였다.[19]

1918년 봄 임익남부수리조합장 시마타니 야소하치(嶋谷八十八 : 嶋谷농장 주인), 임옥수리조합장 미야자키 게이타로(宮崎佳太郎 : 宮崎農場 주인)와 이 지역 최대지주 구마모토 리헤이(熊本利平 : 熊本농장 주인)는 후지이 간타로(藤井寬太郎)에게 임익수리조합의 수원인 요교제를 이용하여 수리문제를 해결해주도록 의뢰하였다. 후지이는 임익수리조합을 성공리에 완수하여

---

17) 〈표 1〉의 수리조합과 지주 소재지는 주)4의 ⑥책 부록 지도 참조.
18) 『益沃水利組合合竝會議錄』, 1919.
19) 藤井寬太郎, 『益沃水利組合之事業』, 1923, 3쪽.

당시 폭등하는 미가와 지가상승의 이윤을 향유하는 등 커다란 성공을 거둔 바 있었다.[20] 그리고 1912년부터 압록강 하구의 평북 용천군의 초생지와 간척지 개간사업과 大正수리조합 건설에 착수하여 제1기 공사를 완성한 때였다.[21] 후지이는 사업 성공으로 얻은 자신감과 경험을 바탕으로 조선총독부에서 만경강의 수해 방지를 목적으로 계획한 '대아저수지 설립계획'을 채용하여 거대 규모의 익옥수리조합을 만들기로 계획을 바꾸었다. 계획의 핵심은 임익남부수리조합과 임옥수리조합을 합병하여 종전과 다른 새로운 차원의 수리시설을 마련하여 관개의 완결도를 높이는 일이었다.

익옥수리조합의 주요 수원공사는 다음과 같다. 첫째, 전주군 동상면 대아리 고산천(만경강 지류)상류에 댐을 건설하는 일이었다. 대아리저수지 댐은 높이 102척, 만수 면적 143정보, 저수량 7억 2천 4백 77만㎥인 거대한 규모의 콘크리트댐이었다. 공사기간은 3년이 소요되었다.[22] 둘째, 비비정 부근의 만경강 取入口를 개축하여 취입능력을 현재의 3배로 하여 대아리 저수지의 수량과 만경강 하수를 상호 유기적으로 조절할 수 있게 하여 수해를 방지하도록 하였다. 셋째, 임익수리조합 지구의 배수로인 탑천과 익산군 오산면 오산리에 갑문을 축조하여 잉여수를 활용할 수 있도록 하였다.[23] 이 시설은 연장 18리에 달하는 대간선으로 익산군과 옥구군을 거쳐 옥구간척지까지

---

20) 藤井寬太郎이 설립한 임익수리조합은 안전성이 가장 높은 수리시설로 평가받았으며, 증수량은 단보당 8두에서 3배 이상, 지가는 단보당 8원에서 200~240원으로 급등하여 큰 이익을 보았다. 藤井寬太郎, 「不二全北農場と臨益水利組合」, 1929.

21) 藤井寬太郎, 「益沃水利組合之事業」, 1923, 3쪽.

22) 대아 堰堤공사는 도쿄제국대학 교수인 上野 박사, 운산금광회사 수력전기용 堰堤을 축조한 미국인 피터슨, 佐野 공학박사 등이 지도와 설계를 담당한 대공사였다. 시공은 수리조합에서 직접 관리하다 공사가 난항에 빠지자 한강대교를 건설한 바 있던 間組와 청부계약을 맺고 완공되었다. 이 경험은 후에 대정수리조합 저수지 건설공사 때 기술적 토대가 되었다(藤井寬太郎의 앞 책, 1923과 「益沃水利組合合併會議錄」).

23) 「益沃水利組合設立計劃書」 ; 「契約書(임익수리조합과 익옥수리조합 사이에 맺은 갑문설치 조건계약서)」 탑천 배수로공사가 제일 먼저 완료되어 1921년부터 몽리를 시작하였다.

연결되었다. 관·배수시설과 아울러 만경강의 수해방지, 조수방지 목적까지 겸한 종전과 다른 차원의 시설이었다.[24]

그러나 사업계획이 거대한 만큼 비용도 대단히 많이 소요되었다. 기존 임옥과 임익남부 수리조합의 몽리 구역만으로는 조합비 부담이 엄청나게 가중되어 타산성이 없었다. 후지이는 간척지 조성사업을 통해 조선총독부로부터 자금을 획득하는 방법을 대안으로 제시했다. 그는 한국에 투자하기 시작할 때부터 미간지, 특히 이 지역의 개간사업에 깊은 관심을 표명한 바 있었다.[25] 그 연장에서 금강과 만경강 하구의 사이에 있는 간척지와 두 조합의 미간지·기간지를 새로 편입시키는 한편,[26] 자기 간척지에 대하여 준공과 동시에 개간이나 수확 여부를 막론하고 조합비를 균등하게 부담하는 것을 조건으로 하는 해결책을 제시하였다.[27]

후지이가 제시한 간척지 조성계획은 국책 차원이나 지주들의 입장에서 문제될 것이 없었다. 그는 서선농장에서 간석지 개간사업을 성공리에 완성한 경험이 있었으며,[28] 거대 규모의 미간지를 대부받아 개간하여 토지를 불하받

24) 「益沃水利組合評議員會會議錄」(1923. 3. 10).
25) 藤井寬太郎은 "토지 사정에 정통하지 못하고, 값싼 上田이 있었다. 따라서 조선의 황무지는 비옥하지만 미개발의 상태에 있을 뿐만 아니라 국유미간지이용법에 따라 무상으로 불하를 받더라도 지금까지는 실패로 돌아갔다"고 지적하였다. 하지만 지금은 지가 상승으로 황무지개발의 수익성과 사회적 여건이 조성되어 있다고 강조하였다(藤井寬太郎, 『朝鮮土地談』, 1911, 42~46쪽).
26) 기존 임익남부와 임옥수리조합의 몽리면적 5,600정보, 미면 간사지 1,500정보, 두 조합미간지 912정보, 기간지 270정보 총 관개면적 8,000정보(282정보는 수로 등으로 제외)로 계획하였다(「대아저수지 설립계획」(전북농지개량조합, 『全北農地改良組合 70年史』, 1978, 282쪽).
27) 「臨沃水利組合第1次合併評議會會議錄」, 271쪽.
28) 대정수리조합은 藤井寬太郎이 평북 용천군 압록강 하구의 초생지와 간척지를 개간하기 위한 일환으로 설립한 것이다. 그는 국유미간지이용법에 따라 대부를 출원하고 농공은행에서 60만 원을 받아 1915년 간척을 완료하였다. 그러나 수리조합 건설이 지연되어 개답은 1918년 제1기 공사가 완료된 후 비로소 시작되었다. 또한 1923년에도 해일 때문에 많은 피해를 입었다. 서선농장의 개답작업은 수리조합의 저수지 공사를 완료한 때부터 본격화되었다. 공사자금도 1920년대 후반까지 700만 원이 소요되었다(불이흥업주식회사, 『農業と土地改良事業成績』, 1929).

을 수 있었다. 그리고 토지개량사업보조규칙에 따라 총독부의 재정지원도 받을 수 있었다. 후지이 본인은 거대 소유지를 확보할 수 있었으며, 이곳 지주들은 물 문제를 해결할 수 있는 사업이었다.[29]

옥구간척지 공사는 익옥수리조합 공사와 거의 동시에 착공하여 간척지의 농경지화에 필요한 막대한 수원을 확보하도록 한 계획이었다. 후지이의 소유지 확대 욕구와 일본인 대지주들의 토지개량 욕구라는 양자의 이해관계가 일치한 계획이었다. 더욱이 식량문제·인구문제 해결이라는 국책사업의 성패도 수리사업을 통한 간척지 조성 여부에 달려 있었다. 후지이는 이 간척지에 일본인을 영구 이주시켜 '모범적 수전촌'을 만들어 식량문제와 인구문제를 해결한다는 국책이민론의 입장에서 사업의 중요성과 효율성을 주장하였다.[30] 간척사업에 소용되는 비용도 일본보다 저렴하여 충분히 채산성이 있는 사업으로 판단하였다.[31]

익옥수리조합 설립위원회는 옥구간척지까지 포함한 총예산을 267만 2천 원으로 책정하고 이를 식산은행에서 연리 7분 5리로 2년 거치 28개년 연부상환의 조건으로 대부받되, 그중 40만 8천 원(사업비의 15%)은 조선총독부로부터 보조받아 해결하기로 하였다.[32] 후지이는 1920년 2월 4일 총독부로부터

29) 국유미간지이용법은 1907년 법률 제4호로 발표된 것(한국 탁지부대신 관방편찬, 『현행 한국법전』, 1910, 1415~1424쪽.)으로 민유 이외의 원야, 황무지, 초생지, 소택지와 간사지를 대부받아 사업을 하여 성공시에는 이를 불하 받을 수 있도록 하였다. 3정보 이내는 구관에 따르도록 하여 소토지를 개간하던 한국인들을 배려한 것으로 보이지만 곧 폐지되었다. 이 법이 목표하는 바는 거대규모의 미간지를 개간하여 토지소유를 확대하려던 일본인들의 의지를 반영한 것이었다. 이 법은 일제시기에도 그대로 적용되었다. 간사지는 조선공유수면매립령(1923. 3)이 발효될 때까지 이에 따랐다. 토지개량사업보조규칙은 1920년 12월 총령 제197호로 발효되었다(조선총독부 농림국, 『朝鮮土地改良關係例規』, 1941).

30) 藤井寬太朗, 「不二興業株式會社の水利開墾移民事業」, 『朝鮮農會報』 20-11, 1925, 251~252쪽.

31) 1919년, 1920년의 외국미 도입비용 2억 5,500만 원을 수리사업에 충당하면 약 50만 정보에서 500만 석을 증산할 수 있으며, 총 수리사업 1,000만 석, 개간, 간척 1,000만 석 합계 2,000만 석을 증산할 수 있다고 산정하였다. 藤井寬太朗, 앞 글, 『朝鮮農會報』 20-11, 1925, 251~252쪽.

조합설립 인가를 받는 동시에, 조합장에 취임하고 공사에 착수하였다. 공사 과정에서 대아저수지 공사의 지연, 만경강 연안주민과 음료수 문제로 인한 갈등, 옥구저수지 신축과 간척지 확장(1천 정보)에 따른 후지이와 평의원들의 갈등 등33) 여러 문제가 발생하였다. 예정보다 1년가량 늦었지만, 익옥수리조합은 1923년 6월 〈표 2〉와 같이 9,000정보의 몽리면적을 포괄한 규모로 사업을 완공하였다.

〈표 2〉 익옥수리조합 면적과 증수량(1925년도)

구분	지역		면적(정보)		증수량(석)		비고
			총	실	反當	합	
기존구역	임익남부		2,900	5,700	1.73	99,750	
	임옥		2,800				
신구역	임익남부	기간지	34	400	3	8,000	1. 기존구역=단보당 3.5석
	임옥	기간지	559				
	임익남부	미간지	712	2,900	3	87,000	2. 간사지는 시행후 6년 이래 수량
	임옥	미간지	395				
	옥구	간사지	2,100				
합계			9,500	9,000	9,000	194,750	

비고 : 1940년도 익옥수리조합의 몽리면적은 10,148정보였다.
자료 : 藤井寬太郎, 『益沃水利組合之事業』, 1923, 9~22쪽.

불이흥업은 공사 완성을 기점으로 단번에 익옥수리조합 구역 내에서 최대 지주로 자리 잡게 되었다. 옥구 간척지는 익옥수리조합 전체 몽리면적의 23%를 차지하는 거대한 규모였다. 어떤 의미에서 익옥수리조합은 불이흥업의 수리조합이라고 할 수 있을 정도였다. 불이흥업은 익옥수리조합의 주도적 설립자이면서 최대 지주였다. 조선총독부에서는 불이흥업의 경영주인 후지이 간타로를 조합장으로 승인하였다.34) 불이흥업은 이후에도 토지개량사업

---

32) 「大雅貯水池設立計劃」.

33) 「益沃水利組合評議員會 會議錄」.

34) 철원의 중앙수리조합은 藤井寬太郎이 1921년 철원의 황무지 약 4천 정보(불이 철원농장)를 매입하고 1922년 10월 설립인가를 받고 1925년 준공하였다(불이흥업주식회사, 『農業及土地改良事業成績』, 1929).

을 통한 지주지 확대와 농업생산력을 확충해갔다.[35]

1925년 불이흥업이 목표한 토지개량사업 성적은 〈표 3〉과 같다. 수리조합 몽리면적에서 불이흥업은 총 29,500정보를 차지했으며, 이는 전체 토지개량 면적의 26.5%에 달하였다.[36] 1920년대 중반 일제가 산미증식계획의 일환으로 일본인 지주들에게 대대적으로 금융자본을 지원한 결과물이었다. 산미증식계획은 일제의 국가적 지원 아래 금융자본이 지주제를 매개로 조선농업을 완전히 예속·지배해가는 과정이었으며, 조선농업을 일본농업화하는 주도체인 수리조합은 금융자본의 집결체였다.

〈표 3〉 불이흥업주식회사 토지개량사업 (1925년도)

사업명	면적 (정보)	사업 자금 (만원)	反當사업비 (원)	년증수 예상	공사기간	비고
임익수조	3,400	55	16.17	8.5	1911-16	
전북농장	800	10	6.61(구입)	3	1904-16	총1,500정보
대정수조	6,200	200	32.2 ⎤ 47.4	17	1916-18	3,200정보 不二
확장	1,600	170	62 ⎦	4.3	1922-24	750정보 不二
서선농장	3,200	150	47	12.8	1912-24	300정보未成
간척지	750	115	153	3	1922-26	총 950정보
익옥수조	9,500	500	52.6	19.5	1919-23	
옥구농장	1,900	224.3	118	7.6	1919-25	총2,500정보
신탁지	800	25	31	3.2	1919-23	만경강 초생지
중앙수조	8,800	570	63	20	1922-24	
철원농장	2,000	65	40(논)	5	1921-25	총4,000정보(일부田)
합계	29,500(水) 9,450(不)	1,495(水) 589.3(不)	66(간척) 50	70.3 (만석)		1924년도증수78만석 (간접개량4,000정보)

비고 : 水는 수리조합, 不는 불이흥업이다.
자료 : 조선농회, 「不二興業株式會社の 水利開墾と移民事業」, 『朝鮮農會報』 20-11, 1925, 251~257쪽.

불이흥업이 공적·사적인 입장에서 열정적으로 추진했던 관개개선·간척·

---

35) 「不二興業株式會社の水利開墾と移民事業」, 『朝鮮農會報』 20-11, 1925. 11과 불이흥업주식회사, 앞 책, 1929.
36) 1925년 수리조합의 수는 61개였으며, 몽리면적은 111,194정보였다(조선총독부, 「朝鮮總督府統計年譜」, 805쪽).

개간 등 토지개량사업의 이면에는 자금순환이라는 본질적인 문제가 개재되었다. 불이흥업은 '국가적' 지원 아래 토지개량사업을 지속적으로 추진한 결과 1929년 〈표 4〉와 같이 수리조합구역 몽리면적이 6,000정보 가량 증가하였으며, 사업비도 440만 원 가량 증가하였다. 그 결과 불이흥업의 비중은 수리조합 몽리면적 전체에서 27%로 전보다 비중이 감소하였다. 비중의 감소는 토지개량사업을 통해 인근 지역을 수리조합 구역에 편입시킨 결과였다. 이는 일제가 '국가적' 금융기구인 식산은행과 동척을 통해 수리조합에 대한 지배력, 나아가 농촌에 대한 지배력을 강화시켜가는 것을 의미한다. 지주와 농민을 동시에 자본의 운동에 예속시켜가는 과정이었다.

〈표 4〉 불이흥업의 토지개량사업 성적

수조	면적 (정보)	사업비 (만원)	벼증수 (만석)	농장명	개량내용	면적 (정보)	비고
임익	3,450	84.0	12.5	전북농장	관개개선	800	
대정	11,351	567.6	34.1	서선농장	간척	4,300	1928년 현재 증산 약 30만석 장래 증산예상액 약 45만석
익옥	10,118	647.5	18.9	옥구농장	간척	1,000	
				불이농촌	간척	1,000	
중앙	10,270	621.9	25	철원농장	개간	2,500	
합계	35,189	1,921.0	90.5	합계		9,600	재래전답산림 6,000정보별도

일제 금융자본의 지배력은 관개·개간 등의 농업개발사업을 지속적으로 추진해 간 불이흥업의 예에서 확인하듯 지속적으로 확대되어갔다. 불이흥업의 토지개량사업은 자기 자본을 투여한 성과가 아니라 산미증식계획이라는 국책에 힘입어 동척과 식산은행 등 금융자본, 특히 국가의 지원체제를 매개로 수행된 것이었다.[37]

금융자본의 대규모 대부를 통한 자본순환구조는 원리금의 원활한 상환을

---

37) 수리조합과 금융기구의 관계에 대하여는 이애숙, 「일제하 수리조합의 설립과 운영」, 『한국사연구』 51·52합집, 1985 ; 이경란의 앞 글과 이영훈 외, 『근대조선 수리조합 연구』, 일조각, 1992 등이 참고된다.

전제로 하며, 이런 측면에서 토지개량사업이 활성화되면 될수록 불이흥업의 자본순환구조는 비대화되지 않을 수 없었다. 불이흥업이 회사경영의 건전성을 유지하기 위해서는 원리금 상환이 원활하게 이루어져야 했다. 원리금 상환은 사업계획 당시 상정한 지주경영의 생산물이며, 상환금 변제를 위한 가치 창출물인 쌀 가격이 예상수준대로 유지되어야 했다. 미가가 유지되지 않으면 자금상환이 어렵게 되고 불이흥업의 재정에 동맥경화를 일으키게 된다. 재정이 악화되면 결국 금융자본이 농장의 토지소유권을 장악하는 결과를 초래하게 된다. 이것이 농업회사와 금융자본의 메커니즘이다.

자금순환구조의 문제점은 익옥수리조합의 자금운용과 옥구간척지 조성사업에서 여실히 드러났다. 익옥수리조합은 개정된 조선수리조합령에 따라 식산은행으로부터 대부를 받았을 뿐만 아니라 총공사비의 20%가량을 보조금으로 받아 건설비에 충당하였다. 공사비는 계획단계에서는 약 320만 원에 연리 7분 5리의 균등상환 조건을 예상했으나 진행 과정에서 540만 원으로 증가되고 금리도 1분가량 높은 조건의 자금을 대부받았다.[38)]

익옥수리조합의 조합채는 1930년 후반 5~6분대의 금리와 비교하면 상당한 고금리였으며, 일본금리와 비교하면 더 높았다.[39)] 토지개량사업에서도 마찬

---

38) 다음 표는 익옥수리조합 설립공사 직전의 계획내역이다.

〈사업비와 부담내역〉(「익옥수리조합 평의원회 회의록」)

종목	금액	사업완성후부담	금액	비고
공사비	236.7 (제언95)	┌ 사업비예산액	┌ 267.2	
임익배상금	4.5	│ 거치기간이자	32.064	단위 : 원 2년거치
기채잔액	50.0	└ 합	└ 299.264	28개년 연부
기타	26.0	정부보조금	40.08	연 7분 5리
계	317.2	계	307.28	

39) 조선 내에 유입된 자금은 대체로 그 성격이 국가자본이든 은행자본이든 일본 내에서보다 높은 금리가 보장되었다. 1938년경까지의 총 조합채는 539만 원이었으며 상환액은 209만 원 가량 되었다. 각 조합채의 이율은 설립 당시 최고 년 9분에서 1935년 5분, 1937년에는 4분으로 금리가 저하되었다(조선총독부, 『조선토지개량사업요람』, 각년판 참조). 하지만 실제는 이것도 일본 금리보다 높은 수준이었다. 이러한 고금리는 결국 농민부담을 무겁게 하는 것이었지만, 한편으로는 미곡의

<표 5> 익옥수리조합 조합비 부담액과 부담방법

조합채			상환 만기	사업비		조합경비(년)	
구분	금액(원)	년이율		구 분	금액(원)	구 분	금액(원)
구	440,000	8분	1929	조합채	4,311,005	원리상환	479,425
구	76,500	8분5리	1935				
신	1,500,000	8분5리	1950	보조금	1,022,836	경상비	133,824
신	2,811,000	9분3리	1951	잡수입	72,031	합 계	613,249
합계	4,827,500			합계	5,405,869	총면적	9,421정

비고 : ①단보당 조합비=6.509원 ②舊는 수조설립 이전, 新은 이후의 조합채.
자료 : 藤井寬太郞, 「益沃水利組合之事業」, 1923, 23~26쪽.

가지였다. 조합은 고금리에도 불구하고 사업자금 확보를 위해서 기채할 수밖에 없었다. 기채는 미가수준과 상환능력을 고려한 것이었지만, 미가가 예상 가격이상 하락될 때는 수세 부담이 가중되게 된다. 수리조합이나 지주경영에 심대한 영향을 끼쳐 농업경제 전반을 어렵게 하였다. 미가가 심하게 하락할 때는 상환을 위해 다시 기채하는 경우도 발생하였다. 더구나 공사도 계획대로 진행되지 않았다. 수리조합은 거의 예외 없이 추가 공사자금을 필요로 하였다. 익옥수리조합도 준공 뒤 확장공사비, 재해복구비, 경지정리비 등을 실시하여 기채액은 계속 증가하였다. 토지개량사업비 역시 옥구간척지의 예에서 보듯 증가 일로에 있었다. 여기에 미가도 공황을 기점으로 수년 동안 침체를 면치 못하였다(〈도표 1〉). 이러한 정세는 금융자본의 불이흥업에 대한 지배력을 강화시킬 수 있는 여지를 넓혀 주었다. 이것은 결국 일본제국이 자본가나 지주를 위로부터 장악해가는 동시에, 이를 매개로 농업경제 전반을 예속시켜가는 것을 의미하였다.[40]

불이흥업은 대규모의 금융대부를 통해 사업을 유지 확장시켜 왔으며 이 때문에 일제의 금융재정 정책에 직접적으로 커다란 영향을 받지 않을 수 없었다. 금융자본의 지배구조 아래 이들은 사기업이면서도 마치 공기업처

상품화를 촉진시키는 역할도 했다.
40) 불이흥업에 대한 금융자본의 지배에 대하여는 홍성찬, 앞 글, 『동방학지』 65, 1990에 자세히 다루고 있다.

〈도표 1〉 地價 米價 物價의 변동

럼 사업을 수행하지 않으면 안 되었다. 일본제국의 최일선에 자리잡고 국책사업을 선도한 것이다. 불이흥업의 입장에서는 토지개량사업도 기본적으로는 지주경영을 통한 기업이윤 확보를 목적으로 하는 것이었지만, 이는 일제가 국가자본의 의도에 충실히 따를 때만 가능하였다.

불이흥업의 토지개량사업은 농업생산력 확충이라는 국책아래 추진된 산미증식계획의 일환이었으며, 일제는 통치론적 관점에서 이를 이민사업과 유기적으로 연결시키고자 하였다. 이러한 정책적 지향은 '간척지 이민론'으로 제기되었다.

2) 간척지 이민론과 옥구간척지 조성사업

(1) 간척지 이민론

동척의 이민사업은 막을 내렸지만, 동아시아에서 대제국을 건설하려는 일본제국주의 차원에서 농업이민정책은 중단할 수 없는 국책사업이었다.

취약한 자본 재생산 구조를 가진 일본자본주의가 내외적 모순을 타개하기 위해 취할 수밖에 없는 필수 정책이기도 했다. 그러나 이민정책은 이때 난관에 봉착하고 있었다. 그 요인은 안팎에서 제기되었다.

일본자본주의는 제1차 세계대전의 경기호황에 편승하여 급격히 성장했지만, 사회문제·인구문제는 더욱 악화되어 갔다. 특히 1917년 러시아혁명과 大正데모크라시의 자유주의적 분위기에 편승하여 일본 내에서는 '국체변혁'을 시도하는 무정부주의와 사회주의 등 혁명사상이 보급되는 한편, 농민운동, 노동운동 등 각종 사회운동도 급격히 확산되었다. 인구도 매년 60, 70만씩 증가하여 과잉상태를 더욱 부추겼다.[41] 과잉인구는 사회문제를 악화시켰을 뿐만 아니라 매년 200만석 가량 부족한 식량문제도 더욱 증폭시켰다. 급기야 1918년에는 살인적 고미가를 견디지 못한 일본 민중들이 쌀폭동을 일으켰다.[42] 더구나 종전후 경기가 호황에서 만성불황으로 반전되면서 인구문제는 일본경제의 사활 문제로 대두되었다.

세계적 불경기의 여파는 미국에도 크게 영향을 미쳐 일본이민 배척운동이 벌어졌다. 과잉인구의 주요 배출구였던 미국에서 배일 이민법안이 통과되자,[43] 해외 유입자본이 단절되고, 상품시장도 큰 지장을 초래하였다. 일본이민이 미국산업 발전에 일익을 담당하였음에도 불구하고 모멸과 배척을 당하였다고 인식한 일본제국주의 건설론자들은 이 사태를 커다란 충격으로 받아들였다.[44] 더구나 이들은 격증하는 인구문제의 해결책은 해외에 이·식

---

41) 大藏省 管理局, 「日本とその植民地域における人口の發達」, 『日本人の海外生活に關する歷史的調査(1)』, 1945, 153쪽.

42) 楫西光速 외, 「勞動運動と米騒動」, 『日本資本主義の發展』 3, 1959.

43) 大藏省管理局, 앞 책(1), 1945, 192~193쪽. 일본인의 미국이민이 완전히 금지된 것은 1924년 미국의회가 귀화불능 외국인의 입국금지 조항을 포함한 이민입국 할당법을 통과시키면서 시작되었다.

44) 內藤英雄(日本植民通信社長·日本植民相談所長)은 「이·식민의 보호장려의 방책 여하에 대한 의견서」에서 "오인은 미국의회의 비인도적 행위에 대하여는 정의 인도를 위하여 북을 두드리고 싸우지 않으면 안 되지만, 일면 우리 이식민의 근본적 사상상에 결망이 있는 것을 슬퍼하지 않으면 안 된다."라는 견해를 밝히고 있다(『동아

민하는 것을 보호 장려할 수밖에 없다고 주장하는 차제였기 때문에 격렬하게 미국을 비판하는 한편, 종전의 이민책에 대한 전면적인 정책전환을 고려하였다. 이때 과잉인구 배출처 선정문제가 주 현안이었지만, 이에 앞서 종전의 '이민 사상'에 대한 전면적인 반성이 요구되었다.

일본식민통신사장이며 일본식민상담소장인 나이토 히데오(內藤英雄)는 1924년 4월 22일 제국경제회의에 대한 자문에서 일본이민들이 미국에서 거둔 성과에도 불구하고 미국이민을 비롯한 해외이민에 실패할 수밖에 없었던 것은 일본인의 '섬나라 근성'에서 말미암은 "편협한 민족적 발전 또는 일시적 출가를 목적으로 한 잘못된 이민사상" 때문이라고 파악하고, 남미 등 해외이민에 대한 개혁방안을 제시하기도 하였다.[45]

그러나 해외이민은 인구문제 해결의 항구적인 대책이 될 수 없었다. 이 문제를 근원적으로 해결하기 위하여 이제까지 많은 문제를 야기했던 조선으로의 농업식민에 대한 정책 수정을 요구하는 동시에, 만주를 비롯한 중국, 러시아까지 염두에 두고 일본제국은 새로운 팽창적 식민정책을 추진하게 되었다.[46] 만주에 대한 야심은 메이지유신 이래 극우세력들이 주장했던 '아시아연대론', '대아시아주의' 속에서 이미 배태되었을 뿐만 아니라, 대륙침략의 전초기지로서 조선을 강점한 후 더욱 확산되어 가고 있었다. 특히 사회주의혁명으로 등장한 쏘연방과 국경을 마주 대하게 되었을 뿐만 아니라 조선에서 3·1운동이 일어나고 만주에서 조선인의 무장투쟁이 활발히 전개되자 일본제국은 크게 위협을 느꼈다.

일보』, 1924. 5. 24. 미국배일과 동척의 이민 ; 1924. 6. 1. 조선이주 유망 보고 배일법안 실시와 재미 일본인의 대공황).

45) 內藤英雄, 「이식민 보호장려의 방책 여하에 대한 의견서(1924. 4. 20)」, 일본외무성문서.

46) 『國民新聞』, 1925. 5. 10(일본외무성문서). "대륙으로 뻗어가자 막다른 일본에는 해외산업밖에 없다"라고 당시 헌정회 총재였던 後藤新平은 언급하였다. 여기서 해외는 특히 러시아·지나·남만을 대상으로 하였다. 새로운 극동정책의 전개를 역설하였다.

일제는 지배체제를 유지하기 위한 대비책으로 만주와 조선 북부지역에 주목하였다. 더구나 만주를 일본자본주의의 경제권으로 확보하기 위한 만주 침략이라는 과제를 앞두고, 그 전진기지로서 조선 북부지역은 더없이 중요한 지역으로 대두되었다.[47] 이곳은 식량문제와 인구문제를 동시에 해결할 수 있는 지역이기도 하였다. 이제까지 실행이 크게 미진했던 '만한이민론' 차원의 식민여론이 다시 수면위로 떠올랐다.

동척이민이 한계에 도달한 시점에서 일본정부와 조선총독부는 우선 임시방편으로 민간인 해외이민 알선단체와 이민희망자에 보조금을 지급하면서 항구적이면서도 원대한 이주책을 논의하였다.[48] 이 논의는 여당인 헌정회가 주도하였다.[49] 헌정회는 특별위원회로 인구·식량문제 조사위원회를 설치하여 일본인 천만 명을 조선에 이주시킬 계획을 제시하였다.[50] 조선인을 만주·중국·시베리아를 개척하여 이주시키고 공백지대에 일본인을 이주시키자는 것이

---

47) 이러한 논의는 1910년에도 제기되었다. 일제의 한국강점을 주장했던 大庭柯松는 조선인이 러시아령에도, 만주에도 수효와 우수한 자질을 가지고 커다란 존재로 성장하고 있다는 것을 보고, 일제에 대한 원한을 품은 수십만 백성을 영구히 이웃에 둔다는 것은 나라를 대륙에 세우려는 일본에게 커다란 위협이 아닐 수 없으니, 그 대책으로 두만강과 압록강변에 러시아의 코사크병제를 본받은 둔전병제를 창설하라고 주장하였다. 더구나 조선주둔 2개 사단 창설이 정치 문제화되고 있었던 때인 만큼 옛 고구려인과 같은 강건한 민족인 조선인을 이용해서 경지분배의 특권을 주어 두만강 압록강변에 일선인 혼성의 둔전병촌을 창설하는 것은 경제 군사적으로도 유리하다는 것이다(「코사크 병제와 조선의 둔병제」, 『日本及日本人』, 1911).

48) 『동아일보』, 1923. 11. 26. 일본정부는 조선과 北海道에 이민을 장려하면서 해외이민회 외 9협회에 보조를 하고, 각현 이민이주 희망자와 자격을 조사하였다. 특히 조선에는 500호 내외(1호 4명 표준)를 예정했는데, 익옥수리조합과 연락하여 이주자의 보호 활동을 하기로 결정하였다(『동아일보』, 1923. 8. 10).

49) 일본정계에서는 극동정책을 둘러싸고 정우회와 헌정회가 서로 대립하였으나 상황 인식의 차이에 따른 방법론의 차이일 뿐 식민정책적 차원에서 문제를 풀어가려는 점에서는 동일하였다. 양자의 정책상의 차이점에 대하여는 坂野潤治, 「政黨政治と中國政策」, 『近代日本과 東아시아』, 1980과 박양신, 「桂園時期 立憲政友會의 한 研究」, 『학림』 10, 1988이 참고된다.

50) 『조선일보』, 1923. 9. 5. 이를 탁상공론이라 비판하면서 만주·조선·시베리아에 3천만 명을 이주시킬 계획을 세웠다고 보도하였다.

었다. 이 논의는 실천과정에서 크게 수정되었지만 정책의 기본입장은 동일하였다. 이에 따라 조선인은 만주나 중국·일본 등 해외로 대량 추방당하였으며, 그 자리에 일본인을 이식시키는 식민작업은 더욱 강화되었다.[51]

조선인의 만주이주는 동삼성을 중심으로 광범하게 전개되었다. 만주의 수전 경작은 조선인이 개발하고 주도하였다. 그 수가 80만 명이고, 1년에 현미 60~70만 석 정도를 생산하였다. 처음에는 동아권업공사 등을 앞세워 '이주농민지도'라는 명목아래 이들을 장악해가려 했다.[52] 이제 일본정부·조선총독부·만철이 합동으로 조선인의 만주이주계획을 본격적으로 추진하였다. 일본정부의 총지휘아래, 만철의 자본과 기술, 조선총독부의 농업이민 장려책 등 역할을 분담하였다. 이 계획은 일제가 처한 정치·경제문제를 해결하기 위해 나온 방안이었다. 궁극적으로는 중국을 경제·군사적으로 지배하기 위한 기초작업이었다.[53]

조선총독부는 조선은행과 함께 타당성 조사에 착수하였다. 조사 결과 만주와 시베리아 지역은 수전농업에 적당하며 수전 가능지가 약 600만 정보, 예상생산량은 9천만 석에 달할 것이라고 진단하였다.[54] 일본정부는 이러한 조사를 전제로 인구증가와 농촌피폐로 더욱 왕성하게 추진되던 해외이민운동에 힘입어 이주·식민정책을 추진했다. 1928년 인구·식량문제 조사위원회안을 작성하여 이를 기초로 300만 원의 예산을 계상하고 이주·식민정책을 실현하기 위한 기구정비 작업에 착수하였다. 일본정부는 척무성

---

51) 조선인의 이 지역 이주는 19세기부터 시작되었지만 일제초기부터 본격화되고 대륙 침략정책이 노골화되면서 더욱 확대되었다. 金哲, 『韓國の人口と經濟』, 1965 ; 고승제, 「만주농업이민의 사회사적 분석」, 『한국근대사론』, 1977 등이 참고된다.

52) 『朝鮮新聞』, 1925. 5. 9, 만주로 선농이주.

53) 『동아일보』, 1926. 7. 1. 조선만주 방면에 집단적 이민계획(관동주 동삼성), 사회국의 조사와 협의라 보도하였다. 이러한 정책에 대해 중국정부는 조선농민을 일본 척후대로 인정하고 이들에 대한 사용금지령과 일본인에 토지매매금지령을 내리는 등 강력히 대응하였다(『동아일보』, 1925. 9. 11).

54) 1925년 9월 3일 헌정회의 중진인 조선정무총감 下岡忠治와 일본에서 파견된 田中善立이 이에 대한 타당성을 검토하였다(『동아일보』, 1925. 9. 13).

주도아래 대일본척식회사를 설립하는 동시에 각종 민간기구의 활동을 적극 장려하였다.[55] 해외협회를 이주조합으로 개조하고, 식민학교조장과 식민지 연구소, 식산박물관 등을 설치하는 한편, 해외사상을 보급시키면서 '이민열'을 고취시켰다.[56] 1928년에는 조선과 만주에 이민 2~3만 명을 이주시키는데 필요한 예산 826만 8천 원을 편성하고 사업을 구체화시켜갔다.[57]

이주 식민정책의 주안점은 일본 농업권을 만몽지역까지 확대하는 침략정책론, 압록강돌파론이었다. 그러나 만주점령 전에는 중국정부와 土地相租權을 둘러싼 갈등,[58] 만주지역에 거주하는 중국농민의 反일본제국주의 투쟁 등으로 그 실현은 불가능한 상황이었다.[59] 당장의 현실적 대안은 못되었다. 여기서 남양군도나 미주지역 등 여러 지역이 대상으로 떠올랐으나 자연조건·교통조건·통치문제 등 여러 문제를 고려할 때 조선이 현실적으로 가장 적합한 지역으로 관심을 끌었다.

일본정부는 일본이민이 부진한 원인을, 조선인의 이민에 대한 극도의 반감, 이민수용 토지부족, 일본인의 높은 생활수준 등이라 분석하고, 해결방안을 강구하였다.[60] 그동안 누차 문제가 있다고 지적되던 동척이민은 폐지하기로 결정하였지만, 조선이주정책은 조선 지배를 포기하지 않는 한, 그리고 동화정책을 포기하지 않는 한 지속적으로 반드시 추진해야 할 일이었다. 이들은 조선을 단순한 식민지가 아니라 '진실한 일본'으로 만드는 것을 가장 긴급한 임무로 생각하였다. 일제는 조선통치의 핵심을 조선문화를

---

55) 『동아일보』, 1928. 6. 2 ; 『조선일보』, 1926. 6. 1.

56) 『동아일보』, 1927. 11. 6.

57) 『동아일보』, 1928. 11. 4. "1928년에 1만여 명이 1929년에는 2~3만 명에 달할 것으로 확신하고 장래를 크게 주목하였다."

58) 土地相租權에 대하여는 淺田喬二, 「滿州における日本人大土地所有者 階級の存在構造」, 『日本帝國主義と舊植民地地主制』, 御茶の水書房, 1968, 181~188쪽.

59) 淺田喬二, 「滿州農業移民政策の立案過程」, 『日本帝國主義下の滿州移民(滿州移民史研究會編)』, 1976, 24쪽.

60) 『조선일보』, 1926. 5. 25.

일본식으로 개조시키고 일본인과 조선인을 동화 융화시키는 일로 판단하였다. 일본인을 이주시켜 이 임무를 수행할 첨병으로 삼으려 하였다.

그러나 당시 일본인 이주민은 10년간 10만 명도 안 되었을 뿐만 아니라 1920년대는 이민수가 감소하는 추세를 보였다.[61] 예상에 훨씬 미치지 못하였다. 더구나 3·1운동 등 민족운동의 활성화에 따라 일제는 조선통치에 위기의식을 느꼈다. 안정적 통치를 위해서 200~300만 명 정도의 일본인을 조선에 이주시키는 한편, 조선농민들은 만주에 농업이민으로 보내거나 일본에 노동자로 보낼 것도 추진하였다. 이러한 원대한 계획아래 일제는 조선에 일본인들이 이주할 수 있도록 산업개발을 추진했다. 여기서 산미증식계획의 일환으로 식민계획을 추진하여 식량문제와 이민문제를 동시에 해결하고자 하였다.[62] 이 계획이 일본정가에서 구체적으로 표면화된 것은 1927년 9월 중순에 열린 제2회 인구식량문제 조사위원회였다. 이때 이민가능수를 15년 후 조선의 인구포용력을 2,900만으로 잡고 현재 2,000만에서 조선인 증가 300만 명, 일본이민 600만 명, 도합 900만 명을 수용할 것을 검토하였다.[63]

반면 조선총독부는 식량의 생산과 공급을 위한 산미잡곡증식계획을 우선적으로 취급하고, 이민문제는 이차적으로 고려한다는 '주 식량문제, 종 이민문제'라는 입장을 전달하였다. 일본인을 조선에, 조선인을 해외로 이주시킨다는 것은 통치상 중대한 지장을 초래할 것이며, 개간 간척지 이주의 경우도 마찬가지라는 이유를 들었다.[64] 그러나 이러한 입장 차이는 정책의 선후

---

61) 조선 거주 일본인의 연도별 실태는 다음과 같다. 1876년 54명이었다가 청일전쟁 직후인 1895년경에 만 명을 돌파하였고, 1902~1903년에 3만, 1906년에 8만, 1910~1911년에 급격히 증가하여 21만, 24만에 육박하였다. 그 후 해마다 1~2만씩 증가하여 1919년에는 34만을 돌파하였다. 잠시 3·1운동의 여파로 주춤하였던 이민은 1922년에는 38만(조선총독부, 「朝鮮에서의 內地人」, 1924, 2~4쪽), 1930년에는 53만, 40년에는 70만 명에 달하였다. 溝口敏行·梅村又次 編, 『舊日本植民地經濟統計 - 推計와 分析』, 1988, 204쪽.

62) 『조선일보』, 1926. 5. 23. 토지개량과 일본이민.

63) 『동아일보』, 1927. 9. 25 ; 『조선일보』, 1927. 9. 25.

64) 『동아일보』, 1927. 9. 9.

문제일 뿐 지향점에서 차이가 나는 것은 아니었다.[65]

일본정부와 조선총독부는 산미증식계획을 토대로 이민정책을 추진하기로 결정하였다. 각종 기구와 선전매체를 통하여 이민의 성공사례를 대대적 선전하며 이민을 모으는 한편,[66] 이민 수용가능지를 확보하는 데 주력하였다.[67] 산미증식계획을 전제로 실시된 일본인 농업이주는 3억 4천 300만 원이라는 거액을 투자하여 15만 정보의 간척지를 개간하여 7만호를 이주시킨다는 계획이었다.[68] 이때 채택한 방식은 조선인의 노동력을 동원하여 토지를 비옥하게 한 뒤 일본인을 이주시키는 간접 이민방식이었다.[69]

그러나 자본축적이 미약한 일제가 국가사업으로 추진하기에는 재원이 부족하여 개간회사에 개간비 총액의 3할을 보조하는 방식을 채택하였다. 계획면적 15만 정보에 1호당 3정보씩 5만호를 예정하고 1차로 토지개량부가 계획한 7만 5천 정보에 2만 5천호를 이주할 계획을 세웠다.[70] 금융자본의 대규모 지원 아래 산미증식계획과 이민사업을 동시에 수행할 수 있는 간척지 개간, 즉 토지개량사업이 총독부의 주관 아래 일본인 농업자본가를 매개로 실시되었다. 여기에 참여한 대표적 농업자본가가 불이흥업의 후지이였다. 그는 한국에 건너온 초기부터 조선에 일본인을 대량 이주시켜 '조선의 일본화'를 달성해야한다는 생각을 하였다.[71] 이러한 취지에서 동척의 기간지 이민사

---

65) 1927년 10월 5일 인구식량문제조사위원회 간사회에서 조선총독부 渡邊농무과장은 현재 조선의 인구밀도로 보아 조선농민을 이주시켜 생활을 안정시키고, 농사개량을 위해 간간히 소수 일본인을 이민하는 것이 총독부의 방침이라고 발언하였다. 이 방침은 조선 통치문제를 우선 고려한 것이었다(『동아일보』, 1927. 10. 9).

66) 『동아일보』, 1927. 3. 17.

67) 『동아일보』, 1927. 10. 9.

68) 『조선일보』, 1927. 10. 9 ; 『동아일보』, 1927. 10. 10. 조선농민은 총 400만 호이며 일본이주민 4만 호로 이미 전국이 일본 이주민으로 깔려 있으며 일본이 경제를 지배하는 형편이라고 보도하고 있다(『동아일보』, 1927. 11. 6).

69) 『조선일보』, 1926. 5. 23.

70) "당시 총독부에서는 이러한 계획의 일환으로 50정보이상의 간척지는 조선인에게는 대부하지 않았다"고 하였다(『동아일보』, 1928. 4. 25).

업이 실패로 끝날 시점에 간척지 이민론을 제시하였다.[72]

조선 각지에 산재한 미간지를 개척하여 일본인을 영구 이주시켜 '모범적 수전촌'을 만들어 식량문제와 인구문제를 해결하려는 방안이었다. 이 방안의 성패를 가늠하는 사업자금의 조달과 상환문제도 간척비용이 일본보다 싼 점을 고려하여 충분히 수익성이 있다고 판단하였다.[73] 따라서 미국이민이 막힌 현실에서 과잉인구의 적절한 해소를 위해서는 금융자본의 지원 아래 토지개량회사를 관민협력 체제로 운영하여 만한이민론의 이상을 실현할 수 있다고 보았다.[74]

후지이의 이민론은 불이농촌 건설로 실천되었다. 그는 1918년부터 일제 금융자본의 지원 아래 익옥수리조합을 건설하면서 이 용수를 이용하여 군산 인접지에 간척지를 조성하고 있었다. 이것은 당초 불이흥업이 계획한 것이나, 국가자본의 지원을 받으면서 그 중 반을 일본인 이주의 시험의 장으로 사용하기로 하였다. 간척지 총규모는 2,000정보를 절반씩 나누어 남쪽은 불이흥업의 소유지로 조선인을 소작인으로 한 농장으로, 북쪽은 일본인을 이주시킨 자작농촌으로 건설하기로 했다. 불이농촌의 이주예정 호수는 300호로 호당 3정보씩 분배하고 산업조합을 조직하여 공동경영하기로 하였다.[75] 이 같은 간척지 운용계획은 조선농민에게 경작지를 제공하고, 일본인 이주민에게 자작지를 제공한다는 점에서 일제의 식민지 통치체제에

---

71) 藤井寬太郎은 조선척식의 기본방향에 대해 조선에서의 토지개척이 반도의 개발과 통치상 가장 중요한 일이다. 조선을 진실한 일본으로 만들기 위해서는 적어도 수백만 명의 일본인을 이주시키고 한편 조선인을 내지(=일본)로 보내고 내지와 조선과의 구별이 없게 하지 않으면 안된다라고 하면서 '이민=동화'의 논리를 전개했다. 藤井寬太郎,「朝鮮における未墾地開墾と移民」,『朝鮮農會報』19-5, 1924, 19쪽.

72) 藤井寬太郎은 "종래같이 조선인촌에 분포할 때는 경작자를 다른 데로 내쫓는 결과가 되고 일본인은 조선인의 풍습에 젖어 농사감독만을 하게 되어 일본인의 융화상 좋지 않았다"라고 하였다(藤井寬太郎, 앞 글,『朝鮮農會報』19-5, 1924, 20쪽).

73)「不二興業株式會社の水利開墾と移民事業」,『朝鮮農會報』20-11, 1925, 251~252쪽.

74) 藤井寬太郎, 앞 글,『朝鮮農會報』19-5, 1924, 19~21쪽.

75)『동아일보』, 1927. 11. 27.

가장 잘 부합하는 식민정책이었다.

불이농촌으로의 이주사업은 일시적인 것이 아니라 전일본적 차원에서 기획된 계속 사업이었다.[76] 조선인 노동력을 동원하여 완성한 개간지였음에도 불구하고 일본인 농민에게 제공하여 자작농화를 기대한 것이다. 일제는 지주적 농정으로 극도로 피폐화된 조선농촌은 팽개치고 이주·식민정책을 강행하여 조선농촌을 통제하려 하였다.[77] 이러한 계획이 실시된 지역은 조선전체 면적에서 보면 얼마 되지 않았다. 그 토지도 미간지였음에도 불구하고 일본이주민을 바라보는 조선농민들은 걱정과 불안에 싸였다. 이주민의 여파가 이주지역 밖으로 파급될 때 이는 농민경제의 파탄과 농민이 농촌에서 방출되는 것을 의미하기 때문이었다.[78] 사실 동척과 다를 바 없음을 확신한 각계각층에서 크게 반대하는 등 통치상의 문제를 몰고 오면서 일본인의 대규모 조선이주정책은 실시되지 않았다.[79]

1920년대 실시된 일본의 이주식민정책은 대장성예금을 자금원으로 한 국가자본의 지원 아래 추진되었다. 그러나 일제의 농정이 지주제를 기본 축으로 전개되었기 때문에 이주한 일본인 자작농들은 성장은 물론 유지마저

---

76) 代議士 山崎延吉은 加藤寬治와 제1차 이민을 대동하여 들어온 뒤 강원도와 함남을 시찰하고 함흥 부근에 건설 중인 1만 20정보의 수리조합 지역에 이민을 보낼 계획이며, 불이농촌과 평강에도 계속 이주할 예정이고, 국경지대의 화전을 조사중인 橋本박사와 협의하여 앞으로의 이민계획을 결정할 것이라고 발표하였다.(『동아일보』, 1928. 6. 2).

77)『조선일보』, 1926. 11. 20.

78)『조선일보』, 1926. 12. 9. "날이 치워지는데 일본의 이민이 가장 만흔 남부 조선에 백의민족의 빈민이 늘어 사방으로 방황";『조선일보』, 1924. 6. 29. "불이농장 이민과 옥구농민의 공황 어디로 가서 살어야 하나 일본인이민으로 조선농민 살길이 막막".

79)『동아일보』, 1924. 12. 22. "불이흥업회사의 이민계획, 조선인에게 양여하는 것은 회사의 당연한 임무이다. 조선의 부원을 일본인 회사가 주주되어 소작료를 수취하고 소작도 일본인 이민을 모집하여 농업 경영함은 각처에 산재한 일본인의 소유토지와 일본인이 개척한 토지에서 소작하고 토지정리에 종사하는 조선인농민들이 경영에 대한 불안감을 조성하는 일이었다. 총독부도 조세를 징수하여 이 사업에 보조를 하여 준 만큼 이 계획을 폐지시켜 조선인을 보호할 의무가 있다."(『동아일보』, 1924. 12. 9) ;『조선일보』, 1926. 12. 11에도 계속 문제점을 지적하고 있다.

기대하기 어려운 상황이었다. 그럼에도 불구하고 이들이 일제 이주정책의 모델케이스였을 뿐만 아니라 조선통치의 기반이기도 했기 때문에 일제는 이주농민만큼은 강력한 지원책을 강구하여 유지 존속시켜 나가려 했다.

(2) 옥구간척지 조성사업

익옥수리조합 건설이 농업생산력 확충이라는 국책과 일본인 지주의 입장에서 추진한 것이라면, 간척지 조성사업은 국책과 불이흥업의 기업 확장이라는 목적 아래 추진된 것이었다. 후지이는 익옥수리조합 건설의 일환으로 간척지 건설계획을 짜면서 건설비용을 60만 원 정도 예상하였다. 그러나 6, 7년간의 미수확분과 2, 3년 후 무조건 부담할 수리조합비 등을 감안하면 단위면적당 공사비는 더 많이 들었다.[80] 옥구간척지의 예상수확량과 상환계획을 보자. 공사비는 단보당 40원, 공사기간 2년, 제염기간 3년, 제6년째부터 수확을 보고 제8년째부터 숙답이 되어 2석을 수확하는 것으로 예상하였다. 조합비는 공사 착수 후 3년 후부터 단보당 3원 74전을 지불하는 것으로 하였다. 이율은 연 5분 6리로 계산하였다.[81]

후지이는 이러한 판단 아래 옥구간척지 공사자금을 조달하기 위하여 1919년 4월 연리 8.3%로 1921년 말까지 거치한 후 1922년부터 1941년 말까지 20년간 매년 2만 5천원을 상환하는 조건으로 사채 50만 원을 발행하여 전액 식산은행에 인수시켰다.[82] 필요자금을 확보한 불이흥업은 1920년 국유미간지이용법에 따라 인가를 받아 공사에 착수하였으나, 공사계획 자체가 또한 한차례 크게 변동되었다. 공사기간 중 후지이는 조합장으로서의 직분을

---

80) 「益沃水利組合 第1次合倂評議員會議錄」.
81) 「大雅貯水池建設計劃」.
82) 「重役會決議錄」(1919. 4. 19) 「定期株主總會決議錄」(1919. 4. 28.) 불이흥업은 사업 확장을 위해 주식발행이나 불입 자본금의 확대, 식은이나 동척으로부터 자금대출 등의 방법으로 투자재원을 확보했다(불이흥업 회의록은 홍성찬 주 2)의 글에 근거함).

이용하여 간척지의 용수문제를 더욱 안전하게 확보하기 위하여 별도로 저수지를 설치하는 한편, 간척지 면적도 더 확대시키려는 방침을 강행하여 익옥수리조합 평의원회에서 말썽을 빚었다.

변동내용은 간척면적을 1,000정보 더 확대하는 동시에, 용수문제는 옥구간 척지 내에 저수지를 설치하여 비관개 기간에 만경강의 쓰지 않는 강물을 기계력으로 양수 저장하여 수량의 안전율을 높이고 勾配부족을 보충하도록 설계하였다. 후지이가 간척지의 용수부족을 염려한 것처럼 평의원들도 간척 지의 용수부족이나 시설파괴로 조합 전체에 미칠 타격을 염려하였다. 간척지 가 경작지로 기능하기 위해서는 염분제거작업이 필수적이었다. 엄청난 양의 물이 요구되었다. 이 때문에 관내 지주들이 불균등한 물의 사용과 균등한 조합비의 책정에 불만을 제기하였다. 이리하여 후지이와 수리조합측은 "간 척지 내에 있는 모든 수리시설의 관리책임은 불이흥업에서 담당할 뿐만 아니라 관개시설 파괴로 발생한 재해에 대하여는 조합비를 면제하지 않는 다."는 내용의 각서를 체결하였다.[83]

옥구간척지의 관개용수는 옥구저수지와 대아리 저수지를 이용하도록 설계되었다. 전자는 면적 322정보 평균수심 10척으로 1,300정보를 관개할 수 있는 시설이었다. 이 물은 남쪽은 구읍면 하제리, 북쪽은 미면 산북리로 나누어 사용하였다. 후자는 어우리 洑로부터 오는 대간선수로이다. 이 수로 는 구 옥구읍 내의 동남 이곡리 부근을 통과하여 옥구서부수리조합 구역을 횡단하고 미면 개사리 부근에서 간척지의 신확장 지역으로 들어갔다.[84] 두 수원이 옥구간척지에서 차지하는 비중을 보면, 옥구저수지는 총 1,140정 보로 불이농촌이 750정보, 옥구농장 300정보였다. 대아리 저수지는 850정보 로 불이농촌은 250정보, 옥구농장이 600정보였다. 불이농촌은 옥구저수지 관할분이 많아 각서에 따라, 한해나 수해로 재해가 발생했을 때 조합비

83) 「益沃水利組合評議員會 會議錄」(1920. 4. 20).
84) 藤井寬太郎, 앞 책, 1923, 7~8쪽과 「益沃水利組合設立計劃書」 참조.

감면혜택에서 불리한 판정을 받았다.[85]

〈표 6〉 익옥수리조합 토지종별 예상수확량(단위 : 석-두-승)

지 역	공사전	공사후	증수액	비고
수조 구역	1-7-5	3-5	1-7-5	벼1석=12원, 간사지는 제염이 끝
천수답	1	3	2	난 6년째부터 3석 수확 당분간 2모
간사지	0	3	3	작 불가

자료 : 藤井寬太郎,『益沃水利組合之事業』, 1923

옥구간척지 조성공사는 1923년 익옥수리조합과 거의 동시에 완성되었다. 간척지는 연장 35리에 달하는 방조제를 쌓아 만든 총 2,500정보 규모였다. 1940년까지도 조선에서 3번째에 해당하는 대단히 큰 규모였다.[86] 준공 당시의 규모는 중앙의 저수지, 이 밖에 용수로 간선, 지선 관개支渠, 도로, 기타 주택지 등을 제외하면 1,850정보가량 되었다. 비용은 총 224만 3천 원으로 단보당 121원의 사업비가 들었다.[87] 대규모 간척사업의 단보당 공사비 평균이 280원 정도에 비하면 상당히 저렴하였다고 평가하였다.[88] 간척사업에서 가장 중요한 문제 중의 하나인 용수원 확보도 계획단계부터 대규모의 익옥수리조합의 구조적 일환으로 설계한 만큼 별 어려움 없이 해결할 수 있었다. 이리하여 공사완성 뒤에는 단보당 수확량을 계획단계보다 1석 정도 올려 3석으로 잡았다.[89]

---

85) 「益沃水利組合委員會會議錄」〈1930년 3월 30일 불이간척지 재해 면제의 건〉, 〈1931년 12월 15일 不二干拓地水害免除의 件〉에서 불이농촌의 조합비가 더 많았다.

86) 일제시기 1,000정보 이상 간척지는 8개에 불과하였다. 伊藤俊夫,「南鮮調査隊報告-3 經濟上より見不二農村의實態」,『京城帝國大學法學會論集』14-1, 1943, 95쪽.

87) 朝鮮農會, 앞 글,『朝鮮農會報』20-11, 1925 ; 不二興業株式會社, 앞 책, 1929 참조.

88) 伊藤俊夫, 앞 글,『京城帝國大學法學會論集』14-1, 1943, 100쪽.

89) 때로는 과도하게 아래처럼 단보당 5석을 잡기도 하였으나 일제하 전 기간을 통하여 이 정도 수확은 올리지 못하였다. 옥구간척지 예상수확량은 다음과 같다.

면적 (정보)				수확(벼)		금액	
총	수전	저수지	기타	총	단보당	총	석당
2,500	1,900	322	278	9.5만석	5석	95만원	10원

조선총독부 산업기수를 거쳐 경성제국대학 법문학부 조교수였던 이토 도시오(伊藤俊夫)는 불이간척지의 농업환경을 다음과 같이 평가하였다. 첫째, 이 지역의 토질은 금강과 만경강에서 배출한 海成충적층으로 구성되어 벼의 생육에 필요한 토양의 화학적 성분에는 질소가 적고 약알칼리성이며 유기질이 결핍되었으나 수도작에 별 문제가 없다.[90] 둘째, 기후조건은 기온은 평균 12.5도, 우량은 1,040㎜였으며, 무상일이 195일이고 서리 피해는 내륙지역보다 적어 수도작에 알맞다는 것이다. 단점은 바람이 상당히 강하고, 못자리에 파종할 때는 토양 중에 함유한 수분이 많이 증발되어 포장이 건조되기 쉽고 묘의 발육을 저해할 염려가 적지 않아 수확의 안정성은 익옥수리조합의 다른 지역보다 떨어졌다고 하였다. 투자가치는 충분하다고 하였다.[91]

한편 일제는 산미증식계획의 성공 여부는 토지(=자본)와 노동력(=사람)의 결합에 있다고 하면서,[92] 인구문제의 해결책으로 간척사업지구에 '우량한' 농민을 이주시키는 이민사업에 주목하였다. 이민사업의 모범지구로 옥구간척지를 선정하였다. "조선의 농사개발은 먼저 수리이다. 실로 곡창을 곡창답게 하는 것은 수리"라는 모토 아래[93] 국가자본을 최대로 활용하여 성장한 불이흥업이 이 국책사업에 자연스레 참여한 것이다.

옥구간척지는 간척지이민에 요구되는 제반사항을 갖춘 나무랄 데 없는 지역이라고 판단하였다. 간척지에서 가장 필수적인 제염용 물 확보에서

---

90) 伊藤俊夫, 앞 글,『京城帝國大學法學會論集』14-1, 1943, 107~111쪽. 불이농촌의 토양은 〈표 11〉과 같이 구별되며 이는 토지생산성과 밀접한 관련을 가졌다. 불이농촌의 토양은 일반적으로 不二壤土區인 옥구농장보다 우월하다고 하였다. 당시 藤井는 간척지 조성 당시 6년째부터 3석의 수확이 가능하다고 낙관적으로 토양을 평가하였다(藤井寬太郎, 앞 책, 1923, 22쪽).

91) 伊藤俊夫, 앞 글,『京城帝國大學法學會論集』14-1, 1943, 111~112쪽 ; 大野保,「朝鮮農村の實態的硏究」,『大同學院論叢』4, 1941, 229~230쪽.

92)「當局の産米增息と移民政策」,『朝鮮農會報』18-9, 1923, 53쪽.

93) 藤井寬太郎,『益沃水利組合之事業』, 1923.

유리한 조건을 갖추고 있었다. 그리고 미곡 수출항인 군산에 인접하여 생산 미곡을 운반 보관 판매하는 데 더없이 유리했다. 군산은 일본인의 도시로 그들이 거주하는 데도 불편함이 거의 없었다. 교육시설은 물론 군산에 도립병원이 설치되어 있는 등 여러 여건이 갖추어져 고향에 대한 향수도 느낄 수 없을 정도의 지역이라고 언급하였다.[94] 더구나 간척지이기 때문에 경작권 박탈로 야기된 '조선인의 반감을 살 일'도 '저항을 유발할 일'도 없는 내선융화에 적합한 지역이라고 보고하였다.

그러나 이곳에는 일본인들이 진출함으로써 쫓겨날 조선농민이 있었을 뿐만 아니라 조성 당시부터 일부 계층이 밀려나고 있었다. 옥구간척지는 종래 염전지역이었다. 특히 미면 정면 등은 제염이 성행하여 1년에 2만 4천 원가량의 소금을 생산하였다. 염부들은 간척과 더불어 이곳에서 떠나가지 않으면 안 되었다.[95] 그러나 일제와 후지이는 이들이 아무 문제도 되지 않았다. 이러한 입지조건을 갖춘 옥구간척지에 후지이는 "각 부현(일본)에서 우량영농자를 수용하여 도덕생활을 기초로 한 이상적인 일본인 자작농촌을 건설하여 조선농민의 지도계발에 도움을 주는 것을 사명으로 한다."[96]는 목적 아래 일본인 이주민을 배치할 것을 계획하였다. 이들을 매개로 두 민족 간의 갈등을 해소하고 일본의 인구문제와 식량문제를 해결하고자 했으며, 부수적으로 영토확장과 지배체제의 확고한 구축을 목표로 하였다.

후지이는 일본제국의 국가적 요구에 따라 옥구간척지에서 사적 이익과 국책의 두 목표를 동시에 달성하고자 하였다. 하나는 회사 차원에서 조선인 소작농을 이주시켜 본래의 목적대로 지주제에 입각한 농장경영을 하는

---

94) 불이농촌산업조합, 「不二農村一覽」, 1931, 11쪽.
95) 이러한 염전지대를(조선총독부 농상공부, 『韓國水産誌(3)』, 1910, 500~501쪽) 藤井寛太郎은 연료의 등귀로 수지를 결산하면 휴업이 많고 수익도 계상할 가치가 없다고 한 점으로 보아 보상은 제대로 이루어지지 않았으리라 판단된다(藤井寛太郎, 『益沃水利組合之事業』, 21쪽).
96) 불이농촌산업조합, 『不二農村一覽』, 1929.

것이고, 또 하나는 국책이민사업의 일환으로 일본인을 이주시켜 자작농화시킨다는 식민정책 차원에서 나온 것이다. 전자가 불이흥업 옥구농장이고, 후자는 불이농촌이었다. 옥구저수지를 중심으로 양분하여 군산에 인접한 간척지 북단 1,000정보를 불이농촌 지역으로 하고, 남쪽 850정보(후에 1천정보로 확장)를 옥구농장으로 설정하였다. 옥구농장과 불이농촌은 지주와 금융자본의 직접적 영향아래 존재한 소작농·자작농 집단이었다. 이들의 존재 모습은 일본제국의 조선 농정책과 직접 관련되어 있었기 때문에 이들의 실태분석을 통해 일제의 농촌지배 모습을 사실적으로 확인할 수 있을 것이다.

3. 불이농촌 건설과 자작농 창정사업

1) 불이농촌 건설사업

(1) 이주·정착작업과 이주민

불이농촌 건설사업은 총 1,000정보의 간척지에 일본인의 자작농 창정을 통한 '신일본' 건설이라는 목표에 맞추어 일본의 각 부현에서 1현당 10호씩 총 30촌락(총 300호)에 이주시켜 불이농촌이 일본농촌의 축도가 되도록 하는 것이었다.[97] 일본정신에 충실하고 농업경험이 풍부한 우량농민 가운데 이주자를 선발·이주시켜 연부상환 방식으로 1호당 3정보의 토지와 가옥을 소유하는 자작농만으로 구성된 이상농촌을 건설한다는 것이 목표였다.[98]

---

97) 向坂幾三郎,「努力」,『朝鮮農會報』, 1925. 12, 17쪽. '신일본'의 건설은 1905년 이래 조직적으로 진행된 조선농업이민이 목표였으며, 그 실체는 밑에서부터 조선 농업·농촌을 일본화 한다는 것이었다. 당시 불이농촌이라는 신일본 건설의 모토는 '고향에 대한 그리움, 향수조차 느낄 수 없을 정도의 완벽한 일본농촌을 건설'하여, 이민자들은 향후 불이농촌의 '開祖'가 된다는 것이었다(向坂幾三郎,「移住者指導の1年」,『朝鮮農會報』, 1925. 1, 38쪽).

98) 경성제국대학 위생조사부,「不二農場 調査報告 衛生調査 第1報」,『朝鮮總督府 調査月報』

불이농촌 건설사업은 간척지에 일본인 농가를 이주시켜 자작농을 창정하는
사업이었다.

이 사업은 불이흥업에서 추진하였지만, 실제로는 조선총독부의 후원 아래
산미증식계획의 일환으로 대장성 예금부 저리자금과 내무성 사회국의 이민
보조비 등 각종 특혜를 받은 국책사업이었다.[99] 일제 당국은 대장성 저리자금
180만 원을 이율 6분 1리로 5년 거치 20개년 연부상환 조건으로 막대한
사업자금을 알선해 주었다.[100] 대부조건은 불이간척지 신전 조달자금보다
2分정도 이율이 낮았으며, 금액도 훨씬 많았다. 당시 다른 이율과 비교하여도
저율의 특혜조치였다. 일제가 기울인 관심의 깊이를 살필 수 있다.

불이농촌의 간척지는 후지이가 지주경영을 목적으로 건설한 것인데, 일제
당국이 이민정책을 위한 것으로 선정하고 자작농 이주로 목적을 바꾼 것이었
다. 그러나 투자재원은 불이흥업이 담보를 제공하여 대부 받은 것이었기
때문에 실제 등기상의 소유주는 불이흥업이었다. 따라서 불이흥업이 자작농
이주책을 주도하였으며, 관리도 책임졌다. 일제의 지원을 받아 조성된 불이
흥업의 소유지를 연부상환 방식으로 토지 없는 농민에게 분양해준 것이다.
일제의 지주적 농정 아래 추진된 일본인 자작농 창정사업이었다.

불이농촌 건설사업은 불이흥업·일본정부·조선총독부가 참여한 국책사업
이었다. 이들은 일본인을 집단이주시켜 이상적인 일본인 모범농촌을 건설하
는 한편, 이들을 매개로 '이민=동화'라는 통치 목표를 달성하기 위하여 막대한
지원을 하였다.[101] 조선총독도 사업 성패에 지대한 관심을 갖고 실지를
방문하여 작업을 독려하는 등 총체적인 지원체제를 보였다.[102]

13-12, 1942, 28~31쪽.

99) 『조선일보』, 1923. 11. 26.

100) 『동아일보』, 1927. 11. 27.

101) 『조선일보』, 1923. 11. 26 ; 1924. 6. 29. 불이농촌에 대해 '주먹만 쥐고 온 자들일지라도
하등 곤란 없이 농사를 경영할 수 있는 조건'이라고 언급하였다.

102) 『조선일보』, 1925. 5. 31. 齋藤實은 불이농촌을 방문하여 작업 상황을 돌아보았다.

처음 건설계획은 총 240만 원을 투자하여 제염작업 등 본격적인 정착사업을 수행하는 것이었다. 간척보조금을 뺀 단보당 투자액은 100원 정도(1923년 1월 1일)였고, 이후 제염비·수리조합비·거치기간의 이자를 포함하면 173원이었다. 불이흥업은 일본 대장성 저리자금으로 충당했다.[103] 이주민은 1927년부터 매년 635원씩 20개년 연부 상환하도록 했다. 이 부담은 일본의 소작료 수준에 미치지 못하는 것이라고 했다.[104] 실질적인 상환은 이주민이 담당한다하더라도 법적인 상환책임은 식산은행을 매개체로 일본국가와 불이흥업이 책임지도록 하였다. 불이농촌의 회계는 불이흥업 내에서도 별도로 이루어졌지만, 관리는 불이흥업에서 담당하였다.[105]

〈표 7〉 불이농촌 연부금 상환계획

총규모 (단보)	사업비		戶當상환액		단보당 상환액	단보당상환가격		비 고
	총 액	大藏省	총 액	년부금		준공시	상환가	
10000	240만원	180만원	8169원	635원	19원5전	100원	173원	300호

자료 : 全北鹽見技師, 「不二農村の槪況」, 1927. 6.

간척지 이민은 동척이민처럼 직접적인 민족간 대립은 없었다. 가능한 한 빠른 시일 내에 간척지를 농경지로 만드는 과제가 부여되어 있었다. 자립적 자작농촌을 건설하기 위한 첫걸음이 안정적 농경지 조성이었다.

이들은 작업복을 입고 개간지 간척에 노력하는 자세를 보여주었으며 齋藤는 向坂의 개간지도에 대하여 경의를 표하기도 하였다."(向坂幾三郎, 「不二農村移住者は作業服を纏ひて齋藤總督を御歡へした」, 『朝鮮農會報』, 1925. 7) 이때 이러한 광경에 대하여 『京城日報』, 1925. 6. 14.자에는 진실로 유쾌한 장면이었다고 보도하였다.

103) 일본 대장성은 총신청액 240만 원 가운데 180만 원을, 1924년 1월에 100만 원, 1925년 3월에 50만 원, 1926년 3월에 30만 원을 식은을 통하여 각각 대출하였다. 全北鹽見技師, 『不二農村の槪況』, 1927.

104) 불이흥업주식회사, 『農業と土地改良事業成績(조선박람회 제출)』, 1928, 12~13쪽. 이 조건은 이후 분양을 받은 답에서 처음 踏를 작부한 해로부터 기산하여 6년째의 2월에 제1회 지불을 개시하여 매년 2월 불입하도록 바꾼 것 같다. 또한 저리자금의 차입 때 불이흥업은 담보를 제공한 관계로 끝내 이 사업을 주관하는 것으로 보인다.

105) 불이흥업주식회사, 『農業及土地改良成績』, 1929, 12쪽.

불이흥업은 이주민의 엄선과 각종 부대시설의 조성, 제염작업 등 영구정착과 농업경영에 차질이 없도록 여건을 조성하는 데 주력하였다.

불이흥업은 이주민 선발과정에서 일본정부와 협의·결정한 계획에 따랐다. 이주자금은 대장성에서 지원받았으며, 이주민은 내무성 사회국의 협조 아래 일본의 각 부현에 의뢰하여 선발하였다. 불이흥업에서 사원을 파견하여 이들을 인솔해 왔다.[106] 이주민의 자질은 사업의 성패를 좌우하는 매우 중요한 요소이기에 필수적인 선발요건을 두었다. 물론 1905년 이래 개별지주와 회사가 추진한 농업이민의 일반적 규정과 큰 차이는 없었다.[107] 다만 불이농촌 이주사업은 간척지의 농경지화라는 점 때문에 이주민 선발과정에서 정착하여 영주한다는 조건과 견실한 노동력을 갖춘 농가라는 점에 주안점을 두었다.[108] 또 '조선의 일본화'라는 농업이민이 함의하고 있는 통치상의 목적과 국방상의 필요에서 호주는 병역을 마친 자로 했다.[109] 유사시 국방목적과 조선인의 반발에 대비한 능력을 중시한 것으로 보인다.

간척지는 무엇보다도 開畓이 되어야만 농업경영이 가능하기 때문에 여기에 소요되는 항구적인 노동력을 확보하지 않으면 안 되었다. 이주민의 영구정착이 필수 요건이었다. 광대한 간척지인 이곳에서 이주민 이외의 다른 노동력을 획득하기는 어려웠다. 노동력은 자급할 수밖에 없었다.[110] 타지로부터의 출가형 노동(=외지벌이) 노동을 동원하여 일시에 끝낼 성질의 일도 아니었기 때문에 영구정착이 더 요구되었다.

불이흥업에서는 쌀농사에 종사한 자 가운데 2, 3남의 분가한 부부가족을 대상으로 이주자를 선발하면서 노동력의 조건에 세심한 주의를 기울였다.

---

106) 向坂幾三郎, 앞 글, 『朝鮮農會報』, 1925. 1, 38쪽.
107) 일제 초기 농업이민의 특질과 사례는 본서 제1부 제2장이 참고된다.
108) 불이농촌산업조합(조선 전라북도 군산부 외), 「不二農村移住要綱」, 『不二農村一覽』, 1930.
109) 『조선일보』, 1926. 11. 20.
110) 向坂幾三郎, 「干拓移住に就て(下)」, 『朝鮮農會報』 1926. 8, 18쪽.

호주는 신체 건강하여 노동에 견딜 수 있고 근면한 자로 정하고, 그가 대동할 수 있는 노력자의 수와 신체 건강상태 등을 이주신청서에 자세히 기록하도록 하였다.[111] 이들을 불이농촌에 정착시켜 '開祖'로 만들어 신일본건설의 첨병으로 삼아 조선을 영구히 일본영토화하려는 것이었다.

다음은 이주민 유인책을 강구했다. 동척과 달리 불이농촌은 농경조건이 나쁜 간척지였기 때문에 이러한 약점을 극복하기 위하여 하층농민을 대상으로 하고 여러 혜택을 제공하였다. 이주자에게는 입촌과 동시에 1호당 수전 3정보, 주택 1동(瓦葺 건평 16평), 전과 주택지로서 약 1단보, 집회소와 우물 등을 분양하였다.[112] 이주민들은 여기서 얻는 수확으로 20년 연부상환의 방법으로 대금을 지불하도록 하였다. 내무성 사회국에서 이주수당 200원, 농구수당 100원 등 300원의 이주보조금을 지급하였다. 이주수당은 이전료·여비·운임·반개월분의 생활비로 지출하고,[113] 10원은 공동저금, 나머지는 개인저금으로 하였다. 전자는 은행에 예금하여 공동이용품의 구입과 구제용에 지출하였다. 개인저금은 우편저금을 장려하고 병에 걸렸을 때 이외에는 인출을 금하였다.[114] 영농비 500원은 이주 후 본인의 신청에 따라 연리 1할 2분 내외로 지급하였다. 1924년, 1925년도의 이주자들에게는 주 업무가 제염작업이라는 점을 고려하여 1호당 300원의 제염수당을 지급하였다. 농업경영 수입이 없더라도 생계에 곤란하지 않도록 배려하였다. 제염 중인 경지는 무료로 사용하도록 조치하였다.

주택은 이주자들이 입주하기 전에 미리 일률적으로 지어 배당하였다.

---

111) 불이농촌산업조합, 「移住申請書」, 『不二農村一覽』, 1930 참조.
112) 옥구농장의 경우도 소작인의 가옥은 圃場과의 관계를 고려하여 농장에서 지어주고 연부로 소작인에 매각하는 조치를 취하였다.
113) 입촌 때 백미, 味噲, 장유, 사탕, 煎子, 야채, 炭, 성냥, 석유, 洋燈, 火鉢, 火箸, 五德, 重能, 세면기, 馬穴, 薪, 국기, 箒 등 생활필수품 일체를 배급하였다. 向坂幾三郎, 앞 글, 『朝鮮農會報』 1925. 1, 40~41쪽.
114) 保高正記, 앞 책, 333~334쪽.

경작할 토지와 같이 해당 건물에 각각 번호를 붙여 추첨하여 선택하도록
하였다. 먼저 각 현의 대표자가 촌을 정하는 추첨을 하고, 촌마다 각자가
거주할 가옥을 추첨하여 배당받았다. 주택은 영구이주라는 목적을 달성하기
위하여 건설하였다. 농사지을 땅도 없는 간척중인 상황에서 가족동반까지
강요한 이상 거처도 없다는 것은 실패의 제일보라 판단한 때문이었다. 주택구
조는 바다의 한파와 강풍을 막을 수 있으면서도 가능한 건설비를 낮추는
방안을 강구하여 6첩 다다미방과 4첩반의 온돌방을 혼합한 지붕이 낮은,
'불이농촌형'이라는 독특한 구조의 주택을 창안하였다.[115] 창고는 도착 후에
이주자 5호를 一團으로 공동 건설하였다. 每團의 창고 규격은 12평 반이었다.
건축재료비는 총 150원으로 1호당 30원씩 부담하여 이주민들이 직접 지었다.
창고는 작업장도 겸한 일종의 공동조제장이며, 공동사용 농구는 이곳에
보관하였다.[116] 가옥은 수로를 따라 일렬로 열촌 형태로 배치하였다. 간척지
농장의 일반적 형태였다. 농업경영을 할 때 농장이 원활한 감시 감독을
위해 계획적으로 설계한 것이었다.[117]

농구는 공동 농구와 개인 농구로 구분되었다. 공동 농구는 荷車, 회전稻扱器,
唐箕, 米搗臼, 1斗枡(말), 양수기, 籾磨臼, 萬石, 각종篩, 32貫秤 등이며, 공동창고
에 보관하였다. 개인 농구는 일본에서 쓰던 것은 휴대하도록 하였으나,
개별적으로 새로 구입하는 것은 금지하였다.[118] 그 이유는 출신 현마다
농법에 따라 농기구가 다양하였을 뿐만 아니라 불이농촌의 농경조건에도

---

115) 불이농촌의 가옥구조에 대하여는 ① 조선총독부, 『朝鮮の聚落(중편)』, 1933. ② 경성
제국대학 위생조사부, 「不二農場 調査報告」, 『朝鮮總督府調査月報』 14-8, 1943, ③
南宮燧, 「개척촌의 문화지리학적 연구」, 『지리학의 과제와 접근방법-石泉 이찬박사
화갑기념논집』, 1983 참조.
116) 向坂幾三郎, 앞 글, 『朝鮮農會報』, 1925. 1, 46쪽.
117) 김연수의 삼양사 농장에서도 소작인의 가옥은 농장경영과 목적에 맞도록 계획적으
로 배치, 할당되었다(三養社, 『三養五十年史』, 1974 ; 秀堂事業紀念事業會, 『수당 김연
수』, 1971 참조).
118) 불이농촌산업조합, 「移住者心得」, 『不二農村一覽』, 1930 참조. 초기에는 10원을 자유
구입비로 현금지불하고, 나머지는 현품 배부하였다. 保高正記, 앞 책, 333쪽.

적합하지 않았기 때문이었다. 따라서 관리자들은 불이농촌에 적합한 농기구를 선택하여 전체 촌락이 농구보조비로 일괄 구입하도록 하였다. 농구는 권업모범장과 농촌이 검정한 뒤 구입하는 것을 원칙으로 했다.[119]

일제는 불이농촌 건설작업에 각종 지원을 했지만, 간척지를 농경지화하는 일은 쉬운 것이 아니었다. 이주민들의 존재모습도 다양하였을 뿐만 아니라 각지에서 선발한 만큼 통일적이고도 강력한 지도력을 확보하지 않으면 목적을 달성하기 어려웠다. 불이흥업은 불이농촌의 초대 지도역으로 수원농림전문학교 교수였던 사키사카 기사부로(向坂幾三郎)를 임명하였다. 그는 이주민들을 결속시켜 최대의 노동효율을 유도하면서 간척지의 농경지화에 주력하였다. 특히 농본주의에 입각한 이주민의 사상적 교화와 일상생활을 직접 지도·감독하여 자작촌락으로서의 집단적 생산력을 담보하려 하였다.[120] 이주계약도 이 점을 고려하여 이주민들을 불이농촌에 얽어매어 토지와 결합시키는 방식을 취했다.

1928년 불이농촌의 관리조직으로 '불이농촌산업조합'을 조직하였다. 조합은 이주민과 '불이농촌 이주요강'에 따른 계약을 체결하고 이주자들의 행동규범과 책임범위를 엄격하게 강요하였다.[121] 이주자는 공공도덕을 존중하고 이상농촌 건설에 협력해야 하며, 입촌 후에는 촌락 건설의 주요한 뜻을 체득하고 조합의 정관과 규정을 굳게 준수해야 한다고 하였다. 이주계약을 할 때 이주자의 신원을 책임질 수 있는 보증인을 세우고 계약조건을 엄격히 준수하도록 규정하였다.[122] 이주계약서에는 입주계약 체결시 이주민이 지켜

---

119) 向坂幾三郎, 앞 글,『朝鮮農會報』, 1925. 1, 46쪽. 개인지급 농구는 鎌2, 三德鍬1, 松葉搔1, 連枷1, 稻扱2, 擔1, 筵機1, 籾篩1, 箕1, 犁1, 藁切1, 蓆15, 叺20, 浮塵子 除去용구1 등이었다.
120) 지주자본과 산업자본을 축으로 성립한 일본자본주의의 농촌지배이념의 하나였던 농본주의에 대해서는 櫻井武雄,『農本主義』, 1936을 참조.
121) 1928년 조직되어 이후 불이농촌을 관리했던 불이농촌산업조합이 조직되기 이전의 이주계약서가 남아있지 않기 때문에, 이하에서는 불이농촌산업조합에서 작성한 이주계약서에 의거하였다.

야 할 사항과 계약 해제시 처리방법 등을 명시하였다. 첫째, 도착일정을 미리 정하고, 토지·건물 등 할당 물품에 이의제기를 금하였다. 둘째, 연부상환금의 불입일을 준수할 것, 셋째, 산업조합 정관, 각종 규칙과 시달을 준수할 것 등을 명시하였다.

이주계약을 해제할 때는 토지·건물의 반환과 사용료를 지불하도록 정하였다. 사용료는 조합이 평가한 토지가격에 대하여 연 8분의 비율로 계산하였다. 토지 이외의 채무는 채무를 얻은 날로부터 연 1할의 이자를 포함하여 갚도록 하였다. 계약을 불이행하거나 정관과 이주요강에 위배하여 조합에 손해를 끼칠 경우 보증인은 연대의무자로서 책임을 지도록 하였다.[123] 이주계약서에는 이주민이 지켜야할 사항과 지시에 따르지 않을 때 계약을 해제하고 축출시킬 수 있는 조항을 병기하였다. 계약은 상호 동등한 계약이 아니라, 불이농촌 관리자의 일방적인 통고사항만을 정하였다. 이주계약을 체결한 자는 '이주자심득'에 따라 입주 준비를 하였다.[124]

불이농촌에서는 이주자의 탈락을 막고 빠른 시일 내에 완전한 뿌리를 내리도록 유도하기 위해 농본주의에 입각하여 이주민들을 사상적으로 일체화시켜 갔다. 이주민들에게 선전한 불이농촌의 모습은 신세계였다. 분양받은 토지를 자기 소유지로 만들어 조선 땅에서 새로운 일족, 즉 불이농촌의 開祖로 만들어 고향에 대한 향수도 느낄 수 없는 신일본 건설이었다. 불이농촌 관리자는 이 목적을 달성하기 위하여 꺾이지 않는 일본 무사도정신과 농업 건강을 증진하는 '靈業'이라는 신조아래 온 힘을 다하여 노력할 것을 강조하였다.[125]

---

122) 불이농촌산업조합,「不二農村一覽」의 불이농촌 이주요강 제2조 참조.
123) 불이농촌산업조합,「不二農村一覽」의 이주계약서 참조.
124) 불이농촌산업조합,「不二農村一覽」의 이주자 심득 참조.
125) 向坂幾三郎, 앞 글,『朝鮮農會報』, 1925. 1, 38쪽. 向坂이 이주자들에게 불이농촌의 본분으로서 강조한 格韻에는 농본주의적 지도이념이 잘 드러나고 있다. "불이농촌의 米는 이주자가 同舟의 意로서 협력일치하고 稻로 노력하여 불공평함을 호소하는

이주민은 원칙적으로 "생활이 막힌 자가 아니라 농지가 막힌 자"로[126] 농업경영에 충분한 경험과 일본정신으로 무장된 중견농민을 대상으로 하였다. 설립목적이 자작농촌을 건설하고 일본식 농업을 부근에 모범을 보이는 것이었기 때문에 인물 본위의 우수한 자를 초치하려 하였다.[127] 동척 이주민 같이 어느 정도 자력을 갖춘 우량농민들을 원했지만,[128] 실제 지원자들은 대부분 경제력이 낮은 계층이 주류를 이루었다. 야마가타현(山形縣) 이주자처럼[129] 자치강습소 출신자도 있었지만, 그렇지 않은 자가 많았다. 농민·씨름꾼·어부·정치꾼·신문기자·목수·미장이 등 출신이 다양하였다.[130] 토지소유로부터 배제된 계층들이 주류를 이루었다.[131]

이주작업은 간척상황을 고려하여 단계적으로 실시하였다. 제1차 이주민에 부여된 임무는 경작이 아니라 제염작업이었다. 당초 이주계획은 1924년도 100호를 제1회 이민으로 초치하고 2개년간 제염작업을 한 다음 제염작업이 진척되기를 기다려 1926년 제2회 이민 200호를 수용하여 100정보의 경지를 각호 균등하게 할당하여 경작하도록 하였다.[132] 그러나 이주 작업은 계획대로 진행되지 못하였다. 1924년 5월 제1차 이민 33호[133], 다음해 제2차 이민도

일이 없도록 분투하여 완성된다. 여러분은 당 촌의 開祖이다. 불요불굴의 정신으로 農은 건강을 증진하는 영업이라는 모범을 자손에 남겨주지 않으면 안 된다. 이田도 저田도 가능한 靈으로 노력하고 작황의 불량은 노력이 좋지 않은 것이다. 반성하고 한층 분투를 희망한다." 向坂幾三郎, 「노력」, 『朝鮮農會報』, 1925. 12, 17쪽.

126) 向坂幾三郎, 앞 글, 『朝鮮農會報』, 1926. 7.
127) 保高正記, 『群山開港史』, 1925, 327~328쪽.
128) 이주신청서 「不二農村一覽」 제4조에는 자산(부동산·가구·농구·현금 등)과 부채액(상환기한 포함)을 상세히 적도록 하여 이주자 선발시 하나의 기준으로 삼았다.
129) 山形村 이주자들 가운데는 만주로 이주하려고 갔다가 그곳이 이주가 불가능함을 알고 돌아오던 도중 이민모집중인 이곳에 들어온 경우도 있었다(山部珉太郎, 「不二干拓地を見る」, 『文化朝鮮』 4-5, 1942. 12, 69쪽).
130) 山部珉太郎, 앞 글, 『文化朝鮮』 4-5, 1942. 12, 68쪽.
131) 이주민들은 경제적·직업적으로 안정된 자들이 아니었다. 총독부도 대부분 '말썽꾼'이라 치안을 우려하기도 했다(『조선일보』, 1924. 12. 12).
132) 全北鹽見技師, 『不二農村の槪況』(學習院大學 소장자료), 1927.

52호밖에 초치하지 못하였다.[134] 1926년 3월 현재 이미 300호의 이민을 수용해야 했으나, 실제로는 98호에 불과하였다.[135] 이주작업이 늦은 주원인은 제염작업이 예상 밖으로 부진하고 이주자 선정이 뜻대로 되지 못하였기 때문이었다.

이주작업이 지연되면서 불이흥업은 자금 압박을 받게 되었다. 제염작업의 부진과 농업경영의 지연으로 이주민들은 1927년부터 예정된 대장성 저리자금의 상환은 고사하고 당장의 생활도 곤란한 문제가 발생하였다. 불이흥업은 새로운 차원의 대책을 강구해야 했다. 이주민들에 대한 정신적 교화와 무조건적인 노동을 강요하는 것만으로 문제가 해결될 수 없었다. 국가자본·금융자본의 지배구조 속에 종속적으로 포섭된 불이농촌은 일본자본주의의 규정성에 직접 영향을 받을 수밖에 없었다. 이에 불이흥업은 금융자본의 특혜지원을 전제로 이민계획의 부분적 수정을 시도하였다.

그러나 지원금 증액을 전제로 한 수정 이민계획은 사실상 이주민들의 부채의 증가를 의미했다. 그만큼 불이농촌에 대한 자본지배력이 확대된 것이다. 정상적인 농업생산력이 담보되고, 일정 수준의 미가가 유지되지 않는 한 불이농촌에 대한 자본압박은 가중되어 갈 수밖에 없었다. 자작농촌건설 과제는 파탄에 빠질 위험성을 내포하고 있다. 금융자본이 지주를 매개로 자작농을 창정한다는 이상적 계획과는 무관하게 현실의 자본운동의 법칙에 규정되어 자작농은 존립조차 위태로워졌다.[136]

---

133) 제1회 이주민은 50호 모집에 33호(熊本8, 石川6, 山口 4, 德島4, 香川3, 廣島3, 新潟2, 大分3)가 군산개항 25주년 기념일 관계 인사들의 환영을 받으면서 도착하였다(向坂幾三郎, 앞 글, 『朝鮮農會報』, 1925. 1, 38쪽).

134) 불이농촌 제2회 이민(1925년 3월 31일 도착)을 출신지별로 보면, 山口3, 新潟3, 廣島5, 山形9, 熊本2, 岡山4, 德島3, 宮崎3, 石川1, 奈良3, 합계 36호(미도착 16호)이다(조선농회, 앞 글, 『朝鮮農會報』, 1925. 5, 84쪽).

135) 全北鹽見技師, 앞 글, 1927. 6, 그리고 1925년 5월 1일 현재 83호 306명이었으며, 1년간 10여 호밖에 증가되지 않았다(保高正記, 앞 책, 1925, 335쪽).

136) 옥구농장의 경우에는 불이서선농장의 소작쟁의를 계기로 침체된 농업생산력의 확충과 농민들의 사회의식을 무마하기 위해 연부상환방식의 자작농 창정계획을

1920년대 말 세계공황·농업공황으로 일제의 농업생산력 확충정책이 실패로 귀결되고 농촌경제가 파탄나면서 이주민의 부담은 더욱 가중되었다. 1930년 5월말 이주민은 238호로 계획의 72%에 불과하였다.[137] 실제 이주호수는 다음 표와 같이 약 100여 호 정도가 이주과정에서 탈락현상을 보였다. 이러한 현상은 이후에도 지속되어 1942년도의 실제 호수는 31개촌 297호로 예정된 호수를 채우지 못하였다.[138]

(2) 제염작업과 농업경영

1924년 5월 10일 도착한 제1회 이주민은 도착과 동시에 삶의 터전을 가꾸는 작업에 착수하였다. 불이흥업은 경지정리·파종법·물의 양부·수확의 다과 검증·이주자 수용지점과 주택예정지의 선정·수당·음료수 등의 조건을 고려하여 정착계획을 세웠다. 불이농촌 건설과정에서 가장 중요한 일은 간척지를 농경지로 만들고 이곳에 적합한 농법을 확립하는 일이었다. 대규모 간척사업에 대한 경험이 일천했던 당시, 옥구간척사업은 불이서선농장과 함께,[139] 앞으로의 간척사업에 지대한 영향을 미칠 수밖에 없는 선도적인 사업이었기 때문에 불이흥업은 모든 과정에 세심한 주의를 기울였다.

간척지 개간사업에서 모든 작업의 기초가 되는 일은 제염작업이었다. 이 작업이 제대로 진척되지 않으면 농업경영은 물론 이주사업도 실시할

수립 실시하려 하였다(후술한 「補論」 참조).

137) 불이농촌산업조합, 「不二農村一覽」의 불이농촌의 연혁 참조.

138) 경성제국대학 위생조사부, 「불이농장조사보고―위생조사 제1보」, 『朝鮮總督府調査月報』 13-12, 1942, 30쪽. 불이농촌 입주상황은 다음 표와 같다.

입주기	입주년도	호수	면적	비고
제1기	1924~1926	110	334	
제2기	1925~1927	96	290	단위 : 정보
제3기	1927~1930	135	376	총19현 10호단위 32취락
합계	1924~1930	341	1,000	

자료 : 伊藤俊夫, 앞 글, 『京城帝國大學 法學會論集』 14-1, 1943, 104쪽.

139) 불이 서선농장의 간척과정에 대하여는 홍성찬, 앞 글, 『동방학지』 참조.

수 없기 때문이었다. 사키사카 기사부로는 제염작업이 얼마나 중요한지, 또 얼마나 많은 노동력이 요구되는지, 그 노동이 얼마나 고역인지에 대해 명확히 인식하고 의욕적으로 개간사업을 추진하였다. 그렇기 때문에 그는 사업과정에서 계획대로 작업을 진행시키는 것도 중요시 하였지만, 다양한 배경을 가진 이주민들을 통제할 수 있는 강력한 지도력을 확보하는 데 많은 노력을 기울였다.[140]

회사측에서도 농지를 빨리 조성하면 그만큼 손실을 줄일 수 있었기 때문에 노동강도를 강화할 지도력이 필요하였다. 더구나 이주민들은 출신지와 출신 배경이 다양하여 모든 작업과정에서 의견이 상충되는 점이 많았다. 계획적인 작업수행에 차질을 빚게 될 우려가 컸다. 더욱 강한 통제가 요구되었다.[141] 그는 1,000정보의 간척지에 인공의 노력을 가하여 하루라도 빨리 瑞穗田으로 만들어 식량문제를 해결해야 한다는 당면 목표를 달성하기 위하여 강력한 지도력 확보를 절감하였다.[142]

그는 위로부터의 강력한 지도력을 효과적으로 발휘하기 위하여 이주민들에게 농본주의에 입각한 이른바 農民道를 강조하였다. 농민도는 이주민들에게 농업이 신성한 것임을 인식하게 하여 제염작업 등 일상적으로 반복되는 과중한 노동과정을 조직화해 갔다. 농민도에 따르면, 농업은 상업과 달리 계산만으로는 가능하지 않은 靈業이고 생업이며, 농민의 정신적·육체적 건강이 보장되는 가치 있는 일이라고 교화시켰다. 농민은 자본주의적 이해타

---

140) 불이산업조합과 이주민 사이에 체결한 이주계약에서도 조합의 지시에 이의 없이 따를 것과 그렇지 않을 때는 계약해제를 강제할 수 있다고 계약조건에 명시하여 강제력을 행사할 수 있는 바탕을 마련하고 있었다. 불이농촌산업조합,『불이농촌 일람』의 이주계약서 참조.
141) 당시 이주자들은 간척지 출신자(간척지로 유명한 兒島灣이 있는 岡山村의 경우)도 있었지만, 간척의 경험은 물론이고 稻作의 경험도 없어 지도역의 지시를 비난하는 경우가 많았다(向坂幾三郎, 앞 글,『朝鮮農會報』, 1925. 1, 42쪽).
142) "당 간척지는 천연의 미를 구비한 것이다. 이에 인위의 靈을 더하여 一作이라도 일찍이 瑞穗田으로 미화하지 않으면 안된다. 조선을 개발하여 식량문제의 해결에 공헌을 기하여 계획한 것이다." 向坂幾三郎, 앞 글,『朝鮮農會報』, 1925. 12, 17쪽.

산 관계에 지배되어서는 안 되고,[143] 이를 배제한 노력으로 간척사업을 완성해야 한다는 자력갱생의 원칙을 강력하게 강조하였다.[144]

정신적인 靈과 육체적인 노력을 지도의 제일 원리로 삼고 瑞穗田化 과정에 도움이 되지 못하는 모든 행위는 철저히 배제하였다.[145] 瑞穗田化의 달성은 곧 불이농촌이 목표한 바, 이주자가 25년 후 3정보의 美畓과 기와집의 주인이 되는 첩경이라고 하였다. 이러한 사상적 교화를 통하여 근로의 미덕을 주입시켜, 제염작업 등 고통스런 노동을 기쁨으로 바꾸자고 강조하였다.[146]

사키사카는 농본주의적 농민통제와 교화를 위하여 다음과 같은 구체적인 행동지침을 마련하였다. 첫째, 부업을 금지시켰다. 부업은 농민의 자급자족적 경제를 파괴시켜 농촌을 시들게 하는 주범일 뿐만 아니라 현실적으로 불이농촌에서는 부업을 할 만한 시간적 여유도 없다고 확언하였다.[147] 둘째, 근로의 미덕과 노동의 신성함을 파괴하는 일체의 활동을 금지시켰다. 오락적인 음주금지·사치배제·복장준수 등 청교도적인 개척자로서의 자세와 생활태도도 요구하였다.[148] 셋째, 서로 협력하고 불공평한 일이 없도록 하였다.

---

143) 그는 당시 농촌피폐의 원인을 "노력을 자본에 대용하기 보다도 자본을 노력으로 바꾸고 없는 돈을 쥐어짜 기계를 구입하여 인력을 생략하기를 환영하고 자족자급을 망각하는 것이 대개 농촌을 시들고 위축시키게 하는 원인은 아닐까?"라고 피력하였다(向坂幾三郎, 앞 글, 『朝鮮農會報』, 1925. 12, 17쪽).

144) 向坂幾三郎, 앞 글, 『朝鮮農會報』, 1925. 12, 17~18쪽.

145) 向坂幾三郎, 앞 글, 『朝鮮農會報』, 1925. 12, 17쪽.

146) 그는 제염작업 등 고된 노동을 즐겁고 창조적인 일이라고 인식시키기 위해 참된 노동의 의미를 취미에 빗대어 강조하기도 했다. 向坂幾三郎, 앞 글, 『朝鮮農會報』, 1925. 12, 18쪽.

147) 불이농촌은 부부를 본위로 1호 3정보를 할당 도작을 본위로 하기 때문에 부업할 여유가 없으며, 일상용품은 가능한 촌내에서 자급자족할 것을 강조하였다. 向坂幾三郎, 앞 글, 『朝鮮農會報』 20-7, 32쪽.

148) 1925년 10월 31일 제20연단 기동연습 때, 向坂은 비행단의 연습광경을 감격스럽게 바라보며 개척자로서의 불이농촌민들과 일체화시켜 생각하며 비행 제6연대에 향연을 개최하였다. 국방을 담당한 두 주역의 만남이었다. 犒軍會 음식은 불이농촌의 산물로만 차린 향연으로, '노력향연'이라 표현하였다. 향연 후 이들은 "양 폐하만세, 비행 제6연대 만세, 불이농촌만세"라고 만세를 불렀다. 向坂幾三郎, 앞 글, 『朝鮮農會

넷째, 쌀농사를 본업으로 한 노력 제일주의의 원칙아래 작업복을 입고 7전 8기의 정신으로 노력하되, 설혹 작황이 나쁘더라도 노력 부족 때문이라는 자세를 견지하도록 하였다.[149] 이것은 사키사카가 불이농촌들에게 공동운명체라는 인식아래 제시한 행동지침, 농본주의 이념의 정신적 신조였다.

경작과정에서 농민을 강력하게 지도할 수 있는 지도자의 역할을 강조하였다. 이주민은 일본 각지에서 선발하였기 때문에 출신별로 영농방식이 달랐다.[150] 농업환경과 경영조건이 현저히 다른 옥구간척지에 이들을 방치한다면 제대로 농작물을 수확할 수 없다고 인식하였다. 이곳에 적합한 불이농촌형 영농법을 강구하여 이들을 통일시켜야 했다. 이러한 사정과 관련하여 사키사카는 지도자의 역할을 강조하였다. 일본의 이민사업이 실패로 돌아간 가장 큰 원인 중의 하나가 이민자들을 이끌어 갈 지도자의 부재, 즉 솔선수범하는 농업지도자가 결여되었기 때문이라고 하였다.[151] 그는 강력한 지도력에 기초한 실지지도와 노력의 효율적인 조직화에 기초하여 이주민을 독려하고 開畓작업을 추진했다.[152]

불이간척지의 개답작업은 이주민들을 조직화하여 계획적으로 추진되었다. 불이흥업에서는 입주 즉시, 각 촌에 배당한 간척지를 각 호별로 다시 10정보씩 제염작업지로 할당하였다. 그중 3정보는 개인재배지, 7정보는 공동재배지로 할당하여 제염과 동시에 쌀농사를 시도하였다.[153] 제염과

<hr>

報』, 1925. 12, 17~18쪽.

149) 向坂幾三郎, 앞 글, 『朝鮮農會報』 20-7, 32~33쪽.

150) 向坂幾三郎, 앞 글, 『朝鮮農會報』, 1925. 1, 38쪽. 또한 "불이농촌의 경우 남은 熊本縣에서 북은 山形縣에서 입촌한 각촌마다 경작법이 구구하며 특히 바다를 이해하지 못하는 사람이 많은 것에 주의한다"고 하였다. 向坂幾三郎, 앞 글, 『朝鮮農會報』, 1926. 7, 18쪽.

151) 向坂幾三郎, 앞 글, 『朝鮮農會報』, 1925. 1, 38쪽 ; 앞 글, 『朝鮮農會報』, 1926. 7, 18쪽.

152) 실지지도는 소학교 강당에 남자회와 여자회로 나누어 稻作 이주자 본분 打合사항 등을 가르쳤으며, 강연에서는 주로 수신과 오락에 관한 사항을 집중 지도하였다. 保高正記, 앞 책, 1925, 333쪽.

153) 1925년도 이주민 50호는 每戶당 2정보를 도작본위로 하고 3정보를 제염본위로

도작이라는 일거양득의 효과를 겨냥하면서도 초기에는 농경보다 제염작업에 주안점을 두었다. 제염작업은 제염속도와 간척지의 규모를 고려하여 천연 제염방식을 배제하고 인위적 제염방식을 채택하였다.[154] 경작은 개인 할당지 3정보는 이앙·條播·撒播 등의 방법으로 각각 1정보씩 재배하고, 공동 재배지 7정보는 撒播로 하였다. 이앙과 직파는 지역별로 나누어 묘대 정지작업과 직파작업을 하되 平水法을 채택하였다.[155] 1924년에 첫 수확을 했다. 수확량은 지역마다 차이가 있었으나, 직파지구가 이앙지구보다 양호하였다.[156] 모든 노력은 자급을 원칙으로 하고 벼 베기 작업에는 조선인을 고용하였다. 벼는 자기 노동력으로 탈곡 조제하고 창고에 보관하여 공동 판매하였다. 공동경영이 불이농촌의 지도방침이었다.

이주 첫해와 다음 해에는 한해가 심하였으나, 제1차 이주민 33호중 15호가 50석 이상 수확을 했다. 1925년도에는 83호중 30여 호가 50석 이상, 최다 80석까지 수확했다. 당시 군산 1등품 백미가 36원 50전인데 간척현미는 37원 50전으로 상당히 좋은 평가를 받았다.[157] 이러한 호평에도 불구하고 이주작업이 부진한 원인은 제염작업이 예상보다 상당히 더뎠기 때문이었다. 1930년경에 들어서야 전체 면적에 식부할 수 있었다. 개답의 완성도는 기대치에 달하지 못하였다. 간척사업에서 가장 커다란 문제는 제염작업이었다. 관리자는 제염이 완료되지 못하여 농업생산력이 정상화되지 못할 때에 대비하여 이주민들의 생활문제에 대한 해결책을 강구해야 했다. 그렇지

할당받았다. 保高正記, 앞 책, 1925, 331쪽.
154) 向坂幾三郎, 앞 글, 『朝鮮農會報』, 1925. 1, 42쪽 ; 앞 글, 『朝鮮農會報』, 1926. 7, 참조.
155) 물의 깊이가 1촌 5분내지 2촌 5분인 것을 平水, 1촌 이하를 淺水, 3촌 이상을 深水라 하는데, 조선에서는 深水法을 주로 했다. 그러나 深水는 벼의 생육상 發根力을 크게 감쇄하기 때문에 불이농촌에서는 平水法을 채택하였다고 하였다. 向坂幾三郎, 앞 글, 『朝鮮農會報』, 1925. 1, 42쪽.
156) 수확은 香川, 大分의 순이었으나 대체로 1단보로 改算한 2, 3收籾表를 보면, 직파 3,555, 이앙 2,524였다. 向坂幾三郎, 앞 글, 『朝鮮農會報』, 1925. 1, 45쪽.
157) 向坂幾三郎, 앞 글, 『朝鮮農會報』, 1926. 8, 18쪽.

〈표 9〉 불이농촌 상환계획 변동상황

구분	대장성 저리자금	이율	상환조건	수용계획호	관리기구	비고
최초계획	180만원	6분1리	2년거치20년상환	300호	불이흥업	
변경계획	52만원(추가액)	6분1리	5년거치20년상환	330호	산업조합	

자료 :『동아일보』, 1927. 11. 27 ; 鹽見技師, 앞 문서, 1927.

않으면 이주민들은 채무압력에 시달려 떠날 수밖에 없었다. 경영주도 금융자본의 상환 압력에 견디지 못하여 결국 함께 공멸할 것이라고 인식하였다.[158]

불이흥업은 특혜를 조건으로 이주자를 유인하였지만 이주작업이 지체되어 상환금을 마련하기가 어려웠다. 불이흥업은 상환금을 이주호에게 부담시킬 수도, 스스로 상환할 수도 없는 진퇴양난에 빠졌다. 불이흥업은 총독부와 협의하여 대장성에 이주계획의 수정과 대부액의 증액을 제시하여 승인을 받았다.

인가안은 이주호수를 330호로 증가시키는 동시에 대부자금을 52만 원으로 증액하는 것이었다.[159] 1929년 총액 350만 원으로 증액되었으며, 1호당 상환금도 당초 보다 100여 원 증가하였다. 불이농촌에 대한 자본의 지배력은 더욱 증가해 갔다. 이것이 이민계획 수행에 결정적인 장애물로 작용하였다. 자본력으로 자작농을 창출한다는 본래의 의도가 오히려 농민몰락으로 작용한 것이다. 농업공황의 여파로 모든 계획이 난관에 봉착하였다. 이 시기 지주제를 고리로 한 일제의 농업생산력 확충 정책인 산미증식계획은 결정적인 파탄을 보았다.

공급과잉으로 미가가 반이하로 급락하자 불이농촌은 상환금 마련에 막대한 차질을 빚었다. 불이농촌의 부채액이 상대적으로 급등하였다.[160] 이주농민들은 상환불능 사태에 직면하고 연부금 감액을 청구하였다. 법적 상환책임

---

158) 向坂幾三郎, 앞 글,『朝鮮農會報』, 1926. 8, 20쪽. 물론 이주자가 없을 때 노동자를 채용하면 되지만, 이는 迂路이지 정도는 아니며 위험한 일이라 하였다.
159)『동아일보』, 1927. 11. 27.
160) 재건기 부채정리표(〈표 14〉) 참조.

자인 불이흥업은 감액요구를 받아들일 수 없었다. 당시 불이흥업은 서선농장에서도 소작농민들의 강력한 저항에 직면하였다. 공황의 여파로 회사의 경영상태가 악화일로에 있었다. 불이흥업은 서선농장에서와 같이 강력히 대응했다. 주창자 6호에 대하여 퇴거를 명령하였다.[161] 야마가타현 등 농촌 출신 농민들은 머물렀지만, 농민이탈이 계속되었다. 불이농촌은 존립조차 위험할 지경이 되었다.[162] 일본제국의 특혜를 받은 농민조차 견딜 수 없는 상황이었지만, 국책사업을 중단할 수 없었다.

2) 불이농촌의 조직개편과 성격 변화

(1) 불이농촌산업조합의 설립과 조직

1920년대 후반 불이농촌은 상환액 부족사태를 맞이하였다.[163] 불이흥업은 기왕의 자금부족 사태에다 예상치 못한 금융부담까지 지게 되자, 조선총독부에 이주계획을 전면 재조정할 해줄 것을 요청하였다.[164] 조선총독부는 대장성과 협의하여 〈표 10〉과 같은 지원책을 마련하는 한편, 불이농촌 조직을 산업조합으로 변경시키기로 하였다.

〈표 10〉 불이농촌 연부금 상환계획

총규모 (단보)	사업비		1호당 연부상환액			상환방법	비고
	총액	반당	총액	단보당(석당30원)			
				현금	미		
10000	350만원	100원	751원8전	25원40전	8두5승	2년거치 20년상환	330호

자료 : 불이흥업주식회사, 『農業と土地改良事業成績』, 1929.

---

161) 『中外日報』, 1929. 5. 12.

162) 山部珉太郎, 앞 글, 『文化朝鮮』 4~5, 1942. 12, 69쪽.

163) 각 기지별 개답상황은 보면, 제1기지(376정보)는 1924~1925년까지, 제2기지(334정보)는 1925~1927년까지, 제3기지(290정보)는 1927~1930년까지 전부 개답되었다(大野保, 『朝鮮農村の實態的研究』, 1941, 230~231쪽과 伊藤俊夫, 앞 글, 『京城帝國大學法學會論集』 14-1, 1943, 104쪽).

164) 『동아일보』, 1927. 11. 27.

불이농촌은 조선산업조합령에 의거하여 1928년 3월 31일 '불이농촌산업조합'으로 조직을 변경하고, 불이흥업과 완전히 분리되었다.[165) 조합의 설립목적은 불이농촌건설 자금과 상환금을 유리하게 조달하는 한편, 미곡상품화를 촉진하는 데 있었다. 이제 불이농촌은 개인이 아닌 산업조합 형태로 금융자본과 직접적 대항관계를 가지면서 생명력을 유지해 갔다.

불이농촌은 산업조합으로 조직을 개편하면서 본격적인 면모를 갖추기 시작했다. 불이농촌은 이주 당시부터 출신지역별로 10호 단위로 한 마을을 형성하도록 하였다. 시기에 따라 사정은 다르나 1940년대는 〈표 11〉과 같이 모두 32개 촌락이 통일된 부락을 구성하였다.

〈표 11〉 불이농촌 기지별 부락(촌)과 호수

第1期地(24년)				第2期地(28년)				第3期地(31년)			
토양	區	촌명	호수	토양	區	촌명	호수	토양	區	촌명	호수
①	6	德島	10	②	6	愛媛	10	④	7	南佐賀	10
①	9	宮城	10	③	7	南熊本	10	④	9	南宮城	10
①	5	岡山	10	③	5	南廣島	10	④	9	西福島	10
①	5	山口	10	④	4	奈良	10	④	7	西佐賀	10
①	6	香川	10	④	7	佐賀	10	②	2	岐阜	15
①	1	石川	10	④	7	長岐	10	③④	7	西熊本	10
①	1	新潟	10	④	6	高知	10	②③	5	西岡山	11
①	9	山形	20	②	9	岩手	10	②③	5	西廣島	11
①	7	大分	10	②	9	福島	10	④	6	南高知	2
①	5	廣島	10	②	9	西山形	20				
①	7	熊本	10								
합계			120	합계			110	합계			89

비고 : 1.토양 ① 不二埴土區 ② 不二埴壤土區 ③ 不二壤土區 ④ 不二砂壤土區. 2.구역 ① 北陸 ② 東山 ③ 東海 ④ 近畿 ⑤ 中國 ⑥ 四國 ⑦ 九州 ⑧ 關東 ⑨ 東北 ⑩ 北海
자료 : 伊藤俊夫, 앞 글, 『京城帝國大學法學會論集』 14-1, 1943, 194쪽, 107~111쪽, 122~123쪽.

---

165) 불이흥업 영업보고서에서 불이농촌 자산구성을 보면 다음과 같다. (단위 : 만원)

연도	1923	1924	1926	1927	1928	1929	1930	1931
자산	1,222,650	1,462,361	1,989,314	2,393,934	1,990,851	1,831,089	31,017	31,021

불이농촌의 회계는 산업조합 성립을 계기로 불이흥업의 회계 내에서 비중이 현격히 저하되어 갔다(홍성찬, 앞 글, 『동방학지』 65, 255쪽).

각 촌락에는 입주 당시 제공받은 집회소가 있었으며, 이주민의 생활중심이었다. 각 촌락에서는 중심인물을 구장으로 선정하여 마을을 관리 통제하였다. 구장은 불이농촌산업조합의 평의원으로 자기마을을 대표하여 불이농촌의 행정에 관여하였다. 불이농촌산업조합과 기초단위인 區사이에 組가 있었다. 10호 마을 8개를 합쳐 1개 조로 편성하였다. 4조가 모여 불이농촌 전촌을 구성하였다. 조 사이의 관계는 그다지 밀접하지 않았다. 출신지역이 달라 전통적인 사회관계가 달랐기 때문이었다. 행정조직을 보면 불이농촌은 미면내의 한 구역이지만, 반독립적인 색채가 강하였다.[166]

불이농촌에서 비교적 활발히 활동한 조직체는 농업생산과정에 개재한 협동조직이었다. 이들은 주로 산업조합 전체 단위로 움직였다. 불이농촌에는 어느 마을도 개별적으로 조직된 단체는 거의 없었다. 모든 문제가 전촌적 차원에서 산업조합 단위로 제기되고, 해결되었다. 이는 수리나 토지개량, 기타 기술 등 모든 문제가 농촌전체의 장래와 관계되기 때문이었다.

농업이외의 다른 조직도 전촌을 단위로 한 인위적인 조직체였다. 첫째 일본제국주의의 사상 무장의 중심체였던 不二神社였다. 신사는 일본인 거주지에 예외 없이 건설되었는데, 불이농촌에서도 1927년 12월 入耳島에 신사를 건립하여 매년 2회 제전행사를 거행하였다.[167] 다음은 조합원이 조직한 불이학교조합에서 경영하는 교육기관이었다. 공법인인 학교조합은 조합원의 조합비로 운영되었다. 이주민들이 설립한 대표적인 교육기관은 제1회 이주민이 입주한 1924년 9월 19일 개교한 불이심상 고등소학교(불이공립소학교)였다.[168] 1925년 학생 52명, 교직원 3명에 불과하였으나,[169] 1940년

---

166) 구장은 반드시 부락의 최연장자가 아니라 중심인물로 추천되었으며, 동시에 애국반장으로 총력운동에도 관계하였다(鈴木榮太郎,「朝鮮農村社會瞥見記」,『民族學研究』新 1-1, 1943. 1과 泉靖一,「南鮮調査隊報告」,『京城帝國大學法學會論集』13-4, 1942, 569~571쪽).

167) 일본 이주민이 자리잡고 제일 먼저 하는 일이 신사건립이었다. 불이농촌도 예외는 아니었다. 신사의 역할과 기능에 대하여는 韓晳曦,「전시하 朝鮮의 신사참배강요와 기독교도의 저항」,『朝鮮史叢』5·6합병호, 1982이 참고된다.

에는 교사 3동, 428평, 교원수 훈도 9명, 촉탁 1명, 계 10명, 학급수는 보습과를 포함하여 9학급, 학생수는 451명으로 불어났다. 불이농촌인구 1,630명의 4분의 1정도의 인구가 이 학교 재학생이었다. 학교를 마친 뒤 남자는 '불이공립 척식농사학교', 여자는 학교부설 '불이공립 실과여학교'에 들어가 실업교육을 받았다. 두 학교는 산업조합에서 불이농촌 재건을 위한 교육의 장으로 설립하였으며, 졸업생은 불이농촌의 중견으로서 미래를 주도해 가는 임무를 부여받았다.[170]

이 밖에 각종 사회단체로서 재향군인분회, 군사후원연맹분회, 대일본부인회분회, 자혜회, 의료공제회,[171] 경노회, 보덕회, 우마차조합 등 각종 단체가 결성되었다. 이같이 불이농촌의 각종 단체는 전통적인 인습적 관행이나 봉건적인 잔재가 전혀 존재하지 않는 조직들이었다. 이러한 조직들은 불이농촌산업조합을 중심으로 일본농촌의 재현이라는 목표 아래 주민들을 교화시키고 조직화하는 기능을 수행했다.

(2) 조선산업조합령의 내용과 불이농촌산업조합의 운영

조선산업조합령은 일제가 조선농회령과 함께 1926년 1월 제령 제2호로 제정 공포한 법이다. 1926년 10월 '산업조합정관례'를 작성하여 실행을 독려하였다.[172] 조선농회령이 지주를 장악하고 농촌 재편성을 시도하여 산미증

---

168) 下岡 정무총감을 비롯하여 香川縣知事 전북도지사 齋藤 총독 등이 당시 일본인아동들의 교육에 지대한 관심을 표명하고 방문하였다(保高正記, 앞 책, 1925, 336~337쪽).

169) 保高正記, 앞 책, 1925, 335~336쪽. 1930년 무렵 학생수 220명 교직원 6명이었다(불이농촌산업조합, 「不二農村一覽」).

170) 불이척식농사학교는 和久歸農生, 「不二拓殖農士學校を観る」, 『土地改良』 11, 1942. 5을 참조.

171) 이들은 공립 공의를 설치하여 의료혜택을 받았으며 큰 병은 군산도립병원에서 치료를 받았다. 이곳은 간척지인 관계로 질병이 다른 곳보다 많았으며, 이 때문에 퇴촌하는 농가도 있었다.

172) 조선농회, 『朝鮮農務提要』, 1933, 119~150쪽.

식계획을 효과적으로 실시하기 위하여 1923년 개정된 제국농회법에 준거하여 실시되었다면,[173] 조선산업조합령은 대상 범위를 농촌에만 국한하지 않았다. 산업조합은 하층의 자력이 결핍한 계층을 장악하여[174] 일제와 지주 자본가층에 대항하여 일어난 농민운동이나 노동운동은 물론 사유재산 제도의 부정 등 자본주의를 근저에서 위협했던 체제변혁 행위를 근절하여 사회의 안정화를 꾀하기 위한 것이었다.[175] 대자본의 횡포를 막고 중간상인의 이익·유통과정을 배제하여 생산자와 소비자를 직접 연결시켜 양자의 이익을 도모하고 합리화시킨다는 명분을 내걸었지만, 실상은 금융자본 지배아래 생산자 계층을 직접 종속시키려 한 것이었다.

조선산업조합령은 일본산업조합법을 본뜬 것으로 총 96개조로 작성되었다.[176] 양자는 여러 점에서 차이가 있었다. 그중 가장 두드러진 차이점은 첫째, 신용조합 기능을 배제하였다는 점이다. 그 이유는 조선에서는 1906년 금융조합조례에 의거하여 등장한 금융조합에서 신용기능을 담당하였기 때문이다. 여기에 다시 신용기능을 포함했을 때 발생할 여러 문제점을 방지하기 위한 조처였다.[177] 금융조합에서는 하층계층까지 조합원에 포함하여

---

173) 조선농회령과 조선농회에 대하여는 堀和生, 「日本帝國主義の朝鮮における植民地的農業政策」, 『日本史硏究』 171, 1976. 11 ; 김용달, 『일제의 농업정책과 조선농회』, 혜안, 2003 등이 참고된다.

174) 安達房治郎(조선총독부 식산상공과장), 「朝鮮産業組合令に就て」, 『朝鮮農會報』 21-3, 1926, 17쪽. 조선총독부는 산업조합을 전선에 보급하여 산업에 총동원하여 무위도식하는 자를 근절 농촌을 충실히 하려는 것인데, 조합원이 될 자의 대부분은 자력이 결핍한 자(소작농민)이라 하였다.

175) 조선총독부 식산국, 「朝鮮産業組合令に付て」, 『朝鮮農會報』 21-2, 1926, 38쪽. 여기서는 대사업가 대자본가와 중산이하의 계급이 서로 대항하는 속에서 후자가 계속 압도당하는 자연적 추세 속에서 빈부 현격하여 나타나는 파괴적 직접행동을 방지하고 평등과 평화 자조적 방법으로 이를 해결하려는 것이 산업조합의 사명이라 언급하였다.

176) 일본의 산업조합법은 독일의 산업조합법을 모방하여 1900년에 제정되었는데, 조선산업조합령 발효 당시 전국 16,000개의 조합에 300만의 회원을 가질 정도로 크게 발전하였다(조선총독부 식산국, 「朝鮮産業組合令に付て」, 『朝鮮農會報』 21-2, 1926, 40~41쪽).

대부금 상환이 제대로 안될 때 금융조합이 부실화될 것을 우려하여 담보제공이 가능한 중산계급이상을 조합원으로 하였다. 이에 반하여 산업조합은 대상계층이 하층계층까지 포괄하기 때문에 신용기능을 부여했을 때 이같은 현상이 발생될 것을 염려한 것이다.

총독부 당국자는 산업조합이 업무 수행상 필요한 자금은 금융조합연합회에 가입시켜 식은이나 일반은행으로부터 장기무담보 자금을 융자받아 사용하도록 하였다.[178] 산업조합의 개인대부는 구매·판매·이용 등 산업조합의 사업수행과 관련한 조건부 대부만 해주었다.[179] 이 때문에 조선총독부에서는 산업조합의 설립과 사업에 대하여 관할 관청의 책임 있는 감독을 강조하였다.[180] 일제는 하층계층을 산업조합에 가입시켜 집단적으로 통제 장악하는 한편, 금융자본의 이윤축적 기반을 확대할 의도였다.[181]

둘째, 설립 인원수는 일본에서는 최소 7인 이상으로 규정한 반면, 조선에서는 이 규정이 없어 단독설립도 가능하였다. 총독부 당국자는 산업조합의 원론적 입장에서 조합원 상호간의 '相助相扶·相協和合'을 근본정신으로 표방하

---

177) 금융조합 연구로는 秋定嘉和, 「朝鮮金融組合の機能と救助－1930~1940年代まで」, 『朝鮮史研究會論文集』5, 1968 ; 金森襄作, 「일제하 조선금융조합과 그 농촌경제에 미친 영향」, 『사총』15·16합집, 1971 ; 정용욱, 「1907~1918년 지방금융조합활동의 전개」, 『한국사론』16, 1978 ; 이경란, 「일제하 금융조합 연구」, 혜안, 2002 등이 참고된다.

178) 조선총독부식산국, 「朝鮮産業組合令に付て」, 『朝鮮農會報』21-2, 1926, 42쪽.

179) 산업조합정관례 제40조의 판매기능에서의 假渡金이나 제54조의 구매시의 延納金등을 통한 대부가 있다(『朝鮮農務提要』, 산업조합정관례 참조) 이같은 원인으로 불이농촌에서는 산업조합을 통하여 집단적으로 식은 자금 등을 이용하였으며, 개인대부는 여기서 담당하지 않았다(鈴木永太郎, 「朝鮮農村社會瞥見記」, 『民族學研究』新1-1, 1943).

180) 安達房治郎, 「朝鮮産業組合令に就て」, 『朝鮮農會報』21-3, 1926.

181) 산업조합은 금융조합과 업무중복을 피하였으나 실제 업무가 중복되는 경우가 많았으며 산업조합의 경우 자금문제가 겹치는 등 여러 문제로 조선에서는 크게 발전하지 못하였다. 1930년 38조합에 불과하였으며(조선농회, 『조선농업발달사(정책편)』, 501쪽.) 1937년 3월 27일 110개 정도에 불과하였다. 이중 불이농촌산업조합과 평강산업조합은 공히 목적이 자작농 창정을 목적으로 1928년 동시에 설립된 일본인 산업조합이었다(「齋藤實文書(고려서림 영인본)」6, 122쪽).

고 조선 전래의 계 등과 무관하지 않다고 하였다. 하지만 조선의 령은 소수가 조합을 세워 독단적 이익을 꾀할 수 있도록 한 것이다. 불이농촌산업 조합도 조선총독부의 지시에 의거 일방적으로 설립된 것이다.

셋째, 조합원의 책임한계에 대한 규정이다. 보통 무한책임·유한책임·보증 책임 등을 설정하여 조합원의 책임을 무겁게 하였으나 조선에서는 출자액 한도 내에서 유한책임만을 채택하여 조합관리자, 즉 경제적 상층계층들의 독단적 운영을 보장하는 역할을 하였다.

넷째, 일본에서는 조합장·이사 등 집행기구를 조합원이 자유롭게 선임하 였으나, 조선산업조합령에서는 조합원 가운데 선임하되 도지사의 인가를 받도록 하였다. 사실상 감독관청의 임명 형식이었다.[182] 이 규정은 총독부가 산업조합의 집행기구를 장악함으로써 조선사회를 통제하려는 의도에서 기인한 것이었다.

다섯째, 구매조합 기능에서도 "필요한 物을 매입한다"는 규정의 적용범위 가 조선산업조합령과 일본산업조합법과는 차이가 있었다. 일본에서는 구입 대상을 동산으로 한정하였으나 조선에서는 부동산까지 확대 적용하였다. 이렇게 토지까지 대상으로 한 것은 불이농촌산업조합과 같이 이민조합을 조직하여 개간 간척 등을 할 때 저리자금을 융자 받을 수 있도록 배려한 것이었다.[183]

조선산업조합령은 일제의 조선지배의 일환으로 제정된 것이며, 또 조선지 배의 궁극적 목적이 어디에 있는가를 보여주는 것이었다. 불이농촌산업조합 과 함께 일본인 자작농촌건설을 위한 산업조합으로서는 평강산업조합이 있다. 이 조합은 강원도 평강군 중앙수리조합 관개구역 내에 이바라키현(茨城 縣)지부 국민농학교 교장 가토 간지(加藤完治)가 졸업생을 이주시킬 목적으로 설립한 것이었다. 이들은 일본인 자작농촌을 건설한다는 일제의 국책 이민사

---

182) 『동아일보』, 1926. 1. 31~2. 2.
183) 「산업조합령을 조선에서는 광의로 해석」, 『동아일보』, 1928. 6. 12.

업인 보호이민을 주관하는 대표적인 조직체이다. 일본인을 자작농으로 창정시켜 조선 통치상의 식민을 실현하는 것을 궁극적인 사업목표로 설정하였다.[184)

불이농촌산업조합의 조합장은 〈표 12〉에서 보는 바와 같이 예외 없이 불이흥업 사장이 맡았다. 불이흥업주식회사가 설립자였을 뿐만 아니라 대장성 저리자금을 대부받을 때 담보를 제공한 실질적인 소유자였기 때문이었다. 불이흥업 없는 불이농촌은 존재할 수 없었다.

〈표 12〉 불이농촌산업조합 조합장 명부

재임 순서	조합장	기 간	경력
불이흥업 사장	藤井寬太郎	1924-28	불이흥업전무,사장
산업조합 제1대	藤井寬太郎	1928-	〃
산업조합 제2대	三井榮長	1935.6-	조선총독부 기사
산업조합 제3대	矢鍋永三郎	1943.8-	불이흥업사장

불이흥업 사장의 교체는 곧 산업조합장의 교체로 직결되었다.[185) 조합장은 조합원 중에서 선출하도록 규정하였으나 이주민이 아닌 불이흥업회사 사장이었다. 국가자본의 입장에서도 투자를 보증할 담당자가 필요하였기 때문에 조합장의 선임인가 방식은 겉치레일 뿐 관이 일방적으로 불이흥업에 맡긴 것이다. 이러한 원칙은 조합의 실무 집행자인 이사의 임명과정에도 그대로 관철되었다. 이사는 불이농촌산업조합 이전에는 불이흥업에서 지도

---

184) 『동아일보』, 1927. 11. 27. 1927년도 대장성 예금부 저리자금은 2,050만 원이었는데, 이중 불이농촌 대부금과 강원도 평강 중앙수리조합 관개구역 내에서 임야·미간지를 250정보의 논과 250정보의 밭을 개간할 자금 및 加藤完治 책임하의 이주사업에 소요되는 자금 25만 원도 포함되어 있었다.

185) 三井榮長은 도쿄제국대학 농학과를 졸업하고 1910년 총독부 농무과 기사로 조선에 건너왔다. 불이흥업 전무를 거쳐 사장으로 임명되었다. 矢鍋永三朗은 岡山縣 赤盤郡 출신으로 1907년 도쿄제대 법학과를 졸업했다. 같은 해 고등문관 시험에 합격, 1908년 통감부 서기로서 한국에 건너왔다. 이후 경남재무부장, 세관장, 관세과장. 황해도지사, 총독부 사무관, 참사관을 지냈다. 1925년 8월 퇴관, 식은이사 식산은행 3대 두취, 금융조합 연합회장(1933년)을 지내고 불이흥업 사장으로 취임하였다(朝鮮 功勞者銘鑑刊行會, 『朝鮮功勞者銘鑑』, 1935, 60쪽, 428쪽).

역이란 이름으로 파견하였으나, 설립 이후는 산업조합령에 따라 이사로
바꾼 것이다. 이사는 선출 후 도지사가 인가하도록 하였으나, 이는 형식요건
일 뿐 조합원의 의사에 관계없이 조합장을 임명하였다. 이사들의 전직은
수원권업모범장 기사, 야마가타현 지사, 동척지점장 심지어 전직 헌병중좌
등 다양하였다.[186] 야마가타현 지사를 임명한 것은 이 지역출신 농민들이
이주민 가운데 가장 모범을 보인 우량농민이었기 때문이다. 헌병 중좌를
임명한 것은 1930년대 일어난 불이농촌 내부의 농민운동과 관련이 있는
것으로 보인다. 이때는 농업공황기라는 점도 있지만 불이농촌이 가장 피폐화
되었던 시기이기도 하였다.

조합원 가운데서 선임한 직책으로는 감사와 평의원이 있다. 감사는 2명이
었으며, 감독관청의 인가를 받을 필요는 없었다. 그의 임무는 집행기관에
문제가 있을 때 조합을 대표하였다.[187] 평의원은 개별 이민촌락의 대표자인
구장이 당연직 평의원을 맡았다. 평의원회는 수리조합과는 달리 자문기구가
아니라 의결기구였다. 조합의 모든 사항에 대해 최고 의결권을 행사하는
기관이었다. 평의원은 조합원이 1인 1표주의의 원칙에 따라 선출한 자이기

---

186) 불이농촌산업조합 이사명단

구분	理事	경력	기간
불이흥업	向坂幾三郎	水原農事試驗場 技師	1925~
제1대	三浦實生	山形縣知事	1928~
제2대	安井亮	東拓裡里支店長 3년	1929.5~
제3대	茅野正大	豫備憲兵中佐	1931.8~
공백기		無理事 1년반	1935.
제4대	山岐要助	不二全北農場農場長	1936.10~

자료: ① 禾久歸農生, 「全北 不二農村의 美績お을 紹介する한다」, 『土地改良』 1, 1940. 9, 35쪽.
② 군산지원, 「산업조합등기부」.

187) 불이농촌산업조합 감사명단

번호	監査	기간	번호	監査	기간
1	今田今次	1928.3.-31.8	6	遠田三次郎	1934.5-38.5
2	皆川留臧	1928.3.-29.1	7	菊地茂	1932.5-36.5
3	矢浦幸吉	1929.1.-30.5	8	金子逸郎	1936.5-38.5
4	桶渡正彦	1930.5.-32.5	9	富永己代重	1938.5-
5	山本米藏	1931.8- 34.5			

때문에 평의원회는 최고의 권한을 가진 기관이었다.[188]

그러나 불이농촌산업조합에서는 조합장이 전권을 행사하였다. 그 이유는 조합장이 소속한 불이흥업은 사회·경제적 지위 등에서 압도적이었을 뿐만 아니라 자금지원 담당자로 담보를 제공한 경제주체였기 때문이다. 평의원회에서 조합장의 제안을 거부할 수가 없었다. 평의원회는 사실상 유명무실하였다.[189] 조합장은 조합원의 생산능력과 신용정도표를 작성할 뿐만 아니라 이용·판매·구매 등 전반적인 일을 관장하는 등 전권을 행사하였다. 불이흥업 회사 사장이 조합장으로 조합의 운영을 책임을 졌지만, 그 내부에는 불이흥업과 불이농촌산업조합을 지배하는 금융자본이 깊이 자리 잡고 있었다.

불이농촌산업조합은 이주민의 선발과 계약에서 정착에 이르기까지 이주민들의 생활 전반에 관여하면서 산업조합 본래의 기능을 수행해 갔다. 조합원의 위탁을 받아 판매·구매·이용의 전 기능을 담당하였다.[190] 첫째, 판매조합으로서의 기능은 조합원의 토지상환대금과 직접 결부된 매우 중요한 사업이었다. 여기서 주종은 미곡이었다. 상품화율은 최하인 新潟村 83%(생산량 : 323.3가마), 최고인 高知村(생산량 : 304.2가마) 등은 95%정도로 평균 대략 90%정도에 달하였다.[191] 대단히 높은 벼의 상품화였다. 이 지역이 완전한 수전 단작지대임을 고려할 때 생산물의 대부분이 산업조합을 통하여 공동 판매되었다고 할 수 있다.

불이농촌산업조합에서는 벼를 공동창고에 모아 촌의 양쪽에 있는 정미소

---

188) 산업조합정관예 제23조.
189) 조합기관은 조합원의 수의 대소에 관계없이 자본주의적 생산관계에서 우세한 자 금융자본의 의사만이 총회를 이용하고 집행기관은 그 대행자일 뿐이라고 언급하면서, 특히 공황이후에는 세계사적으로 각국의 대부분 산업조합이 금융자본의 자금대부로 말미암아 이들의 발언권은 더욱 강화되었으며, 일본에서는 조합원의 산업조합 탈취운동이 전개되었다는 예를 들고 있다(金永浩, 『協同組合論』, 1948, 89~92쪽).
190) 산업조합은 법인체로서 법원에 등기하도록 규정하여 '불이농촌산업조합'은 전주지 방법원 군산지원의 「산업조합등기부」에 등기되어 있었다. 등기부에는 설립목적과 임원들의 변동내역을 기록하고 있다.
191) 伊藤俊夫, 앞 글, 『京城帝國大學法學會論集』 14-2, 1943, 260~270쪽.

에서 쌀로 가공하여 판매하였다.[192] 미곡의 판매는 산업조합이 전권으로 실시하였다. 조합원이 개별적으로 조합이외의 곳에 판매하는 것은 금지하고, 일부 자가 소비분을 제외하고 모두 공동판매 방식으로 처분하였다. 이때 공동판매를 위한 제반 조치, 즉 생산물에 대한 보고와 조사 실시, 생산물의 품등과 수량의 사정, 판매가와 시기의 결정권, 假渡金의 지급과 시기, 수수료 등은 조합장이 결정하였다.[193]

미곡상품화 작업은 토지상환대금을 조달하기 위한 유일한 가치 창출 작업이었으며, 조합원의 삶을 일차적으로 규정하는 요소였다. 또한 일본자본주의 차원에서 보면 금융자본에 농업을 종속시키는 구조에 적합한 양식이었다. 물론 이주농가의 경제적 갱생·안정이라는 차원에서 부업도 부분적으로 실시했다. 미곡상품화 이외의 개별 농가부업은 현금수입의 대종을 이루었다.[194]

둘째, 구매조합으로서의 기능은 크게 토지구입과 농산물의 생산과정에 소요되는 품목 구입으로 나눌 수 있다. 불이농촌의 경우 토지가 가장 중요하였지만 이것은 성립 당시에 한하였고, 이후에는 농업경영과 관련된 품목이 대부분이었다. 조합 구입품은 비료가 전체의 74%를 차지하였다. 下肥와 자급비료 종자까지 포함하면 81%가 되었다. 기타도 생산도구였다. 불이농촌 산업조합의 구입품목은 농업생산에 필요한 것이었다.

농구는 보이지 않으나, 불이농촌형 농법을 정착시키기 위하여 건설초기 시행한 것과 마찬가지로 필요에 따라 공동 구입한 것으로 보인다. 이 밖에 생활필수품은 군산의 소매상에 의존하였다. 소비조합으로서의 기능은 담당하지 않았다. 그리고 조합에서 취급하는 물품을 조합이외의 곳에서 구매하는

---

192) 南宮燧, 「두 간척지 공간구조의 비교연구」, 『전북대교육대학원 교육논총』 4, 1984.
193) 산업조합정관예 제2절 판매.
194) 건설기 불이농촌에서는 이주민들의 부업을 철저하게 금지했다. 그러나 제염작업이 완료되고, 이주농가의 경제적 안정이 요구되던 이 시기에는 부업이 시행되었다. 伊藤俊夫, 앞 글, 『京城帝國大學法學會論集』 14-2, 1943, 268쪽.

것은 금지하였다. 이는 공동생활의 원칙아래 조합을 통한 단일한 이주민통제와 감독 때문이었다. 따라서 조합은 조합원 수요품에 대한 조사를 하여 구매물품과 구매순서, 매각가격, 조합원의 구매물의 인수와 대금지불방법, 延納時 이자징수(100원당 日步 4전) 등을 조합장 주도아래 결정하였다.

〈표 13〉 불이농촌산업조합 공동구입 품목

종류	금액	%	종류	금액	%
비료	85,136	74	下肥	3,648	4
가마니	13,131	11	자운영 등	3,605	3
석유	5,938	5	기타	866	1
사료	2,648	2	합	114,971	100

자료 : 불이농촌산업조합, 「제14기 사업보고서(1941)」

셋째, 이용조합으로서의 기능은 주로 농산물 저장창고와 정미소, 그리고 관개용구, 이 밖에 욕장·이발장·관혼상제용구 등이었다. 이들 시설에 대한 이용조건과 의무사항 등은 조합장이 결정하였다.

산업조합은 조합원의 이익을 위하여 기능하였으나 손실 없는 경영을 위해 제반 조처를 강구하였다. 보증인 제도와 담보제도를 도입하여 만약의 손실에도 대비하였다. 토지는 수익조사와 함께, 토지대장 또는 지세대장에 게시된 지가와 부근의 실제 매매가액을 철저히 조사하였다. 평가가 끝난 부동산은 저당권 또는 질권설정 등기를 하되 제일 순위에 한하였다.[195]

그리고 가입과 탈퇴는 원칙적으로 자유였으나 다음과 같은 조건을 두었다. 가입과 출자, 口數의 증가는 평의원회의 결의에 따랐다. 신규 가입자는 출자 제1회 불입금과 가입금 또는 추가금을 납부하여야 하였다. 조합에 가입한 자는 조합장의 승낙을 받아 자기 지분을 타인에 양도하여 자격을 상실하는 경우도 있었지만, 제명처분제도도 도입하였다. 이 제도는 산업조합의 사업 추진과 존속을 위한 강권력을 행사할 수 있도록 마련한 제도였다.

195) 산업조합정관예, 제56조.

조합원의 제명사유는 조합이 목표한 바 이용·구매·판매 등의 사업에 지장을 초래하여 조합의 존립기반을 위태롭게 한 경우였다.[196] 제명으로 조합원 자격을 상실했을 때는 자기 몫의 반밖에 되돌려 받지 못했다.

그러나 산업조합이 조직되고 조합원이 공동으로 협동한다고 해서 모든 문제가 자기들 위주로 풀리는 것은 아니었다. 왜냐하면 산업조합 설립자체가 독점 금융자본의 질서에 농민들을 직접 편입시키는 작업이었기 때문에, 불이농촌산업조합은 일본자본주의 경제권 질서에 규정을 받을 수밖에 없었다. 조합의 생산력 문제, 농업공황의 파고 속에서 눈앞에 펼쳐진 미가 폭락이 그대로 그들의 삶에 투영되었다. 산업조합이 농민들의 생활과 성장을 보장해 주는 구세주는 아니었다. 불이농촌산업조합의 경우 적어도 재정정리계획이 세워지기 전까지는 부채가 누적되어 조합원이 제명조치로 조합원 자격을 박탈당하더라도 별 문제가 없었을 정도로 조합으로서는 속수무책이었다. 또한 후술하는 재정정리를 할 때 부채정리자금의 도입도 결과적으로는 이주민을 금융자본에 더 예속시키는 결과를 초래하였다.

불이농촌이 이렇게 된 원인은 기본적으로는 일제 농업정책의 파탄을 의미하는 것이지만, 불이농촌에도 파탄의 원인이 내재하고 있었다. 그것은 자본주의하에서 공동경제 조직을 채택 운영한 데도 문제가 있었다.[197] 불이 농촌의 경제구조는 수확에서 자가용 소비분을 제외하고는 모두 조합에 공출하였으며, 영농비·생계비·토지개량비 등은 조합에서 균등 대여해 주었다. 이 결과 적극적 노동은 회피하였다. 공출량은 감소한 반면 생활수준은 상승되어 조합재정은 궁핍하게 되었다. 또한 이주민을 지도감독하고 생활의 기본윤리를 제시했던 농본주의 이념에 입각한 자급자족적 공동경영은 사상 적인 결속력, 노동력의 조직화라는 측면에서는 어느 정도 효율성을 발휘할 수 있었다. 하지만 미곡상품화를 통한 자립경제의 구축에는 처음부터 문제점

---

196) 구체적인 세목은 산업조합정관예 제78조에 규정하였다.
197) 농본주의적 지도이념에 따른 전술한 건설기의 농업경영을 참조.

을 내포하고 있었다.

자급자족의 공동경영 방침은 집단적이고 집약적인 농업생산력 창출의 가장 효과적인 이념으로 간주되었지만, 자본주의 유통구조 속에서 개별 농가경제의 효율성은 오히려 저하되었다. 일본자본주의의 체제적 위기 속에서 나타난 농민경제의 파탄, 미가폭락은 불이농촌의 목표를 완전히 말살시켰다.

처음부터 금융자본의 지배아래 일본자본경제에 구조적으로 연결된 상태에서 불이농촌이 자생 촌락으로 나가는 발판인 미곡상품화의 성과는 농업생산력만을 담보로 해결될 수 있는 것은 아니었다. 미가변동 또한 단순한 유통과정상에 나타나는 미곡수급만의 문제는 아니었다. 자본축적의 취약한 구조를 가진 일본자본주의의 본질적 모순의 발현이었다. 일제는 어떠한 방식으로든 이 문제를 긴급히 처리하지 않으면 안 되었다.[198]

4. 불이농촌의 재건과 농가경제

1) 불이농촌 재건사업

1930년대 이후 불이농촌의 운영 상태는 최악의 상황으로 내몰리고 있었다. 농업공황의 여파로 재정파탄과 더불어 불이농촌의 '開祖'라는 원대한 구상은 일상생활의 고통으로 대체되었다. 이주민들은 자포자기 상태에 빠졌다. 이 문제는 부실기업 정리차원에서 처리하면 되었지만, 그럴 경우 작게는

---

198) 이러한 문제는 1930년대부터 표면화된 조선농촌위기에 대한 일제 독점자본의 농업 정책에 그대로 반영되었다. 지주제를 둘러싼 농촌사회의 민족적 계급적 모순의 격화에 대해 일제의 독점자본은 서서히 지주제를 조종해가면서, 지주와 농민을 동시에 자본지배 구조아래 종속 장악해 가기 시작했다. 1930년대의 농지령, 자작농 창정계획, 농가구제토목사업 등의 일련의 농촌재편성정책은 이러한 정책적 기조하에 실시된 것이었다(정태헌, 「1930년 식민지농업정책의 성격전환에 관한 연구」, 『일제말 조선사회와 민족해방운동』, 1991).

일본이주민의 소작인으로의 전락이며, 크게는 조선통치 문제와 직결되는 일이었기 때문에 당초의 자작농촌건설이라는 목표를 포기할 수는 없었다. 어떤 식으로든 문제를 처리하지 않으면 안 되었다. 불이흥업이 식산은행의 관리에 넘어가고, 불이농촌은 식산은행의 자회사인 성업사에서 관리하게 되었다.[199) 불이흥업은 후지이가 물러나고 미쓰이 에이초(三井榮長)가 맡게 되었다. 그는 1935년 5월 불이농촌산업조합의 조합장으로 취임하면서 야마자키 요스케(山崎要助)를 이사로 임명하여 불이농촌 재건계획에 착수했다.[200) 불이농촌 재건계획은 재정정리계획·정신개조계획·암거배수법의 도입 등 3부분으로 실시되었다. 이는 불이농촌을 건설해가는 인적·물적 농업기술력에 대한 전면적인 재충전 작업이었다.

(1) 재정정리계획

〈표 14〉에서 보듯, 불이농촌의 부채는 총 481.5만 원이었다. 1928년 재조정된 〈표 8〉의 계획과 비교하여도 대장성 예금부 저리자금과 식산은행 차입금이 모두 크게 증가하였다. 채무액이 100만 원 이상 늘어나고 연체이자는 105만 원이나 되었다. 1호당 갚아야 할 부채가 무려 14,430원이었다. 분양시 단보당 170여 원이었던 상환액이 481원으로 늘어난 것이다. 당시 가장 양호한 숙답이 1단보에 200원 가량인 것으로 보면, 부채가 총재산의 2.4배나 되는 극히 불량한 조합이었다.[201) 불이농촌을 다 팔아도 갚을 수 없는, 부채가 자기자본을 초월하였다. 농업공황이후 쌀값이 어느 정도 올랐다하더라도 이것만으로는 도저히 상환할 수 없었다. 정상적인 방식으로는 소생이

---

199) 홍성찬, 「일제 금융자본의 농기업 지배 ; 불이흥업(주)의 경영변동과 조선식산은행」, 『동방학지』 65, 1990.

200) 山崎要助는 盛岡農高를 졸업한 일본 교육계출신으로, 1931년 1월 불이흥업 사장 三井榮長가 그를 초빙하여, 불이 전북농장 농장장 옥구농장장 불이농촌 이사로 임명했다.

201) 伊藤俊夫, 앞 글, 『京城帝國大學法學會論集』 14-1, 1941, 106~107쪽.

불가능하였다.

<표 14> 재정정리 전(1936년 말) 불이농촌산업조합 대부금

연도	대부원	차입원금 ①(원)	경과와연체이자 ②(원)	비율 %	단보당(원)
1936	대장성 식은	2,885,758 876,150	1,053,166	②/①*100 28%	481
	총액 %	3,761,917 78%	1,053,166 22%	4,815,074 100%	
1929	대장성	2,993,617	1932년까지 333호예정		

자료 : ① 和久歸農生,「全北 不二農村の美績を紹介す」,『土地改良』1, 1940. 9. 36~40쪽.
　　　② 大野保, 앞 글『論叢』4, 230쪽.

조선총독부는 통치권 차원에서 식산은행과 약 1년간의 절충과정을 거쳐 재정정리계획을 수립하였다. 불이농촌에 거액의 구제자금을 대출하여 이를 재원으로 재정정리계획을 수립하여 불이농촌의 부활을 시도하였다. 부채정리사업은 연체이자를 면제해 주고 차입이자를 대폭 인하하는 동시에 상환연한을 연장하는 것을 주 내용으로 하였다.

<표 15> 불이농촌산업조합채 상환조건 조정표(단위 : 원)

채권자	채권액	년이율	상환액과 조건	비고
정부예금자금 식산은행자금	2,885,758 876,150	4분1리 5분	224,743 (30년원리균등)	단보당 22圓40錢⇒ 단보당 소작료에 상당함.
수리조합비	제1년~제15년		51,000	
	제16년~제30년까지		10,000	

자료 : 和久歸農生,「全北不二農村の美績を紹介す」,『土地改良』1, 1940. 9.

그러나 단보당 1년 지불액은 22원 40전으로 당시 소작료에 상당하였다. 수리조합비는 별도로 지불해야 했기 때문에 증수계획이 차질없이 수행되어야 겨우 부담할 수 있을 정도였다.[202] 여기에 앞으로 닥칠지도 모를 흉작이나 미가하락에 대비하기 위하여 337,000원을 한도로 매년 일정금액을 적립하는 연부 상환준비 적립금 제도를 도입하였다.[203] 위 계획만으로는 자금이 턱없

---

202) 伊藤俊夫, 앞 글, 앞 책 14-1, 106~107쪽.

이 부족하였다. 이를 충당하기 위해 사업의 두 주체인 일본정부와 불이흥업은
보조금을 지불하기로 하였다. 그 액수는 30년간 국고보조금 867,586원을
교부하고 불이흥업이 1,735,145원을 부담하는 것이었다. 단 국고보조금은
조합의 연부상환준비 적립금이 337,000원 이상에 달할 경우 일시 보조를
중지하든지 감액하기로 하였다.

조합 정리안이 발표되자 조합원은 "우리들의 앞날에 빛이 있다"고 희망에
가득찼으나, 조합원의 연부상환액은 30년 평균 단보당 약 25원이나 되었
다.[204] 총 30년이 지나야 비로소 불이농민들은 명목상의 자작농에서 벗어나
실질적인 자작농이 될 수 있었다. 그러나 그 뒤에도 6년간 이들은 국고보조금
을 상환할 의무를 져야만 했다. 이들이 실질 자작농이 되기 위해서는 재정정
리계획대로 진행된다 하더라도 30여 년간 소작농과 다름없는 대가를 지불하
고서야 가능하였다. 불이농촌은 금융자본과 국가자본이 창출한 모범적 존재
였기 때문에 일제의 입장에서 회생작업은 불가피하게 실시하지 않으면
안 되었다. 〈표 16〉의 식산은행 이율표에서 보듯, 불이농촌에는 일반 금리보
다 유리한 조건으로 대부를 해주었다.

〈표 16〉 식산은행 대부 이율표(단위 : 분리)

구분	1918	1919	1920	1923	1927	1928	1933	1934	1936
부동산저당	8.5~11	8.5~9.3	11	~	9.8	8.8	8.5	7.3	6.7
수리조합	8		9.5	8.9	8.1	7.9	6.7	5.5	
토지개량									
보통					8.9		7.9		
저리					5.9		4.3		
농사개량									
보통					9.9		8.9	7.5	6.8
저리					5.9		5.3	5.3	4.8

자료 : 조선총독부재무국, 「조선금융사항 참고서」, 1939.

---

203) 和久歸農生, 앞 글, 『土地改良』 1, 1940. 9, 39쪽.
204) 伊藤俊夫, 앞 글, 『京城帝國大學法學會論集』 14-1, 1943, 106쪽.

(2) 정신개조 운동

불이농촌산업조합 이사 야마자키 요스케(山崎要助)는 정신개조와 농사교육을 통한 사상적 대책도 강구하였다. 불이농민들은 농민과 조합원으로서의 자질, 정신자세에 기본적으로 문제가 있기 때문에 자금을 투자한다 하더라도 여기에 대한 대책이 마련되지 않으면 갱생은 불가능하다고 판단하였다.

불이농촌이 이같이 된 원인과 대책을 다음과 같이 분석하고 강구했다. 첫째, 산업조합을 공동경제체제 방식으로 운영한 점에 있다고 보았다. 조합원이 공동정신아래 근검·절약하지 않고, 공산주의 경제의 가장 큰 해악인 게으름에 빠져 서로 폐를 끼쳤다는 것이다. 이를 해결하기 위하여 공동경제에서 개인경제로의 전환을 꾀하였다. 둘째, 조합원의 전력을 조사한 결과 조합원들은 상당수가 본래의 선발의도와는 달리 농민 아닌 잡다한 직업에 종사하였을 뿐만 아니라 일확천금을 노리며 농사를 게을리 하는 자가 적지 않았다는 것이다.

사키사카가 주창했던 농민도는 내외적 어려움 속에서 퇴색되어 갔다. 야마자키는 개척농민 정신확립안을 세워 '자력갱생에 불타는 농민정신'을 고취하였다.[205] 자발적인 근로의욕을 고취시키기 위해 사경제를 도입했다. 지도이념은 초기부터 농촌진흥운동 당시까지도 농본주의 이념에 입각한 근로제일주의였다. 이 이념은 농업교육기관을 통해 이주민 제2세대 청년들을 자력갱생, 나아가 황국농촌 건설의 주체로서 육성하려는 농촌중견인물 양성운동으로 발현되었다.

정신개조의 도장으로 1939년 3월 7일 불이척식 농사학교를 설립하였다. 이 학교의 교육방침은 불이농촌개척 건설의 사명을 완수할 수 있는 황국농민을 육성하는 것이었다.[206] 불이초등학교 고등 2년 졸업자는 모두 이 학교에

---

205) 和久歸農生, 앞 글, 『土地改良』 1, 1940. 9, 39~43쪽.
206) 山部珉太郎, 앞 글, 『文化朝鮮』 4-5, 1942. 12, 70쪽. 이곳을 방문한 『문화조선』 잡지사 기자는 "먼지 한 점 없이 번쩍이며 정비된 농구. 우리들은 황군의 병기를 연상하였다.

입학하여 2년간 의무적으로 교육을 받아야 했다.[207] 학과는 농가의 실제에 맞는 농업실습을 주로 하고, 교수시간은 주당 50~60시간 이상이었다. 보통학과는 10시간 내외였다. 생도는 전부 기숙사에 수용되어 공동생활 공동경영을 하였다. 실습지는 답 6정보, 전 3정보를 경작하고,[208] 생활비는 자급자족하되 조합에서 약간 보조하였다. 졸업생은 2년간 철저한 개척농사 훈련을 받은 뒤 불이농촌과 불이흥업의 농장에 배치되었다.

첫째는 불이농촌에 배치하여 직접 농사에 종사하여 생산성을 증대시키도록 하는 일이었다. 장남은 가업을 계승하고, 2, 3남은 분가하여 경영하도록 하였다. 1호당 경영규모가 3정보이기 때문에 분가 영농하여도 일본같이 집약영농을 하면 별 문제가 없으리라 파악하고, 농가호수를 2, 3배까지 증가시킬 것을 목표로 하였다. 둘째는 조선농민에 모범적 지도를 하게 한다는 이주목적에 맞추어 불이흥업의 각 농장에 농사지도 감독원으로 육성하여 채용하는 것이었다. 불이흥업의 지주경영을 보조하는 학교기관이었다. 이른바 황국농민도의 전파자로서 이들은 회사로부터 생활지도와 생계보증을 받는 자로서 단순한 고용관계는 아니었다.[209]

농사학교에는 실과여학교식의 규정에 따라 여자부도 설치하였다. 학과는 농작 실습을 주로하고 나머지 시간에 보통학과와 가사·재봉 등을 가르쳤다. 이들은 논·밭농사일은 물론 자전거·리어카 등을 이용한 운반작업 등 농가의 제반 일을 할 수 있도록 교육하였다. 여자도 남자와 같이 산업전사로 노동하는 것이 전통정신이며, 일본적 여성의 진실한 자세라 하였다. 전시체제하 노동력 부족 때문에 이를 더욱 강조하였다.[210]

鍬를 닦는 백성. 일본의 백성혼의 전통이었다. 이 전통을 새로운 전통으로 받은 청년들"이라 표현할 정도였다.

207) 和久歸農生, 앞 글, 『土地改良』 11, 1942. 5, 13쪽.

208) 山部珉太郎, 앞 글, 『文化朝鮮』 4-5, 1942. 12, 70쪽.

209) 1941년 1월경 불이서선농장에도 이들이 배치되어 근무하고 있었다(和久歸農生, 앞 글, 『土地改良』 11, 1942. 5, 14쪽).

농사학교는 개간·간척·지목변환 등 토지개량사업 이후 이주시킬 이주민을 훈련시킬 장으로서, 그리고 전시체제기 조선농민을 황국농민으로 만들기 위한 시험대로서 중요성이 더욱 강조되고 있었다.[211]

(3) 암거(暗渠) 배수법의 보급

불이농촌 재건계획에서 생산력 증진방안도 강구되었다. 이중 가장 골치 아픈 문제는 염해였다. 開畓은 1930년에 끝났지만, 염분에 제약되어 생산성은 별로 나아지지 못했다. 제염작업은 긴 세월을 요하고, 간척사업의 성패와 직결된 일이었다. 제염법은 경지에 상당기간 물을 대었다가 소금성분이 용해된 후 배수하는 湛水法, 경지에 물을 대고 소로 갈아 상당기간 후 배수하는 水耕法, 경지에 물을 대고 中耕機를 소로 끌어 휘저어 배수하는 中耕機 攪拌法, 깊이 1척 정도의 도랑을 파서 물을 대어 용해한 뒤 배수하는 暗渠法, 結氷製鹽法이 있다. 불이간척지에서는 湛水法과 攪拌法을 채용했으나, 염분이 무제한으로 올라와 염해를 입어 항상 문제점으로 제기되었다.

불이농촌에서는 제염작업의 효과를 높이기 위해 1935년 일본에서 시행되어 효과를 인정받던 암거배수법을 보급하였다.[212] 농업기사 출신인 조합장 미쓰이 에이초(三井榮長)도 그 효과에 대하여 인정한 바 있었다.[213] 불이간척

---

210) 불이농촌 관리자들은 결혼도 촌락 내에서 해결할 것을 권유하였다(和久歸農生, 앞 글, 『土地改良』 11, 1942. 5, 15~16쪽). 여자들의 교육도 이 점에 유의하여 시행하였으나 촌락 밖의 사람들과 결혼하여 외지로 내가는 경우도 적지 않았다(伊藤俊夫, 앞 글, 『京城帝國大學法學會論集』 14-1, 1943, 272~273쪽).

211) 불이농민들은 모범개척민이고 이상향 건설로 황국신민의 영예를 완전히 획득한 존재로, 1942년부터 시행할 토지개량사업의 표본으로 제시되고 있다(和久歸農生, 앞 글, 『土地改良』 11, 1942. 5, 16쪽).

212) 石塚埈은 「暗渠排水の效果に就て」, 『土地改良』 2, 1940. 11, 7~8쪽)라는 글에서 황해도 농사시험장 사리원 분장의 시험결과 ① 한발 ② 도열병 ③ 증수와 多肥의 효과가 있다고 하였다.

213) 암거배수법을 시행하면 일반적으로 미가 2, 3할 증수되며 자운영등 裏作도 3배 4배 증산의 효과가 있다고 하였다(三井榮長, 「米作改良と暗渠排水」, 『土地改良』 4, 1941).

지에서 암거배수공사는 1935년부터 연차적으로 실시되었다.[214] 공사시행
방법은 먼저 암거배수의 예비 공사로 암거배수를 완전히 시행하기 위하여
갑문을 낮추어 배수위를 낮추는 동시에 각 배수간선, 지선, 支渠, 共芳 畓面을
준설하여 배수를 완전히 한 뒤, 길이 75간 폭20간 1필 1,500평인 矩形의
답에 암거 3개를 설치하고 이를 배수로에 연결하는 일이었다.[215] 암거의
구조는 깊이 1미터 V자형의 도랑을 파서 밑에 쪼갠 대를 넣고 짚을 덮고
그 위에 전토를 덮어 쪼갠 대에서 토지 속의 염이 용해된 물이 흘러나와
배수로에 들어가게 한 것이다.[216]

암거배수법의 효과는 〈표 17〉에서 1936년과 1937년 단보당 수확량이
급증한 것에서 알 수 있다.[217] 특히 가장 염분이 많아 피해가 많았던 南熊本村

〈표 17〉 불이농촌 작부면적과 벼수확고

연도	작부 면적	총 수확고	반당수확고		비고
			불이농촌	옥구농장	
1924	3,500	0.980	0.280		1935, 38년 제외
1925	4,300	1.868	0.434		매년피해
1926	4,630	3.725	0.805	0.63	
1927	5,700	7.817	1.371	0.72	
1928	8,160	14.123	1.730	0.62	
1929	8,744	13.967	1.567	2.01	풍해
1930	10,000	27.648	2.765	2.23	
1931	10,000	29.428	2.943	2.79	
1932	10,000	31.574	3.157	2.79	
1933	10,000	27.654	2.765	2.74	
1934	10,000	31.691	3.169	3.93	

---

214) 불이간척지의 암거배수법 실적은 1935년 1.8정보, 1936년 11.5정보, 1937년 82정보,
1938년 390정보, 1939년 387정보였다. 伊藤俊夫, 앞 글, 『京城帝國大學法學會論集』
14-1, 1943, 103쪽 ; 和久歸農生, 앞 글, 『土地改良』1, 1940, 47쪽)에서는 1937년부터
시작하여 1938년에 600정보가량 실시되었다고 했다.
215) 불이농촌의 암거배수법에 대하여는 和久歸農生, 『土地改良』1, 1940. 9. 44~46쪽과
伊藤俊夫, 앞 글, 『京城帝國大學法學會論集』 14-1, 1943을 참조.
216) 暗渠排水法의 구조와 설치방법에 대하여는 和久歸農生, 앞 글, 『土地改良』1, 46쪽과
伊藤俊夫, 앞 글, 『京城帝國大學法學會論集』 14-1, 1943, 103쪽.

1935	10,000	37,000	3,700	3.49	병충해
1936	10,000	23,350	2,335	3.15	
1937	10,000	41,070	4,107	4.44	
1938	10,000	43,360	4,336	4.69	한해
1939	10,000	9,332	0.933	1.79	畦畔減5分
1940				4.99	
단위	단보	만석	석		

비고 : 옥구농장은 1석=160근 환산수치.
자료 : 大野保, 「朝鮮農村の實態的硏究」, 「論叢」 4, 1941, 224~232쪽.

에서 증수 효과가 컸다.[218) 암거배수법이 증수효과를 거두자, 총독부에서는
1938년 이래 보조금을 주어 암거배수법 장려에 나서기도 하였다.[219)

　불이농촌은 재건사업으로 농업생산력이 일정정도 소생하였다. 이후 전시
체제하 미가 앙등으로 상당한 경제적 혜택을 보기도 했다. 당시 일제는
불이농촌의 경제적 소생을 대대적으로 격찬하면서 전시농정의 구호였던
농촌재편성 정책의 모범적인 사례로 선전하였다.

2) 불이농촌의 농업생산과 농가경제

(1) 미곡단작적 생산구조

　불이농촌은 일본 당국으로부터 많은 경제적 특혜를 받아 이루어진 재건사
업과 전시 미가앙등으로 소생하는 기미를 보이기 시작했다. 그러나 농업생산

---

217) 불이옥구농장에서도 이 방법을 시행하여 효과를 보고 있었다. 미시행지구의 성적은
　　1935년 480근, 1937년 471근, 1938년 938근이었는데 시행지구는 1937년 634근, 1938년
　　940근으로 각각 차이가 났다(山部珉太郎, 앞 글, 『文化朝鮮』 4-5, 1942. 12, 72쪽).
218) 南熊本村은 가장 염분이 많아 피폐가 극에 달하여 암거배수의 시행 효과를 현저히
　　보았다. 평균수량은 다음과 같다(和久歸農生, 앞 글, 『土地改良』 1, 1940. 9, 47쪽).

연도	1933	1934	1935	1936	1937	1938
평균수량	1.64	2.41	2.44	1.42	3.61 암거시행	4.01

219) 총독부는 1940년도에 증미계획 중에 8만 원의 암거배수시험 연구비를 계상하여,
　　6천 정보를 시행하기로 하는 등 암거배수법을 널리 장려하였다(和久歸農生, 앞
　　글, 『土地改良』 1, 1940. 9, 44쪽).

의 구조와 생산력의 측면에서는 여전히 간척지 농업의 본질적인 문제를 안고 있었다.[220] 농업기술적 측면에서 불이농촌을 규정했던 요소는 간척지라는 입지조건이었다. 간척지의 특성상 불이농촌의 토지는 일반 수전과 달리 평탄하고 대체로 1,500평을 단위의 규모로 구획·정리되었다. 따라서 경종이나 관개 배수상의 어려움은 일반 수전에 비해 상대적으로 적고 농업노동의 효율성은 높았다고 평가했다.

불이농촌은 간척 당시 경지정리에 따라 간선과 지선, 그리고 배수구가 바둑판의 선처럼 설계되고, 간선 용수로에서 지선 용수로로 가는 분기점에 분수 수문을 설치하여 일정한 낙차가 보장되어 자연 유입이 가능하였을 뿐만 아니라, 경사도로 완만하여 수로가 무너질 염려도 없었다고 하였다. 간선 부근의 경지나 廣島村같은 곳은 양수기를 이용하기도 하였지만, 간선 용수로의 수위가 충분하여 자연 관개할 수 있도록 설계되어 별도의 노동력은 필요하지 않았다고 했다.

간척지에서 물은 농경의 성패를 좌우하는 대단히 중요한 것이었기 때문에 불이농촌산업조합에서는 상근 수로감시원을 두고 물을 철저히 통제하였다. 이들은 간선에서 지선 분기점까지 담당하였으며, 분기점에서 각 마을내의 수로는 마을마다 독자적으로 통제하였다. 마을 안에서 물대는 순서라든가 기타 수리통제는 반장(구장)이 담당하였다. 1939년의 경우와 같이 큰 한해로 관개수가 부족한 경우에는 상류 수원까지 감시원을 파견하였다. 불이농촌은 수리의 중요성을 인식하고 관개시설을 잘 구비하였으며, 수리조직도 일사분란한 동원체제를 갖추었다고 했다.[221]

---

220) 1940년대 전시 미가가 앙등하여 불이농촌의 경제적 호조에도 불구하고, 불이농촌의 실태를 분석한 논자의 결론은 간척사업으로 불이농촌이 항상적으로 직면했던 농업 기술상의 난점을 지적하고 향후 발전을 위해서는 새로운 형태의 기술적 발전을 전제해야 한다고 주장했다(伊藤俊夫, 앞 글,『京城帝國大學法學會論集』14-2, 1943. 다음에서 특별한 언급이 없는 것은 이 글에 의한다. 이 자료는 1940년도 경성제국대학에서 농촌조사를 한 정태적 자료 분석이다.

221) 伊藤俊夫, 앞 글,『京城帝國大學法學會論集』14-2, 1943, 244~245쪽.

이러한 유리점에도 불구하고 간척지로서의 기본적인 한계인 염분문제가 항상 농업경영의 장애요인으로 등장하였다. 1936년부터 새로운 제염방법인 암거배수법을 실시하면서 신품종의 도입·이작면적의 확대·단위면적당 수확량의 증대 등 집약농법으로 일정한 성과를 보기도 했지만, 간척지라는 자연적 조건을 모두 일소한 것은 아니었다.

本田을 가는 작업에 많은 문제점이 대두되었다. 첫째, 秋耕과정이었다. 추경은 겨울의 풍화작용에 의하여 토양을 부풀려 봄갈이 정지작업을 용이하게 하지만, 이작이나 수확작업시 노동력 부족으로 다른 지역에 비하여 적극적으로 실시할 수 없었다. 둘째, 불이농촌은 심경이 곤란하였다. 심경은 기반토양을 파괴하여 하층의 염화물을 다량으로 耕土에 혼입할 우려가 있고, 〈표 11〉의 不二沙壤土區에서는 保水力에도 많은 문제를 야기하였다. 또한 일반적으로 간척지는 부식토가 적기 때문에 심경에는 상당한 시일이 요구되었다. 그런데 불이농촌의 토양은 농업생산력의 자연적 조건이 아직 이 단계에 도달하지 못하여 일본식 집약농법을 제대로 시행할 수 없었다고 하였다.

작부조직도 간척지 농업의 특성이 그대로 반영되었다. 작부작물은 벼·대맥·소맥·裸麥·녹비작물 등 5종류로 한정하였다. 그중 벼 작부비율이 73%로 현저히 높고 다른 것은 비중이 대단히 적었다. 그나마 벼 이외의 작물도 답의 이작이고 전작은 1%도 안 되었다. 염분 상승 때문에 배수의 위험이 많다는 간척지의 특성으로 이작은 처음에는 상당히 제약을 받았지만, 점차 제염작업의 진척에 따라 이작면적이 증가해갔다고 했다. 이작도 자급의 범주를 넘어 상품화 과정에 진입하는 모습을 보여주었다.[222] 그렇지만 그 비율은 전체적으로 볼 때 매우 저조하다고 했다. 불이간척지는 벼의 작부 비율이 대단히 높은 미곡단작적 농업구조를 보였다.[223] 이러한 농업구조는

---

222) 옥구농장의 경우에도 裏作이 가능하여, 1호당 평균 5단보 정도의 裏作을 하고 裸麥을 작부하였다(大野保, 「朝鮮農村の實態的研究」, 『大同學院論叢』 4, 1941, 233쪽).

223) 伊藤俊夫, 앞 글, 『京城帝國大學法學會論集』 14-2, 1943, 259~262쪽.

간척지농업의 특성으로 불이농촌에만 국한되는 것이 아니라, 식량문제의 해결을 위해 일제가 국책에 따라 전조선에 강행했던 지주제와 일본식 집약농법에 의한 농업생산력 확충정책의 귀결이었다.

미곡단작적 토지이용방식은 농업경영의 전 과정에 영향을 미쳤다. 벼의 품종은 이주 초기부터 일본 개량품종인 多摩錦만 재배하다가 1930년부터는 총독부가 장려한 銀坊主를 도입하여 1941년 95%를 점하였다. 나머지는 1930년 후반에 도입한 瑞光이었다.[224] 품종 교체작업은 토지개량과 제염작업의 진척정도에 달려있지만, 상품화에 대한 유리성도 고려하여 전북의 다른 지역보다 다수확의 신품종이 더 널리 재배되었다.[225]

일본의 개량품종은 多肥를 요하는 품종이기 때문에 시비가 대단히 중요하였다. 이를 위해서는 토지개량이 선행되어야 했다. 암거배수법이 등장한 1930년대 후반부터 은방주·서광 등을 보급할 수 있었으며, 이때부터 속효성 질소비료가 도입되어 1941년에는 23~40%가량을 점하였다.[226] 그러나 비료는 전시통제품목으로 토성과 관계없이 경영규모에 비례하여 판매 비료가 할당되었다. 이 때문에 불이농촌의 농업경영에 타격을 주었다. 판매비료의 부족분은 자급비료의 증수를 통해 해결하려고 했다. 당시 일반 농민들처럼 자급비료의 증산을 위한 노동력의 강화가 불이농민들에게도 요구되었다. 이는 전시체제기 불이농촌의 노동력 이용방식에 큰 영향을 주었다.

기술적 측면에서 본 불이농촌의 또 하나의 특징은 가족노동력 구성에

---

224) 大野保, 앞 글,『大同學院論叢』4, 1941, 232쪽. 銀坊主와 瑞光의 선택은 裏作의 채택여부와 밀접히 관련되었다.

225) 전북의 벼품종별 작부율을 보면, 1930년도에는 穀良都와 多摩錦이 각각 40%와 13%를 점하였으며 銀坊主는 1930년도부터 도입되어 26%가량 재배되었고 1937년도에는 70%를 점하는 주품종으로 등장하였다. 瑞光은 1936년부터 도입되어 1937년에는 2%를 점하였다(전라북도 농무과,『1937년 農業統計』).

226) 불이농촌에서 사용되던 비료는 판매비료와 자급비료로 구분되었다. 전자는 硫安·過燐酸石灰·硫燐安·石灰窒素·消石灰와 각종 배합비료로, 이들은 시판되거나 농회에서 배급하였다. 후자는 廐肥·堆肥·鷄糞·綠肥 등 지효성 비료가 대부분이었다(伊藤俊夫, 앞 책,『京城帝國大學法學會論集』14-2, 1943, 248~254쪽.)

따라[227] 경영규모가 결정된 것이 아니라 주어진 경영규모에 노력조성을 어떻게 적응시킬 것인가 하는 한 점이다. 불이농촌의 노동력 이용방식은 이주계약 당시부터 단혼가족을 토대로 하는 가족노동력에 의존하였다. 그러나 제염작업 이후 본격적인 집약적인 농업경영에 들어가자, 가족노동력만으로는 해결할 수 없었다. 수전농업은 한전에 비하여 노동집약적이며, 노동력의 수요가 기술적으로 제약당하여 고용노력에 의존해야 하는 경우가 적지 않았다. 경작규모가 가족노동만으로 해결하기에는 넓었을 뿐만 아니라 경작지도 수전이 대부분이어서 고용노동력은 더욱 필요하였다. 이주초기 제염작업을 주로 하던 시기는 수확의 불안정과 가족인원의 부족, 자본부족 등에 제약되어 주로 직파법을 시행하여 생산의 불안정성을 피해갔다. 그러나 개답한 뒤 이앙법을 실시하고, 암거배수법 실시 이후에는 다수확 품종을 도입하면서 재배관리체계는 더욱 집약화되어 갔다.[228]

집약화의 진전에 따라 노동력 구성은 가족노동 중심에서 점차 고용노동력의 비중이 커져갔다. 부부 중심의 단혼가족으로 평균 가족인원이 5.5명이고, 생산연령층에 있는 자가 2.5명 정도로[229] 분양면적 3정보를 경작하기에는 노동력이 턱없이 부족하였다. 집약적 농법의 진전에 따라 고용노동력이 점하는 비중도 더 커져갔다. 각 호별 노동력구성은 가족구성이나 가축·농구 등에 따라 차이가 있었으나 1940년대 가족노동은 평균 44%이고 고용노동은 56%를 점하였다.[230] 고용임금도 농업총수익의 10%, 농가경영비의 15.6%를 차지할 정도였다.

---

227) 불이농촌은 1942년 당시 총인구 1,630명으로, 그중 여자는 783명이고, 남자는 847명이었다. 인구구성은 부부와 자녀로 이루어진 가족이 약 8할을 점했으며, 가족인구의 구성원에 定雇는 없다(경성제국대학 위생조사부, 앞 글, 『朝鮮總督府調査月報』 13-12, 1943).
228) 伊藤俊夫, 앞 글, 『京城帝國大學法學會論集』 14-1, 1943, 91~92쪽.
229) 경성제국대학 위생조사부, 「불이농장 조사보고─위생조사 제1보」, 앞 책 13-12.
230) 大野保, 앞 책, 1941, 236쪽.

고용노동력은 이앙기·중경제초 등 농번기에 집중적으로 필요하였다. 수확 감수를 면하기 위해서는 적어도 6월 하순 이전까지 모내기를 마쳐야 했기 때문에 많은 노동력이 집중적으로 요구되었다. 불이농촌에는 청부노동을 동원하여 이 문제를 해결했다. 노임은 5단보당 17~18원이었다. 또한 중경 제초작업에도 집중적인 노력이 요구되었다. 제초 농구는 호미였다. 회전제초기를 이용하기도 하였다. 제초작업에는 주로 조선인 남자노동력을 고용하였으며, 때로는 부녀자를 채용하기도 하였다. 임금노동력을 동원하는 관계로 제초과정은 조선인 농가보다 횟수가 적은 편이었다. 수확과정도 고용노동력을 이용하였다. 거의 일고였으며 연고나 계절고·심부름꾼 등은 거의 존재하지 않았다.[231]

고용노동력은 대부분 불이옥구농장의 소작인들로 충당하였다. 옥구농장 소작인의 1인당 평균 경작규모는 1.3정보로 대단히 소규모였다. 불이흥업은 집약적 농업을 지향하여 옥구농장의 농민들을 받아들였다.[232] 옥구농장의 소작인은 소작경영에서 부족한 생계비를 불이농촌의 고용임금으로 보충하였다. 불이농촌은 옥구농장과 별개였지만, 경제적으로는 유기적인 연관성을 맺고 있었다. 불이농촌에서는 공동노동도 도입하였다. 수확기에 많이 이용하였다. 수확기는 미질의 고저, 병충해로 인한 수확량의 다소, 이작품종의 재배여부에 커다란 영향을 미치기 때문에 적당한 시기에 단기간에 작업을 완료해야 했다.

불이농촌은 가족노동 이외에 청부노동·공동노동 등으로 노동력 부족문제를 해결하였다. 고용노동력을 농업경영의 필수조건으로 한 가장 주요한 이유는 불이농촌의 호당 경작면적이 넓기 때문이었지만, 조선농촌에는 농업경영에서 배제되어도 다른 출구가 마련되지 못하여 농촌에 퇴적된 영세농가

---

231) 연고는 新潟村에 1호, 계절고는 熊本村 西岡山村에 약간 존재하며, 手傳人은 南宮城村에서 볼 수 있다(伊藤俊夫, 『京城帝國大學法學會論集』 14-2, 1943, 225쪽).

232) 大野保, 앞 글, 『大同學院論叢』 4, 1941, 224쪽. 옥구농장의 소작인의 경영규모는 최저 8단보에서 최고 3.5정보였다. 농장 측에서는 집약적 농업을 지향할 뿐만 아니라 경영규모를 확장하여 고용노동을 쓰는 것도 싫어하였다고 한다.

나 농업노동자가 상당수 존재하였기 때문이었다.

불이농촌의 농구는 인간노동을 대체할 만큼 기술적 발전을 이루지 못한 한계는 있었지만, 이주민들은 자기 경제력에 조응하여 농기구를 구비하고 있었다. 起耕과정과 탈곡, 제초, 관개용구, 운반용구는 대부분의 호에서 골고루 소유하고 있었다. 부업용 기구는 차이가 심하였다.233) 불이농촌은 옥구농장의 조선인 농가보다 우월한 농구를 구비하였다. 특히 경작용 농구는 그러하였다. 제초기에서 인력용 회전제초기가 상당 수준 보급되어 옥구농장의 조선인 소작농과는 차이가 있었다. 탈곡기도 옥구농장은 족답탈곡기의 효율의 7분의 1에 지나지 않는 千齒扱에 압도적으로 의존하였다.234) 반면 불이농촌은 거의 매호가 족답탈곡기를 소유하였다. 석유발동기를 사용하여 탈곡하는 경우도 있었다. 불이농촌에서는 탈곡과정은 자가 노동으로 충당할 수 있었다. 이것은 옥구농장의 노동생산성의 저위성을 보여주는 것이며, 불이흥업의 조선소작인들의 노동력 수탈의 일면을 보여주는 것이었다.

(2) 불이농촌의 농가경제

1940년 불이농촌의 농가경제 수지는 현상적으로는 양호한 상태였다. 불이농촌의 경제수지는 생산기술 수준과 경영규모에 의해 규정되었다. 불이농촌의 1호당 경영규모는 입주시 분양받은 답 3정보, 전 1단보를 경작하는 것이 일반적이었다. 촌 밖에 토지를 소유한 경우도 드물게 존재하였다. 이들은 촌내와 거의 같은 규모의 토지를 촌외에 소유하고 자경하는 경우와 촌외에 소유한 토지를 일부는 자작하고 나머지는 소작을 주는 경우가 있었다. 이

---

233) 伊藤俊夫, 앞 글, 『京城帝國大學法學會論集』 14-2, 1943, 256~259쪽. 여기에 기록한 농기구의 종류는 犁(호당 평균 : 1.5), 馬鍬(0.7), 碎土器(0.1), 제초기(1.3), 양수펌프(0.2), 족답수차(0.8), 押切(1), 唐箕(1), 萬石(1), 탈곡기(인력용 : 0.8, 동력용 : 0.2), 가마니 제조기(0), 製繩機(0.9), 製筵機(0.6), 藁다키(0), 藁切機(0), 석유발동기(0.4), 분무기(0), 마차(0.4), 우차(0.4) 등이었다.

234) 伊藤俊夫, 앞 글, 『京城帝國大學法學會論集』 14-2, 1943, 257쪽.

경우는 불이농촌 자체의 분화의 결과가 아니라 입주 전의 경제상태, 즉 일본에서 이주할 당시의 경제적 상태가 비교적 양호한 데서 기인한 것이었다.[235] 이들을 제외하면 불이농촌의 농가별 경영규모는 큰 차가 없었기 때문에, 농가수입은 상품화율에 따라 결정되었다.

불이농촌의 농가경제는 간척지 농업의 특질을 그대로 반영하였다. 〈표 18〉에서 보듯, 농업생산이 가능하도록 개답이 완료된 순(제1기지, 제2기지, 제3기지 순)으로 각각 차이를 보였다. 또한 수전 단작지대라는 점이 반영되어 농가수입 가운데 답작 수입이 86%라는 거의 절대적 수준을 점하였다. 이외에는 별다른 수입이 없었다. 경작규모가 거의 차이가 없다는 점과 〈표 18〉에서

〈표 18〉 불이농촌 농가별 평균수입과 지출(단위 : 원)

구분	내용	기지별평균(금액)				기지별 평균(%)			
		1	2	3	사례	1	2	3	사례
농업조수익	도작	3,473	3,336	2,825	2,317	86	84	89	63
	기타	557	615	322	1,361	14	15	10	37
	합	4,030	3,952	3,148	3,677	100	100	100	100
농업경영비	토지상환금	1,227	1,301	1,171	975	30	32	37	27
	토지개량	73	73	72	15	2	1	2	0
	건물비	38	62	25		1	1	1	
	농구	44	59	111		1	1	4	
	비료	465	430	401	213	12	10	13	6
	고용노임	397	494	257	128	10	12	8	4
	조세	28	27	53	30	1	0	2	1
	기타	321	573	233	456	8	15	7	12
	계	2,597	3,023	2,323	1,817	64	76	74	49
가계비	계	1,290	817	880	947	32	20	28	26
농가소득과 잉여	농업소득	1,433	928	825	1,860	91	95	81	100
	겸업	140	48	186	0	9	5	18	0
	총	1,573	977	1,016	1,860	100	100	100	100
	가계비	1,290	817	880	947	82	84	87	51
	잉여	282	159	136	913	18	16	13	49

자료 : ① 伊藤俊夫, 앞 책, 『京城帝國大學法學會論集』 14-2, 1943, 266~268쪽.
　　　② 大野保, 앞 글, 『大同學院論叢』 4, 1941, 239~244쪽.

235) 伊藤俊夫, 앞 글, 『京城帝國大學法學會論集』 14-1, 1943, 142쪽.

농가잉여의 차가 크게 차이가 나지 않는다는 점을 고려할 때 농가별 수익의 차이는 크다고 볼 수는 없다. 그러나 농업생산이 정상 궤도에 오르면서 농가별 기지별로 농업생산력의 상대적 차이를 보이고 있었다. 상품화율이 촌락별로 차이가 났으며,[236] 순수익도 상품화율에 따라 각각 차이를 보였다. 개별 가계운영도 순이익 결정에 상당한 영향을 미쳤다. 각 기지별 평균은 흑자였지만 촌락별로 경제수지가 차이를 보였다.

熊本村·岩手村·南宮城村 등은 700원 내외의 적자를 보였다. 이 지역은 농업경영에 불리하다는 점도 있었지만 이전부터 몰락의 양상을 보여 경영면적이 축소된 결과였다. 반면에 廣島村·高知村·岐阜村·西岡山村이나 〈표 18〉의 사례 농가 등은 잉여를 보여주었다. 이들은 도작 이외에 대맥·裸麥 등 이작을 통한 수입·養畜수입·기타 수입 등이 적지 않아 다른 농가보다 월등한 수익을 올렸다.[237] 불이농촌 농가의 분해의 모습을 확인할 수 있다. 물론 가장 많은 잉여를 낸 농가는 불이농촌 밖에 토지를 가진 지주 겸 자작 농가였다.

농가지출에서는 토지상환금(가계비 제외)이 가장 큰 비중을 차지하였다. 이 비용이 농업경영비 중 절반가량되었으며, 농가 총수입에서 차지하는 비중은 30%이상 되었다. 농업총수익에서 농업경영비를 뺀 순이익의 절반가량을 점하였다. 토지상환대금을 납부하는 30년간은 어떤 의미에서 병작반수와 다를 바 없는 농업경영이었다.

1930년 후반에 들면서 이주민들의 경제상태가 크게 호전되었다고 보고하고 있다. 미가상승과 함께, 특혜 금융지원과 제염법의 개발에 따라 농업생산력이 크게 신장되어 대부자금 상환도 별 문제 없이 이루어졌다는 것이다. 엄청난 투자의 결과 1940년에야 비로소 일제는 그들이 목표한 바 이주민의 정착화라는 측면에서 어느 정도 여건이 조성되었다고 판단하였다.[238] 일제

---

236) 각 기지별로 상품화율을 보면, 제2기지가 가장 높은 양상을 보이고 있다. 伊藤俊夫, 앞 글, 『京城帝國大學法學會論集』 14-2, 1943, 260~261쪽.

237) 大野保, 앞 글, 『大同學院論叢』 4, 1941, 240~243쪽.

<표 19> 1930년대 각종 물가 비교

구분	貸付利率	土地價(反當)	벼價	物價指數
1928	0.88	141(圓)	13.09(圓)	137
1929	0.88	135	12.68	133
1930	0.88	114	12.05	126
1931	0.88	81	8.02	100
1932	0.88	84	8.73	90
1933	0.78	90	9.14	98
1934	0.73	105	9.4	102
1935	0.73	129	12.27	109
1936	0.67	159	14.87	117
1937	0.67	174	15.11	127
1938	0.67	186	15.45	139
1939	0.67	216	16.85	159
1940	0.67	275	20.37	190

자료 : 조선식산은행, 『식은조사월보』

당국은 이 같은 일본자본주의의 조건변화에 따른 불이농촌의 경제적 회복을 갱생계획을 총체적으로 주도한 불이농촌산업조합의 조직력과 지도력의 결과로 파악하기도 하였다.[239]

그러나 1940년대 불이농촌의 경제수지는 양호하였다고 평가한다. 이는 생산성의 상승이라는 내적 요인도 있었지만, 미가에 더 규정적인 영향을 받은 것으로 보인다. 이들은 토지대금을 상환하기 위해서는 미를 상품화시켜야 했기 때문에 미가의 등락은 농가수입에 커다란 영향을 주었다. <표 19>는 미가가 어느 정도 회복된 1940년대의 미가동향 속에서 나타난 결과에 불과하였다. 기지별 평균잉여가 100~300원으로 호별 잉여는 3원을 넘지 않았다. 미가가 조금만 하락해도 잉여는 곧 적자로 귀결될 수밖에 없는 구조였다.[240] 토지대금 상환이 곧 어려워진 것이다.

238) 伊藤俊夫는 이촌율을 파악한 뒤 불이농촌의 정착성에 대하여 긍정적 평가를 내리고 있다(伊藤俊夫, 앞 글, 『京城帝國大學法學會論集』 14-2, 1943, 269~273쪽.) 그러나 금융자본의 투자액이나 그밖의 노력을 감안하면 그렇게 좋은 성과라고는 할 수 없었다. 이것은 재정정리이전의 이촌실태를 고려하지 않은 것이었다.

239) 和久歸農生, 앞 글, 『土地改良』 1, 1940. 9.

<표 20> 離村 호수와 부재자 실태

촌명	이촌농가(호)			離村이유	농가내부재자			
	입주	이촌	현재		남	행선지	여	직 업
山形	10	1	9		1	江原道	2	
新瀉	18	8	10	경제곤란	-	-	1	교원
廣島	-	-	-		2	東京京城	2	
熊本	10	1	9		1	中國	-	-
長崎	-	-	-		3	北鮮群山	7	간호부(군산1)
高知	14	4	10	의견충돌2	2	滿州大田	2	간호부(평양1)
岩手	14	4	10		2	岩手	5	사무원(경성1,석천1)
南宮城	12	1	10		-		-	
西岡山	11	1	10	전업1	-	名古屋	3	경성(간호부2)
岐阜	16	2	14	만주1	2	岐阜	1	
합계	105	23	82	병6	13	전 업	23	16명은 결혼

자료 : 伊藤俊夫, 앞 글, 『京城帝國大學法學會論集』 14-2, 1943, 270~272쪽.
비고 : 一時 不在는 제외(군입대나 유학등)

<표 21> 외지벌이인 직업별 분포

불이농촌					옥구농장				
구 분	남	여	계	%	직업	남	여	계	%
회사원	13	4	17	23	회사원	4	0	4	12
학교교원	3	3	6	6	부정기 노동	2	0	2	6
농업	11	2	13	15	농업	2	1	3	9
상업	5	2	7	9	상업	1	0	1	3
노동자	1	0	1	1	子寺	0	1	1	3
목수	7	0	7	9	직공	2	9	11	33
간호원	0	9	9	10	불명	6	5	11	33
불명	17	6	23	28	합계	17	16	33	
합계	57	26	83	5/100	총합	857	794	1,651	2/100
총합	847	783	1,630						
출가호/호수 : 297호 (약 25%)					출가호/호수 : 29/ 301=9.6%				

자료 : ① 京城帝國大學衛生調査部, 앞 글, 『朝鮮總督府調査月報』 13-12, 1942, 42쪽.
② 伊藤俊夫, 앞 글, 『京城帝國大學法學會論集』 14-1, 1943, 17쪽.

토지상환대금 부담은 결국 농민들의 농업생산비 투자를 제약하는 요인으로 작용하고, 미가의 하락은 곧 생산력의 하락을 불러일으켜 농가경제의

---

240) 당시의 미가 등락폭은 <도표 1>에서 보듯, 물가지수보다 컸으며 액수도 석당 8~20원 사이를 오르내렸다.

악순환을 되풀이할 가능성이 컸다. 막대한 지원 아래 갱생을 거듭한 불이농촌은 자본의 유통구조, 일본자본주의 지배구조 속에 철저하게 예속되어 존재하는 이상, 이상적인 일본인 자작농촌으로 남기 위해서는 국가와 금융자본의 끊임없는 갱생계획을 필요로 하였다.

불이농촌의 구조적 특질은 안정적인 자작농가의 정착과는 거리가 있었다. 일본자본주의의 취약한 자본축적구조에 규정된 농가경제의 불안정성에 따라, 불이농촌의 주민들은 상당수가 농촌을 떠날 수밖에 없었다. 이촌현상은 자작농의 몰락을 의미하는 것이다. 이주자 중 50호 이상이 자기 권리를 팔고 불이농촌을 떠났다.[241]

위 표본조사에서도 22%정도의 이촌율을 보이고 있다. 이촌호수 중 6호는 병으로, 의견충돌(高知) 2호 등 특별한 경우도 있으나 대부분 경제문제 때문에 이곳을 떠났다. 이촌은 호 전체가 이촌하는 경우 외에 단신으로 가계를 보충하기 위하여 외지벌이 나서는 경우도 상당수 있었다. 1942년 현재 82호 중에서 대략 20호정도의 농가에서 가족 구성원을 외지로 돈 벌러 보내고 있었다.[242] 이들이 간 곳은 공업화의 추세에 따라 도시로 가는 경우가 압도적이었다. 일본 보다 조선에서 돈벌이 하는 비율이 높았다. 이들은 출신이 일본인이라는 것을 반영하듯, 회사원 사무원 비율이 높았으며, 불이흥업의 농사지도원도 포함된 듯하다. 여자는 간호원이 압도적이었다.

반면, 불이농촌 고용노동력의 원천이었던 옥구농장은 전연 사정이 달랐다. 옥구농장의 경우에는 먼저 외지벌이의 출구가 불이농촌보다 훨씬 제약되었기 때문에, 외지벌이 숫자도 훨씬 적었다. 또한 옥구농장은 호당 평균 7명 이상인 호(평균 5.4명)가 주류를 이루고 있었기 때문에 경영규모가 적은

---

241) 大野保, 앞 책, 1941, 237쪽.

242) 외지벌이 나간 비율은 불이농촌 4.8% 옥구농장 2%로 상당한 차이가 있으나, 다른 농촌에 비하여 저율인 것은 불이흥업이 지주경영을 위하여 농민의 정착성을 유도한 결과라 생각된다. 또한 조선의 경제사정이 그만큼 피폐화된 결과이기도 하였다(경성제국대학 위생조사부, 〈표 22〉의 자료와 山部珉太郎, 앞 글 참조).

지역 성별	불이농촌							옥구농장				
	일본		조선		만주		기타	도시	농촌	광산	불명	합
	도시	농촌	도시	농촌	도시	농촌						
남자	8	4	20	11	5	1	2	13	1	1	2	17
여자	5	2	23	2	0	0	0	12	2		2	16
계	13	6	43	13	5	1	2	25	3	1	4	33
총계	19(23%)		56(67%)		6(7%)		2(3%)	78%	9%	3%	12%	100%

비고 : 불이농촌의 경우 도시 71명(86%), 농촌 20명(24%)
자료 : ① 京城帝國大學衛生調査部, 앞 글, 113-12, 43쪽.
② 伊藤俊夫, 앞 글, 『京城帝國大學法學會論集』 14-1, 1943, 17쪽.

만큼 생존의 문제를 촌내에서 해결할 수 없었다. 그들이 종사하는 직업도
막벌이 노동이나 직공 등 단순 노무직이 대부분이었다.

옥구농장은 불이농촌과는 운영원칙과 입주민들의 동향에 차이가 있었다.
옥구농장의 소작농민은 불이흥업의 방침에 따라 결정되었다. 입주원칙은
서선농장 소작쟁의 경험 때문에 입주자들의 성분조사를 철저히 하였다.
'선량한 인근주민들을 대상으로 하되 가족단위를 원칙으로 하였다.243) 농장
주민의 호당 경작면적은 불이농장의 3분의 1정도에 불과하였는데도 불구하
고, 농장측은 집약농법을 원칙적으로 채택하여 매년 이촌자를 훨씬 초과하여
입주자를 받아들였다.244) 더구나 평균 가족인구가 4.8명에서 5.8명으로
증가하는 추세 속에서도 농장에 입주하면, 적어도 최소한의 생활은 할 수
있다는 기대감에서 달리 갈 곳이 없는 농민들이 몰려들었다. 사실 옥구농장의

---

243) 大野保, 앞 글, 『大同學院論叢』 4, 1941, 226~227쪽. 옥구농장은 서선농장의 모집방침이
전선에서 모집 소위 '인테리'들이 입주하여 쟁의를 일으켰다고 판단 전남북과 충남북
에서 모집하였다. 그 결과 한번도 소작쟁의가 발생하지 않았다고 하였다. 또한
옥구농장 소작인들의 교육정도는 소학교 졸업 0.6%, 소학교 재학중퇴자 6.4%,
학력이 없는 자 93%, 중학교 졸업자 4명(농장사무원)으로 경성토막민이나 오사카노
동자들보다 훨씬 낮았다.

244) 大野保, 앞 글, 『大同學院論叢』 4, 1941, 224~225쪽. 옥구농장은 200정보는 직영,
800정보는 600호의 소작경영을 했다. 1호당 1.3정보가량이었다. 직영지는 염분이
많은 답은 차후 소작경영을 할 예정이라고 하였다. 옥구농장에서도 제염 진척도에
따라 소작인을 입주시켰다. 집약농법으로 입촌자를 계속 선발 입주시켰다.

〈표 23〉 옥구농장 인구동태

연도	기존인구	入住	離村	증가	비고
1932	616		3	17	
1933	633	55	7	80	
1934	713	80	7	142	
1935	805	68	6	105	총 286호 중 1932년 이전 입
1936	908	32	7	62	주자가 약 134호, 1933년~41
1937	970	67	9	102	년 입주자가 약 152호.
1938	1,067	66	10	91	
1939	1,158	131	12	123	
1940	1,328	20	14	60	
1941	1,343	140	31	162	

자료 : 伊藤俊夫, 앞 글, 『京城帝國大學法學會論集』 14-1, 1943, 22~23쪽.

소작농은 다른 곳에서 이촌되어 이곳에 몰려왔다. 더 이상 갈 곳이 없어 이곳에 퇴적된 채 이웃 불이농촌에 농번기의 임금노동자로 활동하며 생계를 유지하였다.

여기서 불이흥업이라는 농업회사를 통해 이루어진 지주경영과 자작경영 이라는 두 농업경영의 모습을 비교해 보기로 하자. 불이농촌은 같은 시기, 같은 회사의 주관아래 건설된 인접 불이 옥구농장의 조선인 소작농민에 비하면 모든 조건에서 우월하였다. 양자는 설립 목적도 다르고, 지원 방향도, 존재형태도 철저히 차이가 났다.

첫째, 소유지면에서 보면 전자는 자작농이고, 후자는 소작농민이라는 측면에서 기본적으로 차이가 있다. 둘째, 경작규모도 불이농촌이 2배 이상 되었다. 셋째, 정부저리자금지원도 불이농촌에만 집중 투하되었고, 옥구농 장에는 불이흥업에만 지원되었을 뿐 조선인 소작농에게 부여된 것은 없었 다.[245] 일제는 식산은행의 자회사인 불이흥업의 손실보전에만 역점을 두었 고, 조선인 소작농민은 회사의 경영합리화라는 명목아래 수탈만 가중되었을 뿐이었다. 당시 조선인 소작농민들이 갈 길은 완전히 막혀있었다. 차라리

---

245) 557쪽의 [補論] 참조.

이들 농장소작 농민은 그래도 나은 편이어서 옥구농장에는 들어오기를 갈망하는 지원자가 줄을 이어 대기하는 실정이었다.[246] 순전한 경제적 측면에서만 보면 일본농민을 이주시키기 보다는 조선인 소작농민을 이주시켜 수탈하는 편이 훨씬 나은 방향이었다. 그럼에도 불구하고 일본제국이 일본인 이주정책을 실시하고 정착을 위해 특혜조치를 취한 것은 일본인 이민자체가 갖는 의의, 즉 불이농촌이 자작농 정책의 한 표본이었으며, 일제를 방호하는 일선기지이면서 '조선의 일본화'시책에 가장 부합하는 존재로 육성되었기 때문이었다.

그러나 자작농촌, 자작경영의 꿈과 이상은 현실의 자본지배구조 속에서 존립이 어려웠다. 자본에 의한 자작농 창출사업은 도리어 자본지배를 강화하게 되어 농촌 내부의 분해현상을 촉진시켰다. 일본인 이민, 농업경영의 한 측면으로서의 자작경영, 자작 농촌은 일본제국이 가장 이상적이고, 모범적이라 선전하고 지원하며 갱생을 거듭해갔다. 갱생의 본질의 실상이 무엇이지는 이상 본 바와 같았다. 불이농촌이 체제선전의 모범으로 남기 위해서는 일본 독점자본의 지원 없이는 불가능하였다. 독점자본의 지원은 더 철저한 예속을 의미하고 회생은 잠시였다. 결국 불이농촌은 밑 빠진 독에 물을 붓는 것처럼 몰락해 갈 수밖에 없는 존재였다.

5. 맺음말

일본제국주의는 메이지유신 이래 일본제국의 사활이 건 과제로서 해외이민 식민정책을 추진하였다. 러일전쟁 이래 본격 추진된 조선·만주를 주대상으로 한 식민정책은 미국·남미이민과는 달리, 척식을 통해 조선을 일본

---

246) 山部珉太郎, 앞 글, 『文化朝鮮』 4-5, 1942. 12, 71쪽.

화하여 대제국을 건설한다는 목적아래 추진되었다. 경제적 측면에서는 일본 자본주의의 사회적 모순인 인구문제·식량문제를 해결하기 위한 일환이기도 하였다. 이 방향은 일본자본주의가 처한 그때그때의 내외적 정세에 따라 정책 실현방법이 형태만 달라질 뿐 기본 방향에는 변함이 없었다.

일본제국의 이민·척식론은 지주 중심의 척식과 자작농 중심의 척식의 두 방향으로 동시에 진행되었다. 전자는 '자유도한'을 내용으로 하는 이민법 개정과 을사조약 이후 불법화된 일본인 토지소유의 합법화를 내용으로 하는 일련의 법적 장치를 마련해가는 가운데, 일본인 지주·상공업자들 중심으로 추진된 것이었다. 일제는 허약한 국가자본이라는 조건 속에서 이들을 내세워 토지침탈과 일본식 농법의 이식을 통해 일본자본주의 발전의 걸림돌이 된 식량문제를 해결하기 위하여 조선농업을 장악 재편하려 하였다. 일제 강점 전의 농업이민은 일본인 지주·상공업자가 중심이 되어 소작농·영세자작농을 보완적 존재로 이주시키는 방향이었다.

후자는 물적·인적 자원의 영주 정착을 목표로 대규모 농업이민을 내용으로 하는 일제의 이민척식론의 원형으로, 막대한 재정적 뒷받침이 없이는 실현이 불가능하였다. 이러한 이유로 강점 무렵 일본 국가자본이 '동화=이민'이라는 여론에 힘입어 국책적 차원에서 농업이민 척식사업을 주도하였다. 국책이민 사업은 일본 국가자본이 직접 또는 지주·자본가를 매개로 수행되었다. 전자는 1910년대 일본 농업이민의 주종인 동척의 이민사업이었으며, 후자는 지주·자본가들에게 동척·식은 등을 통한 막대한 지원을 함으로써 이루어졌다.

그런데 국책 농업이민사업은 일본식 농법을 이식시키고 조선 식민통치를 근저에서 뒷받침할 수 있는 담당자, 즉 일본정신으로 무장된 '건전한' 자작농을 육성하는 일이었다. 여기서 대상은 일본 내의 소작농 또는 영세자작농일 수밖에 없었기 때문에 경제 정책적 측면에서 늘 자작농 창정이라는 형태를 취하였다. 이러한 점에서 이들은 지주제를 근간으로 추진한 일제의 조선농업 지배정책 아래 철저하게 예속된 자작농이었으며, 이들의 존립은 일본 국가자본의 운동방향에 달려 있었다.

일본 국가자본의 대행자인 동척은 대량의 자작농을 이식 육성할 목적 아래 기간지에 자작농 창정의 형태 나아가 지주이민 형태로 이민사업을 추진하다, 경제·정치적 측면에서 가치를 상실하고 1927년 막을 내렸다. 이후 이민사업은 국가자본·금융자본의 지원 아래 농업이윤을 극대화해오던 지주가 주도하는 형태로 전환하였다. 그 예를 불이농촌에서 볼 수 있다.

불이농촌 건설은 러일전쟁 직후 옥구·익산지역에 진출한 일본인 지주·농업경영자들의 조선농업 침탈과정에서 준비되고 있었다. 이들은 多勞多肥의 집약농법에 입각하여 미곡상품화를 목적으로 농업경영에 착수하였지만, 조선의 지리적 조건과는 성립기반이 달라 조선인의 수리권을 탈취하는 것만으로는 소기의 목적을 달성할 수 없었다. 일본인 지주들은 수리관개의 완결도를 높일 목적아래 국가자본의 지원을 받아 만경강 일대의 평야를 포괄하는 거대 규모의 익옥수리조합 설립 사업을 추진하였다. 이때 상환자금을 조달하기 위해 옥구간척지 조성사업도 더불어 추진하였다. 간척지는 국유미간지이용법에 따라 거대규모의 미간지를 대부받아 개간하여 토지를 불하받을 수 있었을 뿐만 아니라 토지개량사업보조규칙에 따라 조선총독부의 재정지원을 받을 수 있었기 때문에 지주지 확대에 가장 유리한 방법 중의 하나였다. 일제는 개별 지주·농업자본가들에 막대한 자금을 지원해줌으로써, 이들의 지주지 확대 욕구를 충족시키는 한편 이들을 통해 국책사업의 대행자로서 유도해갔다.

여기서 벽에 부딪힌 동척이민사업의 대안으로서 산미증식계획을 통하여 식민계획을 실현한다는 '主식량 從이민'이라는 원칙아래 새로운 차원의 이민 사업이 농업자본가들을 매개로 실시되었다. 강점초부터 일본인의 대량이민을 통한 '조선의 일본화'라는 간척지이민론을 제시한 바 있던 불이흥업의 후지이 간타로가 여기에 참여한 대표적 농업자본가였다. 일본제국과 금융자본의 지원아래 사업을 확장시켜온 불이흥업은 금융자본의 지원아래 국책사업을 선도하면서 기업의 이윤을 추구하였다.

후지이는 국가적 요구에 맞추어 옥구간척지에서 사적 이익과 공적 국책의 두 가지 목표를 동시에 달성하고자 하였다. 하나는 회사 차원에서 조선 소작농을 이주시켜 본래의 목적대로 지주제에 입각한 농장경영을 하는 것이고, 또 하나는 일본인을 이주시켜 자작농화시킨다는 식민정책적 차원에서 나온 불이농촌건설사업이다. 이 사업의 국책적 목표는 일제의 조선농업이민론의 핵심인 '이민=동화'론의 연장선에서 총 1,000정보의 간척지에 일본 각지에서 1현당 10호씩 선발하여 총 300호를 '자작농'화시켜 '이상농촌' '신일본'을 건설하는 것이었다. 사업은 불이흥업이 주도했지만, 조선총독부를 비롯한 대장성·내무성 등 일본제국 총체가 참여한 사업이었다.

불이농촌 조성사업의 지도이념은 일본의 농본주의였다. 과중한 공동노동, 농업노동의 신성함, 자급자족의 원칙, 근로제일주의를 생활신조로 삼도록 강력한 지도와 교화를 하는 한편, 그 지역에 맞는 불이농촌형 영농법도 강구했다. 그러나 여러 가지 특혜·보호에도 불구하고 불이농촌의 농지조성은 제염작업의 부진, 이주작업의 지연, 농경의 지연 등으로 계획대로 진행되지 못하였다. 1927년부터 예정된 대장성 저리자금의 상환은 고사하고 생활유지도 어려웠다. 이주민들에 대한 정신적 교화와 무조건적인 노동을 강요하는 것만으로 문제가 해결될 수 없었다.

국가자본과 금융자본의 지배구조 속에 포섭된 불이농촌으로서는 일본자본주의의 규정성을 직접적으로 받지 않을 수 없었다. 불이흥업은 금융자본의 지원 특혜를 전제로 건설계획을 전면적으로 재검토하였다. 그 대책은 국가자본이 전면에서 통제할 수 있도록 불이농촌을 불이흥업의 회계에서 완전히 떼어내고 산업조합으로 개편하여 이를 토대로 이주계획을 수정하고 대부금을 증액하는 차원에서 마련되었다. 이것은 차후 불이흥업이라는 개별 지주가 아닌 산업조합을 매개로 국가자본·금융자본이 직접 불이농촌의 건설을 주도한다는 것을 의미하는 동시에 이미 지주제를 골간으로 했던 일제 농정의 변화와 더불어 국가자본·금융자본이 지주와 농민을 동시에 장악해 가는 과정이라 할 수 있다.

그러나 이 계획은 사실상 이주민들의 부채(상환금)의 증가를 의미했으며 그만큼 불이농촌에 대한 자본 지배력은 확대되었다. 이로써 정상적인 농업생산력의 담보와 일정 수준의 미가가 유지되지 않는 한, 불이농촌의 자본압박은 더욱 가중되었으며, 자작농촌 건설 과제는 파탄으로 전락할 위험을 내포하고 있었다. 국가자본·금융자본이 개별 지주를 매개로 하여 자작농을 창정한다는 '이상적 계획'과 무관하게 현실의 자본운동이 이들의 존립을 위협한 것이다.

1928년 3월 31일 불이농촌산업조합이 설립된 이후 불이농촌은 산업조합을 매개로 국가자본·금융자본과 직접 대항관계를 가지면서 자작촌락으로서의 명맥을 유지해 갔다. 그러나 1930년대 이후 심화된 일본자본주의의 체제적 위기와 더불어 불이농촌의 경제상태는 최악에 달하였다. 일제의 산미증식계획은 세계공황·농업공황으로 결정적인 파탄을 맞이하였으며, 미가의 급락 속에서 미곡상품화를 전제로 하는 연부상환계획도 막대한 차질을 빚었다. 불이농촌의 연부금은 상대적으로 급등하여 사실상 상환은 불가능하였다. 불이농촌민들은 심하게 동요하고, 이탈자까지 발생하는 등 일본제국주의의 특혜를 받은 이들조차 견딜 수 없는 상황이었다. 지속적인 농업경제의 파탄에서 자작농촌의 면모를 상실해가고 있었던 불이농촌은 1935년 국책사업의 일환으로 조선총독부와 일본국가자본의 강력한 지원 아래 대대적인 재건계획을 수립하였다.

불이농촌 재건계획은 재정정리계획·정신개조계획·암거배수법의 도입 등 3부분으로 실시되었다. 재정정리계획은 금융기관으로부터 불이농촌에 거액의 구제자금을 대부받아 불이농촌의 부활을 시도하는 부채정리사업이었다. 연체이자를 면제해 주고 차입이자를 대폭 인하하는 동시에 상환 연한을 연장하는 것이 주 내용이었다. 그러나 상환액은 소작료 수준이었으며, 불이농민들은 명목상의 자작농에서 벗어나 실질적인 자작농이 되는 데는 재정정리계획대로 진행된다하더라도 적어도 30여 년간 소작농과 다름없는 대가를 지불해야만 했다. 이들은 국가독점자본에 예속된 농민이었다.

정신개조계획은 종래의 공동경제에서 개인경제로 전환하고, 불이농촌 초기부터, 그리고 일제의 농촌진흥운동 당시 주창했던 농본주의 이념에 입각한 근로제일주의를 강조하였다. 이 이념은 농업교육기관을 통해 이주민 제2세대 청년들을 자력갱생 나아가 '황국농촌' 건설의 주체로서 육성하려는 농촌중견인물의 양성운동으로 발현되었다. 이들은 토지개량사업 후 이주시킬 이주민을 훈련시키고 전시체제기 조선농민을 '황국농민'으로 만들기 위한 중견인물이었다. 이와 아울러 암거배수법을 통한 생산력 증진방안도 강구되었다.

1930년대 후반 미가상승 등 농업경제사정이 크게 호전되고 일제당국의 특혜금융 지원과 제염법의 개발에 따라 농업생산력이 신장되자, 이주민들의 경제상태도 호전되었다. 대부자금 상환도 별 문제없이 진행되었다. 엄청난 투자의 결과 1940년대에 들어서서 비로소 일제는 그들이 목표한 바 이주민의 정착화라는 측면에서 어느 정도 여건이 조성되었다고 판단하였다. 일제는 불이농촌의 경제적 소생을 대대적으로 격찬하면서, 전시농업농정의 구호였던 농업재편성 정책의 모범적인 사례로서 선전하였다. 그러나 1940년대 불이농촌의 경제수지는 생산성의 상승이라는 내적 요인보다도 외적 요인인 미가에 더 규정적인 영향을 받았다. 그것은 농가경제 구성의 주요부분을 점하던 토지대금 상환이 미가의 등락과 불가분리의 관계에 있었기 때문이었다. 불이농촌의 경제상태는 1940년대의 미가동향 속에서 나타난 결과물에 불과하였다.

불이농촌의 농가경제수지는 촌락별 개인별로 차이를 보였다. 熊本村처럼 적자를 보인 촌락과 광도촌처럼 잉여를 보여준 촌락으로 구분되었다. 농가별로 보면 경영규모는 대체로 입주당시의 수준을 유지하고 있었지만, 경제수지는 적자농가와 월등한 수익을 올리는 농가로 구분되었다. 상당한 경제적 빈부차를 보였다. 그리고 일본인 농가의 지출 가운데 토지상환대금이 가장 비중이 높았다. 순수입의 절반정도를 30년간 납부해야 될 정도의 수준이었다. 이 기간 동안은 병작반수와 다를 바 없는 경영을 해야 했다. 문제는 현재의 경영상태가 미가수준의 상승에 따른 결과라는 점이다. 미가가 조금만 하락해도 다시 적자로 돌아갈 수준이었다. 그동안 일본인 이주호는 22%의 이촌율을 보였다. 외지벌이는 25%정도였다. 이들의 직업은 회사원이나 간호원 등이 상당하였지만, 불명인 경우가 제일 많았다.

불이농촌민은 옥구농장의 소작농에 비하면 모든 조건에서 우월하였다. 후자가 소작농이고 전자는 자작농(또는 지주겸 자작)이었다. 경작규모는 2배 이상 차이가 났다. 일제의 지원도 불이농촌과 불이흥업에만 해당되었다. 옥구농장의 소작농민은 불이농민보다 경제상태가 매우 나빴다. 그럼에도 불구하고 이촌율보다 입주율이 훨씬 높았다. 갈수록 경영규모가 축소되었지만, 옥구농장의 소작농은 더 이상 갈 곳이 없어 이곳에 퇴적되었다. 이들의 농외수입은 농번기에 불이농촌의 임금노동자로 생계를 유지해가는 정도였다. 외지벌이는 불이농촌과 달리 대부분 직공이나 불명인 경우였다. 순경제적인 측면에서 보면 일본인 이주보다 소작농이 훨씬 일본제국이나 지주의 입장에서 유리하였지만, 일제는 불이농촌은 정책적 차원에서 포기할 수 없는 존재였다. 불이농촌이 생명을 부지할 수 있었던 것은 일본독점자본의 끝 모를 지원이 있기에 가능하였다.

불이농촌이 지향한 자작농촌의 꿈은 현실의 자본지배구조 속에서 점차 깨져갔다. 자본에 의한 자작농 창정사업은 자본지배를 강화시킬 뿐이었다. 일본제국주의가 모범적이라 일컬으며 체제 선전으로 자랑하던 불이농촌은 일본자본의 막대한 지원 속에서 갱생을 거듭해갔지만, 지원만큼 더 철저히 금융자본·국가자본에 예속되어 갔다. 자생력은 전무하였다.

【보론】
후지이 간타로(藤井寬太郎)의 자작농 창정계획론

　후지이 간타로(藤井寬太郎)는 지주제로 운영되던 서선농장 옥구농장 및 철원농장의 소작인들에게 20년간 연부상환방식으로 농장 토지를 유상매각하는 자작농 창정계획을 수립한 바 있었다.[1] 이 계획은 농사개량을 통해 간척지나 황무지를 정상적인 농경지로 전환시켜, 단보당 5석 이상의 수확을 올릴 경우 2.5석을 자작농지의 연부상환금액으로 20년간 납부하면 소작농에게 소작농지를 완전히 분배하여 준다는 것이며[2] 이를 실제 시행하고도 있었다.[3]

　자작농 창정사업이 갖는 목적과 효과는 첫째 일제강점이래 지주제에 기초한 일본인 농업경영이 가지는 농업생산력 확충 문제의 해결, 둘째 조선인 소작농민의 민족적·계급적 반항의식을 무마하는 사회정책적인 효과를 가진다는 점에 두었다. 즉 자작농을 목표로 소작인이 더 많은 수확을 올리기 위해 농사경영에만 열중하게 하여 자연스럽게 노동 강도를 높여 농업생산력을 향상시키고, 또한 사회문제화 되던 소작쟁의라는 민족적·계급적 모순을 완화시킬 수 있으며, 세계공황·농업공황을 계기로 표면화된 지주경영의

---

1) 「不二興業株式會社 自作農創設計劃案」, 1929. 4. 3.
2) 1928년 1.04석, 1929년 1.3석, 1930년 1.49석, 1931년 1.67석, 1932년 1.85석, 1933년 1.98석, 1934년 2.25석, 1935년 2.5석으로 소작료가 증가한다는 것을 전제로 하였다. 이때 농사개량비로 200만을 계상하였다. 7년간 2배 이상의 성적을 올려야 했다.
3) 『中外日報』, 1930. 4. 27, "불이흥업의 자작농창정성적이 양호".

일시적 위기를 완화하려는 의도였다.

그러나 이 계획의 맹점은 후지이가 다음과 같이 사업계획을 상당히 낙관적으로 전망하며 수립하고 있다는 점이다. 순수 경제적 측면에서 그는 첫째 향후 지속적인 미가가 이제까지의 추세로 보아 적어도 석당 15원 정도는 계속 유지될 것이라는 점과 화폐의 교환가치는 계속 저락하리라는 점, 둘째 현재 농업생산성이 단보당 5~6석 정도 수확하는 토지가 있다는 점을 예로 들면서 농사개량을 하면 이 정도의 수준에는 도달할 것이라는 전망아래, 그리고 연부상환율을 연 7.89분 정도에서 고정해야한다는 전제아래 입안한 것이다. 이러한 점을 강조하기 위하여 소작료가 1.6석 정도 이상이면 손해는 보지 않는다는 점을 계산으로 증명해 보고 있다.

〈표 1〉 1935년 계약시점에서의 반당 소작료와 상환대금

반당소작료	반당액	반당원가	벼가	합계	농사개량비
2.5석	37.5원	375원	1석=15원	2,909.8만원	200만원
2석	30	300원	7,759.5정	2,327.85만원	200만원
1.6석	24	240원		1,862.28만원	200만원

비고 : 20년간 연부 균등상환금액 8분으로 하면, 연부상환율 1018.5이고 7.7분이면 995.8이다. 여기서는 1000, 즉 연 1할로 계산하였다.

앞으로 불이흥업회사가 할 일은 토지개량 부분은 토지개량회사에서 별도로 실시하고 불이흥업에서는 그동안의 경험을 살려 사업지의 선정과 농사개량을 통해 단당 수확이 이 정도에 오를 때 자작농 창정사업을 지속적으로 추진해간다는 것이었다. 불이흥업은 이 사업을 자기자본이 아니라 국가자본을 식은에서 대부받아 실시하려는 것이었다. 즉 토지매각대금을 식은에서 대부받아 사업을 수행하되 사업분야를 농사개량에 한정하려고 하였다. 불이흥업의 입장에서 보면 한계에 닥친 타인자본의 유입을 통한 토지개량의 한계를 타개하려고 한 것이다.

자작농 창정계획이 예상대로 성공한다면, 후지이와 같은 일본인 농업자본가는 식산은행 등에서 막대한 금융대부를 받아 가격이 싼 간척지 미간지를

개간하는 토지개량사업을 통해 소작쟁의 등으로 표출된 소작인들의 항일의
식을 무마시키고, 자작농의 일반적 특징인 소토지소유자로서의 보수적 태도
를 육성하여 일제의 농업정책을 선도하고, 나아가 지주는 지주소작관계의
이익뿐만 아니라 막대한 토지매각대금을 동시에 향수할 수 있는 것이다.
후지이는 이러한 척식론이야말로 고율 소작료에 의거한 지주경영의 문제점
을 해소할 수 있는 활로임을 지적하고, 사업을 만주로 확대하여 농업척식을
통한 침략을 완수하려 했다.[4)]

그러나 국책사업으로서 막대한 자금을 뿌리면서 몰락과 갱생을 거듭해온
불이농촌의 자작농 창정계획의 결말을 보았듯이, 일본자본주의의 지배아래
철저하게 종속된 조선농업구조 속에서 자작농이 일본인이든 조선인이든
관계없이 미곡상품화를 통해 재생산기반을 유지 확대하여 살아남을 수 없음을
확인하였다. 물론 농사개량을 위해 막대한 자금을 투여했지만, 세계공황이래
농업경제의 파탄과 미가의 폭락은 연부상환금을 납부할 정도의 경제성은
고사하고 당장 생활마저 유지하기 어렵다는 것을 확인하였다.

불이농촌의 경우는 일제가 조선농촌지배의 선전장으로 만들어야 한다는
정책상 통치상의 목적에서 막대한 갱생자금을 지원했음에도 불구하고, 실상
은 건전한 자작농촌의 건설과 거리가 있는 자작농의 몰락과 퇴촌이라는
사태에 직면한 것이다. 그럼에도 불구하고 주목되는 것은 지주가 자기 토지를
연부상환의 방법으로 소작농민에게 불하, 이들의 노동생산성을 유도하여
농촌위기를 극복하면서 지주경영의 경제성을 유지하려는 점이다. 이는 국가
금융자본의 농촌대책인 지주의 토지를 금융조합과 농회를 통해 매입하여
농민에게 대부함으로써 궁극적으로 금융자본·국가자본이 지주와 농민을
동시적으로 장악해 가는 일제의 자작농 창정계획과 맥을 같이한다고 할

---

4) 후지이는 불이농촌과 불이흥업주식회사에서 물러난 뒤, 만주에 눈을 돌렸다. 여기서
도 불이농촌과 같은 방식을 채택하여 미곡증산과 국방이민을 동시에 완수하고자
설파하였다(『群山日報』, 1934. 2. 18.~3. 3. 11회 연재, 『滿洲國大移民案』).

수 있다.

　국가자본의 주도아래 지주의 협력을 얻어 수행한 자작농 창정은 일시적으로는 지주적 토지소유의 토지이익률을 유지하면서 농촌위기에 대한 능동적 타개책이었지만 금융자본의 지원이 필요하다는 점에서 일본금융자본의 미숙성에서 전면적 실현은 불가능하였다. 다만 선전효과만을 노릴 뿐이었다. 당시의 조건 속에서 일부 선도적인 지주는 지주경영이 필연적으로 해체될 수밖에 없다는 것을 예상하고 철저하게 지주적 입장에서 유상분배의 농지개혁적인 방식을 자연스럽게 추진하려 한 것으로 보인다.5)

---

5) 이러한 사고는 1930년대 지주 일반이 느꼈던 것으로 보인다. 당시 조선총독 宇垣一成이 대지주 중의 한 사람이었던 熊本利平과의 대화에서도 이 점을 살필 수 있다. 熊本利平은 "현재 소유 토지를 전부를 모두 분배하여 … 20년 사이에는 소작인 전부를 자작농으로 만들겠다"는 의지를 표명하였다(宇垣一成, 『宇垣一成日記』 2, 1970, 1005쪽).

1.

일본제국이 한국을 식민지로 지배하려한 궁극적인 목표는 '四國九州化'라는 말로 단적으로 표현되듯, 한국을 일본의 한 지방처럼 완전히 지배하는 것이었다.[1] 일본제국의 조선지배목표는 단순한 폭력적인 지배기구의 구축과 이를 통한 수탈에 그치는 것이 아니라 궁극적으로는 한국인을 일본인으로 개조시키고 한반도를 영구히 일본 땅으로 만드는 데 있었다. 이를 위한 일제의 한국지배정책은 러일전쟁 무렵부터 본격화되었다. 일제의 정책담당자들은 안으로는 일본자본주의의 급격한 발전과정 속에서 나타난 인구문제, 사회문제, 식량문제의 해결, 밖으로는 세계자본주의의 압력을 해소하기 위한 출구로서 이주·식민사업을 구상하고 추진해 갔다. 한국식민론은 식민통치의 목표인 한국의 일본화라는 동화정책 속에서 구상되었다. 일본제국은 처한 정세에 따라 이주정책의 실천방법에는 차이를 두었지만, 한국의 일본화라는 기본방향에는 변함이 없었다.

일본제국은 한국을 식민지로 지배하기 위한 인적 자원을 이주 정착시킨다는 목표 아래, 러일전쟁을 준비하는 과정에서 한국에 대한 지배력이 강화됨에 따라 농입이민사업을 본격적으로 추진하기 시작했다. 일본제국은 일본인의

---

[1] '四國九州化'라는 일제의 한국강점의 실체는 大藏省管理局, 『日本人の海外活動に關する 歷史的調査(朝鮮編)』(제2분책), 1945, 2~3쪽.

자유도한을 위해 이민법을 개정하는 한편, 을사늑약 이후에는 불법적으로 확보한 일본인의 토지를 합법화하는 작업을 추진했다. 이와 함께 통감부·일본농상무성·일본지방관청·경제단체들은 한국의 농업환경을 조사하고 그 결과를 토대로 '농업개발의 利源·富源'이 풍부하다고 선전하면서 이주·식민사업을 유도했다.

러일전쟁에 승리하면서 제국주의국가로 전화한 일본제국은 본격적으로 한국의 식민지화 작업에 나섰다. 일본외상 고무라 주타로는 만한이민집중론을 주장하였다. 이는 경제·국방의 측면에서 기본토대가 되는 독립 소농민층을 다양한 방법을 동원하여 대량으로 이주시켜 한국의 일본화라는 식민지 통치목적을 완성하려는 것이었다. 일본농민을 대량으로 각 지방에 이주시켜 농촌사회를 장악하는 동시에, 이들을 식민지 지배의 중추세력으로 육성하여 통치체제를 구축하려 했다. 이주·식민정책은 기본적으로 일본인 지주·자본가들 중심으로 지주경영을 목적으로 추진했지만, 일본의 소작농·영세자작농을 자작농으로 육성한다는 국책 아래 농업조합이나 농업회사를 조직하여 농업이민을 추진하기도 했다. 특히 단체이주는 일본제국의 정책적 지원 아래 한국을 영구히 일본영토화하려는 의도에서 나온 것이었다. 이들을 집단 이주시켜 그곳을 新일본촌으로 건설하여 지배의 근거지로 삼고, 주변 한국농민을 동화시키려고 하였다.

그러나 일제초기 이주사업은 주로 지주 자본가에 국한되고 영세농민을 이주시켜 자작농으로 육성하는 일은 구호에 머물렀다. 일본인 이주민 수가 절대적으로 부족하다는 여론이 비등하였다. 대량의 조직적인 식민사업의 필요성이 더욱 부각되었다. 그것은 조직적이고도 체계적인 방식으로 자영농민을 대량 이주시켜 통치기반을 조성함은 물론, 궁극적으로는 한국인을 동화시켜 항구적인 식민지 지배체제를 구축하는 것이었다. 이러한 목적 아래 일제는 국책회사인 동양척식주식회사를 설립하여 이민사업을 추진하기로 계획을 세웠다.

다음은 1905년 경부선 삼랑진역이 들어서면서 각계각층의 다양한 일본인이 몰려들어 건설해 간 半農半都적인 일본인 소도시 삼랑진 지역사례를 분석하였다. 이 지역은 삼랑진역과 낙동강역을 낀 교통의 요지라는 점을 기반으로 일본인 사회가 형성되었다. 일본인은 삼랑진역에, 조선인은 낙동강역 일대에 주로 거주했다. 역 주변은 일본인이 우월한 지위를 점했다. 일제는 삼랑진 일대를 일본인 사회로 만들기 위해 필요한 면사무소·경찰서·종교기관·학교·수리조합·금융조합 등의 통치기구를 설립했다. 이곳은 여객과 화물이 빈번하게 오가는 곳으로 각종 서비스업이 자리 잡았으며, 미곡 뿐 아니라 전작물과 채소 과수 연초 등 특용작물을 재배하는 지역이었다.

일본인들은 1905년 이전부터 이곳에 이주하여 한국인이 마련한 기존 제방시설 등을 활용하여 시가지와 농지 등을 개발했다. 일본인들의 직업은 농업·상업·운송업을 비롯하여 관리·회사원·기술직·품팔이·철도관계인·서비스업 등 다양했다. 이들은 경제적 상층을 제외하고 대부분 이동이 매우 빈번했다. 공무관리직과 철도 관계자가 이동이 제일 잦았지만, 직업적 속성 때문이었다. 이들을 제외하면 품팔이꾼·건축 토목관계 기능직, 서비스업 종사자 등이 가장 많았다. 이곳은 교통도시답게 서비스업 가운데도 작부·예기 등의 비중이 매우 높았다. 이들은 매우 짧은 기간 여관 등에서 집단을 이루며 거주하다 타지로 옮겨가는 특징을 보였다.

식민지 지배의 기반세력이 될 농업인구도 적지 않았다. 일본인 농업자는 지주와 자작농이 주류였지만 적지 않은 수의 영세농도 존재하였다. 경제력이 낮은 계층은 정착보다 곧 떠날 것을 예약한 것처럼 이동이 잦았다. 퇴거자 가운데는 일본으로 돌아간 자, 신고 없이 사라진 자, 심지어 도망친 자도 있었다. 이들은 일본인 거류지, 농촌보다는 도시로 향했다. 일본인 인구는 도시발전이 정체되면서 감소하는 경향을 보였다.

삼랑진의 일본인 사회는 도시형과 농촌형, 외지벌이형과 정착형 등이 혼재된 혼합 형태를 보였지만, 도시적 발전이 한계에 부딪히면서 경제적 불안성을 극복하지 못한 하층 일본인들은 계속 떠나갔다. 농촌지대에서는 일본인 지주가 계속 강세를 보이면서 조선농민은 소작농으로 종속된 채 삶을 유지하였다. 일제는 불안정한 농민 이주·식민정책을 지양하고, 한국인 상층을 포섭한 계층적 지배체제를 구축하며 동화정책을 강화해 갔다.

삼랑리와 송지리의 토지소유관계를 보면, 일본인의 소유지가 50%를 넘었다. 특히 역세권은 일본인이 집중 매득하였다. 그중에서도 하자마 후사타로와 한국흥업이 핵심 요충지를 장악했다. 시가지 운영과 미곡운송을 위한 것이었다. 이들이 차지한 토지의 비중은 전체의 22%를 점했다. 자작농은 비중이 20여%로 비교적 높은 편이었다. 특별한 점은 일본인 소토지 소유자의 경우, 영세농 이외에 부산·마산에 거주하는 지주나 상인들이 상업적 이익이나 지주경영을 위해 이곳에 토지를 소유한 경우도 적지 않았다는 점이다. 일본인은 부재지주가 많았으며, 관리인이나 지배인을 두고 이곳을 관리하였다. 1920년대는 오쿠라·동척 등이 새로 토지를 매득하는 모습을 보였다. 교통의 요충지에 거점을 마련하기 위해 확보한 것이다. 일본인 부재지주들의 토지는 증가했지만, 영세빈농층은 계속 밀려났다. 일본인 하층은 식민지에서도 성장이 쉽지 않았다.

한국인의 토지소유는 75%가량이 영세빈농이었다. 지주라고 할 수 있는 자는 보이지 않았다. 한국인 상층부는 지배체제에 흡수되면서 지역유지로 성장해가는 모습도 보였다. 특히 상업 부문에서 새로운 실력자층이 등장하기도 했다. 하층민은 대부분 영세소작농이거나 역 주변에서 품팔이로 살아가는 존재들이었다.

일본제국은 초기에 목표했던 만한이민집중론적 이주·식민정책, 즉 일본인 자작농을 이주·정착시켜 완전한 일본으로 만들 것을 목표로 한 정책을 사실상 포기할 수밖에 없었다. 일본인은 농촌이나 소도시 보다 대도시 지향적이었다. 일제의 식민정책은 점차 한국인을 일본에 동화시켜 일본제국의 하층민으로 육성하려는 황국신민화 정책으로 방향전환을 꾀하였다.

다음은 일본『동양경제신보』의 한국관계 여론(1895~1905년)을 살펴보았다. 신보의 기본논조는 안으로는 입헌주의, 밖으로는 제국주의적 팽창정책이 극대화될 때 보이는 자유주의의 일반적 모습이었다. 당시 일본제국의 최종목표는 한국의 보호국화, 식민지화, 나아가 만주를 자기 손에 넣는 것이었다.

신보는 대외적으로 제국주의 열강의 일원으로 극동의 헌병을 자처하며 전쟁불사의 입장에서 적극적 대륙진출을 주장하였다. 대한경영에서는 영국의 이집트 통치모델을 자유주의적 식민정책의 모범사례로 들었다. 한국은 일본제국의 보호국으로 일본의 권리범위에 속하고 있다는 점을 대전제로 적극 추진하되 세계열강이 한국에서 차별이 없게 하는 문호개방주의, '一視同人'의 평등주의적 입장에서 한국을 일본화하는 방식을 채택할 것을 주장하였다. 무역입국을 통한 부국강병책에서 일본정부는 독점과 보호무역주의, 신보는 자유무역주의라는 차이를 보였다. 그러나 신보의 식민지 대처자세는 일본정부에 협조하는 자세를 넘어 식민지민의 도전을 허용하지 않는 강력한 내정개혁의 입장을 취했다.

사설의 내용은 다음과 같다. 첫째, 제국주의적 전쟁관과 팽창주의였다. 신보는 일본제국의 정책과 동반자적 입장이었으며. 반대는 제한적 부분에서만 이루어졌다. 러일전쟁기 만한교환론에 동의하면서도 러일전쟁 불가피론, 조선출병론의 입장을 취했다. 일본 최대의 문제를 인구 압력으로 보고 만주와 한만도를 배출처로 상정했다. 대륙진출론으로 대표되는 일본의 제국주의적 팽창정책이었다. 당시 신보는 조선의 보호국화와 식민지화를 제국의 국방과 동양평화론의 입장에서 달성해야할 과제로 보고, 여기에 저항하는 한국인의 애국심을 동정하기도 했지만, 기본적으로는 탄압의 대상이라고 언급하였다. 둘째, 경부철도건설론에서 사립회사안의 폐기를 주장하고 국유철도안을 제기했다. 경원선 경의선을 거쳐 중앙아시아와 유럽으로 연결되는 세계의 통로로 군사상, 평화적 산업상 반드시 필요하다는 것이다. 셋째, 보호국화론과 내정개혁론이다. 중국 러시아와 싸워 얻은 보호국화는 일본의 권리범위이며, 이를 전제로 한국의 일본화를 추진하되 한국민의 문명과 행복을 진척시키는 방향이어야 한다고 주장했다. 보호주의에서 벗어나 문호개방주의를 채택하고 자유무역주의·평등주의가 가장 공평한 정책이라고 주장했다. 그러나 실질적 내용은 대륙진출론과 맞물린 팽창주의적 관점에서 제시된 것이다. 내정개혁에서는 궁극적으로 황제의 실권을 일본에 위탁해야 보호정책의 실효를 거둘 수 있을 것이라고 주장하였다.

논설에서는 주로 이권문제를 다루었다. 국가재정권은 채권자인 일본정부가 재정위원을 두고 완전히 장악할 것을 주장했다. 광산사업에서는 구미인과 같이 광산채굴권을 획득하기 위한 적극적 실천을 주문하였다. 경부철도는 정부 부설론을 주장하였다. 조선정책은 자유도한과 완전한 토지소유권 획득을 전제로 한 외국인에 대하여 자유개방정책을 주장했다. 한국의 농업이익이 매우 크기 때문에 토지투자가 매우 시급한 과제이며, 토지획득을 위한 법률제도를 마련하고 모범농장을 설치한 것을 주장하였다. 특히 조선은 일본인구의 배출처로 중요한 곳이니 경부철도나 각종 사업분야에 투자하는 한편, 러시아와의 전쟁을 각오하고 조선을 일본 영토로 만들어야 한다는 것이다. 러일전쟁이 끝날 무렵 만주경영론도 실었는데, 문호개방주의적 입장이어야 한다는 점을 강조하고 있다. 대한경영방침은 한국정부 무용론적 입장에서 지조개정을 통한 세입확충책·군대해산론 등의 논설을 실었다.

신보의 자유주의적 원칙은 일본정부의 보호정책과 대립하기도 했지만, 방법론적 차이일 뿐 식민지 건설목표는 동일했다.

2.

제2부에서는 일본제국의 조선지배의 기본골격인 식민지 지주제를 분석했다. 여기서 분석한 전북(만경강 유역)과 경남(낙동강 유역)의 일본인 지주제는 공통점과 차별성을 보였다. 만경강 유역 일본인 대지주는 러일전쟁 무렵부

터 각자 거점을 확보하고 잠매 전당 등의 방식으로 무차별적으로 토지를 헐값에 매득하여 농장을 건설했다. 이들은 지주·상인·자본가 등 출신이 다양했으며, 구래의 지주제를 식민지 지주제로 재편하여 농장을 경영했다. 일제시기 농장경영에서 철수하거나 망한 지주도 있지만, 이는 지주의 교체과 정이고 전반적으로 일본인 지주의 소유면적은 갈수록 증가하였다. 주로 중소지주들의 성장에서 기인한 것이었다. 전시체제기에 일본인의 토지소유 는 전체적으로 정체 경향을 보였지만, 개별적으로는 증가·유지·감소·포기 등 다양한 모습을 보였다.

전북의 일본인 지주는 일본 내에서 다양한 출신의 자본가로 토지를 대량 구입하여 기업형 경영시스템으로 농장을 조직하여 생산력 증진에 최고의 가치를 두고 운영하였다. 농장조직은 농장주→지배인→주임→소작농(전문 경영인→주임→소작농민)의 형태와 지주→지배인→舍音→소작농민의 형태 로 구분된다. 기업형 경영시스템을 갖춘 농장은 다른 일본인 지주들의 위탁을 받아 농장을 경영해주기도 했다. 이때의 위탁경영은 지주의 자발성에 기초한 것이었다. 1930년대에 들어서면서 일제는 농업공황과 농민운동의 여파로 위기에 처한 정태적 지주층과 경영위기에 닥친 일본인 지주층을 흡수 보호하 기 위해 신탁경영제를 도입하고 조선신탁을 설립했다. 전시체제기에는 이를 한층 강화하여 부재지주들의 토지를 농기업이나 수리조합 등에 강제로 위탁하는 제도까지 도입했다. 이것은 일본제국이 지주와 농민을 직접 통제하 고, 전쟁을 치르기 위해 직접 관리할 수 있는 기업형 농장 형태로 한국의 전 농촌사회를 재편성하려고 한 것을 의미하였다.

만경강 일대의 일본인 농장은 일제 초기부터 기업형 경영방식을 보편적으 로 도입했다. 특히 개간지에서 일본인 지주는 지주주도형 개간방식을 택했 다. 개간비를 전적으로 투입하고 농민을 이주시켜 농장을 건설했다. 소작농 민에게 전답은 물론 집도 대여해 주기도 했다. 일반 매득지에서는 배타적 소유권제와 지주적 농정에 힘입어 경영권을 전일적으로 행사하며 농장을 경영했다. 특히 수리조합 건설과 함께 추진한 경지정리사업에 힘입어 소작농민을 무권리 상태로 전환시켜 지배할 수 있었다. 이곳 일본인 대지주는 소유와 경영은 물론 거주권까지 완전히 장악한 가운데 일본식 모범영농법을 조선농민에게 강력하게 요구하는 기업형 경영체제를 도입 시행하였다.

일본인 농장은 농업생산 전 과정에 대한 영농계획을 수립하고 연대책임제를 도입하여 소작농민을 강력하게 통제하여 이를 실천하도록 하였다. 농업기술원을 고용하여 시작전에서 농장에 맞는 모범 영농법을 만들고 감독답을 선정하여 직접 지도 감독하였다. 비료대부제도와 농자대부제도를 도입하여 생산과정 전반을 지도 통제해갔다. 소작조합을 설치하고 규약을 제정하여 소작농민을 조직화하고 일상생활까지 규제하고 동원과 통제를 가하였다. 일본제국은 농업정책과 금융정책으로 지주의 이익을 통치기간 내내 일정 정도 보호해 주는 방향으로 식민지 지주제를 존속시켰다. 그러나 일본제국은 조선농민을 직접 지배하는 방향으로 점차 정책을 전환해 갔으며, 지주 의존도는 갈수록 낮아졌다.

전북의 일본인 지주는 대부분 일본내 자본 이입형이었다. 자본의 성격은 다양하였지만, 이들의 농외투자는 세 방향으로 진행되었다. 첫째, 가와사키 농장과 같이 오로지 지주경영에만 전념한 지주, 둘째, 지주경영과 관련된 상업이나 제조업 분야에 투자를 제한한 지주, 셋째, 일본제국의 조선공업화 정책에 적극 동참하여 지주자본의 산업자본화를 적극 꾀한 산업자본 투자형 지주 등으로 구분된다. 대부분 둘째 형태였다.

산업자본 투자형 지주는 시마타니家가 대표적이었다. 이 집안은 농장을 법인화하는 한편, 지주형 투자와 산업자본가형 투자 등 두 방향에서 자본전환을 확산시켜 갔다. 투자지역은 전북·북선·인천 등 전국을 대상으로 하였다. 사업분야는 전기·철도·원자재 채취 가공업·해운업 등 다방면에 진출하였다. 시마타니가는 가업인 해운업과 출신지인 야마구치현에서의 인적 경제적 관계, 일제의 각종 정책 등을 적극 활용하여 기업의 확장과 이익의 극대화를 이루어 갔다. 여기에 일본 내의 자본과 한국에서 축적한 지주자본을 동시에 투여했지만, 산업자본가형 투자에는 한국인 자본과 함께 하지 않았다. 투자의 방향은 일본 자본에 한국 내 자본을 종속시키는 방식이었다. 그러나 일본제국이 목표로 하고 일본 대재벌이 주도한 중화학공업 분야로의 진출에는 시마타니가도 한계를 보였다.

경남 낙동강 일대의 일본인 대지주들이 한국농촌을 지배·장악해 가는 과정은 기본적으로 식민지 지주의 농민지배라는 외양에서는 전북의 대지주와 비슷하였지만, 성립과정과 경영방식에서는 차이를 보였다. 부산은 일찍이 개항되어 청일전쟁 무렵부터 부산 거류지에서 상업과 고리대 활동으로 자본을 추적한 일본인들이 토지 투자를 본격화했다. 대표적인 인물이 하자마 후사타로와 오이케 츄스케, 후쿠다 소베 등이었다.

토지 투자방식은 잠매나 전당 또는 사용권을 매수하는 방식이었다. 1906년 토지가옥증명규칙이 공포되어 외국인의 토지소유가 합법화된 이후 일본인 자본가들은 경제력과 법적 강제력을 무기로 많은 토지를 확보할 수 있었다. 특히 낙동강 유역에서는 국유미간지이용법과 증명규칙을 빌미로 주인이 있는 노전 등을 국유미간지로 판정하거나 거짓 증명을 발행하여 주인 몰래 거래하는 도매 등이 자주 일어났다. 소유권 분쟁이 빈발한 곳이었다. 일본인 투기적 자본가들에게는 이곳이 오히려 좋은 투자처였다. 이들은 공사 권력을 동원하여 소유권을 확보하는 데 전력을 기울였다. 일본인 지주들은 기간지에 주로 투자했지만, 토지개량과 농사개량사업으로 良田으로 만들어 충분히 수익성이 있다고 판단되는 미간지를 약탈과 다름없는 헐값으로 대거 사들여 개간작업에 착수하기도 했다. 그 기초작업이 수리조합 건설사업이었다. 일제초기 낙동강유역의 김해군과 밀양군에는 이 같은 투기와 개간 바람이 휩쓸고 지나갔다. 일본인 대지주들이 투기적 방식으로 입지를 마련해 가는 한편으로 한국인 농민은 토지소유에서 점차 배제되어갔다.

일본인들의 초기 토지투자는 절영도의 31%, 사중면의 43%를 잠매로 차지할 정도였다. 강점 직전까지 토지투자가 가파르게 진척되어 60~70%가량을 차지하였다. 한국인은 전계층이 방매에 참여했으며 부농층의 비중이 가장 높았다. 한국인의 토지소유는 극심한 하향 평준화와 양극화의 방향으로 진전되었다. 그 결과 대토지 소유자가 한국인에서 일본인으로 교체되었다. 부산에 일본인 대지주가 확고하게 자리 잡으면서 부산이 이들 중심의 일본인 도시로 성장해 갈 토대가 구축된 것이다. 하자마 후사타로·오이케 츄스케 등이 이곳에 많은 토지를 확보하였으며, 지가 상승에 힘입어 부산의 유수한 자본가로 자리 잡을 수 있었다.

일본인 지주제는 부산지역을 넘어 경남 일원으로 활동지역을 확대해 갔다. 경남은 일본인이 다른 지역보다 일찍 진출했으며, 투자액도 제1위인 전남에 육박하는 수준이었다. 그러나 단위면적 당 토지가격, 경지가격이 비싼 편이기 때문에 호남보다 거대지주가 많은 것은 아니었다. 경남의 일본인 지주들이 소유한 토지는 다른 지역의 일본인 지주에 비해 한전과 미간지의 확보비율이 높았으며, 자작률도 높은 편이었다.

일본인 농업자들은 러일전쟁 무렵부터 밀려오기 시작하여 1906년을 전후한 시기에 집중적으로 이주하는 모습을 보였다. 이들은 부산에서 밀양과 김해로, 다시 마산·진주·사천·하동·함안으로 진출해 들어갔다. 그 중에서도 낙동강 하류인 부산·김해 지역에 약 80%가량 집중되었다. 부산거주 농업자와 밀양 김해 등 다른 지역의 농업자는 여러 점에서 차이가 있었다. 투자액과 규모에서 부산지역의 지주가 컸다. 부산지역 지주는 상업·고리대 활동을 기반으로 성장한 지주로 주로 기간지에 투자했다. 반면 김해·밀양지역 지주는 미간지에 투자한 개간형 지주의 비중이 상당히 높았으며, 자작농의 비중도 높았다.

일본인 지주제는 기본적으로 토지소유를 통한 이윤 획득이 목적이었지만, 부차적으로 일본농민을 농장에 이주시켜 지주경영에 보완적 역할을 하게 하거나, 자작농으로 이주시켜 '신일본촌'을 건설하여 한국을 일본 땅으로 만들기 위한 작업도 추진했다. 이주·식민작업에는 개인지주·회사·조합 등 일본자본주의 총체가 동원되었다. 경남지역에서 조합이 주체가 된 이주농업체로는 밀양의 오카야마현 한국농업장려조합을, 개인이 주체가 된 이주농업체로는 밀양군 상남면 예림리의 탕천촌을 대표적인 예로 들 수 있다.

일본인 지주의 자본형태는 개인지주가 압도적으로 우세했지만, 주식회사·합명회사·조합 등 법인 형태를 갖춘 지주도 있었다. 일본인 지주들을 자본축적 형태로 유형화하면, 상인·고리대형 지주와 일본자본 이입형 지주로 구분할 수 있다. 상인·고리대형 지주는 하자마 후사타로와 오이케 츄스케가 대표적이었다. 일제초기 낙동강 유역의 일본인 지주제는 상인·고리대형 지주가 중심이 되고 일본 자본이입형 지주가 뒤따르는 형국이었다. 전자는 상인들로 개항 초부터 부산에 진출하여 미면교환형 불평등무역구조에 적극 참여하여 상인 고리대 활동을 통해 자본을 축적하여 토지에 투자했으며, 산업자본·금융자본에도 진출했다. 이들은 일본제국의 정치권력, 영사 등 외교관은 물론 이토·데라우치·사이토·우가키 등 통감과 총독의 지원이라는 전형적인 정경유착을 고리로 대자본을 확보하고 이를 기반으로 전국단위의 자본가로 성장해갔다.

오이케와 하자마는 부산에 거주하며 부산을 주요 자본축적의 기반으로 삼았으며, 초기부터 끊임없이 대주주로 중앙의 대기업에 투자하였다. 한국의 어업계를 석권한 가시이 겐타로는 일본의 지주자본을 수산자본과 산업자본으로 전화하였다. 그는 일제 초기부터 수산업 부문에서는 물론 조선와사전기·일본경질도기 등 전국 단위의 산업자본에 대주주로 참여하고 대표로 활동하였다. 이들은 상호출자를 통해 자본의 공동전선을 결성하여 외래자본에 대항하면서 부산지역 내에서 자본가로서 주도권을 잃지 않았다.

부산의 3대 거부인 이들은 곡물상은 물론 부산수산(주)·경남은행·남조선신탁·조선와사전기 등에 공동으로 투자하는 한편 각기 다른 분야에 진출하기도 하였다. 오이케는 大池回漕·大池여관·大池정미소 등에, 하자마는 은행이나 신탁회사 등에, 가시이는 각 지역의 수산회사 등에 각자 별도로 투자를 진행하였다. 이들 회사에는 조선 굴지의 자본가뿐만 아니라 일본 내 기업의 참여도도 높은 편이었다. 이들은 여러 기업의 대주주와 경영자로서 입지를 마련하고, 이를 토대로 1930년대 조선공업화 정책에 발맞추어 전국단위의 기업에 적극적으로 투자를 했다. 하자마는 경춘철도, 조선제련, 부동산회사 등에 투자범위를 넓혔다. 가시이는 조선와사전기를 발판으로 서선합동전기와 남선합동전기의 대주주이며 대표로 활동범위를 넓혔다. 부산을 넘어 전국 단위의 기업에 대주주로 참여하였지만, 대체로 지배주주가 아니라 대주주의 일원으로 종속적으로 편입된 형국이었다. 전시체제기 기업의 구조조정과정에서는 일본제국의 금융자본과 재벌자본이 각 산업부문에 적극 개입하면서 대주주에서도 밀려나는 모습을 보였다.

일본자본 이입형 재벌지주로는 무라이 기치베와 한국흥업(주)을 들 수 있다. 전자는 개인 자본이고, 후자는 일본 자본가들의 집합체라는 점에서 차이가 있지만, 일본 내에서 산업·금융자본가로서 쌓은 기반을 배경으로 토지에 투자하고 지주경영을 해 간 기업가형 지주라는 점은 공통적이다. 이들은 러일전쟁을 기점으로 한국에 들어와 무력을 배경으로 강압적으로 토지를 확보하고 기업경영 방식을 도입하여 농장경영을 했지만, 여러 점에서 차이를 보이기도 했다.

첫째, 무라이는 진전이나 노전 등 동리 공동체적 소유지를 주민전체의 동의없이 헐값에 강제로 매득하여 개간으로 대농장을 설립한 개간형 지주였다. 반면 조선흥업은 기간지형 지주로 토지소유권이 아니라 50년간 경작권을 매입하는 형식으로 토지를 확보했다. 이들은 모두 불법적으로 토지를 확보하면서 많은 분쟁을 야기했지만, 일본제국은 토지조사사업으로 이들 토지에 배타적 소유권이라는 옷을 입히고 합법으로 인정하였다.

둘째, 두 지주는 경영방식에서 차이를 보였다. 조선흥업은 잠매할 때는 구래의 경작권과 1/3지대 관행을 그대로 인정해주며 매매계약을 체결했지만,

곧바로 경영권을 박탈하고 강력하게 지주경영을 추진해 갔다. 반면 무라이 농장은 개간과정에서 소작농민이 노자를 투입한 대가로 지대율을 낮추고 소작권을 안정적으로 보장하였다. 이에 따라 소작권은 물권이 되어 매매 저당 등이 지역사회에서 하나의 관행으로 인정되었다. 중간소작도 등장하였다. 그러나 이는 사적관행이지 법으로 인정한 것은 아니었다. 무라이로부터 농장을 매득한 하자마는 이를 부정하고 소유권의 절대성 원칙아래 농장을 경영했다.

셋째, 조선흥업과 하자마는 지주 주도로 정조제와 간평법을 활용하여 지대를 계속 상승시켜 6할 이상 지대를 받았다. 수익률이 대단히 높았다. 조선흥업은 배당률이 높은 '우량기업'이라고 평가되었지만, 무라이 농장에서는 소작농민이 크게 반발하여 소작쟁의를 일으키는 등 상당히 어려웠다. 기간지와 개간지라는 토지수익률의 차이와 농장관리방식과 관련하여 소작농민의 대응이 차이를 보인 것이라 생각된다.

넷째, 이들은 기업형 지주로 마름제도를 폐지하고 관리원(간사) 제도를 도입하는 등의 경영방식은 공통적이었다. 종래 마름은 지주 대신 소유지 관리, 소작권 이동 등 지주경영에서 전권을 행사했지만, 이들은 회사조직에 마름을 흡수 편입시켜 소작료를 거두는 일 등 한정된 분야에서 활용하였다. 관리원은 회사가 명한 농사개량과 사회적 시설을 수행하도록 소작인을 지도 관리하는 것을 임무로 하였다. 소작권 관리는 회사가 담당하였다. 양자의 농장경영 시스템은 유사하였으나, 경영권의 강도에서 커다란 차이를 보였다. 조선흥업이 압도적으로 강한 경영권을 행사한 것이다.

다섯째, 재벌기업형 농장은 조선 내에서의 자본전환에는 소극적이었다. 이들은 농장의 이름으로 자본전환은 거의 하지 않았다. 조선흥업은 높은 수익률을 주주에게 높은 배당으로 보상했다. 하자마나 오하시 신타로 등과 같은 주주는 조선 내에도 적지 않게 투자를 했지만, 대부분 주주들은 일본내 기업에 투자한 것으로 보인다.

기업가형 지주의 경영성패는 소작농민 관리와 금융자본과의 관계설정에 따라 좌우되었으며, 양자는 큰 차이를 보였다. 소작농민 관리체제를 보면 기업형 농장에서는 일반적으로 설립초기부터 소작인조합을 조직하여 소작인을 지도 관리하였다는 점에서 모두 일치하였다. 그런데 무라이 농장과 달리 조선흥업은 소작인 조합을 흥농회라는 조직으로 발전시켰다. 흥농회는 규약에 농사개량 뿐만 아니라 생산·분배·유통의 전과정을 세세히 지도 관리할 수 있도록 정했다. 나아가 소작인의 일상생활도 일일이 통제할 수 있도록 규정하였다. 이것이 가능하도록 농장관리망과 흥농회 조직을 일치시킨 것이다. 흥농회는 노자협조주의, 유교적 가족주의아래 일본 농본주의의 목표인 자급자족과 근로제일주의를 소작농민에게 강요할 수 있도록 시스템을 갖춘 조직이었다.

회사의 점장은 흥농회의 회장이고, 사원은 간사, 관리원은 지부장과 이사, 소작인총대는 평의원, 리동소작인 총대는 리동회원 총대, 소작인 5人組는 회원 5戶契로 군대처럼 조직화하여 관리 통제하였다. 최하단위인 5인조=5호계 조직은 서로 공동으로 연대책임을 지는 기본단위였다.[2] 5인조는 상호보험관계를 갖는 경제공동체이며 공동운명체였다. 한 사람이라도 이탈하면 5인의 소작계약 해제로 이어졌다. 반면 하자마 농장에서는 소작인 조합이 지주의 통제에서 벗어나 소작농민의 의사에 따라 소작쟁의를 일으키는 조직으로 변모했다. 농장은 이를 자기 의도대로 제어할 힘이 없었다.

조선흥업과 무라이 농장은 회사조직과 자본구성에서 차이를 보였다. 무라이 농장은 개인(합명회사)소유인데다 타인자본의 의존율이 높았다. 이 때문에 농장주 개인이 경제변동에 직접적으로 크게 영향을 받았으며, 결국 금융공황을 견디지 못하고 파산할 수밖에 없었다. 반면 조선흥업은 주식회사 형태여서 주주 개인의 경제상태가 회사 존립에 영향을 주지 않았다. 세계대공황 때도 영향을 크게 받지 않았다. 더구나 타인자본 의존도도 매우 낮았다.

---

2) 조선흥업주식회사, 앞 책, 1929, 통계도표, 21. 농장관리망과 그 사업해설 ; 동, 앞 책, 1936, 80쪽.

제일은행 계열이라는 특징을 반영하듯, 스스로 금융자본 이익을 배가시키며 높은 수익률과 배당률로 투자이익을 실현해 가는 한편, 농민지배도 강력하게 실현해 간 전형적인 식민지 지주제 사례였다.

여기서 또 하나 주목할 점은 하자마 농장에서 소작쟁의가 발생했을 때 일본인 소작조합과 조선인 소작조합은 서로 연대하지 않았으며, 지주와 총독부 당국의 대응도 달랐다는 점이다. 식민지에서는 계급모순 보다 민족모순이 선행하고, 일본제국은 계급문제를 민족문제로 희석시켜 가는 것이 일반적이다. 일본인 지주와 조선인 지주의 상호관계와 함께, 계급문제와 민족문제의 다양한 실상에 대한 분석이 요구된다. 식민지 지주제는 식민권력과 운명을 같이 할 수밖에 없는 체제였다. 지주와 농민의 대립구도는 해방 후 식민지 지주제의 청산=토지개혁 과정에서 종결되고, 산업자본을 대변한 국가와 농민이라는 새로운 대립구도로 전환되었다. 이러한 대립구도는 일제시기에 이미 배태되고 있었다는 점을 유념할 필요가 있다

일본인 식민지 지주제는 1930년대부터 한계를 보이기 시작했다. 토지소유 규모는 정체적 모습을 보였다. 지가와 곡가의 상승으로 자산규모는 더 커지는 경향을 보였지만, 일본제국은 금융자본과 산업자본을 동원하여 지주통제를 강화하였다. 조선농지령, 농촌진흥운동, 자작농창정유지정책에서 보듯 소작농민을 직접 지배하는 정책을 추진했다. 지주활동을 제약하기 시작한 것이다. 전시체제기 특히 1940년대 이후 식민지 지주제는 전반적으로 하향 곡선을 걸었으며, 일제의 패망과 더불어 청산대상이 되었다.

마지막으로 경남과 전북의 일본인 식민지 지주제의 차이점을 보기로 하자. 경남의 일본인 대지주는 조선에서 축적한 자본으로 토지를 매득하고 경영방식도 구래의 관습에 의지하는 모습을 보였다. 개간도 농민 의존형 투자방식을 선택했다. 반면 전북의 일본인 대지주는 일본에서 축적한 자본을 토지 매득에 투자하거나 지주 주도적으로 개간하여 농장을 건설하고, 투자비용과 수익을 감안한 기업형 경영방식을 채택했다. 이러한 차이는 두 지주의

한국 진출시기와 밀접한 관련이 있었다.

전자는 대한제국의 외국인 토지소유 금지조치가 강했던 비교적 이른 시기에 토지를 매입하고 경영하게 되면서 자연스럽게 구래의 체제에 의존하는 형태를 띠고, 매득한 토지도 산곡형이라는 지리적 특성과 관련하여 분산적 모습을 보였다. 후자는 러일전쟁기 일본제국의 군사력아래 대한제국의 공권력이 무력화되자 공·사권력을 동원하여 광대한 토지를 일거에 집단적으로 매득하여 농장을 건설하였다. 경영방식은 전자가 토지매득 시점과 관련하여 구래의 관행에 따라 마름의존적 경영방식을 택했다면, 후자는 투자대비 수익성을 감안한 기업형 경영방식을 도입했다. 지주가 농장경영의 주도성을 확보할 수 있는 경지정리사업에도 후자가 더 적극적이었다. 농장의 법인화 작업은 전자에서는 거의 볼 수 없었으나, 후자는 대부분 도입하는 모습을 보였다. 농장 지배인을 등기부에 등록하고, 경영의 법적 책임을 지도록 하였다. 관리인은 농장을 구획하여 곳곳에 배치하였다. 양자는 마름형과 기업형으로 구분할 수 있을 것이다.

소작농민의 존재형태도 차이가 있었다. 전자는 소작인의 경작권을 구래의 방식처럼 어느 정도 경영의 자율성을 인정하였지만, 고율 소작료로 소작농민을 착취하였다. 이때 지대율은 지주의 자의성에 좌우되어 소작쟁의가 빈번하게 일어날 수 있는 구조였다. 후자는 지주가 기업의 노동자처럼 소작농민을 취급하는 경향이 강했다.

향후 과제는 첫째, 조선공업화 과정에 투입된 자본의 성격이다. 일본자본주의의 구성요소인 국가자본, 재벌자본, 일본인 지주자본들의 상호관계, 그리고 이들과 조선인 지주·자본가와의 연관관계, 나아가 해방 후 전개된 이들 각 자본의 동향 분석이다. 또 하나는 지주경영의 다양한 실상이다. 일본제국의 토지조사사업, 산미증식계획, 금융자본과의 상호관계 등과 관련한 여러 모습에 대한 구체적 분석이 필요하다. 그리고 기업가형 지주는 소유권과 경영권을 한 몸에 체현하고 자기의 경영방침에 따라 소작농민을 통제하며 농장을 경영해

갔으며, 이것을 가능하게 한 것이 토지조사사업에서 확정한 배타적 소유권이었다. 이것이 토지매득과정부터 어떠한 과정을 거쳐 법적으로 확립되고, 지주경영에서 어떠한 모습으로 발현되었는지, 특히 경작농민들의 물권적 권리가 지주경영에서 어떠한 과정을 거쳐 해체되었는지를 밝히는 일이 주요한 과제이다. 이 문제는 일본제국의 식민지배의 속성을 밝히는 일이기도 하다.

<h1 style="text-align:center">3.</h1>

일본제국은 한국을 영구히 일본으로 만들기 위해 만한이민집중론적 입장에서 '한국의 일본화'를 실현하기 위한 담당자로 일본 농민을 선발하여 대량 이주시키는 정책을 추진하였다. 일제는 이들이 한국에서 영구히 뿌리내릴 수 있도록 자작농으로 육성하기 위해 '신일본촌' 건설을 시도하였다. 그 방법은 연부상환 방법으로 농지를 불하하여 자작농으로 육성하는, 자작농 창정사업의 한 형태였다. 동척이민은 동양척식주식회사라는 국가기업이 국가적 차원에서 정책적으로 추진한 기간지 이민이고, 불이농촌은 불이흥업이라는 사기업이 국가적 지원 아래 간척지를 조성하여 일본농민을 이주시킨 마을이었다.

동척의 자작이민 사업은 기존 한국농민의 경작권 박탈을 전제로 시행하는 일이기 때문에 처음부터 이들의 격렬한 반발을 초래했다. 게다가 일제가 지주적 농정을 실시함에 따라 '탈락이민' '불량이민'이 속출했다. 동척은 정착과정에서 자작이민의 문제점이 드러나자 순차적으로 이를 폐지하고, 지주형 이민을 주 방향으로 정책을 전환했다. 일본제국과 동척은 우량주의 방침을 선택하여 식민지 농촌사회의 '중견인물'로 육성해 간 것이다.

동척은 출신지별로 집단화하여 분산주의 방침아래 각지에 '신일본촌=동척촌'을 건설했다. 이민사업은 동척의 입장에서는 수지가 맞는 사업은 아니었으며, 통치적 측면에서도 조선농민의 반발이 갈수록 거세져 사업은 계속 축소되어 갔다. 이주자의 탈락률도 증가하여 1933년 3,895호에 지나지 않았다. 동척이민 내부의 계층구성은 극심한 양극분해 현상을 볼 수 있었다. 절반정도가 정체 혹은 몰락을, 그리고 40% 정도가 현상유지를, 10% 정도가 지주경영을 위주로 할 정도로 상승하는 모습을 보였다.

동척의 이민사업은 갈수록 난관에 봉착했다. 이민으로 인한 소작권 박탈과 고율지대 등의 심화로 농민운동이 활성화되었을 뿐만 아니라 동화정책 수행에서 이민의 역할이 감소됨에 따라 존재의의를 상실해 갔다. 이민의 수익성, 경제형편도 갈수록 악화되었다. 동척이민은 이를 극복하기 위해 동척과 일본제국을 대상으로 수지개선을 위한 진정운동을 전개했다. 동척도 진정운동에 호응하여 금융지원 차원에서 특혜를 베풀기도 했다. 그러나 일본제국의 농정책은 기본적으로 농촌경제의 희생을 전제로 하는 생산성 확충과 저미가를 지향하는 방식이었다. 동척이민은 안정적 경제자립이 어려웠으며, 그만큼 동척에 더 강하게 종속되어 갈 수밖에 없었다.

동척은 이민사업이 '일선동화'에 어느 정도 기여했다고 평가했지만, 조선 농민의 소작권 박탈과 국외추방, 경영조건의 악화를 가져온 장본인으로 크게 원성을 샀다. 지배정책에 역효과를 가져온 것이다. 일제는 문제가 생길 때마다 대책을 강구했지만, 본질적으로 이 사업은 민족갈등과 계급갈등을 안고 있기 때문에 추진하면 할수록 더욱 악화되어갔다. 이민반대운동은 동척의 직영농장이나 이민들의 경영지 모두에서 일어났다. 운동의 궁극적 목표는 지주제 폐지에 두었지만, 당면 목표는 지대인하와 이민의 폐지였다. 지식인들도 농민들의 운동에 호응하여 여론을 확산시켜갔다. 조선은 이민에 적합한 지역이 아니며 이민장려는 조선민족을 근본적으로 구축하는 것이기 때문에 동화정책에도 반할 뿐만 아니라 동척이민은 전민족의 사활이 걸린 문제이니 폐지에 적극적인 수단을 취해야 한다고 주장했다.

동척이민반대운동은 1920년대 전반 황해도 재령군 북율면·남율면과 봉산군 사인면 동척농장에서 일어난 운동이 대표적이었다. 동척이민사업은 조선농민이 경작하던 양질의 토지와 거주지를 빼앗아 이민에 넘겨주는 사업으로 조선농민의 절대적 희생을 강요한 것이다. 게다가 동척은 동척이민에게 소작료 수납의 강제집행, 연좌시위 방지, 동척주재소 보호 등을 위한 전위부대 역할을 부여했다. 양측이 직접 마찰하며 문제는 더욱 불거졌다. 조선농민들이 동척뿐 아니라 이민까지 투쟁대상에 포함한 것은 당연한 일이었다. 동척↔이민, 동척＋이민↔소작농민이라는 갈등 구조였다. 갈등은 지주형 이민의 토지에서도 발생했다. 이들이 지주경영과 대금업을 하면서 관습과 법률을 무시하고 사적인 권력까지 동원하여 조선농민을 철저히 수탈해 갔기 때문이다. 동척이민은 조선농민과 농촌 현장에서 민족모순과 계급모순을 동시에 지닌 적대적 관계로 최악의 조건으로 마주 대했다.

동척이민 반대운동의 의의는 다음과 같이 부여할 수 있을 것이다. 첫째, 일본인 이주사업의 중단이라는 성과를 거두고, 조선농지령 정도의 소작권 안정화에 일정한 영향을 주었을 것이라 생각된다. 둘째, 일본제국이 일본인 중심적 동화정책을 중단하고 '내선융화' '내선일체'의 담당자를 조선인을 육성하여 맡기는 방향으로 정책전환의 원인을 여기서 찾을 수 있을 것이다.[3] 만한이민집중론은 일본제국의 경제사정과 조선내 정치·경제적 상황을 고려할 때 실패할 수밖에 없는 사업이었다. 향후과제는 동척이민의 생애와 조선 내에서 한 역할과 모습을 구체적으로 밝히는 것이 과제이다.

동척은 거대 기업으로 성장하면서 사업의 중심을 금융이나 광공업부문으로 전환해 가는 한편,[4] 지주경영은 그대로 유지하면서 이민사업은 포기하였다. 일본제국은 새로운 형태의 이민책을 모색하였다. 미간지를 개간하여 여기에 이주시키는 방식이었다. 대표적인 예가 불이흥업이 불이농장을 조성

---

3) 宮田節子, 「내선일체의 구조」, 『일제말기 파시즘과 한국사회』(최원규 엮음), 청아출판사, 1988.
4) 동척은 이후 만주 남양 동부시베리아 등으로 사업구역을 확장하고 경영을 다각화하면서 다국적 기업으로 성장해 갔다. 大河內一雄, 『幻想の國策會社 東洋拓殖』, 日本經濟新聞社, 1982 ; 大河內一雄, 『國策會社 東洋拓殖の終焉』, 1991 등이 참고된다.

하면서 병행 추진한 일본인 이주농촌인 불이농촌 건설사업이었다.[5]

불이농촌 건설사업은 옥구·익산지역에 진출한 일본인 지주·농업경영자들의 조선농업 침탈과정에서 준비되고 있었다. 이들은 수리관개의 완결도를 높일 목적아래 금융자본의 지원을 받아 만경강 일대의 평야를 포괄하는 거대 규모의 익옥수리조합 설립사업을 추진하였다. 이때 상환자금(=조합비)을 조달하기 위해 옥구간척지 조성사업도 함께 추진하였다. 일본제국은 지주들에게 막대한 금융자금과 재정적 지원을 미끼로 이들의 소유지 확대욕구를 불러일으키는 한편, 이들을 국책사업의 대행자로서 유도해갔다. 산미증식계획을 통하여 식민계획을 실현한다는 '主식량 從이민'이라는 원칙아래 새로운 차원의 이민사업을 계획했다.

불이흥업의 사장 후지이 간타로는 국가적 요구에 맞추어 옥구간척지를 조성하여 사적 이익과 공적 국책의 두 가지 목표를 동시에 달성하고자 하였다. 하나는 회사 차원에서 조선 소작농을 이주시켜 본래의 목적대로 지주제를 기반으로 농장을 경영하는 것이고, 또 하나는 일본인을 이주시켜 자작농촌을 건설한다는 식민정책 차원에서 나온 것이다. 일본 각지에서 농민을 선발하여 옥구간척지에 조성한 일본인 농촌=불이농촌에 이주시키는 일이다. 이 사업은 불이흥업이 주도했지만, 조선총독부를 비롯한 대장성·내무성 등 일본제국 총체가 참여하였다.

불이농촌의 지도이념은 일본의 농본주의였다. 지도자 사키사카 기사부로는 자급자족과 근로제일주의를 생활신조로 삼도록 강력히 지도·교화하는 한편, 그 지역에 맞는 불이농촌형 영농법도 강구했다. 그러나 불이농촌 건설사업은 계획대로 진척되지 못하였다. 대장성 저리자금의 상환은 고사하고 생활유지도 어려웠다. 불이흥업은 금융자본의 지원 특혜를 전제로 건설계

---

5) 조선총독부는 불이농촌과 달리, 선만척식회사를 설립하여 동아권업을 인수하고 15년 계획으로 18만호 80만명의 조선인 이민을 만주에 이주시킬 계획을 수립하였다. 『동아일보』, 1936. 2. 8 ; 4. 12.

획을 전면적으로 재검토하였다. 검토안은 국가자본이 전면 통제할 수 있도록 불이농촌을 불이흥업의 회계에서 완전히 분리하여 산업조합으로 개편하고, 대부금을 증액하는 방식으로 마련되었다. 이것은 산업조합을 매개로 금융자본이 직접 불이농촌을 관리하는 것을 의미하는 동시에, 지주제를 골간으로 했던 일제 농정의 변화를 의미하는 것이기도 했다. 일제의 국가자본·금융자본이 지주와 농민을 동시에 장악해 가는 과정의 한 표현이었다.

그러나 이 계획은 이주민들의 부채 증가를 의미했으며 그만큼 불이농촌에 대한 금융자본의 지배력이 확대된 것이다. 이는 금융자본이 제공한 특혜이지만, 농업생산력 확충과 미가수준이 일정 정도 유지되어야 한다는 것이 대전제였다. 1928년 3월 31일 불이농촌산업조합이 설립되자마자 일본자본주의는 세계공황·농업공황으로 결정적인 파탄을 맞이하고, 미가는 급락하였다. 불이농촌의 연부상환계획도 막대한 차질을 빚었다. 불이농촌의 경제상태는 최악에 달하고, 상환은 불가능하였다. 불이농촌 주민들은 심하게 동요하고 이탈자까지 발생하였다. 지속적인 농업경제의 파탄 속에서 자작농촌의 면모를 상실해가고 있었던 불이농촌은 조선총독부와 일본국가자본의 지원 아래 1935년 대대적인 재건계획을 수립하였다.

불이농촌 재건계획은 재정정리계획·정신개조계획·암거배수법의 도입 등 3부분으로 실시되었다. 재정정리계획이 핵심이며, 그 내용은 금융기관으로부터 거액의 구제자금을 대부받아 불이농촌의 부활을 시도하는 부채정리사업이었다. 연체이자를 면제해 주고 차입이자를 대폭 인하하는 동시에 상환기한을 연장하는 것이었다. 그러나 실질 상환액은 소작료 수준에 육박했다. 불이농민들이 명목상의 자작농에서 벗어나 실질적인 자작농이 되는 데는 재정정리계획대로 진행된다하더라도 적어도 30여 년간 소작농과 다름없는 대가를 지불해야만 했다. 이들은 국가독점자본에 예속된 농민이었다.

1930년대 후반 미가상승 등 농업경제사정이 크게 호전되고 일제당국의 특혜금융 지원과 제염법의 개발에 따라 농업생산력이 신장되자, 이주민들의 경제상태도 호전되었다. 대부자금 상환도 별 문제없이 진행되었다. 엄청난 투자의 결과 1940년대에 들어서서 불이농촌은 경제적 소생하는 모습을 보였다. 일제는 전시농정의 구호였던 농업재편성 정책의 모범사례로 선전하였다. 그러나 이는 생산성의 상승이라는 내적 요인보다도 1940년대의 미가상승 동향 속에서 나타난 결과물에 불과하였다.

불이농촌의 경제수지는 촌락별 개인별로 차이를 보였다. 웅본촌처럼 적자를 보인 촌락과 광도촌처럼 잉여를 보인 촌락으로 구분되었다. 농가별 경영규모는 대체로 입주 당시의 수준을 유지하고 있었지만, 경제수지는 적자농가와 월등한 수익을 올리는 농가로 구분되었다. 상당한 경제적 빈부차를 보였다. 이주호는 22%의 이촌율을 보였다. 외지벌이도 25%나 되었다.

불이농촌의 이주민은 옥구농장의 조선인 소작농에 비하면 모든 조건에서 우월하였다. 후자는 소작농이고 전자는 자작농(또는 지주겸 자작)이었으며, 경작규모는 2배 이상 차이가 났다. 옥구농장의 조선인 소작농민은 불이농민보다 경제상태가 매우 나빴으나 이촌율보다 입주율이 높아 갈수록 경영규모가 축소되었다. 재정·금융지원 등 모든 측면에서 양자는 차별적인 모습을 보였다. 식민지 지배자와 피지배자와의 차이를 그대로 보여주었다. 조선 소작농민은 존립을 위해 불이농촌의 임금노동자로 고용되었다. 이들은 떠나 갈 곳도 없이 퇴적된 존재였다.

불이농촌민들은 여러 지원과 혜택에도 불구하고 계속적인 지원 없이는 버틸 수 없는, 자생력이 전무한 채 일본금융자본에 예속된 소작농이나 다름없는 처지였다. 일본자본주의체제 아래 자작농 창정은 허상이었다. 조선의 일본화 목표도 패망과 더불어 끝이 났다. 결국 만한이민론은 실패로 끝나고 일본제국은 전시체제기에 들어서면서 조선인의 일본인화를 겨냥한 황국신민화 정책으로 전면 전환을 꾀하였다.

일본제국의 식민지 지배정책은 패망과 더불어 종결되었지만, 향후 연구과제는 이들이 남긴 식민지 농정의 여진이다. 일본인 농장은 적산으로 신한공사에서 관리하다 귀속농지 불하정책으로 관계 농민에게 유상으로 분배되었다. 일본인 자작농이면서도 금융기관에 종속되었던 불이농촌과 동척촌 등 일본인 이주농촌의 후속 처리과정과 해방 후 이곳에 자리 잡은 한국농민의 성격 등이 향후 검토과제이다.

4.

마지막으로 일본인 농업이주민의 통계분석을 통해 그들이 차지하는 위치 변화를 점검하고 총결을 마무리하려 한다. 〈표 1〉에서 보듯, 개항 당시 조선에 거주한 일본인은 54명이었다. 이들은 매년 증가하여 1942년에 75만 명을 상회하였다. 1905년 이전에는 갑신정변, 청일전쟁, 대한제국 등 일본제국의 힘의 강약에 따라 거주민은 등락을 거듭하면서도 꾸준히 증가하는

〈표 1〉 조선 거주 일본인의 연도별 인구수와 증감률

연도	인구	증감		연도	인구	증감		연도	인구	증감	
		인원	%			인원	%			인원	%
1876	54			1899	15,068	-	-	1922	386,493	18,875	5
1877	345	291	84	1900	15,829	761	5	1923	403,011	16,518	4
1878	117	-	-	1901	17,928	2,099	12	1924	411,595	8,584	2
1879	169	52	31	1902	22,471	4,543	20	1925	443,402	31,807	7
1880	835	666	80	1903	29,197	6,726	23	1926	442,326		-
1881	3,417	2,582	76	1904	31,093	1,896	6	1927	454,881	12,555	3
1882	3,622	205	6	1905	42,460	11,367	27	1928	469,043	14,162	3
1883	4,003	381	10	1906	83,315	40,855	49	1929	488,478	19,435	4
1884	4,356	353	8	1907	98,001	14,686	15	1930	527,016	38,538	7
1885	4,521	165	4	1908	126,168	28,167	22	1931	514,666		-
1886	609	-	-	1909	146,147	19,979	14	1932	523,452	8,786	2
1887	641	32	5	1910	171,543			1933	543,104	19,652	4
1888	1,231	590	48	1911	210,689	39,146	19	1934	561,384	18,280	3
1889	5,589	4,358	78	1912	243,729	33,040	14	1935	619,005	57,621	9
1890	7,245	1,656	23	1913	271,591	27,862	10	1936	608,989		-
1891	9,021	1,776	20	1914	291,217	19,626	7	1937	629,512	20,523	3
1892	9,137	116	1	1915	303,659	12,442	4	1938	633,320	3,808	1

1893	8,871	-	-	1916	320,938	17,279	5	1939	650,104	16,784	3
1894	9,354	483	5	1917	332,456	11,518	3	1940	707,742	57,638	8
1895	12,303	2,949	24	1918	336,872	4,416	1	1941	717,011	9,269	1
1896	12,571	268	2	1919	346,619	9,747	3	1942	752,823	35,812	5
1897	13,615	1,044	8	1920	347,850	1,231	0	1944	712,583	-	-
1898	15,304	1,689	11	1921	367,618	19,768	5				

경향을 보였다. 일본인 이주는 1902년 이민법을 개정하고 러일전쟁을 대비하면서 급증하기 시작했다. 특히 을사조약과 강점을 계기로 폭발적으로 증가했다. 1915년까지는 전년대비 10~50%가량 급증하여 1915년 30만 명이 넘었다. 그 이후는 5%이하 수준으로 자연 증가하는 모습처럼 비쳤지만, 변동 폭이 심한 때도 적지 있었다. 1919년 3.1운동, 대공황, 중일전쟁 직전 등은 정체 내지 감소한 반면, 1925년, 1930년, 1935년, 1940년은 큰 폭의 증가율을 보였다. 정치 경제적 변동에 따라 일본인 인구의 증가폭은 심하였다. 식민지적 특질을 잘 보여주었다. 전시체제기에도 1942년까지는 급증하다가 태평양전쟁기에는 급감하였다. 전시 강제 인력동원의 영향으로 보인다.[6]

〈표 2〉에서 일본인의 도별 거주실태를 보면, 지역별 편차가 심했다. 식민지배의 요충지인 경기·경남에 절반가량 몰려 거주하였다. 경기도는 26%에서 28%로 계속 비중이 증가하였다. 경남은 19%에서 14%로 비중이 감소하였지만 여전히 2위의 비중을 보였다. 1921년은 경기·경남·경북·평남의 순이었으며, 1942년에는 경기·경남·함남·함북의 순이었다. 대부분의 도가 비중의 증감에 관계없이 인구는 꾸준히 증가하였다. 그러나 1930년대 후반 경북·전남·전북은 다른 모습을 보였다. 비중과 인구수에서 경북은 감소하고 전북과 전남은 정체적 현상을 보였다. 이에 비해 경기는 경성이 7만에서 15만, 인천이 1만에서 2만으로 배나 증가하는 모습을 보였다.[7] 경남은 비중이

---

6) 〈표 1〉에서 〈표 7〉의 통계는 KOSIS 국가통계포털에서 과거중지 통계, 광복이전 분 데이터베이스를 활용하여 작성한 것이다. 본 글에서 출전이 없이 쓴 통계도 이곳 자료를 활용한 것이다. 이 자료는 조선총독부통계연보를 데이터베이스화한 것이다.

〈표 2〉 각 도별 일본인의 인구수와 증감률

시군 도별	1911 년 일본인	%	1920 년 일본인	%	1930 년 일본인	%	1935 년 일본인	%	1943 년 일본인	%
강원	2,968	1.4	6,459	1.9	10,528	2.1	13,641	2.3	20,594	2.7
경기	64,623	30.7	90,870	26.1	126,410	25.2	147,671	25.3	206,341	27.2
경남	50,562	24.0	65,467	18.8	82,787	16.5	95,078	16.3	103,028	13.6
경북	12,110	5.7	28,744	8.3	50,155	10.0	48,607	8.3	44,785	5.9
전남	12,630	6.0	26,659	7.7	39,952	8.0	42,908	7.4	44,461	5.9
전북	10,375	4.9	21,254	6.1	32,561	6.5	35,475	6.1	35,621	4.7
충남	10,185	4.8	16,814	4.8	22,127	4.4	25,219	4.3	27,945	3.7
충북	3,578	1.7	5,883	1.7	7,847	1.6	8,530	1.5	9,617	1.3
평남	14,098	6.7	27,646	7.9	31,542	6.3	37,039	6.3	53,052	7.0
평북	6,851	3.3	12,040	3.5	19,322	3.9	21,737	3.7	30,608	4.0
함남	9,224	4.4	15,828	4.6	34,720	6.9	46,207	7.9	75,874	10.0
함북	8,346	4.0	14,931	4.3	26,669	5.3	41,850	7.2	79,680	10.5
황해	5,139	2.4	14,255	4.1	17,247	3.4	19,466	3.3	26,989	3.6
합	210,689		347,850		501,867		583,428		758,595	

계속 감소하는 경향을 보였지만, 부산이 3만5천에서 6만으로 급증하고, 창원과 마산 등은 2,3천 명 정도의 증가를 보임에 따라 인구의 증가와 함께 전체 비중은 2위 수준을 유지하였다. 일본인의 인구증가는 첫째, 경부선 연변의 대도시로 집중되는 모습을 보였다. 부산·대구·김천·대전·천안·경성 ·해주·평양·신의주 등이 여기에 해당된다. 둘째, 함남과 함북의 인구비중이 5%에서 10%대로 급증하여 1940년대에는 3,4위를 차지할 정도였다는 점이다. 공업화와 도시화의 진전에 따른 결과였다.

다음은 일본인 전체인구와 농가호수의 변동을 비교해보자. 일본인 농가호 수는 1910년대에는 급격히 증가하면서도 도별로 증감에서는 차이를 보였다. 경기와 경남은 초기부터 집중되어 1915년에 1,754호 2,261호로 정점에 달하 고, 그 후 등락을 거듭하면서 감소하는 추세를 보였다. 경북은 1931년 1,528호,

---

7) 이후 각 도시의 인구수에서 앞시기는 1922년이고(朝鮮總督府, 『朝鮮における內地人』, 1924, 19~38쪽), 뒷시기는 1942년 또는 1944년이다(森田芳夫, 『朝鮮終戰の記錄』, 巖南堂書店, 1964, 8~10쪽).

전남·전북·충남은 1932년에 1,908호 1,710호 1,129호로 각각 정점에 달했다가 그 후 계속 감소하는 경향을 보였다. 농가호수는 1932년까지는 전체인구와 달리 경남이 압도적이고, 경기는 2위였다가 전북·전남에 뒤처졌다. 전체 농가호수는 1932년에 가장 많았으며, 그 이후 급격하게 감소하였다. 증가할 때와는 비교할 수 없을 정도로 급격히 감소하였다. 1942년에는 1932년의 절반에 불과하였다. 일본인 농가호수가 증가하는 시기는 제1차, 제2차 산미증식계획의 초기였다. 그리고 농촌진흥운동을 시작할 무렵 정점에 달하고 그 후 급격히 감소하였다. 도시화와 공업화의 진전에 따라 이촌현상이 두드러지게 나타난 것으로 보인다.

도별 농가호수의 비중은 1932년에는 경남·전남·전북·경북·경기의 순이었으며, 1937년에는 경남·전북·전남·경기·경북, 1942년에는 전북·전남·경남·경기의 순이었다. 농업인구는 전반적으로 감소하는 경향을 보였지만, 전북과 전남의 감소폭이 적어 상대적으로 비중이 높게 나타나 1, 2위를 차지하고, 경남이 3위, 다음이 경기의 순이었다. 함남과 함북도 농가호수는 감소하였으나 그 수와 비중이 매우 적었다. 반면 공업화·도시화가 급격하게 진전되어 전체인구는 대폭 증가하였다. 함북의 청진이 5,386명에서 29,581명, 성진·나진·경흥 등도 인구증가폭이 큰 편이었다. 함남은 흥남이 29,214명, 원산이 7,509명에서 14,590명, 함흥이 4,414명에서 12,042명으로 큰 폭으로 증가하였다.

전체적으로 농가호수는 1932년까지 증가하고 그 후 급격한 감소를 보였으나 지역별로 차이가 있었다. 그 이전부터 대도시로 비교적 빨리 이촌하는 현상을 보인 지역도 있었지만, 1932년 이후에는 도시화와 공업화가 영향을 미쳐 일본인 전체 호수가 증가함에도 불구하고 농가호수는 전보다 더 감소하는 모습을 보였다. 농가호수는 일제 초기에는 일본인의 전체인구 증가추세에 따라 증가하는 모습을 보였지만, 1930년대에는 일본인 호수가 계속 증가해 갔음에도 불구하고 농가호수는 큰 폭으로 감소하였다. 반대로 각 지역의 대도시 인구가 증가하고 함남과 함북은 폭발적으로 증가하고 있다. 일본제국

<표 3> 일본인 농가호수와 증감률

전국 도별	1911 호수	%	1920 호수	%	1930 호수	%	1932 호수	%	1942 호수	%
강원	19	0.6	67	0.7	192	1.8	279	2.4	154	2.6
경기	549	18.5	1,714	16.8	1,493	14.2	1,246	10.9	611	10.4
경남	766	25.9	1,932	18.9	1,990	18.9	1,961	17.1	1,017	17.3
경북	338	11.4	1,137	11.1	1,174	11.2	1,388	12.1	525	8.9
전남	356	12.0	1,699	16.6	1,788	17.0	1,908	16.7	1,043	17.7
전북	391	13.2	1,474	14.4	1,626	15.5	1,710	14.9	1,279	21.7
충남	192	6.5	1,037	10.2	860	8.2	1,129	9.9	461	7.8
충북	64	2.2	158	1.5	214	2.0	209	1.8	113	1.9
평남	96	3.2	259	2.5	192	1.8	306	2.7	107	1.8
평북	18	0.6	39	0.4	47	0.4	109	1.0	25	0.4
함남	53	1.8	87	0.9	138	1.3	186	1.6	101	1.7
함북	32	1.1	53	0.5	100	1.0	321	2.8	57	1.0
황해	86	2.9	554	5.4	691	6.6	687	6.0	400	6.8
전국	2,960	100	10,210	100	10,505	100	11,439	100	5,893	100
증가		25.9		89.3		91.8		100.0		51.5

<표 4> 조선인 농가호수와 증감률

도별	1911 호수	%	1920 호수	%	1930 호수	%	1932 호수	%	1942 호수	%
강원	151,922	6.4	194,193	7.2	211,404	7.4	223,964	7.7	234,209	7.7
경기	220,048	9.3	241,883	8.9	237,541	8.3	236,356	8.1	248,099	8.2
경남	254,128	10.7	275,743	10.2	291,403	10.2	282,743	9.7	298,830	9.8
경북	299,503	12.6	333,300	12.3	353,861	12.4	354,801	12.2	340,978	11.2
전남	286,017	12.0	331,117	12.2	360,609	12.6	371,127	12.7	425,198	14.0
전북	174,240	7.3	205,413	7.6	226,517	7.9	221,585	7.6	243,672	8.0
충남	169,232	7.1	185,964	6.9	184,230	6.5	202,426	6.9	231,245	7.6
충북	114,271	4.8	133,462	4.9	140,141	4.9	138,077	4.7	139,555	4.6
평남	155,042	6.5	164,834	6.1	168,621	5.9	176,593	6.1	175,721	5.8
평북	162,099	6.8	182,007	6.7	200,152	7.0	211,009	7.2	202,739	6.7
함남	137,231	5.8	168,067	6.2	174,551	6.1	186,338	6.4	181,576	6.0
함북	64,514	2.7	66,998	2.5	72,912	2.6	79,097	2.7	72,997	2.4
황해	188,690	7.9	226,655	8.4	234,159	8.2	233,324	8.0	248,646	8.2

의 인구정책은 농업인구는 감소하는 대로 방치하고 농외 부분으로의 이동을 꾀하고 있었다.

대부분 농촌지역의 일본인 인구수는 농업인구가 감소하는 가운데 미세하게나마 증가하는 편이었지만, 감소하는 곳도 있었다. 대표적인 미곡수출항인 군산과 목포의 인구는 1921년에는 6천 명대로 비교적 많은 편이었지만, 그 후 20년 동안 천여 명 정도 증가했을 뿐이었다. 대표적인 일본인 농장지대인 전북의 익산·김제·정읍 등은 미세하나마 인구가 증가하는 모습을 보였지만 다른 지역보다는 증가율이 낮았다. 군산 외곽의 옥구군은 특이하게 증가폭이 컸다. 이는 불이농촌으로 일본인 이주민이 이주한 결과로 보인다. 경남의 경우 통영은 오히려 감소하고 그 외의 지역은 전북처럼 미세하게 증가하는 모습을 보였다. 전남에서도 영산강유역의 농업지대인 나주, 충남의 논산 등은 감소하였지만, 광주·여수·순천을 비롯하여 대전·천안·공주 등은 증가 경향을 보였다. 전반적으로 증가추세였다.[8]

결과적으로 일본인은 농촌에 거주하다 도시로 이주하거나 공업화와 관련하여 함경도 지방으로 이주한 경우도 있지만 대부분 지역에서 인구가 증가한 것을 감안하면, 함경도 지방에서 증가한 인구는 일본에서 직접 이주한 경우도 적지 않았을 것으로 생각된다. 농가호수의 감소율과 전체 일본인의 증가추세를 볼 때 조선 내 이주보다는 일본에서 이주한 비중이 더 컸을 것으로 추론된다. 일본제국이 조선공업화 정책에서 취한 특징적 모습이라 생각된다.

다음은 조선인의 인구동향과 일본인의 인구동향을 비교하여 서로의 상관성을 검토하기로 하자. 〈표 5〉에서 조선인 전체 인구는 1911년 1,380만 명이었다. 인구증가율이 매 10년마다 10여 %정도 증가하여 1943년에는 2,582만 명에 달하였다. 〈표 6〉에서 도별 변화를 보면 초기에는 경북·전남이 비슷한 수준에서 1, 2위를 차지하였으며, 다음이 경남과 경기였다. 1938년 무렵에는 전남·경북·경기·경남의 순이었다가 1940년에는 경기·전남·경북·경남의 순이었다. 조선인의 도별 인구는 순위변동을 보면 경기가 수위에

---

8) 森田芳夫, 『朝鮮終戰の記錄』, 巖南堂書店, 1964, 8~10쪽.

<표 5> 조선인 인구와 농가

연도	1910	1920	1930	1932	1942	1943
인구	13,832,376	16,916,078	19,685,587	20,037,273	25,525,409	25,827,308
연도별 지수	54.2	66.3	77.1	78.5	100.0	101.2
조선 총호수	2813925	3191153	3679463	3772234	4587242	4,679,899
조선 농가호	2,376,937	2,709,636	2,856,101	2,917,440	3,043,465	
조선 지수	78	89	94	96	100	
비중	84.5	84.9	77.6	77.3	66.3	

<표 6> 조선인 도별 인구수와 비중의 추이

도별	1911		1920		1930		1932		1942	
	인구	%	인구	%	인구	%	인구	%	인구	%
경기	1,449,344	10.5	1,683,313	10.0	1,902,861	9.7	1,981,971	9.9	3,008,495	11.8
충북	592,653	4.3	770,828	4.6	866,628	4.4	858,111	4.3	969,598	3.8
충남	912,893	6.6	1,120,922	6.6	1,327,242	6.7	1,349,622	6.7	1,638,582	6.4
전북	968,929	7.0	1,197,670	7.1	1,420,349	7.2	1,410,108	7.0	1,684,529	6.6
전남	1,640,815	11.9	1,927,139	11.4	2,197,420	11.2	2,239,346	11.2	2,771,637	10.9
경북	1,657,448	12.0	2,082,819	12.3	2,280,965	11.6	2,299,668	11.5	2,588,933	10.1
경남	1,454,870	10.5	1,729,010	10.2	1,975,238	10.0	2,015,817	10.1	2,370,933	9.3
황해	1,010,782	7.3	1,264,757	7.5	1,469,799	7.5	1,474,576	7.4	1,926,166	7.5
평남	914,469	6.6	1,052,606	6.2	1,260,833	6.4	1,278,736	6.4	1,782,501	7.0
평북	999,022	7.2	1,187,243	7.0	1,460,589	7.4	1,511,215	7.5	1,826,602	7.2
강원	850,110	6.1	1,175,062	6.9	1,398,965	7.1	1,421,860	7.1	1,844,038	7.2
함남	945,046	6.8	1,211,920	7.2	1,441,898	7.3	1,499,598	7.5	1,972,617	7.7
함북	435,995	3.2	506,789	3.0	682,800	3.5	696,645	3.5	1,140,778	4.5

오르고, 전남은 1, 2위, 경북은 1에서 2위로 바뀌었어도 인구수는 차이가 크지 않았다. 일본인 도별 인구상황과 비교하면, 경기도를 제외하고는 별 상관성이 없었다. 함남·함북을 비롯하여 황해·평남 등이 조선공업화와 북선 개척사업에 따라 인구가 증가하는 모습을 보였다. 경기를 제외하고. 함남이 인구증가율이 가장 높았다. 조선인 인구도 도시화와 공업화를 반영하는 변화를 보여주었지만, 일본인만큼 뚜렷한 변화는 보이지 않았다.

조선인 농업인구의 변화를 <표 4>에서 보면, 1911년 경북·전남·경남·경기 에서 1930년대부터 전남이 수위에 오르고, 경북·경남·경기·황해의 순이다. 조선인 농업인구는 양적으로는 계속 증가하였지만, 전체인구에서 차지하는 비중은 계속 감소하였다. 1911년 84.5%로 압도적이었다가 계속 비중이

감소하여 1930년에는 77.6%, 1942년에는 66.3%까지 낮아졌다. 1935년 이후
는 304만여 호에서 정체적 수준을 유지하면서 약간의 증가세를 보이지만
전체인구 증가로 비중은 감소했다. 전체인구가 증가하는 것을 고려하면,
인구 증가분이 농외의 다른 직업군으로 향했다는 점을 짐작할 수 있다.
전반적으로 1930년대 중반이후에도 조선농촌의 과잉인구는 해소될 기미는
보이지 않고 그대로 유지되었다.

　다음은 조선인과 일본인의 직업별 인구비중을 검토해 보자. 일본인은
만한이민집중론이나 식민지 지주제의 모습과 달리 상업과 공무자유업이
압도적이었다. 농가호수는 1911년 62,633호 가운데 2,960호로 전체의 4.7%였
으며, 1921년에는 11%로 증가하였다. 1932년에는 11,439호로 농가호수는
가장 많았지만, 일본인 총호수는 129,948호로 증가하여 농업인구의 비중은
8.8%로 오히려 감소하였다. 비중이 상당히 낮은 편이었다. 일본인 인구는
그후에도 계속 증가하는 모습을 보였지만, 농가호수는 계속 줄었다. 1934년
8,702호, 1941년 6,455호, 1942년 5,893호였다. 1942년 전체호수 179,349호
가운데 3.3%로 크게 감소하였다. 일본 내의 농업인구가 42.6%인 것에 비하면
조선 내 일본인 농업인구의 비중은 대단히 낮았다. 그러나 공업인구의 비중은
일본이 25%인데 비하여 조선내 일본인은 18.7%에 불과하였다. 상업인구는
반대로 33%에서 18.2%로 크게 감소하였지만 일본의 15%에 비해 높은 편이었
다. 양자를 합하면 일본에서의 비중이 높은 편이었다.

　일본과 조선에서 일본인 직업별 인구비중에서 가장 두드러진 특징을
보인 것은 〈표 7〉에서 보듯, 공무자유업이었다. 일본이 6.8%인 데 비하여
조선에서는 30%에서 39.5%로 증가하는 등 압도적 비중을 점하고 있었다.
식민통치와 관련한 특수한 상황아래 전개된 직업분포이다. 그리고 일본인
농업인구가 크게 감소하고 도시인구가 급증하는 모습을 보였지만 조선인은
농업이 압도적 비중을 유지하고 있었다.

　조선인 직업별 인구구성을 비교해 보자. 조선인 농업인구는 85.1%에서

〈표 7〉 일본인과 조선인의 직업분포 변동(단위 : %)

국적	일본인						조선인				
지역	조선					일본	조선				
직업	1912	1920	1930	1937	1942	1942	1912	1920	1930	1937	1942
총	100	100	100	100	100	100	100	100	100	100	100
농업	11.3	25.8	8.4	5.6	3.9	42.6	82.9	87.2	80.5	76.6	68.1
수산업		3.1	2.5	1.5	1.2	1.7		1.1	1.6	1.5	2
광업					3.1	1.8					2.1
공업	10.7	17.2	14.4	15.7	18.7	25	1.4	1.9	2.3	3	4.6
상업	33.1	33.7	29.4	28.2	18.2	15	6.8	5.6	6.4	7	6.9
교통업						4.2					1.4
공무자유업	22.2	29.3	35.2	41.4	39.5	6.8	1.2	1.7	2.7	3.2	3.9
기타유업자	15.6	3.7	6.4	3.8	4.3	2.2	4.5	1.6	4.8	7	8.9
무업	3.2	1.4	3.7	3.8	3.9	0.7	3.1	0.9	1.8	1.7	2.1

출전 : 森田芳夫, 앞 책, 1964, 12쪽 ; 조선총독부,『朝鮮に於ける內地人』, 1924, 38~43쪽 ; 김철,「식민지기의 인구와 경제」,『일제말기 파시즘과 한국사회』(최원규 엮음), 청아출판사, 1987, 137쪽.

68.1%로 감소하는 모습을 보였지만, 절대 수는 계속 증가하였다. 1911년 2,376,937호에서 1941년까지 3,061,374호로 크게 증가하였다. 농업 비중의 감소에 따른 농외부분의 증가분을 보면, 공업과 광업부분에서 다소 비중이 증가하여 인구수가 더 증가하는 모습을 볼 수 있다. 그러나 가장 큰 증가율을 보인 것은 기타 유업자의 비중이었다. 조선공업화에 따라 공업부분에 투입된 조선인의 비중은 구호만큼 내세울 정도는 아니었다. 광부나 단순품팔이 노동자 등의 증가 폭이 컸다. 또 하나는 공무자유업 부분에서 조선인의 비중이 일본내 일본인의 비중보다 적지만 조선인의 비중도 갈수록 증가하고 있었다. 조선인이 일본제국의 식민지 통치체제의 하층부분에 종속적으로 편입되면서 계속 증가되어 가는 모습을 볼 수 있었다. 일본인은 공무자유업이나 공업부문에서 증가해 갔으며, 조선인은 여기에 미약하게 편승해 가는 모습이었다.

일본제국은 그 자체가 갖는 일본자본주의 구조적 모순 때문에 식민지 지주제를 더 이상 발전시키는 데는 한계를 보여주었을 뿐만 아니라 과잉화되어 가는 조선인 농업인구를 흡수할 능력도 없었다. 농촌인구는 갈수록 농촌에 더 퇴적된 채 집약적 농업에 동원될 뿐이었다. 일본제국은 금융자본을 지렛대로 식민지 지주제라는 기본 틀을 유지하면서 조선인 소작농과 자작농을 직접 지배하는 방식으로 체제유지에 골몰하였다. 일본인 자작농의 이촌화와 정태적 지주층의 경영축소로 조선농민이 영세소토지 소유자층으로 등장하는 모습도 보였지만, 농업경영에서 탈락하는 계층은 더욱 증가하였다.

일본제국은 산업분야를 농업부분에서 공업부문으로 전환해 가는 모습도 얼마간 보였지만, 실내용은 조선과 일본 내의 일본인을 우선적으로 고려한 정책이었다. 조선인에게는 이렇다 할 변화와 영향을 주지 못했다. 단순화시켜 표현하면 일본인 공업분야, 조선인 농업분야라고 말할 수 있을 정도였다. 물론 식민지 교육체제의 혜택을 받은 조선인은 공무자유업이나 공업부분에 종사하기도 했다. 그러나 농촌에 더 이상 머물 수 없어 피동적으로 떠나게 된 자들은 도시 등지에서 기타 유업자로 분류되는 일용노동자층에 편입되거나 만주나 일본으로 떠날 수밖에 없었다.

만주사변 이후에는 일제초기 강조하던 만한이민집중론은 더 이상 언급되지 않았다. 이들은 최대 100만 명 정도의 농업인구를 이주시켜야 한다고 주장했으나, 일본인 농민 이주는 최대 4만 명이고 점차 감소하여 1942년에는 2만 명 정도에 불과했다. 농촌에서 떠나가는 일본인을 대상으로 식민지 지주제아래 자작농을 창출한다는 것은 일본자본주의의 능력으로는 달성하기 불가능한 이념에 불과하였다. 일본인 농민이 감소되어가는 가운데 일본제국이 취한 대책은 조선인의 황국신민화를 직접 추진하는 일이었다. 일제 지배체제의 하층에 조선인을 종속적으로 재편성하는 것이었다.

일본제국은 일본농민을 대거 조선에 이주시키는 방식의 지배방식을 포기하고, 일본인 지주제와 조선인 지주제를 포괄한 식민지 지주제와 식민지 관료적 지배체제를 기반으로 농촌사회를 이끌고 갔다. 조선인을 천황의 신민=일본인화로 한반도를 완전히 일본 땅으로 만든다는 기조아래 정책을 펴간 것이다. 전시체제기 농촌에 남겨진 자들은 황민화 정책의 대상이 되었지만, 이는 조선인을 전쟁에 강제로 동원하기 위한 정책에 불과하였다. 일본의 패망과 더불어 해체될 수밖에 없었다. 일본제국은 조선인을 일본인으로, 한반도를 일본 영토로 만드는 데 실패하고 떠나갔다.

일본에서는 일본의 식민사적 관점, 일본자본주의 제국주의의 구성의 한 요소로 일제시기 한국의 일본인 지주와 농민의 실태를 검토하면 족하겠지만, 우리는 한국 땅에서 벌어진 '불행한' 식민지 유산을 청산하고 해방 후 새로운 한국사회를 건설하는 과정에서 이들이 한국인의 삶에 미친 영향을 검토하고 극복하지 않으면 안 된다. 그러나 한국자본주의의 급격한 발전과 더불어 농업부분에 대한 관심이 점점 멀어지면서 연구 인력도 대폭 감소되어 가는 것이 현실이다. 나아가 일제시기를 근대 한국사회 형성의 밑바탕으로 그리는 식민지근대화론의 계속된 공세도 안타깝기만 하다. 땅 주인은 간 곳 없고 제국의 논리만 넘쳐흐른다.

인간 역사에서 토지와 농업은 삶의 토대라는 점은 변함이 없다. 인간은 땅을 떠나서는 존립할 수 없다. 땅은 우리가 살아가는 터전이며 먹거리를 제공해 주는 바탕이라는 점에서 조금도 소홀히 할 수 없는 존재이며, 중요한 분석 과제이기도 하다. 못다한 과제는 후학에 기대한다.

부 록

〈표 1〉부산이사청 관내 일본인 농사경영자(1907. 10. 1)(단위 : 정보, 圓)

	주소	지주명	출신	자본금	자작면적	소작 일본인	소작 한국인	경영종별	경영지	담임자
01	부산	迫間房太郎	和歌山	400,000		100	242.8	지주	동래 김해 양산 밀양 대구 7군	
02	부산	大池忠助	長崎	330,000			266	지주	동래 김해 창원 밀양 외 8군	
03	부산	名出音一	和歌山	10,000	3		47	지주급자작*	동래 김해	
04	부산	豊田福太郎	長崎	79,650	22.5		804.7	지주급자작	동래 양산 밀양 대구 경산	
05	부산	宮崎藤助	山口	45,000			65.6	지주	동래군 사하면	
06	부산	小倉貞八	佐賀	8,500	20		6.2	지주급자작	동래 김해 밀양	
07	부산	花岡幾次郎	山口	1,000			10.5	지주	김해군 생림면	
08	부산	河內山源藏	山口	500	3			지주	절영도	
09	부산	尾縣常太郎	山口	8,000			3.5	지주	절영도	
10	부산	岩鶴金之助	和歌山	10,000	1		30	지주급식림	동래 김해 하동	
11	부산	竹下佳隆	長崎	50,000	33	10	17	지주	동래 밀양	
12	부산	今西峯三郎	長崎	20,000	150			자작(지주*)	나주 목포 왜관	土肥慶次郎
13	부산	尾縣哲太郎	山口	6,000			18.3	지주	동래 양산 금산외 2군	
14	부산	內山米太郎	長崎	500			3.4	지주	김해	
15	부산	鳴戶捨松	大阪	5,100			4.4	지주	동래군	
16	부산	迫間保太郎	和歌山	4,000			1.7	지주	동래군	
17	부산	中村俊松	山口	6,200	15		12	자작급지주*	김해	
18	구포	韓國企業(株)	岡山	30,000	3.5		196.5	지주급자작	김해군	谷幸次郎
19	구포	林田守勝	福岡	15,000	2		48	지주급자작	동래군 좌이면, 김해군 대하면	佐佐眞成
20	구포	岡田惣太郎	廣島	1,000	2	4		지주급자작	김해군내	
21	대상	松隈唯次	福岡	600	2			자작	김해군 대상면 출두리	
22	대상	北川新六	廣島	700	3			자작	김해군 대상면 출두리	
23	대상	深田與七	東京	300	1.5			자작	김해군 대상면 출두리	
24	대상	永井重五郎	兵庫	250	1.1			자작	김해군 대상면 출두리	
25	대상	中野宗七	山口	500	2			자작	김해군 대상면 출두리	
26	대상	宮口太郎	山口	1,200	3		1.5	자작급지주	김해군 대상면 출두리	
27	대상	松下榮作	兵庫	600	1.5		1	자작급지주	김해군 대상면 출두리	
28	대상	津田兼斌	東京	1,000	11		4	개간급지주	김해군 대상면 출두리	
29	대상	三木松太郎	兵庫	700	1		3.5	자작급지주	김해군 대상면 연정리	
30	대상	戶川元吉	東京	2,000			10	지주	김해군 대상면 연정리	
31	대상	宮本健次郎	兵庫	300	1.5			자작	김해군 대상면 연정리	
32	대상	島田安雄	熊本	300			15	지주	김해군 대상면 연정리	
33	대상	戶川龜喜知	東京	1,500	7.5		1	개간급지주	김해군 대상면 연정리	
34	대상	松下定吉	兵庫	1,000	4			자작	김해군 대상면 대저리	
35	대상	松下市太郎	兵庫	400	1.6			자작	김해군 대상면 대저리	
36	대상	池阪淺吉	奈良	1,500	2		5	자작급지주	김해군 대상면 대저리	
37	부산	中村俊松	福岡	1,000	2		3	지주급자작	김해군 대상면 대저리	西原竹次郎
38	구포	小林靜	大阪	800			4	지주	김해군 대상면 연정리	
39	대상	神木彥三郎	大阪	1,000			4	지주	김해군 대상면 연정리	德島 瓶植恒吉

40	대상	大崎代吉	大阪	1,500	4	2	2	지주급개간	김해군 대상면 대저리	戶川龜喜知
41	대상	俵角次	島根	6,000			2.5	지주	김해군 대상면	山根東三郎
42	부산	川島唯次郎	島根	2,000			12	지주	김해군 대상면 대저리	
43	대상	村上丈夫	愛媛	15,000			120	지주	김해군 대상면 대저리	
44	대상	植田義夫	兵庫	4,000			100	지주	김해군 덕도면 대사리	
45	김해	酒井半助	兵庫	55,000			235	지주	김해군 칠산면외 3면	공동경영
46	김해	西村德三郎	奈良	40,000			140	지주	김해군 칠산면외 3면	土佐卯之助
47	진영	村井吉兵衛*	京都*	155,000	2500		*200	개간급지주	김해군 진영 창원군 2면	國枝仁三郎
48	삼랑진	久保田秀吉	千葉	700	4.6			자작	밀양군 삼랑진	
49	삼랑진	伊藤彌八	福岡	3,000	12			과수자작	밀양군 삼랑진	
50	삼랑진	大崎命太郎	高知	1,200	2.6			자작	밀양군 삼랑진	
51	삼랑진	萩野米吉	岡山	200			1.2	지주	밀양군 삼랑진	
52	삼랑진	朝香熊太郎	香川	900	8			자작	밀양군 삼랑진	
53	삼랑진	山田信助	山口	600			5	지주	밀양군 삼랑진	
54	삼랑진	土屋瀧平	岡山	500			2.6	지주	밀양군 삼랑진	
55	삼랑진	太田勝三郎	大分	1,300			101	지주	밀양군 삼랑진	
56	삼랑진	大村新次郎	福島	500	1.8			자작	밀양군 삼랑진	
57	삼랑진	神保嚴之助	福島	4,300	1		28	자작급지주	밀양군 삼랑진	일부공동
58	삼랑진	多賀茂	岡山	1,700	1.8	5		과수재배	밀양군 삼랑진	
59	삼랑진	藤田富太郎	奈良	6,000	5		50	자작급소작	밀양군 삼랑진	
60	삼랑진	林田藤吉	福岡	3,000	15			과수재배	밀양군 삼랑진	
61	삼랑진	眞川小平	東京	3,000	115			농림경영	밀양군 삼랑진	
62	삼랑진	寺晉祐	東京	3,000			10	지주	밀양군 삼랑진	
63	삼랑진	韓國興業	東京	1,000,000	50		800	지주급자작	밀양군 삼랑진	鹿沼十郎 長瀧直哉
64	진영	小野郁太郎	岡山	1,000	2		3	개간급지주	김해군 진영	
65	진영	山縣勝三	山口	2,000			3.5	지주	김해군 진영	
66	수산진	千葉之嵐	東京	3,000	20			자작급개간	밀양군 수산진	
67	밀양	湯淺凡平	廣島	55,200			80	지주	밀양군 상남면 창원 김해	
68	밀양	松下定次郎	岡山	50,000		7	60	지주	밀양군 상남면	
69	밀양	鈴木修	福島	2,500			13	지주	밀양군 상남면	
70	밀양	小山仙治	岡山	1,660	8.3			자작	밀양군 상남면	
71	밀양	花田虎吉	福岡	1,000	4.8			자작	밀양군 상남면	
72	밀양	秋吉十吉	福岡	900	4.3			자작	밀양군 상남면	
73	밀양	秋吉吉太郎	福岡	700	3			자작	밀양군 상남면	
74	밀양	井上竹藏	奈良	820	3.3			자작	밀양군 상남면	
75	밀양	野瀬廣吉	福岡	680	2			자작	밀양군 상남면	
76	밀양	大矢久間三	新潟	570	1.2			자작	밀양군 상남면	
77	상남면	安永運平	福岡	500	3.1			자작	밀양군 상남면	
78	김천	山田勘五郎	福岡	7,200			21.6	지주	김해군 칠산면	
79	대상	三枝常吉	福岡	7,200			21.6	지주	김해군 칠산면	
80	부산	島崎眞逸	高知	10,000			50	지주	김해군 좌부면 활천면 가락면	
81	양산	韓國興業	和歌山	50,000			400	지주	양산 김해 창원	並木弘
82	물금	小原儼太郎	熊本	15,000			50	지주급개간	양산군	
83	물금	馬場伊藏	熊本	2,000		9.3	87	지주급개간	양산군 증산리, 김해군 오방리	
84	원동	藤原柾平	岡山	5,000	15			과수급개간	양산군 원동 용당리	
85	영산	佐谷瀧太郎 궁전주태랑	兵庫	5,000			20.3	지주	영산군 읍내 계성 장가	佐谷藤太郎 宮田淸次

| 86 | 영산 | 川崎芳太郎 | 兵庫 | 50,000 | 516 | | 20.3 | 지주급개간 | 영산군 읍내 마고 장가 | 中路民之助 |
| 87 | 언양 | 大昌久米馬 외2 | 東京 | 20,000 | 500 | | 100 | 개간급지주 | 언양군 중남면 심천리 | 濟藤伊三 |

비고 : 자본금 500원 이상, 면적 1정보 이상을 갖는 자(상업 겸영자 포함)출전 : 부산이사청관내 일본인 농사경영자, 『韓國中央農會報』 2-4, 1908.

<표 2> 1910년 말 경남지역 일본인 지주(단위 : 정보, 圓)

경영자	주소	답	전	계	경영지	경영방법	경영종별	창일일	투자액
竹下농장	부산	6	106	131	부산 밀양	자소작	보통 과수 채소 조림	1894.4	50,000
迫間농장	부산	153	65	220	마산 밀양 부산 울산 경북 충북	소작	보통 과수 조림	1894.5	50,000
大池농장	부산	256	100	358	부산 김해 거제 창원 밀양 경북 전북 충남	소작	보통 과수 채소	1902.5	101,120
村下농장	밀양	70	57	137	밀양 영산	소작	보통	1903	30,000
한국흥업 (주)	동경	669	6,153	6,879	밀양 부산 김해 양산전남 경북 황해	자소작	보통 과수 채소	1904.9	590,643
竹下농장	김해	100		100	김해	소작	보통	1905.2	10,000
村井농장	진영	408	941	4,692	마산 함안 김해 양산	자소작	보통 과수 채소 상원	1905.3	461,395
村山농장	김해	180	43	223	김해	자소작	보통과수상원	1905.6	35,000
開城社	영산	74	83	503	영산	자소작	보통과수채소	1906.1	58,000
한국흥업 (주)	화가산	118	31	148	양산	자소작	보통 과수 묘목 낙화생	1906.12	75,000
土佐농장	김해	200		200	김해	소작	보통	1906.3	30,000
한국기업 (주)	김해	150	28	200	김해	소작	보통 과수	1906.3	100,000
田中농장	마산	108	19	256	마산 고성	자소작	보통 과수 조림	1906.4	37,000
平田농장	부산	21	110	146	부산 김해 함안	소작	보통	1906.5	10,770
한국권업 (주)	진주	104	120	228	진주 사천	소작	보통	1907.7	320,000
東拓(주)	서울	5,960	1,881	7,994	경기 황해 충남 전남북 경북 경남(마산 사천)	자소작	보통 과수 채소	1908.8	1,280,319
楠田농장	김해	250		250	김해	소작	보통	1909.3	150,000

출전 : 朝鮮新聞社, 「주요한 일본인 농사경영자」, 『鮮南發展史』, 1913, 200~205쪽.
비고 : ① 삼림과 기타 제외 ② 소유지 100정보이상자

〈표 3〉 경상남도 일본인 경영의 농업표(단위 : 정보, 圓) (1913년 12월 말일)

구분	지주명	본점	사무소	창립일	투자액	총면적	소작 답	소작 전	영업종별
1	東拓	경성	마산	1909.12	1,590,127	70,315.5	4,777.8	1,850.4	보통
2	村井吉兵衛	동경	김해	1905.02	6,79,036	2,757.4	544.3	873.6	보통 과수 채소 상원
3	楠田郁太郎	熊本	마산	1910.05	149,850	296.1	286.8	7.5	보통
4	平田勉	마산부	마산	1906.12	12,000	34	7.3	2	보통 과수 조림
5	田中遜	마산부	마산	1906.01	25,000	15	15	-	보통 과수
6	笹野甚四郎	동경	마산	1909.06	130,000	0.5	0.1	0.4	보통 과수 채소 목축 조림
7	百木惠一	마산부	마산	1910.03	14,800	25.3	8	17.3	보통
8	朝鮮勸業	香川	진주	1907.07	18,000	202.9	74.2	124.7	보통 조림
9	村井吉兵衛	동경	함안		47,000	458.2	-	120	
10	朝鮮企業(주)	岡山	김해	1907.01	66,000	174.3	144.3	10.5	보통 과수
11	村井吉兵衛	동경	김해	1906.04	72,000	2,920.8	607.6	997.7	보통 과수 채소
12	天野春吉	廣島	김해	1907	35,000	102.4	97.2	5.2	보통
13	楠田郁太郎	김해	김해	1909.03	50,000	152	150.9	0.2	보통
14	栗竹農場	김해	김해	1904	55,000	175.6	173.4	1	보통
15	土佐卯之助	김해	김해	1906.03	32,000	165.3	151.3	2	보통
16	村上丈夫	김해	김해	1906.03	50,000	160	80	80	보통 과수
17	農事奬勵組合	밀양	부내	1909.03	13,000	13.6	6.8	6.6	보통 과수 연초
18	小山仙吉	밀양	부내	1903	12,000	11.7	3.5	8.2	보통 연초
19	松下定次郎	밀양	부내	1903	80,000	115.3	55.6	8.9	보통 연초
20	藤川敬次郎	밀양	하동	1906	12,000	49.4	-	17.9	과수 묘목 연초
21	橋詰好	밀양	하동	1908	10,000	12.3	-	12.3	과수 묘목 연초
22	寺晉祐	밀양	하동	1908	10,000	13.5	-	12.5	보통
23	伊藤彌八	밀양	하동	1910.03	10,000	15.4	-	13.2	과수 묘목
24	野瀬廣吉	밀양	부내	1904	25,000	20.7	15.5	5.2	보통 연초
25	林田藤吉	밀양	하동	1905.02	10,000	11.4	-	7.2	과수 묘목
26	東拓	마산부	사천	1910.11	71,348	381.2	326.8	40.7	보통
27	秋吉吉太郎	밀양	상남	1910	18,000	15.7	11.6	3	보통 연초
28	栗木富士磨	하동	덕양	1908.06	30,000	50	30	20	보통 연초
29	小泉梅三郎	하동	덕양	1906.03	40,000	60	20	10	보통 연초
30	中上新助	하동	덕양	1907.04	40,000	40	20	20	보통 연초
31	奧聘太郎	하동	덕양	1908.02	50,000	125	40	15	보통 연초
32	豊田福太郎	부산	부산	1899	12,600	13.3	2.9	3.4	보통 산림
33	福田增兵衛	부산	부산	1893	78,590	136.1	10.8	21.5	보통 산림
34	小栗慶二郎	靜岡	부산	1906.12	26,200	4.1	2.8	0.7	보통
35	河內山品之助	부산	부산	1895.02	10,000	3.3	1.7	1.6	보통
36	大池忠助	부산	부산	1902.05	46,750	55	24.6	19.4	보통 산림
37	宮崎ミネ	부산	부산	1902.12	75,000	287	0.5	15.1	보통 산림
38	名出音一	부산	부산	1904	12,800	158.8	5	-	보통 산림
39	迫間房太郎	부산	부산	1894.05	79,500	530.8	24.7	36.6	보통 산림
40	平野宗三郎	부산	부산	1906.12	19,200	3.2	0.5	0.8	보통
41	平野繁太郎	靜岡	부산	1906.12	18,400	6	1.2	1.4	보통 산림
42	吉木利助	부산	부산	1905.06	19,423	7.9	2.3	1.1	보통 산림
43	釜山居留民團	부산	부산	1905.04	21,749	420.2	-	-	조림
44	平野又十郎	부산	부산	1906.12	12,700	2.2	1.3	0.9	보통
45	平田幸次郎	동래	부산	1906.05	16,598	32.6	17.3	2.9	보통 조림
46	灘波悅藏	부산	부산	1910	13,000	16.1	1.7	2.6	보통 조림

47	尾崎常太郎	부산	부산	1904.07	10,000	5	0.2	4.3	보통
48	岡野政次郎	부산	부산	1902.04	50,000	696.4	63	84	보통
49	今西峰三郎	부산	부산	1897.02	25,000	205	35	70	보통
50	灘波悅藏	부산	부산	1902.08	15,000	147	7	-	보통
51	豊田福太郎	부산	부산	1909.04	7,200	164.9	1	18	보통
52	大池忠助	부산	부산	1902.05	62,714	177.1	76.4	64.8	보통
53	迫間房太郎	부산	부산	1894.05	50,640	126.6	126.6	-	보통
54	平田幸次郎	동래	동래	1894.08	6,016	105.1	0.1	105	보통

출전 : 朝鮮總督府 慶尙南道, 『慶尙南道道勢要覽』, 1914, 276~279쪽.

〈표 4〉 주요 일본인 농사경영자(1910년 12월 말일 현재 소유지 전답 100정보이상)

경영지	사무소	경영자	창업일	답	전	산림원야	기타	계	경영종류	경영방법	투자액
경기 충남 전남북 경북 경남 황해	동경	東拓	1908.08	5960	1880	102.9	50	7992.9	과수 채소	자소작	1280,319
전남 경북 경남 황해	동경	한국흥업	1904.09	669.2	6152.6	48.8	7.5	6878.1	과수 채소	자소작	590,643
경기 전북	경기 수원	東山농장	1908.01	2739.3	651	662.6	3.7	4056.6	과수 조림	자소작	976,365
경남 마산 함안 김해 양산	경남 김해	村井농장	1905.03	407.8	941.2	1138.1	2205	4692.1	과수 채소 상원	자소작	461,395
전북 군산 임피 익산 만경 김제	전북 익산	大倉농장	1904.08	1798.2	11.6	30	4.2	1844		자소작	232,745
군산 임피 익산 만경 김제	전북 태인	熊本농장	1903.10	2286	184	12		2482		자소작	300,000
전북 김제 금구 태인 부안 고부	전북 김제	石川縣농사	1908.07	1140.7	30.7	441	1.7	1614.1		자소작	172,189
경기 충남 전북 전남	경기 수원	國武合名	1906.10	825.1	301.3	129	33.3	1288.7		소작	302,390
전북 충남	전북 익산	藤本농장	1904.05	1172.9	68.8	20.6		1262.3		소작	150,000
전남	항천현	朝鮮實業㈜	1906.03	693.1	393.6	6	1.2	1093.9		소작	148,659
전북 충남	전북 익산	大橋농장	1907.09	780.6	80.6	29.2	0.3	890.7		소작	150,000
전북	전북 익산	川崎농장	1905.06	366	65	100	4.9	535.9	조림	자소작	100,000
전남	전남 남평	峰농장	1906.10	168.6	444.7	28.2	0.9	642.4		자소작	68,500
전북	전북 고부	大森농장	1904.10	418	17	15		450		자소작	75,000
전북	전북 임피	島谷농장	1903.12	302	70	45.1		417.1	과수 채소 상원	자소작	70,000
전남	전남 광주	旭농장	1906.03	278.4	87.5	42		407.9	조림	자소작	60,000
전북 충남	전북 익산	細川농장	1904.09	1065.3	29.5			1094.8		소작	170,000
전남	전남 진도	朝日興業㈜	1907.03	100	200	100		400	과수 조림 상원	자소작	2,000
전북	전북 군산	宮崎농장	1903	350	11			361		자소작	10,000
경남 경북 전북 충남	경남 부산	大池농장	1902.05	256.1	99.7	2.2	358	716	조림	소작	101,120
전남	항천현	鎌田농장	1906.10	263.1	88.9			352		소작	52,144
전북	전북 군산	中柴농장	1906.08	254	73.7	15.8	1.3	344.8		자소작	31,800
전북	전북 임피	楠田농상	1904.03	312	0.4			312.4		자소작	45,000
전북	전북 김제	樑富농장	1908.08	256.1	60.9	11		328		자소작	58,900

지역	소재지	농장명	설립	논	밭	기타	산림	계	용도	경영	자본금
전북	전북 김제	木庭농장	1904.07	217.5	32.5	100		350	과수 상원 조림	자소작	32,000
충남 전북	충남 강경	荒卷농장	1904.10	225	14.6		37	276.6		소작	45,000
전남	전남 영산포	黑住농장	1905.06	70.1	188.3	90.3	5.6	354.3		소작	38,988
경남	경남 영산	開城社	1906.10	74.2	82.5	258	88.5	503.2		자소작	58,000
충남 충북	충남 연기	小倉농장	1907.01	185.2	79.4			264.6		소작	45,000
경남	경남 마산	田中농장	1906.04	108.3	18.6	128.6		255.5	과수 조림	자소작	37,000
경남	경남 김해	楠田농장	1909.03	250				250		소작	50,000
전북	전북 익산	森谷농장	1906.06	197	30.5	21		248.5		자소작	25,000
충남 전북	충남 강경	室原농장	1907.01	172.8	43.5	26.8	1	244.1		소작	40,000
전남	전남 목포	高力농장	1906.07	118.2	86.1	33.5		237.8	조림	소작	20,775
경남 진주 사천	경남 진주	韓國勸業㈜	1907.07	103.5	120.4	4		227.9		소작	32,0000
경남 김해	경남 김해	林山농장	1905.06	180	43			223	과수 상원 조림	조소작	35,000
경남 경북 충북	경남 부산	迫間농장	1894.05	153	65.1	2		220.1	과수 조림	소작	50,000
전북 익산	전북 익산	兒島농장	1906.06	140	66		4	210		자소작	30,000
전북 만경강	전북 익산	藤井농장	1910.04	199.4	5.2		1.5	206.1		소작	19,500
전북 익산	전북 익산	今村농장	1906.03	109.4	49.4	45.1		203.9		자소작	20,000
경남 김해	경남 김해	韓國企業㈜	1906.03	150	28		22	200		소작	100,000
경남 김해	경남 김해	土佐농장	1906.03	200				200		소작	30,000
충남 공주 회덕 은진	충남 공주	久保田농장	1905.11	8	100	87		195	과수 상원 채소 조림	자소작	20,000
경북 연일 흥해	경북 연일	大塚농장	1905.03	25	158	4		187	과수 채소	자소작	120000
전남 고아주	전남 광주	佐久間농장	1905.05	80	30	50		160	과수 상원 조림	자소작	20,000
전북 익산	전북 익산	片桐농장	1907.04	75.5	49.2	32.5		157.2		자소작	12,500
경남 양산	화가산	韓國興業㈜	1906.12	117.6	30.8			148.4	과수 묘목 낙화생	자소작	75,000
경남 부산 김해 함안	경남 부산	平田농장	1906.05	20.7	109.8	15.9		146.4		소작	107,700
전북 임피	전북 임피	島谷농장	1910.01	117	25			142		소작	25,000
전남 남평	전남 영산포	山下농장	1906	137.5				137.5		소작	27,505

전북 김제 만경	전북 김제	木村농장	1907.11	133.9	1.4	1.1	1	137.4	조림	자소작	13,000
경남 밀양 영산	경남 밀양	村下농장	1903	69.5	57.4	10		136.9		소작	30,000
경북 금산 황간 개녕	경북 금산	山陰道산업㈜	1907.04	105.5	30.8			136.3	과수 채소	소작	100,000
전남 영암	전남 영암	靈巖농장	1908.02	56.1	50.7	25.2	0.8	132.8		소작	16,000
경남 부산 밀양	경남 부산	竹下농장	1894.04	5.6	106	19		130.6	과수 채소 조림	자소작	150,000
충남 공주	충남 공주	飯田농장	1908.04	13	115.6			128.6		자소작	14,000
전북 김제	전북 김제	佐伯농장	1907.02	50.3	67.9	0.3		118.5	과수	자소작	50,000
충남 부여 임천 홍산 한산	경기 인천	韓國勸農會㈜	1905.07	19.3	81.9	14.4		115.6	과수 채소 상원 조림	자소작	45,350
전남 남평 나주	전남 나주	松本농장	1906.07	81.5	23.2	5.8		110.5		소작	17,959
전북 김제 익산	전북 김제	井上농장	1906	77.5	23.7	2.5		103.7	과수 채소 상원	자소작	24,855
경남 김해	경남 김해	竹下농장	1905.02	100				100		소작	10,000
충남 온양 아산 신청 예산 덕산	충남 온양	島岡농장	1907.05	100	200	505	95	900		자소작	120,000
충남 온양 천안	충남 천안	長屋安藤 共同농장	1911.02	35	98		9	142		자소작	

출전 : 『남선발전사』, 200~205쪽

〈표 5〉 전라북도 일본인 주요 농업자

경영자		사무소주소/명칭		창립일	투자액	소유지면적			1년생산액	경영방법			
										자작		소작	
주소	성명					답	전	계		답	전	답	전
군산	佐藤政次郎	군산신흥동	佐藤농업부	1905.10	25000	300	41	373	850			300	41
군산	平野嘉七郎	군산신흥동	平野농업부	1910.01	15000	400	30	1030	1474			400	30
전주삼례	岸五郎		長岡殖産㈜	1914.06	73000	1132	145	1308	6000			1132	145
동경	岩崎久彌	전주조촌	東山농장	1907.01	430000	11893	1424	15057	45000			11893	1424
복강	七里順之	전주조촌	築柴농원	1909.03	15000	396	57	458	2000	4	5	392	52
전주삼례	坂田平藏	전주조촌	坂田농원	1911.02	10000	320	150	475	2000	13	50	307	100
자하	伊藤長兵衛	전주삼례	伊藤농장	1907.04	90000	2200	250	2548	13000			2200	250
옥구서수	川崎藤太郎	전주삼례	토지관리소	1911.02	57000	1150	60	1210	6000			1150	60
웅본	齋藤忠恕	전주조촌	齋藤농징	1913.02	15000	695	47	750	2000			695	47
순창순창	大賀傳兵偉	순창	大賀傳兵偉	1913.01	23144	386	155	550	1550	16	4	370	155
복강	林田春次郎	순창	林田농장	1913.11	10100	195	148	348	880			195	148
정읍정읍	松本健太郎	정읍정읍	松本농장	1910.05	26000	1150	200	1350	4860			1150	200
정읍정읍	小川小傳二	정읍정읍	小川小傳二	1912.02	14000	90	75	165	1023		30	90	45
정읍용본	熊本二平	정읍화호	熊本농장	1898.05	202200	13200	1200	15250	41380			13200	1200
고창	柳富安左衞門 長嶺資倍	고창	柳富농장	1911.12	30864	175	274	445	938		100	175	74
부안부령	川野長久	부안부령	川野長久	1910.03	46000	1270	358	1712	23000		1	1270	357
부안부령	川野證生	부안부령	川野證生	1912.01	13200	410	41	453	6600		1	410	40
부안백산	大森五郎吉	부안백산	大森五郎吉	1904.10	50000	2600	113	2858	2000	50	12	2550	101
군산부안	石田龜太郎 窪田好助	부안	窪田石田농장	1913.01	75000	3000	30	3430	35000		10	3000	20
부안동진	窪田好助	부안동진	窪田好助	1913.04	18000	850	104	978	4500	5	2	845	122
경성	東拓	김제	김제출장소	1911.05	1800220	77934	6509	88187	201193	12	12	72359	6405
									이민할당			553	92
석천	石川縣	김제	石川縣농사	1908.07	190000	12455	622	15537	160000			12455	622
강산	福平保太郎	김제	福平농장	1911.05	80000	1400	200	1670	7000			1400	200
대판	阿部市太郎 阿部房次郎	김제	阿部농장	1912.12	220000	5036	280	5319	23000			5036	280
복강	柳富安左衞門	김제	柳富농장	1906	150000	5625	1053	6854	20200	36	15	5589	1038
군산	橋本央	김제	橋本농장	1912	25000	600	50	1650	1200	20	10	580	40
김제용지	木庭瑻?也	김제	木庭농장	1904.05	35000	1500	300	2752	1500		80	1500	220
김제	井上工一	김제	井上농장	1906.03	51520	1882	1289	3202	10297	45	35	1837	1254

백구													
김제백구	佐伯文太郎	김제백구	佐伯文太郎	1907.02	30000	1250	2150	3565	6000		10	1250	2140
군산	中柴萬吉	김제	中柴萬吉	1906.02	120000	3260	1378	5083	11485	14	5	3246	1373
옥구미면	宮崎街太郎	옥구	宮崎농장	1903.02	60000	2620	35	2780	6490	6	1	2614	34
옥구개정	島谷八十八	개정	島谷농장	1904.04	70000	3300	880	4637	8900	50	5	3250	875
옥구옥산	岡田瀧次郎	옥구옥산	岡田농장	1904.12	1300	930	120	1085	4000	50	10	880	110
옥구대야	澁谷小三郎	나포	澁谷농장	1904.04	15000	377	167	924	2250	18	6	359	161
옥구옥산	益田惣四郎	옥구옥산	益田농장	1907.06	25000	1350	60	1574	2300			1350	60
옥구대야	大倉米吉	옥구대야	大倉농장	1903.06	300000	9028	42	9373	28146	13	2	9015	40
옥구서수	川崎藤太郎	옥구서수	川崎농장	1905.04	12000	3596	821	5441	23563	29	31	3567	790
옥구서수	森谷元一	옥구서수	森谷농장	1906.03	32000	1640	320	2020	6300	50	51	1590	279
옥구대야	井上板三郎	옥구대야	井上농장	1905.02	12000	585	90	990	3080		1	585	89
옥구개정	熊本二平	옥구개정	熊本농장	1910.10	42000	1510	325	1871	5400			1510	325
군산	楠田義達	옥구대야	楠田농장	1904.03	70000	3045	122	3188	11000	70	5	2975	117
경성	不二興業	익산오산	不二興業전북농장	1904.06	450000	7512	683	10209	30863	31	22	7481	661
익산오산	櫻井庄平	익산오산	萬北농장	1905.03	25000	250	50	4000	1500	20		230	50
익산오산	眞田茂吉	익산오산	眞田농장	1903.09	115000	2542	867	3824	6000	20	2	2522	865
익산춘포	長谷川石郎	익산춘포	長谷농장	1908.12	18160	712	96	808	1500	15	6	697	90
익산북일	片桐和三	익산북일	片桐농장	1907.03	19500	1200	520	1964	5590	6	10	1194	510
익산	岡崎增太郎	익산익산	岡崎농장	1900.04	11200	171	21	210	737			171	21
익산대장촌	細川護成	익산익산	細川농장	1904.09	278000	8438	965	9623	53310	15		8423	965
익산대장촌	今村一次郎	익산익산	今村농장	1906.03	35000	1200	1000	2250	8000	60	20	1140	980
기부현	大橋與市	익산익산	大橋농장	1907.09	180000	8199	810	9410	41746	3		8196	810
익산함열	光岡三行	익산함열	光岡농장	1910.09	180000	3500	300	3925	20000	11	10	3489	290
경성	東拓	논산강경	강경출장소	1908.02	145791	6927	194	7138	19761		이민할당	61516 / 776	177 / 17

출전 : 전라북도, 조선총독부, 『전라북도 통계연보』, 226~229쪽.

참고문헌

1. 자료

「光武7年 6月 慶尙南道 東萊府 絶影島 山麓草場 家垈田畓人口區別成冊」
「沙中面 量案」, 『東萊港報牒』, 『東萊監理各面署報告書』
『全羅北道 臨陂 全州 金堤 萬頃 沃溝 益山 咸悅 龍安 扶安 古阜 廬山 等 十一郡 公私田土
　　　山麓外國人處 潛賣實數査檢成冊』
「隆熙3年度 沙中面 結數統計冊」(國立 朝-38-51)
전주지방법원 군산지원, 「産業組合登記簿」, 『株式會社 登記簿謄本』 2.
釜山地方法院 密陽支廳, 『金融組合登記簿』 1.
국가기록원, 『松旨里土地調査簿』, 『三浪里 土地調査簿』
국가기록원, 『原圖 (삼랑리, 송지리)』

『舊韓國官報』, 『朝鮮總督府官報』, 『朝鮮總督府統計年譜』
『경남일보』, 『群山日報』, 『東亞日報』, 『每日新報』, 『朝鮮日報』, 『中外日報』, 『황성신문』
『釜山日報』, 『朝鮮時報』, 『朝鮮新聞』, 『朝鮮中央日報』, 『朝鮮新聞』
『東洋時報』, 『萬朝報』, 『東洋經濟新報』, 『政敎新聞』, 『國民新聞』

『朝鮮農會報』, 『韓國中央農會』, 『韓國中央農會報』, 『朝鮮總督府調査月報』, 『殖銀調査月報』
『土地改良』, 『太陽』, 『警務月報』, 『西北學會月報』
『大日本帝國議會誌』
中村資良 편, 『朝鮮銀行會社要錄』, (東亞經濟時報社) 각년판

「大雅貯水地 建設計劃」
『臨益水利組合總代人名簿』
「益沃水利組合設立計劃書」

「益沃水利組合委員會會議錄」

「益沃水利組合第1次 合併評議員會會議錄」

「益沃水利組合評議員會 會議錄」(1920년 4월 20일)

「益沃水利組合合竝會議錄」, 1919.

「臨沃水利組合第1次合併評議會會議錄」

「臨益水利組合貯水地用地買收證書」

「全羅北道調査材料」

「全益水利組合重要書類綴」

「定期株主總會決議錄」(1919. 4. 28.)

「重役會決議錄」(1919. 4. 19.)

「釜山府史原稿」

F. A. Mckenzie, *The Tragedy of Korea*, 1908 (Yonsei University Press, 1969).

加藤末郎, 『韓國農業論』, 1905.

岡崎遠光, 『朝鮮金融及産業政策』, 1911.

岡山縣韓國農業獎勵組合, 『韓國移住農業의 獎勵』, 1910.

鎌田白堂, 『朝鮮の人物と事業』, 1936.

慶尙南道, 『1938년도 현재 50정보이상 지주조』(국가기록원 소장 문서).

慶尙南道, 『慶南の槪觀』(경인문화사 영인본), 1935.

慶尙南道, 『慶尙南道道勢要覽』, 1914.

慶尙南道史編纂委員會編, 『慶尙南道史』上·中·下, 1988.

慶尙南道協贊會, 『慶尙南道案內』, 1915.

京城帝國大學 衛生調査部, 「不二農場 調査報告 衛生調査 第1報」, 『朝鮮總督府調査月報』13-
    12, 1942.

高橋三七, 『事業と鄕人』, 1937.

高須瑪公 長田純 편, 『馬山現勢錄』.

久間健一, 『朝鮮農政の課題』, 1943.

龜岡榮吉 외, 『朝鮮鐵道沿線要覽』, 1927.

국사편찬위원회, 『주한일본공사관기록』 20, 1991.

국회도서관 입법조사국, 『舊韓末條約彙纂』 상·중·하, 1964.

群山府, 『群山府史』, 1935.

群山市史編纂委員會, 『群山時史』, 1975.

吉倉凡農, 『企業案內 實利之朝鮮』, 1904.

나주시 문화원, 『항일의 역사 궁삼면 토지회수투쟁자료집』, 내일미디어, 2000.

納富由三, 『朝鮮商品と地理』, 1912.

內藤英雄, 「移植民保護獎勵の方策如何に關する意見書(1924. 4. 20.)」(日本外務省).

農商務省 農務局, 『朝鮮農業槪說』, 1910.

大橋清三郎, 『朝鮮産業指針』, 朝鮮開發社, 1915.

大野保, 「朝鮮農村の實態的研究」, 『大同學院論叢』 4, 1941.

大藏省管理局, 『日本人の海外活動に關する歷史的調査(朝鮮編)』(제2분책), 1945.

大阪商業會議所, 『韓國産業視察報告書』, 1904.

德富蘇峰, 『時務の一家言』, 1913.

嶋谷農場, 『嶋谷農場 槪要』, 1930.

島根縣, 『韓國實業調査復命書』, 1906.

東洋拓殖株式會社, 『東拓10年史』, 1918.

東洋拓殖株式會社, 『植民事業各地方別 成績』, 1916.

東洋拓殖株式會社, 「第54回 帝國議會說明資料」, 1927. 9.

東洋拓殖株式會社, 『東洋拓殖株式會社三十年誌』, 1939.

東洋拓殖株式會社, 『移住民名簿』, 1921.

東郷實, 『日本植民論』, 1906.

藤井寬太郎, 「不二興業株式會社 自作農創設計劃案」, 1929. 4. 3.

藤井寬太郎, 『不二全北農場と臨益水利組合』, 1929.

藤井寬太郎, 『益沃水利組合之事業』, 1923.

藤井寬太郎, 『朝鮮土地談』, 1911.

藤澤淸次郎, 『朝鮮金融組合と人物』, 1937.

鈴木榮太郎, 「朝鮮農村社會瞥見記」, 『民族學研究』 新1-1, 1943. 1.

嶺八郎, 『朝鮮及滿洲之研究』, 1914.

嶺八郎, 『韓國拓殖參考資料』, 1908.

馬山名勝古蹟保存會, 『躍進 馬山の全貌』, 1941.

木浦誌編纂委員會 編, 『木浦誌』, 1914.

尾西要太郎, 『鮮南發展史』, 1913.

梶川半三郎, 『實業之朝鮮』, 1911.

民衆時論社 편, 『朝鮮金融組合大觀』, 1935.

柄澤四郎, 『朝鮮人間記』, 1928.

保高正記 松村祐之, 『群山開港史』, 1925.

釜山名士錄刊行會, 『釜山名士錄』(1935년판).

不二興業株式會社, 『農業及土地改良事業成績(朝鮮博覽會 提出)』, 1928.

不二興業株式會社, 『農業及土地改良成績』, 1929.

不二農村産業組合, 「不二農村一覽」, 1931.

不二農村産業組合, 「第14期 事業報告書」, 1941.

山口精 編, 『朝鮮産業誌』, 1910.

山本庫太郎, 『最新 朝鮮移住案內』, 1904.

삼랑진읍사무소, 『日本人除戶簿』.

日本農商務省,『韓國土地農産調査報告(경상도·전라도)』, 1906.

森田芳夫,『朝鮮終戰の記錄』, 巖南堂書店, 1964.

森田福太郎,『釜山要覽』, 1912.

三井榮長,「米作改良と暗渠排水」,『土地改良』4, 1941.

石川縣,『滿韓農事視察復命書』.

善生永助,『朝鮮ノ聚落』, 1933.

松村松盛,『明けく朝鮮』, 제국지방행정학회, 1925.

式田淸三,『朝鮮農業要覽』, 1911.

神戶正雄,『朝鮮農業移民論』, 1910.

阿部薰,『朝鮮功勞者銘鑑』, 民衆時論社, 1935.

岩永重華,『最近韓國實業指針附渡航案內』, 1904.

櫻井武雄,『日本農本主義』, 1936.

鹽見技師,『不二農村の槪況』, 1927.

泳井柳太郎,『社會問題と植民問題』, 1912.

友邦協會,『資料選集 東洋拓殖會社』, 1976.

宇垣一成,『宇垣一成日記 2』, 1970.

宇津木初三郎,『金堤發展史』, 1934.

宇津木初三郎,『全羅北道發展史』, 1928.

宇津木初三郎,『全羅北道産業史』, 朝鮮之産業社, 1930.

原田彦熊外,『朝鮮開拓誌』, 1910.

越智唯七,『新舊對照 朝鮮全道府郡面里洞名稱一覽』, 1917.

有馬純吉編,『朝鮮紳士錄』, 1931.

柳川勉,『朝鮮の交通と運輸』, 1925.

日本農商務省,『韓國土地農産調査報告』(경상도·전라도), 1906.

長岡市役所,『新潟縣史(下)』, 1931.

『齋藤實文書』(高麗書林 影印本).

全羅北道 農務課,「1937年 農業統計」.

全羅北道 農務課,『全羅北道大地主調』, 1939.

全羅北道 益山郡廳,『益山郡事情』, 1928.

全羅北道,「小作慣行調査書」, 1933.

全羅北道農務課,『全羅北道農業會社 定款 小作契約書』, 1938.

全北鹽見技師,『不二農村の槪況』(學習院大學 소장), 1927.

田中麗水,「中央より見たる新興朝鮮開發事情」, 朝鮮民報社, 1939.

井關九郎 撰,『現代坊長人物史』, 發展社(東京), 1917. 12.

帝國農會,『滿鮮農業視察要錄』, 1926.

第一銀行,『韓國ニ於ケル第一銀行』, 1908.

朝鮮功勞者銘鑑刊行會, 『朝鮮功勞者銘鑑』, 1935.

朝鮮金融組合聯合會, 『會員連絡簿』, 1938.

朝鮮農會, 『朝鮮農務提要』, 1933, 696~702쪽.

朝鮮農會, 『朝鮮農業發達史(發達編)』, 1944.

朝鮮農會, 『朝鮮農業發達史(政策編)』, 1944.

朝鮮新聞社, 『鮮南發展史』, 1913.

朝鮮信託株式會社, 『朝鮮信託株式會社十年史』, 1943.

朝鮮鐵道史編纂委員會 편, 『朝鮮鐵道史 (卷1 創始時代)』, 1937.

朝鮮總督府 慶尙南道, 『慶南道勢要覽』, 1914.

朝鮮總督府 慶尙南道, 『朝鮮總督府 慶尙南道 統計年報』(1920, 1921, 1922, 1923, 1925).

朝鮮總督府 農商工部, 『韓國水産誌』, 1910.

朝鮮總督府 農村振興課, 『朝鮮農村振興關係例規』, 1939.

朝鮮總督府 殖産局, 『朝鮮の農業』, 1930.

朝鮮總督府, 「密陽郡外二個郡面廢合ニ關スル件」, 1914.

朝鮮總督府, 『近世韓國五萬分之一地形圖(1914~1918)』, 경인문화사, 1982.

朝鮮總督府, 『제4차 朝鮮總督府統計年譜(1910)』, 1911.

朝鮮總督府, 『朝鮮における內地人』, 1924.

朝鮮總督府, 『朝鮮ノ小作慣習』, 1929.

朝鮮總督府, 『朝鮮の聚落(中)』, 1933.

朝鮮總督府, 『朝鮮法令集覽(下1)』, 1940.

朝鮮總督府, 『朝鮮總督府職員錄』 각년판.

朝鮮總督府, 『朝鮮總督府施政二十五周年記念表彰者銘感』, 1935.

朝鮮總督府, 『朝鮮土地改良事業要覽』 각년판.

朝鮮總督府, 『最近朝鮮事情要覽』, 1916.

朝鮮總督府農林局, 「朝鮮土地改良關係例規」, 1941.

朝鮮總督府殖産局, 『朝鮮ノ農業』, 1921, 1927, 1929.

朝鮮總督府鐵道局, 『朝鮮鐵道沿線市場一覽』, 1912.

朝鮮興業株式會社, 『朝鮮興業株式會社25年誌』, 1929.

朝鮮興業株式會社, 『朝鮮興業株式會社30周年記念誌』, 1936.

佐村八郎, 『渡韓のすすめ』, 1909.

酒匂常明, 『日淸韓實業論』, 1903.

酒匂常明, 『韓國農業要項』, 1905.

竹中康雄, 『群山開港前史』, 1935.

志賀重昻, 『大役小誌』, 東京堂, 1909.

度支部 司稅局, 『韓國各府郡市場狀況報告書』, 1909.

度支部大臣官房 編纂, 『現行韓國法典』, 1910.

統監府, 『統監府統計年報』 제1차 · 제2차 · 제3차, 1907 · 1908 · 1909.

統監府農商工務府農林課纂, 『韓國ニ於ケル農業經營』, 1907.

統監府鐵道管理局, 『韓國鐵道線路案內』, 1908.

한국농촌경제연구원, 『농지개혁시 피분배지주 및 일제하 대지주명부』, 1985.

韓國度支部大臣官房編纂, 『現行韓國法典』, 1910.

한국인문과학원편, 『한국근대읍지 15』 1991(安秉禧, 『密州徵信錄』, 1935).

湖南日報社, 『忠淸南道發展史』, 1932.

後藤新平, 『日本植民政策一斑』, 1921.

富田精一, 『富田儀作伝』, 1936.

高橋刀川, 『在韓成功之九州人』, 虎與號書店, 1908.

日本外務省 編, 『日本外交年表と主要文書(上)』, 1955.

友邦協會, 『資料選集 東洋拓殖會社』, 1976.

宇垣一成, 『宇垣一成日記 2』, みすず書房, 1970.

2. 연구문헌

1) 단행본

강동진, 『일본언론계와 조선(1910~1945)』, 지식산업사, 1987.

강태경, 『동양척식회사의 조선경제 수탈사』, 계명대학교 출판부, 1995.

군산시사편찬위원회, 『群山市史』, 1975.

김경남, 『일제의 식민도시건설과 자본가』, 선인, 2015.

김경태, 『한국근대경제사연구』, 창작과 비평사, 1994.

김광수, 『고전학파』, 아세아문화사, 1992.

김영호, 『協同組合論』, 1948.

김용달, 『일제의 농업정책과 조선농회』, 혜안, 2003.

김용섭, 『韓國近代農業史硏究(下)』, 일조각, 1988.

김용섭, 『韓國近現代農業史硏究』, 일조각, 1992.

김현숙 · 오일주 편, 『일본경제의 선구자들』, 혜안, 1994.

박성수, 『독립운동사연구』, 창작과 비평사, 1980.

박이준, 『한국근현대시기 토지탈환운동 연구』, 선인, 2007.

배석만, 『한국 조선산업사 : 일제시기편』, 선인, 2014.

부산광역시상수도사업본부, 『부산상수도발달사』, 1997.

부산직할시사편찬위원회 편, 『釜山市史』(1~4), 1989~1991.

三養社, 『三養五十年史』, 1974.

서울대학교 도서관,『詔勅 法律』, 1991.

秀堂事業紀念事業會,『秀堂 金秊洙』, 1971.

아이작 일리치 루빈, 함상호 옮김,『경제사상사 I』, 지평, 1988.

오미일,『근대한국의 자본가들』, 푸른역사, 2014.

이경란,『일제하 금융조합연구』, 혜안, 2002.

이규수,『식민지 조선과 일본, 일본인 : 호남지역 일본인의 사회사』, 다할미디어, 2007.

이균영,『신간회연구』, 역사비평사, 1993.

이영학,『한국 근대 연초산업연구』, 신서원, 2013.

이영호,『개항도시 제물포』, 민속원, 2018.

이영훈 외,『近代朝鮮水利組合研究』, 일조각, 1992.

임영태 편,『식민지시대 한국사회와 운동』, 사계절, 1985.

입법조사국,『舊韓末條約彙纂』상·중·하, 1964.

전라문화연구소,『全羅文化論叢 1』, 1987.

全北農地改良組合,『全北農地改良組合70年史』, 1978.

정연태,『식민권력과 한국 농업: 일제 식민농정의 동역학』, 서울대학교 출판문화원, 2014.

정재정,『일제침략과 한국철도』, 서울대학교 출판부, 1999.

정태헌,『일제의 경제정책과 조선사회』, 역사비평사, 1996.

조기준,『韓國資本主義成立史論』, 대왕사, 1973.

최원규 엮음,『일제말기 파시즘과 한국사회』, 청아출판사, 1988.

최원규,『한말 일제의 국유지조사와 토지조사사업』, 혜안, 2019.

하지연,『일제하 식민지 지주제 연구』, 혜안, 2010.

한국농촌경제연구원,『농지개혁시 피분배지주 및 일제하 대지주명부』, 1985.

한국역사연구회 토지대장연구반,『대한제국기 토지조사사업』, 민음사, 1995.

한국역사연구회 토지대장연구반,『일제의 창원군 토지조사사업』, 선인, 2013.

한국역사연구회 토지대장연구반,『일제의 창원군 토지조사와 장부』, 선인, 2011.

한국역사연구회, 역사문제연구소,『3·1민족해방운동연구』, 청년사, 1989.

한우근,『한국 개항기의 상업연구』, 일조각, 1970.

허종호,『조선봉건말기 소작제연구』, 1965/한마당, 1989.

홍성찬 외,『일제하 만경강 유역의 사회사』, 혜안, 2006.

홍성찬,『한국 근대 농촌사회의 변동과 지주층』, 지식산업사, 1992.

홍순권 편,『일제시기 재부산 일본인사회 사회단체 조사보고』, 선인, 2005.

홍순권 편,『일제시기 재부산 일본인사회 주요인물 조사보고』, 선인, 2006.

홍순권,『한말 호남지역 의병운동사 연구』, 서울대학교 출판부, 1994.

江口朴郎,『帝國主義時代の研究』, 岩波書店, 1975.

講談社,『日本人名大辭典』, 2002.

高橋龜吉, 『經濟評論 五十年』, 東洋經濟新報社, 1963.

高嶋雅明, 『朝鮮における植民地金融史の研究』, 大原新生社, 1978.

溝口敏行·梅村又次 編, 『舊日本植民地經濟統計－推計と分析』, 東洋經濟新報社, 1988.

金哲, 『韓國の人口と經濟』, 1965.

大內力 外, 『日本における資本主義の發展(全)』, 東京大學出版會, 1958.

大石嘉一郎, 『日本産業革命の研究』 上·下, 東京大學出版會, 1975.

大河內一雄, 『國策會社 東洋拓殖の終焉』, 1991.

大河內一雄, 『幻想の國策會社 東洋拓殖』, 日本經濟新聞社, 1982.

東洋經濟新報社百年史刊行委員會, 『東洋經濟新報社百年史』, 東洋經濟新報社, 1996.

木村健二, 『在朝日本人の社會史』, 未來社, 1989.

山邊健太郎, 『日本の韓國併合』, 太平出版社, 1966.

杉原四郎, 『西歐經濟學と近代日本』, 未來社, 1972.

杉原四郎, 『日本經濟雜誌の原流』, 有斐閣, 1990.

小野一一郎, 『世界經濟と帝國主義』, 有斐閣, 1973.

小倉政太郎, 『言論六十年』, 東洋經濟新報社, 1955.

松尾尊兌, 『大正デモクラツー』, 岩波書店, 1974.

이규수, 『近代朝鮮における植民地地主制と農民運動』, 山信出版社, 1996.

井上清·渡部徹 編, 『大正期の急進的自由主義－『東洋經濟新報』をとして』, 東洋經濟新報社, 1972

住谷悅治, 『日本經濟學史一齣』, 大畑書店, 1934.

楫西光速 外, 『日本資本主義の發展 3』, 1959.

淺田喬二, 小林英夫編, 『日本帝國主義の滿洲支配』, 時潮社, 1986.

淺田喬二, 『日本帝國主義と舊植民地地主制(增補)』, 御茶の水書房, 1989.

淺田喬二, 『日本帝國主義と舊植民地地主制』, 御茶の水書房, 1968.

淺田喬二, 『日本帝國主義下の民族運動』, 未來社, 1973.

淺井良夫, 『日本近代史論』, 지식산업사, 1981.

樋口弘, 『日本財閥論(下)』, 1942.

2) 연구논문

高承濟, 「만주농업이민의 사회사적 분석」, 『한국근대사론』 1, 1977.

金森襄作, 「日帝下 朝鮮金融組合과 그 農村經濟에 미친 影響」, 『史叢』 15·16합집, 1971.

김동철, 「부산의 유력자본가 香椎源太郎의 자본축적과정과 사회활동」, 『역사학보』 186, 2005.

김민화, 「1930년대 부산미곡취인소의 설립과 활동」, 『지역과 역사』 42, 2018. 4.

김석준, 「동양척식주식회사의 농장확장과 그 경영형태」, 『韓國의 社會와 文化』 9, 韓國精神

文化研究院, 1988.

김석준, 「동양척식주식회사의 사업 전개과정」, 『한국근대농촌사회와 일본제국주의 2』, 문학과지성사, 1987.

金容旭, 「釜山의 租借地」, 『韓國開港史』, 서문당, 1976.

김정기, 「조선 불평등조약의 間行權·漢城開棧權 분석」, 『한국 근현대의 민족문제와 신국가건설』, 지식산업사, 1997.

南宮燧, 「開拓村의 文化地理學的 研究」, 『地理學의 課題와 接近方法 - 石泉 李燦博士 華甲記念論集』, 1983.

南宮燧, 「두 干拓地 空間構造의 비교연구」, 『全北大教育大學院教育論叢』 4, 1984.

도진순, 「궁장토에 있어서 중답주와 실작인의 존재형태」, 『한국사론』 13, 1985.

문소정, 「대한제국기 일본인 대지주의 형성」, 『한국근대농촌사회와 일본제국주의』, 문학과 지성, 1986.

박구병, 「산업정책」, 『한민족독립운동사연구』 5, 국사편찬위원회, 1989.

박명규, 「일제의 자작농창정계획에 관한 고찰」, 『한국학보』 37, 1984.

박명규, 「일제하 수리조합 설치과정과 그 사회경제적 결과에 관한 연구」, 『省谷論叢』 20, 1989.

朴羊信, 「桂園時期 立憲政友會의 한 研究」, 『學林』 10, 1988.

박찬승, 「韓末 驛土·屯土에서의 地主經營의 强化와 抗租」, 『韓國史論』 9, 1983.

朴賢緒, 「東拓設立에 대한 韓國民의 反應」, 『李海南博士華甲紀念史學論叢』, 一潮閣, 1970.

배석만, 「일제시기 부산의 대자본가 香椎源太郎의 자본축적 활동 - 日本硬質陶器의 인수와 경영을 중심으로」, 『지역과 역사』 25, 2009.

배영순, 「1910~30년대 경상남도 지방의 지주제」, 『大邱史學』 42, 1991.

배영순, 「일제하 驛屯土 拂下와 그 귀결」, 『社會科學研究』 2-2, 1982.

백남운, 「자작농창정계획」, 『동방평론』 193.

우대형, 「일제하 만경강 유역 수리조합연구」, 『동방학지』 131, 2005.

윤병석, 「日本人의 荒蕪地開墾權 要求에 대하여 - 1904年 長森名儀의 委任契約全圖를 中心으로」, 『역사학보』 22, 1964.

윤수종, 「일제하 일본인 지주회사의 농장경영분석」, 『한국사회사연구회논문집』 12, 1988.

이경란, 「日帝下 水利組合과 農場地主制 - 沃溝 益山지역의 사례」, 『學林』 12·13합집, 1991.

이상찬, 「1906~1910년의 지방행정제도의 변화와 지방자치 논의」, 『韓國學報』 42, 1986.

이세영·최윤오, 「대한제국기 토지소유구조와 농민층 분화」, 『대한제국의 토지조사사업』, 1995.

이애숙, 「일제하 수리조합의 설립과 운영」, 『韓國史研究』 50·51합집, 1985.

이영호, 「일제의 식민지 정책과 미간지 문제」, 『역사와 현실』 37, 2000.

임승표, 「개항장 거류 일본인의 직업과 영업활동」, 『홍익사학』 4, 1990.

전성현, 「식민자와 조선-일제시기 大池忠助의 지역성과 식민자로서의 위상」, 『한국민족문화』 49, 2013. 11.

정연태, 「1910년대 일제 農業政策과 植民地地主制」, 『韓國史論』 20, 1988. 11.

정연태, 「1930년대 '조선농지령'과 일제의 농촌통제」, 『역사와 현실』 4, 1990.

정연태, 「1930년대 자작농지창정사업에 관한 연구」, 『한국사론』 26, 1991.

정연태, 「대한제국 후기 일제의 농업식민론과 이주식민책」, 『韓國文化』 14, 1993.

정용욱, 「1907~1918년 '地方金融組合' 活動의 展開」, 『韓國史論』 16, 1987.

정태헌, 「1930년대 식민지 농업정책의 성격전환에 관한 연구」, 『일제말 조선사회와 민족해방운동』, 일송정, 1991.

조기준, 「일본인 농업이민과 동양척식주식회사」, 『韓國經濟史學論叢(崔虎鎭博士 華甲紀念論叢) 1』, 1974.

주봉규, 「東拓의 移民事業 推進에 關한 研究」, 『東亞文化』 29, 1991.

차철욱, 「개항기~1916년 부산 일본인 상업회의소의 구성원 변화와 활동」, 『지역과 역사』 14, 2004.

최원규, 「조선후기 수리시설과 경영문제」, 『국사관논총』 39, 1992.

최원규, 「1900년대 일제의 토지권 침탈과 그 관리기구」, 『釜大史學』 19, 1995.

최원규, 「1920·30년대 일제의 한국농업식민책과 일본인 자작농촌 건설사업」, 『동방학지』 82, 1993.

최원규, 「19세기후반 20세기초 경남지역 일본인 지주의 형성과 투자사례」, 『韓國民族文化』 14, 1999.

최원규, 「대한제국기 양전과 관계발급사업」, 『대한제국의 토지조사사업』, 민음사, 1995.

최원규, 「대한제국과 일제의 토지권법 제정과정과 그 지향」, 『동방학지』 94, 1996.

최원규, 「19세기후반 20세기초 경남지역 일본인 지주의 형성과 투자사례」, 『한국민족문화』 14, 1999.

최원규, 「일본인 지주의 농업경영과 농외투자」, 『지역과 역사』 17, 2005.

최원규, 「일제시기 거주지별 소유변동과 특질」, 『부대사학』 28·29합집, 2005.

최원규, 「일제하 지주제의 확대와 토지소유의 변동-전북 옥구군 서수면 사례」, 『일제하 만경강 유역의 사회사』, 혜안, 2006.

최원규, 「朝鮮後期 水利시설과 經營문제」, 『國史館論叢』 39, 1992.

최원규, 「한말 일제초기 일제의 토지권 인식과 그 정리방향」, 『한국 근현대의 민족문제와 신국가건설』, 지식산업사, 1997.

최원규, 「한말 일제초기 한국식민책과 일본인 농업이민」, 『동방학지』 77·78·79합집, 1993.

홍성찬, 「1920년대 경성주식현물취인시장(주)연구」, 『경제사학』 22, 1997.

홍성찬, 「일제 금융자본의 농기업 지배 ; 不二興業(주)의 경영변동과 조선식산은행」, 『동방학지』 65, 1990.

홍성찬, 「일제 금융자본의 농기업 지배 ; 조선식산은행의 성업사 설립과 그 운영」, 『동방학지』 68, 1990.

홍성찬, 「일제하 기업가적 농장형 지주제의 역사적 성격」, 『동방학지』 63, 1989.

홍순권, 「일제시기 부산지역 일본인 사회의 인구와 사회계층구조」, 『역사와 경계』 51, 2004.

四方博, 「朝鮮における近代資本主義の成立進程－その 基礎的考察」, 『朝鮮社會經濟史研究(京城帝國大學法學會論集6)』, 1933.

姜德相, 「李氏朝鮮開港直後朝日貿易の展開」, 『歷史學研究』 265, 1962.

臼野正子, 「移民問題をめぐる日米加關係」, 『太平洋アジア圈の國際經濟紛爭史』, 東京大學出版會, 1983.

溝川喜一, 「明治末期の自由貿易論－「東京經濟雜誌」と「東洋經濟新報」を中心に」, 『京都産業大學論集』 17-3, 1991.

君島和彦, 「東洋拓殖株式會社の設立過程(上)」, 『歷史評論』 282, 1973.

君島和彦, 「東洋拓殖株式會社の設立過程(下)」, 『歷史評論』 283, 1974.

君島和彦, 「조선에 있어서 동척이민의 전개과정」, 『일제하 한국사회구성체론 서설』, 청아출판사, 1986.

堀和生, 「日本帝國主義の朝鮮における植民地的農業政策」, 『日本史研究』 171, 1976. 11

宮嶋博史, 「植民地下朝鮮人大地主の存在形態に關する試論」, 『朝鮮史叢』 5·6, 1982.

宮島博史, 「朝鮮甲午改革以後の商業的農業」, 『史林』 57-6, 1974.

宮本盛太郎, 「東洋經濟新報社とイギリス自由主義(1)」, 『社會科學論集愛知教育大學)』 26, 1986.

權寧旭, 「日本統治下の朝鮮における所謂'驛屯土'問題の實態」, 『朝鮮近代史料研究集』 3, 1960.

吉野誠, 「朝鮮開國後の穀物輸出について」, 『朝鮮史研究會論文集』 12, 1975.

大鎌邦雄, 「東洋拓殖會社創立期實態」, 『農經論叢(北海道大學)』 28, 1972.

東鄕博士, 「自作農創定論」, 『臺灣農事時報』 12, 1923.

藤永壯, 「植民地下日本人漁業資本家の存在形態李塢家漁場をめぐる朝鮮人漁民との葛藤」, 『朝鮮史研究會論文集』 24, 1987.

木村健二, 「在外居留民の社會活動」, 『岩波講座 近代日本と植民地 5』, 1993.

藤永壯, 「植民地下日本人漁業資本家の存在形態－李塢家漁場をめぐる朝鮮人漁民との葛藤」, 『朝鮮史研究會論文集』 24, 1987.

四方博, 「朝鮮における近代資本主義の成立進程－その基礎的考察」, 『朝鮮社會經濟史研究(京城帝國大學法學會論集6)』, 1933.

山部珉太郎, 「不二干拓地を見る」, 『文化朝鮮』 4-5, 1942. 12.

上田美和, 「東洋經濟新報と經濟界」, 『早稻田大學大學院 文學研究科紀要』 50, 2004.

小野一郎, 「日本帝國主義と移民論」, 『世界經濟と帝國主義』, 有斐閣, 1973.

安秉珆,「東洋拓植株式會社の土地經營方式と在來朝鮮人地主の經營方式について」,『經營史學』
　　11-1, 1976.

安秉珆,「東洋拓植株式會社の土地收奪について」,『社會科學年報』7, 1976.

奧平武彦,「朝鮮の條約港と居留地」,『朝鮮社會法制史研究』, 1937.

伊藤俊夫,「南鮮調査隊報告－經濟上より見たる不二農村の實態」,『京城帝國大學法學會論集』
　　14-1, 1943.

伊藤俊夫,「南鮮調査隊報告－經濟上より見たる不二農村の實態」,『京城帝國大學法學會論集』
　　14-2, 1943.

李在茂,「いわゆる‘日韓併合’=‘强占’前における日本帝國主義による朝鮮植民地化の基礎的諸指標」,
　　『社會科學研究』9-6, 1958.

田中喜男,「明治以後‘朝鮮拓殖’への地方的關心」,『朝鮮史研究會論文集』4, 1969.

町田忠治,「創刊當時の思想」,『東洋經濟新報 言論六十年史』, 東洋經濟新報, 1955.

井坂康志,「東洋經濟新報社の恩想形成科程に關する考察－J.S.ミルの自由概念の繼承を中心に(上)」,
　　『自由思想』92, 2002.

井坂康志, 「東洋經濟新報社の恩想形成科程に關する考察－J.S.ミルの自由概念の繼承を中心に
　　(下)」,『自由思想』93, 2003.

淺田喬二,「舊植民地 朝鮮における日本大地主階級の變遷過程」上・下,『農業總合研究』19-4・5,
　　1965.

淺田喬二,「舊植民地(朝鮮)における日本人大地主の存在形態」,『朝鮮歷史論集(下)』, 1979.

淺田喬二,「滿州農業移民政策の立案過程」,『日本帝國主義下の滿州移民』, 滿州移民史研究會 編,
　　1976.

千田稔,「華族資本としての侯爵細川家の成立展開」,『土地制度史學』29-4, 1987.

泉靖一,「南鮮調査隊報告」,『京城帝國大學法學會論集』13-4, 1942.

靑木香代子,「東洋拓植株式會社の設立」,『朝鮮近代史料研究集成 3』, 1960.

村上勝彦,「植民地」,『日本産業革命の研究(下)』, 東京大學出版會, 1975.

村上勝彦,「朝鮮鐵道敷設資本流出」,『日本産業革命の研究(下)』, 東京大學出版會, 1975.

秋定嘉和,「朝鮮金融組合の機能と救助－1930~1940年代まで」,『朝鮮史研究會論文集』5, 1968.

坂野潤治,「政黨政治と中國政策」,『近代日本と東アジア』, 1980.

韓晳曦,「戰時下朝鮮の神祀參拜强要と基督敎徒の抵抗」,『朝鮮史叢』5・6合併號, 1982.

和久歸農生,「不二拓殖農士學校を觀る」,『土地改良』11, 1942. 5.

禾久歸農生,「全北不二農村の美績お紹介する」,『土地改良』1, 1940. 9.

黑瀨郁二,「日露戰後 ‘朝鮮經營’と東洋拓殖株式會社」,『朝鮮史研究會論文集』12, 1975.

3) 학위논문

강정원,「일제의 山林法과 林野調査 연구」, 부산대 박사학위논문, 2014.

김경준, 「일제하 자작농창정계획에 관한 연구」, 서울대 석사학위논문, 1989.

배영순, 「한말 일제초기 토지조사와 지세개정에 관한 연구」, 서울대 박사학위논문, 1988.

염인호, 「일제하 지방통치에 관한 연구」, 연세대 석사학위논문, 1983.

이기복, 「일제하 '水産博覽會'와 조선 수산업의 동향」, 부산대 박사학위논문, 2010.

이수일, 「日帝 强占·解放期 印貞植의 經濟思想研究」, 연세대 석사학위논문, 1992.

장시원, 「日帝下 大地主의 存在形態에 관한 研究」, 서울대 박사학위논문, 1989.

정연태, 「日帝의 韓國 農地政策(1905~1945년)」, 서울대 박사학위논문, 1994.

최원규, 「한말 일제초기 토지조사와 토지법 연구」, 연세대 박사학위논문, 1994.

하명화, 「일제하(1920~30년대초) 도시주거문제와 주거권 확보운동」, 부산대 석사학위논문, 2000.

Japanese Society in Korea during the Japanese Colonial Period
Urban Residents, Landlords, Japanese Rural Communities

Choe, Won-Kyu

This book describes the colonial policies implemented by the Japanese Empire to turn the Korean Peninsula into Japanese land, the trend of public opinions in Japan, and the trajectory of the lives of Japanese landlords, independent farmers, and urban residents who carried forward the policies in Korea. The period covered is from about the time of the Sino-Japanese War, when Japanese imperialism began to invade Korea in earnest, to the time of the liberation of Korea. This book is composed of a total of three parts: Part 1, the Japanese Empire's colonial policy for Korea and Japanese immigration and colonization, Part 2, the appearance of the Japanese colonial landlord system, with cases in the Jeonbuk and Gyeongnam regions, and Part 3, the Japanese Empire's rural Japanese construction project, with cases of the Oriental Development Company(東洋拓殖株式會社)'s emigration project and Fujii farm village.

Part 1 is composed of three chapters. Chapter 1 reviews the Japanese Empire's colonial policies for Korea and Japanese agricultural immigration. It introduces industry surveys and colonial policies carried out until about the time when the Japanese Empire occupied Korea, companies and associations that implemented immigration projects, cases of individual immigrants, and immigration methodologies. It also details discussions on the establishment of colonial companies promoted by the Japanese Empire at the national level.

Chapter 2 is a study that depicts the trajectories of the lives of Japanese landlords, independent farmers, and urban residents with various occupations, who lived while building Japanese society in the Samrangjin area of Miryang-gun, Gyeongnam. It describes the traces of monopolization of areas around stations and farmlands by giant landlords such as the Joseon Promotion of Industry Company(朝鮮興業株式會社), the Oriental Development Company, and Hajama Husataro(迫間房太郎), the traces of Korean farmers who were relegated to small farmers or tenant farmers, and the appearances of various lives of Japanese who resided in Samrangjin, such as their jobs and family compositions. There were not a few lower-class Japanese people who left the region because they could not settle down as urban development was stagnant. On the other hand, some Koreans grew into landlords or businessmen in the midst of colonial rule. Chapter 3 analyzes public opinions related to Korea (1895-1905) reflected in the Japanese economic magazine 『the Oriental Economist(東洋經濟新報)』. It analyzes various public opinions such as the Japanese imperialist view of war, expansionism, and the methodology of invasion of Korea surrounding the issues of interests and internal reform. Public opinion mainly covered ways to permanently rule Joseon as a colony from the viewpoint of liberalism and an open-door policy. Although they differed in method from the protectionists who aimed to exclusively rule Joseon, they were the same in purpose, which was to accomplish the interests of the Japanese Empire.

Part 2 analyzes the agricultural management and forms of existence of Japanese landlords separately for the landlord systems in the Jeonbuk and Gyeongnam regions, and the case of Jinyeong Farm in Gimhae. Chapter 1 deals with the farm management and nonagricultural investments of Japanese landlords in the Jeonbuk region. It details the farm management and nonagricultural investments of large landlords such as Kawasaki(川崎) Farm, Shimatani(嶋谷) Farm and small and medium-sized landlords. From around 1905, Japanese landlords seized ownership and management rights and began to manage farms with enterprise type operating methods. When they seized the management rights, an arable land readjustment project played a particularly important role. In addition, Japanese landlords were entrusted by other landlords to conduct a tripartite system of trust management. During the war regime period, the Japanese Empire forced corporate landlords to be entrusted with the management of the lands of absentee landlords. The landlords were also active in nonagricultural investments, which were divided into landlord investment related to agriculture and industrial capitalist investment. In the former case, the Japanese landlords ran businesses jointly with Korean landlords. In the latter case, the Japanese landlords attempted conversion of capital through joint investments with leading capitalists in Japan. Although they actively participated in the Japanese Empire's Joseon industrialization policy and the development of North Joseon, they did not invest in heavy and chemical industries.

Chapter 2 reviews the formation and characteristics of the Japanese landlord system in the Gyeongnam region. From the jurisdiction of the Japanese Residency-general's Busan Office(釜山理事廳), it focuses on the Nakdong River basin areas such as Busan, Gimhae, and Miryang. Japanese farmers here secured land in the Nakdong River area through illicit purchases and started agricultural management after the Sino-Japanese War, a relatively earlier period than other regions, because of factors such as the geographical proximity to Japan. Quite a few independent farmers also participated in agricultural management. First, the actual state of illicit purchases carried out by Japanese in Jeolyeongdo and Sajung-myeon and resultant changes in Koreans' land ownership are analyzed and the landlord system is examined. Japanese landlords indiscriminately infiltrated the region to the extent that they already illicitly purchased about 40-50% of the land there before 1905. The Japanese landlords are divided into merchants and loan shark type landlords who accumulated capital in Korea, and Japanese capital-investment type landlords. Among the former,

Hazama Fusataro and Oike Chusuke(大池忠助) are representative figures. They entered Busan from the time the port opened and accumulated capital through commerce and loan-sharking activities. They actively participated in the Japanese Empire's invasion of Korea, secured large areas of land with adventurous, speculative, and illegal methods, and started farm management. Because of the inherent limitation that they made illegal investments in the early days with illicit purchases or loan-sharking, their farm management admitted old customs to some extent while maintaining tenant farm supervisor system management. They showed differences from the enterprise landlords in Jeonbuk in many ways. From the start, they invested in various sectors such as fisheries, finance, rice distribution, and electricity in Busan. The also invested jointly with Korean entrepreneurs in some cases. Beyond Busan and Gyeongnam, they also invested in companies located in Gyeongseong, Incheon, etc. In the 1930s, they actively advanced into areas related to the Japanese Empire's Joseon industrialization policy. They actively participated in large, national-level companies on such as railroad companies, electricity companies, and the Joseon Trust as shareholders or executives. However, their participation was subordinated to Japanese giant chaebol(財閥) capitals.

Among the Japanese capital investment-type landlords, Korea Industrial Company and Murai Kichibe(村井吉兵衛) were representative. They came into Korea from about the time of the Russo-Japanese War, forcedly secured land, and introduced enterprise management methods to manage farms. Korea Industrial Company made contracts, acknowledging the old order such as farm rents amounting to 1/3 of harvests and giving the right of cultivation to existing landowners and cultivators, etc. However, after purchasing the land, they managed the farms while seizing even the management rights based on private power. The tenant farmers were workers who followed the instructions of the landlords in all aspects. Joseon Industrial Company organized the Agriculture Promotion Association and introduced a five-person joint responsibility system to manage the tenant farmers. Joseon Industrial Company was an example of a typical colonial landlord system that strongly realized investment profits and farmer control.

Chapter 3 reviews the establishment and management of Jinyeong Farm of Murai Kichibe and Hazama Fusataro. From 1904, Murai secured land illegally or by force. In the process, he underwent fierce ownership disputes with the residents. He secured the legal "legitimacy" of his land ownership through land survey projects and created a farm with reclamation while introducing enterprise-type management methods into the process of farm management such as varieties, fertilization, and irrigation. However, it is noteworthy that Murai Farm expected farmers' investment of labor capital in the process of reclamation and recognized the cultivation right as a real right. However, Hazama, who took over the farm from Murai, ignored the previous order and significantly increased tenancy rents. In this process, tenancy disputes arose, and landlord management deteriorated. This article analyzes the process by which the giant Japanese landlords established and developed the colonial landlords, conflicted with financial capital and sometimes with tenant farmers thereafter, and finally withdrew from farm management.

Part 3 deals with the cases of the Oriental Development Company farm village and Fujii farm village, where the Japanese Empire made Japanese farmers immigrate and settle down in Korea as independent farmers and build farm villages with a view to ensuring its permanent rule of the colony and solving the problems of population and food. The Japanese Empire promoted immigration to Korea and a colonization policy based on the theory of concentration of immigration in Korea and Manchuria(滿韓移民集中論) to make Korea into permanent Japanese land. Chapter 1 deals with the immigration projects of the Oriental Development Company and anti-immigration movements. The Japanese Empire established the Company at the national level and promoted immigration to a reclaimed land project. The Company's immigration project expelled existing Korean cultivating farmers from land invested by the Korean government and made Japanese immigrate into the land to build the Company's village. This caused a backlash from Korean farmers. Furthermore, resistance was very intense because the project was implemented after depriving cultivation rights as real rights (customary real rights) of the existing farmers without any compensation. Furthermore, it was not easy for the Company's immigrants to settle down due to deteriorating farming conditions such as unfamiliar natural environments, loan repayments and a fall in rice prices. The immigrants held petition movements for the Company to improve the poor conditions. Korean peasants also steadily developed movements against the Company's immigration activity with the support of social opinion. The Company was unable to withstand the domestic and foreign pressure and stopped the project. Although the Company's immigration project was carried out with the political purpose of the creation of independent Japanese farmers and rule of Joseon, the more it was carried out, the more obstacles it caused. It was a project that caused economic losses even from the perspective of the Company. Considering the political and economic situation of the Japanese Empire and Joseon, it was a project that was bound to fail.

Chapter 2 deals with the case of Fujii farm village, an immigrant village built by Fuji Promotion of Industry Company by forming reclaimed land and making Japanese farmers immigrate with the support of the Japanese Empire. In order to solve the problems raised in existing reclaimed land immigration projects, Fujii farm village was implemented after forming reclaimed land in Okgu-gun, Jeollabuk-do. With the support of financial capital, Fujii Kantaro (藤井寛太郎) developed the land along with the Ikok irrigation association construction project to build Fujii farm and Fujii farm village, which was "New Japan" and "Little Japan" built by recruiting immigrants from all over Japan. Although it was a project in which a huge amount of money was inputted to make Japanese immigrate and cultivate them as independent farmers to show an example to Joseon's rural villages, the famers in Fujii farm village could hardly maintain their livelihood as burdens such as funds for repayment increased day by day. Not a few households left the farming areas or maintained a livelihood by earning money outside their region. Fujii farm village was established with support and benefits from the Japanese Empire, but could not survive without continued support. It was in the same situation as tenant farmers subordinated to Japanese financial capital. Under the Japanese capitalist system, the creation of independent farmers was an illusion. the theory of concentration of immigration in Korea and Manchuria ended in failure. As the war regime period began, the Japanese Empire attempted a full conversion with a policy targeting the Japanization of Korean people, but the goal of Japanization of Joseon ended with the defeat of Japan.

A future research task is to depict the concrete trajectory of the life of the farmers who resisted and overcame the aftershock of colonial agricultural administration and the pressure of the colonial landlord system left by the Japanese Empire. In addition, Japanese farms were managed by the New Korea Company(新韓公社) as enemy properties and distributed to related farmers at cost with a reverted farmland selling policy, but studies on the actual situation are insufficient. Fujii farm village and the Oriental Development Company's village were different from Japanese farms where Joseon tenant farmers survived in that they were left as empty places when Japanese farmers went back to their country after liberation. A follow-up process of Japanese immigrant farm villages and a review of the nature of the farmers who settled there later are future tasks.

찾아보기

근대 한국학 총서를 내면서

새 천년이 시작된 지도 벌써 몇 해가 지났다. 식민지와 분단국가로 지낸 20세기 한국 역사의 와중에서 근대 민족국가 수립과 민족문화 정립에 애써 온 우리 한국학계는 세계사 속의 근대 한국을 학술적으로 미처 정립하지 못한 채, 세계화와 지방화라는 또 다른 과제를 안게 되었다. 국가보다 개인, 지방, 동아시아가 새로운 한국학의 주요 연구대상이 된 작금의 현실에서 우리가 겪어온 근대성을 다시 한 번 정리하고 21세기에 맞는 새로운 모습으로 탈바꿈시키는 것은 어느 과제보다 앞서 우리 학계가 정리해야 할 숙제이다. 20세기 초 전근대 한국학을 재구성하지 못한 채 맞은 지난 세기 조선학·한국학이 겪은 어려움을 상기해 보면, 새로운 세기를 맞아 한국 역사의 근대성을 정리하는 일의 시급성은 아무리 강조해도 지나치지 않다.

우리 '근대한국학연구소'는 오랜 전통이 있는 연세대학교 조선학·한국학 연구 전통을 원주에서 창조적으로 계승하고자 하는 목표에서 설립되었다. 1928년 위당·동암·용재가 조선 유학과 마르크스주의, 그리고 서학이라는 상이한 학문적 기반에도 불구하고 조선학·한국학 정립을 목표로 힘을 합친 전통은 매우 중요한 경험이었다. 이에 외솔과 한결이 힘을 더함으로써 그 내포가 풍부해졌음은 두말할 나위가 없다. 연세대학교 원주캠퍼스에서 20년의 역사를 지닌 '매지학술연구소'를 모체로 삼아, 여러 학자들이 힘을 합쳐 근대한국학연구소를 탄생시킨 것은 이러한 선배학자들의 노력을 교훈으로 삼은 것이다.

이에 우리 연구소는 한국의 근대성을 밝히는 것을 주 과제로 삼고자 한다. 문학 부문에서는 개항을 전후로 한 근대 계몽기 문학의 특성을 밝히는 데 주력할 것이다. 역사부분에서는 새로운 사회경제사를 재확립하고 지역학 활성화를 위한 원주학 연구에 경진할 것이다. 철학 부문에서는 근대 학문의 체계화를 이끌고 사회과학 분야에서는 학제간 연구를 활성화시키며 근대성 연구에 역량을 축적해 온 국내외 학자들과 학술교류를 추진할 것이다. 이러한 연구들은 일방성보다는 상호 이해와 소통을 중시하는 통합적인 결과물의 산출로 이어질 것이다.

근대한국학총서는 이런 연구 결과물을 집약적으로 정리하기 위해 마련하였다. 여러 한국학 연구 분야 가운데 우리 연구소가 맡아야 할 특성화된 분야의 기초 자료를 수집·출판하고 연구 성과를 기획·발간할 수 있다면, 우리 시대 연구자들뿐만 아니라 학문 후속세대들에게도 편리함과 유용함을 줄 수 있을 것이다. 새롭게 시작한 근대 한국학 총서가 맡은 바 역할을 충분히 할 수 있도록 주변의 관심과 협조를 기대하는 바이다.

연세대학교 미래캠퍼스 근대한국학연구소

최 원 규

연세대학교 사학과를 졸업하고, 동 대학원에서 석사학위와 박사학위를 받았다. 현재 부산대학교 사학과 명예교수이다. 『대한제국의 토지조사사업』(민음사, 1995), 『일제하 만경강 유역의 사회사』(혜안, 2006), 『Landlords, Peasants & Intellectuals in Modern Korea』(Number 128 in the Cornell East Asia Series, 2005), 『대한제국의 토지제도와 근대』(혜안, 2010), 『일제의 창원군 토지조사와 장부』(선인, 2011), 『일제의 창원군 토지조사사업』(선인, 2013), 『일제의 조선관습조사자료해제 Ⅲ - 조선총독부중추원관련 자료』(혜안, 2019) 등의 공저와 저서로 『한말 일제초기 국유지조사와 토지조사사업』(혜안, 2019)이 있다.

연세근대한국학총서 123 (H-030)

일제시기 한국의 일본인 사회 도시민·지주·일본인 농촌

최 원 규 지음

초판 1쇄 발행 2021년 2월 20일

펴낸이 오일주
펴낸곳 도서출판 혜안

등록번호 제22-471호
등록일자 1993년 7월 30일

주 소 ⑦04052 서울시 마포구 와우산로 35길 3(서교동) 102호
전 화 3141-3711~2
팩 스 3141-3710
이메일 hyeanpub@hanmail.net

ISBN 978-89-8494-598-2 93910

값 43,000원